Wimmer

**Grundkurs Programmieren
in Visual Basic**

Bleiben Sie einfach auf dem Laufenden:
www.hanser.de/newsletter
Sofort anmelden und Monat für Monat
die neuesten Infos und Updates erhalten.

Heinrich Wimmer

Grundkurs Programmieren in Visual Basic

HANSER

Der Autor:
Prof. Dr.-Ing. Heinrich Wimmer, München

Alle in diesem Buch enthaltenen Informationen, Verfahren und Darstellungen wurden nach bestem Wissen zusammengestellt und mit Sorgfalt getestet. Dennoch sind Fehler nicht ganz auszuschließen. Aus diesem Grund sind die im vorliegenden Buch enthaltenen Informationen mit keiner Verpflichtung oder Garantie irgendeiner Art verbunden. Autoren und Verlag übernehmen infolgedessen keine juristische Verantwortung und werden keine daraus folgende oder sonstige Haftung übernehmen, die auf irgendeine Art aus der Benutzung dieser Informationen – oder Teilen davon – entsteht. Ebenso übernehmen Autoren und Verlag keine Gewähr dafür, dass beschriebene Verfahren usw. frei von Schutzrechten Dritter sind. Die Wiedergabe von Gebrauchsnamen, Handelsnamen, Warenbezeichnungen usw. in diesem Buch berechtigt deshalb auch ohne besondere Kennzeichnung nicht zu der Annahme, dass solche Namen im Sinne der Warenzeichen- und Markenschutz-Gesetzgebung als frei zu betrachten wären und daher von jedermann benutzt werden dürften.

Bibliografische Information Der Deutschen Nationalbibliothek
Die Deutsche Nationalbibliothek verzeichnet diese Publikation in der
Deutschen Nationalbibliografie; detaillierte bibliografische Daten sind im
Internet über http://dnb.d-nb.de abrufbar.

Dieses Werk ist urheberrechtlich geschützt.
Alle Rechte, auch die der Übersetzung, des Nachdruckes und der Vervielfältigung des Buches, oder Teilen daraus, vorbehalten. Kein Teil des Werkes darf ohne schriftliche Genehmigung des Verlages in irgendeiner Form (Fotokopie, Mikrofilm oder ein anderes Verfahren) – auch nicht für Zwecke der Unterrichtsgestaltung – reproduziert oder unter Verwendung elektronischer Systeme verarbeitet, vervielfältigt oder verbreitet werden.

© 2009 Carl Hanser Verlag München
Gesamtlektorat: Fernando Schneider
Sprachlektorat: Sandra Gottmann, Münster-Nienberge
Herstellung: Stefanie Bruttel
Coverconcept: Marc Müller-Bremer, www.rebranding.de, München
Coverrealisierung: Stephan Rönigk
Datenbelichtung, Druck und Bindung: Kösel, Krugzell
Ausstattung patentrechtlich geschützt. Kösel FD 351, Patent-Nr. 0748702
Printed in Germany

ISBN 978-3-446-41748-9

www.hanser.de/computer

Inhalt

1	**Einführung in Visual Basic 2008**	1
1.1	Einstieg in die Programmierung	1
1.2	Microsoft .NET-Grundlagen	3
1.3	Starten mit der VB 2008 Express Edition	5
1.4	Einführungsbeispiel	8
	Übung 1-1: Mittelwert zweier Zahlen	8
1.5	Lektion 1: Windows-Programmierung mit Visual Basic	11
	1.5.1 Projekttypen	11
	1.5.2 Lösungsschritte zur Entwicklung eines Windows-Programms	12
	1.5.3 Objekt- und ereignisorientierte Windows-Programmierung	15
	1.5.4 Assemblies und Klassenbibliotheken	17
	1.5.5 Projektdateien und -verzeichnisse	18
	1.5.6 Warum Visual Basic?	19
1.6	Aufgaben	20
	Aufgabe 1-1: Mittelwert dreier Zahlen	20
	Aufgabe 1-2: Volumen und Oberfläche eines Würfels	20
2	**Variablen, Ausdrücke und Zuweisungen**	21
2.1	Einführungsübung	21
	Übung 2-1: Heronische Flächenformel	21
2.2	Lektion 2: Variablen, Ausdrücke und Zuweisungen	27
	2.2.1 Deklaration von Variablen	27
	2.2.2 Bezeichner und Namen	31
	2.2.3 Elementare Datentypen	33
	2.2.4 Werttypen und Referenztypen, Garbage Collection	37
	2.2.5 Deklaration von Konstanten	38
	2.2.6 Wertzuweisungen	38
	2.2.7 Kommentare	39
	2.2.8 Zeilenumbruch	39
	2.2.9 Literale für elementare Datentypen	40
	2.2.10 Ausdrücke und Operatoren	42

		2.2.11	Mathematische Funktionen..44
		2.2.12	Konvertierung elementarer Datentypen 46
		2.2.13	Datums- und Zeitfunktionen 50
		2.2.14	Funktionen und Konstanten für Zeichen und Zeichenketten 52
	2.3	Übungen...53
		Übung 2-2: Taschenrechner 53
		Übung 2-3: Kosinussatz 56
	2.4	Aufgaben 58
		Aufgabe 2-1: Katheten- und Höhensatz im rechtwinkligen Dreieck 58
		Aufgabe 2-2: Numerische Ausdrücke und Zuweisungen 59
		Aufgabe 2-3: Volumen und Oberfläche einer Kugel 60
		Aufgabe 2-4: Standardisierte Normalverteilung 60

3 Bedingte Anweisungen 61

3.1	Einführungsübungen..61
	Übung 3-1: Punkt in Rechteck 61
	Übung 3-2: Notenschema 65
3.2	Lektion 3: Bedingte Anweisungen..68
	3.2.1 Logische Ausdrücke, Vergleichsoperatoren und logische Operatoren 68
	3.2.2 If-Anweisung..70
	3.2.3 Select-Case-Anweisung...73
	3.2.4 Exkurs: TryParse-Methoden...76
3.3	Übungen...77
	Übung 3-3: Zwei Gleichungen mit zwei Unbekannten 77
	Übung 3-4: Kartesische Koordinaten in Polarkoordinaten umrechnen 81
	Übung 3-5: Tage im Monat 85
3.4	Aufgaben 88
	Aufgabe 3-1: Heronische Flächenformel mit Dreieckskriterium...............................88
	Aufgabe 3-2: Notenschema mit If-ElseIf-Anweisung 88
	Aufgabe 3-3: Ziffern einer Ganzzahl (Programmanalyse) 88
	Aufgabe 3-4: Taschenrechner (Programmanalyse) 89
	Aufgabe 3-5: Division ohne Rest 90
	Aufgabe 3-6: Programm beenden 90
	Aufgabe 3-7: Quadratische Gleichung 91
	Aufgabe 3-8: Maximum von drei Zahlen 91

4 Schleifenanweisungen und Fehlerbehandlung 93

4.1	Einführungsübungen..93
	Übung 4-1: Zahlensumme 1 bis n 93
	Übung 4-2: Zahlensumme bis Grenze 97
4.2	Lektion 4: Schleifenanweisungen...100
	4.2.1 For-Next-Schleife...100
	4.2.2 Do-Loop-Schleife...104
	4.2.3 Exit- und Continue-Anweisung 107
	4.2.4 Exkurs: Klasse MessageBox (Meldungsfenster) 108

		4.2.5	Fehlerbehandlung mit der Try-Catch-Anweisung	109
		4.2.6	Exkurs: Klasse Random (Zufallszahlen)	114
	4.3	Übungen		115
		Übung 4-3: Reelle Zufallszahlen zwischen 1 und n		115
		Übung 4-4: Quersumme		118
		Übung 4-5: ggT (Euklidischer Algorithmus – mit Differenzbildung)		120
		Übung 4-6: Potenzreihenentwicklung der Sinus-Funktion		122
	4.4	Aufgaben		126
		Aufgabe 4-1: Würfelspiele		126
		Aufgabe 4-2: Tabelle der Sinus-Funktion		127
		Aufgabe 4-3: Schleifenanweisungen analysieren		128
		Aufgabe 4-4: ISBN überprüfen		129
		Aufgabe 4-5: Primfaktoren		130
		Aufgabe 4-6: ggT (Euklidischer Algorithmus – mit Modulo-Operator)		131
		Aufgabe 4-7: Potenzreihenentwicklung ausgewählter Funktionen		132
5		**Funktionen und Sub-Prozeduren**		**133**
	5.1	Einführungsübungen		133
		Übung 5-1: Satz des Pythagoras (Funktion und Sub-Prozedur)		133
	5.2	Lektion 5: Funktionen und Sub-Prozeduren		136
		5.2.1	Prozedurdeklaration und Prozeduraufruf	137
		5.2.2	Funktionen	138
		5.2.3	Sub-Prozeduren	139
		5.2.4	Parameterübergabe	140
		5.2.5	Prozeduren überladen	143
		5.2.6	Rekursion	144
		5.2.7	Fehlerbehandlung in Prozeduren	144
		5.2.8	Module	145
		5.2.9	Vordefinierte Funktionen und Sub-Prozeduren	145
	5.3	Übungen		145
		Übung 5-2: Zeitdifferenz		145
		Übung 5-3: Polarkoordinaten (aus rechtwinkligen Koordinaten)		149
		Übung 5-4: Dezimalzahl in Binärzahl umrechnen		153
		Übung 5-5: Zinsberechnung (act/360-Eurozinsmethode)		156
		Übung 5-6: Nullstellen eines Polynoms 3. Grades		158
	5.4	Aufgaben		164
		Aufgabe 5-1: Volumen und Oberfläche einer Kugel (mit Prozeduren)		164
		Aufgabe 5-2: Fläche und Umfang eines Kreises (Programmanalyse)		164
		Aufgabe 5-3: Fläche ebener geometrischer Körper (Kreis, Rechteck, Dreieck)		165
		Aufgabe 5-4: Primzahl		166
		Aufgabe 5-5: ggT (rekursive Funktion) und kgV		166
		Aufgabe 5-6: Zinsberechnung (act/act-Taggenaue Zinsmethode)		167
		Aufgabe 5-7: Nullstellen ausgewählter Funktionen		167

6 Datenfelder (Arrays) 169

- 6.1 Einführungsübung 169
  - Übung 6-1: Skalarprodukt zweier Vektoren.................................169
- 6.2 Lektion 6: Ein- und zweidimensionale Felder (Arrays) 172
  - 6.2.1 Eindimensionale Arrays 172
  - 6.2.2 Mehrdimensionale Arrays 175
  - 6.2.3 Dynamische Arrays 176
  - 6.2.4 Arbeiten mit Arrays...177
- 6.3 Übungen 182
  - Übung 6-2: Arithmetisches Mittel...182
  - Übung 6-3: Minimum und Maximum von Zufallszahlen.............185
  - Übung 6-4: Medianwert 189
  - Übung 6-5: Matrizenaddition 193
- 6.4 Aufgaben 197
  - Aufgabe 6-1: Geometrisches Mittel 197
  - Aufgabe 6-2: Messreihe...198
  - Aufgabe 6-3: Minimum und Maximum einer sortierten Zahlenreihe................199
  - Aufgabe 6-4: Matrizenmultiplikation 199

7 Zeichenketten (Strings)... 201

- 7.1 Lektion 7: Zeichenketten (Strings) 201
  - 7.1.1 Strings initialisieren und zuweisen 202
  - 7.1.2 Strings analysieren und vergleichen.............................203
  - 7.1.3 Strings zerlegen und zusammensetzen.........................205
  - 7.1.4 Strings mit der Format-Methode formatieren 206
  - 7.1.5 Strings mit StringBuilder-Objekten zusammensetzen 207
  - 7.1.6 Exkurs: Zeitmessung mit der TimeSpan-Struktur........209
- 7.2 Übungen 209
  - Übung 7-1: Binärzahl in Dezimalzahl umwandeln.......................209
  - Übung 7-2: Textanalyse...212
  - Übung 7-3: Koordinatenliste...215
  - Übung 7-4: Würfelsumme (Diagramm)..219
  - Übung 7-5: Ganzzahldivision (mit Zeitmessung) 221
- 7.3 Aufgaben 223
  - Aufgabe 7-1: Hexadezimalzahl in Dezimalzahl umwandeln.......223
  - Aufgabe 7-2: Benzinverbrauch..224
  - Aufgabe 7-3: Vektormultiplikation (Spalten- mal Zeilenvektor) 224
  - Aufgabe 7-4: Dreieckswidersprüche (Diagramm).......................225
  - Aufgabe 7-5: Ganzzahlmultiplikation (mit Zeitmessung) 226

8 Benutzerdefinierte Datentypen... 227

- 8.1 Lektion 8: Benutzerdefinierte Datentypen..227
  - 8.1.1 Aufzählungstypen (Enumerationen).............................227
  - 8.1.2 Strukturierte Datentypen (Strukturen) 233

8.2	Übungen	235
	Übung 8-1: ARGB-Farben	235
	Übung 8-2: Bilder anzeigen – Version 1	238
	Übung 8-3: EU-Staaten	240
	Übung 8-4: Einwohnerdichte	242
	Übung 8-5: Schwerpunkt	244
8.3	Aufgaben	248
	Aufgabe 8-1: RGB-Farben	248
	Aufgabe 8-2: Bilder anzeigen – Version 2	249
	Aufgabe 8-3: Hauptstädte raten	249
	Aufgabe 8-4: Winkelsumme im Dreieck	250
	Aufgabe 8-5: Raumtabelle	251

9 Klassen und Objekte ... 253

9.1	Einführungsübung	254
	Übung 9-1: Klasse Rechteck	254
9.2	Lektion 9: Klassen und Objekte	257
	9.2.1 Definition einer Klasse	257
	9.2.2 Erzeugen einer Klasseninstanz	260
	9.2.3 Eigenschaften	261
	9.2.4 Konstruktoren	264
	9.2.5 Methoden	266
	9.2.6 Überladene Operatoren	269
	9.2.7 Ereignisse (Events)	270
	9.2.8 XML-Dokumentation	274
	9.2.9 Verschachtelte und partielle Klassen	276
	9.2.10 Module	277
	9.2.11 Strukturen	278
9.3	Übungen	279
	Übung 9-2: Bruchrechnen – Teil 1	279
	Übung 9-3: Kreisring	284
	Übung 9-4: Roulette	289
	Übung 9-5: Vektormethoden – Teil 1	295
	Übung 9-6: Struktur Rechteck	303
9.4	Aufgaben	304
	Aufgabe 9-1: Klasse Kreiszylinder	304
	Aufgabe 9-2: Bruchrechnen – Teil 2	305
	Aufgabe 9-3: Klasse Dreieck	305
	Aufgabe 9-4: Autofahrt	306
	Aufgabe 9-5: Vektormethoden – Teil 2	308
	Aufgabe 9-6: Struktur Kreiszylinder	310

10 Vererbung und Schnittstellen ... 311

10.1	Lektion 10: Vererbung und Schnittstellen	312
	10.1.1 Vererbung	312
	10.1.2 Polymorphismus – dynamisches Binden	322

	10.1.3	Gültigkeitsbereiche (Sichtbarkeit)	323
	10.1.4	Abstrakte Basisklassen	324
	10.1.5	Schnittstellen (Interfaces)	327
	10.1.6	Einsatz von Vererbung, ABCs und Schnittstellen	331

10.2 Übungen 333
  Übung 10-1: Reguläres n-Eck (Vieleck) 333
  Übung 10-2: Reelle Zufallszahlen 338
  Übung 10-3: Eigene Ausnahmeklassen 341
  Übung 10-4: DXF-Konverter (ABC) 344
  Übung 10-5: DXF-Konverter (Interface) 351

10.3 Aufgaben 353
  Aufgabe 10-1: Verein „Die Vögel" – Mitgliederverwaltung 353
  Aufgabe 10-2: Analyse von Klassendefinitionen 355
  Aufgabe 10-3: Normalverteilte Zufallszahlen 355
  Aufgabe 10-4: Räumliche geometrische Körper (ABC) 357
  Aufgabe 10-5: Räumliche geometrische Körper (Interface) 358
  Aufgabe 10-6: Mathematische Funktionen (ABC) 359

11 Dateien und Verzeichnisse 363

11.1 Lektion 11: Dateien und Verzeichnisse 363
  11.1.1 Zugriff auf Verzeichnisse, Dateien und Laufwerke 364
  11.1.2 Textdateien lesen und schreiben 370
  11.1.3 Binärdateien lesen und schreiben 376
  11.1.4 Ein- und Ausgabefehler 380
  11.1.5 Standarddialoge 381
  11.1.6 Menüleiste, Symbolleisten und Statusleiste 384

11.2 Übungen 387
  Übung 11-1: Verzeichnisinformationen 387
  Übung 11-2: Texteditor 390
  Übung 11-3: Fläche eines Polygons 392
  Übung 11-4: Baumkataster 400
  Übung 11-5: EU-Informationssystem 407

11.3 Aufgaben 412
  Aufgabe 11-1: Datei-Informationen 412
  Aufgabe 11-2: Symmetrische Matrix 413
  Aufgabe 11-3: Landkreise 414
  Aufgabe 11-4: Vektoroperationen 415
  Aufgabe 11-5: Gebäude-Informationssystem 417

12 Ergänzungen 419

12.1 Konsolenanwendungen 419
  Übung 12-1: Geburtstag 423
  Übung 12-2: Messreihe 424

12.2 Mehrere Formulare 426
  Übung 12-3: Städteliste erfassen 430
  Übung 12-4: Bewerbung zum Spion 434

12.3	Fehlersuche (Debuggen)	437
12.4	ClickOnce-Bereitstellung	442
12.5	Aufgaben	445
	Aufgabe 12-1: Zahlensumme von m bis n	445
	Aufgabe 12-2: Lottozahlen	445
	Aufgabe 12-3: Baumliste erfassen	446
	Aufgabe 12-4: Start in den Urlaub	447

Literatur **449**

Anhang **451**
Inhalt der Begleit-DVD 451

Register **453**

Vorwort

Programmieren bedeutet, eigene Software zu entwickeln. Dazu wird eine Programmiersprache benötigt. Für den Programmiereinsteiger soll die Programmiersprache leicht erlernbar sein, und es sollen sich schnell Erfolgserlebnisse einstellen. Natürlich soll es auch eine moderne, vielseitige Sprache sein, die weit verbreitet ist und die im Berufsleben anerkannt und gefragt ist. Visual Basic auf Grundlage der Microsoft .NET-Technologie erfüllt diese Voraussetzungen in hohem Maße.

Die in diesem Buch verwendete Version Visual Basic 2008 ist wohl die einfachste aktuelle Programmiersprache für das Erstellen von Windows-Programmen. Sie ist vollständig objektorientiert und vom Sprachumfang mit anderen populären Sprachen wie Visual C# und Java gleichwertig. Umsteiger von Visual Basic Classic (VB6) oder VBA werden zumindest in der Anfangsphase viele identische Sprachkonstrukte erkennen und sich damit auch schnell in Visual Basic 2008 zurechtfinden.

Ein entscheidender Vorteil aller Microsoft .NET-Sprachen ist die übersichtliche und leicht bedienbare *Entwicklungsumgebung*. Ein weiteres Plus ist, dass die kostenlosen Einsteigerversionen, die sog. Express Editions, den vollen Sprachumfang bereitstellen. So können alle Übungen und Aufgaben in diesem Buch mit der beiliegenden deutschen Version der Visual Basic 2008 Express Edition programmiert werden.

Lehr- und Übungsbuch – Konzept und Inhalt

Das vorliegende Buch soll ein *Lehr- und Übungsbuch* sein. Programmieren lernen heißt *üben*, *üben* und nochmals *üben*. Kaum ein Programm wird nach der erstmaligen Codierung fehlerfrei laufen. Aber nur durch eigene Fehler lernen Sie, die Syntax richtig anzuwenden und die Logik einer Programmstruktur zu begreifen.

Zum Programmieren gehört aber noch ein weiteres Element, nämlich das *algorithmische Denken*, das erfahrungsgemäß vielen Neulingen Probleme bereitet. Das Umsetzen einer Aufgabe in einen geeigneten Algorithmus ist deshalb eine wesentliche Intention dieses Lehrbuchs.

Vorwort

Das grundsätzliche *Konzept* dieses Buches beruht darauf, den Leser behutsam in die Windows-Programmierung mit Visual Basic einzuführen. Nach einem Einführungskapitel werden die Grundlagen der strukturierten Programmierung behandelt (Kapitel 2 bis 7), wie sie praktisch in jeder höheren Programmiersprache zu finden sind. Kapitel 8 leitet gewissermaßen zur objektorientierten Programmierung über (Kapitel 9 und 10). Im Kapitel 11 werden Dateizugriffe behandelt, die für viele praktische Anwendungen unentbehrlich sind. Das zwölfte Kapitel rundet das Buch mit einigen ergänzenden Themen ab.

Die meisten *Kapitel* beginnen mit einem einfachen Einführungsbeispiel, in dem die neuen Sprachelemente erstmals angewendet werden. Daran schließt sich eine Lektion mit einer Übersicht der (wichtigsten) Sprachelemente zu dem Kapitelthema an. Der dritte Abschnitt besteht in der Regel aus einem ausführlichen Übungsteil. Für jede Übung wird der Lösungsweg erläutert, der Programmcode wird schrittweise entwickelt. Die vollständigen Windows-Formulare und den Programmcode finden Sie auch auf der beiliegenden DVD. Der vierte Abschnitt eines Kapitels besteht schließlich aus mehreren Aufgaben, die Sie selbstständig lösen sollen und die eng mit den vorausgegangenen Übungen korrespondieren. Ergänzend dazu finden Sie auf der DVD Lösungshinweise zu jeder Aufgabe.

Im Gegensatz zu vielen anderen VB-Büchern wird sofort mit *Windows Forms*-Anwendungen begonnen. Konsolenanwendungen haben zwar didaktisch den Vorteil, dass der Overhead der grafischen Oberfläche und die Ereignisbehandlung wegfallen, dies führt aber dazu, dass Studierende (und Schüler) schnell die Lust am Programmieren verlieren.

Inhaltlicher Schwerpunkt – was fehlt

Gemäß der Intention des Lehrbuchs bestehen die Übungen und Aufgaben zum großen Teil aus mathematischen Anwendungen. Leser mit „Mathematiklücken" sollten sich dabei nicht abschrecken lassen. Die benötigten Formeln werden stets angegeben, es genügen grundlegende mathematische Kenntnisse, wie sie an jeder höheren Schule gelehrt werden. Auch an Computerkenntnisse werden keine hohen Voraussetzungen geknüpft. Es genügen Grundkenntnisse beim Umgang mit einem Windows-Betriebssystem. Verlangt wird vielmehr ein gewisses Durchhaltevermögen und die Bereitschaft, sich durch die nicht immer einfache Materie „durchzubeißen".

Das vorliegende Buch soll in die strukturierte und objektorientierte Programmierung anhand einer modernen Programmiersprache einführen. Ziel ist deshalb weder die Vollständigkeit des Sprachumfangs noch ein Überblick über alle *Windows Forms*-Steuerelemente oder ihre Eigenschaften. Viele interessante Sprachteile von Visual Basic mussten unberücksichtigt bleiben, so die Grafikprogrammierung mit GDI+, die Entwicklung von Benutzeroberflächen mit WPF, die zukunftsträchtige LINQ-Technik, die Datenbankprogrammierung mit ADO.NET und die Internetprogrammierung mit ASP.NET. Auch auf die aus Kompatibilitätsgründen noch vorhandenen VB6-Sprachkonstrukte wurde vielfach zugunsten der zukunftssicheren Klassen des .NET Frameworks verzichtet.

Zielgruppe

Das Buch eignet sich für echte Programmieranfänger genauso wie für Umsteiger von VB6, VBA oder einer anderen Programmiersprache. Die Zielgruppe umfasst in erster Linie Studentinnen und Studenten aus technischen und naturwissenschaftlichen Studiengängen an Fachhochschulen und Universitäten. Da aber keine technischen Spezialkenntnisse verlangt werden, sollten auch Studierende anderer Disziplinen damit zurechtkommen.

Ebenso ist das Buch für Schülerinnen und Schüler höherer Schulen gedacht, die eine moderne Programmiersprache erlernen wollen. Dass dabei von Anfang an Windows-Programme mit einer grafischen Oberfläche entstehen, dürfte den Spaßfaktor spürbar steigern.

Den besten Gewinn von dem Buch wird wohl der Leser haben, der das Buch parallel zu einem entsprechenden Kurs an einer Schule oder Hochschule einsetzt. Gleichwohl ist das Buch auch zum Selbststudium geeignet. Zur Zielgruppe gehören deshalb auch Ingenieure, Naturwissenschaftler und Praktiker, die einfache Windows-Programme erstellen wollen.

Nicht zuletzt zählen dazu auch alle Lehrenden und Lernenden, die praktische Beispiele zur Programmierung suchen.

Dank

Zum Schluss möchte ich allen herzlich danken, die zur Entstehung dieses Buches beigetragen haben. Dazu zählen alle Studierenden, die mich direkt oder indirekt zu diesem Buch angeregt haben und für die dieses Buch in erster Linie geschrieben wurde.

Zu besonderem Dank bin ich all denen verpflichtet, die sich die Mühe gemacht haben, das Manuskript vorweg kritisch zu begutachten, und die wertvolle Verbesserungsvorschläge eingebracht haben, allen voran meinem Kollegen Georg Lother.

Den Damen und Herren vom Carl Hanser Verlag möchte ich für die hervorragende Zusammenarbeit danken, vor allem Herrn Fernando Schneider und Frau Stefanie Bruttel, die mich bei der Manuskripterstellung nach besten Kräften unterstützt haben, sowie Frau Sandra Gottmann für die sorgfältige Durchsicht des Manuskripts.

Ich danke auch meiner Frau für ihr Verständnis und ihre Nachsicht sowie meiner ganzen Familie für die moralische Unterstützung.

Wenn Sie Anregungen, Kritik und Verbesserungsvorschläge zu diesem Buch haben, nehme ich diese natürlich gerne entgegen (Nachricht bitte an *hwimmer@hm.edu*).

Und nun viel Spaß!

München, im Juli 2009

Heinrich Wimmer

1 Einführung in Visual Basic 2008

Dieses Kapitel bietet einen ersten Kontakt mit Visual Basic 2008 (VB 2008). Die Einführung in die Windows-Programmierung und in die .NET-Grundlagen beschränkt sich auf das Notwendigste.

Anhand einer kleinen Übung werden Sie Ihr erstes Windows-Programm erstellen und testen. Sie werden sehen, dass es gar nicht so schwierig ist, mit Visual Basic eine Benutzeroberfläche zu erstellen und einfache Rechenvorgänge in Programmcode umzusetzen.

1.1 Einstieg in die Programmierung

Jedes Computerprogramm setzt sich aus *Anweisungen* zusammen, die der Programmierer (Softwareentwickler) in einer (höheren) Programmiersprache in Textform formuliert. Diese Quellprogramme werden mithilfe eines Übersetzungsprogramms (Compiler) in ausführbaren Code (Maschinencode) umgewandelt und können dann in übersetzter Form wiederholt gestartet werden. Anweisungen sind nichts anderes als Handlungsvorschriften für einen Computer, um eine bestimmte Aufgabe zu lösen. Häufig werden diese Anweisungsfolgen auch als *Algorithmen* bezeichnet.

Der Begriff *Software* ist etwas weiter gefasst als der Begriff *Programm*, auch wenn im täglichen Sprachgebrauch oft nicht unterschieden wird. Software schließt nämlich auch die Dokumentation und die dazugehörigen Daten mit ein.

Phasen der Softwareentwicklung

Die Entwicklung einer Software ist ein komplexer Prozess, der grundsätzlich in fünf Phasen abläuft:

1. **Analyse:** Die Anforderungen des Nutzers werden definiert (Pflichtenheft). Die entscheidende Frage ist, *was* muss das Programm leisten.

2. **Entwurf:** Die zentrale Frage ist, *wie* lässt sich das Problem lösen. Es wird festgelegt, in welche Module das Programm aufgeteilt wird, was die einzelnen Module leisten und wie sie miteinander kommunizieren sollen. Die einzelnen Lösungsschritte werden in Form von Algorithmen beschrieben.

3. **Implementierung:** Die im Entwurf festgelegten Module und Algorithmen werden in Programmcode umgesetzt, man sagt auch *codiert*. Erst hier ist die Programmiersprache entscheidend, auch wenn sie oft bereits im Entwurf eine gewisse Rolle spielt.

4. **Test:** Jedes Programm muss ausreichend getestet werden. Fehler sind beim Programmieren unvermeidbar, in der Regel laufen deshalb die Phasen 3 und 4 zyklisch ab.

5. **Betrieb und Wartung:** Komplexe Softwaresysteme laufen trotz ausgiebiger Tests selten störungsfrei und müssen deshalb nachgebessert oder korrigiert werden. Die Wartung bzw. Weiterentwicklung bestehender Programme kann wiederum als eigenständiger Prozess gesehen werden, sodass sich die obigen Phasen im Lebenszyklus einer Software öfter wiederholen.

Da Sie in dem vorliegenden Buch nur überschaubare kleinere Aufgaben lösen sollen, ist das strenge Phasenmodell hier nicht so von Bedeutung. In der Regel ist der Entwurf bereits teilweise oder weitgehend vorgegeben, und eine kommerzielle Nutzung ist nicht vorgesehen, sodass die Phase 5 entfällt.

Syntax und Semantik einer Programmiersprache

In jeder Programmiersprache gibt es syntaktische und semantische Regeln, die beim Programmieren streng einzuhalten sind. Die *Syntax* regelt u. a. die Schreibweise der Schlüsselwörter und der Sprachkonstrukte, vergleichbar den Schreib- und Grammatikregeln einer natürlichen Sprache. Die *Semantik* regelt die Bedeutung der einzelnen Sprachelemente und die Beziehungen zueinander. Beispielsweise wäre der Satz „Der Ball wächst blau" in der deutschen Sprache syntaktisch korrekt, aber semantisch falsch.

Eine vernünftige Entwicklungsumgebung, wie sie in VB 2008 zur Verfügung steht, weist den Programmierer bereits beim Eintippen des Programmcodes auf Syntaxfehler hin. Problematischer sind semantische Fehler, die unter Umständen erst zur Laufzeit zu Programmabstürzen oder zu falschen Ergebnissen führen.

Visual Basic 2008 – eine objektorientierte Programmiersprache

Visual Basic 2008 (VB 2008) ist nur eine der vielen verfügbaren Programmiersprachen. Die Sprachen werden häufig nach verschiedenen Kriterien klassifiziert. VB 2008 und alle weiteren .NET-Sprachen (sprich „dotnet") sind sog. *höhere* (problemorientierte) Programmiersprachen und zugleich Sprachen der *dritten* Generation.

Eine weitere Unterscheidung betrifft den Sprachtyp, so zählen Fortran, Pascal und C zu den *prozeduralen* Programmiersprachen, während C++, Java und die .NET-Sprachen (Visual Basic 2008, Visual C# 2008 u. a.) zu den *objektorientierten* Sprachen gerechnet werden, die derzeit den Stand der Technik repräsentieren.

1.2 Microsoft .NET-Grundlagen

Mit der Einführung von VB.NET im Januar 2002 vollzog Microsoft einen radikalen Paradigmenwechsel, weg von der COM-Technologie (COM – *Component Object Model*) hin zur plattformunabhängigen .NET-Technologie.

Visual Basic 2008 ist ein integraler Bestandteil der Microsoft-Entwicklerplattform Visual Studio 2008, das auf dem .NET Framework 3.5 basiert.

Visual Basic ist eine vollwertige objektorientierte Programmiersprache, die auf alle Bibliotheken des .NET Frameworks zugreift, ebenso wie die anderen beiden in Visual Studio enthaltenen Sprachen Visual C# (sprich „c-sharp") und Visual C++.

Visual Studio- und .NET Framework-Versionen

Seit 2002 sind einige neue Versionen von Visual Studio (bzw. Visual Basic) und dem .NET Framework erschienen:

- Visual Studio 2003 mit VB.NET 2003 und dem .NET Framework 1.1 (2003)
- Visual Studio 2005 mit Visual Basic 2005 und dem .NET Framework 2.0 (2005)
- .NET Framework 3.0 und Visual Studio 2008 mit Visual Basic 2008 und dem .NET Framework 3.5 (2007)

Die meisten Änderungen und Erweiterungen in den letzten Versionen sind für den Programmieranfänger nicht besonders relevant, sodass der Quellcode der Übungen und Aufgaben in diesem Buch zumindest mit Visual Basic 2005 weitgehend problemlos laufen sollte.

Umstieg von Visual Basic 6 und VBA

Programmierer mit VB6- oder VBA-Kenntnissen werden keine größeren Probleme haben, auf Visual Basic 2008 umzusteigen, da die elementaren Sprachkonstrukte gleich geblieben sind.

Die Unterschiede zu Visual Basic 6 (VB6) sind allerdings bei näherer Betrachtung so gravierend, dass eine Migration von VB6-Programmen mit den von Microsoft angebotenen Hilfsprogrammen in der Regel nicht lohnt.

Programmentwicklung mit den .NET-Sprachen

Visual Studio 2008 ist eine integrierte Entwicklungsumgebung (engl. *Integrated Development Environment – IDE*), mit der sich auf komfortable Weise Software in verschiedenen, auf der .NET-Technologie beruhenden Programmiersprachen entwickeln lässt. In Visual Studio 2008 stehen die .NET-Sprachen Visual Basic, C# und C++ zur Verfügung. Kernstück von Visual Studio ist das sprachunabhängige .NET Framework, das eine umfangreiche Klassenbibliothek für die Programmentwicklung und eine Laufzeitumgebung (*Common Language Runtime – CLR*) beinhaltet.

Die Entwicklung eines .NET-Programms vom Entwurf bis zum ausführbaren Programm läuft generell in zwei Stufen ab (siehe Abbildung 1.1):

- **Stufe 1:** Der Quellcode des .NET-Programms wird mithilfe des integrierten Compilers in einen plattform- und sprachunabhängigen Zwischencode, den sogenannten *Microsoft Intermediate Language-(MSIL-)Code*, übersetzt. Zusammen mit zusätzlichen Metadaten wird der Code in einer sogenannten *Assembly* (*.exe*- oder *.dll*-Datei) verwaltet.

- **Stufe 2:** Erst zur Laufzeit wird der MSIL-Code mithilfe eines plattformabhängigen *Just-in-Time-(JIT-)Compilers* in ausführbaren Maschinencode übersetzt.

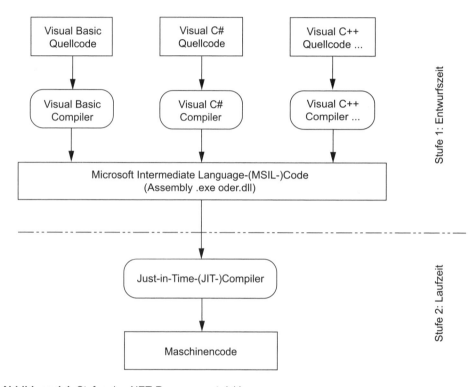

Abbildung 1.1 Stufen der .NET-Programmentwicklung

Die Vorgehensweise erinnert sehr an die Programmiersprache Java, bei der der Quellcode in der ersten Stufe in sogenannten *Bytecode* kompiliert wird. Das .NET Framework ist allerdings insofern eine Erweiterung, da sich der Quellcode verschiedener Sprachen in den MSIL-Code kompilieren lässt.

Um dies zu gewährleisten, enthält das .NET Framework bestimmte Regelwerke, die von jeder .NET-Sprache beachtet werden müssen. Dazu zählt insbesondere die *Common Language Specification* (CLS). Das Kernstück der CLS ist das *Common Type System* (CTS), das u. a. alle Datentypen definiert, die in einer .NET-Sprache zugelassen sind.

1.3 Starten mit der VB 2008 Express Edition

Microsoft bietet Visual Studio 2008 in verschiedenen Versionen bzw. Ausbaustufen an:

■ **Visual Studio 2008 Express**

Das Entwicklungspaket enthält neben der *Visual Basic 2008 Express Edition* auch die Express Editions für die Sprachen C# und C++ sowie den *Visual Web Developer*. Alle vier Express Editions stehen gemeinsam als *Visual Studio Express Edition All-In-One DVD* (895 MB) unter der Adresse

`http://www.microsoft.com/express`

einschließlich der neuesten Servicepacks zum *kostenlosen* Download zur Verfügung. Achten Sie darauf, dass die (deutsche) Sprachversion *German* eingestellt ist. Die Express Editions enthalten den gesamten Sprachumfang und sind für den Programmiereinsteiger mehr als ausreichend.

Hinweis
Alle Übungen und Aufgaben in diesem Buch sind so angelegt, dass die *Visual Basic 2008 Express Edition* vollkommen genügt. Der einfachste Weg zur Installation führt über die Begleit-DVD, auf der die *Visual Basic 2008 Express Edition* in der deutschen Sprachversion enthalten ist.

■ **Visual Studio 2008 Standard**

Diese Version ist für den fortgeschrittenen Programmierer gedacht.

■ **Visual Studio 2008 Professional**

Das Paket ermöglicht eine professionelle Softwareentwicklung, u. a. lassen sich auch Programme für Windows CE und Windows Mobile erstellen.

■ **Visual Studio 2008 Team System**

Diese Maximalversion ist für professionelle Softwareunternehmen geeignet, die im Team entwickeln.

Installation der Visual Basic 2008 Express Edition

Visual Basic 2008 setzt als Betriebssystem Windows XP, Windows Server 2003 oder Windows Vista oder eine neuere Version voraus. Die Installation – am einfachsten von der Begleit-DVD aus – sollte problemlos ablaufen. Für die Buchbeispiele ist der Microsoft SQL Server 2005 (Datenbank) nicht notwendig. Trotzdem sollten Sie darauf nicht verzichten, da eine spätere Nachinstallation letztlich mehr Arbeit macht.

Die MSDN Express Library (Dokumentation) benötigt ca. 360 MB Festplattenspeicher. Sie sollten sie aber zumindest dann installieren, wenn Sie nicht ständig online mit dem Internet verbunden sind. Die vollständige MSDN Library ist ebenfalls kostenlos unter der o.a. Webadresse erhältlich, umfasst aber mehr als 2 GB.

Start der integrierten Entwicklungsumgebung (IDE)

Die Entwicklungsumgebung Microsoft Visual Basic 2008 Express Edition, kurz als IDE bezeichnet, enthält u. a. einen *Formular-Designer*, mit dem Sie *Windows Forms*-Anwendungen mit einer grafischen Benutzeroberfläche bequem erstellen können, einen komfortablen *Code-Editor* mit farbiger Markierung der Schlüsselwörter, Kommentare, Syntaxfehler etc., *IntelliSense*-Auswahllisten, die die Code-Eingabe erleichtern, und einen *Debugger*, der Sie bei der Fehlersuche hervorragend unterstützt.

Starten Sie nun die *Visual Basic 2008 Express Edition*. Sie sehen die Visual Basic 2008-*Startseite*, in der bei späteren Aufrufen die zuletzt geöffneten Projekte aufgelistet werden. Wir wollen jedoch ein neues Projekt erstellen. Schließen Sie die Startseite, und wählen Sie im Menü *Datei* den Menüpunkt *Neues Projekt*. Es erscheint das Dialogfenster *Neues Projekt* (siehe Abbildung 1.2).

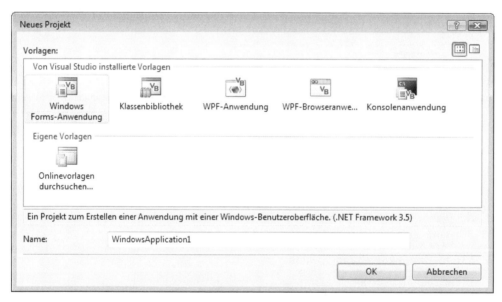

Abbildung 1.2 Dialogfenster „Neues Projekt"

Wählen Sie die Vorlage *Windows Forms-Anwendung* aus, die bereits standardmäßig markiert ist. Überschreiben Sie den Eintrag „WindowsApplication1" im Textfeld *Name* mit „Mittelwert", dem Namen unserer ersten Anwendung (siehe Abschnitt 1.4), und bestätigen Sie mit *OK*. Mit der ausgewählten Vorlage, dem Projekttyp *Windows Forms-Anwendung*, können Sie übliche Windows-Programme erstellen.

Bevor wir mit den Erklärungen weiterfahren, sollten Sie das neu erstellte Projekt speichern. Erstellen Sie am besten vorher einen eigenen Windows-Ordner für alle VB08-Programme mit entsprechenden Unterordnern, z. B. `C:\AllMyCode\VB08\Kap01` für die Programme des Kapitels 1.

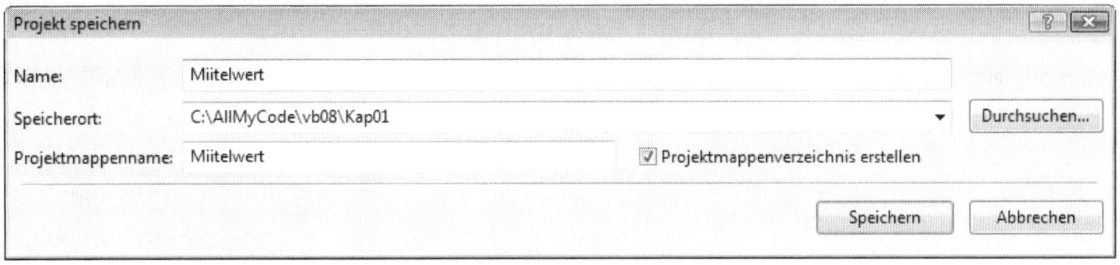

1.3 Starten mit der VB 2008 Express Edition

Abbildung 1.3 Dialogfenster „Projekt speichern"

Wählen Sie nun im Menü *Datei* den Eintrag *Alle speichern*. Alternativ können Sie auch in der Standard-Symbolleiste das Icon „Alle speichern" auswählen. Es erscheint das Dialogfeld *Projekt speichern*, in dem der *Name* und der *Projektmappenname* dem im Dialogfeld „Neues Projekt" eingegebenen Namen „Mittelwert" entsprechen (siehe Abbildung 1.3). Das Häkchen vor „Projektmappenverzeichnis erstellen" sollten Sie aktiviert belassen. Den *Speicherort* können Sie mit der Schaltfläche „Durchsuchen" auswählen, notfalls können Sie auch hier noch einen neuen Ordner erstellen.

Das Fenster für die Entwicklungsumgebung sollte nun etwa wie in Abbildung 1.4 aussehen. Falls eines der Fensterelemente nicht sichtbar ist, können Sie es im Menü *Ansicht* auswählen. Fixieren können Sie die einzelnen Fenster, indem Sie auf die Pin-up-Nadel des jeweiligen Fensters rechts oben klicken, sodass die Spitze nach unten zeigt.

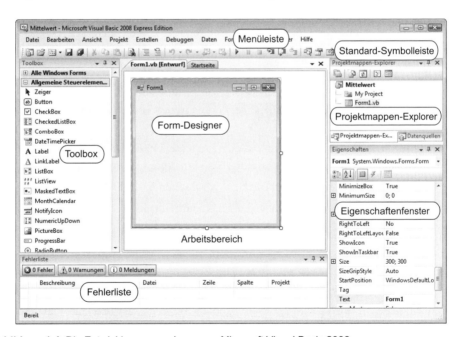

Abbildung 1.4 Die Entwicklungsumgebung von Microsoft Visual Basic 2008

Im Arbeitsbereich ist zunächst der *Form-Designer* sichtbar, mit dem Sie das Formular für Ihr Programm entwerfen können. Die benötigten Steuerelemente können in der *Toolbox* ausgewählt werden. Die Eigenschaften des Formulars und der Steuerelemente lassen sich im *Eigenschaftenfenster* verändern. In der Symbolleiste des *Projektmappen-Explorers* können Sie u. a. vom Form-Designer (Tooltipp *Ansicht-Designer*) in das *Code-Fenster* (Tooltipp *Code anzeigen*) wechseln und umgekehrt. Beim Testen des Programms (engl. *debuggen*) ist die Fehlerliste unten sehr hilfreich.

1.4 Einführungsbeispiel

Übung 1-1: Mittelwert zweier Zahlen

Aufgabe: Es ist ein Windows-Programm zu erstellen, das den Mittelwert m zweier Zahlen a und b berechnet, also $m = (a + b) / 2$.

Lernziel: Entwicklungsumgebung von Visual Basic 2008 kennenlernen, Einführung in die ereignisorientierte Windows-Programmierung.

Vorbereitende Schritte: Falls Sie das neue Projekt „Mittelwert" noch nicht erstellt haben, müssen Sie wie in Abschnitt 1.3 vorgehen. Wenn Sie die Anwendung inzwischen geschlossen haben, ist sie erneut zu starten und das Projekt „Mittelwert" auf der Startseite auszuwählen oder über das Menü *Datei|Projekt öffnen* zu öffnen. Der Bildschirm sollte ähnlich wie in Abbildung 1.4 aussehen. Vergessen Sie nicht, alle Dateien zu speichern.

Für die Erstellung eines Windows-Programms in Visual Basic sind vier wesentliche Lösungsschritte notwendig:

1. der Programmentwurf, der die Erstellung der Benutzeroberfläche mit dem *Form-Designer* einschließt. Die Steuerelemente werden in der Toolbox markiert und auf dem Formular eingefügt.
2. das Festlegen der Eigenschaften der Steuerelemente im *Eigenschaftenfenster*, soweit die Eigenschaften von den voreingestellten Standardeigenschaften abweichen.
3. das Schreiben des Programmcodes im dafür vorgesehenen *Code-Fenster*.
4. der Programmtest mit anschließender Fehlerbeseitigung. In der Regel ist eine iterative Wiederholung der Schritte 3 und 4 notwendig.

Lösungsschritt 1: Programmentwurf und Benutzeroberfläche erstellen

Markieren Sie mit der Maus in der Toolbox das Steuerelement *TextBox*. Anschließend können Sie auf dem Formular ein Textfeld mit der Maus aufziehen. Das Textfeld erhält standardmäßig den Namen *TextBox1*. Wiederholen Sie den Vorgang, und platzieren Sie neben der *TextBox1* die *TextBox2*. In die beiden Textfelder sollen später nach dem Starten des Programms, also zur Laufzeit, die Eingabewerte a und b eingetragen werden können.

Markieren Sie nun in der Toolbox das Steuerelement *Button*, und platzieren Sie auf dem Formular eine Schaltfläche, die standardmäßig den Namen *Button1* erhält. Später, bei der

1.4 Einführungsbeispiel

Programmausführung, wird durch Klicken des Buttons ein Ereignis ausgelöst, in unserem Fall wird damit die Berechnung des Mittelwerts gestartet.

Nun fehlt nur noch ein Feld, in dem das Ergebnis angezeigt wird. Markieren Sie hierzu in der Toolbox das Steuerelement *Label*, und platzieren Sie unter dem Button das Bezeichnungsfeld *Label1*. Die zwei weiteren Labels *Label2* und *Label3* haben keinen Einfluss auf den Berechnungsvorgang und dienen nur der Kommentierung der beiden TextBoxen.

Das Formular sollte dann ähnlich wie in Abbildung 1.5 aussehen, lediglich die zwei Text-Boxen sind zur leichteren Orientierung beschriftet.

Abbildung 1.5
Entwurf der Benutzeroberfläche des Programms „Mittelwert zweier Zahlen"

Lösungsschritt 2: Eigenschaften festlegen

Im nächsten Schritt ändern Sie im Eigenschaftenfenster die Voreinstellungen der Steuerelemente, damit sie einen Bezug zur Aufgabe bekommen. Dazu müssen Sie zuerst das jeweilige Steuerelement auf dem Formularfenster anklicken und anschließend die Voreinstellung im Eigenschaftenfenster mit dem jeweiligen Wert überschreiben.

Tabelle 1.1 Einzustellende Eigenschaften zur Übung „Mittelwert"

Objekt	Eigenschaft	Wert
Form1	Text	Mittelwert
Button1	Text	Berechnen
TextBox1	Text	(leer)
TextBox2	Text	(leer)
Label1	AutoSize BorderStyle Text TextAlign	False Fixed3D (leer) MiddleCenter
Label2	Text	a
Label3	Text	b

Das Formular sollte dann wie in Abbildung 1.6 aussehen, von den eingetragenen Zahlenwerten abgesehen.

Beim Starten des Programms können Sie zwar Zahlenwerte in die zwei TextBoxen eingeben, ein Mausklick auf den Button „Berechnen" bleibt allerdings wirkungslos. Dem Programm fehlen noch die Anweisungen, was es mit den Zahlenwerten machen soll. Dies wird erst im folgenden Schritt realisiert.

Lösungsschritt 3: Programmcode schreiben

Wechseln Sie durch Wahl der Schaltfläche *Code anzeigen* in der Symbolleiste des Projektmappen-Explorers in das Codefenster. Der Code besteht lediglich aus den zwei Zeilen:

```
Public Class Form1

End Class
```

Dieser Code ist nun um die Ereignisprozedur für das Klicken der Schaltfläche *Button1* („Berechnen") zu ergänzen. Im Codefenster können Sie die Auswahlliste „(Allgemein)" in der Kopfzeile links aufklappen und das Objekt *Button1* wählen. Anschließend müssen Sie in der Auswahlliste „(Deklarationen)" in der Kopfzeile rechts das gewünschte Ereignis *Click* anklicken. Wesentlich einfacher ist es jedoch, in der Entwurfsansicht (Form-Designer) auf den *Button1* zu doppelklicken.

Die erste und letzte Zeile der Ereignisprozedur werden von der Entwicklungsumgebung vorgegeben. Sie sollten dieses Prozedurgerüst (zumindest vorerst) auf keinen Fall inhaltlich verändern.

Wenn Sie eine Zeile auf mehrere Zeilen aufteilen wollen, wie z. B. die Kopfzeile der Ereignisprozedur *Button1_Click* im nachfolgenden Code, so muss am Zeilenende ein Unterstrich (_) eingefügt werden, dem ein Leerzeichen vorausgehen muss.

Den Code dazwischen müssen Sie, wie nachfolgend dargestellt, manuell eintippen. Das Einrücken des Programmcodes wird von der Entwicklungsumgebung unterstützt und dient nur der Übersichtlichkeit des Codes.

```
Public Class Form1
    Private Sub Button1_Click(ByVal sender As System.Object, _
            ByVal e As System.EventArgs) Handles Button1.Click
        Dim a, b, m As Double
        a = TextBox1.Text
        b = TextBox2.Text
        m = (a + b) / 2
        Label1.Text = "Mittelwert m = " & m
    End Sub

End Class
```

Erläuterung des Codes der Ereignisprozedur *Button1_Click*:

Auf das Schlüsselwort *Dim* folgt die Deklaration der Variablen *a*, *b* und *m* als doppeltgenaue Zahlen (Datentyp *Double*). Damit wird das Ergebnis mit 15 Stellen Genauigkeit berechnet. In den nächsten zwei Zeilen werden die in den TextBoxen *TextBox1* und *TextBox2* eingegebenen Werte in Zahlen umgewandelt und den Variablen *a* und *b* zugewiesen. In der folgenden Zeile wird der Mittelwert aus *a* und *b* berechnet und der Variablen *m* zugewiesen. In der vorletzten Zeile wird der Zahlenwert wieder in einen Text verwandelt und in dem Label *Label1* angezeigt.

Speichern Sie das Programm über den Menüpunkt *Datei|Alle speichern* nochmals ab. Eine Alternative ist das Klicken auf die entsprechende Schaltfläche in der Standard-Symbolleiste. Zum Testen des Programms wählen Sie entweder den Menüpunkt *Debuggen|Debuggen starten*, alternativ klicken Sie auf die entsprechende Schaltfläche in der Standard-Symbolleiste, oder Sie drücken einfach die Funktionstaste *F5*.

Hinweis

Auf der Begleit-DVD finden Sie im Ordner *\Uebungen* den VB-Programmcode für alle Übungen dieses Buches. Der Code besteht in den ersten Kapiteln aus den beiden Dateien *Form1.vb* und *Form1.Designer.vb*, später kommen noch weitere Dateien dazu. Die VB-Dateien lassen sich mit einem üblichen Texteditor betrachten. Die Installation eines Übungsprojektes ist im Anhang beschrieben.

Lösungsschritt 4: Programm testen

Testen Sie nun das Programm, indem Sie zwei Zahlen (z. B. $a = 4$, $b = 6$) in die zwei TextBoxen eingeben und anschließend die Schaltfläche „Berechnen" klicken. In dem Bezeichnungsfeld *Label1* sollte nun das richtige Ergebnis erscheinen.

Testen Sie das Programm nicht nur mit ganzen, sondern auch mit reellen Zahlen (z. B. $a = 3,2$ und $b = 5,4$). Achten Sie dabei darauf, dass Sie Fließkommazahlen in der deutschen Sprachumgebung mit Dezimal*komma*, nicht mit Dezimal*punkt* eingeben müssen.

Abbildung 1.6
Benutzeroberfläche des Programms „Mittelwert zweier Zahlen" zur Laufzeit

1.5 Lektion 1: Windows-Programmierung mit Visual Basic

1.5.1 Projekttypen

In Abschnitt 1.3 haben Sie gesehen, dass ein Visual Basic-Programm in der .NET-Umgebung immer in ein Projekt eingebettet ist. Dabei stehen mehrere **Projekttypen** (Vorlagen) zur Auswahl. Die Möglichkeiten sind in der Express Edition sehr begrenzt (siehe Abbildung 1.2), für uns aber völlig ausreichend.

- **Windows Forms-Anwendung**

  Mit ganz wenigen Ausnahmen wenden wir immer den Projekttyp *Windows Forms-Anwendung* an. Damit lassen sich alle üblichen Windows-Programme erstellen.

- **Klassenbibliothek**

  Wenn Sie eigene Klassen entwickeln und wieder verwenden wollen, benötigen Sie den Projekttyp *Klassenbibliothek*.

- **WPF-Anwendung**

  Mit dem Projekttyp *WPF-Anwendung* (*WPF – Windows Presentation Foundation*) lassen sich grafische Oberflächen nach dem neuesten Microsoft-Standard erstellen. Die Einarbeitung ist allerdings wesentlich aufwendiger als mit *Windows Forms*, weshalb in diesem Buch darauf verzichtet wird.

- **Konsolenanwendung**

  Beim Projekttyp *Konsolenanwendung* läuft das erstellte Programm im Fenster der Eingabeaufforderung ohne grafische Oberfläche ab (wie frühere DOS-Anwendungen).

1.5.2 Lösungsschritte zur Entwicklung eines Windows-Programms

Die vier Lösungsschritte zur Erstellung eines Windows-Programms, genauer gesagt, eines *Windows Forms*-Programms, wurden im Prinzip bereits in Abschnitt 1.4 erläutert. Nachfolgend werden einige Details näher beschrieben.

Lösungsschritt 1: Benutzeroberfläche erstellen

Die grafische Oberfläche für ein *Windows Forms*-Programm ist mithilfe des Form-Designers schnell erstellt. Damit das Programm später von „normalen" Anwendern intuitiv bedienbar ist, sind allerdings gewisse Regeln einzuhalten. Wir wollen uns damit nur kurz aufhalten, es schadet aber nicht, wenn Sie sich künftig bei kommerziellen Programmen Anregungen holen.

Es ist nicht das Ziel dieses Lehrbuchs, dass Sie alle Steuerelemente der Toolbox mit allen ihren Eigenschaften kennenlernen, wir werden uns deshalb auf die wichtigsten Steuerelemente beschränken. Dazu zählen insbesondere:

- die Schaltfläche (engl. *Button*), deren *Click*-Ereignis Berechnungen u.Ä. auslöst.

- das Bezeichnungsfeld (engl. *Label*), das der Beschriftung dient, aber auch Ergebnisse anzeigen kann.

- das Listenfeld (engl. *ListBox*), das mehrere Listeneinträge zeilenweise anzeigt.

- das Textfeld (engl. *TextBox*), das in erster Linie Eingabewerte aufnehmen, aber auch Ergebnisse anzeigen kann.

Einige weitere Steuerelemente werden bei Bedarf eingeführt. Eine wertvolle Hilfe für die Gestaltung der Benutzeroberfläche sind die Ausrichtungslinien (engl. *Snaplines*) des Form-Designers. Damit lassen sich Position und Größe der Steuerelemente einfach aufeinander abstimmen.

Lösungsschritt 2: Eigenschaften festlegen

Im zweiten Schritt werden die Eigenschaften eingestellt, soweit sie von den vorgegebenen Werten abweichen sollen. In den ersten Kapiteln werden diese Eigenschaftsänderungen tabellarisch dargestellt, mit fortschreitender Übung werden Sie diese Hilfe nicht mehr benötigen.

Es empfiehlt sich, die Eigenschaften, insbesondere die *Namen* der Steuerelemente, vor der Codeeingabe (Schritt 3) zu ändern, auch wenn die Entwicklungsumgebung spätere Änderungen selbstständig im Code anpasst. Die Namen sind eindeutige Bezeichner, mit denen Sie die Steuerelemente im Programmcode ansprechen müssen.

Die von der IDE automatisch vergebenen Namen setzen sich aus der Bezeichnung des Steuerelements und einer laufenden Nummer zusammen, also z. B. *Button1*. Bei mehreren (gleichartigen) Steuerelementen werden diese Bezeichnungen schnell unübersichtlich, die vorgegebenen Bezeichnungen werden deshalb in der Regel durch aussagefähige Namen ersetzt, z. B. *ButtonBerechnen*. Visual Basic unterscheidet zwar intern nicht zwischen Groß- und Kleinschreibung, die abwechselnde Groß- und Kleinschreibung der Wortbestandteile erleichtert aber die Lesbarkeit der Namen spürbar. Lediglich den Namen des standardmäßig von der IDE bereitgestellten Formulars *Form1* (Startformular) werden wir in der Regel belassen.

Sehr verbreitet ist die Methode, die Namen der Benutzeroberflächenelemente mit einem Präfix zu beginnen, z. B. *Btn* für einen Button (Beispiel: *BtnBerechnen*). Für die für uns relevanten Steuerelemente sind die empfohlenen Präfixe in Tabelle 1.2 aufgeführt.

Tabelle 1.2 Empfohlene Präfixe für Standard-Steuerelemente (Auswahl)

Steuerelement	Präfix	Steuerelement	Präfix
Button	Btn	Label	Lbl
CheckBox	Chk	ListBox	Lst
ComboBox	Cbo	RadioButton	Rad
GroupBox	Grp	TextBox	Txt

Für die reinen Beschriftungslabels zur Kommentierung können die von der IDE vorgeschlagenen nummerierten Namen belassen werden. Alle Eigenschaften lassen sich übrigens auch durch entsprechenden Programmcode ändern, das Einstellen im Eigenschaftenfenster ist aber in der Regel die bessere Wahl.

Lösungsschritt 3: Programmcode schreiben

Den Programmcode müssen Sie im *Code-Fenster* eintippen. Um in das Codefenster zu kommen, gibt es eine Reihe von Möglichkeiten, die Menüwahl *Ansicht|Code*, die Funktionstaste *F7*, die Schaltfläche *Code anzeigen* im Projektmappen-Explorer, die Registerkarte *Form1.vb* des Arbeitsbereichs oder per Doppelklick auf das Formular.

Windows-Anwendungen sind *ereignisorientiert*. Wenn Sie, wie in unserem Einführungsbeispiel, auf den Button „Berechnen" klicken, wird ein Ereignis ausgelöst, das das Lesen der TextBox-Inhalte, die Durchführung der Berechnung und die Ergebnisanzeige einschließt. Das *Click*-Ereignis eines Buttons ist ein sehr häufig vorkommendes Ereignis. Weitere Ereignisse sind zum Beispiel das Laden des Formulars, das Ändern eines Text-Box-Inhalts, das Markieren einer ListBox-Zeile oder das Schließen des Formulars.

Den Code für das jeweilige Ereignis müssen Sie im Code-Editor eingeben. Wenn Sie das entsprechende Steuerelement doppelklicken, öffnet sich automatisch das Codefenster, und die Kopf- und Endzeile der Ereignisprozedur sind bereits vorgegeben.

Bei der Eingabe des Programmcodes werden Sie von der *IntelliSense*, einem ausgezeichneten Hilfsmittel der Entwicklungsumgebung, unterstützt. Bereits ab einem eingegebenen Buchstaben werden Ihnen laufend syntaktisch richtige und sinnvolle Programmierwörter vorgeschlagen. In den Auswahllisten können sie mit den Cursor-Tasten oder der Maus navigieren. Sie können sich viel Schreibarbeit sparen, wenn Sie den ausgewählten Eintrag durch einen Doppelklick oder mit der Tabulator-Taste übernehmen, außerdem ist die korrekte Schreibweise sichergestellt.

Schlüsselwörter werden im Code-Editor automatisch erkannt und blau geschrieben, Kommentare (im Code durch einfachen Apostroph eingeleitet) werden grün dargestellt, Syntaxfehler werden farbig unterringelt sowie in der Fehlerliste kommentiert u.v.m. Eine wertvolle Hilfe ist das automatische Einrücken der Code-Ebenen um standardmäßig vier Zeichen, womit der Programmcode in eine übersichtliche Form gebracht wird.

Das Menü *Extras|Optionen* bietet eine Reihe von Möglichkeiten, die IDE an die individuellen Bedürfnisse anzupassen. So wurde die Einzugsgröße im Editor für die Beispiele in diesem Buch auf zwei Zeichen reduziert. Sinnvoll ist die Aktivierung der Zeilennummern, da sich damit etwaige Fehler leichter zuordnen lassen.

Lösungsschritt 4: Programm testen

Das Testen eines Programms wird gerade von Programmieranfängern häufig unterschätzt. Im Extremfall wird die Fehlersuche beendet, nachdem das Programm erstmals Werte „ausspuckt", obwohl die Ergebnisse falsch sind. Durch die Testdaten sind insbesondere die kritischen Fälle zu prüfen, bei denen es zum Beispiel aufgrund des Formelsystems zu einem arithmetischen Überlauf kommen kann. Da die ereignisorientierte Programmierung dem Anwender überlässt, in welcher Reihenfolge und wie oft er die vorgesehenen Ereignisse auslöst, muss gerade auch dies ausreichend getestet werden.

Hinweis
Das Abfangen aller möglichen Eingabefehler und sonstiger Fehlerquellen bläht den Programmcode oft stark auf, sodass der eigentliche Lehrinhalt dabei leicht untergeht. Aus diesem Grund wird die Fehlerbehandlung in diesem Buch nicht immer in aller Strenge vollzogen.

1.5.3 Objekt- und ereignisorientierte Windows-Programmierung

Wenn Sie mit Visual Basic ein Windows-Programm schreiben, programmieren Sie automatisch ereignis- und objektorientiert. In unserer Einführungsübung waren beispielsweise die beiden Codezeilen

```
Public Class Form1

End Class
```

vorgegeben. Der dazwischen eingegebene Code

```
Private Sub Button1_Click(ByVal sender As System.Object, _
    ByVal e As System.EventArgs) Handles Button1.Click
'   ...
End Sub
```

wurde damit Teil des Codes der (Objekt-)Klasse (engl. *Class*) *Form1*, die von der Basisklasse *Form* abgeleitet ist. Alle Steuerelemente auf dem Formular (z. B. *Button1*) sind konkrete Objekte (man sagt auch *Instanzen*) der Klassen *Button*, *TextBox* und *Label*, die wie die Klasse *Form* von der Klasse *Control* abgeleitet sind. Neben den Steuerelementen sind auch alle Datentypen eigene Klassen bzw. klassenähnliche Gebilde, sog. *Strukturen* (z. B. *Double*), die verwendeten Variablen *a*, *b* und *m* sind damit Instanzen der Struktur *Double*.

Das fertige Programm läuft *ereignisorientiert* ab. Wenn der Anwender auf den Button „Berechnen" klickt, wird der Codeteil innerhalb der Ereignisprozedur mit dem Namen *Button1_Click* ausgeführt. Das Ereignis (der *Ereignishandler*) wird allerdings durch das hinter der *Handles*-Klausel angegebene *Click*-Ereignis ausgelöst.

Tipp
Sie sollten sich durch die Ausführungen in diesem Abschnitt nicht abschrecken lassen, auch wenn Sie noch nicht alles verstehen.

Zum Einstieg werden im Folgenden die wichtigsten Grundbegriffe kurz erklärt.

- **Klasse (Class)**

Eine Klasse (engl. *Class*) ist eine Art Bauplan für eine Menge gleichartiger Objekte. Klassen vereinen sowohl Datenelemente (Variablen und Eigenschaften) als auch Methoden, die die Funktionalität der Klasse bestimmen. Alle Elemente zusammen bilden die Mitglieder (engl. *Member*) einer Klasse.

In Visual Basic sind zum Beispiel alle Standard-Steuerelemente der Toolbox als Klassen angelegt. Für jedes Steuerelement ist eine Reihe von Eigenschaften definiert, und jedes Steuerelement bietet in der Regel mehrere Methoden an.

Natürlich können Sie in Visual Basic auch eigene Klassen deklarieren (siehe Kapitel 9). An dem folgenden Beispiel soll dies exemplarisch aufgezeigt werden:

Sie deklarieren die Klasse *Kreis*. Die Koordinaten des Mittelpunkts und den Kreisradius definieren Sie als Eigenschaften der Klasse, für die Berechnung der Fläche und des Umfangs implementieren Sie die Methoden *GetFlaeche* und *GetUmfang*.

Objekt (Object)

Ein Objekt (engl. *Object*) ist ein konkretes Exemplar einer Klasse, das auch als *Instanz* bezeichnet wird. Somit sind alle Steuerelemente der Benutzeroberfläche eines konkreten Anwenderprogramms Instanzen der entsprechenden Klassen.

Wir kommen nochmals auf unser obiges Beispiel zurück:

Der Kreis mit dem Namen *kreisA* wird als Instanz der Klasse *Kreis* mit den Mittelpunktkoordinaten ($x = 100$, $y = 20$) und dem Radius = 2,5 gebildet, beim Aufruf der Methoden *GetFlaeche* bzw. *GetUmfang* werden die entsprechenden Zahlenwerte 19,635... bzw. 15,708... errechnet und zurückgegeben.

Eigenschaft (Property)

Ein Grundprinzip der OOP ist die Kapselung der Daten (Felder) einer Klasse. Die Daten einer Klasse, deren Werte ausgelesen bzw. verändert werden können, werden als Eigenschaften (engl. *Properties*) definiert.

Die Steuerelemente besitzen eine Reihe von Eigenschaften, denen systemseitig voreingestellte Werte zugewiesen sind. In unserem Einführungsbeispiel haben wir bereits einige Eigenschaftswerte verändert, z. B. die *Text*-Eigenschaftswerte.

Um die Eigenschaft eines Objekts anzusprechen, müssen Sie den Objektnamen mit Punkt (.) getrennt davor setzen, also z. B.:

```
Label1.Text = "Mittelwert m = " & m
kreisA.Radius = 2.5
```

Methoden (Methods)

Die Methoden (engl. *Methods*) bestimmen das dynamische Verhalten einer Klasse. In Form von Funktionen und Prozeduren (Methoden) werden die gewünschten Funktionalitäten implementiert.

Für jedes der Steuerelemente sind im Regelfall mehrere Methoden definiert. So löscht zum Beispiel die *Clear*-Methode den Inhalt einer TextBox.

Eine Methode können Sie aufrufen, wenn Sie – wie bei einer Eigenschaft – den Objektnamen mit Punkt (.) getrennt davor setzen, z. B.:

```
TextBox1.Clear()            ' Löschen des Inhalts der TextBox1
f = kreisA.GetFlaeche(2.5)  ' Kreisradius = 2,5, f = 19,635...
```

Ereignis (Event)

Ereignisse (engl. *Events*) sind Nachrichten, die von einem Objekt empfangen werden. In einem Windows-Programm werden sämtliche Operationen als Reaktion auf ausgelöste Ereignisse ausgeführt. Allein der Benutzer steuert den Ablauf des Programms. Der Programmierer muss berücksichtigen, dass der Anwender die Reihenfolge der Aufrufe der Ereignisbehandlungsprozeduren (*Ereignis*- oder *Eventhandler*) bestimmt.

Namensraum (Namespace)

Klassen lassen sich in sogenannten Namensräumen (engl. *Namespaces*) hierarchisch gliedern. Innerhalb eines Namenraumes muss der Name eindeutig sein, umgekehrt kann derselbe Name in verschiedenen Namensräumen vorkommen.

Die .NET-Klassenbibliotheken stellen eine Unmenge an Klassen zur Verfügung, die in sog. Namespaces organisiert sind. Um sie zu nutzen, muss ein Verweis auf den Namensraum bestehen. Neue Projekte besitzen bereits standardmäßig mehrere Verweise auf Namensräume. Wenn Sie im Projektmappen-Explorer auf die Schaltfläche *Alle Dateien anzeigen* und anschließend auf den Ordner „Verweise" klicken (siehe Abbildung 1.7), werden Ihnen die Namensräume angezeigt, auf die Sie automatisch zugreifen können.

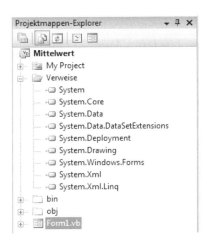

Abbildung 1.7
Standardmäßig vorhandene Verweise für eine Windows Forms-Anwendung

Visual Basic erzeugt übrigens für jedes Projekt einen eigenen *Stammnamespace*, der standardmäßig mit dem Projektnamen übereinstimmt und Teil der Projekteigenschaften ist.

Alle vorhandenen Klassen, auf die kein Verweis eingerichtet ist, können ebenfalls verwendet werden, der Zugriff ist allerdings etwas aufwendiger:

```
NameSpace1.NameSpace2.Namespace3. ... .ClassName
```

Dabei ist die gesamte Namespace-Hierarchie, durch Punkt getrennt, einzugeben. Alternativ kann der Namensraum, auf den zusätzlich verwiesen werden soll, als erste Zeile in einem Programmmodul in der **Imports**-Anweisung angegeben werden:

```
Imports NameSpace1.NameSpace2.Namespace3
```

Eine einfachste Möglichkeit, die Namespace-Hierarchie kennenzulernen, bietet der **Objektbrowser**. Sie erreichen den Objektbrowser über das Menü *Ansicht|Objektbrowser*, über die entsprechende Schaltfläche in der Standard-Symbolleiste oder einfach mit der Funktionstaste *F2*.

Abschließend ein Wort zur **MSDN-Hilfe**. Das Hilfesystem für Visual Studio erreichen Sie über das Menü *Hilfe*. Leider ist das System so langsam und in vielen Fällen so wenig hilfreich, sodass vielfach der Objektbrowser die prägnantere Information liefert.

1.5.4 Assemblies und Klassenbibliotheken

Eine *Assembly* ist vereinfacht ausgedrückt ein ausführbares .NET-Programm (**.exe*-Datei) oder eine kompilierte .NET-Bibliothek (**.dll*-Datei). Wenn Sie ein .NET-Programm kompilieren, entsteht sog. verwalteter (engl. *managed*) Code (MSIL-Code), der auch auf mehrere Dateien verteilt sein kann. Zusammen mit automatisch erzeugten Metadaten und einem sog. *Manifest* (Versionsnummer, Länderinformationen, Liste der enthaltenen Module etc.) sowie optional eingefügten Ressourcen (Bilder, Sounddateien, Datenbankdateien etc.) bildet dieser verwaltete Code eine Assembly.

Der große Vorteil der Assembly-Technik ist, dass derartige Anwendungen einfach kopiert und weitergegeben werden können und an einem anderen Rechner ablauffähig sind, soweit dort das .NET Framework installiert ist. Trotzdem ist es natürlich weiterhin bei kommerziellen Programmen üblich, ein Installationsprogramm mitzuliefern, das auch einen Eintrag in der Registry vornimmt.

Die im .NET Framework enthaltenen Klassenbibliotheken sind, wie im letzten Abschnitt erwähnt, thematisch in eine hierarchische Folge von Namespaces gegliedert. Auf Dateiebene sind diese Namespaces auf verschiedene Klassenbibliotheken (**.dll*-Dateien) verteilt. Einige ausgewählte Klassenbibliotheken sind in Tabelle 1.3 aufgelistet.

Tabelle 1.3 Ausgewählte Klassenbibliotheken des .NET Frameworks

Bibliothek	Inhalt
Mscorlib.dll	Die wichtigste Bibliothek, die u.a. alle Basisdatentypen sowie alle grundlegenden Methoden für die Verwaltung von Arrays, für Dateizugriffe etc enthält.
Microsoft.VisualBasic.dll	VB-spezifische Klassen zur Herstellung der Kompatibilität zu VB6
System.Windows.Forms.dll	Klassen für die Windows Forms-Programmierung
System.Drawing.dll	Klassen für die Grafikprogrammierung (GDI+) mit Windows Forms
System.dll	Ergänzende Basisklassen
Bibliothek	**Inhalt**
System.Data.dll	Klassen zur Datenbankprogrammierung (ADO.NET)
System.Web.dll	Klassen für die Internetprogrammierung (ASP.NET)
System.Xml.dll	Klassen zur Bearbeitung von XML-Daten

1.5.5 Projektdateien und -verzeichnisse

Wenn Sie ein neues Projekt mit Visual Basic erstellen, erzeugt die Entwicklungsumgebung automatisch eine Reihe von Verzeichnissen und Dateien. Viele der Dateien sind Textdateien, die Sie zum Beispiel mit dem *Editor* aus dem Windows-Zubehör betrachten können. Nehmen Sie aber **keinesfalls** Änderungen darin vor, die Gefahr, dass die Anwendung nicht mehr läuft, ist sehr groß.

Viele Dateien sind XML-basiert. XML (eXtensible Markup Language) ist *die* Meta-Auszeichnungssprache, die aktuell für hierarchisch strukturierte Daten eingesetzt wird.

In Tabelle 1.4 werden einige wichtige Dateien und Verzeichnisse, bezogen auf unser Einführungsbeispiel „Mittelwert", kurz erläutert.

Tabelle 1.4 Verzeichnisse und Dateien des Projekts „Mittelwert" (Auswahl)

Datei (Verzeichnis)	Inhalt
Mittelwert.sln	Projektmappendatei (sln – solution)
Mittelwert.suo	Benutzerspezifische Einstellungen (suo – solution user options)
Mittelwert*.*	Verzeichnis mit allen Dateien des Projekts
..\Form1.Designer.vb	Visual Basic-Codeteil (Windows-Formular Form1)
..\Form1.vb	Visual Basic-Codeteil (eigene Code-Eingabe)
..\Form1.resx	Ressourcendatei zu Form1 (Grafiken u.a.)
..\Mittelwert.vbproj	Projektdatei (mit Projekteigenschaften)
..\bin\Debug*.*	Verzeichnis mit kompilierter Anwendung (Debug-Version)
..\.bin\Debug\Mittelwert.exe	Ausführbare Datei (Assembly)
..\bin\Release*.*	Verzeichnis mit kompilierter Anwendung (Release-Version)
..\My Project*.*	Dateien mit Projekteinstellungen
..\obj\Debug*.*	Temporäre Kompilierungsdateien (Debug-Version)
..\obj\Release*.*	Temporäre Kompilierungsdateien (Release-Version)

Wenn Sie an einer bestehenden Anwendung weiterarbeiten wollen, sollten Sie immer die *Projektmappendatei* (*.sln*) öffnen. Solange Ihre Anwendung nur aus einem Projekt beseht, was in der Anfangsphase fast immer zutreffen wird, können Sie stattdessen aber auch die entsprechende *Projektdatei* (*.vbproj*) starten.

Achtung

Versuchen Sie nicht, projektzugehörige Dateien zu verschieben, außerhalb der IDE umzubenennen o. Ä. Die ursprünglichen Dateien werden nicht mehr gefunden, und die Anwendung läuft nicht mehr.

1.5.6 Warum Visual Basic?

Mit Einführung der .NET-Technologie ist auch Visual Basic eine leistungsfähige, objektorientierte Sprache, von der aus alle Klassenbibliotheken des .NET Frameworks zugänglich sind. Es können nicht nur herkömmliche Windows-Programme, sondern auch anspruchsvolle Datenbankanwendungen mit ADO.NET und LINQ (Language Integrated Queries) sowie Webanwendungen mit ASP.NET entwickelt werden.

Diese Vorteile treffen auch für die zweite, weit verbreitete .NET-Sprache Visual C# zu, ebenso der Nachteil, dass sich der Einsatz der beiden Sprachen weitgehend auf die Windows-Welt von Microsoft beschränkt, auch wenn eines der Ziele von .NET die Plattformunabhängigkeit ist.

Visual Basic und Visual C# sind also in den wesentlichen Punkten gleichwertige Sprachen, sie können sogar innerhalb einer Anwendung gemischt werden. Die Laufzeit sollte sich ebenfalls in beiden Sprachen kaum unterscheiden, da die Anwendungen in beiden Fällen von dem gemeinsamen MSIL-Code in Maschinencode kompiliert werden.

Ein Argument für Visual Basic ist wohl, dass sich Programmierer, die schon Erfahrungen mit VB6, VBA, VBScript oder ASP haben, schneller in Visual Basic zurechtfinden werden. Programmierern mit C/C++/Java-Erfahrung wird dagegen Visual C# von der Syntax her vertrauter vorkommen.

1.6 Aufgaben

Aufgabe 1-1: Mittelwert dreier Zahlen

Erweitern Sie das Einführungsbeispiel, sodass es den Mittelwert aus drei Zahlen berechnet. Hierzu ist lediglich eine weitere TextBox *TextBox3* für die Zahl *c* in die *Form1* einzufügen. Der Programmcode (Quelltext) ist entsprechend anzupassen.

Aufgabe 1-2: Volumen und Oberfläche eines Würfels

Erstellen Sie ein Windows-Programm, das für die vom Benutzer einzugebende Kantenlänge *a* das Volumen *V* und die Oberfläche *O* des Würfels berechnet.

Formeln: $V = a^3$, $O = 6a^2$

Die Benutzeroberfläche sollte ähnlich wie in Abbildung 1.8 aussehen.

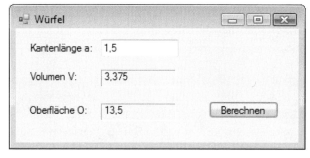

Abbildung 1.8
Benutzeroberfläche und Testbeispiel zur Aufgabe „Würfel"

Beachten Sie bitte, dass Gleitkommazahlen bei der deutschen Sprachumgebung mit dem Dezimaltrennzeichen „Komma" einzugeben sind.

Hinweis

Auf der Begleit-DVD finden Sie im Ordner *\Aufgaben* Lösungshinweise zu den Aufgaben. Das benötigte Passwort können Sie dem Anhang entnehmen. Versuchen Sie aber zunächst, die Aufgaben selbst zu lösen!

2 Variablen, Ausdrücke und Zuweisungen

Ein Programm setzt sich aus einer Abfolge von Anweisungen zusammen, die hintereinander ausgeführt werden. Die wichtigste Anweisung in jeder Programmiersprache ist die Wertzuweisung, kurz Zuweisung genannt. Eine *Zuweisung* besteht darin, dass einer Variablen ein Wert oder ein Ausdruck zugewiesen wird. *Variablen* sind im Programm festgelegte Namen für Speicherzellen, deren Inhalte während des Programmablaufs beliebig oft verwendet und überschrieben werden können.

Computer rechnen auf der Basis des Dualsystems (Ziffern 0 und 1). Ganze Zahlen werden intern im Speicher anders abgelegt als Gleitkommazahlen oder Zeichen. Zahlenwerte und/oder Variablenwerte werden mit sog. *Operatoren*, z. B. dem +-Zeichen für die Addition, zu sog. *Ausdrücken* verknüpft. Auch die Rechenoperationen sind abhängig vom Datentyp, ganze Zahlen werden beispielsweise intern im Rechner nach anderen Regeln addiert als Gleitkommazahlen. Der Programmierer muss deshalb vor der Verwendung einer Variablen festlegen, um welchen *Datentyp* es sich handelt. Diese Typfestlegung wird als *Vereinbarung* oder *Deklaration* bezeichnet.

2.1 Einführungsübung

Übung 2-1: Heronische Flächenformel

Aufgabe: Es ist ein Programm zu erstellen, das aus den Längen der drei Seiten a, b und c eines Dreiecks die Fläche F berechnet.

Heronische Flächenformel: $F = \sqrt{s\,(s-a)\,(s-b)\,(s-c)}$, wobei $s = \dfrac{a+b+c}{2}$.

Lernziel: Ein einfaches Windows-Programm entwickeln, dessen Code aus einer sequenziellen Folge von Anweisungen besteht, Datenkonvertierungsfunktionen einsetzen.

2 Variablen, Ausdrücke und Zuweisungen

Starten Sie Visual Basic 2008, erstellen Sie ein neues Projekt (Menü *Datei|Neues Projekt*), wählen Sie im Dialogfeld *Neues Projekt* die Vorlage *Windows Forms-Anwendung*, überschreiben Sie den Eintrag „WindowsApplication1" im Textfeld *Name* mit „Heron", und bestätigen Sie mit *OK*. Warten Sie, bis im Projektmappen-Explorer das Projekt *Heron* (siehe Abbildung 2.1) und im Projektfenster das leere Startformular *Form1* zu sehen sind.

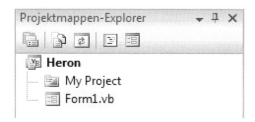

Abbildung 2.1
Projektmappen-Explorer

Speichern Sie am besten gleich zu Beginn alle mit dem Projekt verbundenen Dateien (Menü *Datei|Alle speichern*). Im Dialogfeld *Projekt speichern* sind die Textfelder *Name* und *Projektmappenname* bereits mit dem Eintrag „Heron" vorbelegt. Den *Speicherort* können Sie über den Button *Durchsuchen* auswählen, Sie können dabei auch einen neuen Ordner erstellen.

Die Programmerstellung läuft, wie bereits beim Einführungsbeispiel (Übung 1-1) gezeigt, immer in vier Schritten ab.

Lösungsschritt 1: Benutzeroberfläche erstellen

Platzieren Sie drei Textfelder (TextBoxen) für die Eingabe der Seiten *a*, *b* und *c*, ein Label für die Anzeige der Fläche und zwei Buttons auf dem Startformular *Form1*. Die Ausdehnung des Formulars lässt sich durch Ziehen an den Anfassern verändern. Fügen Sie zum Schluss vier weitere Labels (*Label2* bis *Label5*) für die erklärende Beschriftung der drei Textfelder und des Bezeichnungsfelds *Label1* ein. Das Formular sollte dann ähnlich wie in Abbildung 2.2 aussehen.

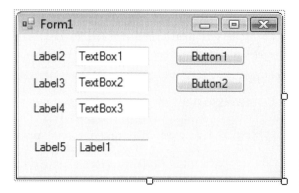

Abbildung 2.2
Rohformular zur Übung
„Heronische Flächenformel"

Lösungsschritt 2: Eigenschaften festlegen

Im zweiten Schritt werden die voreingestellten Eigenschaften der Steuerelemente im Eigenschaftenfenster modifiziert (siehe Tabelle 2.1). Die *Text*-Eigenschaft der TextBoxen ist standardmäßig leer und ist in Abbildung 2.2 nur für das leichtere Zurechtfinden mit *TextBox1* usw. belegt. Die Beschriftung (*Text*-Eigenschaft) der weiteren Labels (*Label2* bis *Label5*) kann Abbildung 2.4 entnommen werden.

Tabelle 2.1 Eigenschaftseinstellungen zur Übung „Heronische Flächenformel"

Objekt	Eigenschaft	Wert
Form1	Text FormBorderStyle	Heronische Flächenformel FixedSingle
TextBox1	(Name) TabIndex	TxtA 0
TextBox2	(Name) TabIndex	TxtB 1
TextBox3	(Name) TabIndex	TxtC 2
Label1	(Name) AutoSize BorderStyle Text	LblFlaeche False Fixed3D (leer)
Button1	(Name) TabIndex Text	BtnBerechnen 3 Berechnen
Button2	(Name) TabIndex Text	BtnBeenden 4 Beenden

Wie bereits in Abschnitt 1.5.2 hingewiesen, empfiehlt es sich, den Steuerelementen sprechende *Namen* zu geben. Die üblichen Präfixe sind in Tabelle 2.1 schon berücksichtigt.

Die Änderung der Eigenschaft *FormBorderStyle* des Startformulars bewirkt, dass das Formular während der Laufzeit nicht in seiner Größe veränderbar ist.

Aktivierungsreihenfolge (Eigenschaft TabIndex)

Die Eigenschaft *TabIndex* bestimmt die Reihenfolge, in der die Steuerelemente während des Programmablaufs angesteuert werden. Der *TabIndex* ist eine ganze Zahl und beginnt immer mit 0. Beim Programmstart steuert der Cursor zunächst das Steuerelement an, das den *TabIndex* = 0 hat, man sagt auch, das Steuerelement erhält den *Fokus*. Nach Betätigen der Tabulatortaste springt der Cursor zum Steuerelement mit dem *TabIndex* = 1, danach zum Steuerelement mit dem *TabIndex* = 2 usw. Steuerelemente vom Typ Label werden nicht angesprungen, da zur Laufzeit keine Eingaben möglich sind.

Beim Aufbau der Benutzeroberfläche legt die Entwicklungsumgebung automatisch den *TabIndex* in der Reihenfolge der Platzierung der Steuerelemente fest. Wenn Sie also die Steuerelemente in der im Schritt 1 angegebenen Reihenfolge platziert haben, entspricht der *TabIndex* bereits den Werten in der obigen Tabelle, ansonsten kann er nachträglich im Eigenschaftenfenster geändert werden.

Eine weitere Möglichkeit, die Aktivierungsreihenfolge der Steuerelemente zu ändern, bietet die Entwicklungsumgebung mit dem Menüpunkt *Ansicht|Aktivierungsreihenfolge*. Die Nummern in den Kästchen geben die spätere Tabulatorreihenfolge an (siehe Abbildung 2.3). Durch Klicken der Kästchen lässt sich die Reihenfolge verändern.

Abbildung 2.3 Aktivierungsreihenfolge der Steuerelemente

Nachdem Sie nun wissen, wozu der *TabIndex* dient und wie er eingestellt werden kann, wird künftig in aller Regel auf die Angabe der Eigenschaft *TabIndex* verzichtet.

Lösungsschritt 3: Programmcode schreiben

Windows-Programme erstellen bedeutet *ereignisorientiert* programmieren. Das zu entwickelnde Programm soll auf zwei Ereignisse reagieren. Wird der Button „Berechnen" geklickt, soll die Fläche berechnet werden, wird der Button „Beenden" geklickt, soll das Programm beendet werden.

Die äußere Klammer für den Quellcode des Startformulars (Klasse *Form1*) bildet das schon aus dem Einführungsbeispiel bekannte Codegerüst. Dazwischen werden die zwei Ereignisprozeduren eingebettet:

```
Public Class Form1
    Private Sub BtnBerechnen_Click(...) Handles BtnBerechnen.Click
        ' ... Hier wird ergänzt
    End Sub

    Private Sub BtnBeenden_Click(...) Handles BtnBeenden.Click
        ' ... Hier wird ergänzt
    End Sub
End Class
```

Hinweis

Der Codeteil (...) in der Kopfzeile der zwei Ereignisprozeduren enthält die zwei systemseitig vorgegebenen Parameter *sender* und *e*. Diesen Codeteil sollten Sie *nicht* verändern. Da er aber immer gleich ist, werden wir ihn im Programmcode in der Regel weglassen und durch die obige Abkürzung kenntlich machen.

■ Ereignisprozedur BtnBerechnen_Click (Button „Berechnen")

Der wesentliche Code unseres Programms verbirgt sich hinter dem *Click*-Ereignis des Buttons *BtnBerechnen*. Das Prozedurgerüst für die Ereignisprozedur bekommen Sie am einfachsten, wenn Sie auf den Button „Berechnen" im Formularentwurf doppelklicken.

Der Code lässt sich entsprechend des Ablaufs in verschiedene Abschnitte gliedern, die zu einer gut überschaubaren Programmstruktur führen. Es sind dies die vier Abschnitte:

A1: Deklaration der Variablen

A2: Zuweisung der Eingabewerte

A3: Berechnungen

A4: Ergebnisanzeige

A1: Deklaration der Variablen

Die benötigten Variablen werden mit der *Dim*-Anweisung deklariert. Die Variablen nennen wir in Anlehnung an die Ausgangsformel *a*, *b*, *c*, *s* und *f*. Groß- und Kleinschreibung spielt bei Visual Basic keine Rolle, es ist aber üblich, die Variablennamen mit Kleinbuchstaben zu beginnen. Im darauffolgenden Code übernimmt Visual Basic automatisch die in der Deklaration gewählte Schreibweise. Für alle fünf Variablen legen wir den Datentyp *Double* fest, der für das Rechnen mit Gleitkommazahlen standardmäßig verwendet werden sollte. Die interne Genauigkeit für diesen Datentyp beträgt etwa 15 signifikante Stellen.

```
Private Sub BtnBerechnen_Click(...) Handles BtnBerechnen.Click
    ' A1: Deklaration der Variablen
    Dim a, b, c, s, f As Double
    ' A2: ...
    ' A3: ...
    ' A4: ...
End Sub
```

Kommentare werden mit einem einfachem Apostroph (') eingeleitet und gelten bis zum Zeilenende (Zeile ' A1: Deklaration ...).

A2: Zuweisung der Eingabewerte

In diesem Abschnitt werden die zur Laufzeit in die drei TextBoxen eingegebenen Zahlenwerte den vorgesehenen Variablen *a*, *b* und *c* zugewiesen.

```
' A2: Zuweisung der Eingabewerte
a = CDbl(TxtA.Text)
b = CDbl(TxtB.Text)
c = CDbl(TxtC.Text)
```

Die *Text*-Eigenschaft einer TextBox interpretiert einen Wert immer als Zeichenkette (Datentyp *String*). Bevor die Zeichenfolgen den Variablen vom Datentyp *Double* auf der linken Seite des Zuweisungsoperators (=) zugewiesen werden, müssen sie in den Ergebnis-Datentyp *Double* umgewandelt werden. Visual Basic ist dabei sehr tolerant und führt die Konvertierung implizit gemäß der aktuellen Ländereinstellung automatisch durch (siehe Übung 1-1). Es gehört allerdings zum guten Programmierstil, für Werte unterschiedlichen Datentyps eine explizite Typumwandlung mit einer der vielen verfügbaren Konvertierungsfunktionen durchzuführen. Die Visual Basic-Konvertierungsfunktion *CDbl* wandelt

Zeichenketten in den Datentyp *Double* gemäß der aktuellen Ländereinstellung um. Im deutschen Sprachraum wird bei der Zahleneingabe das Komma als Dezimaltrennzeichen erwartet.

A3: Berechnungen

Im dritten Abschnitt wird die Fläche *f* bestimmt, indem zuerst die Hilfsgröße *s* und anschließend der Ausdruck unter der Wurzel berechnet und der Variablen *f* zugewiesen wird.

```
' A3: Berechnungen
s = (a + b + c) / 2
f = s * (s - a) * (s - b) * (s - c)
f = Math.Sqrt(f)
```

In der Variablen *f* wird zunächst das Quadrat der Dreiecksfläche gespeichert. In der letzten Zeile wird daraus die Quadratwurzel mithilfe der *Sqrt*-Methode (*Sqrt – Square root*) der *Math*-Klasse gezogen und wieder der Variablen *f* zugewiesen. Der Abschnitt *A3* enthält damit drei Wertzuweisungen, bei denen stets zuerst die Ausdrücke auf der rechten Seite des Zuweisungsoperators (=) ausgewertet und anschließend der Variablen auf der linken Seite des Zuweisungsoperators zugewiesen werden. Vorherige Inhalte der Variablen werden dabei überspeichert.

A4: Ergebnisanzeige

Im letzten Abschnitt wird der Inhalt der Variablen *f* wieder in eine Zeichenfolge zurückverwandelt und der *Text*-Eigenschaft des Labels *LblFlaeche* zugewiesen.

```
' A4: Ergebnisanzeige
LblFlaeche.Text = f.ToString("F4")
```

Für die Datentyp-Konvertierung wird die *ToString*-Methode eingesetzt. Der Format-String `"F4"` bewirkt, dass *f* auf vier Nachkommastellen gerundet ausgegeben wird.

Der gesamte Programmcode ist nochmals geschlossen auf der Begleit-DVD enthalten.

■ Ereignisprozedur BtnBeenden_Click (Button „Beenden")

Durch Klicken des Buttons „Beenden" soll das Programm beendet bzw. das Formular geschlossen werden. Neben dem Prozedurgerüst (Prozedurkopf und -ende) ist nur eine Zeile notwendig, nämlich *Me.Close()*, womit das Formular *Form1* geschlossen wird.

```
Private Sub BtnBeenden_Click(...) Handles BtnBeenden.Click
    Me.Close()
End Sub
```

Lösungsschritt 4: Programm testen

Starten Sie das Programm (Menü *Debuggen|Debugging starten*, Schaltfläche *Debugging starten* in der Standard-Symbolleiste oder Funktionstaste *F5*), und testen Sie das Programm mindestens mit den folgenden zwei Testdatensätzen:

(1) a = 300, b = 400, c = 500 $\Rightarrow$ F = 60000,0000

(2) a = 40,87, b = 46,85, c = 40,37 (Dezimalkomma verwenden) $\Rightarrow$ F = 777,3177

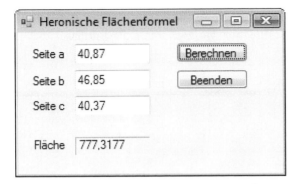

Abbildung 2.4
Testbeispiel zur Übung „Heronische Flächenformel"

2.2 Lektion 2: Variablen, Ausdrücke und Zuweisungen

2.2.1 Deklaration von Variablen

Variablendeklaration (*Dim*-Anweisung)

Variablen sind benannte Speicherzellen, die über ihren Namen (Bezeichner, engl. *Identifier*) ansprechbar sind. Sie müssen grundsätzlich vor ihrer ersten Verwendung vereinbart oder deklariert werden. Dazu muss ihnen ein Datentyp zugewiesen werden. In Abhängigkeit vom Datentyp wird im Arbeitsspeicher des Computers Speicherplatz für die Variable reserviert.

Die allgemeine Syntax für die Variablendeklaration lautet:

```
Dim varName As DatenTyp
```

Die Variablendeklaration sollte der Übersichtlichkeit wegen immer am Anfang eines Programmteils, z. B. einer Ereignisprozedur, stehen. Die Deklaration wird mit dem Schlüsselwort *Dim* eingeleitet. Der Variablenname *varName* kann im Prinzip vom Programmierer frei vergeben werden, allerdings gibt es bestimmte Regeln, die eingehalten werden müssen (siehe Abschnitt 2.2.2). Nach dem Variablennamen stehen das Schlüsselwort *As* und anschließend der Datentyp der Variablen.

Mehrere Variablen desselben Datentyps können durch Komma getrennt hintereinander aufgeführt werden. Es ist auch möglich, Variablen unterschiedlichen Datentyps in einer *Dim*-Anweisung zu deklarieren, ebenso ist es erlaubt, die Deklarationen auf mehrere *Dim*-Anweisungen zu verteilen.

Listing 2.1 Variablendeklaration mit Dim

```
Dim a, b, m As Double, i, j As Integer
Dim strText As String, countChars As Integer, vorname As String
```

Die Variablen *i*, *j* und *countChars* werden als Ganzzahlen vom Typ *Integer* deklariert, die Variablen *a*, *b* und *m* als Gleitkommazahlen vom Typ *Double* und die Variablen *strText* und *vorname* als Zeichenkette (*String*).

Initialisierung bei der Deklaration

Die Zuweisung eines Anfangswertes an eine Variable wird als Initialisierung bezeichnet. Sie kann unmittelbar mit der Deklaration kombiniert werden.

Die allgemeine Syntax für die Variablendeklaration mit Initialisierung lautet:

```
Dim varName As DatenTyp = ausdruck
```

Listing 2.2 Deklaration mit Initialisierung der Variablen

```
Dim r As Double = 0.0, i As Integer = 1
```

Diese Kurzschreibweise ersetzt den üblichen Weg, dass die Variablen erst nach der Deklaration initialisiert werden:

```
Dim r As Double, i As Integer
r = 0.0
i = 1
```

Variablen sollten vor ihrer ersten Verwendung immer initialisiert werden, ansonsten wird ihnen vom System je nach Datentyp ein Startwert zugewiesen. Numerische Variablen haben beispielsweise immer den Startwert 0 (null), *String*-Variablen den Wert *Nothing*, der aber zur Laufzeit als leere Zeichenkette (`""`) interpretiert wird.

Gültigkeitsbereich von Deklarationen

Variablen müssen innerhalb ihres Gültigkeitsbereichs einen eindeutigen Namen haben, der den im Abschnitt 2.2.2 beschriebenen Regeln genügen muss. Der Gültigkeitsbereich einer Variablen wird bei der Deklaration durch ein spezielles Schlüsselwort festgelegt, das auch als *Zugriffsmodifizierer* bezeichnet wird. Der Gültigkeitsbereich bestimmt, von welchen Programmteilen auf eine Variable zugegriffen werden kann, und legt fest, wie lange der Speicherplatz für eine Variable reserviert ist.

- **Lokale Deklaration mit Dim**

Die häufigste Form der Deklaration ist die *lokale* Deklaration mit dem Schlüsselwort *Dim*, die wir bereits kennengelernt haben. Durch die Deklaration mit *Dim* steht die Variable nur innerhalb der Prozedur zur Verfügung, in der sie deklariert wurde. Bei jedem Aufruf der Prozedur wird für die Variable der Speicherplatz neu reserviert, und die Variable wird neu initialisiert (z. B. mit dem Startwert 0). Nach dem Verlassen der Prozedur kann auf alle mit *Dim* deklarierten Variablen nicht mehr zugegriffen werden, und der von ihnen beanspruchte Speicherplatz wird wieder freigegeben.

2.2 Lektion 2: Variablen, Ausdrücke und Zuweisungen

■ Lokale statische Deklaration mit Static

Manchmal ist es notwendig, dass der Wert einer lokalen Variablen, den sie beim Verlassen der Prozedur hatte, beim erneuten Aufruf dieser Prozedur wieder zur Verfügung steht. Hierzu ist in der Deklaration das Schlüsselwort *Static* zu verwenden.

Listing 2.3 Deklaration mit Static

```
Private Sub Button1_Click(...) Handles Button1.Click
  Static aufrufe As Integer
  aufrufe = aufrufe + 1
  TextBox1.Text = aufrufe
End Sub
```

Bei jedem Klick auf den Button *Button1*, d. h. bei jeder Ausführung der Ereignisprozedur *Button1_Click* (Listing 2.3), erhöht sich der Wert der Variablen *aufrufe* um den Wert 1, zusätzlich wird der Wert in der *TextBox1* aktualisiert.

■ Modulglobale Deklaration mit Private

Sollen Variablen ihre Inhalte über mehrere Prozeduren hinweg austauschen können, müssen sie modulglobal mit dem Schlüsselwort *Private* im Allgemeinteil des übergeordneten Moduls oder der Klasse deklariert werden. Auf diese Variablen kann von allen Prozeduren innerhalb des Moduls (oder der Klasse) zugegriffen werden, in jeder der untergeordneten Prozeduren können umgekehrt die Variablenwerte verändert werden. Außerhalb des Moduls (oder der Klasse) sind aber auch diese Variablen unbekannt.

Eine Deklaration innerhalb einer Prozedur mit *Private* ist nicht zulässig.

Listing 2.4 Modulglobale (formularglobale) Deklaration mit Private

```
Public Class Form1
  Private punkte As Integer

  Private Sub Button1_Click(...) Handles Button1.Click
    punkte = punkte + 1
    TextBox1.Text = punkte.ToString
  End Sub

  Private Sub Button2_Click(...) Handles Button2.Click
    punkte = punkte + 2
    TextBox1.Text = punkte.ToString
  End Sub
End Class
```

In dem Beispiel in Listing 2.4 wird die Variable *punkte* bei jedem Klick auf den *Button1* um 1 erhöht, bei jedem Klick auf den *Button2* um 2. Der Inhalt der Variablen *punkte* wächst bei jedem Button-Klick und wird in der *TextBox1* angezeigt.

■ Programmglobale Deklaration mit Public

Besteht ein Programm aus mehreren Modulen (oder Klassen) und sollen Variablen über mehrere Module (oder Klassen) hinweg ihre Gültigkeit bewahren, müssen sie mit *Public* deklariert werden (Beispiel siehe Listing 2.5).

Listing 2.5 Globale Deklaration mit Public

```
Public dateiPfad As String
```

■ Welche Art der Deklaration soll verwendet werden?

Es ist guter Programmierstil, die Variablen mit dem kleinstmöglichen Gültigkeitsbereich zu deklarieren. Die lokale Deklaration mit *Dim* ist also beispielsweise der modulglobalen Deklaration mit *Private* vorzuziehen. Variablen, die im übergeordneten Modul oder Programm deklariert werden, können dort auch geändert werden, was bei größeren Programmen leicht zu unerwünschten Programmfehlern führen kann und die Fehlersuche erschwert.

Option Explicit und Option Strict

Zum guten Programmierstil gehört, dass alle Variablen vor ihrer ersten Verwendung deklariert werden. Diese Art der Deklaration wird als *explizite* Deklaration bezeichnet. Um dies zu erzwingen, kann im Code-Editor am Beginn eines Moduls die Anweisung

```
Option Explicit On
```

eingegeben werden. Dieselbe Wirkung erreichen Sie, indem Sie den Menüpunkt *Extras| Optionen* auswählen, im darauffolgenden Dialogfeld *Optionen* den Bereich *Projekte und Projektmappen|VB-Standard* wählen und die entsprechende Standardprojekteinstellung für *Option Explicit* auf *On* stellen. Wie Sie sehen, ist dies die Standardeinstellung, die Sie auf jeden Fall belassen sollten, die aber im Programmcode nicht sichtbar ist. Die Alternativeinstellung (`Option Explicit Off`) erhöht nur die Fehleranfälligkeit eines Programms und bringt keine Vorteile.

Der zweite Schalter *Option Strict* betrifft die strenge Typprüfung und -konvertierung. Wie *Option Explicit* kann er am Beginn eines Moduls als Anweisung stehen:

```
Option Strict On
```

Wie bei *Option Explicit* können Sie auch im Dialogfeld *Optionen* den Schalter für *Option Strict* auf *On* stellen. Standardmäßig steht hier allerdings der Schalter auf *Off*. Diese Abschaltung der strengen Typprüfung kommt vor allem dem VB6- oder VBA-Umsteiger entgegen, da auch VB 2008 viele Typkonvertierungen implizit durchführt. Die Einstellung verführt aber leicht zum „schlampigen" Programmieren. Der Programmiereinsteiger ist deshalb gut beraten, den Schalter auf *On* zu stellen, da dies zu einem besseren Programmierstil führt und die Portierung des Programmcodes in andere .NET-Sprachen wesentlich erleichtert.

Achtung

Alle Übungen und Aufgaben in diesem Buch gehen – soweit nicht ausdrücklich vermerkt – von der Einstellung **Option Strict On** aus. Auch Sie sollten im Code-Editor als erste Anweisung immer *Option Strict On* eingeben!

2.2.2 Bezeichner und Namen

Regeln für Bezeichner

Bezeichner (engl. *Identifier*) sind frei wählbare Namen, mit denen Variablen, Konstanten, Klassen und Methoden benannt werden.

Dabei sind folgende Regeln zu beachten:

- Bezeichner müssen mit einem Buchstaben oder einem Unterstrich (_) beginnen.
- Bezeichner dürfen nur Buchstaben, Ziffern und den Unterstrich enthalten.
- Bezeichner dürfen keine reservierten Schlüsselwörter sein (z. B. *Dim*, *Double*, *If*, *End*).
- Bezeichner müssen innerhalb ihres Gültigkeitsbereichs eindeutig sein.

Bezeichner dürfen also keine Leerzeichen oder Sonderzeichen enthalten. Eine Ausnahme bilden die länderspezifischen Sonderzeichen wie die deutschen Umlaute (ä, ö, ü) und das ß-Zeichen. Davon wird aber dringend abgeraten, da der Programmcode standardmäßig gemäß dem ANSI-Code mit nur einem Byte pro Zeichen gespeichert wird. Alle Zeichen außerhalb des US-ASCII-Zeichensatzes können deshalb in einer anderen Länderumgebung Probleme bereiten. Bezeichner dürfen nur eine bestimmte Zeichenlänge haben, in der Literatur finden sich widersprüchliche Angaben (256 bzw. 16383 Zeichen), was aber für die Praxis bedeutungslos ist.

Groß- und Kleinschreibung

Visual Basic unterscheidet bei Bezeichnern intern nicht zwischen Groß- und Kleinschreibung. Das heißt aber auch, dass Sie keine Variablennamen verwenden dürfen, die sich nur durch ihre Groß- und Kleinschreibung unterscheiden.

Beim Eintippen im Code-Editor übernehmen Variablennamen automatisch die Schreibweise (Groß- und Kleinschreibung), die in der Deklaration verwendet wurde. Wenn Sie die Groß-/Kleinschreibung einer Variablen nachträglich in der *Dim*-Anweisung ändern, wird die Schreibweise allerdings nicht automatisch angepasst. Das erreichen Sie, indem Sie den gesamten Code(teil) markieren und anschließend die Tabulatortaste drücken. Wenn Sie eine Variable umbenennen wollen, klicken Sie mit der rechten Maustaste den Variablennamen an und wählen *Umbenennen* im Kontextmenü aus.

Listing 2.6 Gültige Variablennamen

- ```Zahl234```
- ```Za_H_l_23_4```
- ```_zahl_234```
- ```zahl23und4```

Listing 2.7 Ungültige Variablennamen

- `234zahl`   Bezeichner dürfen nicht mit einer Ziffer beginnen
- `Zahl-234`   Sonderzeichen (hier: Bindestrich) in Bezeichnern sind nicht erlaubt
- `zahl 234`   Bezeichner dürfen keine Leerzeichen enthalten
- `double`   Reservierte Schlüsselwörter sind nicht als Bezeichner zugelassen

Empfehlungen für Variablennamen

Die folgenden Empfehlungen sind nicht zwingend vorgeschrieben, sie erhöhen aber die Lesbarkeit des Programmcodes und verbessern die Fehlersuche und Wartbarkeit des Codes enorm.

- Verwenden Sie aussagekräftige Variablennamen, oder verwenden Sie Namen, die den Bezeichnungen in den zu codierenden Formeln entsprechen.
- Beginnen Sie Variablennamen mit einem Kleinbuchstaben. Setzt sich der Variablenname aus mehreren Teilwörtern zusammen, beginnen Sie jedes Teilwort (mit Ausnahme des ersten) mit einem Großbuchstaben (sog. *Camel*-Schreibweise).
- Verwenden Sie auf jeden Fall eine durchgängige einheitliche Schreibweise.

Manche Softwareentwickler empfehlen, ausschließlich englischsprachige Bezeichner (z. B. *counter* statt *zaehler*) zu verwenden, oder geben sich weitere Regeln vor.

Listing 2.8 Variablennamen (gemäß Empfehlungen)

- `alpha`   Bezeichner für den Winkel α
- `i`   Bezeichner für den Laufindex i = 1 bis n (gemäß Formel)
- `maxAnzahl`   Bezeichner für die maximale Anzahl von Werten
- `counterPointsArea`   Bezeichner für den Zählindex der Punkte einer Fläche

Empfehlungen für Steuerelementnamen

Auch alle Steuerelemente müssen einen eindeutigen Namen haben. Visual Basic stellt dies sicher, indem es beim Platzieren der Steuerelemente auf dem Formular automatisch eine Ziffer an die Steuerelementbezeichnung anfügt, also z. B. *Button1*, *Button2*, *Button3* usw.

Wie bereits in der Übung 2-1 hingewiesen, sollten Sie diese vorgegebenen Bezeichner durch sprechende Namen ersetzen, um Verwechslungen zu vermeiden. Dabei wird der Steuerelementname (Objektbezeichner) üblicherweise mit einem Präfix (siehe Tabelle 1.2) begonnen und mit einem Großbuchstaben fortgesetzt, z. B. *BtnBerechnen* oder *TxtSeiteA*.

Die Schreibweise, bei der auch das erste Teilwort mit einem Großbuchstaben beginnt, wird als *Pascal*-Schreibweise bezeichnet.

2.2.3 Elementare Datentypen

Der Datentyp bestimmt den Wertebereich, der für eine Variable dieses Typs zur Verfügung steht. Mit dem Datentyp wird auch festgelegt, wie viel Speicher für eine Variable bereitgestellt wird, in welcher Informationsdarstellung (Bitfolge) ein Variablenwert gespeichert wird und welche Grundoperationen für eine Variable zur Verfügung stehen.

Ganzzahlige Datentypen

Ganze Zahlen werden computerintern als binäre Bitfolgen (Dualzahlen) dargestellt. Die Bitfolge entspricht den ganzzahligen Potenzen der Zahl 2.

Beispiel: Darstellung der Zahl 234 als Binärzahl

$$1110\ 1010\ (\text{binär}) = 1*2^7 + 1*2^6 + 1*2^5 + 0*2^4 + 1*2^3 + 0*2^2 + 1*2^1 + 0*2^0$$
$$= 128 + 64 + 32 + 8 + 2 = 234.$$

Ganze Zahlen lassen sich im Computer immer exakt darstellen. Voraussetzung dafür ist allerdings, dass der reservierte Speicherplatz ausreicht. Für die Dezimalzahl 234 wären demnach 8 Bit oder 1 Byte notwendig. Mit 1 Byte lassen sich somit natürliche Zahlen zwischen 0 bis 255 speichern. Der entsprechende Datentyp in Visual Basic hat die Bezeichnung *Byte*.

Dabei haben wir allerdings nicht berücksichtigt, dass ganze Zahlen auch negativ sein können. Würden wir für das Vorzeichen ein Bit opfern, so stünden nur noch 7 Bit für die eigentliche Zahl zur Verfügung, und wir müssten uns auf den Wertebereich von –127 bis +127 beschränken. Aus rechentechnischen Gründen verwenden Computer einen anderen Weg für die negativen Zahlen, nämlich die sog. *Zweierkomplement*-Darstellung, die Sie in allen Informatik-Grundlagenbüchern nachlesen können. Damit reicht der Wertebereich von –128 bis 127. In Visual Basic gibt es dafür den Datentyp *SByte*.

In der Praxis ist der mit einem Byte darstellbare Wertebereich nur in den seltensten Fällen ausreichend. Visual Basic geht standardmäßig davon aus, dass für ganze Zahlen der Datentyp **Integer** verwendet wird. Mit 4 Byte (32 Bit) steht mit diesem Datentyp ein für die meisten Anwendungen ausreichender Wertebereich zur Verfügung, der zusätzlich auf 32-Bit-Rechnern eine optimale Ausführungsgeschwindigkeit garantiert. Verwenden Sie deshalb nach Möglichkeit immer den Datentyp *Integer* für ganze Zahlen, auch wenn Sie wissen, dass die Zahl nicht den Wertebereich ausfüllt.

Lediglich für sehr speicherintensive Anwendungen (z. B. in großen Feldern) sollte ein Datentyp mit weniger Speicherbedarf in Erwägung gezogen werden. Ebenso müssen Sie natürlich auch sicher sein, dass der Wertebereich des *Integer*-Datentyps nicht überschritten wird. Für diese Fälle stehen die Datentypen *Long* und *ULong* zur Verfügung.

Tabelle 2.2 Wertebereiche und Speicherplatzbedarf der Ganzzahl-Datentypen

VB-Datentyp	.NET-Datentyp	Wertebereich	Länge
Byte	System.Byte	0 bis 255	1 Byte
Short	System.Int16	−32.768 bis 32.767	2 Byte
Integer	System.Int32	−2.147.483.648 bis 2.147.483.647	4 Byte
Long	System.Int64	−9.223.372.036.854.775.808 bis 9.223.372.036.854.775.807	8 Byte
SByte	System.SByte	−128 bis 127	1 Byte
UShort	System.UInt16	0 bis 65.535	2 Byte
UInteger	System.UInt32	0 bis 4.294.967.295	4 Byte
ULong	System.UInt64	0 bis 18.446.744.073.709.551.615	8 Byte

In der zweiten Spalte der Tabelle 2.2 ist der alternativ verwendbare .NET-Datentyp des .NET Frameworks aufgeführt. Alle Visual Basic-Datentypen sind im .NET Framework als eigene *Strukturen* (Werttypen) oder *Klassen* (Referenztypen) definiert.

Gleitkomma-Datentypen

Reelle Zahlen, also Zahlen mit Nachkommastellen, werden computerintern dargestellt in einer halblogarithmischen Form, bestehend aus Vorzeichen-Bit, Exponent und Mantisse. Die Einzelheiten der Zahlendarstellung sind in Informatik-Grundlagenbücher nachzulesen. Wichtig ist zu wissen, dass bereits bei der Umwandlung einer dezimal dargestellten Gleitkommazahl in eine dual dargestellte Gleitkommazahl *Rundungsfehler* unvermeidbar sind. Man kann sich diesen Vorgang etwa so vorstellen wie das Problem der Darstellung einer rationalen Zahl als Gleitkommazahl (Beispiel: 1/3 = 0,3333333…).

Es gilt deshalb der Grundsatz: Soweit aus der Aufgabenstellung klar erkennbar ist, dass Variablen nur ganzzahlige Werte annehmen können, sollten sie unbedingt als Ganzzahl-Datentyp definiert werden.

Visual Basic verwendet bei Berechnungen mit reellen Zahlen standardmäßig den Datentyp **Double**. Dieser Datentyp wird auch intern am effizientesten verarbeitet. Der Datentyp *Single* sollte deshalb nur verwendet werden, wenn z. B. bei sehr großen Feldern der Speicherplatzbedarf eine Rolle spielt.

Ein Sonderfall ist der Datentyp *Decimal*, der eine sehr hohe Genauigkeit aufweist und vor allem für Finanz- und Währungsberechnungen geeignet ist. Der Datentyp kann als ganze Zahl oder als Gleitkommazahl mit bis zu 28 Dezimalstellen nach dem Komma eingesetzt werden. Neben dem hohen Speicherbedarf ist zu beachten, dass Rechenoperationen mit dem Datentyp *Decimal* wesentlich langsamer ablaufen als mit dem Datentyp *Double*. Eine Exponentialschreibweise ist nicht zulässig, damit ist der Zahlenbereich wesentlich kleiner als beim Datentyp *Double*.

2.2 Lektion 2: Variablen, Ausdrücke und Zuweisungen

Tabelle 2.3 Wertebereiche und Speicherplatzbedarf der Gleitkomma-Datentypen

VB-Datentyp	Wertebereich	Genauigkeit	Länge
Single	−3,40282347E+38 bis 3,40282347E+38	7–8 Stellen	4 Byte
Double	−1,7976931348623157E+308 bis 1,7976931348623157E+308	15–16 Stellen	8 Byte
Decimal	als Ganzzahl (mit 0 Dezimalstellen): −7,9228... E+28 bis +7,9228... E+28 bzw. (mit 28 Dezimalstellen): +/− 1E−28 (kleinste Zahl ≠ 0) bis +/− 7,92281625...	28–29 Stellen	16 Byte

Der entsprechende .NET-Datentyp für alle drei Gleitkomma-Datentypen ist identisch mit dem VB-Datentyp, also beispielsweise *System.Double* für den Datentyp *Double*. Der Buchstabe E (zweite Spalte in Tabelle 2.3) wird häufig bei der Darstellung einer Zahl in wissenschaftlicher Schreibweise verwendet und bedeutet so viel wie „mal 10 hoch".

Konstanten MaxValue und MinValue

Alle Zahlentypen verfügen über die zwei Konstanten *MaxValue* für den größtmöglichen und *MinValue* für den kleinstmöglichen Wert (Beispiele siehe Listing 2.9).

Listing 2.9 Aufruf der Konstanten MaxValue und MinValue

```
Dim i, j As Integer, r As Single, d As Double
i = Integer.MinValue      ' -2147483648
j = Int32.MaxValue        ' 2147483647
r = Single.MinValue       ' -3,402823E+38
d = Double.MaxValue       ' 1,79769313486232E+308
```

Für die Gleitkomma-Datentypen *Single* und *Double* sind darüber hinaus einige weitere Konstanten definiert. Es sind dies *Epsilon* für den kleinsten positiven Wert ungleich 0 (null), *NaN* (Not-a-Number) für eine nicht darstellbare Zahl sowie *NegativeInfinity* für „Minus unendlich" und *PositiveInfinity* für „Plus unendlich". Zusätzlich gibt es die Methoden *IsNaN(x)*, *IsInfinity(x)*, *IsNegativeInfinity(x)* und *IsPositiveInfinity(x)*, die einen Zahlenwert *x* prüfen und einen booleschen Wert zurückgeben.

Der Datentyp *Decimal* kennt neben den Konstanten *MaxValue* und *MinValue* noch die Konstanten *MinusOne* (für die Zahl −1), *One* (für die Zahl 1) und *Zero* (für die Zahl 0).

Zeichen-Datentypen

In Visual Basic stehen für die Zeichendarstellung zwei Datentypen zur Verfügung. Der Datentyp *Char* kann ein einzelnes Zeichen (engl. *Character*) speichern, der Datentyp *String* eine (fast) beliebig lange Zeichenkette. Sowohl *Char* als auch *String* speichern Zeichen im Unicode-Format (UTF-16). Im Gegensatz zum ASCII-Code oder ANSI-Code werden für jedes Zeichen 2 Byte benötigt, damit lassen sich allerdings auch 65535 verschiedene Zeichen darstellen.

Tabelle 2.4 Wertebereiche und Speicherplatzbedarf der Zeichen-Datentypen

VB-Datentyp	.NET-Datentyp	Wertebereich	Länge
Char	System.Char	ein Unicode-Zeichen	2 Byte
String	System.String	bis zu 2.147.483.647 Zeichen	max. ca. 4 GByte

Zu beachten ist, dass die Entwicklungsumgebung den Programmcode standardmäßig im ANSI-Code speichert, also mit einem Byte pro Zeichen.

Wegen der großen Bedeutung wird der Datentyp *String* bereits hier behandelt, obwohl es sich eigentlich um keinen „einfachen", sondern um einen „komplexen" Datentyp handelt. Weitere Einzelheiten zum Datentyp *String* finden sich in Kapitel 7. Stringausdrücke werden in doppelte Hochkommas („Gänsefüßchen") eingeschlossen. Schon jetzt sei darauf hingewiesen, dass bei jeder Änderung an einer Stringvariablen der alte Inhalt gelöscht wird und die Variable neuen Speicherplatz reserviert, selbst wenn die neue Zeichenkette gleich groß oder kürzer ist.

Datentyp *Boolean*

In der Programmierung ist es sehr häufig notwendig, zwei Werte miteinander zu vergleichen. Das Ergebnis ist wahr (engl. *true*) oder falsch (engl. *false*). Zum Arbeiten mit diesen Wahrheitswerten gibt es einen eigenen Datentyp, den booleschen oder logischen Datentyp *Boolean*. Eine *Boolean*-Variable wird standardmäßig mit *False* initialisiert, sie kann nur zwei Werte annehmen, entweder *True* oder *False*. Obwohl dafür eigentlich ein Bit ausreichen würde, benötigt Visual Basic für eine *Boolean*-Variable aus rechentechnischen Gründen 2 Byte (16 Bit). Sowohl *True* als auch *False* sind reservierte Schlüsselwörter.

Datentyp *Date*

Für Datums- und Zeitwerte bietet Visual Basic den Datentyp *Date* an. Der entsprechende .NET-Datentyp heißt *DateTime*. Eine *Date*-Variable benötigt 8 Byte Speicherplatz. Der Wertebereich reicht vom 1.1.0001 00:00:00 Uhr bis zum 31.12.9999 23:59:59 Uhr. Intern wird die Anzahl der sog. *Ticks* (entspricht 100 Nanosekunden) seit dem 1.1.0001 00:00:00 Uhr als *Long*-Wert gespeichert.

Datentyp *Object*

Der Datentyp *Object* ist kein elementarer Datentyp, sondern vielmehr ein universeller Datentyp, mit dem beliebige Daten wie Zahlen, Zeichenketten und Datumswerte sowie alle Objekte der .NET-Klassen gespeichert werden können. Eine Variable ist auch vom Datentyp *Object*, wenn ihr bei der Deklaration kein Datentyp zugewiesen wird (funktioniert nur mit *Option Strict Off*).

Bei der Initialisierung besteht eine *Object*-Variable zunächst nur aus einem 4 Byte großen Zeiger (engl. *Pointer*) auf die Adresse der zugewiesenen Variablen. *Object*-Variablen speichern also nicht den Wert selbst, sondern nur einen Verweis (eine *Referenz*) auf die Speicheradresse des Wertes. Derartige Variablentypen werden als Referenztypen bezeichnet. Wird der Variablen ein Datenwert zugewiesen, so wird dieser Wert automatisch in den entsprechenden Datentyp konvertiert und der zusätzlich benötigte Speicherplatz reserviert.

Trotz dieser vermeintlich bequemen Anwendung sollten Sie *Object*-Variablen soweit wie möglich vermeiden, da Programme damit ineffizient und fehleranfällig werden.

Tabelle 2.5 Wertebereiche und Speicherplatz sonstiger Datentypen

VB-Datentyp	.NET-Datentyp	Wertebereich	Länge
Boolean	System.Boolean	True oder False	2 Byte
Date	System.DateTime	1.1.0001 00:00:00 bis 31.12.9999 23:59:59	8 Byte
Object	System.Object	beliebige Werte	4 Byte + n Byte (für Daten)

2.2.4 Werttypen und Referenztypen, Garbage Collection

Im .NET Framework sind alle Variablen Objektvariablen. Dabei sind zwei Typen zu unterscheiden:

- **Werttypen:** Alle elementaren Datentypen (*Integer*, *Double*, *Boolean*, *Char*, *Date* usw.) mit Ausnahme des Datentyps *String* sind Werttypen (*ValueType*-Objekte). Variablen des Werttyps sind dadurch gekennzeichnet, dass sie direkt den tatsächlichen Datenwert speichern. Werttypen werden im sogenannten *Stack*, einem bestimmten Speicherbereich des Arbeitsspeichers, abgelegt.

- **Referenztypen:** Zu den Referenztypen (Verweistypen) zählen alle Datentypen, die nicht von der Klasse *ValueType* abgeleitet sind. Variablen vom Referenztyp zeichnen sich dadurch aus, dass sie nur die Referenz (den Verweis) auf den tatsächlichen Datenwert speichern. Referenztypen werden ebenfalls in einem eigenen Speicherbereich, dem sogenannten *Heap*, abgelegt. Die meisten Klassen des .NET Frameworks zählen zu den Referenztypen. Insbesondere gehören dazu die Datentypen *Array* (Kapitel 6) und *String* (Kapitel 7) sowie der universelle Datentyp *Object*.

- **Strukturen und Klassen:** *Klassen* sind abstrakte Beschreibungen für Objekte mit gleichen oder ähnlichen Eigenschaften und Verhaltensweisen (siehe Abschnitt 1.5.3). Denselben Zweck erfüllen in Visual Basic die sog. *Strukturen*. Der Unterschied liegt im Wesentlichen darin, dass Klassenvariablen *Referenztypen* und Strukturvariablen *Werttypen* sind. Die meisten Datentypen (*Integer*, *Double* usw.) sind deshalb streng genommen als Strukturen definiert, der Datentyp *String* und der universelle Datentyp *Object* dagegen als Klassen.

  Im Sprachgebrauch werden in Visual Basic die Strukturen oft Klassen gleichgesetzt, was vielfach auch ohne Belang ist.

- **Garbage Collection:** Die automatische Speicherfreigabe für nicht mehr benötigte Objekte wird als *Garbage Collection* bezeichnet. Der *Garbage Collector* durchsucht automatisch in unregelmäßigen Zeitabständen den *Heap* nach nicht mehr referenzierten

Objekten und gibt deren Speicherbereich frei. Da die Garbage Collection auf den *Heap* beschränkt ist, sind davon ausschließlich Referenztypen betroffen, Werttypen bleiben dagegen von der Garbage Collection unberührt.

2.2.5 Deklaration von Konstanten

Häufig kommt es vor, dass sich der Wert einer Variablen während des Programmlaufs nicht ändern soll. Beispiele sind mathematische oder physikalische Größen, Umrechnungsfaktoren zwischen Maßeinheiten oder der Mehrwertsteuersatz. Diese speziellen unveränderlichen Variablen sollten besser als *Konstanten* mit einer *Const*-Anweisung deklariert werden. Konstanten erleichtern die Lesbarkeit von Programmen und helfen, Fehler zu vermeiden. Konstanten haben einen Namen, der üblicherweise mit Großbuchstaben geschrieben wird. Wie bei der *Dim*-Anweisung wird der Konstanten ein Datentyp zugewiesen, aus dem sich der reservierte Speicherplatz ergibt.

Die allgemeine Syntax für die *Konstantendeklaration* lautet:

```
Const CONSTNAME As DatenTyp = ausdruck
```

Listing 2.10 Konstantendeklaration
```
Const C0 As Double = 299792458.0, MWST As Integer = 19
```

2.2.6 Wertzuweisungen

Nach der Deklaration der Variablen und gegebenenfalls der Konstanten folgen üblicherweise im Programmcode die Programmanweisungen. Wie eingangs erwähnt, ist der wichtigste Anweisungstyp die *Wertzuweisung*.

Die Syntax einer *Wertzuweisung* lautet:

```
varName = ausdruck
```

Auf der rechten Seite einer Wertzuweisung steht ein beliebiger Ausdruck, der zuerst ausgewertet (berechnet) wird, bevor er mithilfe des sog. *Zuweisungsoperators* (=) der Variablen *varName* zugewiesen wird. Man sagt deshalb auch, der Ausdruck wird der Variablen zugewiesen. Der Zuweisungsoperator (=) hat also nichts mit dem in der Algebra verwendeten Gleichheitszeichen zu tun und darf nicht mit diesem verwechselt werden. Auf der linken Seite einer Wertzuweisung darf nur ein Variablenname oder, wie wir später sehen werden, eine Objekteigenschaft stehen.

Jede Wertzuweisung – wie auch jede andere Anweisung – wird in Visual Basic mit dem Zeilenende abgeschlossen. Mehrere Wertzuweisungen stehen Zeile für Zeile untereinander und werden beim Programmablauf in dieser Reihenfolge hintereinander ausgeführt.

Anweisungsfolgen, die Zeile für Zeile nacheinander von oben nach unten einmal abgearbeitet werden, bezeichnet man auch als *Sequenz*.

Listing 2.11 Wertzuweisungen

```
a = 4
b = a + 6
b = b / 2
```

Listing 2.11 zeigt drei Wertzuweisungen. In der ersten Zeile wird der Variablen *a* der Zahlenwert 4 zugewiesen. In der zweiten Zeile wird zum Variableninhalt von *a* der Wert 6 addiert, anschließend wird die Summe der Variablen *b* zugewiesen, *b* hat damit den Wert 10. In der dritten Zeile wird zuerst der Variableninhalt von *b* durch 2 dividiert, anschließend wird das Ergebnis dieses Ausdrucks wieder der Variablen *b* zugewiesen. Die Variable *b* hat also nach dem Durchlaufen der drei Zeilen den Wert 5.

2.2.7 Kommentare

Kommentare dienen der Erläuterung des Programmcodes. Guter Programmstil bedeutet, dass ausreichend viele Kommentare in den Programmcode eingestreut werden. Die Wartung eines Programms wird damit wesentlich erleichtert.

Kommentare werden mit einfachem Apostroph (') eingeleitet und gelten bis zum Zeilenende. Im Editor ist dafür die Farbe Grün voreingestellt. Mehrere Kommentarzeilen hintereinander müssen jedes Mal mit einem Apostroph (') begonnen werden.

Auch Leerzeilen sind ein geeignetes Mittel, um die Lesbarkeit des Codes zu erhöhen, sie müssen nicht mit einem Apostroph (') versehen werden.

2.2.8 Zeilenumbruch

Visual Basic ist zeilenorientiert, d. h., jede Anweisung steht grundsätzlich in einer Zeile. Das hat den Vorteil, dass der Compiler das Zeilenende als Ende einer Anweisung erkennt und der Programmierer eine Anweisung nicht – wie in vielen Programmiersprachen üblich – mit einem Semikolon o. Ä. abschließen muss.

Bisweilen kommt es vor, dass man eine sehr lange Zeile auf zwei oder mehr Zeilen verteilen möchte. Visual Basic erkennt eine Fortsetzungszeile, indem die vorausgehende Zeile mit einem Leerzeichen (engl. *Blank*) und einem folgenden Unterstrich (_) abgeschlossen wird. Zeichenketten müssen gegebenenfalls aufgetrennt und mit dem &-Operator verbunden werden (siehe Listing 2.12).

Im Gegenzug ist es auch möglich, mehrere kurze Anweisungen in eine Zeile zu schreiben, wenn dies ausnahmsweise der Übersichtlichkeit dient. Denkbar ist dies beispielsweise für zusammengehörige Initialisierungen. Mehrere Anweisungen in einer Zeile werden durch einen Doppelpunkt (:) voneinander getrennt (siehe Listing 2.12).

Listing 2.12 Zeilenumbruch

```
Private Sub Button1_Click(...) Handles Button1.Click
    Dim a, b, c As Integer, s As String
    a = 0 : b = 0 : c = 0
    s = "Dies ist ein sehr sehr langer String und" & _
        " er ist noch nicht zu Ende."
    ' ...
End Sub
```

2.2.9 Literale für elementare Datentypen

Datenwerte, die im Programmcode eingegeben werden, werden als *Literale* bezeichnet. Die Schreibweise dieser Literale muss bestimmten Regeln genügen, damit der Datentyp ersichtlich ist.

Numerische Datentypen

Gleitkommazahlen müssen im Programmcode immer mit **Punkt** als Dezimalkennzeichen geschrieben werden. Hier gilt also nicht die Ländereinstellung. Für sehr kleine oder sehr große Werte kann im Programmcode auch die wissenschaftliche Schreibweise mit E und Exponent verwendet werden. Der Code-Editor ersetzt diese Eingaben automatisch durch die Dezimalschreibweise, außer bei besonders kleinen oder großen Werten.

Standardmäßig gelten im Programmcode ganze Zahlen als *Integer*-Zahlen und Gleitkommazahlen als *Double*-Zahlen. Um einen bestimmten Datentyp zu erzwingen, können Sie auch ein sogenanntes Suffix verwenden (siehe Tabelle 2.6).

Tabelle 2.6 Suffixes für numerische und Zeichen-Literale

Datentyp	Suffix	Beispiel
Short	S	234S
Integer	I	234I
Long	L	234L
Single	F	0.002F
Double	R	0.002R
Decimal	D	0.002D
Char	c	"A"c

Sowohl Gleitkommazahlen als auch Ganzzahlen können mit Vorzeichen eingegeben werden, soweit der Datentyp dies zulässt.

Ganzzahlige Literale können auch in hexadezimaler (Präfix *&H*) oder oktaler Schreibweise (Präfix *&O*) geschrieben werden.

Zur Erinnerung: 234 (dezimal) = $14 * 16^1 + 10 * 16^0$ = EA (hexadezimal), wobei die Hexadezimalziffern 0 bis 15 mit 0 bis 9 und A (für 10) bis F (für 15) dargestellt werden.

2.2 Lektion 2: Variablen, Ausdrücke und Zuweisungen

Listing 2.13 Zuweisung numerischer Werte

```
Dim i As Integer, r1, r2 As Double
' Zuweisung der Ganzzahl 234:
i = 234
i = 234I
i = &HEA                        ' hexadezimale Schreibweise

' Zuweisung der Gleitkommazahl 0,002:
r1 = 0.002
r1 = 2E-3                       ' wird automatisch als 0.002 angezeigt
r1 = 0.002R

' Zuweisung der Gleitkommazahl -1.234.500.000.000.000.000,0
r2 = -1234500000000000000.0    ' wird automatisch als -1.2345E+18 angezeigt
r2 = -1.2345e18                 ' wird automatisch als -1.2345E+18 angezeigt
```

Zeichen-Datentypen

Zeichen und Zeichenketten (*Char*- und *String*-Literale) werden in doppelte Hochkommas („Gänsefüßchen") eingeschlossen. An *Char*-Literale sollte stets das Suffix c angehängt werden, bei der Einstellung *Option Strict On* ist dies sogar obligatorisch. Soll das doppelte Hochkomma in der Zeichenkette selbst erscheinen, muss es wiederholt werden.

Listing 2.14 Zuweisung von Char- und String-Literalen

```
Dim z As Char, s As String
z = "A"c                        ' A
s = "A bis Z"                   ' A bis Z
s = """A"" bis ""Z"""           ' "A" bis "Z"
```

Datentyp *Boolean*

Boolesche Variablen können nur die zwei Werte *True* oder *False* annehmen.

Listing 2.15 Zuweisung von Wahrheitswerten

```
Dim b1, b2 As Boolean
b1 = True
b2 = False
```

Datentyp *Date*

Datums- und Uhrzeitwerte werden zwischen zwei #-Zeichen eingeschlossen. Das Datum ist gemäß der amerikanischen Schreibweise einzugeben, also in der Reihenfolge Monat/Tag/Jahr.

Listing 2.16 Zuweisung von Datums- und Uhrzeitwerten

```
Dim d1, d2, d3 As Date
d1 = #7/31/2009#                    ' 31.07.2009
d2 = #7/31/2009 10:30:00 AM#        ' 31.07.2009 10:30:00
d3 = #11:59:59 PM#                  ' 01.01.0001 23:59:59
```

2.2.10 Ausdrücke und Operatoren

Ausdrücke gehören zu den kleinsten ausführbaren Elementen eines Programms. Wie wir bereits in Abschnitt 2.2.6 gesehen haben, können Ausdrücke verwendet werden, um Variablen einen Wert zuzuweisen. Ausdrücke dienen dazu, numerische Berechnungen durchzuführen oder logische Bedingungen zu formulieren.

Ausdrücke setzen sich aus Operanden und Operatoren zusammen. Operanden sind in erster Linie Literale, Konstanten, Variablen und Funktionswerte. Mit den Operatoren (+, –, * usw.) werden diese Operanden zu einem Ausdruck verknüpft, der ausgewertet einen bestimmten Wert ergibt.

Für die Reihenfolge der Auswertung eines Ausdrucks gelten bestimmte Prioritätsregeln, die durch das Setzen von Klammern – wie in der Algebra üblich – geändert werden können.

In diesem Abschnitt werden wir die fundamentalen arithmetischen Operatoren, die zwei Zeichenkettenoperatoren und die Zuweisungsoperatoren kennenlernen. Die Vergleichsoperatoren und logischen Operatoren werden wir erst in Kapitel 3 behandeln.

Arithmetische Operatoren und Ausdrücke

Arithmetische Operatoren werden für mathematische Berechnungen in Ausdrücken benötigt. Als Operanden stehen numerische Variablen, Konstanten oder Literale zur Auswahl.

Tabelle 2.7 Arithmetische Operatoren

Priorität	Operator	Beschreibung	Beispiel	Wert
1	( )	Klammern	(3 + 5) * 2	16
2	-	Negation	-13 + 5	-8
3	^	Potenz	13 ^ 2	169
4	*	Multiplikation	13 * 5	65
4	/	Division	13 / 5	2.6
5	\	Ganzzahldivision	13 \ 5	2
6	Mod	Modulo (Rest einer Ganzzahldivision)	13 Mod 5	3
7	+	Addition	13 + 5	18
7	-	Subtraktion	13 - 5	8

In arithmetischen Ausdrücken gelten die folgenden Prioritätsregeln (Operatorrangfolge):

- Höchste Priorität haben die runden Klammern. Das Innere von runden Klammern wird vor dem Äußeren ausgeführt.
- Der Potenzoperator (^) hat Vorrang vor den Punktoperatoren (*, /).

2.2 Lektion 2: Variablen, Ausdrücke und Zuweisungen

- Die Punktoperatoren (*, /) haben Vorrang vor den Strichoperatoren (+, –); dies entspricht der aus der Mathematik bekannten „Punkt-geht-vor-Strich"-Regel.
- Die Operatoren der gleichen Prioritätsstufe werden von links nach rechts ausgeführt.

Die weiteren Prioritätsregeln können der ersten Spalte der Tabelle 2.7 entnommen werden. In der Beispielsammlung in Listing 2.17 werden auch einige Besonderheiten aufgezeigt.

Listing 2.17 Arithmetische Ausdrücke

```
Dim i As Integer, r As Double
i = 13 \ 5 + 3              ' i = 5
r = 13 / 5 + 3              ' r = 5.6
r = 13 / (5 + 3)            ' r = 1.625
' i = 3 + 5 * 4 ^ 2         ' Fehlerhinweis (Double -> Integer)
r = 3 + 5 * 4 ^ 2           ' r = 83
r = 3 + (5 * 4) ^ 2         ' r = 403
i = 3 * 9 Mod 9 \ 2         ' i = 3 (27 mod 4 = 27 - 6 * 4 = 3)
r = 3 * 9 Mod 7 / 3         ' r = 1.333 (27 mod 2.333 =
'                                        27 - 11 * 2.333 = 1.333)
i = -13 \ 5                 ' i = -2
i = -13 Mod 5               ' i = -3
' i = 13 \ 0                ' Fehlerhinweis (Division durch Null)!!
r = 13 / 0                  ' r = +unendlich (kein Fehlerabbruch)
```

Die Einstellung *Option Strict On* lässt u. a. keine impliziten Konvertierungen von *Integer* in *Double* zu. Ausdrücke, die den Potenzoperator (^) beinhalten, können deshalb nicht ohne explizite Konvertierung an ganzzahlige Variablen zugewiesen werden.

Der Modulo-Operator zeigt den Rest einer Ganzzahldivision an. Intern wird die Berechnung nach der folgenden Formel ausgeführt:

```
a Mod b = a - (a \ b) * b
```

Dies erklärt auch das auf den ersten Blick überraschende Ergebnis des entsprechenden Beispiels mit reellen Zahlen.

Eine Besonderheit stellt die Division durch 0 (null) dar. Bei ganzen Zahlen führt dies zu einem Fehler, der im Programm abgefangen werden muss. Soweit Visual Basic dies, wie in unserem Fall, schon bei der Eingabe erkennt, wird der Fehler bereits im Code-Editor angezeigt. Dagegen führt die Division durch 0 bei reellen Zahlen nicht zu einem Fehlerabbruch, das Ergebnis ist entweder +unendlich oder –unendlich.

Häufig besteht das Problem, vorgegebene Formeln in Programmcode umzusetzen. Hierzu sollen die zwei Beispiele in Listing 2.18 dienen. Bei der Klammersetzung ist besondere Vorsicht geboten, das *-Zeichen darf nicht vergessen werden. Überflüssige Klammern sind natürlich erlaubt, machen aber den Code unübersichtlicher.

Listing 2.18 Formelausdrücke in Programmcode umsetzen

$$x^{-\frac{ab}{2}} + y^3 \rightarrow \text{x ^ (-a * b / 2) + y ^ 3}$$

$$\frac{\dfrac{x}{-a}+\dfrac{2y}{3ab}}{1+\dfrac{5c}{2+y}} \rightarrow \text{(x / -a + 2 * y / (3 * a * b)) / (1 + 5 * c / (2 + y))}$$

Zeichen-Verkettungsoperatoren

Mithilfe des &-Operators lassen sich zwei Zeichenketten verknüpfen. Vermeiden Sie, den +-Operator zu benutzen, der ersatzweise auch funktioniert.

Listing 2.19 Formelausdrücke in Programmcode umsetzen
```
Dim s1 As String = "3 * 3", s2 As String = "9."
s1 = s1 & " ergibt " & s2               ' s1 = "3 * 3 ergibt 9."
```

Zuweisungsoperatoren

Der üblicherweise verwendete Zuweisungsoperator ist das schon bekannte =-Zeichen. Für den häufigen Fall, dass der Wert einer Variablen in einem Ausdruck verändert und der neue Wert anschließend wieder der Variablen zugewiesen wird, gibt es eine Kurzschreibweise. Dabei wird die gewohnte Schreibweise

varName = varName op ausdruck

durch die folgende Syntax ersetzt:

varName op= ausdruck

Dem Zuweisungsoperator wird also immer der Operand *op* vorangestellt. Als Operand kommen fast alle in Tabelle 2.7 aufgeführten Zeichen infrage: +, –, *, /, ^ und \. Zumindest für den Programmieranfänger ist die Kurzschreibweise schwerer lesbar, weshalb in diesem Buch zumindest in den ersten Kapiteln darauf verzichtet wird.

Listing 2.20 Zuweisungen mit Kurzoperatoren
```
Dim i As Integer = 8, k As Integer = 3
Dim r As Double = 2.6, s As String = "Kurz"
i += k + 5              ' i = i + k + 5 -> 16
r /= 5.2                ' r = r / 5.2 -> 0.5
s &= "operatoren"       ' s = s & "operatoren" -> "Kurzoperatoren"
```

2.2.11 Mathematische Funktionen

In der Klasse *System.Math* des .NET Frameworks stehen eine Vielzahl vordefinierter mathematischer Funktionen (Methoden) und zwei Konstanten zur Verfügung.

2.2 Lektion 2: Variablen, Ausdrücke und Zuweisungen

Tabelle 2.8 Mathematische Funktionen und Konstanten

Methode/Konstante	Beschreibung
Abs(x)	Absolutwert einer Zahl
Acos(x), Asin(x), Atan(x)	Arcuscosinus, -sinus, -tangens; Rückgabewert in Radiant
Atan2(y, x)	Arcustangens von (y/x), Rückgabewert quadrantenrichtig in Radiant
Cos(x), Sin(x), Tan(x)	Cosinus, Sinus, Tangens (x in Radiant)
Cosh(x), Sinh(x), Tanh(x)	Cosinus-, Sinus- und Tangens hyperbolicus
Exp(x)	Exponentialfunktion e^x
Log(x)	Natürlicher Logarithmus (Basis e)
Log10(x)	Dekadischer Logarithmus (Basis 10)
Max(x, y), Min(x, y)	Maximum, Minimum von x und y
Pow(x, y)	Potenz x^y
Sign(x)	Signum-Funktion (x positiv: 1, x = 0: 0, x negativ: –1)
Sqrt(x)	Quadratwurzel von x
Ceiling(x)	Rundung zur nächstgrößeren ganzen Zahl
Floor(x)	Rundung zur nächstkleineren ganzen Zahl
Round(x, n)	(geodätische) Rundung auf die angegebene Stellenzahl n
Truncate(x)	Abschneiden der Nachkommastellen
E	Euler'sche Zahl e = 2.71828...
PI	Kreiszahl π = 3.14159...

Wenn Sie eine der Funktionen bzw. Konstanten einsetzen wollen, müssen Sie den Klassennamen *Math* voranstellen.

Listing 2.21 Mathematische Funktionen und Konstanten

```
Dim r As Double
r = Math.Abs(-2.6)                      ' r = 2.6
r = 4 * Math.Atan(1)                    ' r = 3.14159... = PI
r = Math.Atan2(3, -3) * 180 / Math.PI   ' r = 135 (Grad), 2.Quadrant
r = Math.Cos(60 * Math.PI / 180         ' r = 0.5 = cos(60 Grad)
r = Math.Tan(45 * Math.PI / 180)        ' r = 1.0 = tan(45 Grad)

r = Math.Exp(Math.Log(12))              ' r = 12
r = Math.Log10(1000)                    ' r = 3
r = Math.Max(3, -4)                     ' r = 3
r = Math.Pow(3, 2)                      ' r = 9
r = Math.Pow(27, 1/3)                   ' r = 3
r = Math.Sign(-2.6)                     ' r = -1
r = Math.Sqrt(49)                       ' r = 7

r = Math.Ceiling(1.1)                   ' r = 2
r = Math.Ceiling(-3.8)                  ' r = -3
r = Math.Floor(1.1)                     ' r = 1
r = Math.Floor(-3.8)                    ' r = -4
r = Math.Round(1.15, 1)                 ' r = 1.2
r = Math.Round(2.25, 1)                 ' r = 2.2
r = Math.Round(Math.E, 4)               ' r = 2.7183
r = Math.Truncate(2.65)                 ' r = 2
```

Beim Rechnen mit trigonometrischen Funktionen wird immer das Bogenmaß (Radiant) vorausgesetzt. Winkel in Grad (°) sind vorher umzurechnen:

$$\alpha(rad) = \frac{\alpha(°)}{180°} \cdot \pi \,.$$

Analog geben die Arcus-Funktionen die Winkelwerte im Bogenmaß (Radiant) zurück. Für Zwischenrechnungen empfiehlt es sich immer, beim Bogenmaß zu bleiben.

Der Buchstabe E in der Zahlenschreibweise (z. B. 1.2E+02) darf nicht mit der Euler'schen Zahl e (*Math.E*) verwechselt werden. Verwenden Sie immer die Funktion *Math.Exp(x)* für die Exponentialfunktion e^x und nicht eine Kombination aus *Math.E, Math.Pow* oder Potenzoperator (^).

Die *geodätische* Rundung mit *Math.Round* rundet 0.5 zur nächsten geraden Zahl auf oder ab. Statistisch gesehen sollen sich damit bei vielen Zahlen die Rundungsfehler aufheben. Auch verschiedene Konvertierungsfunktionen, z. B. *CInt* (siehe Abschnitt 2.2.12), arbeiten nach dieser Regel.

2.2.12 Konvertierung elementarer Datentypen

Innerhalb eines Ausdrucks werden oft verschiedene Datentypen miteinander verknüpft. Auch bei der Wertzuweisung kommt es häufig vor, dass der Ausdruck rechts des Zuweisungsoperators von dem Datentyp der Variablen auf der linken Seite abweicht.

Was macht nun Visual Basic? In vielen Fällen findet eine *implizite* Typumwandlung statt, d. h., Visual Basic konvertiert die Werte automatisch, solange der Ausgangs-Datentyp in den Ziel-Datentyp „passt". Das geht zwar meistens gut, aber nicht immer.

Listing 2.22 Mittel aus zwei Zahlen (Ausschnitt aus Übung 1-1)

```
Dim a, b, m As Double
a = TextBox1.Text
b = TextBox2.Text
m = (a + b) / 2
Label1.Text = "Mittelwert m = " & m
```

Listing 2.22 zeigt einen Ausschnitt aus Übung 1-1. Die *Text*-Eigenschaften der Steuerelemente *TextBox* und *Label* sind stets vom Typ *String*. In der 2. und 3. Zeile werden somit *String*-Werte in *Double* konvertiert. In der 4. Zeile wird die *Integer*-Zahl 2 in eine *Double*-Zahl umgewandelt, damit der Ausdruck berechnet werden kann. In der letzten Zeile muss der Wert *m* vom Typ *Double* in einen *String* konvertiert werden, damit ist er mit dem ersten String-Teil verknüpfbar. Das Programm arbeitet fehlerfrei, solange wir nur Zahlenwerte (mit Komma) in die TextBoxen eingeben.

Wenn wir nachträglich *Option Strict On* vor dem vorhandenen Programmcode einfügen, zeigt der Code-Editor zwei Fehlermeldungen an (2. und 3. Zeile), da *Strict On* eine implizite Typwandlung von *String* in *Double* verhindert.

Listing 2.23 Mittel aus zwei Zahlen (mit Fehler)

```
Dim m As Double
m = (TextBox1.Text + TextBox2.Text) / 2
Label1.Text = "Mittelwert m = " & m
```

Auf den ersten Blick könnte man den Eindruck haben, wir hätten das Beispiel in Listing 2.23 eleganter gelöst, indem wir auf die zwei Variablen *a* und *b* verzichten konnten. Tatsächlich werden zunächst die beiden Texteingaben als *String* „addiert", erst anschließend wird der *String* in den Datentyp *Double* konvertiert. Damit ergibt sich beispielsweise bei der Eingabe von 4 und 6 in die Textfelder als Mittelwert 46 / 2 = 23. Die Option *Strict On* hätte dies wieder mit einer Fehlermeldung verhindert.

Mit der Einstellung *Option Strict On* sind lediglich *implizite* Typkonvertierungen von einem kleineren in einen größeren Datentyp erlaubt. In der folgenden Reihe ist dies schematisch mit der Pfeilrichtung dargestellt. Ein *Byte*-Wert kann also implizit in einen *Short*-, *Integer*- oder *Double*-Wert umgewandelt werden, jedoch nicht umgekehrt.

$Byte \rightarrow Short \rightarrow Integer \rightarrow Long \rightarrow Decimal \rightarrow Single \rightarrow Double$

Die implizite Umwandlung der numerischen Datentypen in die Datentypen *Char*, *String* und *Boolean* ist mit *Option Strict On* nicht möglich, jedoch die Konvertierung von *Char* in einen *String*.

Konvertierungsfunktionen

Visual Basic bietet eine Fülle expliziter Konvertierungsfunktionen an, von denen hier die folgenden fünf Kategorien behandelt werden:

- Konvertieren mit den VB-Typkonvertierungsfunktionen (*CInt*, *CDbl* usw.)
- Konvertieren mit der *CType*-Funktion
- Konvertieren mit den Methoden der *Convert*-Klasse
- Konvertieren mit der *ToString*-Methode
- Konvertieren mit den *Parse*-Methoden

Konvertieren mit den VB-Typkonvertierungsfunktionen

Für jeden elementaren Datentyp stellt Visual Basic eine Funktion zur expliziten Typkonvertierung zur Verfügung. Der Wert *x* in Tabelle 2.9 steht für einen Ausdruck.

Tabelle 2.9 VB-Typkonvertierungsfunktionen für die explizite Datentypkonvertierung

Konvertierungs-funktion	Ziel-Datentyp	Konvertierungs-funktion	Ziel-Datentyp
CByte(x)	Byte	CDec(x)	Decimal
CShort(x)	Short	CBool(x)	Boolean
CInt(x)	Integer	CChar(x)	Char

Konvertierungs-funktion	Ziel-Datentyp	Konvertierungs-funktion	Ziel-Datentyp
CLng(x)	Long	CStr(x)	String
CSng(x)	Single	CDate(x)	Date
CDbl(x)	Double	CObj(x)	Object

Alle aufgeführten Funktionen gehen von der aktuellen Ländereinstellung aus. Die Funktion *CStr* gibt also beispielsweise *Single-* und *Double*-Werte bei der deutschen Ländereinstellung mit Dezimalkomma wieder.

Nicht jeder Datentyp kann in jeden anderen umgewandelt werden. So lässt sich zum Beispiel ein *Char*-Wert nicht in einen Ganzzahltyp konvertieren, auch wenn dieser aus einer Ziffer besteht (z. B. "2"c).

Listing 2.24 VB-Typkonvertierungsfunktionen

```
Dim i As Integer, r As Double, z As Char, s As String, b As Boolean
i = CInt(3.5)            ' i = 4 (geodätische Rundung)
r = CDbl("3,142")        ' r = 3.142
z = CChar("3,142")       ' z = "3"c (erstes Zeichen)
s = CStr(3.5)            ' s = "3,5" (deutsche Ländereinstellung)
b = CBool(3)             ' b = True (alle Integer-Werte ungleich null)
```

Konvertieren mit der CType-Funktion

Mit dieser Funktion können Sie ebenfalls für alle elementaren Datentypen eine explizite Datenkonvertierung durchführen. *CType* wird auch als *Casting*-Operator bezeichnet. Die allgemeine Syntax lautet:

```
CType(ausdruck, DatenTyp)
```

Listing 2.25 CType-Funktion

```
Dim i As Integer, s As String
i = CType(2.5, Integer)     ' i = 2 (geodätische Rundung)
s = CType(2.5, String)      ' s = "2,5" (deutsche Ländereinstellung)
```

Konvertieren mit den Methoden der Convert-Klasse

Die Klasse *System.Convert* des .NET Frameworks stellt für jeden elementaren Datentyp eine Konvertierungsmethode zur Verfügung. Auch hier gilt die aktuelle Ländereinstellung. Die *TypMethode* in der folgenden Syntax setzt sich aus dem Präfix *To* und dem .NET-Datentyp zusammen.

```
Convert.TypMethode(ausdruck)
```

2.2 Lektion 2: Variablen, Ausdrücke und Zuweisungen

Listing 2.26 Methoden der Convert-Klasse

```
Dim y As Byte, i As Integer, l As Long, r As Double
Dim s As String, d As Date
y = Convert.ToByte(3.4999)            ' y = 3
i = Convert.ToInt32(3.5)              ' i = 4
i = Convert.ToInt32("1"c)             ' i = 49 (ASCII-Reihenfolge)
l = Convert.ToInt64(122.5)            ' l = 122
r = Convert.ToDouble("3,14")          ' r = 3.14
s = Convert.ToString(1234.5)          ' s = "1234,5"
d = Convert.ToDateTime("31.07.2009")  ' d = #7/31/2009#
```

Konvertieren mit der ToString-Methode

Mit der *ToString*-Methode können alle Datentypen in einen String konvertiert werden. Lediglich auf den Typ *String* ist die Methode nicht anwendbar. Die Umwandlung wird häufig benötigt, um z. B. Datenwerte in einem Textfeld oder einem Label anzuzeigen. Die *ToString*-Methode ist hierfür sehr gut geeignet, da sich mit ihr die Daten zugleich formatieren lassen. Die Originalwerte bleiben bei Formatierungen grundsätzlich unverändert. Die allgemeine Syntax für die *ToString*-Methode lautet:

```
ausdruck.ToString(formatString)
```

Der Ausdruck muss gegebenenfalls geklammert werden. Der Formatstring ist optional.

Listing 2.27 Konvertierung und Formatierung mit der ToString-Methode

```
Dim r As Double = 123.456789, s As String
s = r.ToString                              ' s = "123,456789"
s = r.ToString("f2")                        ' s = "123,46"
TextBox1.Text = (r - 123).ToString("f3")    ' Anzeige: 0,457
```

Jeder Formatstring kann aus dem Formatkürzel und einer optionalen Ziffer zusammengesetzt werden, die bei reellen Zahlenwerten die Anzahl der Nachkommastellen oder – bei den ganzzahligen Datentypen – die Gesamtstellenzahl bestimmt (siehe Tabelle 2.10).

Tabelle 2.10 Formatstrings mit vordefinierten Formatkürzeln

Formatkürzel	Beschreibung	Beispiel	Ergebnisstring
c, C	Währungsformat	1234.56.ToString("c")	"1234,56 €"
d, D	Dezimales Format	(-123).ToString("d5")	"-00123"
e, E	Wissenschaftliches Format	1234.57.ToString("E2")	"1,23E+003"
f, F	Festkommaformat	123.4567.ToString("f2")	"123,46"
g, G	Allgemeines Format	0.0000123.ToString("g")	"1,23e-05"
n, N	Format mit 1000er-Trennung	12345.6.ToString("n2")	"12.345,60"
p, P	Prozentzahlen	0.12345.ToString("p1")	"12,3%"
x, X	Hexadezimales Format	234.ToString("X")	"EA"

Zusätzlich gibt es die Möglichkeit, selbst definierte Formate nach den Regeln der Tabelle 2.11 zu bilden.

2 Variablen, Ausdrücke und Zuweisungen

Tabelle 2.11 Formatstrings mit benutzerdefinierten Formatkürzeln

Formatkürzel	Beschreibung
0	Platzhalter für Ziffern; Leerzeichen werden durch 0 (null) dargestellt
#	Platzhalter für Ziffern oder leer
.	Position des Dezimaltrennzeichens (Ländereinstellung)
,	Position des 1000er-Trennzeichens (Ländereinstellung)
%	Prozentzeichen (mit Multiplikation * 100)
e+0, E+0	Wissenschaftliches Format, Anzahl der Nullen bestimmt Exponentenlänge
e-0, E-0	Wissenschaftliches Format, positives Vorzeichen wird nicht angezeigt

Listing 2.28 Benutzerdefinierte Formatkonvertierung mit der ToString-Methode

```
Dim r As Double = 123.45, s As String
s = r.ToString("0.000")              ' s = "123,450"
s = r.ToString("#####.00##")         ' s = "123,45"
s = r.ToString("0000E+000")          ' s = "1235E-001"
```

Konvertieren mit den Parse-Methoden

Mit den *Parse*-Methoden können Zeichenketten in alle elementaren Datentypen (außer *String*) konvertiert werden. Dies ist zwar prinzipiell auch mit den *Convert*-Methoden möglich, *Parse* ist jedoch etwas universeller einsetzbar. So wandelt *Parse* auch einzelne Ziffernzeichen korrekt in eine Zahl um.

Die allgemeine Syntax lautet:

```
Datentyp.Parse(ausdruck)
```

Listing 2.29 Parse-Methoden

```
Dim i As Integer, r As Double
i = Integer.Parse("1"c)       ' i = 1
r = Double.Parse("3,14")      ' r = 3.14
```

Eng verwandt mit den *Parse*-Methoden sind die *TryParse*-Methoden, die in Kapitel 3 behandelt werden.

2.2.13 Datums- und Zeitfunktionen

Den Datentyp *Date* (bzw. den .NET-Datentyp *DateTime*) kennen Sie schon aus den Abschnitten 2.2.3 und 2.2.9. Hier soll eine Auswahl an nützlichen Eigenschaften und Methoden gezeigt werden. Dabei werden wir uns auf die Eigenschaften und Methoden des .NET Frameworks (Struktur *System.DateTime*) beschränken.

Auch wenn es noch etwas früh ist, kommen wir dabei um die Unterscheidung Instanzeneigenschaften/-methoden und Klasseneigenschaften/-methoden (*statische* Eigenschaften und Methoden) nicht ganz herum. Bei Ersteren ist der Instanzenname (Name der *Date*- bzw.

DateTime-Variablen, hier mit *d* bezeichnet), bei Letzteren der Klassenname (*DateTime* bzw. *Date*) voranzustellen.

Tabelle 2.12 Instanzeneigenschaften und -methoden der Struktur DateTime (Auswahl)

Eigenschaft/Methode	Beschreibung
d.Year, d.Month, d.Day, d.Hour, d.Minute, d.Second	Datumsbestandteile als *Integer*-Zahl
d.DayOfYear	Nummer des Tages im Jahr als *Integer*-Zahl
d.DayOfWeek	Wochentag (0 für *Sunday* bis 6 für *Saturday*)
d.ToShortDateString	Kurzer Datumsstring
d.ToLongDateString	Langer Datumsstring
d.AddYears(*value*)	Addiert Anzahl Jahre (*Double*) zu Datum d
d.AddMonths(*value*)	Addiert Anzahl Monate (*Double*) zu Datum d
d.AddDays(*value*)	Addiert Anzahl Tage (*Double*) zu Datum d
d.AddHours(*value*)	Addiert Anzahl Stunden (*Double*) zu Datum/Zeit d
d.AddMinutes(*value*)	Addiert Anzahl Minuten (*Double*) zu Datum/Zeit d
d.AddSeconds(*value*)	Addiert Anzahl Sekunden (*Double*) zu Datum/Zeit d

Hinweis zu den *AddXxx*-Methoden: Der Wert *value* darf auch negativ sein. Damit ist es möglich, Werte von einem Datums-/Zeitwert zu subtrahieren.

Listing 2.30 Instanzeneigenschaften und -methoden der Struktur DateTime

```
Dim d As Date = #7/31/2009 10:29:17 AM#
Dim i As Integer, b As Boolean, s As String

i = d.Year                              ' i = 2009
i = d.Day                               ' i = 31
i = d.Second                            ' i = 17
i = d.DayOfYear                         ' i = 212
i = d.DayOfWeek                         ' i = 5
s = d.DayOfWeek.ToString                ' s = "Friday"
s = d.ToShortDateString                 ' s = "31.07.2009"
s = d.ToLongDateString                  ' s = "Freitag, 31. Juli 2009"
s = d.AddDays(2).ToShortDateString      ' s = "02.08.2009"
s = d.AddMonths(-1).ToLongDateString    ' s = "Dienstag, 30. Juni 2009"
```

Tabelle 2.13 Statische Eigenschaften und Methoden der Struktur DateTime (Auswahl)

Eigenschaft/Methode	Beschreibung
Date.Now	Aktuelles Datum mit Zeit
Date.Today	Aktuelles Datum ohne Zeit
Date.DaysInMonth(*year*, *month*)	Anzahl Tage als *Integer*-Zahl
Date.IsLeapYear(*year*)	Schaltjahr ja/nein als *Boolean*-Wert

Listing 2.31 Statische Eigenschaften und Methoden der Struktur DateTime

```
Dim i As Integer, b As Boolean, s As String
' Annahme: Aktuelles Datum/aktuelle Uhrzeit = #7/31/2009 10:29:17 AM#

s = Date.Now.ToString              ' s = "31.07.2009 10:29:17"
d = Date.Today.ToString            ' s = "31.07.2009 00:00:00"

i = Date.DaysInMonth(2012, 2)      ' i = 29
b = Date.IsLeapYear(2012)          ' b = True
```

2.2.14 Funktionen und Konstanten für Zeichen und Zeichenketten

Im Folgenden werden einige oft benötigte Funktionen und Konstanten für Zeichen und Zeichenketten dargestellt. Weiterführende Informationen finden Sie in Kapitel 7.

Tabelle 2.14 Zeichen- und Zeichenkettenfunktionen (Auswahl)

Funktion	Beschreibung
Hex(x)	Wandelt Dezimalzahl *x* in eine hexadezimale Zahl (*String*) um
Oct(x)	Wandelt Dezimalzahl *x* in eine Oktalzahl (*String*) um
Chr(n)	Gibt Zeichen mit dem ANSI-Code n als *Char*-Wert zurück
ChrW(n)	Gibt Zeichen mit dem Unicode n als *Char*-Wert zurück
Asc(c)	Gibt ANSI-Code für das *Char*-Zeichen *c* als *Integer*-Wert zurück
AscW(c)	Gibt Unicode für das *Char*-Zeichen *c* als *Integer*-Wert zurück
Space(n)	Gibt n Leerzeichen als *String* zurück
s.Replace(s1, s2)	Ersetzt Teilstring *s1* durch Teilstring *s2* im String s (Instanzenmethode der Klasse *String*)

Tabelle 2.15 VB-Zeichen- und Zeichenkettenkonstanten

Konstante	Beschreibung
vbCr	Entspricht Chr(13), Wagenrücklauf (engl. *Carriage Return*)
vbCrLf	Entspricht Chr(13) & Chr(10), Zeilenumbruch unter Windows
vbLf	Entspricht Chr(10), neue Zeile (engl. *Line Feed*)
vbTab	Entspricht Chr(9), Tabulator

Statt der VB-Konstanten *vbCrLf* werden wir häufig die .NET-Eigenschaft *NewLine* der Klasse *System.Environment* verwenden.

Listing 2.32 Zeichen- und Zeichenkettenfunktionen/-konstanten

```
Dim i As Integer, c As Char, s As String, s1 As String = "1234,56"
Dim newln As String = System.Environment.NewLine
s = Hex(234)                       ' s = "EA"
s = Oct(234)                       ' s = "352" = (3*64 + 5*8 + 2*1)
c = Chr(97)                        ' c = "a"c
```

```
i = Asc("a"c)                              ' i = 97
i = AscW("b"c)                             ' i = 98
i = AscW("€"c)                             ' i = 8364
s = "Neue Zeile" & vbCrLf                  ' s = "Neue Zeile" + Zeilenumbruch
s = "Neue Zeile" & newln                   ' s = "Neue Zeile" + Zeilenumbruch
s = "Birne".Replace("Bi", "Ste")           ' s = "Sterne"
s = s1.Replace(",", ".")                   ' s = "1234.56"
```

2.3 Übungen

Übung 2-2: Taschenrechner

Aufgabe: Es ist ein Programm zu erstellen, das in der Lage ist, zwei Zahlen wahlweise zu addieren, zu subtrahieren, zu multiplizieren und zu dividieren.

Lernziel: Mathematische Operatoren anwenden, verschiedene Datenkonvertierungsfunktionen einsetzen.

Starten Sie Visual Basic 2008, erstellen Sie ein neues Projekt (Menü *Datei|Neues Projekt*), wählen Sie im Dialogfeld *Neues Projekt* die Vorlage *Windows Forms-Anwendung*, überschreiben Sie den Eintrag „WindowsApplication1" im Textfeld *Name* mit „Taschenrechner", und bestätigen Sie mit *OK*. Speichern Sie alle mit dem Projekt verbundenen Dateien (Menü *Datei|Alle speichern*).

Lösungsschritt 1: Benutzeroberfläche erstellen

Platzieren Sie drei TextBoxen für die Eingabe der Zahlen 1 und 2 sowie für das Ergebnis. Links daneben können Sie drei Labels für die Beschriftung ergänzen. Platzieren Sie rechts von den TextBoxen von unten nach oben vier kleine quadratische Buttons für die Rechenoperatoren und rechts daneben einen balkenähnlichen Button für das Löschen der Texteinträge (siehe Abbildung 2.5).

Lösungsschritt 2: Eigenschaften festlegen

Ändern Sie die Eigenschaften gemäß Tabelle 2.16 ab. Achten Sie darauf, dass der *TabIndex* von 0 beginnend die Steuerelemente entsprechend der Tabellenreihenfolge durchläuft. Zur Abwechslung wird in dieser Übung auch für die Ergebnisanzeige eine TextBox statt eines Labels verwendet. Die Einstellungen der beiden Eigenschaften *ReadOnly* und *TabStop* sollen verhindern, dass der Anwender versehentlich das Ergebnis ändert.

Tabelle 2.16 Eigenschaften zur Übung „Taschenrechner"

Objekt	Eigenschaft	Wert
Form1	Text FormBorderStyle	Rechner FixedSingle
TextBox1	(Name) TextAlign	TxtZahl1 Right

2 Variablen, Ausdrücke und Zuweisungen

Objekt	Eigenschaft	Wert
TextBox2	(Name) TextAlign	TxtZahl2 Right
TextBox3	(Name) BackColor ReadOnly TabStop TextAlign	TxtErgebnis Info True False Right
Button1	(Name) Text	BtnAdd +
Button2	(Name) Text	BtnSub -
Button3	(Name) Text	BtnMult *
Button4	(Name) Text	BtnDiv /
Button5	(Name) Text	BtnClear CLEAR

Lösungsschritt 3: Programmcode schreiben

Das Startformular *Form1* weist fünf Buttons auf, entsprechend sind fünf *Click*-Ereignisprozeduren zu implementieren. Zur Übung werden in jeder Ereignisprozedur unterschiedliche Konvertierungsfunktionen bzw. -methoden eingesetzt, um die Vielzahl der Möglichkeiten in Visual Basic anzudeuten. Welche Funktionen oder Klassenmethoden Sie später vorziehen, bleibt letztlich Ihnen überlassen.

■ **Ereignisprozedur BtnAdd_Click**

Nach der Deklaration der Variablen *zahl1* und *zahl2* werden die Texteinträge mit der Funktion *CDbl* in den Datentyp *Double* konvertiert und den Variablen *zahl1* bzw. *zahl2* zugewiesen. Die Summe aus den beiden Zahlen wird anschließend in den Datentyp *String* verwandelt und der *Text*-Eigenschaft der TextBox *TxtErgebnis* zugewiesen.

```
Private Sub BtnAdd_Click(...) Handles BtnAdd.Click
   Dim zahl1, zahl2 As Double
   zahl1 = CDbl(TxtZahl1.Text)
   zahl2 = CDbl(TxtZahl2.Text)
   TxtErgebnis.Text = CStr(zahl1 + zahl2)
End Sub
```

■ **Ereignisprozedur BtnSub_Click**

Statt der *CDbl*- und der *CStr*-Funktion wird hier die *CType*-Funktion eingesetzt.

```
Private Sub BtnSub_Click(...) Handles BtnSub.Click
   Dim zahl1, zahl2 As Double
   zahl1 = CType(TxtZahl1.Text, Double)
   zahl2 = CType(TxtZahl2.Text, Double)
   TxtErgebnis.Text = CType(zahl1 - zahl2, String)
End Sub
```

■ **Ereignisprozedur BtnMult_Click**

Hier werden für die Datenkonvertierung die *ToDouble*- und die *ToString*-Methode der *Convert*-Klasse benutzt.

```
Private Sub BtnMult_Click(...) Handles BtnMult.Click
  Dim zahl1, zahl2 As Double
  zahl1 = Convert.ToDouble(TxtZahl1.Text)
  zahl2 = Convert.ToDouble(TxtZahl2.Text)
  TxtErgebnis.Text = Convert.ToString(zahl1 * zahl2)
End Sub
```

■ **Ereignisprozedur BtnDiv_Click**

Für die Umwandlung des Ergebnisses wird die *ToString*-Methode verwendet.

```
Private Sub BtnDiv_Click(...) Handles BtnDiv.Click
  Dim zahl1, zahl2 As Double
  zahl1 = CDbl(TxtZahl1.Text)
  zahl2 = CDbl(TxtZahl2.Text)
  TxtErgebnis.Text = (zahl1 / zahl2).ToString
End Sub
```

■ **Ereignisprozedur BtnClear_Click**

In dieser Ereignisprozedur wird der jeweiligen *Text*-Eigenschaft der drei TextBoxen ein Leerstring ("") zugewiesen, die Inhalte werden damit gelöscht.

```
Private Sub BtnClear_Click(...) Handles BtnClear.Click
  TxtZahl1.Text = ""
  TxtZahl2.Text = ""
  TxtErgebnis.Text.Text = ""
End Sub
```

Lösungsschritt 4: Programm testen

Starten Sie das Programm (Schaltfläche *Debugging starten* in der Standard-Symbolleiste oder Funktionstaste *F5*), und testen Sie mit beliebigen ganzen Zahlen und Gleitkommazahlen.

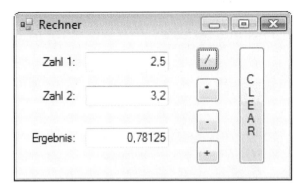

Abbildung 2.5 Testbeispiel zur Übung „Taschenrechner"

2 Variablen, Ausdrücke und Zuweisungen

Vorschlag für Testwerte:

(1) Zahl 1 = 2, Zahl 2 = 3
(2) Zahl 1 = 2,5, Zahl 2 = 3,2 (siehe Abbildung 2.5 – Division)
(3) Zahl 1 = 13, Zahl 2 = 0

Benutzen Sie am besten immer die Tabulatortaste für das Wechseln zwischen den Steuerelementen. Von den Ergebnissen her ist vor allem die Division durch 0 (null) im dritten Beispiel interessant. Bei der Verwendung des Datentyps *Double* erfolgt kein Fehlerabbruch, sondern es wird der Wert „+unendlich" oder „–unendlich" zurückgeliefert.

Übung 2-3: Kosinussatz

Aufgabe: Es ist ein Programm zu erstellen, das in einem beliebigen Dreieck die Dreiecksseite c aus den zwei Seiten a und b und dem eingeschlossenen Winkel γ berechnet. Die Berechnungsformel liefert der Kosinussatz:

$$\text{Kosinussatz:} \quad c = \sqrt{a^2 + b^2 - 2ab \cdot \cos\gamma}, \text{ wobei } \gamma(rad) = \gamma(°)\frac{\pi}{180°}.$$

Die Eingabe des Winkels γ erfolgt, wie üblich, im Gradmaß (°). Das Programm soll außerdem versehentlich eingegebene Dezimalpunkte in Dezimalkommas umwandeln.

Lernziel: Mathematische Operatoren, mathematische Funktionen und Datenkonvertierungsfunktionen einsetzen.

Lösungsschritt 1: Benutzeroberfläche erstellen

Starten Sie Visual Basic 2008, erstellen Sie ein neues *Windows Forms*-Projekt mit dem Namen „Kosinussatz", und speichern Sie alle Dateien.

Platzieren Sie auf dem Formular *Form1* drei TextBoxen für die Eingabe der Seiten a, b und des Winkels γ, einen Button für die Berechnung und ein Label für die Anzeige der Seite c (siehe Abbildung 2.6).

Lösungsschritt 2: Eigenschaften festlegen

In die drei TextBoxen werden bereits zur Entwurfszeit Testwerte eingetragen, den ersten *TabIndex* = 0 sollte deshalb zweckmäßigerweise der Button „Berechnen" erhalten.

Tabelle 2.17 Eigenschaften zur Übung „Kosinussatz"

Objekt	Eigenschaft	Wert
Form1	Text FormBorderStyle	Kosinussatz FixedSingle
TextBox1	(Name) Text	TxtA 100,000
TextBox2	(Name) Text	TxtB 100,000

Objekt	Eigenschaft	Wert
TextBox3	(Name) Text	TxtG 90,0000
Button1	(Name) Text	BtnBerechnen Berechnen
Label1	(Name) Text	LblC (leer)

Der Vorteil der eingetragenen Testwerte ist, dass der Anwender schneller erkennen kann, in welchem Format er die Werte eingeben soll. Falls es Sie stört, können Sie die Einträge in den Texteigenschaften aber auch löschen und der *TextBox1* den *TabIndex* = 0 geben. In Abbildung 2.6 ist die *TextAlign*-Eigenschaft (Textausrichtung) für die drei TextBoxen auf „Center" eingestellt. Die weiteren Labels und Einstellungen sollten Sie aus den bereits durchgeführten Übungen selbstständig festlegen können.

Lösungsschritt 3: Programmcode schreiben

Der Code des Startformulars (Klasse *Form1*) besteht aus der einzigen Ereignisprozedur *BtnBerechnen_Click*.

```
Private Sub BtnBerechnen_Click(...) Handles BtnBerechnen.Click
    Dim a, b, c, gamma As Double

    TxtA.Text = TxtA.Text.Replace(".", ",")
    TxtB.Text = TxtB.Text.Replace(".", ",")
    TxtG.Text = TxtG.Text.Replace(".", ",")

    a = CDbl(TxtA.Text)
    b = CDbl(TxtB.Text)
    gamma = CDbl(TxtG.Text)

    gamma = gamma * Math.PI / 180.0    ' Umwandlung in Radiant
    c = Math.Sqrt(a * a + b * b - 2 * a * b * Math.Cos(gamma))

    LblC.Text = c.ToString("F3")
End Sub
```

Zu Beginn werden die Variablen *a*, *b*, *c* und *gamma* als *Double*-Typen deklariert.

Im nächsten Schritt werden die Texteinträge der drei TextBoxen auf evtl. vorhandene (Dezimal-)Punkte durchsucht und diese mithilfe der *Replace*-Methode durch (Dezimal-)Kommas ersetzt. Die Texteinträge werden mit der Funktion *CDbl* in den Datentyp *Double* konvertiert und den Variablen *a*, *b* und *gamma* zugewiesen.

Anschließend wird *gamma* vom Gradmaß ins Bogenmaß (Radiant) umgewandelt, und *c* wird nach der obigen Formel berechnet. Nützlich sind dabei die Konstante *Math.PI* sowie die Methoden *Math.Sqrt* (Quadratwurzel) und *Math.Cos* (Kosinus-Funktion).

Zum Schluss wird das Ergebnis *c* in den Datentyp *String* verwandelt und formatiert mit drei Nachkommastellen der *Text*-Eigenschaft des Labels *LblC* zugewiesen.

2 Variablen, Ausdrücke und Zuweisungen

Lösungsschritt 4: Programm testen

Starten Sie das Programm (Schaltfläche *Debugging starten* in der Standard-Symbolleiste oder Funktionstaste *F5*), und testen Sie zunächst mit den eingetragenen Testwerten (siehe Abbildung 2.6).

Anschließend können Sie die Werte abändern und die Seite *c* neu berechnen. Wenn Sie einen Dezimalpunkt statt eines Dezimalkommas verwenden, wird der Punkt beim Klicken auf „Berechnen" durch ein Komma ersetzt.

Abbildung 2.6 Testbeispiel zur Übung „Kosinussatz"

Vorschlag für Testdaten:

(1) a = 100,000, b = 100,000, γ = 90,0000 (rechtwinkliges Dreieck) ⇒ c = 141,421
(2) a = 100.000, b = 100.000, γ = 90.0000 (Dezimalpunkt!) ⇒ c = 141,421
(3) a = 3,0, b = 4,0, γ = 90.0000 (rechtwinkliges Dreieck) ⇒ c = 5,000
(4) a = 111.11, b = 111,11, γ = 60.0 (gleichseitiges Dreieck) ⇒ c = 111,110

2.4 Aufgaben

Aufgabe 2-1: Katheten- und Höhensatz im rechtwinkligen Dreieck

In einem rechtwinkligen Dreieck sind die Längen der Hypotenusenabschnitte *p* und *q* gegeben (siehe Abbildung 2.7). Schreiben Sie ein Windows-Programm, das aus *p* und *q* die Längen der Seiten *a*, *b* und *c* sowie die Höhe *h* berechnet.

Kathetensatz: $a^2 = c \cdot p$, $b^2 = c \cdot q$, wobei $c = p + q$.

Höhensatz: $h^2 = p \cdot q$

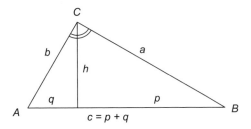

Abbildung 2.7 Rechtwinkliges Dreieck

Setzen Sie verschiedene Konvertierungsmethoden ein, und testen Sie das Programm auch, indem Sie die Ausgangswerte mit Dezimalpunkt statt mit Dezimalkomma eingeben.

Erstellen Sie geeignete Testdaten, und überprüfen Sie diese gegebenfalls mit einem Taschenrechner. Auch der Windows-Taschenrechner (*Start|Programme|Zubehör|Rechner*) ist dafür geeignet.

Aufgabe 2-2: Numerische Ausdrücke und Zuweisungen

a) Geben Sie den Wert folgender Ausdrücke an.

- ` 4 + (7 - 2) * 2 + 4 \ 6`
- ` 3 + 2 ^ 3 Mod 5 \ 2`

b) Formulieren Sie die folgenden Formelausdrücke als Wertzuweisungen.

- $x = \dfrac{a \cdot f + c \cdot d}{a \cdot e - b \cdot d}$

- $k_n = k \left(1 + \dfrac{p}{m \cdot 100}\right)^{mn}$

- $f(t) = \dfrac{\sin^2(at)}{2a^2}$

- $y = a \cdot e^{-\lambda t} + b$

- $y = \sqrt[n]{x^m}$

- $y = \ln\left(x + \sqrt{x^2 + 1}\right)$

c) Welche Werte haben die Variablen *a1*, *b1* und *m1* bzw. *a2*, *b2* und *m2* zur Laufzeit?

```
Option Strict Off          ' Standard-Voreinstellung
' ...
Dim a1, b1 As String, a2, b2 As Integer, m1, m2 As Double
a1 = 3
b1 = 4
m1 = (a1 + b1) / 2         ' Mittelwert

a2 = 2.5
b2 = 4.5
m2 = (a2 + b2) / 2         ' Mittelwert
```

Aufgabe 2-3: Volumen und Oberfläche einer Kugel

Schreiben Sie ein Programm, das bei gegebenem Radius R (Eingabe in TextBox) das Volumen V und die Oberfläche O einer Kugel berechnet. Gestalten Sie das Programm so, dass es auch richtige Werte liefert, wenn der Radius mit Dezimalpunkt statt mit Dezimalkomma eingegeben wird. Verwenden Sie für die Kreiszahl π die entsprechende Konstante der *Math*-Klasse.

Formeln: Volumen $V = \dfrac{4}{3} \pi R^3$, Oberfläche $O = 4 \pi R^2$

Testwert (Vorschlag): $R = 2{,}5 \Rightarrow V = 65{,}45$, $O = 78{,}54$.

Aufgabe 2-4: Standardisierte Normalverteilung

Erstellen Sie ein Programm, das für einen gegebenen Wert u (Eingabe in TextBox) den Dichtefunktionswert $\varphi(u)$ der standardisierten Normalverteilung berechnet. Der Funktionswert soll formatiert angezeigt werden.

Dichtefunktion der standardisierten Normalverteilung: $\varphi(u) = \dfrac{1}{\sqrt{2\pi}} \cdot e^{-\frac{1}{2}u^2}$

Testwerte (Vorschlag): $u = 0 \Rightarrow \varphi(u) = 0{,}399$, $u = +1$ und $u = -1 \Rightarrow \varphi(u) = 0{,}242$.

3 Bedingte Anweisungen

Bei der Umsetzung einer Aufgabe in einen geeigneten Algorithmus muss der Programmierer alle Sonderfälle bzw. alle möglichen Fehlerfälle vorweg berücksichtigen. In der Praxis gibt es kaum ein Programm, das sequenziell Anweisung für Anweisung von oben nach unten abgearbeitet werden kann. In jeder Programmiersprache gibt es deshalb *bedingte Anweisungen*, die es ermöglichen, den Ablauf eines Programms zu beeinflussen. Je nachdem, ob das Ergebnis einer Bedingung wahr (engl. *true*) oder falsch (engl. *false*) ist, wird in einen anderen Programmteil verzweigt.

Bedingte Anweisungen werden gemeinsam mit den im nächsten Kapitel behandelten Schleifenanweisungen als *Kontrollstrukturen* bezeichnet. Sie sind ein wichtiges Fundament in jeder Programmiersprache.

Im Mittelpunkt dieses Kapitels stehen die *If*-Anweisung mit ihren Varianten und die *Select-Case*-Anweisung. Bedingte Anweisungen setzen Vergleiche oder logische Ausdrücke voraus. Deshalb wird in diesem Kapitel auch auf *Vergleichsoperatoren* und *logische Operatoren* eingegangen. Abgeschlossen wird das Kapitel mit einem Exkurs zu den *TryParse*-Methoden der elementaren Datentypen.

3.1 Einführungsübungen

Übung 3-1: Punkt in Rechteck

Aufgabe: Es ist ein Programm zu erstellen, das prüft, ob die vom Benutzer eingegebenen rechtwinkligen Koordinaten eines Punktes streng innerhalb eines vorgegebenen Rechtecks liegen oder nicht.

Lernziel: Programmverzweigung mit einer einseitigen und einer zweiseitigen Auswahl (*If*-Anweisung und *If-Else*-Anweisung), logische Operatoren und Vergleichsoperatoren einsetzen.

3 Bedingte Anweisungen

Lösungsschritt 1: Benutzeroberfläche erstellen

Starten Sie Visual Basic 2008, erstellen Sie ein neues *Windows Forms*-Projekt mit dem Namen „PunktInRechteck", und speichern Sie alle Dateien.

Platzieren Sie auf dem Formular *Form1* je eine TextBox für die x- und die y-Koordinate des einzugebenden Punktes, einen *Button1* („Prüfen"), darunter ein *Label1* für die Ergebnisanzeige sowie weitere drei Labels für die ergänzende Beschriftung (siehe Abbildung 3.1).

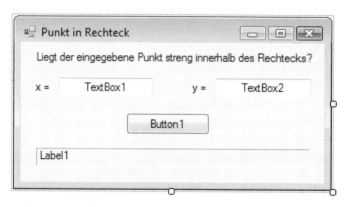

Abbildung 3.1 Rohformular zur Übung „Punkt in Rechteck"

Lösungsschritt 2: Eigenschaften festlegen

Objekt	Eigenschaft	Wert
Form1	Text	Punkt in Rechteck
TextBox1	Text TextAlign	50,0 Center
TextBox2	Text TextAlign	10,0 Center
Button1	TabIndex Text	0 Prüfen
Label1	AutoSize BorderStyle Text	False Fixed3D (leer)

Lösungsschritt 3: Programmcode schreiben

Der Programmcode für das Startformular *Form1* beschränkt sich auf die Ereignisprozedur *Button1_Click* („Prüfen").

3.1 Einführungsübungen

■ **Rechtecksgrenzen**

Die Grenzen des Rechtecks werden als starr angenommen. Die linke untere Ecke hat die rechtwinkligen Koordinaten *xmin* und *ymin*, die rechte obere Ecke die Koordinaten *xmax* und *ymax* (siehe Abbildung 3.2). Auch wenn die Grenzen in unserem Fall mit ganzzahligen Werten belegt werden, ist es besser, reelle Koordinatenwerte (Datentyp *Double*) vorzusehen.

Damit der Programmanwender verfolgen kann, ob das angezeigte Ergebnis richtig ist, sollen die Grenzen des Rechtecks mit dem Prüfergebnis mit angezeigt werden. Zu diesem Zweck werden die Grenzen des Rechtecks in der Stringvariablen *grenzen* zusammengefügt.

```
Private Sub Button1_Click(...) Handles Button1.Click
  Dim xmin, ymin, xmax, ymax As Double
  Dim grenzen As String
  xmin = -100 : ymin = -30
  xmax = 200 : ymax = 50
  grenzen = "(" & xmin & ", " & ymin & ") - " & _
            "(" & xmax & ", " & ymax & ")."
```

■ **Punkt-in-Rechteck-Prüfung**

Die Koordinaten *x* und *y* des eingegebenen Punktes werden aus der jeweiligen *Text*-Eigenschaft der zwei TextBoxen *TextBox1* und *TextBox2* als Zeichenkette (*String*) zurückgegeben und mit der *CDbl*-Funktion in den Datentyp *Double* konvertiert. Die Koordinaten des Punktes müssen dabei mit Dezimalkomma eingegeben werden. Manchmal ist es sinnvoll, bereits beim Programmstart Defaultwerte zuzuweisen, wir haben hierfür bereits die Werte *x* = 50,0 und *y* = 10,0 im Eigenschaftenfenster (siehe Lösungsschritt 2) festgelegt.

```
  Dim x, y As Double
  x = CDbl(TextBox1.Text)
  y = CDbl(TextBox2.Text)
```

Die Prüfung, ob der eingegebene Punkt (*x*, *y*) innerhalb des Rechtecks liegt oder außerhalb, wird über eine ***If-Else*-Anweisung** ausgeführt. Die allgemeine Syntax der zweiseitigen Auswahl lautet:

```
If Bedingung Then
    Anweisungsblock1
Else
    Anweisungsblock2
End If
```

In unserem Fall setzt sich die Bedingung aus vier logischen Vergleichen der Koordinaten des Punktes (*x*, *y*) mit den vier Grenzkoordinaten *xmin*, *ymin*, *xmax* und *ymax* zusammen. Falls der Punkt streng innerhalb des Rechtecks liegt, müssen die Koordinaten des Punktes *x* bzw. *y* größer als *xmin* bzw. *ymin* sowie kleiner als *xmax* bzw. *ymax* sein. „Streng innerhalb" bedeutet, dass ein Punkt exakt auf dem Rechtecksrand nicht als „innerhalb" gewertet wird (siehe Abbildung 3.2).

Die Bedingung ist erfüllt („wahr" oder „true"), wenn alle vier Vergleiche „wahr" sind. Dann wird die Meldung ausgegeben, dass der Punkt innerhalb des Rechtecks liegt, andernfalls wird eine Meldung ausgegeben, dass der Punkt nicht innerhalb liegt.

3 Bedingte Anweisungen

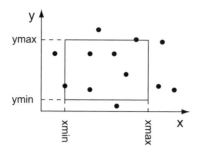

Abbildung 3.2 Punkt-in-Rechteck-Prüfung

```
If x > xmin And y > ymin And x < xmax And y < ymax Then
    Label1.Text = "Punkt liegt innerhalb  " & grenzen
Else
    Label1.Text = "Punkt liegt nicht innerhalb  " & grenzen
End If
```

Wie oft beim Programmieren gibt es verschiedene Alternativen, die zu dem gleichen Ergebnis führen. Mithilfe einer analog aufgebauten Bedingung kann zunächst auch geprüft werden, ob der eingegebene Punkt *außerhalb* (oder auf dem Rand) des Rechtecks liegt. Der logische Operator *And* muss dann aber durch den Operator *Or* ersetzt werden. Im vorliegenden Fall kann stattdessen auch der *OrElse*-Operator verwendet werden, da der eingegebene Punkt bereits außerhalb des Rechtecks liegt, wenn einer der Vergleiche wahr ist.

```
' Alternative:
If x <= xmin OrElse y <= ymin OrElse x >= xmax OrElse y >= ymax Then
    Label1.Text = "Punkt liegt nicht innerhalb  " & grenzen
Else
    Label1.Text = "Punkt liegt innerhalb  " & grenzen
End If
```

Lösungsschritt 4: Programm testen

Ein erster Test kann mit den Defaultwerten durchgeführt werden. Der Punkt (50, 10) liegt innerhalb des Rechtecks (siehe Abbildung 3.3).

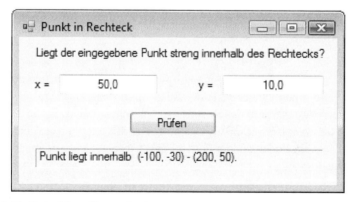

Abbildung 3.3 Testbeispiel zur Übung „Punkt in Rechteck"

Um sicherzugehen, dass alle logischen Vergleiche richtig programmiert wurden, sind anschließend die Punktkoordinaten *x*, *y* zu variieren, wobei insbesondere die Fälle „Punkt liegt auf dem Rechteck" und „Punkt liegt außerhalb des Rechtecks" zu prüfen sind.

Bei Verwendung des obigen Codes führt eine Leereingabe für *x* und/oder *y* dazu, dass das Programm mit einem Fehler abbricht. Außerdem führen Koordinaten, die mit Dezimalpunkt eingegeben werden, zu falschen Ergebnissen.

Um diese zwei Fehlermöglichkeiten auszuschalten, ersetzen wir bereits vor den beiden Wertzuweisungen an *x* und *y* in den Texteingaben alle (Dezimal-)Punkte durch Kommas. Zusätzlich prüfen wir für jede TextBox mit einer einseitigen Auswahl (*If*-Anweisung ohne *Else*), ob ein Leerstring (`""`) „eingegeben" wurde, und ersetzen gegebenenfalls den Leerstring durch den Wert `"0,00"`. Testen Sie das Programm anschließend nochmals mit Leereingaben und Dezimalpunkteingaben.

```
TextBox1.Text = TextBox1.Text.Replace(".", ",")
TextBox2.Text = TextBox2.Text.Replace(".", ",")

If TextBox1.Text = "" Then
   TextBox1.Text = "0,00"
End If

If TextBox2.Text = "" Then
   TextBox2.Text = "0,00"
End If
```

Die vollständige Lösung finden Sie wieder auf der Begleit-DVD.

Übung 3-2: Notenschema

Aufgabe: Es ist ein Programm zu erstellen, in das die erreichte Punktzahl einer Klausur eingegeben werden kann und das daraus die Note nach einem vorgegebenen Notenschema berechnet und anzeigt. Die maximale Punktanzahl beträgt 100 Punkte, nicht zulässige Werte sollen im Bezeichnungsfeld „Note" mit ### gekennzeichnet werden.

Notenschema:

Punkte	Note
90 bis 100	1
75 bis 89	2
60 bis 74	3
45 bis 59	4
0 bis 44	5

Lernziel: Mehrseitige Auswahl (Fallauswahl) mit einer *Select-Case*-Anweisung, zweiseitige Auswahl (*If-Else*-Anweisung), *TextBox_TextChanged*-Ereignisprozedur.

3 Bedingte Anweisungen

Lösungsschritt 1: Benutzeroberfläche erstellen

Starten Sie Visual Basic 2008, erstellen Sie ein neues *Windows Forms*-Projekt mit dem Namen „Notenschema", und speichern Sie alle Dateien.

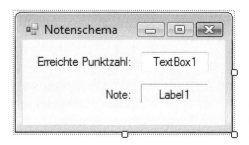

Abbildung 3.4
Rohformular zur Übung „Notenschema"

Platzieren Sie auf dem Formular *Form1* eine TextBox *TextBox1* für die einzugebende Punktzahl und ein Label *Label1* für die Anzeige der Note sowie zwei Labels für die ergänzende Beschriftung (siehe Abbildung 3.4).

Lösungsschritt 2: Eigenschaften festlegen

Objekt	Eigenschaft	Wert
Form1	Text	Notenschema
TextBox1	Text TextAlign	(leer) Center
Label1	Text TextAlign	(leer) MiddleCenter

Lösungsschritt 3: Programmcode schreiben

Die Note soll unmittelbar angezeigt werden, wenn eine Punktzahl in die *TextBox1* eingetragen bzw. die Punktzahl geändert wurde. Dazu ist es notwendig, den Programmcode in die Ereignisprozedur *TextBox1_TextChanged* einzugeben. Den Prozedurrumpf der Ereignisprozedur (innerhalb der Klasse *Form1*) erhalten Sie am einfachsten durch einen Doppelklick auf die *TextBox1*. Als Variable benötigen wir nur die Punktanzahl *punkte*.

```
Private Sub TextBox1.TextChanged(ByVal sender As System.Object, _
    ByVal e As System.EventArgs) Handles TextBox1.TextChanged
    Dim punkte As Integer
```

Im ersten Schritt prüfen wir, ob bereits ein Wert in die *TextBox1* eingetragen wurde. Insbesondere beim vorübergehenden Löschen des Textfeldinhalts ist diese Bedingung nicht erfüllt. Mit einer zweiseitigen Auswahl (*If-Else*-Anweisung) verzweigen wir in den eigentlichen Berechnungsteil, oder wir löschen den Inhalt des *Label1* mithilfe eines Leerstrings.

```
If TextBox1.Text <> "" Then
  punkte = CInt(TextBox1.Text)
' Select-Case-Anweisung
Else
  Label1.Text = ""
End If
```

Mit einer Reihe einseitiger *If*-Anweisungen oder besser einer mehrstufigen *If-ElseIf*-Anweisung (siehe Lektion 3) könnte man der Punktezahl die Note zuordnen. Wesentlich eleganter ist im vorliegenden Fall jedoch eine mehrseitige Fallauswahl mithilfe der **Select-Case-Anweisung**. Die Syntax der *Select-Case*-Anweisung sollte aus den folgenden Codezeilen einfach nachzuvollziehen sein.

Die *Select-Case*-Anweisung beginnt mit den Schlüsselwörtern *Select Case*, auf die ein sogenannter *Selektor* folgt, der eine Variable oder ein Ausdruck sein kann. Im vorliegenden Fall dient die Variable *punkte* als Selektor. Daran schließen sich beliebig viele *Case*-Anweisungen an, die mit dem Schlüsselwort *Case* eingeleitet werden. Der anschließende Ausdruck wird mit dem Selektor verglichen. Falls die Bedingung „wahr" ist, wird der nachfolgende Anweisungsblock ausgeführt und die *Select-Case*-Anweisung verlassen. Die letzte *Case-Else*-Anweisung ist optional, abgeschlossen wird die *Select-Case*-Anweisung immer mit *End Select*.

```
Select Case punkte
  Case 90 To 100
    Label1.Text = "1"
  Case 75 To 89
    Label1.Text = "2"
  Case 60 To 74
    Label1.Text = "3"
  Case 45 To 59
    Label1.Text = "4"
  Case 0 To 44
    Label1.Text = "5"
  Case Else
    Label1.Text = "###"
End Select
```

Lösungsschritt 4: Programm testen

Testen Sie das Programm mit verschiedenen Punktzahleingaben, z. B. „60" (siehe Abbildung 3.5). Wenn Sie die Punktzahl vorübergehend löschen, wird auch die Note gelöscht.

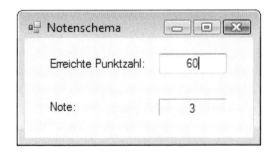

Abbildung 3.5
Testbeispiel zur Übung „Notenschema"

Die vollständige Lösung finden Sie wie immer auf der Begleit-DVD.

3.2 Lektion 3: Bedingte Anweisungen

Bedingte Anweisungen ermöglichen eine Auswahl unter mehreren Anweisungen. Die Entscheidungen, wohin verzweigt werden soll, werden auf der Basis von Bedingungen getroffen. Bedingungen sind logische Ausdrücke, die den Wahrheitswert *True* oder *False* zurückliefern. Für die Formulierung von Bedingungen sind *Vergleichsoperatoren* und *logische Operatoren* notwendig, die wir vorweg behandeln.

Anschließend werden wir uns den zwei Grundformen der bedingten Anweisungen zuwenden, der *If*-Anweisung und der *Select-Case*-Anweisung.

Zum Schluss gehen wir noch auf die *TryParse*-Methoden der elementaren Datentypen ein, die eine einfache Fehlerbehandlung bei der Datenkonvertierung ermöglichen.

3.2.1 Logische Ausdrücke, Vergleichsoperatoren und logische Operatoren

Vergleichsoperatoren

Vergleichsoperatoren vergleichen zwei Ausdrücke miteinander und geben den Wahrheitswert *True* oder *False* zurück. Beachten Sie, dass der =-Operator nicht mit dem gleichlautenden Zuweisungsoperator verwechselt werden darf. Der Compiler erkennt den Unterschied aus dem Zusammenhang.

Tabelle 3.1 Vergleichsoperatoren

Operator	Beispiel	Beschreibung
>	a > b	True, wenn a größer als b ist
>=	a >= b	True, wenn a größer als oder gleich b ist
<	a < b	True, wenn a kleiner als b ist
<=	a <= b	True, wenn a kleiner als oder gleich b ist
=	a = b	True, wenn a gleich b ist
<>	a <> b	True, wenn a ungleich b ist
Like	a Like b	True, wenn der String a mit einem sogenannten Musterstring b übereinstimmt. (Wildcards: „*" für beliebig viele Zeichen, „?" für ein beliebiges Zeichen)

Logische Operatoren

Mithilfe logischer Operatoren können logische Ausdrücke verknüpft werden. Das Ergebnis ist wieder ein Wahrheitswert (siehe Tabelle 3.2).

3.2 Lektion 3: Bedingte Anweisungen

Tabelle 3.2 Logische Operatoren

Operator	Bezeichnung	Beispiel	Beschreibung
And	Logisches UND	a And b	True, wenn sowohl a als auch b True sind
Or	Logisches ODER	a Or b	True, wenn mindestens a oder b True ist
Xor	Exklusives ODER	a Xor b	True, wenn entweder a oder b True ist
AndAlso	Spezielles UND	a AndAlso b	Wenn a False ist, wird b nicht mehr geprüft
OrElse	Spezielles ODER	a OrElse b	Wenn a True ist, wird b nicht mehr geprüft
Not	Logisches NICHT	Not a	True, wenn a False ist

Für die logischen Operatoren wird häufig eine sog. *Wahrheitstabelle* angegeben, aus der der Wahrheitswert zweier mit einem logischen Operator verknüpften Ausdrücke abgelesen werden kann (siehe Tabelle 3.3). Wenn beispielsweise der Ausdruck *a = True* und der Ausdruck *b = False* ist (vergleiche zweite Textzeile), dann ergibt *a And b* den Wahrheitswert *False* (dritte Spalte) und *a Or b* den Wahrheitswert *True* (vierte Spalte).

Tabelle 3.3 Wahrheitstabelle für die logischen Grundoperationen

a	b	a And b	a Or b	a Xor b	Not a
True	*True*	*True*	*True*	*False*	*False*
True	*False*	*False*	*True*	*True*	*False*
False	*True*	*False*	*True*	*True*	*True*
False	*False*	*False*	*False*	*False*	*True*

Logische Ausdrücke

Logische Ausdrücke setzen sich aus Vergleichsoperatoren und logischen Operatoren zusammen. Bei komplexen logischen Ausdrücken ist die Operatorrangfolge der Auswertung zu beachten. Eine Änderung der Reihenfolge kann durch das Setzen runder Klammern erzielt werden. Bei gleicher Rangfolge (Priorität) wird immer von links nach rechts ausgewertet. Tabelle 3.4 ergänzt insofern Tabelle 2.7.

Tabelle 3.4 Rangfolge der Vergleichsoperatoren und logischen Operatoren

Priorität	Operator(en)	Beschreibung
8	>, <, =	Größer, kleiner, gleich
9	>=, <=, <>	Größer/gleich, kleiner/gleich, ungleich
10	Not	Logisches NICHT
11	And, Or, AndAlso, OrElse	Logisches UND, logisches ODER, spezielles UND, spezielles ODER
12	Xor	Logisches exklusives ODER

Listing 3.1 Logische Ausdrücke

```
Dim b As Boolean, x, y As Double, s1 As String
x = 5 : y = 10 : s1 = "Visual"

b = x > 4 And x < 20            ' b = True And True, b = True
b = x + y > 12 And y < 10       ' b = True And False, b = False
b = x <= 5 And y < 10 Or s1 = "Visual"
'       b = True And False Or True, b = False Or True, b = True
b = x < 5 AndAlso y < 10        ' b = False
b = x < 10 OrElse y < 10        ' b = True
b = s1 < s2 Xor x < 10          ' b = False Xor True, b = True
b = s1 Like "Vis*"              ' b = True
b = s1 Like "?is*"              ' b = True
b = Not x > y                   ' b = Not False, b = True
b = Not x = 0 And Not y < 10
'       b = Not False And Not False, b = True And True, b = True
```

String-Vergleiche erfolgen binär entsprechend dem Unicode der Zeichen.

3.2.2 If-Anweisung

Einseitige Auswahl

Die *If*-Anweisung in ihrer einfachsten Form macht die Ausführung einer oder mehrerer Anweisungen (Anweisungsblock) abhängig von einer Bedingung. Ist die Bedingung nicht erfüllt (*False*), so wird die folgende Anweisung bzw. der folgende Anweisungsblock übersprungen. Nach Beendigung der *If*-Anweisung (*End If*) fährt das Programm mit der darauffolgenden Anweisung fort.

Die Syntax für die einseitige Auswahl, auch kurz als *If*-Anweisung bezeichnet, lautet:

```
If Bedingung Then
    Anweisungsblock
End If
```

Falls auf die *If*-Abfrage nur eine einzige Anweisung folgt, ist auch die folgende Schreibweise erlaubt:

```
If Bedingung Then Anweisung
```

Für die Darstellung der Kontrollstrukturen werden oft sog. *Nassi-Shneiderman-Diagramme* eingesetzt, die auch als *Struktogramme* bezeichnet werden. Sie erleichtern vor allem dem Programmieranfänger die Visualisierung der Programmlogik und die anschließende Umsetzung in Programmcode. Aber auch erfahrene Softwareentwickler nutzen Struktogramme, um komplexe Algorithmen und Programmabläufe wiederzugeben.

Die einfache Auswahl lässt sich mit folgendem Struktogramm darstellen:

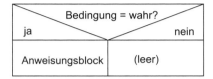

Abbildung 3.6
Struktogramm
„Einfache Auswahl"

Listing 3.2 Einseitige Auswahl (If-Anweisung)

```
Dim phi As Double
' phi = ...

If phi < 0 Then
  phi = phi + 2 * Math.PI
End If
```

Zweiseitige Auswahl

Bei einer zweiseitigen Auswahl, auch als *If-Else*-Anweisung bezeichnet, wird immer einer von zwei Anweisungsblöcken in Abhängigkeit von einer Bedingung ausgeführt. Ist die Bedingung erfüllt (*True*), wird der folgende Anweisungsblock A durchlaufen. Ist die Bedingung nicht erfüllt (*False*), wird der nach *Else* folgende alternative Anweisungsblock B ausgeführt.

Die Syntax für die zweiseitige Auswahl (*If-Else*-Anweisung) lautet.

```
If Bedingung Then
    AnweisungsblockA
Else
    AnweisungsblockB
End If
```

Als Struktogramm wird die zweiseitige Auswahl wie folgt dargestellt:

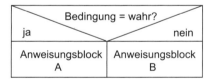

Abbildung 3.7
Struktogramm
„Zweiseitige Auswahl"

Listing 3.3 Zweiseitige Auswahl (If-Else-Anweisung)

```
Dim s As String, zahl As Double
' s = ...

If s = "" Then
  zahl = 0
  Label1.Text = ""
Else
  zahl = CDbl(s)
  Label1.Text = s
End If
```

3 Bedingte Anweisungen

Mehrstufige Auswahl

Bei einer mehrstufigen Auswahl, auch als *If-ElseIf*-Anweisung bezeichnet, wird einer von mehreren Anweisungsblöcken in Abhängigkeit von einer Reihe von Bedingungen durchlaufen. Wenn die erste Bedingung erfüllt ist, wird der Anweisungsblock A ausgeführt, sonst wird (mit *ElseIf*) die zweite Bedingung geprüft. Ist die zweite Bedingung wahr, wird der Anweisungsblock B ausgeführt, sonst wird die nächste Bedingung geprüft usw. Trifft keine der Bedingungen zu, so gibt es zum Schluss wie bei der zweiseitigen Auswahl die Möglichkeit, einen optionalen *Else*-Teil zu durchlaufen.

Die Syntax für die mehrstufige Auswahl (*If-ElseIf*-Anweisung) lautet:

```
If Bedingung1 Then
    AnweisungsblockA
ElseIf Bedingung2 Then
    AnweisungsblockB
ElseIf Bedingung3 Then
    AnweisungsblockC
' ElseIf ...
' ...
Else
    AnweisungsblockD
End If
```

Als Struktogramm wird die mehrstufige Auswahl wie in Abbildung 3.8 dargestellt:

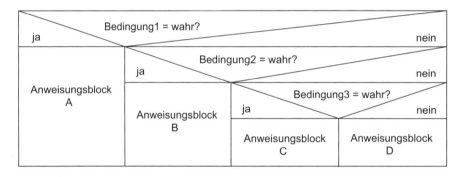

Abbildung 3.8 Struktogramm „Mehrstufige Auswahl"

Listing 3.4 Mehrstufige Auswahl (If-ElseIf-Anweisung)

```
Dim dx, dy As Double, ergebnis As String
' dx = ... : dy = ...

If dx < 0.01 And dy < 0.01 Then
  ergebnis = "in Ordnung"
ElseIf dx < 0.03 And dy < 0.03 Then
  ergebnis = "noch tolerierbar"
ElseIf dx < 0.03 Or dy < 0.03 Then
  ergebnis = "eingeschränkt brauchbar"
Else
  ergebnis = "Messfehler"
End If
```

Verschachtelte If-Anweisung

Alle Formen der *If*-Anweisung können beliebig tief geschachtelt werden, d. h., innerhalb einer *If*-Anweisung kann wieder eine *If*-Anweisung stehen, die wieder eine *If*-Anweisung enthalten kann usw. Damit ist es möglich, ähnlich wie mit einer mehrstufigen Auswahl mehrere Bedingungen innerhalb einer *If*-Anweisung zu prüfen.

In Listing 3.5 wird der *If-ElseIf*-Block aus Listing 3.4 durch eine verschachtelte *If*-Anweisung ersetzt.

Listing 3.5 Verschachtelte If-Anweisung

```
Dim dx, dy As Double, ergebnis As String
' dx = ... : dy = ...

If dx < 0.03 Or dy < 0.03 Then
   If dx < 0.03 And dy < 0.03 Then
      If dx < 0.01 And dy < 0.01 Then
         ergebnis = "in Ordnung"
      Else
         ergebnis = "noch tolerierbar"
      End If
   Else
      ergebnis = "eingeschränkt brauchbar"
   End If
Else
   ergebnis = "Messfehler"
End If
```

Um den Überblick zu behalten, sollten die Anweisungsblöcke innerhalb von *If*-Anweisungen immer konsequent eingerückt werden. In Visual Basic übernimmt diese Aufgabe automatisch der Code-Editor. Man sollte allerdings nie dabei vergessen, dass diese Einrückungen nur ein optisches Hilfsmittel sind und vom Compiler ignoriert werden.

3.2.3 Select-Case-Anweisung

Bei einer mehrseitigen Auswahl (Fallauswahl) wird der Wert eines Ausdrucks berechnet und in Abhängigkeit von diesem Wert eine Anweisung bzw. ein Anweisungsblock ausgeführt. Eine mehrseitige Fallauswahl wird mit den Schlüsselwörtern *Select Case* eingeleitet, wovon sich die häufig verwendete Bezeichnung *Select-Case*-Anweisung ableitet.

Der Ausdruck, der auf *Select Case* folgt, wird auch *Selektor* genannt. Im Gegensatz zur *If-Else*-Anweisung, bei der nur alternativ in zwei Programmteile verzweigt werden kann, stehen bei der Fallauswahl beliebig viele Alternativen offen. Je nach Wert des Selektors kann der Anweisungsblock A oder der Anweisungsblock B oder der Anweisungsblock C usw. ausgeführt werden.

Die Vergleiche des Selektors mit den alternativen Werten erfolgen in sog. *Case*-Anweisungen. Sobald ein Vergleich erfüllt ist, wird die gesamte *Select-Case*-Anweisung verlassen. Eine *Select-Case*-Anweisung arbeitet deshalb am effizientesten, wenn die häufiger auftretenden Alternativen am Anfang stehen. Zum Schluss der *Select-Case*-Anweisung sollte immer die optionale *Case-Else*-Anweisung mit einem *Default*-Anweisungsblock stehen, sodass auch in unvorhersehbaren Fällen oder Fehlerfällen einer der Anweisungsblöcke abgearbeitet wird. Abgeschlossen wird die *Select-Case*-Anweisung stets mit den Schlüsselwörtern *End Select*.

Eine *Select-Case*-Anweisung kann immer auch als mehrstufige Auswahl (*If-ElseIf*-Anweisung) formuliert werden. Wenn jedoch das Durchlaufen verschiedener Programmzweige von einem einzigen Wert abhängt, ist die *Select-Case*-Anweisung in jedem Fall vorzuziehen. Der Programmcode wird wesentlich übersichtlicher und weniger fehleranfällig. Zudem kann die *Select-Case*-Anweisung nachträglich problemlos um weitere *Case*-Anweisungsblöcke ergänzt werden.

Die Syntax für die mehrseitige Fallauswahl (*Select-Case*-Anweisung) lautet:

```
Select Case selektor
  Case wert1
    AnweisungsblockA
  Case wert2
    AnweisungsblockB
  Case wert3
    AnweisungsblockC
  Case wert4
    AnweisungsblockD
' Case ...
'   ...
  Case Else
    AnweisungsblockE
End Select
```

Auch die mehrseitige Auswahl (Fallauswahl) lässt sich als Struktogramm darstellen (siehe Abbildung 3.9).

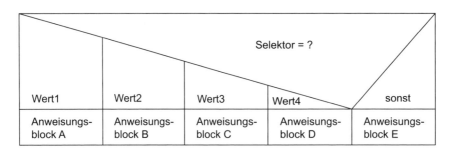

Abbildung 3.9 Struktogramm „Mehrseitige Auswahl (Fallauswahl)"

In Visual Basic gibt es eine Reihe von Varianten für die *Case*-Anweisungsblöcke innerhalb einer *Select-Case*-Anweisung, deren Syntax nachfolgend gezeigt wird.

```
Case ausdruck
  Anweisungsblock

Case ausdruck1 To ausdruck2
  Anweisungsblock

Case Is vergleichsoperator ausdruck
  Anweisungsblock

Case ausdruck1, ausdruck2 To ausdruck3, Is vergl_operator ausdruck4, ...
  Anweisungsblock
```

Die letzte Variante zeigt eine Kombination aus den ersten drei Varianten. Sowohl für den Selektor als auch für die *Case*-Ausdrücke kommen alle elementaren Datentypen infrage, die Datentypen müssen jedoch zueinander kompatibel sein.

Vermeiden Sie, dass ein Vergleich mit dem Selektor von mehr als einer *Case*-Anweisung erfüllt werden kann. Nur in wenigen Ausnahmefällen ist dies auch beabsichtigt.

Auch wenn in der Praxis innerhalb einer *Select-Case*-Anweisung in der Regel nur ein *Case*-Anweisungstyp vorkommt, werden im folgenden Listing zur Demonstration mehrere Varianten kombiniert:

Listing 3.6 Mehrseitige Auswahl (Fallauswahl)

```
Dim intZahl As Integer, s As String = ""
Select Case intZahl
  Case 0
    s = "Die Zahl ist 0 (null)."
  Case 1 To 9
    s = "Die Zahl besteht aus einer Ziffer."
  Case 10, 11, 12, 14 To 99
    s = "Die Zahl ist zweistellig."
  Case Is >= 100
    s = "Die Zahl ist mindestens dreistellig."
  Case Else
    s = "Zahl nicht vorgesehen (negativ?)."
End Select
```

Wenn Sie das Listing 3.6 genau betrachten, werden Sie merken, dass sowohl für die Zahl 13 als auch für alle negativen Zahlen der *Default*-String nach *Case Else* zurückgegeben wird.

Abschließend soll an einem Negativbeispiel gezeigt werden, wie sich überlappende Gültigkeitsbereiche in *Case*-Anweisungen auswirken.

Listing 3.7 Überlappende Gültigkeitsbereiche in Case-Anweisungen

```
Dim zahl As Integer, result As String
' Lies Zahl
Select Case zahl
  Case 1 To 49
    result = "Lottozahl"
  Case 1 To 6
    result = "Würfelzahl"
  Case Else
    result = "Weder Lotto- noch Würfelzahl"
End Select
```

Die erste und zweite *Case*-Anweisung überlappen sich offensichtlich. Wenn eine ganze Zahl zwischen 1 und 6 eingegeben wird, trifft bereits die erste Bedingung zu, und die *Select-Case*-Anweisung wird verlassen, die zweite *Case*-Anweisung („Würfelzahl") wird dadurch nie erreicht.

Nachfolgend wird eine in sich stimmige Variante des Listings 3.7 gezeigt:

```
Select Case zahl
  Case 1 To 6
    result = "Lotto- und Würfelzahl"
  Case 7 To 49
    result = "Lottozahl"
  Case Else
    result = "Weder Lotto- noch Würfelzahl"
End Select
```

Bei der Formulierung von aufeinander aufbauenden Bedingungen ist also unbedingt auf eine logische Abfolge zu achten. Dies gilt auch für alle *If*-Anweisungen.

3.2.4 Exkurs: TryParse-Methoden

In vielen Windows-Programmen werden vom Benutzer Zahlen- oder Datumseingaben erwartet. Lassen sich diese Eingabewerte nicht in den vorgesehenen Datentyp umwandeln, tritt ein Laufzeitfehler auf, und am Bildschirm erscheint ein Fehlerfenster mit einer entsprechenden Fehlermeldung. Um dies zu vermeiden, sollten die eingelesenen Werte vor der Datenkonvertierung geprüft werden.

Für alle elementaren Datentypen (mit Ausnahme des Datentyps *String*) ist in Visual Basic eine *TryParse*-Methode implementiert, die zuerst prüft, ob eine Zeichenkette (*String*) fehlerlos konvertiert werden kann. Die Methode gibt einen booleschen Wert zurück, also *True* oder *False*. Nur wenn der Rückgabewert *True* ist, wird zugleich eine Konvertierung vorgenommen.

Die Syntax lautet:

```
Datentyp.TryParse(Zeichenkette, varName)
```

Die *TryParse*-Methoden werden häufig mit *If-Else*-Anweisungen verknüpft, wie das Beispiel in Listing 3.8 zeigt:

Listing 3.8 Typ-Konvertierung mit der TryParse-Methode

```
Dim alter As Integer
' Setze TextBox1.Text = "83a" oder TextBox1.Text = "" (Leerstring)
If Integer.TryParse(TextBox1.Text, alter) Then
   Label1.Text = "Lebenserwartung: " & (100 - alter).ToString & " Jahre."
Else
   Label1.Text ="Eingabefehler! "
End If
```

Startet der Anwender die Berechnung, bevor er eine Zahl in die *TextBox1* eingegeben hat, oder gibt er einen Wert ein, der nicht als ganze Zahl interpretiert werden kann, so gibt die *TryParse*-Methode den Wert *False* zurück, und im *Label1* wird auf den Eingabefehler hingewiesen. Ist der Rückgabewert gleich *True*, so wird der Inhalt der *TextBox1* in eine *Integer*-Zahl umgewandelt, und die „Lebenserwartung" wird im *Label1* angezeigt.

3.3 Übungen

Übung 3-3: Zwei Gleichungen mit zwei Unbekannten

Aufgabe: Gegeben sind zwei Gleichungen mit zwei Unbekannten. Die Koeffizienten a, b, c, d, e und f sind einzugeben, die Unbekannten x und y sind gesucht.

$$a \cdot x + b \cdot y = c$$
$$d \cdot x + e \cdot y = f$$

Die Lösung lautet:

$$x = \frac{c \cdot e - b \cdot f}{\det}, \quad y = \frac{a \cdot f - c \cdot d}{\det}, \text{ wobei } \det = a \cdot e - d \cdot b.$$

Eine Lösung existiert nur, wenn die sog. Determinante $det \neq 0$ ist.

Lernziel: *If-Else*-Anweisung einsetzen, Aufruf einer Ereignisprozedur aus einer zweiten Ereignisprozedur, Einbau von Beispieldaten, Benutzeroberfläche gestalten.

Lösungsschritt 1: Benutzeroberfläche erstellen

Starten Sie Visual Basic 2008, erstellen Sie ein neues *Windows Forms*-Projekt mit dem Namen „ZweiGleichungen", und speichern Sie alle Dateien.

Bei der Gestaltung der Oberfläche soll darauf geachtet werden, dass das Pogramm intuitiv bedienbar ist. Dies wird erreicht, indem das Formelsystem auf dem Formular nachgebildet wird. Zudem sollen zwei Beispieldatensätze abgerufen werden können.

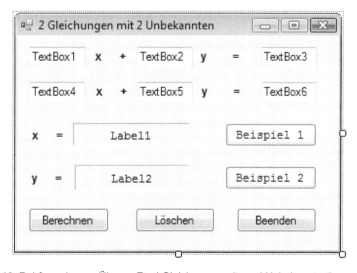

Abbildung 3.10 Rohformular zur Übung „Zwei Gleichungen mit zwei Unbekannten"

3 Bedingte Anweisungen

Platzieren Sie für die sechs einzugebenden Koeffizienten *a ... f* je eine TextBox (*TextBox1* bis *TextBox6*) auf dem Formular, weiterhin zwei Labels *Label1* und *Label2* für die Anzeige der Unbekanten *x* und *y*, die Buttons „Berechnen", „Löschen" und „Beenden" sowie die Buttons „Beispiel1" und „Beispiel2". Ergänzen Sie anschließend die erklärenden Labels gemäß Abbildung 3.10.

Lösungsschritt 2: Eigenschaften festlegen

Objekt(e)	Eigenschaft	Wert
Form1	Text	2 Gleichungen mit 2 Unbekannten
TextBox1, TextBox2, ..., TextBox6	Name TabIndex Text	TxtA, TxtB, ..., TxtF 0, 1, ..., 5 (leer)
Label1, Label2	Name AutoSize BorderStyle Font Text TextAlign	LblX, LblY False Fixed3D Courier New, Schriftgrad 9 (leer) MiddleCenter
Button1, Button2, Button3	Name Text	BtnBerechnen, BtnLoeschen, BtnBeenden Berechnen, Löschen, Beenden
Button4, Button5	Name Font Text	BtnBeispiel1, BtnBeispiel2 Courier New, Schriftgrad 9 Beispiel 1, Beispiel 2

Lösungsschritt 3: Programmcode schreiben

■ **Programmgerüst des Startformulars (Klasse Form1)**

Für jeden der fünf Buttons ist eine eigene *Click*-Ereignisprozedur zu implementieren. Das Programmgerüst der Klasse *Form1* ist zur leichteren Orientierung nochmals dargestellt.

```
Public Class Form1
    Private Sub BtnBerechnen_Click(...) ... : End Sub
    Private Sub BtnBeispiel1_Click(...) ... : End Sub
    Private Sub BtnBeispiel2_Click(...) ... : End Sub
    Private Sub BtnLoeschen_Click(...) ... : End Sub
    Private Sub BtnBeenden_Click(...) ... : End Sub
End Class
```

■ **Ereignisprozedur BtnBerechnen_Click**

Zunächst wollen wir uns die Arbeit mit einem Struktogramm erleichtern. Anweisungssequenzen, also hintereinander folgende Anweisungen, werden übrigens als untereinander gereihte Rechtecke dargestellt (siehe Abbildung 3.11).

Nach der Deklaration der Variablen und der Zuweisung der Eingabewerte an die Koeffizienten *a ... f* wird die Determinante *det* gemäß der angegebenen Formel ausgewertet.

Die weitere Berechnung lässt sich mit einer zweiseitigen Auswahl problemlos lösen. Es ist zwischen zwei Alternativen zu unterscheiden, nämlich ob die Determinante *det* = 0 ist oder nicht. Im ersten Fall existiert keine Lösung, eine entsprechende Mitteilung soll sowohl in das Label *LblX* als auch in das Label *LblY* eingetragen werden. Ist *det* ≠ 0, so ergibt sich die Lösung für x und y nach den obigen Formeln.

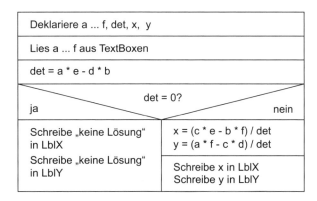

Abbildung 3.11 Struktogramm zur Übung „Zwei Gleichungen mit zwei Unbekannten"

Bei der Umsetzung des Struktogramms in den entsprechenden Programmcode sind noch folgende Punkte zu beachten:

Die im Formelsystem genannten Größen deklarieren wir als *Double*-Variablen, da wir sowohl ganze Zahlen als auch reelle Zahlenwerte zulassen wollen. Bei der Deklaration der Variablen *e* erscheint eine Fehlermeldung, da *e* bereits standardmäßig als Parameter im Prozedurkopf der Ereignisprozedur verwendet wird. Wir verwenden deshalb stattdessen die Variable *e1*.

Wir wollen vermeiden, dass vom Programmanwender mit Dezimalpunkt eingegebene reelle Koeffizienten zu falschen Ergebnissen führen. Mit der *Replace*-Methode wandeln wir eventuell vorhandene Dezimalpunkte in Dezimalkommas um. Anschließend konvertieren wir die so behandelten TextBox-Einträge mit der *CDbl*-Funktion in numerische Werte und weisen sie den Koeffizienten *a*, *b*, *c*, *d*, *e1* und *f* zu.

Die zweiseitige Auswahl wird mit einer *If-Else*-Anweisung realisiert. Die Lösungswerte x und y wollen wir auf vier Nachkommastellen formatiert ausgegeben.

```
Private Sub BtnBerechnen_Click(...) Handles BtnBerechnen.Click
  Dim a, b, c, d, e1, f, det, x, y As Double

    a = CDbl(TxtA.Text.Replace(".", ","))
    b = CDbl(TxtB.Text.Replace(".", ","))
    c = CDbl(TxtC.Text.Replace(".", ","))
    d = CDbl(TxtD.Text.Replace(".", ","))
    e1 = CDbl(TxtE.Text.Replace(".", ","))
    f = CDbl(TxtF.Text.Replace(".", ","))

    det = a * e1 - d * b          ' Determinante

    If det = 0 Then
      LblX.Text = "keine Lösung"
```

```
        LblY.Text = "keine Lösung"
    Else
        x = (c * e1 - b * f) / det
        y = (a * f - c * d) / det
        LblX.Text = x.ToString("f4")
        LblY.Text = y.ToString("f4")
    End If
End Sub
```

■ **Ereignisprozedur BtnBeispiel1_Click**

Hier werden den Koeffizienten *a ... f* Beispielwerte zugewiesen. Dies hat einerseits den Vorteil, dass beim Test nicht immer alle Werte eingegeben werden müssen, andererseits ist dies auch für den Anwender hilfreich, da er ersehen kann, wo und wie die Zahlen auf dem Formular einzutragen sind.

Um die Werte zu testen, müsste der Anwender zur Laufzeit anschließend den Button „Berechnen" klicken. Eleganter ist es offensichtlich, wenn das Programm dies selbst ausführt. Dies geht ganz einfach durch Angabe des Namens der Ereignisprozedur. Die Parameter *sender* und *e* müssen jedoch immer (in Klammern) mit angegeben werden.

Die folgenden Werte für *a ... f* ergeben eine reelle Lösung für *x* und *y*, wie sich leicht durch Einsetzen in die zwei Ausgangsgleichungen bestätigen lässt.

```
Private Sub BtnBeispiel1_Click(...) Handles BtnBeispiel1.Click
    TxtA.Text = "1,2"
    TxtB.Text = "3,5"
    TxtC.Text = "5,20"
    TxtD.Text = "5,2"
    TxtE.Text = "7,8"
    TxtF.Text = "0,71"
    BtnBerechnen_Click(sender, e)
End Sub
```

■ **Ereignisprozedur BtnBeispiel2_Click**

Im Gegensatz zur Ereignisprozedur *BtnBeispiel1_Click* werden Beispielwerte zugewiesen, die *keine* Lösung ergeben. Der Aufruf der Ereignisprozedur *BtnBerechnen_Click* erfolgt wie oben.

```
    TxtA.Text = "1,2"
    TxtB.Text = "3,5"
    TxtC.Text = "5,20"
    TxtD.Text = "2,4"
    TxtE.Text = "7,0"
    TxtF.Text = "0,71"
```

■ **Ereignisprozedur BtnLoeschen_Click**

Die Prozedur bringt lediglich einen zusätzlichen Komfort für den Anwender. Wenn ein neuer Datensatz eingegeben werden soll, ist es hilfreich, wenn zuerst alle Einträge in den Eingabefeldern (TextBoxen) und Ergebnisfeldern (Labels) gelöscht werden. Dies wird durch Zuweisung eines Leerstrings an die jeweilige *Text*-Eigenschaft erreicht.

```
Private Sub BtnLoeschen_Click(...) Handles BtnLoeschen.Click
    TxtA.Text = "" : TxtB.Text = "" : TxtC.Text = ""
    TxtD.Text = "" : TxtE.Text = "" : TxtF.Text = ""
    LblX.Text = "" : LblY.Text = ""
End Sub
```

Lösungsschritt 4: Programm testen

Das Programm ist mindestens mit zwei Datensätzen zu testen, einem Datensatz mit einer bekannten Lösung und einem Datensatz mit *keiner* Lösung. Auch wenn die Beispielsätze funktionieren, sollte unabhängig geprüft werden, ob sich bei manueller Eingabe der Koeffizienten dieselben Lösungswerte ergeben. Ebenso sollte auch der Fall getestet werden, ob Dezimalpunkte richtig umgesetzt werden.

Testwerte:

a) Beispiel 1: 1,2 x + 3,5 y = 5,2   x = –4,3071
               5,2 x + 7,8 y = 0,71   y = 2,9624

b) Beispiel 2: 1,2 x + 3,5 y = 5,2   det = 0 (keine Lösung)
               2,4 x + 7,0 y = 0,71

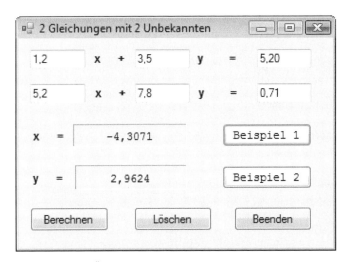

Abbildung 3.12 Testbeispiel zur Übung „Zwei Gleichungen mit zwei Unbekannten"

Übung 3-4: Kartesische Koordinaten in Polarkoordinaten umrechnen

Aufgabe: Es ist ein Programm zu erstellen, das kartesische Koordinaten (x, y) in Polarkoordinaten (r, φ) umrechnet.

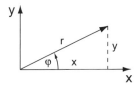

Abbildung 3.13 Kartesische Koordinaten und Polarkoordinaten

Formeln: $r = \sqrt{x^2 + y^2}$, $\varphi = \arctan \dfrac{y}{x}$ $(x \neq 0)$

Für die Berechnung der Arkustangens-Funktion soll die Methode *Math.Atan* verwendet werden. Der resultierende Wert liegt im Bereich $(-\pi/2 \leq \varphi \leq \pi/2)$. Es werden also nur Werte im 1. und 4. Quadrant zurückgegeben, im Gegensatz zu den üblichen Taschenrechnern werden aber auch die beiden Sonderfälle

$\varphi = \pi/2$ $(x = 0, y > 0)$ und $\varphi = -\pi/2$ $(x = 0, y < 0)$

trotz Division durch 0 (null) richtig berechnet. Es ist also lediglich noch eine Quadrantenabfrage notwendig, außerdem soll φ wie gewohnt in Grad (°) im Bereich von 0 bis 360° ausgewiesen werden.

Quadrantenabfrage:

	1. Quadrant	2. Quadrant	3. Quadrant	4. Quadrant
y	> 0	> 0	< 0	< 0
x	> 0	< 0	< 0	> 0
φ (rad)	φ	φ + π	φ + π	φ + 2π

Umrechnung vom Bogenmaß (rad) in Grad (°): $\varphi(°) = \varphi(rad) \cdot \dfrac{180(°)}{\pi}$

Lernziel: Mehrstufige Auswahl (*If-ElseIf*-Anweisung) einsetzen, mathematische Standardfunktionen und *TryParse*-Methoden verwenden.

Lösungsschritt 1: Benutzeroberfläche erstellen

Starten Sie Visual Basic 2008, erstellen Sie ein neues *Windows Forms*-Projekt mit dem Namen „XYPolar", und speichern Sie alle Dateien.

Platzieren Sie zwei TextBoxen für die vom Benutzer einzugebenden Koordinaten *x* und *y*, zwei Buttons „Berechnen" und „Beenden" sowie zwei Labels für die Anzeige der berechneten Polarkoordinaten φ und *r* auf dem Startformular *Form1*. Ergänzen Sie anschließend die erklärenden Labels gemäß Abbildung 3.14.

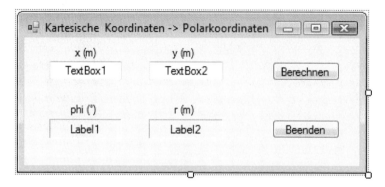

Abbildung 3.14 Rohformular zur Übung „Kartesische Koordinaten -> Polarkoordinaten"

3.3 Übungen

Lösungsschritt 2: Eigenschaften festlegen

Objekt(e)	Eigenschaft	Wert
Form1	Text	Kartesische Koordinaten -> Polarkoordinaten
TextBox1, TextBox2	TextAlign	Center
Button1	Text	Berechnen
Button2	Text	Beenden
Label1, Label2	AutoSize BorderStyle Text TextAlign	False Fixed3D (leer) MiddleCenter

Lösungsschritt 3: Programmcode schreiben

Der wesentliche Programmcode ist in der Ereignisprozedur *Button1_Click* („Berechnen") des Startformulars *Form1* enthalten. Im ersten Schritt entwerfen wir wieder ein Struktogramm (siehe Abbildung 3.15).

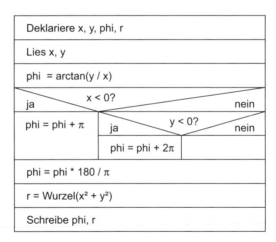

Abbildung 3.15 Struktogramm zur Übung „Kartesische Koordinaten -> Polarkoordinaten"

Beim Einlesen der kartesischen Koordinaten x, y wollen wir zunächst eventuell eingegebene Dezimalpunkte durch Dezimalkommas ersetzen. Mit einer zusätzlichen, im Struktogramm nicht dargestellten *If-Else*-Anweisung wollen wir Eingabefehler abfangen. Wenn sich die *TextBox1*- und *TextBox2*-Inhalte mit der *TryParse*-Methode in den Datentyp *Double* umwandeln lassen, wird die Berechnung durchgeführt, andernfalls werden die Inhalte der Ergebnisfelder (*Label1* und *Label2*) gelöscht.

Der weitere Programmcode sollte klar sein. Für die mehrstufige Auswahl benötigen wir eine *If-ElseIf*-Anweisung. Der optionale *Else*-Teil kann weggelassen werden (siehe Abbildung 3.15), da dieser Fall nur für Winkel φ im 1. Quadrant eintreten kann.

3 Bedingte Anweisungen

```
Private Sub Button1_Click(...) Handles Button1.Click
   Dim x, y, phi, r As Double
   TextBox1.Text = TextBox1.Text. Replace(".", ",")
   TextBox2.Text = TextBox2.Text. Replace(".", ",")

   If Double.TryParse(TextBox1.Text, x) And _
      Double.TryParse(TextBox2.Text, y) Then
      phi = Math.Atan(y / x)

      If x < 0 Then
         phi = phi + Math.PI
      ElseIf y < 0 Then
         phi = phi + 2 * Math.PI
      End If

      phi = phi * 180 / Math.PI
      r = Math.Sqrt(x * x + y * y)

      Label1.Text = phi.ToString("f4")
      Label2.Text = r.ToString("f3")
   Else
      Label1.Text = ""
      Label2.Text = ""
   End If
End Sub
```

Lösungsschritt 4: Programm testen

Für den Test sollten alle Quadranten und alle Sonderfälle einbezogen werden (siehe Tabelle). Weiter sollten Sie noch Koordinatenwerte mit Dezimalpunkt sowie nichtnumerische Eingaben (z. B. Leereingaben, Buchstaben oder Sonderzeichen) testen. Nicht abgefangen ist der Fall, dass *x* und *y* zugleich 0 (null) sind.

Testdaten:

x	400	0	−400	−400	−400	0	400	400
y	300	300	300	0	−300	−300	−300	0
φ (°)	36,8699	90,0	143,1301	180,0	216,8699	270,0	323,1301	0,0
r	500,000	300,0	500,000	400,0	500,000	300,0	500,000	400,0

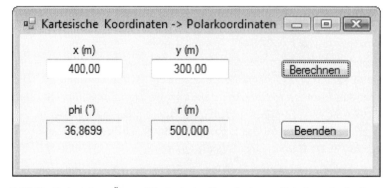

Abbildung 3.16 Testbeispiel zur Übung "Kartesische Koordinaten -> Polarkoordinaten"

Übung 3-5: Tage im Monat

Aufgabe: Erstellen Sie ein Programm, bei dem man den Monat aus einer Liste auswählen kann und das anschließend die Zahl der Tage dieses Monats anzeigt. Der Einfachheit halber nehmen wir an, dass der Februar immer 28 Tage hat.

Lernziel: Fallauswahl (*Select-Case*-Anweisung) einsetzen, das Steuerelement *ComboBox* und das *Form_Load*-Ereignis kennenlernen.

Lösungsschritt 1: Benutzeroberfläche erstellen

Starten Sie Visual Basic 2008, erstellen Sie ein neues *Windows Forms*-Projekt mit dem Namen „TageMonat", und speichern Sie alle Dateien.

Platzieren Sie ein Steuerelement ComboBox (*ComboBox1*) für die Monatsliste und ein Label (*Label1*) für die Anzeige der Tage auf dem Startformular *Form1*. Das Formular sollte ähnlich wie Abbildung 3.17 aussehen.

Abbildung 3.17 Rohformular zur Übung „Tage im Monat"

Lösungsschritt 2: Eigenschaften festlegen

Objekt	Eigenschaft	Wert
Form1	Text	Tage im Monat
ComboBox1	Text	Monat wählen
Label1	Text	(leer)

Lösungsschritt 3: Programmcode schreiben

Die Steuerelemente ComboBox und ListBox sind besonders geeignet, um eine Liste von Einträgen aufzunehmen. Ihre Eigenschaften und Methoden sind weitgehend identisch. In der vorliegenden Übung wollen wir eine ComboBox verwenden, die sich im Wesentlichen nur dadurch von einer ListBox unterscheidet, dass die Einträge erst beim Anklicken aufklappen und sichtbar werden.

Die Listeneinträge können im Eigenschaftenfenster in der Eigenschaft *Items (Auflistung)* eingetragen werden. Beim Klicken auf den Wert „(Auflistung)" öffnet sich der Zeichenfolgen-Editor, und es kann pro Zeile ein Wert eingetragen werden (siehe Abbildung 3.18).

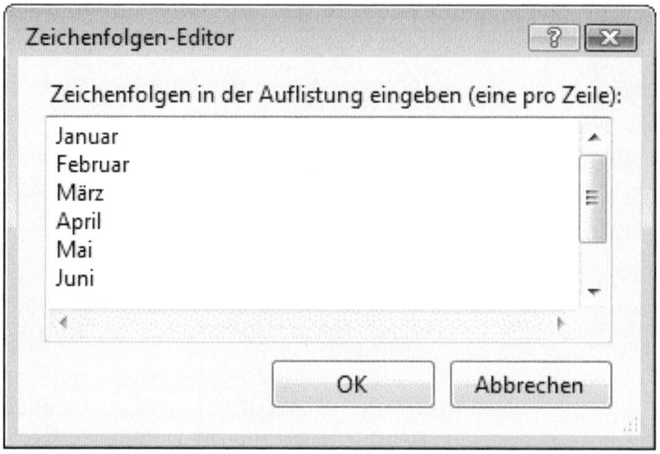

3 Bedingte Anweisungen

Abbildung 3.18 Eintragen der Listeneinträge für die ComboBox (Eigenschaft Items-Auflistung)

Alternativ können die Listeneinträge zur Laufzeit mit der *Add*-Methode gefüllt werden.
Die Syntax für einen Listeneintrag lautet:

```
ComboBox1.Items.Add(zeile)
```

wobei *zeile* vom Datentyp *String* sein muss.

Die Reihenfolge der Listeneinträge ist entscheidend, wenn zur Laufzeit ein Eintrag ausgewählt wird. Jedem Listeneintrag wird nämlich automatisch ein Listenindex zugewiesen, der bei 0 (null) beginnt und mit der Eigenschaft *SelectedIndex* abgefragt werden kann.

Die Syntax für die Abfrage des Listenindex lautet:

```
index = ComboBox1.SelectedIndex
```

wobei *index* eine ganzzahlige Variable sein muss. Werden Listeneinträge sowohl im Eigenschaftenfenster als auch zur Laufzeit „addiert", so haben die Einträge im Eigenschaftenfenster Vorrang.

Nach diesem kurzen Exkurs bezüglich der Steuerelemente ComboBox bzw. ListBox wollen wir uns nun dem Programm zuwenden. Es setzt sich aus zwei Teilen zusammen, dem Eintrag der Monate in die *ComboBox* und der Anzeige der Tage im Monat, nachdem der Monat ausgewählt wurde.

■ **Ereignisprozedur Form1_Load**

Wir wählen die flexiblere Variante und füllen die *ComboBox1* über separaten Programmcode. Damit die Einträge bereits beim Programmstart sichtbar sind, betten wir den Code in die *Form1_Load*-Ereignisprozedur ein.

```
Private Sub Form1_Load(ByVal sender As Object, _
    ByVal e As System.EventArgs) Handles Me.Load
    ComboBox1.Items.Add("Januar")
    ComboBox1.Items.Add("Februar")
    ComboBox1.Items.Add("März")
    ' usw.
End Sub
```

3.3 Übungen

■ **Ereignisprozedur ComboBox1_SelectedIndexChanged**

Die Anzeige der Tage im *Label1* soll ausgelöst werden, wenn der Anwender einen (neuen) Eintrag in der *ComboBox1* auswählt. Für bestimmte Monate (April, Juni, September, November) sollen 30 Tage, für den Februar 28 Tage und für alle anderen Monate 31 Tage angezeigt werden. Da die Entscheidung jeweils nur von einem Wert, nämlich der Eigenschaft *SelectedIndex*, abhängt, ist die Aufgabe am einfachsten mit einer mehrseitigen Auswahl (*Select-Case*-Anweisung) zu lösen. Den Index des ausgewählten Eintrags weisen wir der *Integer*-Variablen *monat* zu. Da wir gewohnt sind, die Monate bei 1 (Januar) beginnend zu bezeichnen, verwenden wir als Selektor den Ausdruck `monat + 1`.

Zur Übung stellen wir die Lösung zuerst als Struktogramm dar (siehe Abbildung 3.19).

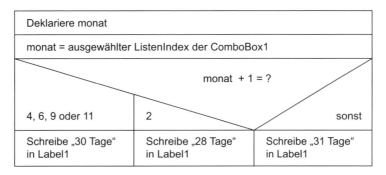

Abbildung 3.19 Struktogramm zur Übung „Tage im Monat"

Der Programmcode lässt sich nun einfach umsetzen.

```
Private Sub ComboBox1_SelectedIndexChanged(...) _
        Handles ComboBox1.SelectedIndexChanged
    Dim monat As Integer
    monat = ComboBox1.SelectedIndex

    Select Case monat + 1
      Case 4, 6, 9, 11
        Label1.Text = "30 Tage"
      Case 2
        Label1.Text = "28 Tage"
      Case Else
        Label1.Text = "31 Tage"
    End Select
End Sub
```

Lösungsschritt 4: Programm testen

Testen Sie das Programm mit den verschiedenen Monatseinträgen.

Abbildung 3.20 Testbeispiel zur Übung „Tage im Monat"

3.4 Aufgaben

Aufgabe 3-1: Heronische Flächenformel mit Dreieckskriterium

In der Übung 2-1 wurde ein Programm zur Berechnung der Fläche eines Dreiecks aus den Längen der drei Seiten a, b und c erstellt. Dabei wurde stillschweigend vorausgesetzt, dass die heronische Flächenformel immer eine Lösung liefert.

Ergänzen Sie das Programm, indem Sie vor der Berechnung prüfen, ob für die Seiten a, b und c eine Lösung existiert, und mit einer zweiseitigen Auswahl die Berechnung und Ergebnisanzeige wie in Übung 2-1 durchführen bzw. eine entsprechende Fehlermeldung in das Label *LblFlaeche* schreiben.

Die Anwendung der heronischen Flächenformel setzt voraus, dass das Dreieck konstruierbar ist (*Dreieckskriterium*). Dies ist der Fall, wenn gilt:

$|a - b| < c$ und $c < a + b$.

Stellen Sie den Algorithmus als Struktogramm dar.

Aufgabe 3-2: Notenschema mit If-ElseIf-Anweisung

Eine Fallauswahl (*Select-Case*-Anweisung) kann immer auch mit einer mehrstufigen Auswahl (*If-ElseIf*-Anweisung) ausgedrückt werden.

Schreiben Sie das Programm *Notenschema* (Übung 3-2) um, indem Sie eine *If-ElseIf*-Anweisung verwenden.

Aufgabe 3-3: Ziffern einer Ganzzahl (Programmanalyse)

Das folgende Programmkonstrukt soll die Anzahl der Ziffern einer Ganzzahl (Datentyp *Short*) zurückgeben. Falls die Zahl nicht zulässig ist, soll die Variable *ziffern* = 9 gesetzt werden.

```
Dim zahl, ziffern As Short
If Short.TryParse(TextBox1.Text, zahl) = False Then
    ziffern = 9           ' Zahl ungültig
End If
If Math.Abs(zahl) >= 0 And zahl < 9 Then ziffern = 1
If Math.Abs(zahl) >= 10 And zahl < 99 Then ziffern = 2
If Math.Abs(zahl) >= 100 And zahl < 999 Then ziffern = 3
If Math.Abs(zahl) >= 1000 And zahl < 9999 Then
    ziffern = 4
Else
    ziffern = 5
End If
```

Welche Werte werden der Variablen *ziffern* für die *TextBox1*-Einträge "0", "9", "100", "5000", "9999", "-5", "-999", "50000" und "" zugewiesen?

Welche Mängel weist der Programmcode auf?

Formulieren Sie die Aufgabe um, sodass sich die erwarteten Werte ergeben. Erstellen Sie zuerst ein Struktogramm, und übertragen Sie dieses in Programmcode.

Aufgabe 3-4: Taschenrechner (Programmanalyse)

Für ein Taschenrechnerprogramm sollen die vier Grundrechenarten direkt über das entsprechende Operatorzeichen eingegeben werden können. Der folgende Programmcode ist gegeben:

```
Dim zahl1, zahl2, resultat As Double, op As Char
' Lies zahl1, zahl2 und op aus TextBox1, TextBox2 und TextBox3
If op = "+"c Then
    resultat = zahl1 + zahl2
End If
If op = "-"c Then
    resultat = zahl1 - zahl2
End If
If op = "*"c Then
    resultat = zahl1 * zahl2
End If
If op = "/"c Then
    resultat = zahl1 / zahl2
End If
Label1.Text = resultat.ToString
```

Welche zwei grundlegenden Mängel weist das obige Programmkonstrukt auf?

Schreiben Sie den Programmcode um, indem Sie für die Berechnung eine *Select-Case*-Anweisung mit der Variablen *op* als Selektor verwenden. Wenn die Variable *op* keinen gültigen Wert besitzt, soll die Meldung „Operator ungültig" im *Label1* erscheinen.

Ergänzen Sie den Einlesevorgang der Werte *zahl1*, *zahl2* und *op* (kommentierte zweite Zeile). Die *Select-Case*-Anweisung soll nur ausgeführt werden, wenn alle drei Eingabewerte fehlerfrei in den entsprechenden Datentyp konvertiert werden können, andernfalls soll die Meldung „Eingabefehler" im *Label1* angezeigt werden. Der Datentyp soll mit der entsprechenden *TryParse*-Methode überprüft werden.

Aufgabe 3-5: Division ohne Rest

Schreiben Sie ein Programm, das prüft, ob eine *Integer*-Zahl *a* durch eine weitere *Integer*-Zahl *b* ohne Rest teilbar ist. Verwenden Sie hierzu den *Mod*-Operator.

Insgesamt sollen drei Fälle unterschieden werden:

- *a* < *b*: Anzeige „*a* < *b* nicht zulässig"
- *a* mod *b* = 0: Anzeige des Ergebnisses der Ganzzahldivision
- *a* mod *b* ≠ 0: Anzeige „Division mit Rest"

Für die Fallunterscheidung ist eine mehrstufige *If-ElseIf*-Bedingung einzusetzen. Die Eingabe der Ganzzahlen erfolgt am einfachsten über zwei TextBoxen, die Anzeige des Ergebnisses über ein Label. Die Prüfung soll über das Klicken eines Buttons ausgelöst werden.

Überprüfen Sie vorweg den Datentyp von *a* und *b* mit der *TryParse*-Methode.

Aufgabe 3-6: Programm beenden

Schreiben Sie ein Programm, das bei der Eingabe von „j" oder „J" (für Ja) das Programm beendet, bei der Eingabe von „n" oder „N" (für Nein) die Meldung „Beenden abgebrochen" ausgibt und im Falle, dass kein zulässiges Zeichen eingegeben wurde, die Meldung „Eingabe ungültig" anzeigt.

Verwenden Sie für die Auswahl eine *Select-Case*-Anweisung.

Das Programm soll auf die Eingabe des Zeichens in die TextBox unmittelbar reagieren, der eigentliche Code ist also in die *TextBox_TextChanged*-Ereignisprozedur zu integrieren. Die Benutzeroberfläche ist in Abbildung 3.21 dargestellt.

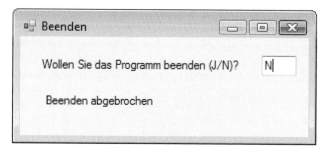

Abbildung 3.21 Testbeispiel zur Aufgabe „Programm beenden"

Aufgabe 3-7: Quadratische Gleichung

Erstellen Sie ein Programm, das die quadratische Gleichung $ax^2 + bx + c = 0$ (mit $a \neq 0$) löst. Die Gleichung hat im Normalfall zwei Lösungen

$$x_{1,2} = \frac{-b \pm \sqrt{b^2 - 4ac}}{2a},$$ wenn für die Diskriminante $d = b^2 - 4ac$ gilt $d \geq 0$.

Für $d = 0$ fallen die zwei Lösungen zusammen, d. h. es gibt nur eine Lösung $x_1 = \frac{-b}{2a}$.

Für $d < 0$ existiert dagegen keine reelle Lösung.

Stellen Sie den Algorithmus zunächst als Struktogramm dar, und entwickeln Sie daraus den Programmcode. Die Oberfläche soll in Analogie zur Übung 3-3 (zwei Gleichungen mit zwei Unbekannten) drei Beispieldatensätze enthalten ($d > 0$, $d = 0$ und $d < 0$).

Aufgabe 3-8: Maximum von drei Zahlen

Drei beliebige Zahlen a, b, c sollen eingelesen werden. Der größte Zahlenwert, mit *max* bezeichnet, soll ermittelt werden.

Setzen Sie den folgenden Algorithmus (Abbildung 3.22) in Programmcode um.

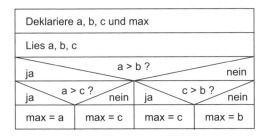

Abbildung 3.22
Struktogramm zur Aufgabe „Maximum von drei Zahlen"

4 Schleifenanweisungen und Fehlerbehandlung

In vielen Programmen ist es notwendig, Anweisungen oder Anweisungsblöcke mehrfach zu durchlaufen. Hierzu dienen die sog. *Schleifenanweisungen*, die mit den bedingten Anweisungen (Kapitel 3) die Kontrollstrukturen bilden.

Es werden zwei Arten von Schleifenanweisungen unterschieden: erstens die zählergesteuerte Wiederholung, meist als *For-Next*-Schleife oder Laufanweisung bezeichnet, und zweitens die bedingte Wiederholung, meist als *Do-Loop*-Schleife bezeichnet. Jede Schleife besteht aus einer Schleifensteuerung und einem Schleifenrumpf. In der Schleifensteuerung wird festgelegt, wie oft oder unter welcher Bedingung der Anweisungsblock im Schleifenrumpf wiederholt werden soll. Ergänzend werden die *Exit*- und die *Continue*-Anweisung zum vorzeitigen Verlassen bzw. Unterbrechen einer Schleife behandelt.

Aus didaktischen Gründen wird bereits in diesem Kapitel die strukturierte Ausnahmebehandlung mit der *Try-Catch*-Anweisung eingeführt. Dabei erfahren Sie auch, wie Sie mit der Klasse *MessageBox* ein Meldungsfenster anzeigen können.

Ein weiterer Exkurs ist der Klasse *Random* gewidmet, mit der sich Zufallszahlen erzeugen lassen.

4.1 Einführungsübungen

Übung 4-1: Zahlensumme 1 bis n

Aufgabe: Es ist ein Programm zu erstellen, das eine *Integer*-Zahl n einliest, die natürlichen Zahlen 1, 2, 3 ... n der Reihe nach addiert und die Summe anzeigt.

Lernziel: Zählergesteuerte Programmwiederholung mit einer *For-Next*-Schleife, Ausnahmebehandlung mit einem einfachen *Try-Catch*-Konstrukt.

4 Schleifenanweisungen und Fehlerbehandlung

Lösungsschritt 1: Benutzeroberfläche erstellen

Starten Sie Visual Basic 2008, erstellen Sie ein neues *Windows Forms*-Projekt mit dem Namen „Zahlensumme1bisN", und speichern Sie alle Dateien.

Platzieren Sie auf dem Formular *Form1* eine TextBox für die Eingabe von *n* und ein Label für die Ergebnisanzeige sowie weitere zwei Labels für die ergänzende Beschriftung (siehe Abbildung 4.1).

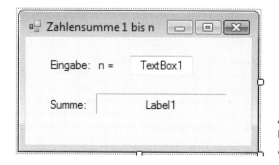

Abbildung 4.1
Rohformular zur Übung
„Zahlensumme 1 bis n"

Lösungsschritt 2: Eigenschaften festlegen

Objekt	Eigenschaft	Wert
Form1	Text	Zahlensumme 1 bis n
TextBox1	Text TextAlign	(leer) Center
Label1	AutoSize BorderStyle Text TextAlign	False Fixed3D (leer) MiddleCenter

Lösungsschritt 3: Programmcode schreiben

Für unsere Einführungsübung vergessen wir, dass die Aufgabe mit der einfachen Formel *summe* = *n* * (*n* + 1) / 2 lösbar wäre. Wir wollen die Aufgabe stattdessen mit einer zählergesteuerten Schleife (Laufanweisung) lösen.

Zunächst formulieren wir den Algorithmus in Worten:

1. Lies die Zahl *n* aus *TextBox1*.
2. Setze die Zahlensumme *summe* auf 0.
3. Zählschleife: Setze den Zähler *i* auf den Startwert 1.

    Wiederhole a) und b), solange der Zähler *i* <= *n* ist:
    a) Erhöhe die Zahlensumme *summe* um *i*.

    b) Erhöhe den Zähler *i* um 1.

4. Schreibe *summe* in *Label1*.

Steht die Anzahl der Wiederholungen bereits beim Schleifenbeginn fest, wie in unserer Übung, sollte in jedem Fall eine *For-Next*-Schleife einer *Do-Loop*-Schleife vorgezogen werden.

In Programmcode umgesetzt stellt sich der obige Algorithmus innerhalb der Ereignisprozedur *TextBox1_TextChanged* wie folgt dar:

```
Private Sub TextBox1_TextChanged(...) _
        Handles TextBox1.TextChanged
  Dim i, n, summe As Integer
  n = CInt(TextBox1.Text)
  summe = 0

  For i = 1 To n
    summe = summe + i
  Next i

  Label1.Text = summe.ToString
End Sub
```

Die erste Codezeile der *For-Next*-Anweisung (Schleifensteuerung) besagt, dass die Zählvariable *i* mit 1 beginnt und mit *n* endet, die Schleife also *n*-mal durchlaufen wird. Vor jedem Schleifendurchlauf wird geprüft, ob der Zähler $i \leq n$ ist. Der Schleifenrumpf besteht lediglich aus der Zeile summe = summe + 1. Bei jeder Iteration wird zur vorhergehenden Summe die Zahl *i* addiert. Eine Besonderheit der *For-Next*-Schleife ist, dass die Zählvariable automatisch bei jedem Iterationsschritt um die vorgegebene Schrittweite (*Default*-Wert 1) erhöht wird. Wenn $i > n$ ist, wird der Schleifenrumpf nicht mehr ausgeführt, und das Programm wird mit der auf *Next* folgenden Anweisung fortgesetzt. Nach *Next* kann optional der Name der Zählvariablen (hier *i*) stehen.

An einem Zahlenbeispiel sei die Wirkung der *For-Next*-Schleife nochmals erläutert:

Tabelle 4.1 Zahlenbeispiel zur Übung „Zahlensumme 1 bis n"

	i	summe	n
Start		0	4
1. Schleifendurchlauf	1	0 + 1 → 1	4
2. Schleifendurchlauf	2	1 + 2 → 3	4
3. Schleifendurchlauf	3	3 + 3 → 6	4
4. Schleifendurchlauf	4	6 + 4 → 10	4
(5. Schleifendurchlauf)	5	-	-

Das obige Programmfragment muss noch in die Ereignisprozedur *TextBox1_TextChanged* eingebettet werden. Damit wird die Berechnung der Zahlensumme ausgelöst, wenn in die *TextBox1* eine (neue) Zahl eingegeben wurde.

Lösungsschritt 4: Programm testen

Testen Sie das Programm, indem Sie zur Laufzeit verschiedene *Integer*-Zahlen für *n* eingeben, z. B. *n* = 6 (siehe Abbildung 4.2).

4 Schleifenanweisungen und Fehlerbehandlung

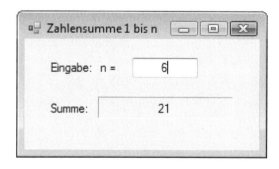

Abbildung 4.2
Testbeispiel zur Übung
„Zahlensumme 1 bis n"

Für $n \leq 0$ wird die *For-Next*-Schleife nicht durchlaufen, da der Compiler vor jedem Schleifendurchlauf automatisch prüft, ob der Startwert der Zählvariablen kleiner oder gleich dem Endwert ist. Als Summe wird deshalb der vorher initialisierte Wert 0 angezeigt. Für $n = 1$ wird die Schleife genau einmal durchlaufen mit dem korrekten Ergebnis „Summe = 1".

Um das Programm auf das Wesentliche zu beschränken, wurde bis jetzt auf eine Fehlerbehandlung verzichtet. Da wir die Summe als *Integer*-Variable definiert haben, ist $n = 65535$ die größte zulässige Zahl. Wird n weiter erhöht, folgt ein Fehlerabbruch wegen Überschreitung des *Integer*-Wertebereichs der Variablen *summe* (siehe Kapitel 2, Tabelle 2.2). Im Debug-Modus erscheint ein Popup-Fenster mit dem Titel „OverFlowException wurde nicht behandelt", und die auslösende Zeile `summe = summe + i` wird markiert. Wenn Sie dagegen den Inhalt der *TextBox1* vorübergehend löschen, um eine neue Zahl n einzutragen, erscheint die Fehlermeldung „InvalidCastException wurde nicht behandelt", und die Zeile `n = CInt(TextBox1.Text)` wird markiert. Die Ursache ist, dass ein Leerstring nicht in eine Zahl umgewandelt werden kann.

Lösungsschritt 3a: Programmcode um eine Ausnahmebehandlung erweitern

Laufzeitfehler lösen sogenannte Ausnahmen (engl. *Exceptions*) aus. Wie in vielen anderen Programmiersprachen steht im .NET Framework für die Fehlerabsicherung eine *Try-Catch*-Konstruktion zur Verfügung, um die wir unsere Ereignisprozedur nachträglich erweitern wollen:

```
Try
 ' Code, der einen Fehler auslösen könnte
 n = CInt(TextBox1.Text)
 ' ...
Catch ex As Exception
 ' Code, der im Fehlerfall ausgeführt wird
 Label1.Text = ""
End Try
```

Zwischen *Try* und *Catch* stehen die Anweisungen für die reguläre Berechnung. Läuft der Programmblock fehlerfrei, wird die Konstruktion anschließend verlassen, und das Programm wird mit der auf *End Try* folgenden Anweisung fortgesetzt. Tritt dagegen ein Laufzeitfehler auf, wird der Programmcode im *Catch*-Block ausgeführt. Den vollständigen Code finden Sie auf der Begleit-DVD.

Lösungsschritt 4a: Programm nochmals testen

Testen Sie das Programm nochmals. Löschen Sie insbesondere den Inhalt der *TextBox1* (Leereingabe), und testen Sie mit einer Zahl $n > 65535$.

Übung 4-2: Zahlensumme bis Grenze

Aufgabe: Die Zahlen 1, 2, 3 usw. sind so lange zu addieren, bis die Zahlensumme den eingegebenen Grenzwert gerade nicht überschreitet. Die zuletzt addierte Zahl und die entsprechende Zahlensumme sind anzuzeigen.

Lernziel: Programmwiederholung mit einer *Do-Loop*-Schleife, Ausnahmebehandlung mit einem einfachen *Try-Catch*-Konstrukt, ein Meldungsfenster (*MessageBox*) anzeigen.

Lösungsschritt 1: Benutzeroberfläche erstellen

Starten Sie Visual Basic 2008, erstellen Sie ein neues *Windows Forms*-Projekt mit dem Namen „ZahlensummeGrenze", und speichern Sie alle Dateien.

Platzieren Sie auf dem Formular *Form1* eine TextBox für die Eingabe der Grenze für die Zahlensumme, ein *Label1* für die letzte addierte Zahl und ein *Label2* für die entsprechende Zahlensumme. Die weiteren Beschriftungslabels können Sie Abbildung 4.3 entnehmen.

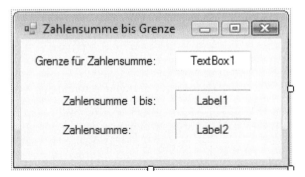

Abbildung 4.3
Rohformular zur Übung „Zahlensumme bis Grenze"

Lösungsschritt 2: Eigenschaften festlegen

Objekt	Eigenschaft	Wert
Form1	Text	Zahlensumme bis Grenze
TextBox1	Text TextAlign	(leer) Center
Label1, Label2	AutoSize BorderStyle Text TextAlign	False Fixed3D (leer) MiddleCenter

4 Schleifenanweisungen und Fehlerbehandlung

Lösungsschritt 3: Programmcode schreiben

Es bietet sich an, die Zahlensumme wieder mit einer Schleife zu berechnen. Eine *For-Next*-Anweisung ist dafür nicht geeignet, da die Anzahl der Schleifendurchläufe zu Schleifenbeginn noch nicht bekannt ist und wir diese ja gerade ermitteln sollen. Mit einer bedingten Wiederholung (*Do-Loop*-Schleife) können wir aber die Aufgabe elegant lösen.

Zunächst formulieren wir unseren Algorithmus in Worten:

1. Setze die Zahlensumme *summe* auf 0 und den Zähler *i* auf 0.
2. Lies den Grenzwert *grenze* ein.
3. Bedingte Schleife:

    a) Erhöhe den Zähler *i* um 1.

    b) Erhöhe die Zahlensumme *summe* um *i*.

    Wiederhole a) und b), *bis* die Zahlensumme *summe* > *grenze* ist.
4. Gib den letzen Zähler vor der Überschreitung des Grenzwerts aus, also $i - 1$.
5. Gib die Zahlensumme vor der Überschreitung des Grenzwerts aus, also *summe* – *i*.

In Programmcode umgesetzt stellt sich der beschriebene Algorithmus mit der (fußgesteuerten) Schleife innerhalb der Ereignisprozedur *TextBox1_TextChanged* wie folgt dar:

```
Private Sub TextBox1_TextChanged(...) _
        Handles TextBox1.TextChanged
    Dim i, summe, grenze As Integer
    summe = 0 : i = 0
    grenze = CInt(TextBox1.Text)

    Do
       i = i + 1
       summe = summe + i
    Loop Until summe > grenze

    Label1.Text = (i - 1).ToString
    Label2.Text = (summe - i).ToString
End Sub
```

Der Schleifenrumpf der *Do-Loop*-Schleife wird durch die Schlüsselwörter *Do* und *Loop* geklammert. Von den vier möglichen Schleifensteuerungen wählen wir die fußgesteuerte *Do-Loop-Until*-Variante, bei der die Schleife so lange durchlaufen wird, *bis* (engl. *Until*) die Abbruchbedingung erfüllt ist. Die Variable *i* hat die Funktion einer Zählvariablen, allerdings müssen wir im Gegensatz zur *For-Next*-Schleife selbst dafür sorgen, dass sie bei jeder Wiederholung um 1 hochgezählt wird.

Jetzt fehlt nur noch eine geeignete Fehler- oder Ausnahmebehandlung.

Fehlerbehandlung

Wir wollen im Folgenden die zwei absehbaren Fehler differenzieren. Falls die Ausnahme „InvalidCastException" z. B. wegen einer Leereingabe ausgelöst wird, sollen in einem ersten *Catch*-Block lediglich die zwei Ergebnisfelder *Label1* und *Label2* geleert werden. Falls dagegen wegen eines zu groß gewählten Grenzwerts die Ausnahme „OverflowException" greift, soll in einem zweiten *Catch*-Block zusätzlich eine Fehlermeldung in Form eines Meldungsfensters am Bildschirm erscheinen.

Das Meldungsfenster wird mithilfe der *Show*-Methode der Klasse *MessageBox* erzeugt. Wir wählen die Variante mit zwei *String*-Parametern. Der erste *String* ist Pflicht und beinhaltet die Meldung, die angezeigt werden soll. Der zweite (optionale) *String* wird als Fenstertitel eingetragen (hier „Fehlerhinweis"). Weitere Einzelheiten zur Klasse *MessageBox* finden Sie in Abschnitt 4.2.4.

Einen dritten *Catch*-Block sehen wir für die Fälle vor, wenn wider Erwarten ein unbekannter Laufzeitfehler auftreten sollte. Dieser allgemeine *Catch*-Block muss als letzter aufgeführt werden, weil bei einem Laufzeitfehler die *Catch*-Blöcke der Reihe nach abgefragt werden und die *Try-Catch*-Anweisung nach der ersten zutreffenden Bedingung beendet wird, die speziellen *Catch*-Blöcke würden also sonst nie erreicht.

Das folgende Codefragment gibt das *Try-Catch*-Konstrukt für unsere Aufgabe wieder:

```
Try
  ' Code, der einen Fehler auslösen könnte
  grenze = CInt(TextBox1.Text)
  ' ...
Catch ex As InvalidCastException
  Label1.Text = ""
  Label2.Text = ""
Catch ex As OverflowException
  MessageBox.Show("Grenze für Zahlensumme zu groß.", "Fehlerhinweis")
  Label1.Text = ""
  Label2.Text = ""
Catch ex As Exception

End Try
```

Der vollständige Quelltext ist wieder auf der Begleit-DVD zu finden.

Lösungsschritt 4: Programm testen

Testen Sie das Programm, indem Sie zur Laufzeit verschiedene Zahlen für den Grenzwert der Zahlensumme eingeben, z. B. 21 oder 25 (siehe Abbildung 4.4).

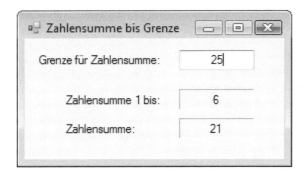

Abbildung 4.4
Testbeispiel zur Übung „Zahlensumme bis Grenze"

4 Schleifenanweisungen und Fehlerbehandlung

Testen Sie auch mit nicht zulässigen Werten, wie Leerstring oder Buchstaben. Falls der Eingabewert den *Integer*-Wertebereich überschreitet, sollte ein Meldungsfenster wie in Abbildung 4.5 erscheinen, das mit *OK* einfach weggeklickt werden kann, ohne dass das Programm abstürzt.

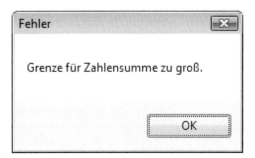

Abbildung 4.5
Meldungsfenster zur Übung „Zahlensumme bis Grenze"

4.2 Lektion 4: Schleifenanweisungen

Mithilfe von Schleifenanweisungen lassen sich Anweisungen oder Anweisungsblöcke wiederholt ausführen. Dabei sind zwei grundsätzliche Schleifentypen zu unterscheiden, die zählergesteuerte Wiederholung (*For-Next*-Schleife, Laufanweisung) und die bedingte Wiederholung (*Do-Loop*-Schleife). Mit der *Exit*-Anweisung kann eine Schleife vorzeitig abgebrochen und mit der *Continue*-Anweisung unterbrochen werden.

Auf die *For-Each*-Schleife wird zunächst verzichtet, sie wird aber in Kapitel 6 (Arrays) nachgeholt. Völlig verzichtet wird dagegen auf die *While*-Anweisung, da sie durch die *Do-Loop*-Schleife abgedeckt ist, sowie auf die *GoTo*-Anweisung, die zu unübersichtlichem Programmcode führt und für eine strukturierte Programmierung ungeeignet ist.

Stattdessen wird bereits in dieser Lektion die Behandlung von Laufzeitfehlern mithilfe der *Try-Catch*-Anweisung behandelt.

In je einem Exkurs wird auf die Klasse *MessageBox* eingegangen, mit der auf einfache Weise Meldungsfenster definiert werden können, und auf die Klasse *Random*, mit der sich Zufallszahlen erzeugen lassen.

4.2.1 For-Next-Schleife

Bei der *For-Next*-Schleife ist die Anzahl der Schleifendurchläufe durch den Startwert der Zählvariablen, den Endwert und die Schrittweite festgelegt. Sie sollte immer dann eingesetzt werden, wenn die Anzahl der Wiederholungen vorweg bekannt ist.

Die Syntax für die *For-Next*-Anweisung lautet:

```
For Zählvariable = Startwert To Endwert [Step Schrittweite]
   Anweisungsblock (Schleifenrumpf)
Next [Zählvariable]
```

Die mit eckigen Klammern versehenen Ausdrücke sind optional. Fehlt der *Step*-Teil, so nimmt der Compiler die Schrittweite 1 an, was gleichbedeutend mit `Step 1` ist. Der Name der Zählvariablen nach *Next* darf ebenfalls fehlen, macht den Code aber übersichtlicher, insbesondere bei verschachtelten Laufanweisungen.

Die *For-Next*-Schleife wird als Struktogramm wie folgt dargestellt:

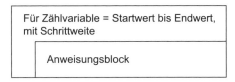

Abbildung 4.6
Struktogramm „For-Next-Schleife" (Laufanweisung)

Die Zählvariable und alle in der Schleifensteuerung verwendeten Ausdrücke (Startwert, Endwert, Schrittweite) müssen einen *numerischen* Datentyp besitzen. In der Regel handelt es sich um ganze Zahlen. Bei jedem Schleifendurchlauf, also auch beim ersten, wird zunächst geprüft, ob der Wert der Zählvariablen größer als der Endwert ist. Ist dies der Fall, wird der Schleifenrumpf nicht mehr ausgeführt, sondern das Programm wird nach der *For-Next*-Schleife fortgesetzt.

Nach jeder Wiederholung wird die Zählvariable automatisch um die Schrittweite erhöht. Danach folgt wieder die Prüfung, ob der aktuelle Wert den Endwert übersteigt. Beim Verlassen der Schleife behält die Zählvariable ihren letzten Wert. Startwert, Endwert und Schrittweite können auch arithmetische Ausdrücke sein. Sie werden nur beim *ersten* Durchlauf ausgewertet, bei weiteren Durchläufen werden sie *nicht* aktualisiert.

Die Schrittweite kann auch *negativ* sein. Dann wird die Zählvariable bei jedem Schleifendurchlauf heruntergezählt. Wenn der aktuelle Wert kleiner als der Endwert ist, wird die Schleife verlassen.

Achtung
Die Schrittweite darf nicht gleich 0 (null) sein, sonst liegt eine Endlosschleife vor!
Hüten Sie sich davor, die Zählvariable im Schleifenrumpf zu verändern, da dies meist unbeabsichtigte Folgen hat.

Die *For-Next*-Schleife hat große Bedeutung im Zusammenhang mit Arrays (Feldern). Wir werden darauf in Kapitel 6 ausführlich zurückkommen.

Beispiele für einfache For-Next-Schleifen

Einfache For-Next-Schleife mit Schrittweite 1

In Listing 4.1 wird die Fakultät der Zahl 5 (5!) durch eine *For-Next*-Schleife berechnet.

4 Schleifenanweisungen und Fehlerbehandlung

Listing 4.1 Fakultät der Zahl 5 (einfache For-Next-Schleife)

```
Dim i, fakult As Integer
fakult = 1

For i = 1 To 5
    fakult = fakult * i
Next i
```

Die Variable *fakult* muss vor der Schleife mit 1 initialisiert werden, da sich sonst bereits beim ersten Durchlauf `fakult = 0` ergibt. Beim Verlassen der Schleife hat die Variable *fakult* den Wert $n! = 1 * 2 * 3 * 4 * 5 = 120$. Der Wert der Zählvariablen ist in der Regel nach dem Schleifenende bedeutungslos (hier $i = 6$).

Es ist übrigens auch möglich, die Gültigkeit der Zählvariablen lokal auf die *For-Next*-Schleife zu beschränken (siehe Listing 4.2). Nach dem Verlassen der Schleife ist die Zählvariable nicht mehr definiert.

Listing 4.2 Fakultät der Zahl 5 (For-Next-Schleife mit lokal gültiger Zählvariablen)

```
Dim fakult As Integer = 1

For i As Integer = 1 To 5
    fakult = fakult * i
Next i
```

■ **For-Next-Schleife mit negativer Schrittweite**

In Listing 4.3 wird eine negative Schrittweite verwendet.

Listing 4.3 For-Next-Schleife mit negativer Schrittweite

```
Dim z, a As Integer
a = 10

For z = a + 6 To (a + 8) \ 8 Step -4
    ListBox1.Items.Add(z & "   " & z * z)
Next z
ListBox1.Items.Add(z)
```

Bevor die Schleife durchlaufen wird, wertet der Compiler die Schleifensteuerung aus. In unserem Beispiel wird der Zählvariablen *z* der Startwert 16 und der Endwert 2 (Ganzzahldivision 18 durch 8) zugewiesen, die Schrittweite ist –4. Beim vierten Durchlauf ist $z = 4$, also noch größer als der Endwert. Beim fünften Durchlauf wird $z = 0$, also kleiner als der Endwert 2, und die Schleife wird abgebrochen. In der *ListBox1* erscheinen die folgenden Ergebnisse:

```
16   256
12   144
8    64
4    16
0
```

■ **For-Next-Schleife als Endlosschleife (Negativbeispiel)**

Das nächste Beispiel (Listing 4.4) zeigt, wie durch die Schrittweite 0 (null) eine Endlosschleife entsteht.

Listing 4.4 For-Next-Schleife (Negativbeispiel mit Schrittweite 0)

```
Dim i As Integer
For i = 1 To 10 Step i * 2
  ListBox1.Items.Add(i & "   " & i * i)
Next i
```

Die Schrittweite wird vor dem ersten Schleifendurchlauf berechnet. Da der Variablen *i* vor Beginn der Schleife kein Wert zugewiesen wurde, ist *i* = 0. Mit diesem Wert ergibt sich die Schrittweite zu *i* * 2 = 0. Beim Starten des Programms erfolgt keine Rückmeldung, da eine Endlosschleife erzeugt wurde. Nach dem Beenden des Debuggers wird die Meldung „Das Programm reagiert nicht" angezeigt.

■ **For-Next-Schleife mit Veränderung der Schrittweite (Negativbeispiel)**

Listing 4.5 zeigt ein weiteres Negativbeispiel, bei dem die Zählvariable im Schleifenrumpf verändert wird. Damit ändert sich indirekt auch die Schrittweite.

Listing 4.5 For-Next-Schleife (Negativbeispiel mit Veränderung der Zählvariablen)

```
Dim i As Integer
For i = 2 To 10
  ListBox1.Items.Add(i & "   " & i * i)
  i = i + 2
Next
```

Der Schleifenzähler *i* wird nicht etwa in 2er-Schritten, sondern in 3er-Schritten hochgezählt, da sich in jedem Schleifendurchlauf die interne *Default*-Schrittweite 1 und die Erhöhung von *i* im Schleifenrumpf addieren. In der *ListBox1* werden die folgenden Zeilen angezeigt:

```
2   4
5   25
8   64
```

Die Schrittweite in einer *For-Next*-Schleife sollte ausschließlich durch den *Step*-Teil in der Schleifensteuerung gesteuert werden.

Beispiel für eine verschachtelte For-Next-Schleife

For-Next-Schleifen können verschachtelt werden. Häufige Anwendungen sind Tabellen und Matrizen. Listing 4.6 zeigt ein entsprechendes Beispiel.

Für ein Startkapital von *k* = 100 € soll eine Zinseszinstabelle berechnet und in der *ListBox1* angezeigt werden. Untersucht werden sollen Zinssätze von *p* = 3,0% bis 5,0% in 0,5%-Schritten bei einer Laufzeit von *j* = 1 bis 7 Jahren.

Formel: $k_j = k \cdot \left(1 + \dfrac{p}{100}\right)^j$, wobei k_j = Kapital nach *j* Jahren

4 Schleifenanweisungen und Fehlerbehandlung

Listing 4.6 Zinseszins-Tabelle (verschachtelte For-Next-Schleife)

```
Dim j As Integer, p, k, kj As Double
Dim zeile As String = ""

' Überschriftszeile
For p = 3.0 To 5.0 Step 0.5
  zeile = zeile & Space(5) & p.ToString("f1")
Next p
ListBox1.Items.Add(zeile)

k = 100
' Zahlentabelle
For j = 1 To 7
  zeile = j.ToString
  For p = 3.0 To 5.0 Step 0.5
    kj = k * Math.Pow(1 + p / 100, j)
    zeile = zeile & "   " & kj.ToString("f2")
  Next p
  ListBox1.Items.Add(zeile)
Next j
```

	3,0	3,5	4,0	4,5	5,0
1	103,00	103,50	104,00	104,50	105,00
2	106,09	107,12	108,16	109,20	110,25
3	109,27	110,87	112,49	114,12	115,76
4	112,55	114,75	116,99	119,25	121,55
5	115,93	118,77	121,67	124,62	127,63
6	119,41	122,93	126,53	130,23	134,01
7	122,99	127,23	131,59	136,09	140,71

Abbildung 4.7 Zinseszinstabelle (ListBox-Anzeige)

In der ersten *For-Next*-Schleife wird die erste Zeile der *ListBox1* mit den Spaltenüberschriften der Zinssätze $p = 3{,}0$ bis $5{,}0$ in 0,5-Schritten gebildet. Die nachfolgende Tabelle wird mit einer verschachtelten *For-Next*-Schleife erzeugt. Die äußere Schleife läuft von $j = 1$ bis 7, die innere von $p = 3{,}0$ bis $5{,}0$. In der inneren Schleife wird jede Zeile als String aufgebaut und nach Abarbeitung der Schleife in die *ListBox1* geschrieben, anschließend wird in der äußeren Schleife der Schleifenzähler j um 1 erhöht und in der inneren Schleife die nächste Zeile gebildet. Ausgehend von einem Startkapital von $k = 100$ € ergibt sich beispielsweise bei einem Zinssatz $p = 4\%$ nach sechs Jahren ein Kapital k_j von 126,53 €.

4.2.2 Do-Loop-Schleife

Eine *Do-Loop*-Schleife beginnt immer mit dem Schlüsselwort *Do* und endet mit dem Schlüsselwort *Loop*. Bei der kopfgesteuerten Schleife folgt die Abbruchbedingung unmittelbar nach *Do*, bei der fußgesteuerten Schleife nach *Loop*. Die Bedingung selbst wird mit *While* (*Solange ... gilt*) bzw. *Until* (*Bis ... gilt*) eingeleitet.

Do-Loop-Schleifen sind universell einsetzbar, sie sollten aber auf die Fälle beschränkt bleiben, in denen die Zahl der Wiederholungen nicht vorweg feststeht, sondern der Schleifenabbruch von einer Bedingung abhängig ist.

Die Syntax für die *kopfgesteuerte Do-Loop*-Schleife lautet:

```
Do While Bedingung
    Anweisungsblock (Schleifenrumpf)
Loop
```

bzw.

```
Do Until Bedingung
    Anweisungsblock (Schleifenrumpf)
Loop
```

Als Struktogramm wird die *kopfgesteuerte Do-Loop*-Schleife wie in Abbildung 4.8 dargestellt.

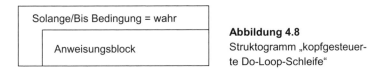

Abbildung 4.8
Struktogramm „kopfgesteuerte Do-Loop-Schleife"

Die Syntax für die *fußgesteuerte Do-Loop*-Schleife lautet:

```
Do
    Anweisungsblock (Schleifenrumpf)
Loop While Bedingung
```

bzw.

```
Do
    Anweisungsblock (Schleifenrumpf)
Loop Until Bedingung
```

Abbildung 4.9 zeigt das Struktogramm für die *fußgesteuerte Do-Loop*-Schleife.

Abbildung 4.9
Struktogramm „fußgesteuerte Do-Loop-Schleife"

Kopf- und fußgesteuerte *Do-Loop*-Schleife unterscheiden sich lediglich dadurch, dass im ersteren Fall die Schleifenbedingung bereits zu Schleifenbeginn geprüft wird, im zweiten Fall erst nach dem Schleifendurchlauf. Bei der fußgesteuerten Schleife wird also der Prozedurrumpf immer *mindestens einmal* ausgeführt.

Es bleibt dem Programmierer überlassen, ob die Bedingung mit *While* oder *Until* geprüft wird. Meist wird diejenige Variante gewählt, die dem Programmierer vom Sprachgebrauch näher liegt: „Die Schleife soll wiederholt werden, solange die Bedingung ... erfüllt ist, oder „die Schleife soll wiederholt werden, bis die Bedingung ... erfüllt ist". *While* und *Until* sind immer gegeneinander austauschbar, die Bedingung muss aber logisch korrekt angepasst werden.

Im Gegensatz zur *For-Next*-Schleife muss der Programmierer bei der *Do-Loop*-Schleife selbst dafür sorgen, dass eine eventuell verwendete Zählervariable hoch- oder heruntergezählt wird. Große Sorgfalt muss auf die Schleifensteuerung gelegt werden. Startwert, Position der Zähleraktualisierung und Schleifenbedingung müssen exakt aufeinander abgestimmt sein.

Beispiele für Do-Loop-Schleifen

Kopfgesteuerte Do-Loop-Schleife

Listing 4.7 zeigt eine etwas ungewöhnliche Lösung der Ganzzahldivision $a \setminus b$. Die Zahl b wird fortlaufend von a abgezogen, solange $a > 0$ ist.

Listing 4.7 Ganzzahldivision (kopfgesteuerte Do-Loop-Schleife)

```
Dim i, a, b As Integer
' Lies a
' Lies b
i = 0
Do While a > 0
   i = i + 1
   a = a - b
Loop
```

Mit dem Schleifenzähler i wird die Anzahl der Durchläufe gezählt. Wenn nach Beendigung der Schleife $a = 0$ ist, dann war eine Ganzzahldivision ohne Rest möglich, und i enthält das Ergebnis der Ganzzahldivision.

Dasselbe Ergebnis erhalten wir, wenn wir die *Do-Loop*-Schleife mit *Until* umformulieren. Die Bedingung ist komplementär.

```
Do Until a <= 0
   i = i + 1
   a = a - b
Loop
```

Fußgesteuerte Do-Loop-Schleife

In Listing 4.8 werden die Übungen 4-1 und 4-2 kombiniert, indem die Zahlensumme 1 bis n berechnet wird, aber die Schleife abbricht, bevor ein vorgegebenes Limit überschritten wird.

Listing 4.8 Zahlensumme (fußgesteuerte Do-Loop-Schleife)

```
Dim i, n, summe, limit As Integer
' Lies n
limit = 1000000
n = CInt(TextBox1.Text)
summe = 0 : i = 1
Do
   summe = summe + i
   i = i + 1
Loop While i <= n And summe <= limit - i
```

■ **Do-Loop-Schleife als Endlosschleife (Negativbeispiel)**

Die sog. harmonische Reihe $1 + \frac{1}{2} + \frac{1}{3} + \frac{1}{4} + ...$ konvergiert nicht, sondern divergiert sehr langsam gegen unendlich. Mit der folgenden *Do-Loop*-Schleife soll ermittelt werden, nach wie vielen Iterationen *i* der Summenwert 10 erreicht ist.

Listing 4.9 Harmonische Reihe (Negativbeispiel mit Endlosschleife)

```
Dim i As Integer = 1, summe As Double = 0
Do
   summe = summe + 1 / i
   i = i + 1
Loop Until summe = 10
```

Es dauert eine ganze Weile, bis der Compiler einen Überlauf („OverflowException") in der Zeile `i = i + 1` anzeigt. Der Summenwert 10 wird nämlich nie *exakt* erreicht, die Zählvariable überspringt quasi die Zahl 10, damit liegt eine Endlosschleife vor. Erst wenn der *Integer*-Wertebereich von *i* überschritten wird, erfolgt ein Fehlerabbruch. Wenn wir dagegen die letzte Codezeile umschreiben in

```
Loop Until summe >= 10
```

wird die Schleife nach 12367 Wiederholungen regulär beendet.

4.2.3 Exit- und Continue-Anweisung

Manchmal ist es erforderlich, eine Schleife vorzeitig zu verlassen. Hierzu dient die *Exit*-Anweisung innerhalb des Schleifenrumpfes. Sie besteht aus dem Schlüsselwort *Exit*, gefolgt von dem jeweiligen Schleifenschlüsselwort *For* bzw. *Do*.

Die Syntax der *Exit*-Anweisung lautet:

```
Exit For
```

bzw.

```
Exit Do
```

In verschachtelten Schleifen gleichen Typs (z. B. *Do-Loop*-Schleife) ist zu beachten, dass nur die Abarbeitung der inneren Schleife abgebrochen wird.

Die *Continue*-Anweisung ist ähnlich wie die *Exit*-Anweisung aufgebaut. Die Schleife wird hier jedoch nur unterbrochen, der Programmcode hinter der *Continue*-Anweisung wird nicht mehr ausgeführt, sondern die Schleifenbedingung wird erneut ausgewertet.

Die Syntax der *Continue*-Anweisung lautet:

```
Continue For
```

bzw.

```
Continue Do
```

Sowohl *Exit*- als auch *Continue*-Anweisungen sollten sparsam eingesetzt werden. Der häufige Gebrauch ist meist ein Zeichen für einen schlechten Programmierstil. Beide Anweisungen widersprechen im Prinzip den Regeln der strukturierten Programmierung, sie haben deshalb auch keine Entsprechung als Struktogramm.

Beispiele für Exit- und Continue-Anweisungen

Exit-For-Anweisung

Mit der folgenden *For-Next*-Schleife (Listing 4.10) wird n-Fakultät ($n! = 1 * 2 * 3 * ... * n$) berechnet. In jeder Wiederholung wird geprüft, ob das Resultat in der folgenden Iteration die maximal mögliche *Integer*-Zahl überschreiten würde. Ist die Bedingung *wahr*, wird die Schleife mit *Exit For* verlassen. Es handelt sich nicht gerade um vorbildlichen Programmierstil, aber es funktioniert. Die höchste zulässige Zahl n ist übrigens 12 mit $n! = 479.001.600$.

Listing 4.10 Fakultät mit Exit-For-Anweisung

```
Dim i, n, fakult As Integer
' Lies n (n >= 0)
fakult = 1

For i = 1 To n
  fakult = fakult * i
  If fakult > Integer.MaxValue / (i + 1) Then
    Exit For
  End If
Next i
```

Continue-Do-Anweisung

In Listing 4.11 wird die *Continue*-Anweisung demonstriert. Alle natürlichen Zahlen $i = 1$ bis 100 werden mit ihren Quadraten in die *ListBox1* geschrieben, mit Ausnahme der Vielfachen von $i = 10$.

Listing 4.11 Quadratzahlen (ohne 10er-Vielfache) mit Continue-Do-Anweisung

```
Dim i As Integer = 0
Do
  i = i + 1
  If i Mod 10 = 0 Then
    Continue Do
  End If
  ListBox1.Items.Add(i & "  " & i * i)
Loop Until i >= 100
```

4.2.4 Exkurs: Klasse MessageBox (Meldungsfenster)

Mit der *Show*-Methode der Klasse *System.Windows.Forms.MessageBox* lassen sich sehr einfach Meldungsfenster am Bildschirm anzeigen. Es gibt eine Reihe von Varianten, die bei Klassenmethoden als *Überladungen* bezeichnet werden.

Syntax der häufigsten Anwendungen:

```
MessageBox.Show("Meldung", "Titel", MessageBoxButtons, MessageBoxIcon)
```

Der erste Parameter der *Show*-Methode beinhaltet die eigentliche Meldung (*String*) und ist Pflicht. Die weiteren Parameter sind optional. Mit dem zweiten Parameter wird die Titelleiste (*String*) festgelegt, über den dritten Parameter werden die angezeigten Buttons (*Default*-Wert *OK*) definiert, und mit dem vierten Parameter kann ein Icon aus der entsprechenden Auflistung ausgewählt werden.

Das Meldungsfenster bleibt so lange am Bildschirm, bis der Benutzer einen der Buttons geklickt hat. Als *MessageBoxButtons* kommen die folgenden Einträge infrage:

```
OK, OKCancel, RetryCancel, YesNo, YesNoCancel, AbortRetryIgnore
```

Die Anzeige der Buttons im Meldungfenster erfolgt gemäß der Ländereinstellung. Zum Beispiel erzeugt *MessageBoxButtons.YesNoCancel* die drei Buttons *Ja*, *Nein* und *Abbrechen*. Der Dialog-Rückgabewert kann anschließend abgefragt werden (vgl. Listing 4.12).

Listing 4.12 MessageBox mit Abfrage des Button-Rückgabewertes

```
Dim antwort As Integer
antwort = MessageBox.Show("Antworten Sie mit Ja oder Nein!", "Frage", _
          MessageBoxButtons.YesNoCancel, MessageBoxIcon.Question)

Select Case antwort
  Case Windows.Forms.DialogResult.Yes
    MessageBox.Show("Die Antwort war Ja.", "Frage")
  Case Windows.Forms.DialogResult.No
    MessageBox.Show("Die Antwort war Nein.", "Frage")
  Case Else
    ' Abbrechen
End Select
```

4.2.5 Fehlerbehandlung mit der Try-Catch-Anweisung

Der Anwender eines Windows-Programms darf erwarten, dass das Programm während des Programmlaufs normalerweise nicht „abstürzt". Der Programmierer sollte deshalb versuchen, alle möglichen Laufzeitfehler vorweg durch eine geeignete Fehlerbehandlung im Programmcode abzufangen. Laufzeitfehler treten zum Beispiel bei falschen oder unerwarteten Anwendereingaben, bei nicht zulässigen arithmetischen Rechenoperationen oder beim Lesen aus einer nicht vorhandenen Datei auf.

Laufzeitfehler rufen sogenannte Ausnahmen (engl. *Exceptions*) hervor. Zum Beispiel wird bei einer Ganzzahldivision durch 0 (null) eine *System.DivideByZeroException* ausgelöst. Durch das .NET Framework steht in Visual Basic die Klasse *System.Exception* zur Verfügung, aus der die spezielleren Ausnahmeklassen hierarchisch abgeleitet sind.

Das mächtigste Werkzeug zur gezielten Behandlung von *Exceptions* ist das *Try-Catch*-Konstrukt, das auch in anderen modernen Programmiersprachen in ähnlicher Form implementiert ist. Oft lassen sich zwar bestimmte Laufzeitfehler vorweg vermeiden, indem beispielsweise vor der Division geprüft wird, ob der Quotient gleich 0 (null) ist. Manche Fehler sind aber erst erkennbar, nachdem sie bereits eingetreten sind, oder sie sind nicht voraussehbar. Mit der *Try-Catch*-Konstruktion lassen sich alle diese Fälle relativ bequem behandeln.

Der Leser sollte deshalb möglichst früh die *Try-Catch*-Anweisung zur Ausnahmebehandlung einsetzen können, auch wenn einige Details erst in späteren Kapiteln verständlich werden bzw. nachgeholt werden müssen.

Einfache Try-Catch-Anweisung

Die Syntax der *Try-Catch*-Anweisung in ihrer einfachsten Form lautet:

```
Try
   ' Code, der einen Fehler auslösen könnte
Catch
   ' Code, der im Fehlerfall ausgeführt wird
End Try
```

Wenn zur Entwurfszeit (Debugging) oder zur Laufzeit (Release) im geschützten Codeblock, also zwischen *Try* und *Catch,* ein Fehler auftritt, wird der Fehler automatisch abgefangen (engl. *catch*) und der Programmblock nach *Catch* ausgeführt. Anschließend wird das Programm nach *End Try* fortgesetzt. Läuft der geschützte Block fehlerfrei ab, wird der *Catch*-Block übersprungen.

Listing 4.13 Division durch 0 (null) mit Ausnahmebehandlung

```
Dim a, b As Integer
a = 5 : b = 0
Try
   a = a \ b      ' Division durch null
   Label1.Text = a.ToString
Catch
   Label1.Text = "Division durch null."
End Try
```

Ohne Fehlerbehandlung würde sich im Debug-Modus ein Popup-Fenster öffnen und den Programmierer auf die unbehandelte *DivideByZeroException*-Ausnahme aufmerksam machen (siehe Abbildung 4.10).

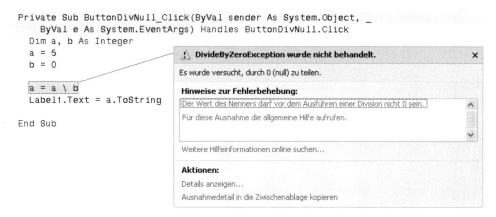

Abbildung 4.10 Unbehandelte Ausnahme (Division durch null) im Debug-Modus

Starten Sie dagegen das Programm außerhalb der Entwicklungsumgebung im Anwender-Modus, indem Sie z. B. auf die *exe*-Datei im Ordner *\bin\Debug* doppelklicken, so erscheint ein Fenster mit einer entsprechenden Fehlermeldung (siehe Abbildung 4.11).

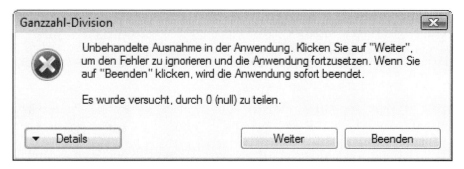

Abbildung 4.11 Unbehandelte Ausnahme (Division durch null) im Anwender-Modus

Erweiterte Try-Catch-Finally-Anweisung

Im zweiten Schritt wollen wir die einfache *Try-Catch*-Syntax erweitern und die allgemeine Syntax der *Try-Catch-Finally*-Konstruktion betrachten:

```
Try
    ' Code, der einen Fehler auslösen könnte
    [Throw New ExceptionKlasse[(MessageText)]]

    [Exit Try]
    ' ...
Catch [exceptionName As Exceptionklasse]
    ' Code, der im Fehlerfall ausgeführt wird
    [Exit Try]
    ' ...
Catch [exceptionName As ExceptionKlasse]
    ' Code, der im Fehlerfall ausgeführt wird
    [Exit Try]
    ' ...
```

```
Catch [exceptionName As Exceptionklasse]
    ' Code, der im Fehlerfall ausgeführt wird
    [Exit Try]
    ' ...

' Weitere Catch-Blöcke

[Finally]
    ' Code, der in jedem Fall ausgeführt wird.
End Try
```

Dazu einige Erläuterungen:

- Jede *Try-Catch-Finally*-Anweisung kann mehrere *Catch*-Blöcke beinhalten. Sie muss jedoch mindestens einen *Catch*-Block oder einen *Finally*-Block besitzen. Mit mehreren *Catch*-Anweisungen hat man die Möglichkeit, auf unterschiedliche Ausnahmen mit unterschiedlichen Fehlermeldungen zu reagieren.

- Die Reihenfolge der *Catch*-Blöcke ist nicht beliebig. Es gilt die Regel: Erst die speziellen *Catch*-Anweisungen aufführen, dann die allgemeinen. Der Grund liegt darin, dass bei einer ausgelösten Ausnahme der Reihe nach alle *Catch*-Blöcke abgefragt werden, bis eine zutreffende Exception-Klasse erreicht ist, die weiteren *Catch*-Blöcke werden danach nicht mehr untersucht. Im letzten *Catch*-Block sollte grundsätzlich die allgemeine *System.Exception*-Klasse abgefangen werden, sodass auch etwaige nicht vorhersehbare Fehler behandelt werden.

- Die *Catch*-Blöcke selbst sind durch die *Try-Catch*-Konstruktion nicht abgesichert. Sie sollten deshalb absolut fehlerfrei sein. Ersatzweise können sie in eine verschachtelte *Try-Catch*-Anweisung eingebaut werden.

- Der optionale *Finally*-Block enthält den Code, der in *jedem* Fall ausgeführt wird, also auch, wenn eine Ausnahme ausgelöst wurde. Ein typischer Einsatz ist das Schließen einer Datei, wenn beim Lesen aus einer Datei oder beim Schreiben in eine Datei ein Fehler aufgetreten ist.

- Sowohl der *Try*-Block als auch die *Catch*-Blöcke können optional mit *Exit Try* vorzeitig verlassen werden.

- *Try-Catch-Finally*-Anweisungen können geschachtelt werden. Allerdings werden sie damit schnell unübersichtlich.

- Jede Exception-Klasse hat eine Reihe von Eigenschaften. Wir begnügen uns mit der Eigenschaft *message*, die häufig mit der *MessageBox.Show*-Methode angezeigt wird.

- Mit der *Throw*-Anweisung kann eine eigene Ausnahme erzeugt werden. Sie wird dann zum entsprechenden *Catch*-Block „geworfen" (engl. *throw*) und dort behandelt. Hinter *Throw* kann eine bereits im System vorhandene oder eine selbst deklarierte Exception-Klasse stehen. Der *MessageText* ist optional und überschreibt die Eigenschaft *message* der ausgelösten Ausnahme.

- Die Bedeutung von *Throw* kommt erst richtig zum Tragen, wenn eine Methode von einer anderen aufgerufen wird und diese die ausgelöste Ausnahme an die aufrufende Methode weiterreicht. Entsprechende Beispiele hierzu finden Sie im nächsten Kapitel.

- Wem die vorhandenen Exception-Klassen nicht genügen, hat die Möglichkeit, eigene Ausnahmeklassen zu erzeugen., die von der Klasse *System.ApplicationException* abgeleitet sein sollten. Ein Beispiel werden wir in Kapitel 10 behandeln (Übung 10-3).

Listing 4.14 Ausnahmebehandlung mit der Try-Catch-Finally-Struktur

```
Dim a, b As Integer
Try
  a = CInt(TextBox1.Text)
  b = Convert.ToInt32(TextBox2.Text)
  If a < 0 OrElse b < 0 Then
    Throw New Exception("a >= 0 und b >= 0 nicht erfüllt.")
  End If
  a = a \ b
  Exit Try             ' nur zur Demonstration
  Label1.Text = a.ToString

Catch ex As DivideByZeroException
  MessageBox.Show("Division durch null.", "Fehler")
Catch ex As InvalidCastException
  MessageBox.Show("Unzulässige Typumwandlung.", "Fehler")
Catch ex As Exception
  MessageBox.Show(ex.Message, "Fehler")
Finally
  Label1.Text = "Division ist kein Problem!!!"
End Try
```

In Listing 4.14 werden verschiedene Varianten der Ausnahmebehandlung demonstriert. Die Konvertierung mit *CInt* löst die Ausnahme *InvalidCastException* aus, wenn *TextBox1.Text* nicht in eine *Integer*-Zahl konvertiert werden kann (z. B. bei Eingabe eines Leerstrings), die *ToInt32*-Methode der *Convert*-Klasse hingegen eine *FormatException*. Falls *a* oder *b* den *Integer*-Wertebereich überschreiten, tritt eine *OverflowException* auf. Eine *eigene* Ausnahme mit selbst definiertem Fehlertext wird erzeugt („geworfen"), wenn *a* < 0 oder *b* < 0 ist. Die Anweisung *Exit Try* dient nur der Demonstration, die Ausgabe des Ergebnisses *a* im *Label1* wird dadurch verhindert.

Die erste *Catch*-Anweisung behandelt die Ausnahme „Division durch null" mit Anzeige einer selbst definierten Fehlermeldung in einer *MessageBox*. Die zweite *Catch*-Anweisung behandelt die *InvalidCastException* mit ebenfalls eigener Fehlermeldung. Die dritte *Catch*-Anweisung schließlich gibt den jeweiligen vom System vorgegebenen Fehlertext für die übrigen Ausnahmen in einer *MessageBox* aus. Tritt allerdings der Fall *a* < 0 oder *b* < 0 auf, so erscheint in der *MessageBox* der selbst erzeugte Fehlertext „a >= 0 und b >= 0 nicht erfüllt.".

In jedem Fall wird schließlich der *Finally*-Block ausgeführt und der Text „Division ist kein Problem!!!" in das Bezeichnungsfeld *Label1* geschrieben, unabhängig davon, ob eine Ausnahme ausgelöst wurde oder nicht.

Bemerkung zur Fehler- und Ausnahmebehandlung

Ein Programm, das an andere Anwender weitergegeben wird, sollte unbedingt intensiv auf logische Fehler und Laufzeitfehler getestet und abgesichert werden. Trotzdem werden wir in den kommenden Kapiteln die Ausnahmebehandlung wieder etwas großzügiger behandeln, da sie den Lernstoff allzu sehr in den Hintergrund rückt. Für den Eigengebrauch reichen oft schon die *TryParse*-Methoden aus, um Fehler in den Benutzereingaben abzufangen.

4.2.6 Exkurs: Klasse Random (Zufallszahlen)

In der Klasse *System.Random* werden einige nützliche Methoden zur Bildung von Zufallszahlen angeboten. Genau genommen handelt es sich dabei um sogenannte Pseudozufallszahlen, die nach einem relativ einfachen Algorithmus erzeugt werden, aber für viele Zwecke genügen.

Im Folgenden werden vier Methoden der *Random*-Klasse ausgewählt, mit deren Hilfe sich sowohl *Integer*- als auch *Double*-Zufallszahlen herleiten lassen. Bevor Sie diese Methoden verwenden können, muss allerdings erst mit dem *New*-Operator eine Objektinstanz der Klasse *Random* erzeugt werden.

Random-Methode	Beschreibung
Next()	Liefert eine Integer-Zufallszahl $0 \leq zahl < 2.147.483.647$
Next(n)	Liefert eine Integer-Zufallszahl $0 \leq zahl < n$
Next(n1, n2)	Liefert eine Integer-Zufallszahl $n1 \leq zahl < n2$
NextDouble()	Liefert eine Double-Zufallszahl $0 \leq zahl < 1$

Listing 4.15 Erzeugung von sechs Lottozahlen zwischen 1 und 49

```
Dim i As Integer
Dim rnd As New Random()       ' Erzeugen einer Random-Instanz
For i = 1 To 6
  ListBox1.Items.Add(rnd.Next(1, 50))
Next i
```

Damit Zufallszahlen zwischen 1 und 49 (inklusive) erhalten werden, muss die obere Grenze (zweiter Parameter der *Next*-Methode) um 1 erhöht werden. Bevor Sie die Zahlen in Ihren Lottoschein übertragen, sollten Sie allerdings prüfen, ob nicht eine Zahl mehrfach vorkommt.

4.3 Übungen

Übung 4-3: Reelle Zufallszahlen zwischen 1 und n

Aufgabe: Erstellen Sie ein Programm, das reelle Zufallszahlen (Datentyp *Double*) zwischen 1 und *n* (exklusive) erzeugt. Die Zahl *n* soll über eine TextBox eingelesen werden. Anschließend sollen daraus die kleinste und die größte Zahl ermittelt und der Durchschnitt (arithmetisches Mittel) berechnet werden.

Alle möglichen Laufzeitfehler sind abzufangen. Eine Fehlermeldung kann unterbleiben, lediglich die Inhalte des Eingabe- und der Ergebnis-Steuerelemente sollen im Fehlerfall gelöscht werden. Als Sonderfall ist *n* < 1 zu betrachten. Hier soll zusätzlich ein Mitteilungsfenster darauf hinweisen, dass die Zahl *n* ≥ 1 sein muss.

Lernziel: Zufallszahlen erzeugen, eine *For-Next*-Schleife einsetzen, Ausnahmebehandlung mit einem *Try-Catch*-Konstrukt, eine Fehlermeldung mit einer *MessageBox* anzeigen.

Lösungsschritt 1: Benutzeroberfläche erstellen

Starten Sie Visual Basic 2008, erstellen Sie ein neues *Windows Forms*-Projekt mit dem Namen „Zufallszahlen1bisN", und speichern Sie alle Dateien.

Platzieren Sie auf dem Formular *Form1* eine *TextBox1* für die Eingabe von *n*, einen Button *Button1* („Starten"), drei Labels für die Ergebnisanzeige sowie weitere Labels für die ergänzende Beschriftung (siehe Abbildung 4.12).

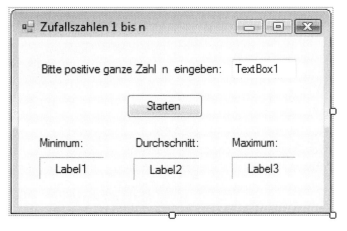

Abbildung 4.12 Rohformular zur Übung „Reelle Zufallszahlen zwischen 1 und n"

4 Schleifenanweisungen und Fehlerbehandlung

Lösungsschritt 2: Eigenschaften festlegen

Die Eigenschaften sollten Sie inzwischen selbst einstellen können, sodass eine Tabelle nicht mehr notwendig erscheint. Es empfiehlt sich, in die *Text*-Eigenschaft der *TextBox1* einen Vorgabewert einzutragen (z. B. 100).

Lösungsschritt 3: Algorithmus entwickeln und Programmcode schreiben

Der Programmkern besteht daraus, *n* Mal eine Zufallszahl abzuleiten und zugleich das Minimum, das Maximum und die Summe dieser Zahlen zu berechnen. Da die Anzahl der Wiederholungen bekannt ist, bietet sich dafür eine Laufanweisung (*For-Next*-Schleife) an. Anschließend kann der Mittelwert durch Division der Summe durch *n* bestimmt werden.

Minimum, Maximum und Summe müssen in jedem Schleifendurchlauf aktualisiert werden. Ausgehend von je einem geeigneten Anfangswert werden das Minimum und das Maximum überspeichert, wenn die neue Würfelzahl kleiner bzw. größer als der vorher gespeicherte Wert ist. Bei der Summe ist es einfacher: Wie in den Übungen 4-1 und 4-2 wird jedes Mal die neue Zufallszahl addiert.

Da die kleinste Zahl nie größer als *n* und die größte Zahl nie kleiner als 1 sein kann, bieten sich diese Werte als Anfangswerte an. Eine Alternative wäre, erst einmal zu würfeln, diese Zahl sowohl dem Minimum als auch dem Maximum als Anfangswert zuzuweisen und anschließend die Zählschleife bei $i = 2$ zu beginnen.

Als Struktogramm stellt sich der Algorithmus wie in Abbildung 4.13 dargestellt dar.

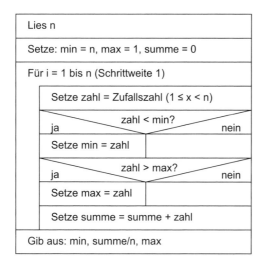

Abbildung 4.13
Struktogramm zur Übung „Reelle Zufallszahlen zwischen 1 und n"

Noch nicht gelöst ist die Frage: Wie bekommen wir reelle Zufallszahlen im Bereich von 1 bis *n*, obwohl die *NextDouble*-Methode der *Random*-Klasse nur *Double*-Zufallszahlen zwischen 0 und 1 liefert? Dazu müssen wir die erhaltenen Zufallszahlen in den entsprechenden Zahlenraum „transformieren". Dies geschieht in zwei Stufen. Die „gewürfelte" Zahl wird zunächst mit $n - 1$ multipliziert, anschließend wird die Zahl 1 dazu addiert.

Die Ereignisprozedur *Button1_Click* besteht damit aus dem folgenden Programmcode:

```vb
Private Sub Button1_Click(...) Handles Button1.Click
  Dim i, n As Integer, zahl, min, max, summe As Double
  Dim rnd As New Random()

  n = CInt(TextBox1.Text)
  ' Falls n < 1 => Prozedur abbrechen

  ' Falls n >= 1: Anfangswerte zuweisen
  min = n : max = 1 : summe = 0

  For i = 1 To n
    zahl = rnd.NextDouble() * (n - 1) + 1
    If zahl < min Then
      min = zahl
    End If
    If zahl > max Then
      max = zahl
    End If
    summe = summe + zahl
  Next i

  ' Ergebnisanzeige
  Label1.Text = min.ToString("f4")
  Label2.Text = (summe / n).ToString("f4")
  Label3.Text = max.ToString("f4")
End Sub
```

Fehlerbehandlung

Eine ausreichende Fehlerbehandlung erhalten wir, wenn wir den den gesamten Code nach dem Deklarationsteil in einem *Try-Catch*-Block kapseln. Im *Catch*-Block geben wir keine Fehlermeldung aus, sondern weisen nur der *Text*-Eigenschaft der Steuerelemente *TextBox1* und *Label1* bis *Label3* einen Leerstring ("") zu.

Jetzt müssen wir nur noch den Fall *n* < 1 behandeln. Falls *n* < 1 ist, zeigen wir ein Meldungsfenster an und werfen eine Ausnahme:

```vb
' Falls n < 1 => Prozedur abbrechen
If n < 1 Then
  MessageBox.Show("Zahl muss >= 1 sein!", "Hinweis")
  Throw New Exception()
End If
```

Der gesamte Programmcode ist wieder auf der Begleit-DVD einsehbar.

Lösungsschritt 4: Programm testen

Testen Sie zunächst mit dem voreingestellten Wert *n* = 100. Der Durchschnittswert sollte ungefähr bei 50 liegen (siehe Abbildung 4.14).

4 Schleifenanweisungen und Fehlerbehandlung

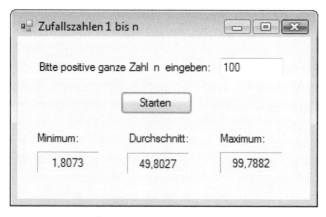

Abbildung 4.14 Testbeispiel für die Übung „Reelle Zufallszahlen zwischen 1 und n"

Testen Sie anschießend mit $n = 0$, einem negativen Wert, einem sehr großen Wert, der den *Integer*-Wertebereich übersteigt, und einem Leerstring. Alle Fehlerfälle sollten abgefangen sein.

Übung 4-4: Quersumme

Aufgabe: Erstellen Sie ein Programm, das eine positive ganze Zahl einliest und dessen Quersumme berechnet. Etwaige Laufzeitfehler sind abzufangen.

Lernziel: Eine *Do-Loop*-Schleife einsetzen, Ausnahmebehandlung mit einem *Try-Catch*-Konstrukt, eine Fehlermeldung mit einer *MessageBox* anzeigen.

Lösungsschritt 1: Benutzeroberfläche erstellen

Starten Sie Visual Basic 2008, erstellen Sie ein neues *Windows Forms*-Projekt mit dem Namen „Quersumme", und speichern Sie alle Dateien.

Platzieren Sie auf dem Formular *Form1* eine *TextBox1* für die Eingabe der Zahl *n* und ein *Label1* für die Ergebnisanzeige sowie weitere zwei Labels für die ergänzende Beschriftung (siehe Abbildung 4.15).

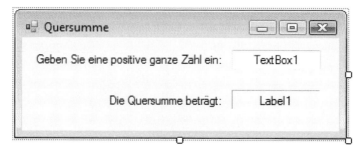

Abbildung 4.15 Rohformular zur Übung „Quersumme"

4.3 Übungen

Lösungsschritt 2: Eigenschaften festlegen

Die Eigenschaften sollten Sie inzwischen selbst einstellen können, sodass eine Tabelle nicht mehr notwendig erscheint (vgl. auch Übung 4-1).

Lösungsschritt 3: Algorithmus entwickeln und Programmcode schreiben

Die Quersumme einer Zahl z wird gebildet, indem die einzelnen Ziffern fortlaufend von rechts nach links (oder von links nach rechts) aufaddiert werden. Wie könnte nun ein entsprechender Algorithmus aussehen?

Die letzte (die am weitesten rechts stehende) Ziffer erhalten wir, indem wir die Zahl z durch 10 teilen und uns den Rest merken. Anschließend teilen wir das Divisionsergebnis, das die Zahl z ersetzt, nochmals durch 10 und addieren den Rest zum ersten Rest. Wir fahren so lange fort, bis die Zahl z gleich 0 (null) ist.

Dazu wollen wir das Zahlenbeispiel in Tabelle 4.2 betrachten.

Tabelle 4.2 Zahlenbeispiel zur Übung „Quersumme"

	z mod 10	Quersumme	z = z \ 10
Start		0	9327
1. Schleifendurchlauf	7	0 + 7 → 7	932
2. Schleifendurchlauf	2	7 + 2 → 9	93
3. Schleifendurchlauf	3	9 + 3 → 12	9
4. Schleifendurchlauf	9	12 + 9 → 21	0

In Abbildung 4.16 ist die Lösung als Struktogramm dargestellt. Dabei sei angemerkt, dass n nicht unbedingt nach z kopiert werden müsste. Das Vorgehen hat aber den Vorteil, dass die eingegebene Zahl n unverändert erhalten bleibt.

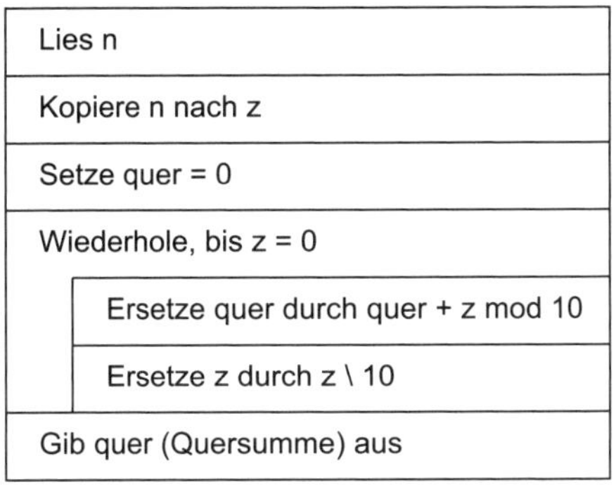

```
Lies n
Kopiere n nach z
Setze quer = 0
Wiederhole, bis z = 0
    Ersetze quer durch quer + z mod 10
    Ersetze z durch z \ 10
Gib quer (Quersumme) aus
```

Abbildung 4.16
Struktogramm zur Übung „Quersumme"

Das Struktogramm lässt sich mithilfe einer *Do-Loop*-Schleife leicht in Programmcode umsetzen und in die Ereignisprozedur *TextBox1_TextChanged* integrieren.

Zusätzlich wollen wir eine Ausnahmebehandlung mit einem *Try-Catch*-Konstrukt einfügen. Formatfehler bei der Eingabe der Zahl *n* (z. B. Leerstring, Buchstaben oder Sonderzeichen) werden durch den ersten *Catch*-Block, alle weiteren Fehler (z. B. Bereichsüberschreitung wegen zu großer Zahl *n* oder $n \leq 0$) werden durch den zweiten *Catch*-Block abgefangen. Falls $n \leq 0$ ist, wird dabei die eigene Fehlermeldung mit einer *MessageBox* angezeigt, in den anderen Fällen der vom System vorgegebene Standardfehlertext, jeweils mit der Titelleiste „Hinweis".

```
Private Sub TextBox1_TextChanged(...) Handles TextBox1.TextChanged
  Dim n, z, quer As Integer
  Try
    n = Convert.ToInt32(TextBox1.Text)
    If n <= 0 Then
      Throw New Exception("Die Zahl muss > 0 sein!")
    End If

    z = n         ' Umspeichern der Zahl n nach z
    quer = 0
    Do Until z = 0
      quer = quer + z Mod 10
      z = z \ 10
    Loop
    Label1.Text = quer.ToString

  Catch ex As FormatException
    Label1.Text = ""
  Catch ex As Exception
    Label1.Text = ""
    MessageBox.Show(ex.Message, "Hinweis")
  End Try
End Sub
```

Lösungsschritt 4: Programm testen

Testen Sie das Programm, und überprüfen Sie das Ergebnis, z. B. 345 (Quersumme = 12) oder 9327 (Quersumme = 21). Testen Sie auch die Fehlerbehandlung mit geeigneten Werten (z. B. *n* = 0, –1, 3123123123, 345xy und Leerstring).

Übung 4-5: ggT (Euklidischer Algorithmus – mit Differenzbildung)

Aufgabe: Erstellen Sie ein Programm, das zwei positive ganze Zahlen *a* und *b* einliest und deren größten gemeinsamen Teiler (ggT) mithilfe des euklidischen Algorithmus ermittelt.

Der euklidische Algorithmus ist einer der ältesten bekannten Algorithmen. Allerdings lässt die Darstellung von Euklid noch viele Einzelheiten offen (siehe [Solymosi/Grude08]). Die hier beschriebene Variante beruht auf einer fortlaufenden Differenzbildung: Die kleinere der beiden Zahlen *a* oder *b* wird so lange von der größeren subtrahiert, bis *a* und *b* gleich groß sind. Dies ist dann der gesuchte größte gemeinsame Teiler (ggT).

Lernziel: Eine *Do-Loop*-Schleife einsetzen, Ausnahmebehandlung mit einer *Try-Catch*-Anweisung, ein Meldungsfenster mit der Klasse *MessageBox* anzeigen.

4.3 Übungen

Lösungsschritt 1: Benutzeroberfläche erstellen

Starten Sie Visual Basic 2008, erstellen Sie ein neues *Windows Forms*-Projekt mit dem Namen „ggT_Differenz", und speichern Sie alle Dateien.

Platzieren Sie auf dem Formular *Form1* zwei TextBoxen für die Eingabe der Zahlen *a* und *b*, einen Button *BtnStarten* („Starten") und ein *Label1* für die Ergebnisanzeige sowie weitere Labels für die ergänzende Beschriftung (siehe Abbildung 4.17).

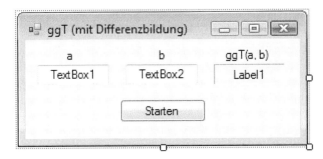

Abbildung 4.17 Rohformular zur Übung „ggT (Euklidischer Algorithmus – mit Differenzbildung)"

Lösungsschritt 2: Eigenschaften festlegen

Die Einstellungen der hier verwendeten Steuerelemente bieten keine Besonderheiten und sollten mittlerweile bekannt sein.

Lösungsschritt 3: Algorithmus entwickeln und Programmcode schreiben

Der zu Übungsbeginn beschriebene Algorithmus wird zunächst als Struktogramm dargestellt (siehe Abbildung 4.18).

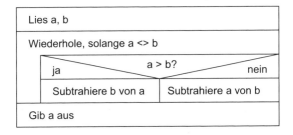

Abbildung 4.18 Struktogramm zur Übung „ggT (Euklidischer Algorithmus – mit Differenzbildung)"

Mit dem Zahlenbeispiel in Tabelle 4.3 sollte der Algorithmus noch etwas klarer werden:

4 Schleifenanweisungen und Fehlerbehandlung

Tabelle 4.3 Zahlenbeispiel zur Übung „ggT (Euklidischer Algorithmus – mit Differenzbildung)"

	a	b
Start	42	30
1. Schleifendurchlauf	42 − 30 → 12	30
2. Schleifendurchlauf	12	30 − 12 → 18
3. Schleifendurchlauf	12	18 − 12 → 6
4. Schleifendurchlauf	12 − 6 = 6	6

Der folgende Programmcode der Ereignisprozedur *BtnStarten_Click* („Starten") entspricht dem Struktogramm in Abbildung 4.18, die Fehlerbehandlung ist bereits angedeutet.

```
Private Sub BtnStarten_Click(...) Handles BtnStarten.Click
   Dim a, b As Integer
   ' Try
   a = Convert.ToInt32(TextBox1.Text)
   b = Convert.ToInt32(TextBox2.Text)
   ' a und b positiv?

   Do While a <> b
      If a > b Then
         a = a - b
      Else
         b = b - a
      End If
   Loop
   Label1.Text = a.ToString
   ' Catch
   ' End Try
End Sub
```

Der auf die Variablendeklaration folgende Code soll wieder in einen *Try-Catch*-Block gekapselt werden. Unmittelbar nach den Wertzuweisungen an *a* und *b* ist der Fall zu behandeln, dass *a* oder *b* keine positiven Zahlen sind, gegebenenfalls ist eine entsprechende Ausnahme zu werfen. Insgesamt sollen mögliche Ausnahmen durch drei verschiedene *Catch*-Blöcke abgefangen werden, die die *FormatException*, die *OverflowException* und die allgemeine *Exception* behandeln. Der vollständige Programmcode ist auf der Begleit-DVD enthalten.

Lösungsschritt 4: Programm testen

Testen Sie neben dem Zahlenbeispiel $a = 42$ und $b = 30$ (Ergebnis ggT(a, b) = 6) weitere Zahlenpaare, insbesondere auch die kritischen Fälle $a = b$, $a \leq 0$ oder $b \leq 0$, Leer-Eingabe und *a* oder *b* als sehr große Zahl mit Überschreitung des *Integer*-Wertebereichs.

Übung 4-6: Potenzreihenentwicklung der Sinus-Funktion

Aufgabe: Erstellen Sie ein Programm, das die Funktion sin(x) als Potenzreihe berechnet.

$$\sin(x) = x - \frac{x^3}{3!} + \frac{x^5}{5!} - \frac{x^7}{7!} + - \ldots = \sum_{k=0}^{\infty} (-1)^k \frac{x^{2k+1}}{(2k+1)!}, \text{ für } |x| < \infty$$

Die Reihe ist abzubrechen, wenn das neue Glied betragsmäßig < 10^{-15} ist.

Die Eingabe des Funktionswerts x ist in Grad (°) vorzusehen. Die Funktionswerte je Iterationsschritt sollen zusammen mit der Zählvariablen und dem letzten addierten Glied in einer Tabelle ausgegeben werden. Zur Kontrolle ist der Funktionswert mit der *Math.Sin*-Methode zu berechnen und anzuzeigen.

Aus numerischen Gründen ergeben sich bei großen x-Werten Probleme. Für $|x| \geq 360°$ sollte deshalb der Anwender die Möglichkeit haben, die Berechnung abzubrechen.

Lernziel: Mit einer *Do-Loop*-Schleife eine Potenzreihe programmieren, Ausnahmen mit der *Try-Catch-Finally*-Konstruktion behandeln, einen *MessageBoxButton* abfragen, einem Steuerelement den *Focus* geben.

Lösungsschritt 1: Benutzeroberfläche erstellen

Starten Sie Visual Basic 2008, erstellen Sie ein neues *Windows Forms*-Projekt mit dem Namen „PotenzreiheSinus", und speichern Sie alle Dateien.

Platzieren Sie auf dem Formular *Form1* eine TextBox für die Eingabe von x, einen Button *BtnStarten* („Starten"), ein *Label1* für die Kontrollanzeige des Funktionswerts sin(x), eine *ListBox1* für die Tabellendarstellung sowie zwei weitere Labels für die ergänzende Beschriftung (siehe Abbildung 4.19).

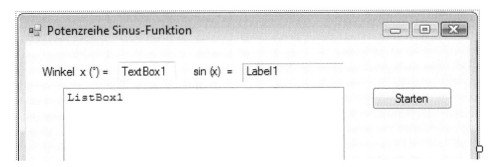

Abbildung 4.19 Rohformular zur Übung „Potenzreihenentwicklung der Sinus-Funktion"

Lösungsschritt 2: Eigenschaften festlegen

Für die *ListBox1* empfehlen sich die zwei Einstellungen:

- *Font*: *Courier New, Standard, 8* (alle Zeichen haben gleiche Breite)
- *TabStop*: *False* (der Tabulator überspringt die *ListBox1*)

Alle anderen Einstellungen sind aus Abbildung 4.19 erkennbar.

Lösungsschritt 3: Algorithmus entwickeln und Programmcode schreiben

Potenzreihen eignen sich sehr gut für die Computerberechnung, da sich die einzelnen Rechenglieder stets mit einer Wiederholungsanweisung nach einem regelmäßigen Schema errechnen lassen.

4 Schleifenanweisungen und Fehlerbehandlung

Für die Codierung wird nicht die kompakte Summenformel herangezogen (siehe Aufgabenstellung), d. h., es wird nicht jedes Glied unabhängig von den anderen berechnet. Man versucht vielmehr, jedes neue Glied aus dem vorausgehenden abzuleiten. Dies ist in der Regel auch die einzige Schwierigkeit bei der Aufstellung eines geeigneten Algorithmus.

Wir formen die Ausgangsformel etwas um, sodass wir die Rechenregel für die Folgeglieder leichter erfassen können:

$$\sin(x) = x - \frac{x^3}{3!} + \frac{x^5}{5!} - \frac{x^7}{7!} + - \ldots = \frac{x^1}{1} - \frac{x^3}{1 \cdot 2 \cdot 3} + \frac{x^5}{1 \cdot 2 \cdot 3 \cdot 4 \cdot 5} - \frac{x^7}{1 \cdot 2 \cdot 3 \cdot 4 \cdot 5 \cdot 6 \cdot 7} + - \ldots$$

Daraus können wir die folgende Rechenregel ableiten:

$$glied_{i+1} = (-1) \cdot glied_i \cdot \frac{x^2}{2i \cdot (2i+1)}, \text{ wobei } i = 1, 2, 3 \ldots \text{ und } glied_1 = x$$

Alternativ könnte man i in jedem Iterationsschritt um 2 erhöhen, die Formel für die Folgeglieder müsste dann entsprechend angepasst werden.

Den Algorithmus können wir wieder als Struktogramm darstellen (siehe Abbildung 4.20).

Lies x (°)
Wandle x (°) um ins Bogenmaß
Setze i = 1, glied = x, phi = x
Ersetze glied durch -glied * x² / (2i * (2i + 1))
Addiere glied zu phi
Erhöhe i um 1
Gib i, phi und glied aus
Wiederhole, bis |glied| < 10⁻¹⁵

Abbildung 4.20 Struktogramm zur Übung „Potenzreihenentwicklung der Sinus-Funktion"

Mit dem Struktogramm sollte es noch leichter fallen, die Aufgabe in Programmcode umzusetzen und in die Ereignisprozedur *BtnStarten_Click* zu integrieren. Die Ausnahmebehandlung geben wir zunächst nur als Gerüst an:

```
Private Sub BtnStarten_Click(...) Handles BtnStarten.Click
    Dim i, antwort As Integer, x, glied, phi As Double

    Try
        x = Convert.ToDouble(TextBox1.Text)
        x = x / 180 * Math.PI

        ' |x| < 360°?

        ' Überschrift
        Label1.Text = Math.Sin(x).ToString("f12")
        ListBox1.Items.Add("   i           phi             glied")
        ListBox1.Items.Add("-----------------------------------")
```

```
        i = 1 : glied = x : phi = x
        Do
          glied = -glied * x * x / (2 * i * (2 * i + 1))
          phi = phi + glied
          i = i + 1
          ListBox1.Items.Add(i.ToString("00") & "   " & _
                             phi.ToString("f12") & "   " & _
                             glied.ToString("e4"))
        Loop Until Math.Abs(glied) < 0.000000000000001   ' 1E-15

      Catch ex As Exception

      End Try
    End Sub
```

Ausnahmebehandlung

a) Numerische Instabilität bei zu großem *x*

Falls im geschützten *Try-Catch*-Block festgestellt wird, dass |x| ≥ 360° (bzw. |x| ≥ 2π) ist, soll der Anwender in einem Meldungsfenster darauf hingewiesen und gefragt werden, ob er abbrechen möchte. Falls er mit „Ja" antwortet, soll mithilfe einer *Throw*-Anweisung eine allgemeine *Exception* weitergereicht werden, im anderen Fall wird das Programm einfach fortgesetzt.

```
      ' |x| < 360°?
      If Math.Abs(x) >= 2 * Math.PI Then
        antwort = MessageBox.Show("Der Wert |x| sollte < 360 sein." & _
          vbCrLf & " Wollen Sie abbrechen?", "Hinweis", MessageBoxButtons.YesNo)

        If antwort = Windows.Forms.DialogResult.Yes Then
          Throw New Exception()
        End If
        ' antwort = Nein -> Programm wird fortgesetzt
      End If
```

b) Ausnahmebehandlung mit mehreren *Catch*-Blöcken und einem *Finally*-Block

Es sollen die folgenden Ausnahmen differenziert werden: *FormatException*, *OverflowException* und allgemeine *Exception*. Bei der *FormatException* ist die Meldung „Falsches Eingabeformat." vorgesehen.

In jedem Fall ist es sinnvoll, dass der Cursor nach Durchlaufen der Ereignisprozedur *BtnStarten_Click* wieder in der *TextBox1* steht. Man sagt, die *TextBox1* soll „den Fokus erhalten". Dazu müssen wir nur die *Focus*-Methode aufrufen. Es bietet sich an, diese Anweisung in den *Finally*-Block aufzunehmen.

```
      ' ...
      Catch ex As FormatException
        TextBox1.Text = ""
        MessageBox.Show("Falsches Eingabeformat.", "Hinweis")
      Catch ex As OverflowException
        MessageBox.Show(ex.Message, "Hinweis")
      Catch ex As Exception
        TextBox1.Text = ""
      Finally
        TextBox1.Focus()
      End Try
```

Lösungsschritt 4: Programm testen

Testen Sie das Programm z. B. mit $x = 30°$ (siehe Abbildung 4.21) oder $x = -30°$. Unbedingt ausprobieren sollten Sie natürlich auch die kritischen Fälle: $x = 390°$ (entspricht 30°, mit Antwort „Ja" und „Nein"), $x = 3600°$ und $x = 360000°$ (jeweils mit Antwort „Nein", Ergebnis unbrauchbar) sowie Formatfehler, also Leerstring- oder Buchstaben-Eingabe).

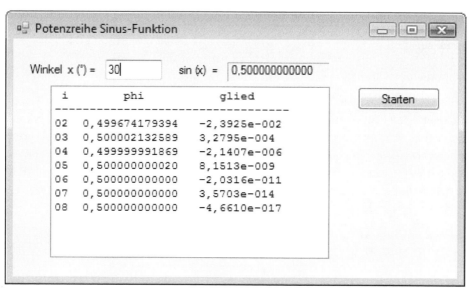

Abbildung 4.21 Testbeispiel zur Übung „Potenzreihenentwicklung der Sinus-Funktion"

4.4 Aufgaben

Aufgabe 4-1: Würfelspiele

a) Würfelspiel 1: Würfeln bis zur ersten „6"

Schreiben Sie ein Programm, das auf Knopfdruck so lange ganze Zufallszahlen zwischen 1 und 6 (inklusive) generiert, bis eine Sechs „gewürfelt" wurde. Alle gewürfelten Zahlen sollen als gemeinsamer *String* in einem Label angezeigt werden, zusätzlich soll die Anzahl der notwendigen Würfe auf dem Formular erscheinen (siehe Abbildung 4.22).

Erstellen Sie vorweg ein Struktogramm. Eine Fehlerbehandlung ist nicht notwendig.

Abbildung 4.22 Beispiel zur Aufgabe „Würfelspiel 1: Würfeln bis zur ersten „6""

b) Würfelspiel 2: n-mal würfeln

Schreiben Sie ein Programm, das eine *Int16*-Zahl n einliest und das mithilfe einer *For-Next*-Schleife n-mal eine ganze Zufallszahl zwischen 1 und 6 (inklusive) generiert. Alle „gewürfelten" Zahlen sollen als gemeinsamer *String* in eine breite einzeilige TextBox geschrieben werden. Außerdem soll angezeigt werden, wie oft die Zahl „6" gewürfelt wurde (siehe Abbildung 4.23).

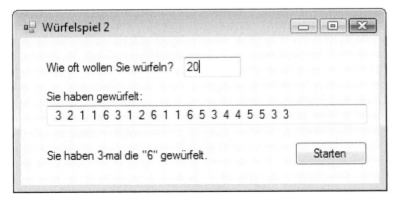

Abbildung 4.23 Beispiel zur Aufgabe „Würfelspiel 2: n-mal würfeln"

Erstellen Sie vorweg ein Struktogramm. Im Programm ist eine einfache Fehlerbehandlung mithilfe eines *Try-Catch*-Konstrukts und Anzeige einer *MessageBox* mit einem einheitlichen Fehlertext vorzusehen. Falls n ≤ 0 ist, ist eine *Exception* an den *Catch*-Block weiterzureichen. Warum führt bereits n = 32767 zu einer Ausnahme?

Aufgabe 4-2: Tabelle der Sinus-Funktion

Erstellen Sie ein Programm, das mithilfe einer verschachtelten *For-Next*-Schleife eine Tabelle für die Sinus-Funktion im Bereich (0 ≤ φ ≤ 180°) in einer ListBox anzeigt (siehe Abbildung 4.24). Die Schrittweite von Zeile zu Zeile soll 10°, die Schrittweite von Spalte zu

4 Schleifenanweisungen und Fehlerbehandlung

Spalte 2° betragen. Auch die erste Zeile (Überschrift mit Gradangabe) soll über eine Laufanweisung erzeugt werden (Tipp: Vergleichen Sie Listing 4.6).

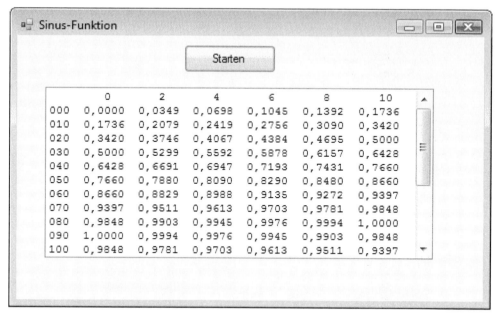

Abbildung 4.24 Ergebnis der Aufgabe „Tabelle der Sinus-Funktion"

Aufgabe 4-3: Schleifenanweisungen analysieren

Versuchen Sie, die folgenden Aufgaben ohne Computer auf dem Papier zu lösen.

a) Gegeben ist das folgende Codefragment:

```
Dim i As Integer = 1, zahl As Integer
Do While i < 4
  zahl = 2 * i + 1
  ListBox1.Items.Add(i & "  " & zahl)
  i = i + 1
Loop
ListBox1.Items.Add(i)
```

- Welche Werte werden in die *ListBox1* geschrieben?

- Ersetzen Sie die *Do-While-Loop*-Schleife durch eine *For-Next*-Schleife, die dieselben Ergebnisse liefert.

b) Gegeben ist das folgende Codefragment:

```
Dim i, summe As Integer
summe = 0
For i = 1 To 100 Step 3
  summe = summe + i * i
  ListBox1.Items.Add(i & "  " & summe)
```

```
        If summe > 100 Then
            Exit For
        End If
    Next i
    ListBox1.Items.Add("i = " & i)
```

- Welche Werte werden in die *ListBox1* geschrieben?

- Ersetzen Sie das Codefragment durch ein Codefragment mit einer *Do-While-Loop*-Schleife, das ohne *Exit*-Anweisung auskommt und dieselben Ergebnisse liefert.

c) Das folgende Codefragment soll alle 2er-Potenzen berechnen, ohne den Potenzoperator (^) zu verwenden. Die Schleife soll abgebrochen werden, wenn der Ergebniswert *zahl* den Wert 100 erreicht hat, spätestens aber, wenn die Zählvariable i = 100.

Die Ergebnisse werden in die mehrzeilige *TextBox1* geschrieben (Eigenschaften der *TextBox1*: *Multiline = True, ScrollBars = Vertical*).

```
' Berechnet 2er-Potenzen (2^1, 2^2, 2^3, ...)
Dim i, zahl As Integer
TextBox1.Text  = ""
i = 1
Try
  Do
    i = i + 1
    zahl = 2 * zahl
    TextBox1.Text = TextBox1.Text & "2^" & i & " = " & zahl & vbCrLf
  Loop Until zahl = 100 OrElse i = 100
Catch ex As Exception
  MessageBox.Show(ex.Message)
End Try
```

- Welche Werte werden in der *TextBox1* angezeigt? Wie oft wird die *Do-Loop*-Schleife durchlaufen?

- Berichtigen Sie gegebenenfalls den Programmcode, sodass die Ergebnisse wie folgt dargestellt werden.

```
2^1 = 2
2^2 = 4
2^3 = 8
...
2^7 = 128
```

Aufgabe 4-4: ISBN überprüfen

Es ist ein Programm zu erstellen, das die Prüfziffer einer Internationalen Buchnummer (ISBN) kontrolliert.

Die ISBN-13 besteht aus 13 Ziffern, die sich aus fünf Bestandteilen zusammensetzen, einem dreistelligen Präfix (978 oder 979), drei variabel langen Nummern, die den Sprachraum, den Verlag und den Titel kennzeichnen, und einer einstelligen Prüfziffer.

Die Prüfziffer *p* wird berechnet, indem alle zwölf Ziffern (ohne die Prüfziffer) von links nach rechts nach der sog. 1-3-1-Regel abwechselnd mit 1 bzw. mit 3 multipliziert und summiert werden. Die Summe wird durch 10 geteilt und der Rest von 10 abgezogen, dies ist die Prüfziffer *p*. Ist der Rest 10, ist die Prüfziffer $p = 0$.

Beispiel:

ISBN = 978-3-446-41491-4 (Doberenz/Gewinnus: Visual Basic 2008. Hanser Verlag)

$p = 10 - ((9 + 7*3 + 8 + 3*3 + 4 + 4*3 + 6 + 4*3 + 1 + 4*3 + 9 + 1*3) \bmod 10) = 4$

Die Gültigkeit der ISBN kann geprüft werden, indem die Ziffern der vollständigen Nummer fortlaufend abgespalten und nach der 1-3-1-Regel multipliziert und addiert werden. Wenn die Summe durch 10 (ohne Rest) teilbar ist, ist die Prüfziffer in Ordnung.

Erstellen Sie vorweg ein Struktogramm. Sichern Sie das Programm mit einer *Try-Catch*-Konstruktion gegen die üblichen Laufzeitfehler ab.

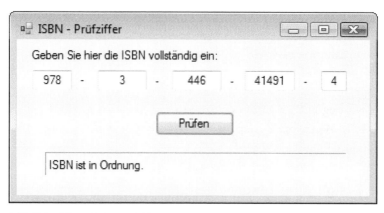

Abbildung 4.25 Beispiel zur Aufgabe „ISBN überprüfen"

Aufgabe 4-5: Primfaktoren

Schreiben Sie ein Programm, das eine ganze Zahl $n \geq 2$ in ihre Primfaktoren zerlegt. Die Primfaktoren sollen in aufsteigender Größe angezeigt werden.

Beispiele: 280 = 2 * 2 * 2 * 5 * 7 (siehe Abbildung 4.26)   1001 = 7 * 11 * 13

1668 = 2 * 2 * 3 * 139   1213133234 = 2 * 22717 * 26701

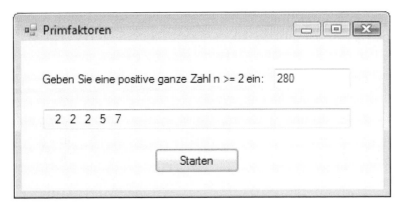

Abbildung 4.26 Beispiel zur Aufgabe „Primfaktoren"

Der Algorithmus beruht auf folgendem Prinzip: Ausgehend von der Primzahl 2 wird die Zahl *n* so lange durch die Primzahl geteilt, bis eine Teilung ohne Rest nicht mehr möglich ist, dann wird die „Primzahl" um 1 erhöht. Dieser Vorgang wird wiederholt, solange $n > 1$ ist.

Erstellen Sie vorweg ein Struktogramm. Bauen Sie eine einfache Fehlerbehandlung mit einer *Try-Catch*-Anweisung ein, die sowohl allgemeine Ausnahmen als auch den benutzerdefinierten Fehlerfall $n < 2$ berücksichtigt.

Aufgabe 4-6: ggT (Euklidischer Algorithmus – mit Modulo-Operator)

Der euklidische Algorithmus zur Berechnung des größten gemeinsamen Teilers (ggT) mithilfe des Modulo-Operators benötigt wesentlich weniger Rechenoperationen als der in Übung 4-5 verwendete Differenzalgorithmus und arbeitet damit deutlich effizienter.

Der Algorithmus kann mit dem in Abbildung 4.27 dargestellten Struktogramm nachvollzogen werden.

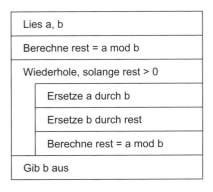

Abbildung 4.27
Struktogramm zur Aufgabe „ggT (Euklidischer Algorithmus – mit Modulo-Operator)"

Erarbeiten Sie zunächst ein konkretes Zahlenbeispiel analog zu Tabelle 4.3. Was ändert sich, wenn $a < b$ ist? Schreiben Sie dann den Programmcode analog zu Übung 4-5, wobei Sie den euklidischen Algorithmus mit Differenzbildung durch den hier beschriebenen Algorithmus ersetzen. Testen Sie das Programm.

Aufgabe 4-7: Potenzreihenentwicklung ausgewählter Funktionen

Erstellen Sie je ein Programm, das die Exponentialfunktion bzw. das Gauß'sche Fehlerintegral über eine Potenzreihe berechnet. Die Reihe ist jeweils abzubrechen, wenn das neue Glied betragsmäßig $\leq 10^{-15}$ mal dem Betrag der berechneten Teilsumme ist oder wenn die Iterationszahl den Wert 100 erreicht hat.

Aus numerischen Gründen ergeben sich bei betragsmäßig großen Summengliedern Probleme. Für jede Funktion wird deshalb ein Wert x genannt, ab dem der Anwender die Möglichkeit haben sollte, die Berechnung abzubrechen.

Versuchen Sie zunächst jeweils, wie in Übung 4-6, eine algorithmische Regel für die Folgeglieder aufzustellen.

a) Exponentialfunktion

$$e^x = 1 + \frac{x}{1!} + \frac{x^2}{2!} + \frac{x^3}{3!} + \frac{x^4}{4!} + \dots, \text{ für } |x| < \infty \text{ (aus numerischen Gründen: } |x| \leq 10)$$

Vorschlag für Testwerte:

$x = 1$ (Ergebnis: $e = 2{,}7182818\dots$ = Eulersche Zahl)

$x = -1$ (Ergebnis: $e^{-1} = 0{,}3678944\dots$)

Für die Berechnung des Sollwerts steht die Methode *Math.Exp(x)* zur Verfügung.

b) Gauß'sches Fehlerintegral

$$\phi(x) = \frac{2}{\sqrt{\pi}} \int_0^x e^{-t^2} dt = \frac{2}{\sqrt{\pi}} \left(x - \frac{x^3}{3 \cdot 1!} + \frac{x^5}{5 \cdot 2!} - \frac{x^7}{7 \cdot 3!} + - \dots \right), \text{ für } |x| < \infty$$

(aus numerischen Gründen: $|x| \leq 4$)

Vorschlag für Testwerte:

$x = 1$ (Ergebnis: $\phi_2(1) = 0{,}752252778$ (mit 2. Glied) ... $\phi_{18}(1) = 0{,}842700793$)

x = 0,1 (Ergebnis: $\phi_2(0{,}1) = 0{,}112461790$ (mit 2. Glied) ... $\phi_7(0{,}1) = 0{,}112462916$

Negative x-Werte ergeben denselben Funktionswert wie positive x-Werte, allerdings mit negativem Vorzeichen.

Potenzreihen ergeben in der Programmierpraxis eigentlich nur dann Sinn, wenn die Funktion nicht durch vorhandene Standardfunktionen ausgedrückt werden kann. Beim Gauß'schen Fehlerintegral liegt dieser Fall vor. Damit lässt sich mit den Methoden der *Math*-Klasse auch kein Sollwert berechnen.

5 Funktionen und Sub-Prozeduren

Programme lassen sich übersichtlicher gestalten und sind leichter zu warten, wenn sie in Teilaufgaben zerlegt werden. Hierzu dienen die sogenannten *Prozeduren*. Sie sind über ihren Namen ansprechbar, können Variablenwerte über Parameter entgegennehmen, Programmcode ausführen und Ergebniswerte an das aufrufende Programm zurückliefern.

Die Prozedurtechnik ist das eigentliche Kennzeichen der prozeduralen Programmiersprachen. Prozeduren bilden abgeschlossene Programmeinheiten, die separat getestet, beliebig oft in einem Programm aufgerufen und in anderen Projekten wieder verwendet werden können. Dies setzt allerdings einen konsequenten Programmierstil voraus, sodass Variablenwerte nur über die Parameterliste bzw. den Rückgabewert ausgetauscht werden.

Visual Basic unterscheidet zwei Arten von Prozeduren, die Funktionsprozeduren, kurz *Funktionen* genannt, und die *Sub*-Prozeduren. (*Sub* ist die Abkürzung für *Subroutine*, was auf Deutsch mit *Unterprogramm* übersetzt wird.) Funktionen liefern genau *einen* Wert zurück. Sub-Prozeduren führen lediglich Programmcode aus und haben keinen Rückgabewert. In der prozeduralen Programmierung werden aber Sub-Prozeduren gerade dazu eingesetzt, gleichzeitig *mehrere* Ergebniswerte zurückzugeben. Dies gelingt über sogenannte Referenzparameter.

In der objektorientierten Programmierung entsprechen die Prozeduren den Klassen-*Methoden*.

5.1 Einführungsübungen

Übung 5-1: Satz des Pythagoras (Funktion und Sub-Prozedur)

Aufgabe: In einem rechtwinkligen Dreieck sind die Katheten a und b gegeben. Es ist ein Programm zu erstellen, das die Hypotenuse c nach dem Satz des Pythagoras berechnet:

$$c = \sqrt{a^2 + b^2}.$$

5 Funktionen und Sub-Prozeduren

Die Berechnung der Hypotenuse soll sowohl über den Aufruf einer nutzerdefinierten Funktion als auch über den Aufruf einer nutzerdefinierten Sub-Prozedur erfolgen können.

Lernziel: Nutzerdefinierte Prozeduren (Funktion und Sub-Prozedur) deklarieren und aufrufen.

Lösungsschritt 1: Benutzeroberfläche erstellen

Starten Sie Visual Basic 2008, erstellen Sie ein neues *Windows Forms*-Projekt mit dem Namen „Pythagoras", und speichern Sie alle Dateien.

Platzieren Sie auf dem Formular *Form1* eine TextBox *TxtA* für die Seite *a* und eine TextBox *TxtB* für die Seite *b*, daneben ein Label *LblC* für das Ergebnis *c* sowie darunter die zwei Buttons *BtnFunction* („Function") und *BtnSub* („Sub"), über die die Berechnung aufgerufen werden kann (vgl. Abbildung 5.1).

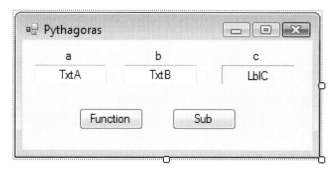

Abbildung 5.1 Rohformular zur Übung „Pythagoras"

Lösungsschritt 2: Eigenschaften festlegen

Alle notwendigen Einstellungen sollten aus den vorausgegangenen Übungen bekannt sein. Achten Sie darauf, dass die Namen der Steuerelemente mit den o.a. Bezeichnungen übereinstimmen.

Lösungsschritt 3: Programmcode schreiben

Der Programmcode für die Deklaration der beiden Prozeduren muss innerhalb der Klasse *Form1* eingefügt werden. Zweckmäßigerweise platziert man die Deklarationen vor die Ereignisprozeduren.

■ **Programmgerüst des Startformulars (Klasse Form1)**

```
Public Class Form1
    Function Pythagoras1(...) ... : End Function
    Sub Pythagoras2(...) ...: End Sub
    Private Sub BtnFunction_Click(...) ... : End Sub
    Private Sub BtnSub_Click(...) ... : End Sub
End Class
```

Deklaration der Funktion Pythagoras1

```
Function Pythagoras1(ByVal a As Double, ByVal b As Double) As Double
    Return Math.Sqrt(a * a + b * b)
End Function
```

Die erste Codezeile enthält den Prozedurkopf der Funktion mit dem frei wählbaren Namen *Pythagoras1*. Das Schlüsselwort *Function* leitet die Prozedur ein. Nach dem Namen stehen die Parameter *a* und *b* mit ihrem Datentyp in runden Klammern. *ByVal* bedeutet, dass beim Aufruf der Funktion der Wert (engl. *Value*) der jeweiligen Variablen, d. h. eine Kopie der Variablen, übergeben wird. Der Prozedurkopf wird mit dem Datentyp des Funktionswertes (Rückgabewerts) abgeschlossen.

Der Prozedurrumpf besteht im vorliegenden Fall lediglich aus der zweiten Zeile, in der die Quadratwurzel aus $a^2 + b^2$ berechnet und über die *Return*-Anweisung an das aufrufende Programm zurückgegeben wird. Abgeschlossen wird die Funktion durch die Schlüsselwortkombination *End Function*.

Deklaration der Sub-Prozedur Pythagoras2

```
Sub Pythagoras2(ByVal a As Double, ByVal b As Double, ByRef c As Double)
    c = Math.Sqrt(a * a + b * b)
End Sub
```

Die erste Zeile definiert wieder den Prozedurkopf. Eine Sub-Prozedur wird durch das Schlüsselwort *Sub* eingeleitet, auf das der frei wählbare Name *Pythagoras2* folgt. Die Parameterliste besteht hier aus drei Parametern. Der Parameter *c* soll das Ergebnis, die Hypotenuse, zurückgeben. Vor *c* müssen wir *ByRef* setzen, *c* ist damit ein *Referenzparameter*, was bedeutet, dass beim Aufruf nicht eine Kopie übergeben wird, sondern eine Referenz auf die Variable. Würde *c* dagegen als Wertparameter (*ByVal*) übergeben, so wäre die Berechnung innerhalb der Prozedur wirkungslos, denn nach dem Aufruf hätte *c* im aufrufenden Programm denselben Wert wie vor dem Aufruf.

Ereignisprozedur BtnFunction_Click mit Aufruf der Funktion Pythagoras1

Die Prozedurdefinition der Funktion *Pythagoras1* führt noch keinerlei Berechnungen aus. Der Aufruf der Funktionsprozedur *Pythagoras1* erfolgt durch ihren Namen. Die aktuellen Parameter *x* und *y*, auch als Argumente bezeichnet, werden in runden Klammern übergeben. Das Ergebnis wird anschließend der Variablen *s* zugewiesen.

```
Private Sub BtnFunction_Click(...) Handles BtnFunction.Click
    Dim x, y, s As Double
    x = Convert.ToDouble(TxtA.Text)
    y = Convert.ToDouble(TxtB.Text)
    ' Aufruf der Funktionsprozedur
    s = Pythagoras1(x, y)
    LblC.Text = s.ToString("f3")
End Sub
```

Zunächst fällt auf, dass die Argumente nicht dieselben Namen haben müssen wie in der Prozedurdefinition. Die formalen Parameter in der Prozedurdefinition (hier: *a* und *b*) sind quasi nur Platzhalter, beim Aufruf werden sie durch die aktuellen Parameter (hier: *x* und *y*) ersetzt. Allerdings müssen Anzahl, Datentyp und Reihenfolge der aktuellen Parameter streng mit denen der formalen Parameter übereinstimmen.

- **Ereignisprozedur BtnSub_Click mit Aufruf der Sub-Prozedur Pythagoras2**

Der Programmcode für die Ereignisprozedur *BtnSub_Click* ist identisch mit dem der Ereignisprozedur *BtnFunction_Click*. Lediglich der Funktionsaufruf ist durch den Aufruf der Sub-Prozedur zu ersetzen:

```
Private Sub BtnSub_Click(...) Handles BtnSub.Click
    Dim x, y, s As Double
    x = Convert.ToDouble(TxtA.Text)
    y = Convert.ToDouble(TxtB.Text)

    ' Aufruf der Sub-Prozedur
    Pythagoras2(x, y, s)
    LblC.Text = s.ToString("f3")
End Sub
```

Im Gegensatz zum Funktionsaufruf stellt der Aufruf einer Sub-Prozedur eine eigene Anweisung dar und kann damit nicht auf der rechten Seite einer Wertzuweisung stehen. Die Hypotenuse *s* wird als Argument zurückgegeben. Auch für die Sub-Prozedur gilt, dass die aktuellen Parameter nicht so heißen müssen wie die formalen Parameter in der Prozedurdefinition. Anzahl, Datentyp und Reihenfolge der aktuellen Parameter müssen aber streng mit denen der formalen Parameter übereinstimmen.

Der vollständige Programmcode findet sich auf der Begleit-DVD. Dort ist auch ergänzt, dass Dezimalpunkte bei der Eingabe in Dezimalkommas umgewandelt werden. Ausnahmen werden mit einer einfachen *Try-Catch*-Konstruktion behandelt.

Lösungsschritt 4: Programm testen

Geben Sie zum Beispiel die Werte $a = 3$ und $b = 4$ ein. Beim Klicken der beiden Buttons sollte sich jeweils $c = 5{,}000$ ergeben. Testen Sie anschließend auch mit reellen Zahlenwerten.

Resümee: Funktion oder Sub-Prozedur?

Nachdem Funktion und Sub-Prozedur dieselben Ergebnisse liefern, stellt sich die Frage, welcher Prozedurtyp vorzuziehen ist. Wenn nur *ein* Ergebniswert zurückgegeben wird, wie in unserem Beispiel, sollte der Funktionsprozedur der Vorzug gegeben werden, andernfalls ist in der Regel eine Sub-Prozedur die bessere Wahl.

5.2 Lektion 5: Funktionen und Sub-Prozeduren

In dieser Lektion werden Syntax und Besonderheiten der zwei Prozedurtypen *Function* und *Sub* beschrieben. Die Unterschiede zwischen *Wert-* und *Referenzparametern* werden aufgezeigt. Weiter wird auf das *Überladen* gleichnamiger Prozeduren eingegangen. Prozeduren können wiederum andere Prozeduren aufrufen. Der Sonderfall, dass sich Prozeduren selbst aufrufen, führt zur *rekursiven* Programmiermethode. Einige Bemerkungen zur

Fehlerbehandlung, zur Zusammenfassung von Prozeduren in Modulen und zu Standardfunktionen beschließen diese Lektion.

5.2.1 Prozedurdeklaration und Prozeduraufruf

Prozeduren müssen erst deklariert werden, bevor sie aufgerufen werden können. Erst beim Prozeduraufruf werden die Anweisungen innerhalb des Prozedurrumpfes ausgeführt.

Prozedurdeklaration

Sowohl Funktionen als auch Sub-Prozeduren bestehen aus einem Prozedurkopf und einem Prozedurrumpf.

```
[Private|Public] Function|Sub ProzedurName([Parameterliste]) _
                        [' bei Function obligatorisch: As Datentyp]
    [Dim ' ... lokale Variablendeklarationen]
    ' ...
    ' Prozedurrumpf
    ' ...
End Function|Sub
```

- **Prozedurkopf**

Als Erstes wird im Prozedurkopf der Gültigkeitsbereich der Prozedur gesteuert. Mit *Private* deklarierte Prozeduren gelten nur innerhalb ihrer eigenen Klasse, mit *Public* deklarierte Prozeduren lassen sich dagegen aus allen Klassen des Projekts aufrufen. Fehlt das Schlüsselwort, so nimmt der Compiler automatisch *Public* an.

Funktionen werden durch das Schlüsselwort *Function*, Sub-Prozeduren durch das Schlüsselwort *Sub* definiert. Für den frei wählbaren Prozedurnamen gelten die üblichen Regeln für Bezeichner (siehe Kapitel 2).

Hinter dem Prozedurnamen folgt die Liste der formalen Parameter in runden Klammern. Werden keine formalen Parameter definiert, ist das Klammerpaar leer. Die Parameter sind durch Kommas getrennt mit ihrem Datentyp zu deklarieren. Es werden Wertparameter (*ByValue*) und Referenzparameter (*ByRef*) unterschieden. Die allgemeine Syntax für die Parameterliste lautet:

```
(ByVal|ByRef varName1 As Datentyp, ByVal|ByRef varName2 As Datentyp, ..)
```

Der Prozedurkopf einer Funktion ist mit dem Datentyp des Rückgabewerts in Form einer *As*-Klausel abzuschließen. Ist *Option Strict On* eingestellt, so verhindert der Compiler das Fehlen dieser Angabe, andernfalls hat der Rückgabewert den Datentyp *Object*.

- **Prozedurrumpf**

Im Prozedurrumpf können beliebige Anweisungen stehen, mit Ausnahme von Prozedurdeklarationen. Prozedurdeklarationen dürfen also nicht verschachtelt werden. Die formalen Parameter können innerhalb des Prozedurrumpfes wie Variablen benutzt werden. Beim Aufruf werden sie durch die Argumente ersetzt.

Oft müssen zusätzlich *lokale* Variablen mit *Dim* vereinbart werden. Diese Speicherplätze werden nur während des Prozeduraufrufs belegt, nach dem Aufruf werden sie wieder freigegeben.

Globale Variablen sollten nur in begründeten Ausnahmefällen benutzt werden. In der prozeduralen Programmierung gilt dies nicht nur als schlechter Programmierstil, sondern widerspricht auch dem Grundgedanken der Kapselung von Prozeduren. Der Programmcode solcher Prozeduren ist in der Regel ohne Änderungen nicht wieder verwendbar und führt leicht zu schwer nachvollziehbaren logischen Fehlern.

Abgeschlossen wird die Deklaration einer Prozedur mit *End Function* bzw. *End Sub*.

Prozeduraufruf

Beim Prozeduraufruf kommunizieren die Prozeduren über die Parameterliste mit dem aufrufenden Programm. Die formalen Parameter werden beim Aufruf durch die übergebenen Argumente ersetzt. Die Liste der Argumente muss mit der Liste der formalen Parameter in den folgenden Punkten genau übereinstimmen:

- Anzahl der Parameter
- Reihenfolge der Parameter
- Datentyp der Parameter

Man sagt auch, die **Signatur** der Parameterliste muss übereinstimmen. Die aktuellen Parameter (Argumente) müssen aber nicht dieselben Namen haben wie die entsprechenden formalen Parameter. Die formalen Parameter sind quasi Platzhalter für die beim Aufruf zu übergebenden Argumente. Prozeduren können deshalb beliebig oft mit unterschiedlichen Argumenten aufgerufen werden und lassen sich in anderen Programmen ohne Änderung wieder verwenden.

Prozeduren können selbst wieder andere Prozeduren aufrufen. Dies darf nicht mit der obigen Aussage verwechselt werden, dass in der Prozedurdeklaration keine weiteren Prozeduren *deklariert* werden dürfen. Auch ein vorzeitiges Verlassen einer Prozedur ist möglich (siehe Abschnitte 5.2.2 und 5.2.3). In den folgenden Abschnitten wird auch näher darauf eingegangen, wie Funktionen und Sub-Prozeduren Ergebniswerte zurückgeben können.

Nach dem Prozeduraufruf wird das Programm mit der auf den Prozeduraufruf folgenden Anweisung fortgesetzt.

5.2.2 Funktionen

Funktionen sind Programmmodule, die über einen Namen ansprechbar sind, vom aufrufenden Programm über eine Parameterliste Werte übernehmen können und die genau *einen* Rückgabewert an das aufrufende Programm zurückgeben.

Die allgemeine Syntax für die Deklaration einer Funktion lautet:

```
[Private|Public] Function FunctionName([Parameterliste]) As Datentyp
   [Dim ' ... lokale Variablendeklarationen]
   ' Anweisungen ...
   [Exit Function]
   ' ...
   Return ausdruck
End Function
```

Am Ende des Prozedurkopfes muss der Datentyp des Rückgabewertes angegeben werden. Im Prozedurrumpf wird der Ergebniswert mit einer *Return*-Anweisung an das aufrufende Programm zurückgegeben. Eine Prozedur muss mindestens *eine Return*-Anweisung enthalten, es sind aber auch mehrere *Return*-Befehle erlaubt.

Beim Aufruf einer Funktion muss der Datentyp des aktuellen Rückgabewerts mit dem Datentyp in der Funktionsdeklaration übereinstimmen. Konkret werden alle formalen Parameter durch die aktuellen Werte ersetzt und alle Anweisungen im Prozedurrumpf ausgeführt, bis eine *Return*-Anweisung oder das Ende der Funktion erreicht ist. Ein vorzeitiges Verlassen einer Funktion ist mit *Exit Function* möglich.

Funktionsaufrufe stehen häufig direkt oder als Teil eines Ausdrucks auf der rechten Seite einer Wertzuweisung.

Listing 5.1 Deklaration und Aufruf der nutzerdefinierten Funktion AMittel

```
Public Class Form1
   ' Deklaration der Funktion AMittel - Version 1
   Function AMittel(ByVal a As Double, ByVal b As Double) As Double
      Dim m As Double
      m = (a + b) / 2
      Return m
   End Function

   Private Sub Button1_Click(...) Handles Button1.Click
      Dim c, z1, z2 As Double
      ' 1. Funktionsaufruf:
      c = AMittel(3.2, 4.7)               ' Funktionsaufruf
      Label1.Text = c.ToString("f2")      ' Ergebnis: 3,95

      ' 2. Funktionsaufruf:
      z1 = CDbl(TextBox1.Text)
      z2 = CDbl(TextBox2.Text)
      Label2.Text = AMittel(z1, z2).ToString("f2")  ' Funktionsaufruf
   End Sub
End Class
```

Die Funktion *AMittel* in Listing 5.1 berechnet das arithmetische Mittel zweier Zahlen. In der Ereignisprozedur *Button1_Click* wird sie zweimal mit unterschiedlichen Argumenten aufgerufen.

5.2.3 Sub-Prozeduren

Sub-Prozeduren sind Programmmodule, die über einen Namen ansprechbar sind, vom aufrufenden Programm über eine Parameterliste aktuelle Werte übernehmen und mithilfe von Referenzparametern *mehrere* Ergebniswerte gleichzeitig zurückliefern können.

Die allgemeine Syntax für die Deklaration einer Sub-Prozedur lautet:

```
[Private|Public] Sub SubProzedurName([Parameterliste])
   [Dim .' ... lokale Variablendeklarationen]
   ' Anweisungen ...
   [Exit Sub]
   ' ...
End Sub
```

Eine Sub-Prozedur kann mit *Exit Sub* vorzeitig verlassen werden. Sub-Prozeduren werden als eigenständige Anweisungen aufgerufen:

```
SubProzedurName(AktuelleParameterliste)
```

Im Prinzip sind auch die *Ereignisprozeduren* Sub-Prozeduren, die standardmäßig mit einigen formalen Parametern vorbelegt sind. Da Prozeduren keine anderen Prozedurdeklarationen beinhalten dürfen, müssen die benutzerdefinierten Prozedurdeklarationen logischerweise außerhalb der Ereignisprozeduren stehen.

Die Sub-Prozedur *Mittel* in Listing 5.2 berechnet das arithmetische und das geometrische Mittel zweier Zahlen. In der Ereignisprozedur *Button2_Click* wird sie zweimal mit unterschiedlichen Argumenten aufgerufen.

Listing 5.2 Deklaration und Aufruf einer selbst definierten Sub-Prozedur Mittel

```
Public Class Form1
   ' Deklaration der Sub-Prozedur Mittel - Version 1
   Sub Mittel(ByVal a As Double, ByVal b As Double)
      Dim am, gm As Double
      am = (a + b) / 2          ' arithmetisches Mittel
      gm = Math.Sqrt(a * b)     ' geometrisches Mittel
      MessageBox.Show("amittel = " & am.ToString("f2") & _
            vbCrLf & "gmittel = " & gm.ToString("f2"), _
            "Prozedur Mittel - Version 1")
   End Sub

   Private Sub Button2_Click(...) Handles Button2.Click
      ' 1. Prozeduraufruf
      Mittel(2.0, 3.0)           ' Ergebnis: amittel = 2,50
      '                                      gmittel = 2,45
      ' 2. Prozeduraufruf
      z1 = CDbl(TextBox1.Text)
      z2 = CDbl(TextBox2.Text)
      Mittel(z1, z2)
   End Sub
End Class
```

Da die Sub-Prozedur *Mittel* theoretisch keinen Rückgabewert liefern kann, werden die Ergebnisse während des Prozedurablaufs mit einer MessageBox angezeigt. Diese Vorgehensweise ist natürlich nur ein Notbehelf. In der Version 2 werden wir mithilfe von Referenzparametern die beiden Mittelwerte über die Parameterliste zurückgeben.

5.2.4 Parameterübergabe

Die Parameterliste besteht aus einer Reihe von Parametern, die unabhängig voneinander als Wertparameter oder als Referenzparameter deklariert werden. Erkennbar ist der Parametertyp durch das vorangestellte *ByVal* bzw. *ByRef*.

Wertparameter (ByVal)

Beim Proceduraufruf werden die formalen Parameter durch eine *Kopie* des aktuellen Variablenwerts ersetzt. Selbst wenn beim Proceduraufruf der Wert (engl. *Value*) innerhalb der Procedur verändert wird, hat damit ein aktueller Parameter nach dem Proceduraufruf wieder denselben Wert wie vorher. Der Vorteil ist, dass Wertparameter durch einen Proceduraufruf nicht versehentlich verändert werden können, standardmäßig sind deshalb alle Parameter mit *ByVal* definiert. Der Nachteil liegt auf der Hand: Wertparameter können keine Berechnungsergebnisse zurückliefern.

Referenzparameter (ByRef)

Beim Proceduraufruf werden die formalen Parameter durch eine *Referenz* (Verweis) auf die Variable ersetzt. Es wird also keine Kopie der aktuellen Variablen erzeugt, sondern es wird der *Zeiger* auf die Speicherplatzadresse der Variablen übergeben. Wird der Wert eines mit *ByRef* definierten Parameters während des Proceduraufrufs verändert, so gilt dies zugleich für das aufrufende Programm, da derselbe Speicherplatz betroffen ist. Referenzparameter können damit in der Procedur berechnete Werte zurückgeben.

In der *prozeduralen* Programmierung werden Referenzparameter häufig in Sub-Prozeduren für die Rückgabe von Berechnungsergebnissen eingesetzt. Sub-Prozeduren sind damit flexibler als Funktionen. Wenn allerdings genau *ein* Rückgabewert anfällt, dann sollte im Hinblick auf einen guten Programmstil die Wahl immer auf die Funktion fallen.

Im Übrigen wäre es auch denkbar, für eine Funktion Referenzparameter einzuführen. Damit ließen sich neben dem eigentlichen *Return*-Wert weitere Variablen als Ergebnisparameter nutzen. Davon sollte man aber unbedingt Abstand nehmen, da Referenzparameter im Sinne eines konsequenten Programmstils auf die Sub-Prozeduren beschränkt bleiben sollten.

Hinweis

In der *objektorientierten* Programmierung tauschen Sub-Prozeduren (Methoden) ihre Ergebnisse in der Regel nicht über Referenzparameter, sondern über *private* Variablen innerhalb der Klasse aus. Während in der prozeduralen Programmierung prinzipiell die Prozeduren nur über die Parameterliste zugänglich sein sollen, bilden in der objektorientierten Programmierung die Klassen mit ihren Membern gekapselte Einheiten.

Listing 5.3 Sub-Prozedur mit Wert- und Referenzparametern

```
' Deklaration der Sub-Prozedur Mittel - Version 2
Sub Mittel(ByVal a As Double, ByVal b As Double, _
           ByRef amittel As Double, ByRef gmittel As Double)
  amittel = (a + b) / 2           ' arithmetisches Mittel
  gmittel = Math.Sqrt(a * b)      ' geometrisches Mittel
End Sub

Private Sub Button3_Click(...) Handles Button3.Click
  Dim a, b, z1, z2, am, gm As Double
  ' 1. Proceduraufruf
  Mittel(2.0, 3.0, am, gm)             ' Proceduraufruf
  Label1.Text = am.ToString("f2")      ' Ergebnis: 2,50
```

```
            Label2.Text = gm.ToString("f2")    ' Ergebnsi: 2,45

            ' 2. Prozeduraufruf
            z1 = 2.0 : z2 = 3.0
            a = 4.0 : b = 5.0                  ' Zuweisung wirkungslos
            Mittel(z1, z2, a, b)               ' Prozeduraufruf
            Label3.Text = a.ToString("f2")     ' Ergebnis: 2,50
            Label4.Text = b.ToString("f2")     ' Ergebnsi: 2,45
        End Sub
```

In der Prozedurdeklaration werden die beiden Ergebnisparameter *amittel* und *gmittel* als Referenzparameter deklariert. Im ersten Prozeduraufruf werden sie durch die aktuellen Parameter *am* und *gm* ersetzt. Nachdem *am* und *gm* nicht initialisiert wurden, wird jeweils der Wert 0 (null) übergeben. Nach dem Prozeduraufruf stehen die veränderten Werte auch in der aufrufenden Ereignisprozedur *Button3_Click* zur Verfügung und werden in den vorgesehenen Labels angezeigt.

Im zweiten Prozeduraufruf werden sowohl den Wertparametern *z1* und *z2* als auch den Referenzparametern *a* und *b* initialisierte Werte übergeben. Die Parameter *a* und *b* werden während des Prozedurablaufs mit den berechneten Werten überspeichert und geben den arithmetischen und geometrischen Mittelwert am Prozedurende zurück an die aufrufende Ereignisprozedur *Button3_Click*.

Optionale Parameter

Beim Aufruf von Funktionen und Sub-Prozeduren können Parameter auch weggelassen werden, wenn sie als optionale Parameter deklariert wurden. Optionale Parameter werden durch das vorangestellte Schlüsselwort *Optional* gekennzeichnet. Optionalen Parametern muss *immer* ein Standardwert (*Default*-Wert) zugewiesen werden, der Standardwert darf auch ein konstanter Ausdruck sein. Optionale Parameter müssen immer am Ende der Parameterliste stehen.

Listing 5.4 Funktion Cossatz mit optionalem Parameter gamma

```
    ' Deklaration der Funktion Cossatz
    Public Function Cossatz(ByVal a As Double, ByRef b As Double, _
            Optional ByVal gamma As Double = Math.PI / 2) As Double
        Return Math.Sqrt(a * a + b * b - 2 * a * b * Math.Cos(gamma))
    End Function

    ' Zwei Aufrufe der Funktion Cossatz
    Private Sub Button4_Click(...) Handles Button4.Click
        Dim a, b, g As Double
        ' Beliebiges Dreieck
        a = 300 : b = 400 ' : g = ...
        Label1.Text = Cossatz(a, b, g).ToString

        ' Rechtwinkliges Dreieck
        a = 300 : b = 400
        Label2.Text = Cossatz(a, b).ToString
    End Sub
```

Die Bedeutung optionaler Parameter ist nicht mehr allzu groß, da derselbe Zweck mit dem moderneren und universellen Verfahren des Überladens von Funktionen und Sub-Prozeduren erreicht werden kann (siehe Abschnitt 5.2.5).

5.2.5 Prozeduren überladen

Sub-Prozeduren und Funktionen können innerhalb ihres Gültigkeitsbereichs mehrfach mit demselben Namen, aber unterschiedlicher Signatur, deklariert werden. Diesen Vorgang bezeichnet man auch als *Überladen* (engl. *Overloading*). Voraussetzung dafür ist, dass der Compiler die Prozedur beim Aufruf anhand ihrer unterschiedlichen *Signatur* eindeutig zuordnen kann. Gleichnamige Prozeduren müssen sich also hinsichtlich der Anzahl oder des Datentyps der Parameter unterscheiden. Da der Rückgabewert einer Funktion nicht als Parameter gewertet wird, können sich sogar gleichnamige Funktionen und Sub-Prozeduren gegenseitig überladen.

Ein Beispiel für überladene Prozeduren stellen die beiden Versionen der Sub-Prozedur *Mittel* in den Listings 5.2 und 5.3 dar. Ein weiteres Beispiel wird nachfolgend gezeigt.

Listing 5.5 Drei Überladungen der Funktion AMittel

```
' Deklaration der Funktion AMittel - Version 1 (gekürzte Fassung)
Function AMittel(ByVal a As Double, ByVal b As Double) As Double
  Return (a + b) / 2
End Function

' Deklaration der Funktion AMittel - Version 2 (Integer-Division)
Function AMittel(ByVal a As Integer, ByVal b As Integer) As Integer
  Return (a + b) \ 2
End Function

' Deklaration der Funktion AMittel - Version 3 (Mittel aus a, b und c)
Function AMittel(ByVal a As Double, ByVal b As Double, _
                 ByVal c As Double) As Double
  Return (a + b + c) / 3
End Function

Private Sub Button5_Click(...) Handles Button5.Click
  ' Drei Aufrufe der überladenen Funktion AMittel
  Label1.Text = AMittel(3.2, 4.7).ToString    ' Ergebnis: 3,95
  Label2.Text = AMittel(3, 4).ToString        ' Ergebnis: 3
  Label3.Text = AMittel(2, 3, 5).ToString     ' Ergebnis: 3,3333...
End Sub
```

Beim Codieren der Funktions- bzw. Prozeduraufrufe zeigt die Entwicklungsumgebung die verfügbaren Überladungen an. Mit den Pfeiltasten kann die gewünschte Version aus der entsprechenden Parameterliste ausgewählt werden (siehe Abbildung 5.2).

```
Label1.Text = AMittel(3.2, 4.7).ToString   ' Ergebnis: 3,95
Label2.Text = AMittel(
              ▲ 1 von 4 ▼   AMittel (a As Double, b As Double) As Double
```

Abbildung 5.2 Anzeige der Parameterliste für eine überladene Prozedur (Code-Editor)

Überladungen spielen in der objektorientierten Programmierung eine große Rolle. Die *MessageBox.Show*-Methode hat zum Beispiel 21 Überladungen.

5.2.6 Rekursion

Sowohl Funktionen als auch Sub-Prozeduren können sich gegenseitig aufrufen. Der Sonderfall, dass sich Prozeduren selbst aufrufen, führt zur *rekursiven* Programmiermethode. Die Rekursion ist eine interessante Alternative zu iterativen Verfahren mittels Wiederholungen (Schleifen).

Die Fakultät einer natürlichen Zahl n lässt sich rekursiv gemäß der folgenden Beziehung berechnen: $n! = n * (n-1)!$, wobei gilt $0! = 1$.

Listing 5.6 Deklaration der rekursiven Funktion nFak

```
Function nFak(ByVal n As Integer) As Long
  If n > 1 Then
    Return n * nFak(n - 1)
  Else
    Return 1L           ' 0! = 1, 1! = 1
  End If
End Function
```

Hinweis: Die Aufgabe lässt sich natürlich auch mit einer (*For-Next-*)Schleife lösen (siehe Listings 4.1 und 4.10).

Rekursive Algorithmen ergeben einfachen und kurzen Quellcode. Je nach Rekursionstiefe (Anzahl der durchlaufenden Prozeduraufrufe) besteht aber ein enormer Ressourcenbedarf. Da die Rücksprungadressen und lokalen Variablen bei jedem Prozeduraufruf im sogenannten Stapelspeicher (*Stack*) gespeichert werden und dieser nicht beliebig zur Verfügung steht, kann es zu einem Stapelüberlauf (*StackOverflowException*) und damit zu einem Programmabsturz kommen. Die Aufruftiefe ist deshalb vorweg zu testen und gegebenenfalls zu begrenzen. Iterative Algorithmen (Schleifen) stellen keine so hohen Systemanforderungen, der Quellcode wird aber in der Regel komplexer.

5.2.7 Fehlerbehandlung in Prozeduren

In der prozeduralen Programmierung sollen Prozeduren möglichst als eigenständige („gekapselte") Programmeinheiten entwickelt werden, die nur über ihre Parameter mit dem aufrufenden Programm kommunizieren. Es stellt sich deshalb die Frage, wie eventuell auftretende Laufzeitfehler an das aufrufende Programm weitergemeldet werden können.

Eine Möglichkeit insbesondere bei Sub-Prozeduren ist, einen zusätzlichen Referenzparameter einzuführen, der einen Fehlerfall als booleschen Wert oder als Ganzzahl zurückmeldet, sodass nach dem Aufruf reagiert werden kann. Eine weitere nahe liegende Variante wurde schon in Abschnitt 4.2.5 angesprochen, nämlich das Werfen einer Ausnahme mit einer *Throw*-Anweisung, die in dem aufrufenden Programm mit einem *Try-Catch*-Konstrukt behandelt werden kann.

Die Fehlerbehandlung ist ein ganz wichtiger Teil der Prozedurdokumentation. Der Programmierer, der eine bereits vorhandene (insbesondere fremde) Prozedur einsetzt, muss wissen, wie diese Prozedur auf Ausnahmen und Fehler reagiert.

5.2.8 Module

Visual Basic bietet die Möglichkeit, Prozeduren in sogenannten *Modulen* zusammenzufassen und diese global in einem Projekt zur Verfügung zu stellen. Neue Module können mit dem Menüpunkt *Projekt|Modul hinzufügen* in ein vorhandenes Projekt eingefügt werden.

Die allgemeine Syntax lautet:

```
Module ModulName       ' Vorgabe: Module1
    ' Global verfügbare Konstanten
    ' Global verfügbare Variablen
    ' Global verfügbare Prozeduren
End Module
```

Neben Prozeduren kann ein Modul also auch globale Konstanten und Variablen enthalten. Module können vorteilhaft eingesetzt werden, indem immer wieder benötigte Prozeduren thematisch zusammengefasst und bei Bedarf in verschiedenen Projekten eingefügt werden. Module sind schon aus VB6 bekannt. Sie können als Vorstufe zu Klassen gesehen werden, auch wenn sie gegenüber diesen einige Einschränkungen aufweisen.

5.2.9 Vordefinierte Funktionen und Sub-Prozeduren

In Visual Basic steht eine Reihe vordefinierter Prozeduren zur Verfügung, von denen bereits in Kapitel 2 einige aufgelistet wurden. Sie werden nach denselben Regeln aufgerufen wie die nutzerdefinierten Prozeduren. In den meisten Fällen handelt es sich um vordefinierte Funktionen, die auch als *Standardfunktionen* bezeichnet werden. Häufig gibt es dafür entsprechende Methoden der Klassen des .NET Frameworks, denen im Hinblick auf die Kompatibilität zu anderen .NET-Sprachen der Vorzug gegeben werden sollte.

5.3 Übungen

Übung 5-2: Zeitdifferenz

Aufgabe: Es ist ein Programm zu erstellen, das die Differenz zweier Uhrzeiten t1 und t2 bildet. Die Uhrzeiten sind in Stunden (h), Minuten (m) und Sekunden (s) einzugeben, wobei die Sekunden reelle Werte annehmen können.

Es ist eine Funktion *TimeToSec* zu schreiben, die eine Uhrzeit (h/m/s) in Sekunden umrechnet, wobei vorweg geprüft werden soll, ob die Uhrzeit gültig ist (h $\leq$ 23, m $\leq$ 59, s $\leq$ 60). Weiter ist eine Sub-Prozedur *SecToTime* zu schreiben, die eine Uhrzeit in Sekunden in eine Uhrzeit (h/m/s) umrechnet.

Die Zeitdifferenz t1 − t2 ist zu bilden, indem die zwei Zeitpunkte t1 und t2 mit der nutzerdefinierten Funktion *TimeToSec* in Sekunden umgerechnet werden. Diese Differenz ist anschließend mit der Sub-Prozedur *SecToTime* wieder in das (h/m/s)-Format zurückzurechnen und anzuzeigen.

Lernziel: Eine nutzerdefinierte Funktion und eine nutzerdefinierte Sub-Prozedur deklarieren und aufrufen, eine Ausnahme aus einer Prozedur weitergeben.

Lösungsschritt 1: Benutzeroberfläche erstellen

Starten Sie Visual Basic 2008, erstellen Sie ein neues *Windows Forms*-Projekt mit dem Namen „Zeitdifferenz", und speichern Sie alle Dateien.

Platzieren Sie auf dem Startformular *Form1* sechs TextBoxen für die Eingabe der zwei Zeitpunkte t1, t2 und drei Labels für die Anzeige der Zeitdifferenz, eine Schaltfläche *BtnBerechnen*, eine Schaltfläche *BtnLoeschen* sowie weitere Labels für die ergänzende Beschriftung (siehe Abbildung 5.3).

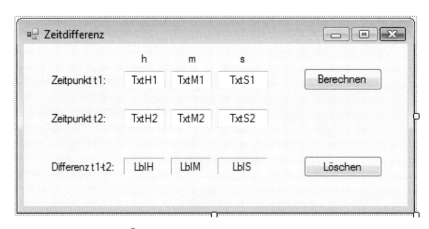

Abbildung 5.3 Rohformular zur Übung „Zeitdifferenz"

Lösungsschritt 2: Eigenschaften festlegen

Die Eigenschaften sind wie gewohnt einzustellen. Damit der Programmcode einwandfrei läuft, sind die in Abbildung 5.3 dargestellten Namen für die TextBoxen und die Ergebnislabels zu beachten.

Lösungsschritt 3: Programmcode schreiben

Der Programmcode innerhalb der Klasse *Form1* gliedert sich in die zwei nutzerdefinierten Prozeduren *TimeToSec* und *SecToTime* sowie die Ereignisprozeduren *BtnBerechnen_Click* („Berechnen") und *BtnLoeschen_Click* („Löschen").

- **Programmgerüst des Startformulars (Klasse Form1)**

```
Public Class Form1
    Function TimeToSec(...) ... : End Function
    Sub SecToTime(...) ...: End Sub
    Private Sub BtnBerechnen_Click(...) ... : End Sub
    Private Sub Loeschen_Click(...) ... : End Sub
End Class
```

■ Deklaration der Funktion TimeToSec

Die Funktion soll eine im (h/m/s)-Format gegebene Uhrzeit in Sekunden umrechnen. Falls das (h/m/s)-Format nicht gültig ist, soll eine Ausnahme geworfen werden.

```
Function TimeToSec(ByVal h As Integer, ByVal m As Integer, _
        ByVal s As Double) As Double
    If h < 0 OrElse h > 23 OrElse _
        m < 0 OrElse m > 59 OrElse _
        s < 0 OrElse s > 60 Then
        Throw New Exception("Ungültige Eingabe")
    Else
        Return s + (m + h * 60) * 60
    End If
End Function
```

■ Deklaration der Sub-Prozedur SecToTime

Die Sub-Prozedur soll einen Sekundenwert (*Double*) in eine Uhrzeit im (h/m/s)-Format umrechnen. Da drei Ergebniswerte (h, m, s) zurückgegeben werden, ist eine Funktion nicht geeignet, es wird deshalb eine Sub-Prozedur mit Referenzparametern verwendet.

Für den Algorithmus gibt es eine Reihe von Möglichkeiten. Wir bilden erst den ganzzahligen Teil der Sekunden mit der *Floor*-Methode der *Math*-Klasse und gewinnen daraus die Stunden und Minuten als *Integer*-Zahlen. Die Sekunden lassen sich mit dem Modulo-Operator berechnen.

```
Sub SecToTime(ByVal sec As Double, _
    ByRef h As Integer, ByRef m As Integer, ByRef s As Double)
    Dim sInt As Integer
    sInt = Convert.ToInt32(Math.Floor(sec))
    h = sInt \ 3600
    m = (sInt - h * 3600) \ 60
    s = sec Mod 60
End Sub
```

■ Ereignisprozedur BtnBerechnen_Click („Berechnen")

Nach der Deklaration der lokalen Variablen wird der Zeitpunkt t1 im (h/m/s)-Format eingelesen und mit dem Aufruf der Funktion *TimeToSec* in Sekunden umgerechnet (Variable *sec1*). Analog wird der Zeitpunkt t2 eingelesen und in der Variablen *sec2* gespeichert (im nachfolgenden Programmcode nur angedeutet).

Falls die Differenz t1 – t2 (Variable *secdiff*) negativ ist, wird bei der Ergebnisausgabe der Stundenzahl (h) ein Minuszeichen vorangestellt. Die Differenz in Sekunden wird schließlich mit der Prozedur *SecToTime* in das (h/m/s)-Format konvertiert.

Ergänzt wird die Ereignisprozedur durch eine einfache *Try-Catch*-Konstruktion, mit der auch evtl. geworfene Ausnahmen aus der Funktion *TimeToSec* behandelt werden. Außerdem werden fälschlich eingegebene Dezimalpunkte in den Sekundenwerten in Dezimalkommas konvertiert.

```
Private Sub BtnBerechnen_Click(...) Handles BtnBerechnen.Click
    Dim h, m As Integer
    Dim s, sec1, sec2, secdiff As Double
    Dim hsign As String = ""

    Try
```

```
' Zeitpunkt 1
h = Convert.ToInt32(TxtH1.Text)
m = Convert.ToInt32(TxtM1.Text)
TxtS1.Text = TxtS1.Text.Replace(".", ",")
s = Convert.ToSingle(TxtS1.Text)
sec1 = TimeToSec(h, m, s)

' Zeitpunkt 2
' ...
sec2 = TimeToSec(h, m, s)

' Zeitdifferenz und Vorzeichen
secdiff = sec1 - sec2
If secdiff < 0 Then
   secdiff = -secdiff
   hsign = "- "
End If

' Prozeduraufruf
SecToTime(secdiff, h, m, s)
LblH.Text = hsign & h.ToString
LblM.Text = m.ToString
LblS.Text = s.ToString("f3")
      Catch ex As Exception
         MessageBox.Show(ex.Message, "Fehlerhinweis")
      End Try
End Sub
```

■ **Ereignisprozedur BtnLoeschen_Click („Löschen")**

Diese Ereignisprozedur löscht auf Knopfdruck alle Eingabe- und Ergebniswerte. Sie kann vor der Neueingabe von Werten hilfreich sein (Code siehe Begleit-DVD).

Lösungsschritt 4: Programm testen

In Abbildung 5.4 wird ein Testbeispiel gezeigt. Testen Sie auch Zeitpunkte t1 < t2 und nicht gültige Eingaben (z. B. Stunden h > 23).

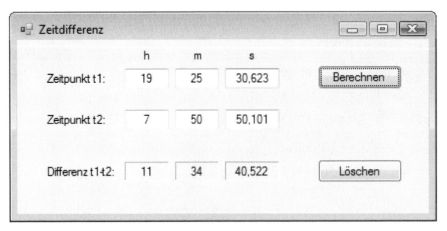

Abbildung 5.4 Testbeispiel zur Übung „Zeitdifferenz"

Übung 5-3: Polarkoordinaten (aus rechtwinkligen Koordinaten)

Aufgabe: Erstellen Sie ein Programm, das die rechtwinkligen (kartesischen) Koordinaten zweier Punkte in Polarkoordinaten (Strecke r und Winkel φ von P_1 nach P_2) umrechnet (siehe Abbildung 5.5).

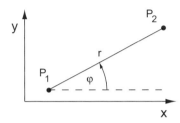

Abbildung 5.5 Polarkoordinaten r, φ von P_1 nach P_2

Formeln: $r = \sqrt{(x_2 - x_1)^2 + (y_2 - y_1)^2}$, $\varphi = \arctan \dfrac{y_2 - y_1}{x_2 - x_1}$

Für die Berechnung des Winkels φ soll die Methode *Math.Atan2* verwendet werden. Dadurch ergibt sich der Winkel quadrantenrichtig. Die Ausgabe des Winkels φ soll wahlweise in der 360°-Teilung (DEG für *Degree*), im Bogenmaß (RAD für *Radian*) oder in der 400-gon-Teilung (GRD für *Grad*) möglich sein.

Für die Konvertierung der vom Benutzer eingegebenen Koordinatenwerte (TextBox-Inhalte) in den Datentyp *Double* ist eine Funktion *TxtToDouble* zu schreiben, die zugleich Dezimalpunkte durch Dezimalkommas ersetzt. Die Berechnung der Polarkoordinaten r und φ aus den Koordinatenunterschieden soll durch eine Sub-Prozedur *KorToPol* erfolgen.

Hinweis: Übung 5-3 stellt eine Abwandlung und Erweiterung der Übung 3-4 dar.

Lernziel: Eine nutzerdefinierte Funktion und eine nutzerdefinierte Sub-Prozedur erstellen, eine TextBox als Instanz der Klasse *System.Windows.Forms.TextBox* verwenden, ein Containerelement GroupBox mit Optionsfeldern (RadioButtons) einsetzen.

Lösungsschritt 1: Benutzeroberfläche erstellen

Starten Sie Visual Basic 2008, erstellen Sie ein neues *Windows Forms*-Projekt mit dem Namen „PolarKor", und speichern Sie alle Dateien.

Platzieren Sie auf dem Startformular *Form1* vier TextBoxen für die Eingabe der kartesischen Koordinaten der zwei Punkte, zwei Labels für die Anzeige des Winkels φ und der Strecke r, einen Button *BtnBerechnen* sowie weitere Labels für die ergänzende Beschriftung (siehe Abbildung 5.6).

Nun fehlen nur noch die drei Optionsfelder (RadioButtons) für die Wahl des Winkelmaßes. Öffnen Sie in der Toolbox die Registerkarte *Container*, die sich unter der Registerkarte *Allgemeine Steuerelemente* befindet, und platzieren Sie eine GroupBox auf dem Startformular *Form1*. Anschließend schieben Sie drei RadioButtons (Registerkarte *Allgemeine*

5 Funktionen und Sub-Prozeduren

Steuerelemente) in die *GroupBox1*. Das übliche Präfix für RadioButtons ist *Rad* (siehe Tabelle 1.2). Das GroupBox-Steuerelement wirkt wie ein gemeinsamer Container für die drei RadioButtons, sodass immer nur *ein* RadioButton aktiviert sein kann.

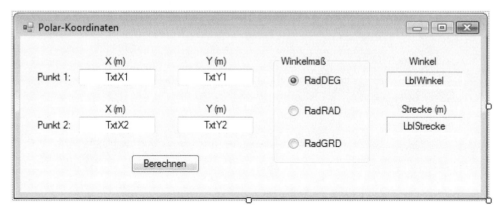

Abbildung 5.6 Rohformular zur Übung „Polarkoordinaten"

Lösungsschritt 2: Eigenschaften festlegen

Die notwendigen Einstellungen für die eingesetzten Steuerelemente TextBox, Label und Button sollten aus den vorausgegangenen Übungen bekannt sein.

Neu in dieser Übung ist die Verwendung von RadioButtons gemeinsam mit einer GroupBox. Die einzustellenden *Text*-Eigenschaften können Sie aus Abbildung 5.7 ersehen. Damit der RadioButton *RadDEG* bereits beim Laden des Programms aktiv ist, muss seine *Checked*-Eigenschaft auf *True* gestellt werden.

Lösungsschritt 3: Programmcode schreiben

Der Programmcode innerhalb der Klasse *Form1* setzt sich aus den zwei nutzerdefinierten Prozeduren *TxtToDouble* und *KorToPol* sowie der Ereignisprozedur *BtnBerechnen_Click* zusammen.

- **Programmgerüst des Startformulars (Form1)**

```
Public Class Form1
  Function TxtToDouble(...) ... : End Function
  Sub KorToPol(...) ...: End Sub
  Private Sub BtnBerechnen_Click(...) ... : End Sub
End Class
```

- **Deklaration der Funktion TxtToDouble**

Die Funktion *TxtToDouble* soll den Inhalt einer beliebigen TextBox an eine *Double*-Variable zuweisen. Da der Name der TextBox beim Aufruf variabel sein soll, ist der Objektname als Parameter (hier: *txtBox*) vorzusehen. Als Datentyp für *txtBox* dient die Klasse *TextBox*, die im Namespace *System.Windows.Forms* zur Verfügung steht.

Als zusätzlichen Komfort soll ein eventuell vorhandener Dezimalpunkt durch ein Komma ersetzt werden. Falls der eingegebene Wert nicht in den Datentyp *Double* konvertiert werden kann (z. B. Leereingabe), soll eine Ausnahme geworfen werden, die im aufrufenden Programmteil weiterbehandelt werden kann.

```
Function TxtToDouble(ByVal txtBox As TextBox) As Double
  txtBox.Text = txtBox.Text.Replace(".", ",")
  Try
    Return Convert.ToDouble(txtBox.Text)
  Catch ex As Exception
    Throw ex
  End Try
End Function
```

■ **Deklaration der Sub-Prozedur KorToPol**

Die Umrechnung von rechtwinkligen Koordinatenunterschieden in Polarkoordinaten erzeugt zwei Ergebniswerte (*r* und φ). Deshalb ist eine Sub-Prozedur vorzuziehen. Alternativ müssten wir die Aufgabe in zwei Funktionen aufteilen (eine Funktion für die Strecke und eine Funktion für den Winkel).

Als Eingangsparameter (deklariert mit *ByVal*) verwenden wir die kartesischen Koordinatenunterschiede, als Rückgabeparameter (deklariert mit *ByRef*) die Strecke *r* und den Winkel φ im Bogenmaß. Es empfiehlt sich fast immer, Winkel in Prozeduren im Bogenmaß zu behandeln und die Umrechnung in andere Winkelmaße im aufrufenden Programm vorzunehmen.

Die *Atan2*-Methode der *Math*-Klasse hat den entscheidenden Vorteil, dass der Winkel bereits quadrantenrichtig im Bereich $-\pi \leq \varphi \leq \pi$ geliefert wird. Wenn wir negative Werte vermeiden wollen, können wir, ohne die Winkelrichtung zu verändern, zusätzlich einen Vollkreis (2π) addieren.

```
Sub KorToPol(ByVal dx As Double, ByVal dy As Double, _
        ByRef r As Double, ByRef phi As Double)
  r = Math.Sqrt(dx * dx + dy * dy)
  phi = Math.Atan2(dy, dx)
  If phi < 0 Then
    phi = phi + 2 * Math.PI
  End If
End Sub
```

■ **Ereignisprozedur BtnBerechnen_Click**

Nach der Deklaration der lokalen Variablen werden die vier TextBox-Inhalte durch Aufruf der Funktion *TxtToDouble* an die entsprechenden *x*-/*y*-Variablen zugewiesen. Die Berechnung der Polarkoordinaten erfolgt durch Aufruf der Sub-Prozedur *KorToPol*.

Der Winkel soll im gewählten Winkelmaß ausgegeben werden. Voreingestellt ist die 360°-Teilung (DEG). Im Programmcode ist der aktivierte RadioButton erkennbar, wenn seine *Checked*-Eigenschaft *True* ist. Der entsprechende Umrechnungsfaktor *wfaktor* wird in einer mehrstufigen *If-ElseIf*-Anweisung zugewiesen und bei der Winkelausgabe berücksichtigt.

5 Funktionen und Sub-Prozeduren

```
Private Sub BtnBerechnen_Click(...) Handles BtnBerechnen.Click
  Dim x1, y1, x2, y2, r, phi, wfaktor As Double
  Try
    x1 = TxtToDouble(TxtX1)
    y1 = TxtToDouble(TxtY1)
    x2 = TxtToDouble(TxtX2)
    y2 = TxtToDouble(TxtY2)

    ' Prozeduraufruf
    KorToPol(x2 - x1, y2 - y1, r, phi)

    ' Winkelmaß
    If RadDEG.Checked Then
      wfaktor = 180 / Math.PI
    ElseIf RadRAD.Checked Then
      wfaktor = 1
    Else
      wfaktor = 200 / Math.PI
    End If

    ' Ergebnisanzeige
    LblWinkel.Text = (phi * wfaktor).ToString("f4")
    LblStrecke.Text = r.ToString("f3")

  Catch ex As Exception
    MessageBox.Show(ex.Message, "Fehlerhinweis")
  End Try
End Sub
```

Lösungsschritt 4: Programm testen

Zum Test können wieder die Beispiele aus Übung 3-4 herangezogen werde. Die Koordinaten der zwei Punkte sind lediglich so zu wählen, dass die Koordinatenunterschiede

$dx = x_2 - x_1$ und $dy = y_2 - y_1$

den Koordinaten x und y in Übung 3-4 entsprechen. Das erste Beispiel ist in Abbildung 5.7 dargestellt.

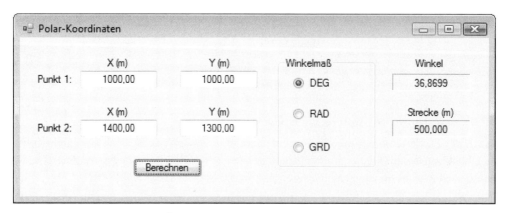

Abbildung 5.7 Testbeispiel zur Übung „Polarkoordinaten"

Die Winkelwerte der 400-gon-Teilung (GRD) lassen sich übrigens ganz einfach kontrollieren, indem man die Winkelwerte der 360°-Grad-Teilung (DEG) durch 0,9 dividiert (Beispiel: φ (DEG) = 36,8699 entspricht φ (GRD) = 40,9666).

Übung 5-4: Dezimalzahl in Binärzahl umrechnen

Aufgabe: Es ist ein Programm zu erstellen, das eine *Integer*-Dezimalzahl in eine Binärzahl umrechnet und als String ausgibt. Durch Aktivieren des entsprechenden RadioButtons soll eines der folgenden Berechnungsverfahren ausgewählt werden können:

- die Funktion *DecToBin*, die die Dezimalzahl mit einer *Do-Loop*-Schleife konvertiert (*RadioButton1* „Fkt-Schleife")
- die Funktion *DecToBinR*, die die Dezimalzahl rekursiv berechnet (*RadioButton2* „Fkt-Rekursiv")
- die Sub-Prozedur *DecToBinR*, die die Dezimalzahl ebenfalls rekursiv berechnet (*RadioButton3* „Sub-Rekursiv").

Der Algorithmus ist im Lösungsschritt 3 näher beschrieben.

Lernziel: Prozeduren mit iterativer Schleife und Rekursion, Überladen von Prozeduren.

Lösungsschritt 1: Benutzeroberfläche erstellen

Starten Sie Visual Basic 2008, erstellen Sie ein neues *Windows Forms*-Projekt mit dem Namen „DecimalToBinary", und speichern Sie alle Dateien.

Platzieren Sie auf dem Startformular *Form1* eine *TextBox1* für die Eingabe der Dezimalzahl, einen Button *BtnStarten*, eine *GroupBox1* „Prozedur wählen" mit drei RadioButtons (siehe Aufgabenstellung), ein *Label1* für die Ausgabe der Binärzahl sowie weitere Labels für die ergänzende Beschriftung (siehe Abbildung 5.8).

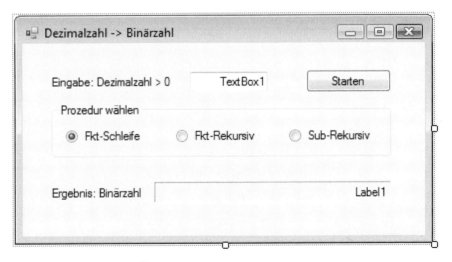

Abbildung 5.8 Rohformular zur Übung „Dezimalzahl -> Binärzahl"

5 Funktionen und Sub-Prozeduren

Lösungsschritt 2: Eigenschaften festlegen

Die notwendigen Einstellungen für die eingesetzten Steuerelemente *TextBox1*, *BtnStarten* und *Label1* sollten aus den vorausgegangenen Übungen bekannt sein, ebenso die Einstellungen für die *GroupBox1* und die drei RadioButtons (vgl. Übung 5-3). Ein Umbenennen der RadioButtons ist nicht erforderlich. Die *Checked*-Eigenschaft des *RadioButton1* („Fkt-Schleife") soll auf *True* gestellt werden.

Lösungsschritt 3: Algorithmus entwickeln und Programmcode schreiben

Der Programmcode innerhalb der Klasse *Form1* setzt sich aus den drei nutzerdefinierten Prozeduren *DecToBin* bzw. *DecToBinR* sowie der Ereignisprozedur *BtnStarten_Click* (Button „Starten") zusammen.

■ Algorithmus und Deklaration der Funktion DecToBin

Die Binärzahl wird berechnet, indem die Dezimalzahl fortlaufend durch 2 geteilt und der Rest der Ganzzahldivision in umgekehrter Reihenfolge zur Binärzahl zusammengefügt wird. Die Schleife kann beendet werden, wenn die Dezimalzahl 0 (null) ist.

An einem Beispiel sei dies kurz erläutert:

$$14 : 2 = 7 \text{ Rest } 0$$
$$7 : 2 = 3 \text{ Rest } 1$$
$$3 : 2 = 1 \text{ Rest } 1$$
$$1 : 2 = 0 \text{ Rest } 1$$

Der Dezimalzahl 14 entspricht damit die Dualzahl $1110_2 = 1 * 2^3 + 1 * 2^2 + 1 * 2^1 + 0 * 2^0$.

Als Struktogramm lässt sich die Funktion *DecToBin* – wie in Abbildung 5.9 dargestellt – formulieren.

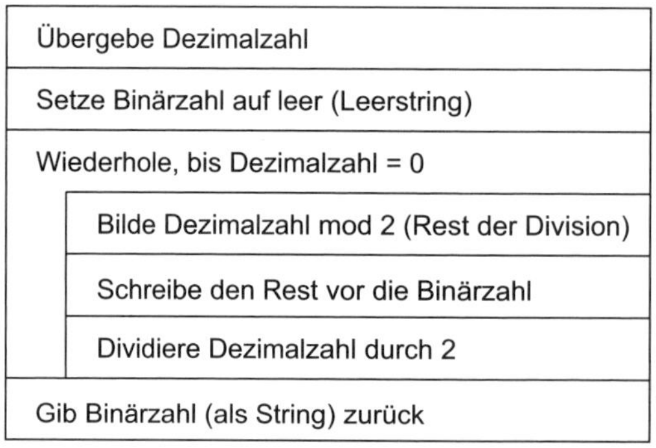

Übergebe Dezimalzahl
Setze Binärzahl auf leer (Leerstring)
Wiederhole, bis Dezimalzahl = 0
Bilde Dezimalzahl mod 2 (Rest der Division)
Schreibe den Rest vor die Binärzahl
Dividiere Dezimalzahl durch 2
Gib Binärzahl (als String) zurück

Abbildung 5.9 Struktogramm zur Funktion „DecToBin" (mit bedingter Wiederholung)

Die Umsetzung in Programmcode sollte nun kein Problem mehr sein:

```
Function DecToBin(ByVal dec As Integer) As String
  Dim bin As String = ""
  Do Until dec = 0
```

```
        bin = (dec Mod 2).ToString & bin
        dec = dec \ 2
    Loop
    Return bin
End Function
```

■ Algorithmus und Deklaration der rekursiven Funktion DecToBinR

Dieselbe Aufgabe wollen wir nun mit einer rekursiven Funktion ausdrücken. Die Funktion *DecToBinR* kommt ohne *Do-Loop*-Schleife aus und ist dadurch gekennzeichnet, dass sie sich selbst immer wieder aufruft, solange die Dezimalzahl > 0 ist. Der *Else*-Zweig in der *If*-Anweisung ist eigentlich überflüssig, das Fehlen wird aber von der Entwicklungsumgebung mit einer Warnung moniert.

```
Function DecToBinR(ByVal dec As Integer) As String
    Dim bin As String = ""
    If dec > 0 Then
        bin = (dec Mod 2).ToString & bin
        Return DecToBinR(dec \ 2) & bin
    Else
        Return ""
    End If
End Function
```

■ Deklaration der rekursiven Sub-Prozedur DecToBinR

Jede Funktion kann als Sub-Prozedur ausgedrückt werden, wenn der Rückgabewert als Referenzparameter deklariert wird. Wie schon mehrfach hingewiesen, ist dies allerdings nicht unbedingt guter Programmstil. Wir wollen den Versuch trotzdem machen, da damit das Überladen von Prozeduren demonstriert werden kann. Die Sub-Prozedur *DecToBinR* hat denselben Namen wie die vorausgehende Funktion, sie hat aber zwei Parameter, damit ist die Signatur unterschiedlich.

```
Sub DecToBinR(ByVal dec As Integer, ByRef bin As String)
    If dec > 0 Then
        bin = (dec Mod 2).ToString & bin
        DecToBinR(dec \ 2, bin)
    End If
End Sub
```

Die Rekursion ist also nicht auf Funktionen beschränkt. Selbstverständlich könnten wir noch eine Sub-Prozedur *DecToBin* mit einer *Do-Loop*-Schleife dazufügen, die dann die erste Funktion überladen würde.

■ Ereignisprozedur BtnStarten_Click

Nach der Deklaration der lokalen Variablen wird die eingegebene Dezimalzahl an die *Integer*-Variable *dec* zugewiesen. Je nach aktiviertem RadioButton wird eine der drei Prozeduren aufgerufen und die Binärzahl (*String*-Variable *bin*) berechnet und im *Label1* angezeigt.

```
Private Sub BtnStarten_Click(   ) Handles BtnStarten.Click
    Dim dec As Integer, bin As String = ""
    ' Einlesen der Dezimalzahl
    dec = Convert.ToInt32(TextBox1.Text)
    If dec > 0 Then
        ' Berechnungsmethode wählen
        If RadioButton1.Checked Then
```

```
            bin = DecToBin(dec)
        ElseIf RadioButton2.Checked Then
            bin = DecToBinR(dec)
        Else
            DecToBinR(dec, bin)
        End If
        Label1.Text = bin
    End If
End Sub
```

Im vollständigen Programmcode (siehe Begleit-DVD) sind zusätzlich eine *Try-Catch*-Konstruktion zur Behandlung von Eingabefehlern und der Sonderfall „Dezimalzahl = 0" aufgenommen.

Lösungsschritt 4: Programm testen

Testen Sie das Programm, zum Beispiel mit den Dezimalzahlen 14 (Ergebnis: 1110_2), 203 (Ergebnis: $1100\,1011_2$) oder einer anderen Zahl. Das Ergebnis sollte selbstverständlich bei allen drei Prozeduren dasselbe sein.

Übung 5-5: Zinsberechnung (act/360-Eurozinsmethode)

Aufgabe: Es ist ein Programm zu entwickeln, das die Zinsen für einen beliebigen Zeitraum nach der *Eurozinsmethode* berechnet. Der erste Tag zählt nicht als Zinstag, der letzte Tag dagegen schon. Zinseszinsen sind nicht zu berücksichtigen.

In der Finanzmathematik gibt es mehrere wissenschaftlich anerkannte Zinsberechnungsmethoden. Eine davon ist die *act/360*-Methode, die auch als *Eurozinsmethode* oder *französische Zinsmethode* bezeichnet wird. Die Abkürzung *act* steht für *actual*, was bedeutet, dass die tatsächlichen Zinstage (also Januar = 31, Februar = 28 bzw. 29 Zinstage usw.) in die Berechnung eingehen. Die Summe der Zinstage wird durch die Tage des Bankjahres geteilt, das bei dieser Methode mit 360 Tagen angesetzt wird.

Allgemein gilt die Zinsformel:

$$Z = K \cdot \frac{p}{100} \cdot \frac{t}{T},$$

wobei: Z – Zinsen, K – Kapital, p – Zinssatz, t – Zinstage, T – Bankjahr (Tage)

Die Berechnung der Zinstage soll als Funktion implementiert werden. Als Parameter sind ein Start- und ein Endedatum zu übergeben.

Lernziel: Funktion mit *DateTime*-Variablen deklarieren und aufrufen.

Lösungsschritt 1 und 2: Benutzeroberfläche erstellen und Eigenschaften einstellen

Starten Sie Visual Basic 2008, erstellen Sie ein neues *Windows Forms*-Projekt mit dem Namen „ZinsAct360", und speichern Sie alle Dateien.

Platzieren Sie auf dem Startformular *Form1* vier Textboxen für die Eingabe des Kapitals (*TxtKapital*), des Zinssatzes (*TxtZinssatz*), des Einzahlungsdatums (*TxtEinDatum*) und des Auszahlungsdatums (*TxtAusDatum*). Fügen Sie außerdem zwei schreibgeschützte Textfelder (Eigenschaft *ReadOnly = True*) für die Anzeige der Zinsen (*TxtZinsen*) und der Zinstage (*TxtZinstage*) ein. Die jeweilige *TextAlign*-Eigenschaft der TextBoxen und die zu ergänzende Beschriftung können Sie Abbildung 5.10 entnehmen. Der Berechnungsvorgang soll durch einen Button (*BtnBerechnen*) ausgelöst werden.

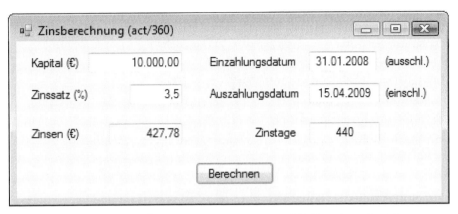

Abbildung 5.10 Testbeispiel zur Übung „Zinsberechnung – act/360-Eurozinsmethode"

Lösungsschritt 3: Algorithmus entwickeln und Programmcode schreiben

Der Programmcode des Startformulars *Form1* setzt sich aus der benutzerdefinierten Funktion *Zinstage* und der Ereignisprozedur *BtnBerechnen_Click* zusammen. Es werden mehrere Eigenschaften und Methoden der *DateTime*-Klasse benötigt (siehe Abschnitt 2.2.13).

■ **Funktion Zinstage**

Eingangsparameter sind das Anfangsdatum *date1* und das Enddatum *date2* des Zinszeitraums. Mit der *DayOfYear*-Methode werden für beide Datumswerte die Tagesnummern im Jahr ermittelt. Anschließend werden die Zinstage unter Berücksichtigung der Tagesnummern des Anfangs- und des Enddatums berechnet. Für das erste Jahr und alle vollen Jahre dazwischen werden schließlich jeweils 366 Tage (Schaltjahr) bzw. 365 Tage (Normaljahr) hinzugezählt.

```
Private Function Zinstage(ByVal date1 As DateTime, _
                ByVal date2 As DateTime) As Integer
  Dim days1, days2, days, counterYear As Integer
  days1 = date1.DayOfYear
  days2 = date2.DayOfYear

  ' Zinstage im ersten und letzten Jahr
  days = days2 - days1 + 1

  ' Zinstage für Zwischenjahre
  For counterYear = date1.Year To date2.Year - 1
    If DateTime.IsLeapYear(counterYear) Then
      days += 366
    Else
      days += 365
    End If
  Next counterYear
  ' Rückgabewert: Zinstage (act)
  Return days
End Function
```

■ Ereignisprozedur BtnBerechnen_Click („Berechnen")

Zunächst werden alle Eingabewerte eingelesen. Anschließend wird das Anfangsdatum um einen Tag erhöht (keine Verzinsung). Durch Aufruf der Funktion *Zinstage* werden die Zinstage zwischen Einzahlungs- und Auszahlungsdatum zurückgegeben. Die Zinsen werden dann durch die anfangs angegebene Zinsformel berechnet.

In der vollständigen Lösung auf der Begleit-DVD ist noch eine Ausnahmebehandlung enthalten für den Fall, dass das Auszahlungsdatum vor dem Zinsbeginn ist. Für alle anderen Fehlerfälle gibt es eine allgemeine Ausnahmebehandlung.

```
Private Sub BtnBerechnen_Click(...) Handles BtnBerechnen.Click
    Dim dat1 As DateTime, dat2 As DateTime
    Dim k, p, z As Double
    Dim t As Integer

    ' Einlesen der Eingabewerte
    k = Convert.ToDouble(TxtKapital.Text)
    p = Convert.ToDouble(TxtZinssatz.Text)
    dat1 = Convert.ToDateTime(TxtEinDatum.Text)
    ' Erster Tag zählt nicht als Zinstag
    dat1 = dat1.AddDays(1)
    dat2 = Convert.ToDateTime(TxtAusDatum.Text)

    ' Zinstage berechnen
    t = Zinstage(dat1, dat2)
    TxtZinstage.Text = t.ToString

    ' Zinsen berechnen
    z = k * p / 100 * t / 360
    TxtZinsen.Text = z.ToString("f2")
End Sub
```

Lösungsschritt 4: Programm testen

In Abbildung 5.10 ist ein Testbeispiel angegeben. Der Zinsbeginn ist der 01.02.2008. Im Jahr 2008 (Schaltjahr) fallen 335 Zinstage an, im Jahr 2009 sind es 105 Tage, zusammen also 440 Zinstage. Testen Sie insbesondere Beispiele, die ein Schaltjahr und/oder den Monat Februar beinhalten. Vergessen Sie nicht, die Testdaten mit einem Taschenrechner o. Ä. zu überprüfen.

Übung 5-6: Nullstellen eines Polynoms 3. Grades

Aufgabe: Es ist ein Programm zu entwickeln, das die Nullstellen eines Polynoms 3. Grades in einem Intervall $x_A \leq x \leq x_E$ bestimmt.

Ein Polynom 3. Grades ist gegeben durch den Ausdruck:

$$f(x) = a_3 x^3 + a_2 x^2 + a_1 x^1 + a_0.$$

Für die Nullstellenbestimmung gibt es verschiedene numerische Verfahren (Newton'sches Näherungsverfahren, Regula falsi und Intervallschachtelung). Für die Lösung der Aufgabe soll das letztere Verfahren eingesetzt werden.

Die *Intervallschachtelung* ist zwar nicht das effizienteste Verfahren, dafür aber leicht verständlich und universell einsetzbar. Das Prinzip ist schnell erklärt: Das Intervall (x_A, x_E)

wird von x_A ausgehend mit einer Schrittweite dx abgetastet. Liegt innerhalb eines Teilintervalls eine Nullstelle, so wird das Intervall so lange halbiert, bis der Funktionswert innerhalb einer vorgegebenen Schranke ε liegt und damit quasi gleich 0 (null) ist.

Das Programm soll möglichst modular aufgebaut sein, insbesondere soll es einfach auf andere Funktionen adaptierbar sein.

Lernziel: Modulare Programmierung mit gegenseitigen Prozeduraufrufen.

Lösungsschritt 1: Benutzeroberfläche erstellen

Starten Sie Visual Basic 2008, erstellen Sie ein neues *Windows Forms*-Projekt mit dem Namen „Polynom3Grad", und speichern Sie alle Dateien.

Platzieren Sie auf dem Startformular *Form1* vier TextBoxen für die Eingabe der Koeffizienten a_3 bis a_0, drei TextBoxen für die Eingabe der Intervallgrenzen und der Schrittweite, eine *ListBox1* für die Anzeige der Nullstellen x_i, einen Button *BtnBerechnen* sowie weitere Labels für die ergänzende Beschriftung (siehe Abbildung 5.11).

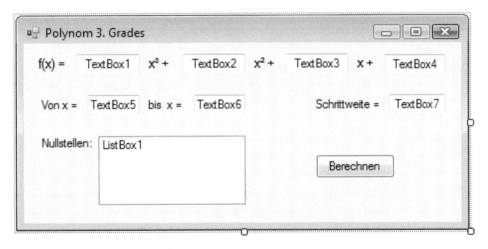

Abbildung 5.11 Rohformular zur Übung „Nullstellen eines Polynoms 3. Grades"

Lösungsschritt 2: Eigenschaften einstellen

Die Einstellung der Eigenschaften weist keine Besonderheiten auf. Aus optischen Gründen empfiehlt es sich, die *TextAlign*-Eigenschaft der TextBoxen auf *Center* zu stellen.

Lösungsschritt 3: Algorithmus entwickeln und Programmcode schreiben

Das Programm setzt sich aus mehreren Prozeduren zusammen, die bei der algorithmischen Umsetzung ineinandergreifen.

■ **Programmgerüst des Startformulars (Klasse Form1)**

Die Koeffizienten *a3*, *a2*, *a1* und *a0* der Funktion *f(x)* werden formularglobal deklariert, ebenso die Schranke *eps*, unter der ein Funktionswert mit 0 (null) angenommen wird.

5 Funktionen und Sub-Prozeduren

Die Funktion *Fx* dient dazu, den Funktionswert *f(x)* an einer beliebigen Stelle *x* zu berechnen, die Koeffizienten werden über die modulglobale Definition ausgetauscht.

Die Nullstellenbestimmung ist auf die Prozeduren *SucheAlleNullstellen*, *StartXA*, *StepDX* und *SucheNullstelle* aufgeteilt. Die Prozedur *ListNullstelle* übernimmt die Anzeige der Nullstellen in der ListBox.

Die Berechnung der Nullstellen wird durch die Ereignisprozedur *BtnBerechnen_Click* ausgelöst. Die Ereignisprozedur *Form1_Load* schreibt vorgegebene Koeffizienten in die entsprechenden TextBoxen und erleichtert so die Testphase.

```
Public Class Form1
    Private a3, a2, a1, a0 As Double
    Private eps As Double = 0.00000001    ' 1 E-8
    ' Nutzerdefinierte Prozeduren
    Private Function Fx(...) ... : End Function
    Private Sub AlleNullStellen(...) ...: End Sub
    Private Sub StartXA(...) ...: End Sub
    Private Sub StepDX(...) ...: End Sub
    Private Sub SucheNullStelle(...) ...: End Sub
    Private Sub ListNullstelle(...) ...: End Sub
    ' Ereignisprozeduren
    Private Sub BtnBerechnen_Click(...) ... : End Sub
    Private Sub Form1_Load(...) ... : End Sub
End Class
```

■ **Deklaration der Funktion Fx**

Die benutzerdefinierte Funktion *Fx* berechnet den Funktionswert für ein Polynom 3. Grades und gibt diesen zurück.

```
Private Function Fx(ByVal x As Double) As Double
    Return ((a3 * x + a2) * x + a1) * x + a0
End Function
```

Bei der Funktion *Fx* ist die Regel verletzt, dass eine Prozedur nur über ihre Parameter mit dem aufrufenden Programm kommunizieren sollte. Die Funktion bezieht die Koeffizienten *a0* bis *a3* nicht aus der Parameterliste, sondern aus der modulglobalen Deklaration. Für den gewählten Weg sprechen allerdings zwei Gründe: Wegen der verschachtelten Prozeduraufrufe müssten die Koeffizienten auch in die Parameterlisten anderer Prozeduren aufgenommen werden, was die Parameterlisten unnötig aufbläht. Zweitens lässt sich das Projekt dadurch wesentlich leichter auf andere Funktionen erweitern (siehe Aufgabe 5-7).

■ **Deklaration der Sub-Prozedur AlleNullstellen**

Die Sub-Prozedur *AlleNullstellen* ist *die* Prozedur, die in der Ereignisprozedur *BtnBerechnen_Click* zur Nullstellenbestimmung aufgerufen wird. Alle weiteren nutzerdefinierten Prozeduren sind nur Hilfsprogramme, die von dieser Prozedur aufgerufen werden.

Die Suche nach Nullstellen beginnt links mit dem Abszissenwert *xA*. Die Sub-Prozedur *StartXA* legt das erste Intervall fest und prüft, ob *xA* eine Nullstelle darstellt. Anschließend wird mit einer bedingten Schleife nacheinander jedes Intervall bis *xE* nach Nullstellen durchsucht. Jedes Intervall wird durch den linken (*xL*, *yL*) und den rechten Punkt (*xR*, *yR*) definiert. Die Suche innerhalb eines Intervalls wird durch die Prozedur *SucheNullstelle* ausgeführt. Anschließend werden die Intervallgrenzen mithilfe der Prozedur *StepDX* um die Schrittweite *dx* nach rechts verschoben (vgl. Abbildung 5.12).

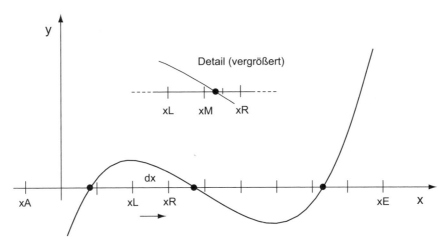

Abbildung 5.12 Nullstellensuche mithilfe der Intervallschachtelung

Innerhalb eines Intervalls (*xL*, *xR*) ist eine Nullstelle vorhanden, wenn die Funktionswerte *yL* und *yR* ein unterschiedliches Vorzeichen haben, das Produkt aus linkem und rechtem Funktionswert ist dann negativ. Wenn dagegen der linke oder rechte Intervallbegrenzungspunkt eine Nullstelle ist, so ist das Produkt gleich 0 (null). Voraussetzung ist natürlich, dass das Intervall *dx* so klein gewählt ist, sodass nicht zwei oder mehrere Nullstellen in ein Intervall fallen.

```
Private Sub AlleNullstellen(ByVal xA As Double, ByVal xE As Double, _
                            ByVal dx As Double)
  Dim xL, yL, xR, yR As Double
  StartXA(xA, dx, xL, yL, xR, yR)
  Do While xL < xE
    If yL * yR <= 0 Then
       SucheNullstelle(xL, yL, xR, yR)
    End If
    StepDX(dx, xL, yL, xR, yR)
  Loop
End Sub
```

■ Deklaration der Sub-Prozedur StartXA

Es werden die Grenzen und zugehörigen Funktionswerte des ersten Intervalls bestimmt. Außerdem wird geprüft, ob der Anfangspunkt *xA* = *xL* eine Nullstelle ist. Zum Anzeigen der Nullstelle wird die Prozedur *ListNullstelle* aufgerufen.

```
Private Sub StartXA(ByVal xa As Double, ByVal dx As Double, _
                    ByRef xl As Double, ByRef yl As Double, _
                    ByRef xr As Double, ByRef yr As Double)
  xl = xa : yl = Fx(xl)
  xr = xl + dx : yr = Fx(xr)
  If Math.Abs(yl) < eps Then
     ListNullstelle(ListBox1, xl)
  End If
End Sub
```

5 Funktionen und Sub-Prozeduren

▪ Deklaration der Sub-Prozedur SucheNullstelle

Zunächst wird untersucht, ob der rechte Intervallpunkt *xR* eine Nullstelle ist. Um zu vermeiden, dass diese Nullstelle beim nächsten Intervall nochmals registriert wird, bleibt eine Nullstelle am linken Intervallpunkt *xL* unberücksichtigt. Falls sich die Nullstelle streng innerhalb des Intervalls befindet, wird diese mithilfe einer Intervallschachtelung bestimmt.

```
Private Sub SucheNullstelle(ByVal xl As Double, ByVal yl As Double, _
                            ByVal xr As Double, ByVal yr As Double)
    Dim xm, ym As Double
    If Math.Abs(yr) < eps Then
        ListNullstelle(ListBox1, xr)
    ElseIf yl * yr < 0 Then
        ' Intervallschachtelung
        Do
            xm = (xl + xr) / 2
            ym = Fx(xm)
            If ym * yl > 0 Then
                xl = xm
                yl = ym
            Else
                xr = xm
                yr = ym
            End If
        Loop Until Math.Abs(ym) < eps
        ListNullstelle(ListBox1, xm)
    End If
End Sub
```

▪ Deklaration der Sub-Prozedur StepDX

Die Prozedur nimmt die Grenzen und Funktionswerte des aktuellen Intervalls entgegen und gibt die Werte für das rechts angrenzende Intervall zurück.

```
Private Sub StepDX(ByVal dx As Double, _
        ByRef xl As Double, ByRef yl As Double, _
        ByRef xr As Double, ByRef yr As Double)
    xl = xr : yl = yr
    xr = xl + dx : yr = Fx(xr)
End Sub
```

▪ Ereignisprozedur BtnBerechnen_Click

Die Ereignisprozedur liest die Koeffizienten *a0* bis *a3* und die Intervalldaten ein und ruft die Sub-Prozedur *AlleNullstellen* auf. Zum Abfangen etwaiger Eingabefehler wird ein einfaches *Try-Catch*-Konstrukt verwendet.

```
Private Sub BtnBerechnen_Click(...) Handles BtnBerechnen.Click
    Dim xA, xE, dx As Double
    ListBox1.Items.Clear()
    Try
        ' Einlesen der Koeffizienten
        a3 = Convert.ToDouble(TextBox1.Text)
        a2 = Convert.ToDouble(TextBox2.Text)
        a1 = Convert.ToDouble(TextBox3.Text)
        a0 = Convert.ToDouble(TextBox4.Text)

        ' Einlesen der Intervall-Daten
        xA = Convert.ToDouble(TextBox5.Text)
        xE = Convert.ToDouble(TextBox6.Text)
        dx = Convert.ToDouble(TextBox7.Text)

        AlleNullstellen(xA, xE, dx)
```

```
    Catch ex As Exception
        MessageBox.Show(ex.Message, "Fehlerhinweis")
    End Try
End Sub
```

- **Ereignisprozedur Form1_Load**

Zumindest für die Testphase ist es bequem, wenn die Koeffizienten und die Schrittweite für ein Testbeispiel bereits beim Programmstart erscheinen und nicht jedes Mal eingegeben werden müssen. Dies lässt sich, wie schon in früheren Übungen praktiziert, am einfachsten über die Ereignisprozedur *Form1_Load* realisieren (siehe Lösung auf der Begleit-DVD).

Lösungsschritt 4: Programm testen

Gemäß dem *Fundamentalsatz der Algebra* hat ein Polynom 3. Grades höchstens drei reelle Nullstellen. Für die Gewinnung von Testdaten ist die Produktdarstellung des Polynoms hilfreich:

$$f(x) = a_3(x - x_1)(x - x_2)(x - x_3)\text{, wobei } x_1, x_2, x_3 : \text{Nullstellen von } f(x)$$

Bei vorgegebenen Nullstellen lassen sich damit die Koeffizienten des Polynoms angeben. Selbstverständlich kann eine Nullstelle auch eine mehrfache Nullstelle sein (z. B. $x_1 = x_2$), die das Programm aber nicht als solche erkennen kann.

Testbeispiele:

$$f(x) = x^3 - 8x^2 + 17x - 10\text{, } (a_3 = 1, a_2 = -8, a_3 = 17, a_4 = -10),$$
$$\text{Lösungen: } x_1 = 1, x_2 = 2, x_3 = 5$$
$$f(x) = 3x^3 - 0{,}9x^2 - 12x + 3{,}6\text{, Lösungen: } x_1 = -2, x_2 = 0{,}3, x_3 = 2$$
$$f(x) = x^3 - x^2 - 5x - 3\text{, Lösungen: } x_1 = x_2 = -1, x_3 = 3$$

Als Intervallgrenzen sollten jeweils mehrere Wertepaare getestet werden, die sowohl den ganzen Lösungsbereich beinhalten (für die drei Testbeispiele z. B. „von x = –10 bis x = 10"), als auch Wertepaare, bei denen der Anfangspunkt und/oder der Endpunkt eine Nullstelle ist, bzw. Wertepaare, die nicht alle Lösungen enthalten.

Für die obigen Beispiele ist in jedem Fall eine Schrittweite von 0,1 geeignet. Testen Sie aber auch kleinere und größere Schrittweiten. Wenn die Schrittweite zu groß gewählt ist, können natürlich auch Lösungen verschwinden. In jedem Fall können sich aber nicht mehr als drei gültige Nullstellen ergeben.

Das erste Testbeispiel entspricht den Werten, die dem Startformular in der Ereignisprozedurprozedur *Form1_Load* (siehe Begleit-DVD) zugewiesen werden.

5.4 Aufgaben

Aufgabe 5-1: Volumen und Oberfläche einer Kugel (mit Prozeduren)

Schreiben Sie ein Programm, das das Volumen V und die Oberfläche O einer Kugel bei gegebenem Radius R berechnet (Formeln und Testbeispiel siehe Aufgabe 2-3). Für die Formelberechnungen sollen – ähnlich wie in Übung 5-1 – zwei Varianten zur Verfügung stehen:

a) Funktionen *KugelVolumen* und *KugelOberflaeche* (jeweils Wertparameter R)

b) Sub-Prozedur *Kugel* (Wertparameter R, Referenzparameter V und O)

Insgesamt sind drei Buttons vorzusehen, davon zwei Buttons für die zwei Funktionsaufrufe *KugelVolumen* und *KugelOberflaeche* und ein Button für den Aufruf der Sub-Prozedur *Kugel*.

Aufgabe 5-2: Fläche und Umfang eines Kreises (Programmanalyse)

Das folgende modular aufgebaute Programm soll die Fläche A und den Umfang eines Kreises U durch Aufruf der Sub-Prozedur *Kreis* berechnen (Benutzereingabe: Radius R).

Formeln: Fläche $A = \pi \cdot r^2$, Umfang $U = 2\pi \cdot r$

Der Programmtest liefert offensichtlich fehlerhafte Ergebnisse (siehe Abbildung 5.13).

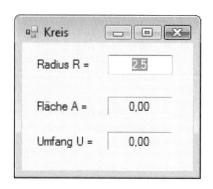

Abbildung 5.13
Benutzeroberfläche und Test „Aufgabe 5-2"

Programmcode:

```
Option Strict On
Public Class Form1

   Sub Kreis(ByVal r As Double, ByVal a As Double, _
             ByRef u As Double)
     Dim Pi As Double
     a = Pi * r * r
     u = 2 * Pi * r
   End Sub

   Private Sub TxtRadius_TextChanged(ByVal sender As System.Object, _
```

```
        ByVal e As System.EventArgs) Handles TxtRadius.TextChanged
    Dim radius, umfang, flaeche As Double
    radius = Convert.ToDouble(TxtRadius.Text)
    ' Prozeduraufruf
    Kreis(radius, umfang, flaeche)
    LblFlaeche.Text = flaeche.ToString("f2")
    LblUmfang.Text = umfang.ToString("f2")
  End Sub
End Class
```

Geben Sie die notwendigen Korrekturen an, sodass das Programm richtige Werte liefert (Testbeispiel: $R = 2.5$, $A = 19{,}63$, $U = 15{,}71$). Begründen Sie kurz Ihre Änderungen.

Aufgabe 5-3: Fläche ebener geometrischer Körper (Kreis, Rechteck, Dreieck)

Es ist ein Programm zu schreiben, das wahlweise die Fläche eines Kreises, eines Rechtecks oder eines Dreiecks berechnet. Die Auswahl soll über drei RadioButtons erfolgen, die in einer gemeinsamen GroupBox enthalten sind.

Der Programmcode soll sich aus den folgenden Teilen zusammensetzen:

a) einer Hilfsfunktion

```
Function TxtDblPos(ByVal txtBox As TextBox) As Double
```

zur Konvertierung der *Text*-Eigenschaft einer TextBox in eine *Double*-Zahl. Dazu ist die Funktion *TxtToDouble* (Übung 5-3) so zu erweitern, dass sie eine Ausnahme wirft, wenn der Wert kleiner als 0 (null) ist.

b) drei Funktionen mit dem Funktionsnamen *Flaeche*, die sich gegenseitig überladen

Die Kreisfläche kommt mit dem Parameter *r* (Radius) aus, die Rechtecksfläche mit den Seitenlängen *a* und *b* und die Dreiecksfläche mit den Seitenlängen *a*, *b* und *c* (Heronische Flächenformel, siehe Übung 2-1). Für letztere Funktion ist eine Ausnahmebehandlung (Werfen einer Ausnahme) vorzusehen, wenn das Dreieckskriterium verletzt ist (siehe Aufgabe 3-1).

c) einer Ereignisprozedur *BtnStarten_Click*, die je nach aktiviertem RadioButton die Eingabewerte *r* (bzw. *a*, *b* bzw. *a*, *b* und *c*) mithilfe der Funktion *TxtDblPos* einliest und prüft und anschließend die entsprechende Flächenfunktion aufruft

d) *optional*: drei Ereignisprozeduren *RadioButtonX_CheckedChanged* (*X* steht für 1, 2, 3), die die Sichtbarkeit und die Beschriftung der TextBoxen mit den jeweiligen Beschriftungslabels steuern

Mit der Eigenschaftseinstellung `TextBox2.Visible = False` kann zum Beispiel die *TextBox2* unsichtbar gemacht werden. Damit ist es möglich, je nach aktiviertem RadioButton nur die Eingabe-TextBoxen auf dem Startformular zu zeigen, die für den jeweiligen Fall notwendig sind.

Aufgabe 5-4: Primzahl

Es ist ein Programm zu schreiben, das untersucht, ob eine eingegebene natürliche Zahl > 2 eine Primzahl ist. Eine natürliche Zahl ist bekanntlich eine Primzahl, wenn sie nur durch sich selbst oder durch 1 ohne Rest teilbar ist.

Algorithmus (Vorschlag): Im ersten Schritt wird geprüft, ob die Zahl eine gerade Zahl ist. Wenn ja, ist die Zahl keine Primzahl. Andernfalls wird der Teiler gleich 3 gesetzt und in einer bedingten Schleife so lange abgefragt, ob die Zahl durch den Teiler ohne Rest teilbar ist, bis alle möglichen Fälle geprüft sind bzw. bis feststeht, dass die Zahl keine Primzahl ist. Dabei muss der Teiler nur alle ungeraden Zahlen durchlaufen, als Abbruchkriterium für den Teiler reicht die Wurzel aus der Zahl.

Geben Sie ein Struktogramm für den Algorithmus an, und formulieren Sie diesen als Funktion *Primzahl*, die das Prüfergebnis als booleschen Wert (*True* oder *False*) zurückgibt.

```
Function Primzahl(ByVal zahl As Integer) As Boolean
```

Als Zusatzaufgabe ist die Funktion als Sub-Prozedur *Primzahl* umzusetzen:

```
Sub Primzahl(ByVal zahl As Integer, ByRef isPrimzahl As Boolean)
```

Die beiden Prozeduren können problemlos überladen werden, da sie unterschiedlich viele Parameter aufweisen.

Testwerte: 3, 367, 22717 (Primzahlen); 4, 361, 1001, 606566617 (keine Primzahlen)

Aufgabe 5-5: ggT (rekursive Funktion) und kgV

a) Größter gemeinsamer Teiler (ggT) mit rekursiver Funktion (Euklidischer Algorithmus)

Der euklidische Algorithmus (mit Modulo-Operator) zur Berechnung des ggT (vgl. Aufgabe 4-6) ist als rekursive Funktion zu formulieren. Der Algorithmus gestaltet sich sehr einfach (Abbildung 5.14).

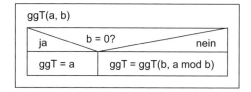

Abbildung 5.14
Struktogramm „ggT – rekursive Funktion"

b) Kleinstes gemeinsames Vielfaches (kgV)

Das kleinste gemeinsame Vielfache (kgV) zweier natürlicher Zahlen *a*, *b* ist die kleinste ganze Zahl, die durch *a* und *b* (ohne Rest) teilbar ist. Das kgV lässt sich mithilfe des ggT ausdrücken:

$$kgV(a, b) = (a * b) \setminus ggT(a, b)$$

Schreiben Sie eine Funktion *kgV*, die die rekursive Funktion *ggT* aufruft.

c) Gemeinsames Testprogramm

Testen Sie die beiden Funktionen mit einem gemeinsamen Programm, das zwei natürlichen Zahlen $a \geq 0$ und $b \geq 0$ einliest und deren ggT und kgV anzeigt. Als Testbeispiel bietet sich wieder das Zahlenpaar $a = 42$, $b = 30$ an.

(Ergebnisse: ggT(42, 30) = 6; kgV(42, 30) = 210)

Aufgabe 5-6: Zinsberechnung (act/act-Taggenaue Zinsmethode)

Neben der in Übung 5-5 verwendeten Eurozinsmethode wird für die Zinsberechnung häufig die *taggenaue Zinsmethode* (*act/act*-Methode) herangezogen. Dabei werden nicht nur die tatsächlichen Zinstage eingesetzt, sondern es wird auch das jeweilige Zinsjahr entsprechend der tatsächlichen Tage mit 365 bzw. 366 Tagen angenommen.

Schreiben Sie ein Programm, das die Zinsen für einen beliebigen Zeitraum nach der *act/act*-Methode berechnet. Der erste Tag zählt nicht als Zinstag, der letzte Tag dagegen schon. Zinseszinsen sind nicht zu berücksichtigen.

Es gilt wieder die allgemeine Zinsformel, wobei jedoch Schaltjahre und Nichtschaltjahre unterschiedlich zu behandeln sind. Schreiben Sie statt der Funktion *Zinstage* (Übung 5-5) eine Funktion *Zinsfaktor*, die den Faktor $f = t/T$ (Zinstage/Tage des Bankjahrs) als Summe der Faktoren f der Einzeljahre berechnet, wobei für $T = 365$ (normales Jahr) oder $T = 366$ (Schaltjahr) einzusetzen ist. Zeigen Sie neben den Zinsen den Zinsfaktor (statt der Zinstage) auf dem Formular an.

Testbeispiel (Eingabedaten wie Übung 5-5) ⇒ Zinsen = 421,04, Zinsfaktor = 1,202972

Aufgabe 5-7: Nullstellen ausgewählter Funktionen

Das Programm „Polynom3Grad" ist zu erweitern, sodass es wahlweise auch die Nullstellen der beiden nachfolgend aufgeführten Funktionen bestimmt.

(a) $f(x) = e^{-0,2x} \cdot \cos(6x)$
(b) $f(x) = x^5 - 21,25x^3 + 2,5x^2 + 84x - 40$

Die Funktion (a) stellt eine gedämpfte Schwingung dar mit theoretisch unendlich vielen Nullstellen. Die Funktion (b) ist ein Polynom 5. Grades mit den fünf Nullstellen (–4; –2,5; 0,5; 2; 4). Für die Tests kann jeweils mit dem Intervall (–10, 10) und der Schrittweite 0,1 gestartet werden.

Erweitern Sie die Funktionsprozedur *Fx* um den *Integer*-Parameter *ftyp* (Funktionstyp), der die ausgewählte mathematische Funktion kennzeichnet.

Fügen Sie auf der Benutzeroberfläche eine GroupBox mit drei RadioButtons ein, sodass der Anwender die gewünschte mathematische Funktion auswählen kann.

6 Datenfelder (Arrays)

Datenfelder, kurz auch als Felder oder als Arrays bezeichnet, sind komplexe Datentypen, die aus Datenelementen des gleichen Datentyps bestehen und über einen gemeinsamen Namen (Bezeichner) ansprechbar sind. Auf das einzelne Feldelement kann über den Namen der Arrayvariablen in Verbindung mit dem Feldindex zugegriffen werden. Arrayvariablen sind Referenztypen, d. h., sie speichern nur den Verweis auf die Datenelemente.

Es gibt ein- und mehrdimensionale Datenfelder (Arrays). Am häufigsten werden eindimensionale Arrays eingesetzt, bei bestimmten Anwendungen sind zweidimensionale Arrays unumgänglich, drei- und mehrdimensionale Felder werden dagegen relativ selten benutzt.

Ein eindimensionales Feld kann man sich als Liste (Spalte oder Zeile) von Datenwerten, ein zweidimensionales Feld als Tabelle mit Datenwerten desselben Datentyps vorstellen. In der Mathematik entsprechen eindimensionale Felder den Vektoren und zweidimensionale Arrays den Matrizen.

6.1 Einführungsübung

Übung 6-1: Skalarprodukt zweier Vektoren

Aufgabe: Es ist ein Programm zu erstellen, das das Skalarprodukt zweier Vektoren a und b im dreidimensionalen euklidischen Raum berechnet.

$$\begin{pmatrix} a_1 \\ a_2 \\ a_3 \end{pmatrix} \cdot \begin{pmatrix} b_1 \\ b_2 \\ b_3 \end{pmatrix} = a_1 b_1 + a_2 b_2 + a_3 b_3.$$

Die Komponenten der beiden Vektoren sollen als zufällige *Integer*-Zahlen im Bereich von -10 bis $+10$ erzeugt werden.

6 Datenfelder (Arrays)

Lernziel: Eindimensionale Arrays deklarieren und zuweisen, *For-Next*-Schleifen mit eindimensionalen Arrays einsetzen.

Lösungsschritt 1: Benutzeroberfläche erstellen

Starten Sie Visual Basic 2008, erstellen Sie ein neues *Windows Forms*-Projekt mit dem Namen „Skalarprodukt", und speichern Sie alle Dateien.

Platzieren Sie auf dem Formular zwei Buttons, den Button *BtnSchreibeA* („Schreibe a") und den Button *BtnSchreibeB* („Schreibe b"), über deren *Click*-Ereignis die Vektoren *a* und *b* erzeugt werden, und einen Button *BtnBerechnen* („Berechnen"), der die Berechnung des Skalarprodukts auslöst. Für die Anzeige der Vektoren ordnen Sie zwei ListBoxen *LstA* und *LstB* an, für die Ausgabe des Ergebniswertes das Label *LblAB*. Fünf weitere Labels dienen der Beschriftung und Darstellung der Rechenoperationen (siehe Abbildung 6.1).

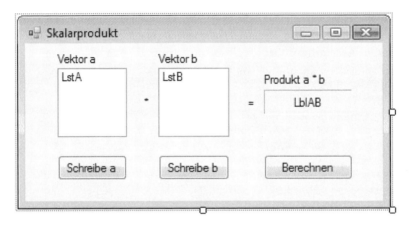

Abbildung 6.1 Rohformular zur Übung „Skalarprodukt"

Lösungsschritt 2: Eigenschaften festlegen

Alle notwendigen Einstellungen sollten aus den vorausgegangenen Übungen bekannt sein. Achten Sie darauf, dass die Namen der Steuerelemente mit den o.a. Bezeichnungen übereinstimmen. Die *TapStop*-Eigenschaft der zwei ListBoxen sollten Sie auf *False* stellen.

Lösungsschritt 3: Algorithmus entwickeln und Programmcode schreiben

Die Komponenten der Vektoren *a* und *b* sollen jeweils in einem eindimensionalen Feld (Array) gespeichert werden. Der Feldindex beginnt definitionsgemäß mit 0 (null). Die Ausgangsformel wird deshalb modifiziert

$$\begin{pmatrix} a_0 \\ a_1 \\ a_2 \end{pmatrix} \cdot \begin{pmatrix} b_0 \\ b_1 \\ b_2 \end{pmatrix} = a_0 b_0 + a_1 b_1 + a_2 b_2 \,.$$

■ Programmgerüst des Startformulars (Klasse Form1)

Durch Auslösen der Ereignisprozeduren *BtnSchreibeA_Click* und *BtnSchreibeB_Click* sollen die Elemente der Vektoren *a* bzw. *b* erzeugt und in die entsprechenden ListBoxen geschrieben werden. In der Ereignisprozedur *BtnBerechnen_Click* werden die beiden Arrays *a* und *b* für die Berechnung des Skalarprodukts benötigt. Die beiden Arrays müssen deshalb formularglobal deklariert werden, damit die Elemente zwischen den Ereignisprozeduren ausgetauscht werden können.

In der Deklaration werden die Arrays mit ihrem oberen Feldindex (in Klammern) und dem Datentyp angegeben. Die Angabe *a*(2) im Deklarationsteil bedeutet also, dass Speicherplatz für die Feldelemente *a*(0), *a*(1) und *a*(2) reserviert wird.

```
Public Class Form1
  Private a(2) As Double, b(2) As Double
  Private Sub BtnSchreibeA_Click(...) ... : End Sub
  Private Sub BtnSchreibeB_Click(...) ... : End Sub
  Private Sub BtnBerechnen_Click(...) ... : End Sub
End Class
```

■ Ereignisprozedur BtnSchreibeA_Click

Die einzelnen Elemente eines Arrays werden über den Namen des Arrays und ihren Index (in runden Klammern) angesprochen. Auf das erste Element des Arrays *a* wird also mit *a*(0) zugegriffen, auf das zweite Element mit *a*(1) und auf das dritte Element mit *a*(2).

Die drei Feldelemente des Arrays *a* werden in einer *For-Next*-Schleife erzeugt. Der Laufindex der Schleife ist zugleich der Feldindex. Die einzelnen Arrayelemente werden mit einer Instanz der *Random*-Klasse im Bereich von –10 bis +10 abgeleitet und in die zugehörige ListBox übertragen. Der Programmcode für den Vektor *a* lautet:

```
Private Sub BtnSchreibeA_Click(...) Handles BtnSchreibeA.Click
  Dim i As Integer, rnd As New Random()
  For i = 0 To 2
    a(i) = rnd.Next(-10, 11)
    LstA.Items.Add(a(i))
  Next i
End Sub
```

■ Ereignisprozedur BtnSchreibeB_Click

Der Programmcode ist im Prinzip identisch mit der obigen Ereignisprozedur. Die Elemente *a*(*i*) sind lediglich durch die Elemente *b*(*i*) zu ersetzen.

■ Ereignisprozedur BtnBerechnen_Click

Das Skalarprodukt *ab* (lokale *Integer*-Variable) lässt sich mithilfe einer *For-Next*-Schleife aufsummieren. Danach wird das Ergebnis in das Label *LblAB* geschrieben.

```
Private Sub BtnBerechnen_Click(...) Handles BtnBerechnen.Click
  Dim i As Integer, ab As Integer
  ab = 0          ' Skalarprodukt
  For i = 0 To 2
    ab = ab + a(i) * b(i)
  Next i
  LblAB.Text = ab.ToString
End Sub
```

Lösungsschritt 4: Programm testen

Testen Sie das Programm mehrmals. Ein Zahlenbeispiel ist anschließend gezeigt (siehe auch Abbildung 6.2).

$$\begin{pmatrix} 5 \\ -2 \\ -3 \end{pmatrix} \cdot \begin{pmatrix} 6 \\ -5 \\ 2 \end{pmatrix} = 5 \cdot 6 + (-2) \cdot (-5) + (-3) \cdot 2 = 34.$$

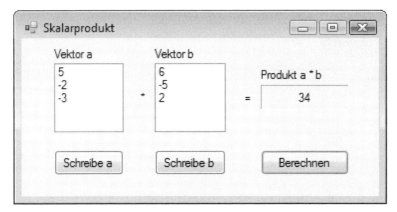

Abbildung 6.2 Testbeispiel zur Übung „Skalarprodukt"

6.2 Lektion 6: Ein- und zweidimensionale Felder (Arrays)

Felder (Arrays) sind geeignet, mehrere gleichartige Variablen eines bestimmten Datentyps unter demselben Variablennamen aufzunehmen. Die einzelnen Feldelemente werden nur durch ihren Feldindex unterschieden. Arrays sind in allen .NET-Sprachen intern von der .NET-Klasse *System.Array* abgeleitet. Für alle Felder stehen damit alle Eigenschaften und Methoden der Klasse *System.Array* zur Verfügung. Ein Teil der Methoden kann allerdings direkt auf die Arrayvariablen (Instanzen) angewendet werden.

6.2.1 Eindimensionale Arrays

Deklaration

Eindimensionale Arrays entsprechen Listen oder Vektoren. Vor ihrer Verwendung müssen sie *deklariert* werden. Je nach Gültigkeitsbereich muss – wie bei der Deklaration einfacher Variablen – das Schlüsselwort *Dim*, *Private*, *Static* oder *Public* vorausgehen.

Die Syntax für die lokale Deklaration lautet:

```
Dim arrayName(maxIndex) As Datentyp
```

Der untere Index eines Arrays ist stets 0 (null). Zur Verdeutlichung des Indexbereichs ist auch die folgende Schreibweise möglich:

```
Dim arrayName(0 To maxIndex) As Datentyp
```

Alle Elemente eines Arrays haben den in der Deklaration festgelegten einheitlichen Datentyp (siehe Listing 6.1).

Listing 6.1 Lokale Deklaration eindimensionaler Arrays

```
Dim x(100) As Double, y(0 To 100) As Integer, c(2) As Char
```

Für die Arrays x und y sind damit jeweils 101 Elemente, für das Array c drei Elemente definiert, nämlich $x(0)$, $x(1)$ ... $x(100)$; $y(0)$, $y(1)$ ... $y(100)$ und $c(0)$, $c(1)$, $c(2)$.

Wenn Sie unbedingt, wie in der Mathematik üblich, mit dem Index 1 beginnen wollen, verschenken Sie am einfachsten das erste Feldelement (Index 0). So könnten Sie in Übung 6-1 die folgende Deklaration verwenden:

```
Private a(3) As Double, b(3) As Double
```

und die *For-Next*-Schleifen jeweils von $i = 1$ bis 3 laufen lassen.

Initialisierung und Zugriff

Der Zugriff auf das einzelne Feldelement erfolgt über den (Feld-)Index. Jedem einzelnen Feldelement kann nur individuell ein Wert zugewiesen werden, ebenso kann nur jedes Feldelement individuell abgefragt werden.

Alle Elemente eines Zahlenarrays sind zunächst mit 0 (null) initialisiert, alle Elemente eines *Char*-Arrays und eines *String*-Arrays mit *Nothing*.

Eine eher selten verwendete Möglichkeit ist, dem Array bereits bei der Deklaration Werte zuzuweisen. Dabei müssen die Werte in geschweiften Klammern durch Kommas getrennt als Liste aufgeführt werden. Allerdings darf dann die Größe des Feldes in den runden Klammern nicht angegeben werden, da sich diese automatisch aus der Anzahl der Werte ergibt.

Listing 6.2 Deklaration eindimensionaler Arrays mit gleichzeitiger Initialisierung

```
Dim x() As Double = {2, 1.5, 3.8}, c() As Char = {"D"c, "A"c, "F"c}
```

In obigem Beispiel (Listing 6.2) werden also die Feldelemente $x(0)$, $x(1)$ und $x(2)$ sowie $c(0)$, $c(1)$ und $c(2)$ deklariert und initialisiert.

Feldelemente lassen sich nach ihrer Deklaration wie einfache Variablen verwenden. Sie können damit auf der linken Seite einer Wertzuweisung stehen, ebenso auf der rechten Seite innerhalb eines Ausdrucks (siehe Listing 6.3).

Listing 6.3 Verwenden von Arrayelementen

```
Dim x(2) As Double, c() As Char = {"B"c, "M"c, "W"c}, marke As String
x(0) = 2 : x(1) = 1.5 : x(2) = 3.8    ' Dim x() As Double = {2, 1.5, 3.8}
marke = c(0) & c(1) & c(2)            ' marke = "BMW"
```

Zugriff auf die Datenelemente mittels Schleifenanweisungen

Auf Feldelemente wird häufig über Schleifen, insbesondere über *For-Next*-Schleifen, zugegriffen. In der Übung 6-1 wurden z. B. die Feldelemente *a(i)* und *b(i)* in je einer *For-Next*-Schleife zugewiesen, und auch das Skalarprodukt wurde in einer *For-Next*-Schleife gebildet.

Im nachfolgenden Beispiel (Listing 6.4) werden die Feldelemente eines Vektors *x* mit einer *For-Next*-Schleife der Reihe nach aus der *ListBox1* gelesen. Anschließend wird der Vektor *x* mit einer *Do-Loop*-Schleife bis zu dem Trennwert –1 in das Array *a* kopiert, die restlichen Elemente (nach dem Trennwert) mit einer *For-Next*-Schleife in das Array *b*. (*Hinweis*: Alle Feldelemente bis auf den Trennwert –1 sind positiv.)

Listing 6.4 For-Next-Schleife und Do-Loop-Schleife mit Feldelementen

```
Dim x(100), a(100), b(100) As Integer    ' maximal 101 Elemente
Dim i, n As Integer

n = ListBox1.Items.Count    ' n = Anzahl der ListBox-Einträge
For i = 0 To n - 1
  x(i) = Convert.ToInt32(ListBox1.Items.Item(i))
Next i

i = 0
Do
  a(i) = x(i)
  i = i + 1
Loop Until x(i) = -1

For i = i + 1 To n - 1
  b(i) = x(i)
Next i
```

Um das Beispiel überschaubar zu halten, wurde auf eine Fehlerbehandlung verzichtet. So würde das Beispiel bei mehr als 101 ListBox-Einträgen versagen.

For-Each-Schleife

Neben der bereits bekannten *For-Next*-Schleife gibt es noch eine weitere nützliche Schleifenart, mit der alle Elemente eines Feldes nacheinander durchlaufen werden können, ohne dass deren Anzahl bekannt sein muss.

Die *Syntax* für diese sogenannte *For-Each*-Schleife lautet:

```
For Each element In arrayName
  ' Anweisungsblock
  [Exit For]
  ' Anweisungsblock
Next [element]
```

Eine *For-Each*-Schleife kann immer auch als *For-Next*-Schleife geschrieben werden. Eine *For-Each*-Schleife benötigt in der Regel mehr Rechenzeit als eine *For-Next*-Schleife. Häufig eingesetzt werden *For-Each*-Schleifen allerdings in Zusammenhang mit dem Durchlaufen von Objektauflistungen (engl. *Collections*).

Das letzte Beispiel (Listing 6.4) wird um eine *For-Each*-Schleifenanweisung erweitert, die alle Elemente des Vektors *a* in die *ListBox2* schreibt. Die Variable *i* und die Elemente *a(i)* sind vom Typ *Integer* (Listing 6.5).

Listing 6.5 For-Each-Schleife mit Feldelementen

```
For Each i In a
   ListBox2.Items.Add(i)
Next i
```

Es werden 101 Werte *a(i)* in die *ListBox2* geschrieben, also nicht nur die eingelesenen Feldelemente. Die restlichen Elemente haben alle den vordefinierten Wert 0 (null).

6.2.2 Mehrdimensionale Arrays

Ein Array kann auch mehrdimensional sein. Bei der Deklaration werden dabei die oberen Feldgrenzen hintereinander, durch Kommata getrennt, aufgeführt. Für ein Array sind bis zu 32 Dimensionen möglich. Der Speicherplatz steigt mit jeder zusätzlichen Dimension enorm. Ein dreidimensionales *Double*-Feld mit je 100 Elementen benötigt schon 100 * 100 * 100 * 8 Byte, also 8.000.000 Byte. In der Praxis werden deshalb meist nur noch zweidimensionale Felder (Matrizen) verwendet.

Die Syntax für die Deklaration eines mehrdimensionalen Arrays lautet:

```
Dim arrayName(maxIndex1, maxIndex2[, ..., maxIndexN]) As Datentyp
```

Im nachfolgenden Beispiel (Listing 6.6) wird die Matrix *A*, bestehend aus vier Zeilen und drei Spalten, als zweidimensionales *Integer*-Array *a* deklariert.

$$a = \begin{pmatrix} a_{00} & a_{01} & a_{02} \\ a_{10} & a_{11} & a_{12} \\ a_{20} & a_{21} & a_{22} \\ a_{30} & a_{31} & a_{32} \end{pmatrix} = \begin{pmatrix} 1 & 2 & 3 \\ 2 & 4 & 6 \\ 3 & 6 & 9 \\ 4 & 8 & 12 \end{pmatrix}$$

Listing 6.6 Deklaration und Initialisierung einer Matrix (zweidimensionales Array)

```
Dim a(3, 2) As Integer
```

Für das zweidimensionale Array *a* sind somit (3+1) * (2+1) = 12 Feldelemente definiert, nämlich *a(0, 0), a(0, 1) ... a(3, 2)*.

Die Arrayelemente können entweder einzeln initialisiert werden:

```
a(0, 0) = 1 : a(0, 1) = 2 : a(0, 2) = 3
a(1, 0) = 2 : a(1, 1) = 4 : a(1, 2) = 6       ' usw.
```

oder – weniger gebräuchlich – gemeinsam mit der Deklaration in geschweiften Klammerpaaren. Die Feldgrenzen nach dem Array-Bezeichner müssen dann wieder leer bleiben, das Klammerpaar muss ein Komma einschließen, das die beiden Dimensionen trennt.

```
Dim a(,) As Integer = {{1, 2, 3}, {2, 4, 6}, {3, 6, 9}, {4, 8, 12}}
```

Für zweidimensionale Felder sind häufig zwei verschachtelte *For-Next*-Schleifen notwendig, wobei in der äußeren Schleife z. B. die Zeilen, in der inneren Schleife die Spalten der Matrix durchlaufen werden. So können den Elementen des Arrays *a* die obigen Anfangswerte auch durch die folgende Konstruktion zugewiesen werden:

Listing 6.6 (Fortsetzung)

```
Dim i, k As Integer
For i = 0 To 3            ' Zeilenindex
  For k = 0 To 2          ' Spaltenindex
    a(i, k) = (i + 1) * (k + 1)
  Next k
Next i
```

6.2.3 Dynamische Arrays

Die Größe der Arrays ist in allen .NET-Sprachen grundsätzlich *dynamisch*, d. h., die Zahl der Elemente kann während der Programmausführung geändert werden. Es ist auch möglich, Arrays zu deklarieren, ohne zunächst die Feldgrenze festzulegen. Bei mehrdimensionalen Arrays sind trennende Kommas für die Festlegung der Dimensionen erforderlich.

Die Syntax für die Deklaration dynamischer Arrays lautet:

```
Dim arrayName() As Datentyp      ' eindimensionales Array
Dim arrayName(,) As Datentyp     ' zweidimensionales Array
```

Vor der Verwendung der Elemente eines solchen Arrays ist allerdings eine Festlegung der Arraygröße mithilfe der *ReDim*-Anweisung notwendig. Ebenso kann die Feldgrenze eines bereits definierten Arrays mit der *ReDim*-Anweisung während der Programmausführung (beliebig oft) vergrößert oder verkleinert werden. Die neue Feldgröße ist in runden Klammern nach dem Arraynamen anzugeben. Die Anzahl der Dimensionen kann allerdings, ebenso wie der Datentyp des Arrays, nachträglich nicht verändert werden.

Durch die *ReDim*-Anweisung verlieren bereits belegte Feldelemente ihren Wert, d. h., sie erhalten den Wert 0 (null) bzw. *Nothing*. Ist dies nicht gewollt, gibt es die Option *Preserve*, die auf das Schlüsselwort *ReDim* folgen muss. Elemente, die durch das Verkleinern der Feldgrenze mit *ReDim* eventuell nicht mehr Platz haben, gehen allerdings verloren.

Die Syntax für die Umdimensionierung eines Arrays lautet:

```
ReDim [Preserve] arrayName(maxIndex1, maxIndex2[, ..., maxIndexN])
```

Zu beachten ist, dass bei Verwendung von *Preserve* in mehrdimensionalen Arrays nur die letzte (rechts stehende) Dimension verändert werden darf.

Listing 6.7 Deklaration dynamischer Arrays mit Umdimensionierung

```
Dim a(,) As Integer
' Anweisungen
ReDim a(3, 2)            ' Initialisierung der Matrixgrenzen
' Anweisungen
ReDim Preserve a(3, 1)   ' 3.Spalte (Index 2) geht verloren
ReDim Preserve a(3, 2)   ' Elemente der 3.Spalte erhalten Wert 0
```

In Listing 6.7 wird zunächst das Array *a* als zweidimensionales *Integer*-Array deklariert. Anschließend wird es umdimensioniert (vier Zeilen, drei Spalten). Nach der Initialisierung der Matrix, z. B. mit einer verschachtelten *For-Next*-Schleife (siehe Listing 6.6), wird die Feldgröße der zweiten Dimension mit der folgenden *ReDim-Preserve*-Anweisung verkleinert. Damit gehen die Werte der dritten Spalte verloren. In der anschließenden *ReDim-Preserve*-Anweisung wird das Array *a* wieder auf die ursprüngliche Größe umdimensioniert, die Elemente der dritten Spalte werden mit 0 (null) vorbelegt.

6.2.4 Arbeiten mit Arrays

Abfragen von Arraydimensionen

Zum Abfragen der Dimensionen eines Arrays stehen mehrere Eigenschaften und Methoden zur Verfügung (siehe Tabelle 6.1). Alle aufgeführten Eigenschaften und Methoden werden auf eine Arrayinstanz (Arrayvariable) angewendet.

Tabelle 6.1 Instanzeneigenschaften und -methoden zum Abfragen der Arraydimensionen

Eigenschaft/Methode	Beschreibung
Length	Liefert die Anzahl der Feldelemente (insgesamt)
GetLength(i)	Liefert die Anzahl der Feldelemente der Dimension i
GetUpperBound(i)	Liefert den oberen Feldindex der Dimension i
Rank	Liefert die Anzahl der Dimensionen

Listing 6.8 Eigenschaften und Methoden zur Abfrage von Arraydimensionen

```
Dim anz As Integer, a(100, 5) As Double
anz = a.Length              ' Liefert anz = 606 (= 101 * 6)
anz = a.GetLength(0)        ' Liefert anz = 101
anz = a.GetLength(1)        ' Liefert anz = 6
anz = a.GetUpperBound(0)    ' Liefert anz = 100
anz = a.GetUpperBound(1)    ' Liefert anz = 5
anz = a.Rank                ' Liefert anz = 2
```

Kopieren von Arrays

Mithilfe der *Clone*-Methode können Arrays sehr einfach komplett kopiert werden. Dabei spielt der obere Feldindex des Zielarrays keine Rolle, er kann auch fehlen. Die Feldgrenze des Zielarrays wird angepasst. Der Datentyp der beiden Felder muss jedoch übereinstimmen. Die *Clone*-Methode gibt ein *Object*-Array zurück, das – zumindest bei strenger Typprüfung – erst mit der *CType*-Funktion in ein Feld des entsprechenden Datentyps (leeres Klammerpaar hinter dem Datentyp!) konvertiert werden muss.

Listing 6.9 Kopieren eines Arrays mit der *Clone*-Methode

```
Dim x(9) As Double, i As Integer
Dim y() As Double

For i = 0 To 9
  x(i) = i * 0.5
Next i

y = CType(x.Clone, Double())     ' Array x wird in Array y kopiert
i = y.GetUpperBound(0)           ' Liefert i = 9
```

Für den Fall, dass nur ein Teil eines Arrays kopiert werden soll, gibt es die (statische) Methode *Copy* der *Array*-Klasse mit den zwei Varianten:

Syntax der *Copy*-Methode:

```
Array.Copy(quellArrayName, zielArrayName, laenge)
Array.Copy(quellArrayName, quellIndex, zielArrayname, zielIndex, laenge)
```

Dar Parameter *laenge* gibt jeweils die Anzahl der zu kopierenden Feldelemente an. Standardmäßig wird ab dem ersten Element (Index 0) kopiert. In der zweiten Variante können auch die Startindizes der beiden Arrays mitgegeben werden.

Eine weitere Möglichkeit bietet die Instanzenmethode *CopyTo*, die alle Elemente einer (eindimensionalen) Arrayvariablen in das angegebene (eindimensionale) Zielarray, beginnend beim angegebenen Index des Zielarrays, kopiert.

Syntax der *CopyTo*-Methode:

```
CopyTo(zielArrayName, zielIndex)
```

Im Gegensatz zur *Clone*-Methode werden die Feldgrenzen des Zielarrays in keiner der genannten *Copy*-Varianten automatisch angepasst.

Listing 6.10 Kopieren von Feldelementen (Teilarrays) mit der *Copy*- und der *CopyTo*-Methode

```
Dim x() As Integer = {10, 20, 30, 40, 50}
Dim y(0 To 3) As Integer, i As Integer

Array.Copy(x, y, 3)
' Ergebnis: y() = {10, 20, 30, 0}

Array.Copy(x, 1, y, 0, 3)
' Ergebnis: y() = {20, 30, 40, 0}

ReDim y(6)
x.CopyTo(y, 2)           ' Array x wird ab x(0) in y ab y(2) kopiert.
' Ergebnis: y() = {0, 0, 10, 20, 30, 40, 50}
```

Ein (Teil-)Array kann natürlich auch kopiert werden, indem die einzelnen Elemente des Quellarrays beispielsweise in einer *For-Next*-Schleife den Elementen des Zielarrays zugewiesen werden.

Zuweisen von Arrays

Komplette Arrays lassen sich mit einer Wertzuweisung gegenseitig zuweisen. Dabei werden allerdings nicht die Feldelemente kopiert, wie dies bei einfachen Variablen der Fall ist, sondern lediglich der Verweis (Zeiger) auf die Speicheradresse. Der Grund liegt darin, dass Arrayvariablen generell *Referenztypen* sind. Änderungen an dem neu referenzierten Array wirken sich damit auch auf das ursprüngliche Array aus (siehe Listing 6.11).

Listing 6.11 Zuweisen von Arrays

```
Dim x() As Integer = {10, 20, 30, 40}
Dim y(0 To 3) As Integer

y = x                   ' Zuweisen des Arrays x an das Array y
y(1) = 15: y(2) = 25
' Ergebnis: x() = {10, 15, 25, 40}
' ebenso:   y() = {10, 15, 25, 40}
```

Löschen von Arrays

Zum Löschen eines Arrays steht die *Erase*-Anweisung zur Verfügung. Nur die Arrayvariable bleibt dabei erhalten, der Speicherplatz wird freigegeben. Eine anschließende Umdimensionierung des Arrays ist möglich.

Syntax der *Erase*-Methode:

```
Erase arrayName
```

Will man dagegen nur den Inhalt eines Arrays „löschen", d. h. die Zahlenwerte auf 0 bzw. die Textwerte auf *Nothing* setzen, so eignet sich dafür die *Clear*-Methode der *Array*-Klasse, die auch auf einen Teil der Feldelemente beschränkt werden kann. Gelöscht werden *laenge*-Elemente ab dem Startindex.

Syntax der *Clear*-Methode:

```
Array.Clear(arrayName As Array, startIndex As Integer, laenge As Integer)
```

Listing 6.12 Löschen eines Arrays und Nullsetzen von Feldelementen mit der *Clear*-Methode

```
Erase x                         ' Alle Feldelemente x(i) werden gelöscht
Array.Clear(y, 2, 3)            ' Feldelemente y(2) bis y(4) = 0
Array.Clear(y, 0, y.Length)     ' Alle Feldelemente y(i) = 0
```

Sortieren von Arrays und Suchen in Arrays

Ein (eindimensionales) Array kann mit der **Sort**-Methode der *Array*-Klasse der Größe nach „auf dem Platz" sortiert werden. Zahlen (z. B. *Integer*, *Double*) werden dabei nach ihrer Zahlengröße sortiert. Zeichen und Zeichenketten werden gemäß der aktuellen Ländereinstellung nach kulturspezifischen Gesichtspunkten verglichen. Bei der deutschen Ländereinstellung gilt beispielsweise folgende Sortierungsreihenfolge:

% < € < 1 < 111 < 2 < a < A < ä < Ä < Affe < b < Ö < s < ß < t < z < Z

Die *Sort*-Methode kann – wie alle in Tabelle 6.2 dargestellten Methoden – auf einen Teil des Arrays beschränkt werden, worauf im Folgenden allerdings verzichtet wird. Will man das ursprüngliche unsortierte Array erhalten, so kopiert man es am besten vorher in ein anderes Feld.

In diesem Zusammenhag, ist auch die **Reverse**-Methode der *Array*-Klasse interessant, die die Reihenfolge der Arrayelemente umkehrt. Um eine umgekehrte Sortierungsreihenfolge zu erreichen, muss allerdings erst die *Sort*-Methode aufgerufen werden.

Syntax der Sortiermethoden *Sort* und *Reverse*:

```
Array.Sort(arrayName As Array)
Array.Reverse(arrayName As Array)
```

Eng verwandt mit dem Sortieren eines Arrays ist das **Suchen** nach einem bestimmten Elementwert in einem Array. Die verschiedenen Klassenmethoden (statischen Methoden) der Klasse *Array* für das Sortieren und Suchen sind in Tabelle 6.2 zusammengefasst.

Tabelle 6.2 Statische Sortier- und Suchmethoden der Klasse Array

Methode	Beschreibung
Array.Sort(a)	Sortiert Array a der Größe nach
Array.Reverse(a)	Kehrt Sortierreihenfolge eines Arrays a um
Array.IndexOf(a, awert)	Sucht sequenziell im Array a nach dem Element awert und gibt dessen Index als Integer-Zahl zurück (–1, falls nicht gefunden)
Array.BinarySearch(a, awert)	Sucht im sortierten(!) Array a nach dem Element awert mittels binärer Suche und gibt dessen Index als Integer-Zahl zurück (negativer Wert, falls nicht gefunden)

Die **IndexOf**-Methode der *Array*-Klasse kann auf ein unsortiertes Feld angewandt werden. Das Array wird dabei sequenziell vom ersten Arrayelement an nach dem gewünschten Wert durchsucht, bis das erste übereinstimmende Element gefunden ist. Der Feldindex dieses Elements wird daraufhin zurückgegeben. Ist das gesuchte Element nicht enthalten, so wird der „Index" –1 geliefert.

Die **BinarySearch**-Methode der *Array*-Klasse setzt dagegen ein bereits sortiertes Feld voraus. Der zurückgegebene Feldindex bezieht sich deshalb auch auf das sortierte Array. Kommt das Element mehrfach in dem Array vor, so liefert die Methode den Index eines der Elemente, kommt das Element nicht vor, erhält man als Ergebnis den Index eines der folgenden Elemente als negative Zahl.

Generell ist die Rechenzeit zum Sortieren eines Arrays wesentlich höher als die Zeit zum Suchen eines Elements. Es rentiert sich deshalb nicht, nur wegen der schnelleren Suche mit der *BinarySearch*-Methode das Feld vorher zu sortieren.

Syntax der Suchmethoden *IndexOf* und *BinarySearch*:

```
index = Array.IndexOf(arrayName As Array, suchWert As Object)
index = Array.BinarySearch(arrayName As Array, suchWert As Object)
```

Listing 6.13 Kopieren und Sortieren eines Arrays, Suchen eines Feldelements

```
Const nmax As Integer = 1500
Dim x(nmax - 1), y(nmax - 1) As Integer
Dim i As Integer, wert As Integer
Dim rndObj As New Random

' nmax Zufallszahlen erzeugen
For i = 0 To nmax - 1
   x(i) = rndObj.Next(1, 1001)
   ListBox1.Items.Add(i & "   " & x(i))
Next i

y = x.Clone()     ' Array x kopieren nach y
Array.Sort(y)     ' Array y sortieren

wert = Convert.ToInt32(TextBox1.Text)    ' Integer-Zahl eingeben

' Im unsortierten Array x nach Integer-Zahl wert suchen
i = Array.IndexOf(x, wert)
If i >= 0 Then
   MessageBox.Show("Feldindex = " & i)
Else          ' i = -1
   MessageBox.Show("Element nicht in x enthalten.")
End If

' Im sortierten Array y nach Integer-Zahl wert suchen
i = Array.BinarySearch(y, wert)   ' i = gesuchter Index oder negativ
```

In Listing 6.13 finden Sie eine kleine Anwendung, in der das Kopieren und Sortieren von Arrays sowie das Suchen von Feldelementen demonstriert wird. Im ersten Schritt werden *nmax* (hier: 1500) ganzzahlige Zufallszahlen zwischen 1 und 1000 erzeugt und dem Array *x* zugewiesen. Im zweiten Schritt wird das unsortierte Array *x* in das Array *y* kopiert, das Array *y* wird sortiert, und das zu suchende Feldelement *wert* wird mit einer TextBox eingelesen. Im dritten Schritt wird die Zahl *wert* zunächst im unsortierten Array *x* sequenziell gesucht, und der entsprechende Feldindex *i* wird mit einer MessageBox angezeigt. Schließlich wird die Zahl *wert* nochmals im sortierten Array *y* mithilfe der *BinarySearch*-Methode gesucht, der Feldindex *i* bezieht sich hier natürlich auf das sortierte Array.

Übergabe von Arrays als Parameter

Arrays können in der Parameterliste von Funktionen bzw. Sub-Prozeduren wie einfache Variablen übergeben werden. Die Feldgrenzen dürfen dabei nicht angegeben werden, eindimensionale Arrays sind stattdessen mit runden Klammern, zweidimensionale Arrays mit runden Klammern und eingeschlossenem Komma zu bezeichnen.

Listing 6.14 Prozedurdeklaration mit Arrays als Parameter

```
Sub MatInVecKonvert(ByVal a(,) As Integer, ByRef x() As Integer)
   Dim i, k As Integer
   For k = 0 To a.GetUpperBound(1)          ' Spaltenindex
      For i = 0 To a.GetUpperBound(0)       ' Zeilenindex
         x(i + k * a.GetLength(0)) = a(i, k)
      Next i
   Next k
End Sub
```

6 Datenfelder (Arrays)

Die Sub-Prozedur *MatInVecKonvert* in Listing 6.14 konvertiert die Matrix *a* in den Vektor *x*, indem es die Feldelemente des zweidimensionalen Arrays *a* Spalte für Spalte hintereinander in das eindimensionale Array *x* kopiert.

Beim Prozeduraufruf werden lediglich die Arraynamen (ohne Feldgrenzen) als Argumente eingetragen.

Listing 6.15 Prozeduraufruf mit Arrays als Parameter

```
Dim a(,) As Integer = {{1, 2, 3}, {2, 4, 6}, {3, 6, 9}, {4, 8, 12}}
Dim x(a.Length - 1) As Integer
' Prozeduraufruf
MatInVecKonvert(a, x)
```

6.3 Übungen

Übung 6-2: Arithmetisches Mittel

Aufgabe: Es ist ein Programm zu erstellen, das das arithmetische Mittel von *n* Zahlen berechnet. Zunächst sind die *n* Zahlen der Reihe nach mithilfe einer TextBox einzugeben und in eine ListBox zu übertragen. Die *n* Zahlen sind anschließend aus der ListBox zu entnehmen und in einem Vektor *x* zu speichern. Mithilfe einer benutzerdefinierten Funktion *Amittel* ist aus den Vektorelementen der arithmetische Mittelwert zu bilden, der in einem Label anzuzeigen ist.

Das arithmetische Mittel *Amittel* von *n* Zahlenwerten x_i ist gleich der Summe aller x_i, dividiert durch die Anzahl *n*. In der folgenden Formel ist bereits berücksichtigt, dass der Index des Arrays *x* mit 0 (null) beginnt.

$$Amittel = \frac{x_0 + x_1 + x_2 + \ldots + x_{n-1}}{n}$$

Lernziel: Einlesen eines eindimensionalen Arrays mit einer *For-Next*-Schleife, eine benutzerdefinierte Funktion mit einem eindimensionalen Array als Parameter schreiben.

Lösungsschritt 1: Benutzeroberfläche erstellen

Starten Sie Visual Basic 2008, erstellen Sie ein neues *Windows Forms*-Projekt mit dem Namen „ArithmMittel", und speichern Sie alle Dateien.

Platzieren Sie auf dem Formular eine *ListBox1* für die Anzeige der Feldelemente, darunter eine *TextBox1* für die Eingabe der einzelnen Feldelemente und ein *Label1* für die Anzeige des arithmetischen Mittels. Durch das Klicken des *Button1* („<") soll der in die *TextBox1* eingetragene Zahlenwert in die *ListBox1* übertragen werden. Die Berechnung des Mittelwerts soll durch den *Button2* („Berechnen") ausgelöst werden, während der *Button3* („Löschen") die Inhalte der *TextBox1*, der *ListBox1* und des *Label1* löschen soll. Die weiteren Beschriftungslabels sind Abbildung 6.3 zu entnehmen.

Abbildung 6.3
Rohformular zur Übung „Arithmetisches Mittel"

Lösungsschritt 2: Eigenschaften festlegen

Stellen Sie die aus Abbildung 6.3 ersichtlichen Eigenschaften ein, und ersetzen Sie die *Text*-Eigenschaft des *Button1* durch das Zeichen „<", das die Datenübertragung von der *TextBox1* in die *ListBox1* ausdrücken soll. Geben Sie außerdem den drei Buttons die folgenden sprechenden Namen:

Button1 → *BtnTxtToListBox*

Button2 → *BtnBerechnen*

Button3 → *BtnLoeschen*

Legen Sie die *TabIndex*-Eigenschaft der *TextBox1* mit 0 (null) und den *TabIndex* des Buttons *BtnTxtToListBox* mit 1 fest. Die *TabStop*-Eigenschaft der *ListBox1* sollten Sie auf *False* stellen.

Lösungsschritt 3: Programmcode schreiben

Der Programmcode gliedert sich in die benutzerdefinierte Funktion *Amittel* und in die *Click*-Ereignisprozeduren der drei Buttons.

Für die Lösung der Aufgabe sind keine formularglobalen Variablen notwendig. Das Programm ist allerdings wartungsfreundlicher, wenn die maximale Anzahl der Feldelemente *nmax* am Codebeginn als Konstante deklariert wird.

■ **Programmgerüst der Klasse Form1 (Startformular)**

```
Public Class Form1
  Private Const nmax As Integer = 100
  Function Amittel(...) ... : End Function
  Private Sub BtnTxtToListBox_Click(...) ... : End Sub
  Private Sub BtnBerechnen_Click(...) ... : End Sub
  Private Sub BtnLoeschen_Click(...) ... : End Sub
End Class
```

6 Datenfelder (Arrays)

■ **Deklaration der benutzerdefinierten Funktion Amittel**

Als Parameter werden die Anzahl der Feldelemente *n* und der Feldname (hier: *x*) benötigt. Werden Arrays als Parameter übergeben, so sind die Dimensionen nur als leeres Klammerpaar anzugeben.

Der Algorithmus selbst ist trivial: Die Feldelemente werden mit einer *For-Next*-Schleife aufsummiert, wobei zu beachten ist, dass die obere Feldgrenze $n - 1$ ist. Anschließend wird die Summe durch die Anzahl *n* dividiert und zurückgegeben:

```
Function Amittel(ByVal n As Integer, ByVal x() As Double) As Double
  Dim i As Integer, sum As Double
  sum = 0
  For i = 0 To n - 1
    sum = sum + x(i)
  Next i
  Return sum / n
End Function
```

■ **Ereignisprozedur BtnTxtToListBox_Click („<")**

Der in die *TextBox1* eingegebene Wert wird in die *ListBox1* übertragen. Der Fokus geht anschließend an die *TextBox1* zurück, um den nächsten Wert einzulesen. Es liegt nahe, bereits hier offensichtliche Eingabefehler abzufangen (siehe Lösung auf der Begleit-DVD).

```
Private Sub BtnTxtToListBox_Click(...) Handles BtnTxtToListBox.Click
  Dim wert As Double
  wert = Convert.ToDouble(TextBox1.Text)
  ListBox1.Items.Add(wert)
  TextBox1.Focus()
End Sub
```

■ **Ereignisprozedur BtnBerechnen_Click („Berechnen")**

Das Zahlenfeld *x* wird als lokales Array deklariert, wobei die obere Feldgrenze aus der formularglobalen Deklaration der Konstanten *nmax* abgeleitet wird. Die ebenfalls lokale Variable *n* wird mithilfe der *Count*-Eigenschaft der *ListBox1* ermittelt. In einer *For-Next*-Schleife werden die Einträge der *ListBox1* im Array *x* abgelegt. Anschließend wird die Funktion *Amittel* aufgerufen, und das Ergebnis wird in das *Label1* geschrieben. Zur zusätzlichen Kontrolle kann man die Anzahl *n* in die *TextBox1* schreiben. In der Lösung auf der Begleit-DVD ist zusätzlich eine *Try-Catch*-Konstruktion eingefügt, die zum Beispiel eine Feldgrenzenüberschreitung auffängt.

```
Private Sub BtnBerechnen_Click(...) Handles BtnBerechnen.Click
  Dim n As Integer, x(nmax - 1) As Double
  n = ListBox1.Items.Count      ' Anzahl der Werte

  ' ListBox-Werte in Array x übertragen
  For i = 0 To n - 1
    x(i) = Convert.ToDouble(ListBox1.Items.Item(i))
  Next i

  Label1.Text = Amittel(n, x).ToString("f3")
  TextBox1.Text = n.ToString & " Werte"
End Sub
```

■ **Ereignisprozedur BtnLoeschen_Click („Löschen")**

Diese Ereignisprozedur ist als zusätzlicher Komfort für eine Neueingabe gedacht. Es werden lediglich die Ein- und Ausgabewerte mithilfe der *Clear*-Methode bzw. durch Zuweisung von Leerstrings gelöscht. Die *TextBox1* erhält anschließend den Fokus.

```
Private Sub BtnLoeschen_Click(...) Handles BtnLoeschen.Click
    ListBox1.Items.Clear()
    Label1.Text = ""
    TextBox1.Text = ""
    TextBox1.Focus()
End Sub
```

Lösungsschritt 4: Programm testen

In Abbildung 6.4 ist ein Testbeispiel gezeigt. Benutzen Sie zum Wechsel zwischen Text-Box und Übertragungs-Button immer die Tabulator-Taste. Falls nach der Berechnung des Mittelwerts weitere Zahlenwerte dazugefügt werden sollen, ist dies kein Problem, da beim Klicken auf den Button „Berechnen" die Werte neu aus der *ListBox1* entnommen werden. Nur vor einer kompletten Neueingabe ist erst der Button „Löschen" zu klicken.

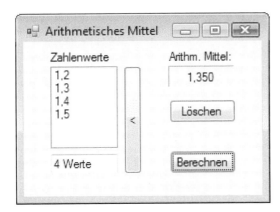

Abbildung 6.4
Testbeispiel zur Übung „Arithmetisches Mittel"

Testen Sie auch Zahlenwerte mit Dezimalpunkt oder die Übertragung von leeren Texteinträgen. Die Berechnung mit einer leeren ListBox liefert das Ergebnis „n. def." (nicht definiert) ohne Fehlerabbruch aufgrund der Division durch 0 (null). Die Fehlerbehandlung der Feldgrenzen ist natürlich umständlich zu testen, wenn erst 101 Werte eingegeben werden müssen. Ändern Sie deshalb in der formularglobalen Deklaration *nmax* vorübergehend von 100 auf 3, und testen Sie mit vier Eingabewerten.

Übung 6-3: Minimum und Maximum von Zufallszahlen

Aufgabe: Es soll eine vorgegebene Anzahl n von *Integer*-Zufallszahlen zwischen 1 und 1000 erzeugt und in einem Vektor gespeichert werden. Durch Aufruf einer benutzerdefinierten Prozedur sollen der kleinste und der größte Wert (Minimum und Maximum) dieser Zufallszahlen sowie der jeweilige Feldindex ermittelt werden.

Lernziel: Umdimensionieren eines eindimensionalen Arrays, Minimum- und Maximum-Suche in einem unsortierten Array, Zufallszahlen mit einem *Random*-Objekt erzeugen.

Lösungsschritt 1: Benutzeroberfläche erstellen

Starten Sie Visual Basic 2008, erstellen Sie ein neues *Windows Forms*-Projekt mit dem Namen „MinMax", und speichern Sie alle Dateien.

Platzieren Sie auf dem Formular einen Button *BtnStarten* („Starten"), über dessen Klickereignis die Zufallszahlen berechnet werden. Ein weiterer Button *BtnBerechnen* ist für das „Berechnen" der vier Ergebniswerte notwendig. Die Zufallszahlen sollen in der ListBox *LstRandom* angezeigt werden. Rechts daneben ist eine TextBox *TxtN* anzuordnen, in der die Anzahl *n* der zu erzeugenden Zufallszahlen eingetragen werden kann. Für die Berechnungsergebnisse Minimum mit Index sowie Maximum mit Index sind vier Labels zu platzieren. Die weiteren Beschriftungslabels sind Abbildung 6.5 zu entnehmen.

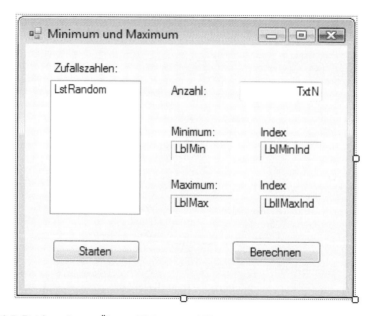

Abbildung 6.5 Rohformular zur Übung „Minimum und Maximum von Zufallszahlen"

Lösungsschritt 2: Eigenschaften festlegen

Achten Sie darauf, dass die Namen mit denen im Lösungsschritt 1 bzw. den in Abbildung 6.5 dargestellten übereinstimmen. Zweckmäßig vergeben Sie für die *Text*-Eigenschaft der TextBox *TxtN* einen Vorgabewert, z. B. „20".

Lösungsschritt 3: Programmcode entwickeln

Der Programmcode setzt sich im Wesentlichen aus den beiden Ereignisprozeduren *BtnStarten_Click* und *BtnBerechnen_Click* zusammen. Die Bestimmung des kleinsten und größten Wertes nebst Indizes wird zweckmäßigerweise in eine Sub-Prozedur *MinMax* verlagert, ebenso das Löschen aller Eingabe- und Ergebniswerte (Prozedur *WerteLoeschen*).

Damit die Feldelemente des Arrays *r* zwischen den beiden Ereignisprozeduren ausgetauscht werden können, bietet sich eine formularglobale Deklaration an, ebenso für die Anzahl *n* der Arrayelemente. Das Array *r* wird dynamisch festgelegt, die Arraygrenzen entfallen somit.

- **Programmgerüst des Startformulars (Klasse Form1)**

```
Public Class Form1
    Private n As Integer = 0, r() As Integer
    Private Sub MinMax(...) ... : End Sub
    Private Sub WerteLoeschen() ... : End Sub
    Private Sub BtnStarten_Click(...) ... : End Sub
    Private Sub BtnBerechnen_Click(...) ... : End Sub
End Class
```

- **Deklaration der benutzerdefinierten Sub-Prozedur MinMax**

Als Parameter werden die Anzahl der Feldelemente *n* und der Feldname *x* eingeführt. Die Ergebnisse (Minimum *min*, Maximum *max* und die zugehörigen Feldindizes *imin*, *imax*) werden als Referenzparameter zurückgegeben.

In einer Laufanweisung wird jedes Feldelement der Reihe nach geprüft, ob es kleiner als alle Feldelemente vorher bzw. größer als alle Feldelemente vorher ist. Gegebenenfalls ersetzt dieses Feldelement das bisherige Minimum bzw. Maximum (siehe Abbildung 6.6). Vor dem Start der Schleife geht man davon aus, dass das erste Feldelement (Index 0) das kleinste und zugleich das größte Element ist.

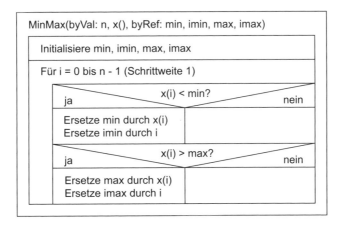

Abbildung 6.6 Struktogramm zur Prozedur MinMax

Der entsprechende *Programmcode* lautet:

```
Sub MinMax(ByVal n As Integer, ByVal x() As Integer, _
    ByRef min As Integer, ByRef imin As Integer, _
    ByRef max As Integer, ByRef imax As Integer)
    Dim i As Integer
```

```
'Initialisiere min, imin und max, imax
min = x(0) : imin = 0
max = x(0) : imax = 0

' Suche min, imin und max, imax
For i = 1 To n - 1
  If x(i) < min Then
    min = x(i)
    imin = i
  End If
  If x(i) > max Then
    max = x(i)
    imax = i
  End If
Next i
End Sub
```

■ **Deklaration der benutzerdefinierten Sub-Prozedur WerteLoeschen**

Die Anzahl *n* der Feldelemente wird mit 0 (null) belegt. Die Einträge der ListBox werden mit der *Clear*-Methode der *Items*-Collection gelöscht, die Einträge der Ergebnislabels durch Zuweisung eines Leerstrings (Lösung siehe Begleit-DVD).

■ **Ereignisprozedur BtnStarten_Click („Starten")**

Zu Beginn werden alle Eingabe- und Ergebniswerte aus vorhergehenden Berechnungen durch Aufruf der Sub-Prozedur *WerteLoeschen* gelöscht. Die Anzahl *n* der abzuleitenden Zufallszahlen *r(i)* wird über die *Text*-Eigenschaft der TextBox *TxtN* eingelesen. Damit liegt auch der obere Index des Arrays *r* fest, und das Feld *r* kann umdimensioniert werden.

In einer *For-Next*-Schleife werden nun *n* Integer-Zufallszahlen im Bereich von 1 bis 1000 mithilfe einer Instanz der *Random*-Klasse erzeugt und im Array *r* gespeichert. Zugleich werden sie zusammen mit den Feldindizes in der ListBox *LstRandom* angezeigt. Für das Abfangen von Eingabefehlern empfiehlt sich eine *Try-Catch*-Konstruktion, in der die TextBox *TxtN* im Fehlerfall den Fokus bekommt (siehe Lösung auf der Begleit-DVD).

```
Private Sub BtnStarten_Click(...) Handles BtnStarten.Click
  Dim i As Integer, rndObj As New Random
  WerteLoeschen()
  n = Convert.ToInt32(TxtN.Text)
  ReDim r(n - 1)

  ' Zufallszahlen erzeugen
  For i = 0 To n - 1
    r(i) = rndObj.Next(1, 1001)
    LstRandom.Items.Add(i & "   " & r(i))
  Next i
End Sub
```

■ **Ereignisprozedur BtnBerechnen_Click („Berechnen")**

Im Prinzip ist lediglich die benutzerdefinierte Sub-Prozedur Funktion *MinMax* aufzurufen, Eingangsparameter sind die Anzahl *n* und das Array *r*, Rückgabewerte sind das Minimum *min*, das Maximum *max* sowie die jeweiligen Feldindizes *imin* und *imax*. Diese Rückgabewerte werden den *Text*-Eigenschaften der vier Ergebnislabels zugewiesen. Falls *n* = 0 ist, unterbleibt der Aufruf. In der vollständigen Lösung auf der Begleit-DVD ist zusätzlich ein *Try-Catch*-Konstrukt eingebaut.

```
Private Sub BtnBerechnen_Click(...) Handles BtnBerechnen.Click
    Dim min, max, imin, imax As Integer
    If n > 0 Then
        ' Prozeduraufruf
        MinMax(n, r, min, imin, max, imax)
        LblMin.Text = min.ToString
        LblMinInd.Text = imin.ToString
        LblMax.Text = max.ToString
        LblMaxInd.Text = imax.ToString
    End If
End Sub
```

Lösungsschritt 4: Programm testen

Zuerst sollte das Erzeugen der Zufallszahlen getestet werden. Anschließend kann die Berechnung des Minimums und des Maximums einschließlich der entsprechenden Feldindizes implementiert und geprüft werden. Abbildung 6.7 enthält ein typisches Beispiel. Testen Sie auch das mehrmalige Betätigen der Buttons und mit Anzahl $n = 0$, Leereingabe und mit einer Anzahl n, die den *Integer*-Bereich überschreitet.

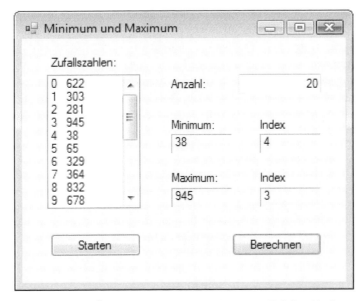

Abbildung 6.7 Testbeispiel zur Übung „Minimum und Maximum von Zufallszahlen"

Übung 6-4: Medianwert

Aufgabe: Es soll der Medianwert einer Zahlenliste berechnet werden. Der Medianwert ist der mittlere Wert einer sortierten (!) Werteliste, bei einer geraden Werteanzahl das arithmetische Mittel aus den benachbarten zwei Werten.

Beispiel: 5 sortierte Werte, der Medianwert ist der 3. Wert,

6 sortierte Werte, der Medianwert ist das Mittel aus dem 3. und 4. Wert.

6 Datenfelder (Arrays)

Die Aufgabe ist der Berechnung des arithmetischen Mittels (Übung 6-2) sehr ähnlich. Eigentlich müsste nur die Funktion *AMittel* durch eine Funktion *Median* ersetzt werden, natürlich auch beim Funktionsaufruf.

Abweichend von Übung 6-2 sollen die über eine einzeilige TextBox eingelesenen Werte in einer mehrzeiligen TextBox statt in einer ListBox angezeigt werden. Das Zahlenarray soll bereits beim Einlesen der einzelnen Werte gefüllt werden, wobei die Arraygröße dynamisch angepasst wird.

Lernziel: Umdimensionieren eines eindimensionalen Arrays mit *ReDim Preserve*, Sortieren eines Arrays mit der *Sort*-Methode der *Array*-Klasse, eine mehrzeilige TextBox einsetzen.

Lösungsschritt 1: Programmaufbau und Benutzeroberfläche

Starten Sie Visual Basic 2008, erstellen Sie ein neues *Windows Forms*-Projekt mit dem Namen „Medianwert", und speichern Sie alle Dateien.

Platzieren Sie auf dem Formular eine mehrzeilige TextBox mit dem Namen *TxtArray* (Eigenschaft *Multiline = True* für die Anzeige der Feldelemente, darunter eine *TextBox1* für die Eingabe der einzelnen Feldelemente und ein *Label1* für die Anzeige des Medianwerts. Rechts neben die *TextBox1* fügen Sie einen Button mit dem Namen *BtnTxtToArray* („>") ein, der den eingegebenen Zahlenwert in die mehrzeilige TextBox *TxtArray* überträgt. Die Berechnung des Medianwerts soll durch den Button *BtnBerechnen* („Berechnen") ausgelöst werden, während der Button *BtnLoeschen* („Löschen") vorhandene Eingabe- und Ergebnisdaten löscht. Die weiteren Beschriftungslabels sind Abbildung 6.8 zu entnehmen.

Abbildung 6.8 Rohformular zur Übung „Medianwert"

Lösungsschritt 2: Eigenschaften festlegen

Die Namen der Steuerelemente wurden schon im Lösungsschritt 1 beschrieben. Für die mehrzeilige TextBox *TxtArray* sind noch folgende Einstellungen vorzunehmen:

ReadOnly = True (Schreibschutz)

ScrollBars = Vertical (vertikale Laufliste)

TabStop = False (wird nicht mit Tabulatortaste angesprungen)

Lösungsschritt 3: Algorithmus und Programmcode entwickeln

Der Programmcode gliedert sich in die benutzerdefinierte Funktion *Median*, die Ereignisprozedur *Form1_Load* und in die Klickereignisprozeduren der drei Buttons.

Damit die Feldelemente des Arrays *x* zwischen den Ereignisprozeduren ausgetauscht werden können, werden das Array *x* und dessen Elementanzahl *n* formularglobal deklariert. Das Array *x* wird dabei als dynamisches Array definiert.

■ **Programmgerüst des Startformulars (Klasse Form1)**

```
Public Class Form1
  Private n As Integer, x() As Double
  Function Median(...) ... : End Function
  Private Sub Form1_Load(...) ... : End Sub
  Private Sub BtnTxtToArray_Click(...) ... : End Sub
  Private Sub BtnBerechnen_Click(...) ... : End Sub
  Private Sub BtnLoeschen_Click(...) ... : End Sub
End Class
```

■ **Deklaration der benutzerdefinierten Funktion Median**

Als Parameter werden die Anzahl der Feldelemente *n* und der Feldname *x* definiert. Wenn *n* = 0 ist, wird der Medianwert 0 (null) zurückgegeben, ansonsten wird zunächst das Array *x* der Größe nach sortiert. Mit einer *If-Else*-Anweisung werden die zwei Fälle *n* gerade bzw. *n* ungerade unterschieden. Für den Test auf eine gerade Anzahl ist der Modulo-Operator hilfreich (Rest der Ganzzahldivision durch 2 ist 0). Bei der Berechnung der Indizes der Arrayelemente ist Sorgfalt geboten, u.U. sollte man sich den Algorithmus vorher anhand kleiner Zahlenbeispiele überlegen.

```
Function Median(ByVal n As Integer, ByVal x() As Double) As Double
  If n = 0 Then
    Return 0
  Else
    Array.Sort(x)
    If n Mod 2 = 0 Then       ' n gerade
      Return (x(n \ 2 - 1) + x(n \ 2)) / 2
    Else                       ' n ungerade
      Return x(n \ 2)
    End If
  End If
End Function
```

■ **Ereignisprozedur Form1_Load**

Zum Programmstart wird die Anzahl der Feldelemente mit *n* = 0 initialisiert, und der *Text*-Eigenschaft der TextBox *TxtArray* wird ein Leerstring zugewiesen (Programmcode siehe Begleit-DVD).

6 Datenfelder (Arrays)

■ **Ereignisprozedur BtnTxtToArray_Click („>")**

Mit einer *Try-Catch*-Anweisung werden etwaige Eingabefehler in der *TextBox1* abgefangen. Erst wenn der Eingabewert fehlerfrei in eine *Double*-Zahl umgewandelt werden konnte, wird das Array *x* neu dimensioniert, der Eingabewert wird als Feldelement aufgenommen und an die *Text*-Eigenschaft der TextBox *TxtArray* angefügt. Der Zeilenvorschub muss bei der mehrzeiligen TextBox jeweils am Zeilenende dazugefügt werden (Variable *newln*). Anschließend wird *n* um 1 erhöht. Zum Schluss geht der Fokus wieder an die *TextBox1*.

Wie in Übung 6-2 ist es auch hier möglich, nachträglich Werte an den Vektor *x* anzuhängen. Es ist allerdings nicht ganz trivial, das Zusammenspiel mit dem formularglobal deklarierten Array *x* und dessen Elementanzahl *n* zu durchschauen.

```
Private Sub BtnTxtToArray_Click_(...) Handles BtnTxtToArray.Click
  Dim wert As Double, newln As String = System.Environment.NewLine
  TextBox1.Text = TextBox1.Text.Replace(".", ",")
  Try
    wert = Convert.ToDouble(TextBox1.Text)
    ReDim Preserve x(n)
    x(n) = wert
    TxtArray.Text = TxtArray.Text & x(n).ToString("f2") & newln
    n = n + 1
  Catch ex As Exception
    ' Mach nichts
  Finally
    TextBox1.Focus()
  End Try
End Sub
```

■ **Ereignisprozedur BtnBerechnen_Click („Berechnen")**

In dieser Ereignisprozedur wird lediglich die Funktion *Median* mit den Argumenten *n* und *x*() aufgerufen und das Ergebnis in das *Label1* geschrieben.

```
Private Sub BtnBerechnen_Click(...) Handles BtnBerechnen.Click
  Label1.Text = Median(n, x).ToString("f3")
End Sub
```

■ **Ereignisprozedur BtnLoeschen_Click („Löschen")**

Die Anzahl der Feldelemente wird mit *n* = 0 initialisiert. Der *Text*-Eigenschaft der Ein- und Ausgabe-Steuerelemente wird ein Leerstring zugewiesen, und die *TextBox1* bekommt den Fokus (siehe Lösung auf der Begleit-DVD).

Lösungsschritt 4: Programm testen

Die Anzahl *n* sollte zumindest in der Testphase unbedingt angezeigt werden. Es ist sowohl mit einer geraden als auch mit einer ungeraden Anzahl *n* von Werten zu testen. Die Sortierung muss sorgfältig überprüft werden, für die Testphase empfiehlt es sich sogar, das sortierte Array in die mehrzeilige TextBox oder eine zusätzliche ListBox zu schreiben. Weiter müssen die Zahlen so beschaffen sein, dass nicht falsche Feldindizes zu demselben richtigen Medianwert führen. Identische Zahlen in der Sortiermitte sind deshalb zu vermeiden.

Abbildung 6.9 Testbeispiel zur Übung „Medianwert"

Ein Testbeispiel mit einer geraden Anzahl von Werten ist in Abbildung 6.9 dargestellt. Um eine ungerade Anzahl *n* zu testen, fügen Sie nachträglich den Zahlenwert 100,19 hinzu, der Medianwert muss dann 100,140 lauten. Anschließend sollten Sie sich um die korrekte Behandlung von Gleitpunktzahlen kümmern (siehe auch Lösung auf der Begleit-DVD) und mit *n* = 0 testen.

Übung 6-5: Matrizenaddition

Aufgabe: Zwei rechteckige Matrizen *A* und *B* (Datentyp *Integer*) sollen addiert werden. Voraussetzung ist, dass die Zeilenanzahl *m* und die Spaltenanzahl *n* beider Matrizen gleich groß sind. Jedes Element der Ergebnismatrix *C* wird als Summe der entsprechenden Elemente der Matrizen *A* und *B* berechnet.

$c_{ik} = a_{ik} + b_{ik}$, wobei $i = 0, 1 ..., m - 1$, $k = 0, 1 ..., n - 1$.

Da das Einlesen von Zahlenwerten mithilfe einer TextBox schon in den vorausgegangenen Übungen mehrfach angewendet wurde und eine komfortable Eingabe erst mit dem Einlesen von Textdateien gegeben ist (siehe Kapitel 11), werden in dieser Übung lediglich Testdaten verwendet.

Es wird ein modularer Programmaufbau angestrebt. Geeignete Programmteile sollen deshalb in benutzerdefinierten Prozeduren zusammengefasst werden.

Lernziel: Zweidimensionale Arrays deklarieren, initialisieren und umdimensionieren, eine verschachtelte *For-Next*-Schleife für eine Matrixoperation einsetzen, eine benutzerdefinierte Prozedur mit einem zweidimensionalen Array als Parameter definieren, eine Matrix zeilenweise in eine ListBox schreiben.

6 Datenfelder (Arrays)

Lösungsschritt 1: Benutzeroberfläche erstellen

Starten Sie Visual Basic 2008, erstellen Sie ein neues *Windows Forms*-Projekt mit dem Namen „MatrizenAddition", und speichern Sie alle Dateien.

Platzieren Sie auf dem Formular einen Button *BtnTestwerte* („Testwerte"), über dessen Klickereignis die Testwerte (Matrizen *A* und *B*) geladen und in die ListBoxen *LstMatrixA* und *LstMatrixB* geschrieben werden. Über das Klickereignis des Buttons *BtnAddieren* („Addieren") wird die Matrizenaddition ausgelöst. Für die Ergebnismatrix *C* ist eine dritte ListBox *LstMatrixC* neben den bereits vorhandenen ListBoxen anzuordnen. Die zu ergänzenden Beschriftungslabels können Abbildung 6.10 entnommen werden.

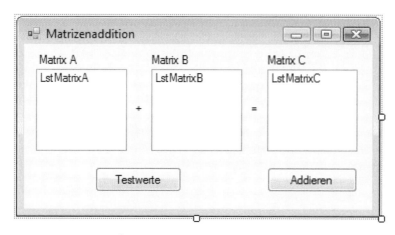

Abbildung 6.10 Rohformular zur Übung „Matrizenaddition"

Lösungsschritt 2: Eigenschaften festlegen

Die üblichen Einstellungen sind Lösungsschritt 1 und Abbildung 6.10 zu entnehmen. Stellen Sie die *TabStop*-Eigenschaft der drei ListBoxen auf *False*.

Lösungsschritt 3: Programmcode entwickeln

Das Programm besteht aus den benutzerdefinierten Sub-Prozeduren *MatAddDimPruefen*, *MatAdd*, *MatrixToListBox* und *WerteLoeschen* sowie den Ereignisprozeduren *BtnTestwerte_Click* und *BtnAddieren_Click*.

Die Matrizen *A* und *B* werden formularglobal deklariert und mit *Integer*-Testwerten initialisiert. Die Ergebnismatrix *C* wird dynamisch deklariert. Im Programmcode werden für die Matrizen Kleinbuchstaben verwendet.

- **Programmgerüst des Startformulars (Klasse Form1)**

```
Public Class Form1
    Private a(,) As Integer = {{2, 3}, {-2, 1}, {1, -1}, {3, 0}}
    Private b(,) As Integer = {{2, 4}, {-2, 2}, {1, -2}, {3, 1}}
    Private c(,) As Integer
    Sub MatAddDimPruefen(...) ... : End Sub
    Sub MatAdd(...) ... : End Sub
```

```
    Sub MatrixToListBox(...) ... : End Sub
    Sub WerteLoeschen() ... : End Sub
    Private Sub BtnTestwerte_Click(...) ... : End Sub
    Private Sub BtnAddieren_Click(...) ... : End Sub
End Class
```

■ **Deklaration der Sub-Prozedur MatAddDimPruefen**

Als Eingangsparameter werden die Matrizen *A* und *B* übergeben. Die Sub-Prozedur ermittelt die Dimensionen (Zeilen- und Spaltenzahl) der beiden Matrizen. Falls die Feldgrößen übereinstimmen, werden sie als Zeilenzahl *m* und Spaltenzahl *n* zurückgegeben. Falls sie nicht übereinstimmen, werden und *m* und *n* gleich 0 (null) gesetzt.

Die Prozedur wäre bei den gegebenen Testwerten nicht unbedingt notwendig gewesen, da auf Übereinstimmung der Feldgrenzen der Matrizen *A* und *B* geachtet wurde. Will man das Programm um das Einlesen der Matrizen *A* und *B* erweitern, so ist die Prozedur allerdings sehr hilfreich.

```
Sub MatAddDimPruefen(ByVal a(,) As Integer, ByVal b(,) As Integer, _
    ByRef m As Integer, ByRef n As Integer)
  Dim mA, nA, mB, nB As Integer
  ' Ermitteln der Feldgrenzen
  mA = a.GetLength(0) : nA = a.GetLength(1)
  mB = b.GetLength(0) : nB = b.GetLength(1)

  ' Vergleichen der Feldgrenzen
  If mA = mB And nA = nB Then
    m = mA        ' = mB
    n = nA        ' = nB
  Else
    m = 0
    n = 0
  End If
End Sub
```

■ **Deklaration der Sub-Prozedur MatAdd**

Diese Prozedur ist das Kernstück der Übung. Eingangsparameter sind die zwei Matrizen *A* und *B* (zweidimensionale Arrays *a* und *b*). Zurückgegeben werden die Matrix *C* und der boolesche Fehlerparameter *isErr*. Zunächst wird die Sub-Prozedur *MatAddDimPruefen* aufgerufen. Falls die Dimensionen der beiden Matrizen *A* und *B* nicht übereinstimmen (*m* = 0 und *n* = 0), wird der Fehlerparameter gleich *True* gesetzt. Andernfalls wird das zweidimensionale Array *c* umdimensioniert und die Matrix *C* (*m*, *n*) nach der eingangs aufgeführten Formel mit einer verschachtelten *For-Next*-Schleife berechnet und über die Parameterliste als Referenzparameter zurückgegeben.

```
Sub MatAdd(ByVal a(,) As Integer, ByVal b(,) As Integer, _
    ByRef c(,) As Integer, ByRef isErr As Boolean)
  Dim i, k As Integer
  Dim m, n As Integer
  isErr = False
  ' Prozeduraufruf
  MatrizenDimPruefen(a, b, m, n)

  If m = 0 And n = 0 Then
    isErr = True
  Else
    ReDim c(m - 1, n - 1)
    ' Matrizen addieren
    For i = 0 To m - 1
```

```
        For k = 0 To n - 1
            c(i, k) = a(i, k) + b(i, k)
        Next k
    Next i
    End If
End Sub
```

■ Sub-Prozedur MatrixToListBox

Als Parameter werden ein zweidimensionales Array *a* und der Name einer ListBox übergeben. Die Dimensionen *m* und *n* des Arrays *a* werden eingangs berechnet. Anschließend werden die Matrixelemente Zeile für Zeile in die ListBox geschrieben.

```
Sub MatrixToListBox(ByVal a(,) As Integer, ByVal lstBox As ListBox)
    Dim i, k, m, n As Integer, zeile As String
    m = a.GetLength(0)      ' Zeilen
    n = a.GetLength(1)      ' Spalten

    For i = 0 To m - 1
        zeile = ""
        For k = 0 To n - 1
            zeile = zeile & "   " & a(i, k)
        Next k
        lstBox.Items.Add(zeile)
    Next i
End Sub
```

■ Sub-Prozedur WerteLoeschen

Es werden lediglich die Einträge in den drei ListBoxen gelöscht.

```
Sub WerteLoeschen()
    LstMatrixA.Items.Clear()
    LstMatrixB.Items.Clear()
    LstMatrixC.Items.Clear()
End Sub
```

■ Ereignisprozedur BtnTestwerte_Click

Zunächst werden durch Aufruf der Sub-Prozedur *WerteLoeschen* die Inhalte aller drei ListBoxen gelöscht. Anschließend werden die Matrizen *A* und *B* durch Aufruf der Sub-Prozedur *MatrixToListBox* in die entsprechenden ListBoxen geschrieben.

```
Private Sub BtnTestwerte_Click(...) Handles BtnTestwerte.Click
    WerteLoeschen()
    MatrixToListBox(a, LstMatrixA)
    MatrixToListBox(b, LstMatrixB)
End Sub
```

■ Ereignisprozedur BtnAddieren_Click

Nach dem Löschen des Inhalts der ListBox *LstMatrixC* wird die Sub-Prozedur *MatAdd* aufgerufen, die zunächst die Dimensionen der Matrizen *A* und *B* überprüft. Daraufhin wird entweder eine Fehlermeldung angezeigt, oder es wird die Ergebnismatrix *C* mithilfe der Sub-Prozedur *MatrixToListBox* in die vorgesehene ListBox geschrieben.

```
Private Sub BtnAddieren_Click(...) Handles BtnAddieren.Click
    Dim isError As Boolean
    LstMatrixC.Items.Clear()
    ' Prozeduraufruf
    MatAdd(a, b, c, isError)
    If isError = True Then
```

```
        LstMatrixC.Items.Add("Dimensionsfehler")
    Else
        MatrixToListBox(c, LstMatrixC)
    End If
End Sub
```

Lösungsschritt 4: Programm testen

Die Testdaten für die Arrays *A* und *B* werden schon im allgemeinen Deklarationsteil des Startformulars zugewiesen. Es handelt sich jeweils um zwei (4, 2)-Matrizen. Das Ergebnis der Matrizenaddition ist in Abbildung 6.11 dargestellt. Auf jeden Fall sollte auch ein Fehlerfall getestet werden, indem z. B. die Matrix *A* auf eine (3, 2)-Matrix reduziert wird (siehe kommentierter Code auf der Begleit-DVD).

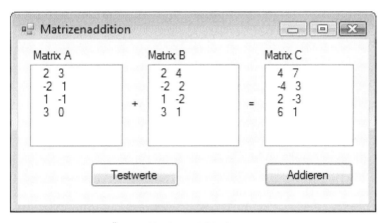

Abbildung 6.11 Testbeispiel zur Übung „Matrizenaddition"

Ansonsten sollten wie üblich das mehrmalige Klicken der Buttons und das Klicken in beliebiger Reihenfolge getestet werden. Da die Testdaten bereits beim Programmstart geladen werden, ist die Matrizenaddition bereits möglich, bevor die Matrizen *A* und *B* mit dem Button „Testwerte" angezeigt werden. Ein möglicher Weg, um dies zu vermeiden, wird in der Lösung auf der Begleit-DVD mit der booleschen Variablen *liesAB* beschritten.

6.4 Aufgaben

Aufgabe 6-1: Geometrisches Mittel

Wie in Übung 6-2 (arithmetisches Mittel) soll eine Zahlenliste in ein eindimensionales Array *x* eingelesen werden. Für die Berechnung des geometrischen Mittels ist eine benutzerdefinierte Funktion *Gmittel* zu verwenden.

6 Datenfelder (Arrays)

Das geometrische Mittel *Gmittel* von n Zahlenwerten x_i berechnet sich, indem zuerst das Produkt aus allen Werten x_i gebildet und von diesem Produkt anschließend die n-te Wurzel gezogen wird.

$$Gmittel = \sqrt[n]{x_0 \cdot x_1 \cdot x_2 \cdot \ldots \cdot x_{n-1}}$$

Die Benutzeroberfläche kann sich an Übung 6-2 anlehnen, aber auch die Erweiterung dieser Übung mit zusätzlicher Anzeige des geometrischen Mittels bietet sich an.

Aufgabe 6-2: Messreihe

Es ist eine Anwendung zu erstellen, die mithilfe einer einzeiligen TextBox und eines Buttons *BtnTxtToMesswerte* („>") Messwerte in ein dynamisches Array l einliest und die eingelesenen Messwerte in die mehrzeilige TextBox *TxtMesswerte* überträgt. Mit einem weiteren Button *BtnBerechnen* („Berechnen") sind der (arithmetische) Mittelwert der n Messwerte l_i, die n Verbesserungen v_i (Array) und die Standardabweichung s des Mittelwertes zu berechnen. Außerdem sind die Verbesserungen v_i in die vorgesehene mehrzeilige TextBox zu übertragen (siehe Abbildung 6.12).

Formeln:

$$v_i = Mittelwert - l_i$$

$$s = \sqrt{\frac{\sum_{i=0}^{n-1} v_i^2}{n \cdot (n-1)}} \quad \text{wobei } i = 0, 1 \ldots, n-1 \text{ und } n = \text{Anzahl der Messwerte}$$

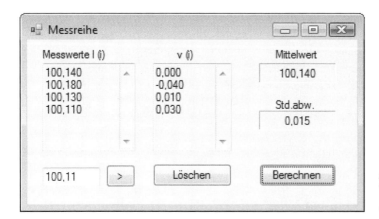

Abbildung 6.12
Testbeispiel zur Aufgabe „Messreihe"

Entwickeln Sie das entsprechende Programm schrittweise analog zu Übung 6-4 (Medianwert). Die Berechnung des (arithmetischen) Mittelwerts soll durch Aufruf der Funktion *Amittel* aus Übung 6-2 erfolgen. Während der Testphase sollten Sie sich die Anzahl n anzeigen lassen, um etwaige Fehlerquellen besser eingrenzen zu können.

Aufgabe 6-3: Minimum und Maximum einer sortierten Zahlenreihe

In Übung 6-3 wurden das Minimum und Maximum eines Zahlenarrays gefunden, indem alle Feldelemente der Reihe nach abgefragt wurden. Ersetzen Sie die benutzerdefinierte Sub-Prozedur *MinMax* durch eine Sub-Prozedur *MinMaxSort*,

```
Sub MinMaxSort(ByVal x() As Integer, _
    ByRef min As Integer, ByRef imin As Integer, _
    ByRef max As Integer, ByRef imax As Integer)
```

in der Sie das Zahlenarray *x* in ein temporäres Array *s* kopieren und dieses anschließend mit der *Sort*-Methode der *Array*-Klasse sortieren. Das kleinste Element steht nunmehr am Anfang, das größte Element am Ende des sortierten Arrays. Die zugehörigen Indizes können anschließend mit der *IndexOf*-Methode der *Array*-Klasse im unsortierten Array *x* gefunden werden.

Zum Test genügt es, in der Ereignisprozedur *BtnBerechnen_Click* der Übung 6-3 den Prozeduraufruf *MinMax* durch *MinMaxSort* zu ersetzen.

Aufgabe 6-4: Matrizenmultiplikation

Zwei rechteckige Matrizen *A* (*m*, *n*) und *B* (*n*, *p*) sollen multipliziert werden. Die Produktbildung ist nur möglich, wenn die Spaltenzahl der Matrix *A* und die Zeilenzahl der Matrix *B* übereinstimmen. Die Koeffizienten der Matrix *C* (*m*, *p*) ergeben sich als Skalarprodukt aus dem *i*-ten Zeilenvektor von *A* und dem *k*-ten Spaltenvektor von *B*.

$$c_{ik} = \sum_{j=0}^{n-1} a_{ij} \cdot b_{jk}$$, wobei $i = 0, 1, ..., m-1$ und $k = 0, 1, ..., p-1$.

a) Stellen Sie die Matrizenmultiplikation als Struktogramm dar, und übertragen Sie dieses in die benutzerdefinierte Sub-Prozedur *MatMult*

```
Sub MatMult(ByVal a(,) As Integer, ByVal b(,) As Integer, _
    ByRef c(,) As Integer, ByRef isErr As Boolean)
```

b) Schreiben Sie analog zu Übung 6-5 (Matrizenaddition) ein Testprogramm zur Matrizenmultiplikation mit vorgegebenen Testmatrizen *A* und *B* (Testbeispiel siehe Abbildung 6.13).

Für die manuelle Rechnung ist das *Falk*-Schema hilfreich (siehe z. B. [Papula06]).

Beispiel: C(2, 1) = A(2, 0) * B(0, 1) + A(2, 1) * B(1, 1) = 1 * 1 + (–1) * (–2) = 3

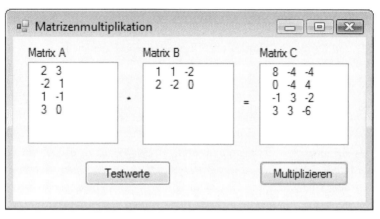

Abbildung 6.13 Testbeispiel zur Aufgabe „Matrizenmultiplikation"

7 Zeichenketten (Strings)

Zeichenketten (engl. *Strings*) sind ein unentbehrlicher Bestandteil fast jeden Programms. In Visual Basic gibt es zwei Datentypen für die Zeichendarstellung, den Datentyp *Char* (Struktur *System.Char*) und den Datentyp *String* (Klasse *System.String*).

Im Mittelpunkt dieses Kapitels stehen die Instanzeneigenschaften und -methoden von *String*-Variablen (Instanzen des *String*-Datentyps) sowie die statischen Methoden der *String*-Klasse. Damit können Strings analysiert, bearbeitet und formatiert werden.

Strings werden als unveränderliche Zeichenketten gespeichert. Wenn der Inhalt einer Stringvariablen häufig wechselt, kann dies zu erheblichen Performance-Problemen führen. Einen Ausweg bietet die Klasse *System.Text.StringBuilder*, die ebenfalls in diesem Kapitel behandelt wird.

Ein kurzer Exkurs führt in die Struktur *TimeSpan* ein. Der Datentyp *TimeSpan* wird für Rechenzeitvergleiche zwischen *String*- und *StringBuilder*-Objekten eingesetzt.

7.1 Lektion 7: Zeichenketten (Strings)

Der Datentyp *Char* ist für die Darstellung *eines* Zeichens geeignet, der Datentyp *String* kann fast beliebig viele (2^{31}) Zeichen speichern. Zeichen können Buchstaben, Ziffern oder Sonderzeichen sein. Intern werden Zeichen im Unicode (UTF-16) codiert, für ein Zeichen werden damit zwei Byte benötigt, mit denen theoretisch 65.536 verschiedene Zeichen darstellbar sind.

Sowohl Zeichenketten (*String*-Variablen) als auch Einzelzeichen (*Char*-Variablen) wurden bereits in Kapitel 2 eingeführt. In dieser Lektion wollen wir uns in erster Linie mit dem Datentyp *String* befassen.

Für die Verarbeitung von Strings werden wir im Folgenden fast ausschließlich die .NET-Instanzenmethoden und statischen Methoden der *System.String*-Klasse einsetzen. Zusätzlich stehen standardmäßig alle aus VB6 bekannten Methoden im Modul *Microsoft.Visual-*

Basic.Strings zur Verfügung. Auf ihre Darstellung wird hier jedoch im Hinblick auf eine zukunftssichere Programmierweise verzichtet.

7.1.1 Strings initialisieren und zuweisen

Char-Variablen sind Werttypen, *String*-Variablen dagegen Referenztypen. Stringvariablen speichern also nur den Verweis auf den eigentlichen Wert im *Heap*. Sie unterscheiden sich aber von den üblichen Referenztypen in einem wesentlichen Punkt: Bei jeder Änderung des Inhalts einer Stringvariablen wird ein neues *String*-Objekt erzeugt, und der Zeiger (Adresse) verweist auf dieses neue Objekt. Das alte, nicht mehr benötigte *String*-Objekt wird bei nächster Gelegenheit vom *Garbage Collector* beseitigt. Stringvariablen sind unveränderbar (engl. *immutable*) und verhalten sich wie Werttypen. Diesem Vorteil steht aber auch ein gravierender Nachteil entgegen, der bereits in der Einleitung zu diesem Kapitel erwähnt wurde. Wenn sich der Inhalt einer Stringvariablen häufig ändert (z. B. in einer Schleifenanweisung), führt dies zu inakzeptablen Performance-Verlusten.

String-Variablen können unmittelbar bei der Deklaration initialisiert werden, indem ihnen ein Text (in doppelte Hochkommas eingeschlossen) zugewiesen wird. Häufig ist dies ein Leerstring (`""`). Nicht initialisierte Stringvariablen *s* haben wie alle Referenztypen den Wert *Nothing*, der mit `s Is Nothing` bzw. `IsNothing(s)` abgefragt werden kann. In Tabelle 7.1 werden zusätzlich drei nützliche Methoden der *String*-Klasse vorgestellt.

Tabelle 7.1 Instanzen- und statische Methoden zur String-Initialisierung

Methode	Ergebnistyp	Beschreibung
s.Clone	Object	Gibt Verweis auf Stringinstanz s zurück
String.Copy(s)	String	Erzeugt eine neue Stringinstanz mit dem Inhalt von s
String.Empty	String	Gibt Leerstring zurück

Listing 7.1 Nicht initialisierte und leere Strings, Strings initialisieren und zuweisen

```
Dim s1 As String = String.Empty     ' identisch mit: s1 As String = ""
Dim s2, s3 As String                ' s2, s3 sind nicht initialisiert

If s2 Is Nothing Then
   MessageBox.Show("s2 = Nothing")  ' Bedingung erfüllt, s2 = Nothing
End If

s2 = CType(s1.Clone, String)        ' s2 verweist auf s1,
                                    '   entspricht: s2 = s1
If IsNothing(s2) = True Then
   MessageBox.Show("s2 = Nothing")  ' Bedingung nicht erfüllt
ElseIf s2 = "" Then
   MessageBox.Show("s2 = leer")     ' Bedingung erfüllt, s2 = ""
End If

s1 = "neu"                          ' s2 bleibt unverändert
s3 = String.Copy(s1)                ' neue Stringinstanz s3 = "neu"
MessageBox.Show("s1 = " & s1)       ' Anzeige: s1 = neu
```

7.1.2 Strings analysieren und vergleichen

In Tabelle 7.2 wird die Syntax der beiden Instanzeneigenschaften *Length* und *Chars* beschrieben. In Tabelle 7.3 finden Sie ausgewählte Instanzenmethoden und statische Methoden der *String*-Klasse zum Analysieren und Vergleichen von Strings.

Tabelle 7.2 Eigenschaften zur String-Analyse

Eigenschaft	Ergebnistyp	Beschreibung
s.Length	Integer	Gibt Anzahl der Zeichen des Strings s zurück
s.Chars(i)	Char	Gibt i-tes Zeichen des Strings s zurück (Indexposition beginnt mit 0, d. h. erstes Zeichen i = 0)

Tabelle 7.3 Methoden zur String-Analyse (Auswahl)

Methode	Ergebnistyp	Beschreibung
s.Contains(s1)	Boolean	Prüft, ob der String s1 im String s enthalten ist
s.EndsWith(s1)	Boolean	Prüft, ob der Strings s mit dem String s1 endet
s.IndexOf(s1)	Integer	Gibt Position zurück, an der der String s1 erstmals in s gefunden wurde (falls Suche ergebnislos, Rückgabewert –1)
s.IndexOfAny(c())	Integer	Gibt Position zurück, an der eines der Zeichen des Char-Arrays c() erstmals in s gefunden wurde (ergebnislos: –1)
s.LastIndexOf(s1)	Integer	Wie IndexOf, aber Suche von hinten
s.LastIndexOfAny(c())	Integer	Wie IndexOfAny, aber Suche von hinten
s.StartsWith(s1)	Boolean	Prüft, ob s mit dem String s1 beginnt
s.SubString(i)	String	Gibt Teilstring von s ab dem i-ten Zeichen zurück
s.SubString(i, n)	String	Gibt n Zeichen des Strings s ab dem i-ten Zeichen zurück
s.ToCharArray()	Char()	Gibt alle Zeichen des Strings s als Char-Array zurück
s.ToCharArray(i, n)	Char()	Gibt n Zeichen des Strings s ab dem i-ten Zeichen als Char-Array zurück
String.Compare(s1, s2)	Integer	Vergleicht den String s1 mit dem String s2 gemäß aktueller Ländereinstellung („Kultur"); (Rückgabewert i < 0, wenn s1 < s2, i = 0, wenn s1 = s2 und i > 0, wenn s1 > s2)
String.Compare (s1, s2, b)	Integer	Vergleicht den String s1 mit dem String s2 (wie oben), wenn b (boolescher Wert) = True, wird Groß- und Kleinschreibung ignoriert
String.CompareOrdinal (s1, s2)	Integer	Vergleicht den String s1 mit dem String s2 gemäß binärer Unicode-Reihenfolge; (Rückgabewert i < 0, wenn s1 < s2, i = 0, wenn s1 = s2, und i > 0, wenn s1 > s2)

Bei allen .NET-Eigenschaften und -Methoden der *String*-Klasse zählt das erste Zeichen als 0-tes Zeichen, die Indexpositionen beginnen also mit 0 (null). Es ist darauf zu achten, dass keine ungültige Indexposition *i* übergeben wird, andernfalls wird eine Ausnahme (*IndexOutOfRangeException*) ausgelöst. Eine Ausnahme ergibt sich auch, wenn die Anzahl der Zeichen *n* in Verbindung mit der Indexposition *i* zu groß ist (*ArgumentOutOfRangeException*).

Die *String.Compare*-Methode vergleicht standardmäßig gemäß der aktuellen Ländereinstellung nach kulturspezifischen Gesichtspunkten. Bei der deutschen Ländereinstellung gilt beispielsweise folgende Sortierungsreihenfolge:

% < € < 1 < 111 < 2 < a < A < ä < Ä < Affe < b < Ö < s < ß < t < z < Z

Die *String.CompareOrdinal*-Methode vergleicht dagegen *binär* gemäß der Reihenfolge der Zeichen im Unicode, zum Beispiel:

% < 1 < 111 < 2 < A < Affe < Z < a < b < s < t < z < Ä < Ö < ß < ä < €

Für Stringvergleiche können selbstverständlich auch die Vergleichsoperatoren (<, <=, =, > und >=) und *Like* (siehe Lektion 3) eingesetzt werden. Dabei wird ebenfalls binär gemäß der Unicode-Zeichenreihenfolge verglichen.

Listing 7.2 Strings analysieren und vergleichen

```
Dim s1 As String = "Morgenstund hat Gold im Mund"
Dim s2 As String = "und", s3 As String = String.Empty
Dim c As Char, cF() As Char
Dim i As Integer, b As Boolean

i = s1.Length                          ' i = 28
c = s1.Chars(3)                        ' c = "g"
b = s1.EndsWith(s2)                    ' b = True
i = s1.IndexOf(s2)                     ' i = 8
cF = s2.ToCharArray()                  ' cF() = {"u"c, "n"c, "d"c}
cF = s1.ToCharArray(8, 3)              ' cF() = {"u"c, "n"c, "d"c}
i = s1.IndexOfAny(cF)                  ' i = 5    ' ("Morge"->"n")
s3 = s1.Substring(16)                  ' s3 = "Gold im Mund"
s3 = s1.Substring(16, 4)               ' s3 = "Gold"
i = String.Compare("Und", s2)          ' i = 1    ' "U" > "u"
i = String.Compare("Und", s2, True)    ' i = 0
i = String.CompareOrdinal("Und", s2)   ' i = -32  ' "U" < "u"
```

In Tabelle 7.4 wird die Syntax ausgewählter *String*-Instanzenmethoden beschrieben, mit denen sich Zeichenketten bearbeiten lassen. Das Ergebnis ist jeweils wieder vom Typ *String*.

Tabelle 7.4 Methoden zur String-Bearbeitung (Auswahl)

Methode	Beschreibung
s.Insert(i, s1)	Fügt String s1 ab Position i in String s ein
s.PadLeft(n)	Füllt den String s links mit Leerzeichen auf, bis Stringbreite n erreicht ist (Ergebnis: rechtsbündige Ausrichtung)
s.PadRight(n)	Füllt den String s rechts mit Leerzeichen auf, bis Stringbreite n erreicht ist (Ergebnis: linksbündige Ausrichtung)

Methode	Beschreibung
s.Remove(i, n)	Löscht n Zeichen aus dem String s ab der Indexposition i
s.Replace(s1, s2)	Ersetzt im String s alle Vorkommen des Strings s1 durch den String s2
s.ToLower()	Gibt eine in Kleinbuchstaben konvertierte Kopie des Strings s zurück
s.ToUpper()	Gibt eine in Großbuchstaben konvertierte Kopie des Strings s zurück
s.Trim()	Löscht alle Leerzeichen am Anfang und am Ende des Strings s
s.Trim(c())	Löscht alle Zeichen des Char-Arrays c() am Anfang und am Ende des Strings s

Listing 7.3 Strings bearbeiten

```
Dim str As String = "*** s = ....1234.567.... *** "
Dim cF() As Char = {"*"c, "."c, " "c}
str = str.Trim(cF)              ' str = "s =  ....1234.567"
str = str.Remove(0, 3)          ' str = "  ....1234.567"
str = str.Trim(cF).PadLeft(10)  ' str = "  1234.567"
str = str.Insert(10, " M")      ' str = "  1234.567 M"
str = str.Replace(".", ",")     ' str = "  1234,567 M"
str = str.ToLower()             ' str = "  1234,567 m"
```

7.1.3 Strings zerlegen und zusammensetzen

In Tabelle 7.5 wird die Syntax dreier Überladungen der Instanzenmethode *Split* beschrieben. Die Teilstrings werden jeweils als *String-Array* zurückgegeben. Mit der (statischen) *Concat*-Methode der *String*-Klasse lassen sich Teilstrings zu einem gemeinsamen String zusammenfügen. Daneben gibt es natürlich die bereits in Kapitel 2 eingeführten Verkettungsoperatoren & und +. Die (statische) *Join*-Methode der *String*-Klasse kann ebenfalls Strings verketten, wobei zugleich ein vorgegebener String zwischen den Teilstrings eingefügt werden kann.

Tabelle 7.5 Methoden zum Zerlegen und Zusammensetzen von Strings (Auswahl)

Methode	Beschreibung
s.Split(c())	Zerlegt String s in Teilstrings, die durch die Elemente des Char-Arrays c() getrennt sind
s.Split(c(), StringSplitOptions.RemoveEmptyEntries)	Zerlegt String s in Teilstrings, die durch die Elemente des Char-Arrays c() getrennt sind, wobei leere Strings entfernt werden
s.Split(s1(), StringSplitOptions.RemoveEmptyEntries)	Zerlegt String s in Teilstrings, die durch die Elemente des String-Arrays s1() getrennt sind, wobei leere Strings entfernt werden
String.Concat(s())	Verbindet alle Elemente des String-Arrays s() und gibt verkettete Zeichenfolge als String zurück
String.Join(s1, s2())	Fügt zwischen alle Elemente des String-Arrays s2() den String s1 als trennende Zeichenfolge ein und gibt verkettete Zeichenfolge als String zurück

7 Zeichenketten (Strings)

Listing 7.4 Zusammensetzen und Zerlegen eines String-Arrays (Lottozahlen)

```
Dim lotto As String = "3 / 10 / 12 / 15 / 16 / 47"
Dim lottoF As String() = {String.Empty}
Dim trenner() As Char = {" "c, "/"c}

lottoF = lotto.Split(trenner, StringSplitOptions.RemoveEmptyEntries)
TextBox1.Text = String.Empty
For Each lotto In lottoF
   TextBox1.Text &= lotto & " - "      ' "3 - 10 - 12 - 15 - 16 - 47 - "
Next

lotto = String.Join(" - ", lottoF)     ' String-Array verketten
TextBox2.Text = lotto                  ' "3 - 10 - 12 - 15 - 16 - 47"

lotto = String.Concat(lottoF)          ' String-Array verketten
TextBox2.Text = lotto                  ' "31012151647"
```

7.1.4 Strings mit der Format-Methode formatieren

Bereits in Abschnitt 2.2.12 haben wir elementare Datentypen mit der *ToString*-Methode konvertiert und formatiert. Noch komfortabler sind die Möglichkeiten, die die (statische) *Format*-Methode der *String*-Klasse bietet.

Die allgemeine Syntax für die *Format*-Methode lautet:

```
String.Format(strFormat, objVar0 [, objVar1 [, objVar2 [, .. ]]])
```

Das Zeichenkettenformat *strFormat* setzt sich aus Text und indexierten Platzhaltern zusammen. Diese Platzhalter bestehen aus einem nullbasiertem Index, einer optionalen Stellenzahl (Minimalbreite) und einem optionalen Formatstring nach den Regeln der *ToString*-Methode (vgl. Tabellen 2.10 und 2.11). Die Indizes beziehen sich der Reihe nach auf die zu formatierenden Ausdrücke *objVar0*, *objVar1*, *objVar2* usw. Die Platzhalter werden in geschweifte Klammern eingeschlossen.

Die allgemeine Syntax für *indexierte Platzhalter* lässt sich wie folgt darstellen:

```
{index [, stellen] [:formatString]}
```

Listing 7.5 String-Formatierung mit der Format-Methode

```
Dim n As Integer = 123, r As Double = 123.456789, cd As String = "AB"
Dim s As String

s = String.Format("Nr ={0,6}, R = {1,9:f2} m, Code = ""{2}""", n, r, cd)

TextBox1.Text = s     ' Anzeige: Nr =   123, R =    123,46 m, Code = "AB"
```

Der erste Platzhalter {0,6} mit dem Index 0 verweist auf die Variable *n* und gibt diese rechtsbündig mit einer Breite von sechs Stellen aus, der zweite Platzhalter {1,9:f2} reserviert neun Stellen und formatiert die Variable *r* im Format "f2" (zwei Nachkommastellen), der dritte Platzhalter {2} verweist auf die Variable *cd*, ohne ein Format vorzugeben. Die doppelten Gänsefüßchen ("") vor und nach dem letzten Platzhalter sind notwendig, damit der String "AB" mit Gänsefüßchen erscheint.

7.1.5 Strings mit StringBuilder-Objekten zusammensetzen

Wenn sich Zeichenketten während der Laufzeit häufig ändern, sollten statt *String*-Variablen Instanzen der *StringBuilder*-Klasse verwendet werden. Diese ermöglichen in den meisten Fällen eine effizientere Stringverarbeitung.

StringBuilder-Objekte sind zeichenfolgenähnliche Objekte, die einen Objektpuffer verwalten. Damit können Zeichenketten vergrößert oder inhaltlich verändert werden, ohne dass jedes Mal umgespeichert werden muss. Bei Bedarf wird der Puffer systemintern angepasst.

StringBuilder-Objekte erzeugen

Die Klasse *StringBuilder* ist dem Namensraum *System.Text* zugeordnet, der standardmäßig nicht geladen ist. Der Namensraum kann entweder mit einer *Imports*-Anweisung vor dem Modul- oder Klassenanfang importiert werden:

```
Imports System.Text
```

oder der Namensraum muss dem Klassennamen vorangestellt werden.

Um eine neue Instanz zu erzeugen, ist der *New*-Operator notwendig. Für die Initialisierung gibt es sechs Überladungen, von denen hier fünf beispielhaft dargestellt werden:

Listing 7.6 Initialisierung von StringBuilder-Instanzen

```
Dim sb1 As New System.Text.StringBuilder()
' StringBuilder(): Standardwerte, Inhalt: System.String.Empty

Dim sb2 As New System.Text.StringBuilder(30)
' StringBuilder(capacity As Integer) (empfohlene Anfangsgröße)

Dim sb3 As New System.Text.StringBuilder("München")
' StringBuilder(value As String)     (Anfangswert)

Dim sb4 As New System.Text.StringBuilder("München", 30)
' StringBuilder(value As String, capacity As Integer)

Dim sb6 As New System.Text.StringBuilder(30, 60000)
' StringBuilder(capacity As Integer, maxCapacity As Integer)
```

Die *Kapazität* eines neu initialisierten *StringBuilder*-Objekts ist implementierungsabhängig, beträgt aber in der Regel 16 Zeichen, die maximale Kapazität *Int32.MaxValue* = 2^{31} Zeichen. Wird einer Instanz kein Wert zugewiesen, so bekommt sie den Wert *String.Empty* (Leerstring). Wenn ein Wert zugewiesen wird, der die vom Benutzer bzw. vom System vorgegebene Maximalkapazität übersteigt, wird eine *ArgumentOutOfRangeException* ausgelöst.

Die *StringBuilder*-Klasse kennt vier Eigenschaften, die in Tabelle 7.6 aufgelistet sind. Eine Auswahl wichtiger Methoden ist in Tabelle 7.7 enthalten. Die wichtigste Methode ist die mehrfach überladene *Append*-Methode, mit der fast alle elementaren Datentypen als Zeichenfolge an ein *StringBuilder*-Objekt angehängt werden können.

7 Zeichenketten (Strings)

Tabelle 7.6 Eigenschaften der Klasse StringBuilder

Eigenschaft	Ergebnistyp	Beschreibung
sb.Capacity	Integer	Ruft die Höchstanzahl der Zeichen ab, die die Instanz sb reserviert hat, oder legt diese fest
sb.Chars(i)	Char	Gibt i-tes Zeichen der Instanz sb zurück (nullbasierte Indexposition, d. h. erstes Zeichen i = 0)
sb.Length	Integer	Gibt die Zeichenanzahl der Instanz sb zurück oder legt diese fest
sb.MaxCapacity	Integer	Gibt die maximale Kapazität der Instanz sb zurück, oder legt diese fest

Tabelle 7.7 Methoden der Klasse StringBuilder (Auswahl)

Methode	Ergebnistyp	Beschreibung
sb.Append(objVar)	StringBuilder	Fügt den Ausdruck objVar vom Typ Integer, Double, Char, String, Object u. a. als Zeichenfolge an das Ende der Instanz sb an
sb.AppendFormat(format, objVar1, ...)	StringBuilder	Fügt eine gemäß format formatierte Zeichenfolge (ähnlich der String.Format-Methode) an das Ende der Instanz sb an
sb.Insert(i, s)	StringBuilder	Fügt String s an der i-ten Position der Instanz sb ein
sb.Remove(i, n)	StringBuilder	Löscht n Zeichen in der Instanz sb ab der Indexposition i
sb.Replace(s1, s2)	StringBuilder	Ersetzt in der Instanz sb alle Vorkommen des Strings s1 durch den String s2
sb.ToString	String	Wandelt Instanz sb in String um

Listing 7.7 StringBuilder-Objekte zusammensetzen und verändern

```
Dim sb As New System.Text.StringBuilder()
Dim a As Integer = 13, b As Integer = 5
Dim newln As String = System.Environment.NewLine    ' Chr(13) & Chr(10)

sb.Append("Wichtige Operationen:" & newln & newln)
sb.Append("Addition:       " & a & " + " & b & " = " & a + b & newln)
sb.AppendFormat("Subtraktion: {0} - {1} = {2,2}" & newln, a, b, a - b)
sb.Insert(0, "Arithmetische ")
sb.Remove(13, 8)                          ' "Wichtige" wird gelöscht
sb.Replace("tionen", "toren")             ' "Operationen" -> "Operatoren"

TextBox1.Text = sb.ToString               ' TextBox1.Multiline = True
TextBox1.Text &= newln& "Länge = " & sb.Length & _
                newln& "Kapazität = " & sb.Capacity
```

Der Code in Listing 7.7 erzeugt in der mehrzeiligen *TextBox1* den in Abbildung 7.1 dargestellten Text. Die erste Zeile benötigt 25 Zeichen, die dritte und vierte Zeile je 24 Zeichen, für die vier Zeilenvorschübe (*newln*) werden jedes Mal zwei Zeichen benötigt, damit ergibt sich die Länge der *StringBuilder*-Instanz zu 81 Zeichen. Die Kapazität wird während der Laufzeit automatisch von 16 auf 128 Zeichen erhöht.

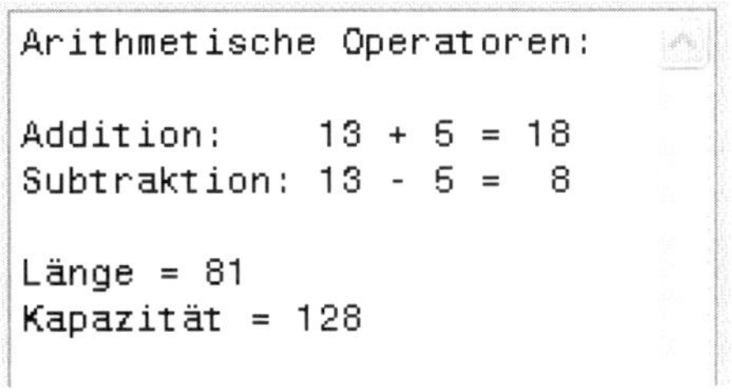

```
Arithmetische Operatoren:

Addition:    13 + 5 = 18
Subtraktion: 13 - 5 =  8

Länge = 81
Kapazität = 128
```

Abbildung 7.1 Ergebnisanzeige zu Listing 7.7

7.1.6 Exkurs: Zeitmessung mit der TimeSpan-Struktur

Immer wieder kommt es vor, dass die Zeitspanne zwischen zwei Zeitpunkten bestimmt werden soll. Beispielsweise interessiert oft die Ausführungszeit für einen bestimmten Programmteil. Hierfür bietet sich der .NET-Datentyp *TimeSpan* an. Ohne auf die zahlreichen Eigenschaften und Methoden der *System.TimeSpan*-Struktur einzugehen, werden in Listing 7.8 die notwendigen Schritte gezeigt, um die Zeitdifferenz zwischen zwei Zeitpunkten mit entsprechender Genauigkeit zu bestimmen und anzuzeigen.

Listing 7.8 Messung der Zeitdifferenz zwischen zwei Zeitpunkten

```
Dim t1, t2 As DateTime    ' Deklaration zweier Date(Time)-Variablen
Dim ts As TimeSpan        ' Deklaration einer TimeSpan-Variablen

t1 = DateTime.Now         ' aktuelle Zeit zum Zeitpunkt t1
' Anweisungen, deren Rechenzeit gemessen werden soll
t2 = DateTime.Now         ' aktuelle Zeit zum Zeitpunkt t2
ts = t2.Subtract(t1)      ' Zeitdifferenz t2 - t1

' Anzeige der Zeitdifferenz in Millisekunden:
TextBox1.Text = ts.TotalMilliseconds.ToString("f3")
```

7.2 Übungen

Übung 7-1: Binärzahl in Dezimalzahl umwandeln

Aufgabe: Es ist ein Programm zu erstellen, das eine Binärzahl in eine Dezimalzahl konvertiert. Da längere Binärzahlen sehr unübersichtlich sind, werden oft Trennzeichen eingefügt. Als Trennzeichen sind Leerzeichen, Punkt und Doppelpunkt zugelassen. Die folgenden drei Schreibweisen sind also gleichwertig:

```
1010 1010 1010 1010    1010.1010.1010.1010    10101010:10101010
```

Lernziel: Eigenschaften und Methoden der *String*-Klasse kennenlernen.

7 Zeichenketten (Strings)

Lösungsschritte 1 und 2: Benutzeroberfläche erstellen und Eigenschaften festlegen

Starten Sie Visual Basic 2008, erstellen Sie ein neues *Windows Forms*-Projekt mit dem Namen „BinaryToDecimal", und speichern Sie alle Dateien.

Platzieren Sie auf dem Startformular *Form1* eine genügend lange TextBox *TxtBinaer* für die Eingabe der Binärzahl, einen Button *BtnKonvertieren* und ein Label *LblDezimal* für die Ausgabe der Dezimalzahl sowie weitere Labels für die ergänzende Beschriftung (siehe Abbildung 7.2). Es empfiehlt sich, die *TextAlign*-Eigenschaft für die TextBox *TxtBinaer* auf *Center* und für das Label *LblDezimal* auf *MiddleCenter* zu stellen.

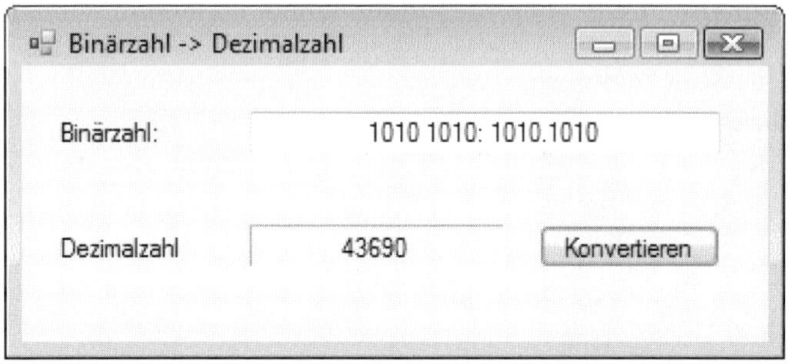

Abbildung 7.2
Testbeispiel zur Übung „Binärzahl in Dezimalzahl umwandeln"

Lösungsschritt 3: Algorithmus entwickeln und Programmcode schreiben

Die Ereignisprozedur *BtnKonvertieren_Click* („Konvertieren") erledigt das Einlesen der Binärzahl (*String*), das Konvertieren in eine Dezimalzahl und die Ergebnisanzeige. Das Programm wird übersichtlicher, wenn wir die eigentliche Umrechnung der Binärzahl in die nutzerdefinierte Funktion *BinToDec* verlagern.

■ **Deklaration der Funktion BinToDec**

Eine Binärzahl *bin* wird in eine Dezimalzahl *dec* umgewandelt, indem die Ziffern der Binärzahl fortlaufend (von rechts nach links) mit den steigenden Potenzen zur Basis 2 multipliziert werden.

Beispiel: $bin = 1101 \Rightarrow dec = 1 * 2^0 + 0 * 2^1 + 1 * 2^2 + 1 * 2^3 = 13$

Wir gehen davon aus, dass die Trennzeichen (" ", ".", ":") schon vor dem Funktionsaufruf aus der übergebenenen Zeichenfolge *bin* entfernt wurden. Mit der *ToCharArray*-Methode zerlegen wir den String *bin* in seine Einzelzeichen (*Char*-Array *chbin*). Diese sollten nur noch aus den Ziffern 1 und 0 bestehen. Als Nächstes drehen wir die Indexreihenfolge des *Char*-Arrays *chbin* um, sodass sie der Berechnungsreihenfolge (siehe obiges Beispiel) entspricht.

In einer *For-Next*-Schleife können wir nunmehr alle Zeichen von links nach rechts durchlaufen und die Produktsumme bilden. Die Potenzfaktoren 2^i berechnen wir bei jedem Schleifendurchlauf selbst, da dies effizienter ist als die Benutzung des Potenzoperators (^). Für die Konvertierung der einzelnen Zeichen in eine *Integer*-Zahl muss die *Parse*-Methode verwendet werden. Falls eine Ziffer weder eine 1 noch eine 0 ist, wird eine Ausnahme geworfen.

```
Private Function BinToDec(ByVal bin As String) As Integer
  Dim n, dec, potenz2 As Integer
  Dim chbin() As Char

  n = bin.Length                        ' Anzahl der Ziffern
  chbin = bin.ToCharArray()
  Array.Reverse(chbin)                  ' Umkehrung der Indexreihenfolge

  dec = 0
  potenz2 = 1                           ' potenz2: 2^0
  For i = 0 To n - 1
    If chbin(i) = "0" OrElse chbin(i) = "1" Then
      dec += Integer.Parse(chbin(i)) * potenz2
      potenz2 *= 2
    Else
      Throw New Exception("Die eingegebene Zahl ist keine Binärzahl.")
    End If
  Next i
  Return dec
End Function
```

Zu dem obigen Programmierungsvorschlag gibt es eine Reihe von Alternativen. So könnte die Umkehrung der Indexreihenfolge eingespart werden. Der Feldindex *i* in *chbin(i)* müsste dann in der obigen *For-Next*-Schleife durch *chbin(n – 1 – i)* ersetzt werden, oder die Schleife könnte alle Zeichen von rechts nach links mit der Schrittweite –1 durchlaufen. Eine weitere Variante wäre, in die *For-Next*-Schleife eine *Select-Case*-Anweisung einzubauen und nur für das Zeichen "1", nicht aber für "0" das Produkt 2^i zu bilden.

■ **Ereignisprozedur BtnKonvertieren_Click („Konvertieren")**

Nach dem Zuweisen der *TxtBinaer.Text*-Eigenschaft an die *String*-Variable *strBin* löschen wir die einzelnen Trennzeichen mit der *Replace*-Methode. Anschließend berechnen wir mithilfe der Funktion *BinToDec* die Dezimalzahl und geben sie an die *Text*-Eigenschaft des Labels *LblDezimal* weiter. Da die Funktion *BinToDec* im Fehlerfall eine Ausnahme wirft, schließen wir den Prozeduraufruf in ein *Try-Catch*-Konstrukt ein.

```
Private Sub BtnKonvertieren _Click(...) Handles BtnKonvertieren.Click
  Dim strBin As String

  strBin = TxtBinaer.Text
  strBin = strBin.Replace(" ", "")      ' alle Leerzeichen löschen
  strBin = strBin.Replace(".", "")      ' alle Punkte löschen
  strBin = strBin.Replace(":", "")      ' alle Doppelpunkte löschen

  Try
    LblDezimal.Text = BinToDec(strBin).ToString
  Catch ex As Exception
    MessageBox.Show(ex.Message, "Fehlerhinweis")
  End Try
End Sub
```

Statt drei Mal die *Replace*-Methode aufzurufen, könnten wir die drei Trennzeichen in ein Feld von *Char*-Separatoren packen, den eingelesenen String damit in Teilstrings zerlegen und anschließend wieder zusammenfügen:

```
Dim chSep() As Char = {" "c, "."c, ":"c}, temp() As String
temp = strBin.Split(chSep, StringSplitOptions.RemoveEmptyEntries)
strBin = String.Concat(temp)
```

7 Zeichenketten (Strings)

Lösungsschritt 4: Programm testen

Für den Test kann auf Übung 5-4 zurückgegriffen werden. In Abbildung 7.2 ist außerdem das eingangs erwähnte Zahlenbeispiel dargestellt. Testen Sie auf jeden Fall mit allen Trennzeichen (Leerzeichen, Punkt und Doppelpunkt) sowie mit nicht gültigen Zeichen.

Übung 7-2: Textanalyse

Aufgabe: Es ist ein Programm zu erstellen, das einen beliebigen Text analysiert. Die Anzahl der Zeichen und die Anzahl der Wörter sollen angezeigt werden. Es soll eine Wörterliste erstellt werden, die sich anschließend alphabetisch sortieren lässt. Schließlich soll aus den sortierten Wörtern ein Wörterindex erstellt werden, der alle im Text vorkommenden Wörter alphabetisch ordnet und mit der Anzahl ihres Vorkommens auflistet.

Lernziel: Eigenschaften und Methoden der *String*-Klasse kennenlernen, ein *StringBuilder*-Objekt einsetzen.

Lösungsschritte 1 und 2: Benutzeroberfläche erstellen und Eigenschaften festlegen

Starten Sie Visual Basic 2008, erstellen Sie ein neues *Windows Forms*-Projekt mit dem Namen „Textanalyse", und speichern Sie alle Dateien.

Platzieren Sie auf dem Startformular *Form1* vier TextBoxen:

- *TxtTexteingabe* (*Multiline = True*) für die Texteingabe
- *TxtTextanalyse* (*ReadOnly = True*) für die Anzeige der Textlänge und der Wörterzahl
- *TxtWoerterListe* (*Multiline = True*, *ReadOnly = True*) für die Anzeige aller Wörter (in der Textreihenfolge bzw. in alphabetischer Reihenfolge)
- *TxtWoerterIndex* (*Multiline = True*, *ReadOnly = True*) für die Anzeige der sortierten Wörter mit ihrem Vorkommen

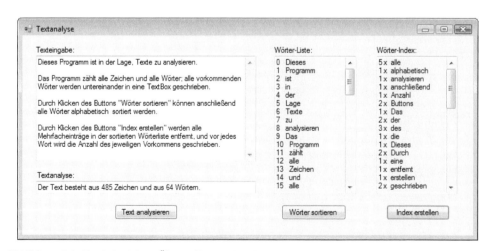

Abbildung 7.3 Testbeispiel zur Übung „Textanalyse"

Außerdem benötigen Sie noch drei Buttons, denen Sie die Namen *BtnTextAnalysieren*, *BtnWoerterSortieren* und *BtnIndexErstellen* zuweisen sollten. Die grafische Oberfläche mit den ergänzenden Beschriftungslabels ist aus Abbildung 7.3 ersichtlich.

Lösungsschritt 3: Programmcode schreiben

Für jeden der drei Buttons ist eine *Click*-Ereignisprozedur zu schreiben. Da die Wörter des Textes (*String*-Array *woerter*) zwischen allen drei Ereignisprozeduren ausgetauscht werden sollen, empfiehlt sich eine formularglobale Deklaration dieses Arrays. Ebenso wird der Zeilenvorschub (Variable *newln*) global für alle Prozeduren bereitgestellt. Das Zerlegen des Textes in seine einzelnen Wörter soll die Sub-Prozedur *SplitTextInWoerter* übernehmen.

Mithilfe der Ereignisprozedur *Form_Load* kann zumindest während der Testphase der zu analysierende Text bereits beim Programmstart geladen werden. Die Ereignisprozedur *TxtTexteingabe_TextChanged* stellt sicher, dass bei einer inhaltlichen Änderung des Eingabetextes die Inhalte der weiteren TextBoxen gelöscht werden.

■ **Programmgerüst der Klasse Form1 (Startformular)**

```
Public Class Form1
    ' Formularglobale Deklarationen
    Private woerter() As String
    Private newln As String = System.Environment.NewLine
    ' Benutzerdefinierte Prozedur
    Private Sub SplitTextInWoerter(...) ... : End Sub
    ' Ereignisprozeduren
    Private Sub BtnTextAnalysieren_Click(...) ... : End Sub
    Private Sub BtnWoerterSortieren_Click(...) ... : End Sub
    Private Sub BtnIndexErstellen_Click(...) ... : End Sub
    Private Sub Form1_Load(...) ... : End Sub
    Private Sub TxtTexteingabe_TextChanged(...) ... : End Sub
End Class
```

■ **Deklaration der Sub-Prozedur SplitTextInWoerter**

Der Textstring *allText* wird mithilfe der *String*-Separatoren *strSep* in Wörter (*String*-Array *woerter*) zerlegt. Rückgabewerte sind das Array *woerter* und die Anzahl der Wörter. Die Separatorenliste (Zeilenvorschub, Leerzeichen, Punkt, Komma etc.) kann bei Bedarf beliebig erweitert werden.

```
Private Sub SplitTextInWoerter(ByVal allText As String, _
        ByRef woerter() As String, ByRef n As Integer)
    ' strSep: Liste der String-Separatoren (erweiterbar)
    Dim strSep() As String = {newln, " ", ",", ".", ";", "-", """"}
    woerter = allText.Split(strSep, StringSplitOptions.RemoveEmptyEntries)
    n = woerter.Length
End Sub
```

■ **Ereignisprozedur BtnTextAnalysieren_Click**

Der eingegebene Text wird in der *String*-Variablen *allText* gespeichert. Der Aufruf der Sub-Prozedur *SplitTextInWoerter* liefert die Wörter als *String*-Array *woerter* zurück. Die Anzahl der Zeichen und die Anzahl der Wörter werden in der vorgesehenen einzeiligen

TextBox angezeigt. Die Wörter der Wörterliste (Array *woerter*) werden außerdem in der mehrzeiligen TextBox *TxtWoerterListe* angezeigt.

```
Private Sub BtnTextAnalysieren_Click(...) _
        Handles BtnTextAnalysieren.Click
    Dim i, anzZeichen, anzWoerter As Integer
    Dim allText, liste As String

    allText = TxtTexteingabe.Text
    anzZeichen = allText.Length
    SplitTextInWoerter(allText, woerter, anzWoerter)

    ' Anzahl Zeichen und Anzahl Wörter
    TxtTextanalyse.Text = "Der Text besteht aus " & anzZeichen & _
            " Zeichen und aus " & anzWoerter & " Wörtern."

    ' Liste mit Wörtern
    liste = String.Empty
    For i = 0 To woerter.GetUpperBound(0)
        liste = liste & i & "   " & woerter(i) & newln
    Next i
    TxtWoerterListe.Text = liste
End Sub
```

▪ Ereignisprozedur BtnWoerterSortieren_Click

Die Wörterliste (formularglobal deklariert) wird mithilfe der *Sort*-Methode der *Array*-Klasse alphabetisch sortiert und anschließend Zeile für Zeile in die TextBox zurückgeschrieben. Die Sortierung ließe sich verfeinern, indem zum Beispiel nicht zwischen Groß- und Kleinschreibung unterschieden wird. Im vollständigen Code (siehe DVD) ist noch eine Fehlerbehandlung eingebaut für den Fall, dass die Wörterliste (Array *woerter*) noch nicht vorliegt oder noch nicht aktualisiert wurde.

```
Private Sub BtnWoerterSortieren_Click(...) _
        Handles BtnWoerterSortieren.Click
    Dim i As Integer, liste As String
    ' Sortieren der Wörterliste
    Array.Sort(woerter)

    ' Zusammensetzen der sortierten Wörterliste für die TextBox
    liste = String.Empty
    For i = 0 To woerter.GetUpperBound(0)
        liste = liste & i & "   " & woerter(i) & newln
    Next i
    TxtWoerterListe.Text = liste
End Sub
```

▪ Ereignisprozedur BtnIndexErstellen_Click

Für den Fall, dass die Wörterliste noch nicht sortiert vorliegt, wird das *String*-Array *woerter* erst einmal sortiert. Anschließend wird mithilfe eines *StringBuilder*-Objekts eine Zeichenkette aufgebaut, in die jedes Wort mit ihrem Vorkommen aufgenommen wird. Zum Schluss wird der Inhalt in einen *String* umgewandelt und in der entsprechenden TextBox angezeigt. Wie bei der vorausgegangenen Ereignisprozedur ist im vollständigen Code (siehe DVD) noch eine Fehlerbehandlung eingebaut für den Fall, dass das *String*-Array *woerter* noch nicht vorliegt oder nicht aktualisiert wurde.

```
Private Sub BtnIndexErstellen_Click(...) _
        Handles BtnIndexErstellen.Click
    Dim sb As New System.Text.StringBuilder()
```

```
      Dim i, anz As Integer
      ' Sortieren der Wörterliste
      Array.Sort(woerter)

      ' anz: Vorkommen je Wort
      anz = 1
      For i = 1 To woerter.GetUpperBound(0)
        If woerter(i) <> woerter(i - 1) Then
           sb.Append(anz.ToString & " x  " & woerter(i - 1) & newln)
             anz = 1
        Else
           anz = anz + 1
        End If
      Next i
      sb.Append(anz.ToString & " x  " & woerter(woerter.GetUpperBound(0)))
      TxtWoerterIndex.Text = sb.ToString
   End Sub
```

- **Ereignisprozedur Form1_Load (Texteingabe)**

Der Text kann nach dem Programmstart in die vorgesehene TextBox eingegeben werden. Zumindest in der Testphase ist dies etwas mühsam. Als Lösung bieten sich zwei Wege an: Entweder Sie tragen den Text in die Ereignisprozedur *Form1_Load* ein (siehe Lösung auf der DVD), sodass er bereits beim Programmstart in der TextBox *TxtTexteingabe* erscheint. Alternativ geben Sie den gewünschten Text in einen Texteditor ein und speichern ihn als Textdatei. Vom Texteditor aus können Sie den Text (z. B. die Testdatei *AllText.txt* im Ordner *\Daten\Kap07* der Begleit-DVD) in die Zwischenablage kopieren (*Strg+C*) und mit der Tastenkombination *Strg+V* in die TextBox *TxtTexteingabe* des bereits gestarteten Programms einfügen.

- **Ereignisprozedur TxtEingabe_TextChanged**

Selbstverständlich kann der Text nach der Eingabe vom Anwender geändert werden. Allerdings ist die alte Wörterliste noch im Speicher, solange der Anwender nicht den Button „Text analysieren" klickt. Aus diesem Grund werden in der Ereignisprozedur *TxtEingabe_TextChanged* die Feldelemente des Arrays *woerter* und die Inhalte der übrigen drei TextBoxen mit der *Clear*-Methode gelöscht (siehe Lösung auf der DVD). Das Klicken der Buttons „Wörter sortieren" bzw. „Index erstellen" führt damit zu einer beabsichtigten Ausnahme, die mit einem *Try-Catch*-Konstrukt abgefangen werden kann.

Lösungsschritt 4: Programm testen

Testen Sie mit dem vorgegebenen Text (Datei *AllText.txt*) oder einem beliebigen anderen Text. Falls Sie weitere Satzzeichen als die in der Sub-Prozedur *SplitTextInWoerter* aufgelisteten verwenden wollen, ist die dortige Separatorenliste *strSep* zu ergänzen. Ändern Sie den Text in der TextBox *TxtTexteingabe* nachträglich, und prüfen Sie, ob das Programm korrekt reagiert.

Übung 7-3: Koordinatenliste

Aufgabe: Es ist ein Programm zu erstellen, das die in eine mehrzeilige TextBox eingegebene Punkteliste zeilenweise zerlegt und jede Zeile wiederum in Punktnummer, x- und y-

7 Zeichenketten (Strings)

Koordinate aufspaltet. Anschließend soll die Punkteliste formatiert werden und die ursprüngliche Punkteliste ersetzen. Bei offensichtlichen Datenfehlern ist die entsprechende Zeilennummer anzuzeigen.

Das Programm soll außerdem eine Suchfunktion besitzen: Wenn der Benutzer eine Punktnummer eingibt, sollen die gefundenen Datensätze in einer zweiten mehrzeiligen TextBox mit Trefferquote angezeigt werden. Abbildung 7.4 zeigt ein Beispiel zur Laufzeit.

Lernziel: Eigenschaften und Methoden der *String*-Klasse kennenlernen.

Lösungsschritt 1: Benutzeroberfläche erstellen und Eigenschaften festlegen

Starten Sie Visual Basic 2008, erstellen Sie ein neues *Windows Forms*-Projekt mit dem Namen „Koordinatenliste", und speichern Sie alle Dateien.

Platzieren Sie auf dem Startformular *Form1* links eine mehrzeilige TextBox *TxtKorliste* für die Eingabe und Anzeige der Koordinatenliste und darunter eine mehrzeilige TextBox *TxtPunkte* für die Anzeige der gefundenen Punkte. Ordnen Sie rechts daneben zwei GroupBoxen an. In die obere GroupBox sind zwei Buttons (*BtnFormatieren* und *BtnLoeschen*), in die untere eine einzeilige TextBox *TxtPunktnummer* und ein weiterer Button *BtnSuchen* zu integrieren (siehe Abbildung 7.4).

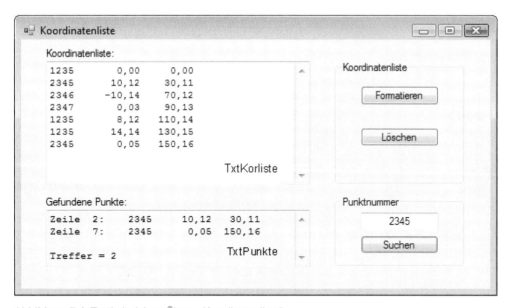

Abbildung 7.4 Testbeispiel zur Übung „Koordinatenliste"

Lösungsschritt 2: Restliche Eigenschaften festlegen

Abgesehen von den bereits im Lösungsschritt 1 aufgeführten Eigenschaften sollte für die zwei mehrzeiligen TextBoxen eine Schreibmaschinenschrift (Schriftfont mit gleich breiten Zeichen, z. B. *Courier New*) eingestellt werden, außerdem empfiehlt es sich, die *ReadOnly*-Eigenschaft der TextBox *TxtPunkte* auf *True* zu stellen.

7.2 Übungen

Lösungsschritt 3: Programmcode schreiben

Für jeden der drei Buttons ist eine *Click*-Ereignisprozedur zu schreiben. Die Ereignisprozedur *BtnFormatieren_Click* zerlegt die Koordinatenliste zeilenweise und speichert sie im *String*-Array *korlisteF*. Diese Liste soll auch für die Punktsuche (*BtnSuchen_Click*) zur Verfügung stehen, sie ist deshalb formularglobal zu deklarieren. Ebenso stellen wir den Zeilenvorschub (Variable *newln*) wieder formularglobal bereit.

■ **Programmgerüst der Klasse Form1 (Startformular)**

```
Public Class Form1
  ' Formularglobale Deklarationen
  Private korlisteF() As String
  Private newln As String = System.Environment.NewLine
  ' Ereignisprozeduren
  Private Sub BtnFormatieren_Click(...) ... : End Sub
  Private Sub BtnSuchen_Click(...) ... : End Sub
  Private Sub BtnLoeschen_Click(...) ... : End Sub
End Class
```

■ **Ereignisprozedur BtnFormatieren_Click**

Die in die TextBox *TxtKorliste* eingetragene oder über die Windows-Zwischenablage importierte Koordinatenliste wird zunächst in Zeilen zerlegt (*String*-Array *korlisteF*). In einer *For-Next*-Schleife werden anschließend alle Zeilen durchlaufen. Jede Zeile wird dabei in ihre Bestandteile Punktnummer, x- und y-Koordinate aufgespalten. An dieser Stelle wäre es möglich, die einzelnen Werte in Zahlenwerte umzuwandeln und in entsprechende Arrays zu speichern.

Wir benötigen diese Koordinatenwerte aber nicht weiter, sondern formatieren jede Zeile mithilfe der *PadRight*- bzw. *PadLeft*-Methode und ersetzen sukzessive die ursprüngliche Koordinatenliste.

Eine mögliche Fehlerquelle ist gegeben, wenn in einer Zeile der Koordinatenliste weniger oder mehr als drei Einträge enthalten sind. In diesem Fall wird eine Ausnahme geworfen, und die betroffene Zeile wird angezeigt.

```
Private Sub BtnFormatieren_Click(...) Handles BtnFormatieren.Click
  Dim strSep() As String = {newln}, charSep() As Char = {" "c, Chr(9)}
  Dim korliste, zeileF() As String
  Dim i As Integer

  Try
    korliste = TxtKorliste.Text
    ' Teilt Koordinatenliste in Zeilen auf
    korlisteF = korliste.Split(strSep, _
                StringSplitOptions.RemoveEmptyEntries)

    korliste = String.Empty
    For i = 0 To korlisteF.Length - 1
      zeileF = korlisteF(i).Split(charSep, _
               StringSplitOptions.RemoveEmptyEntries)
      If zeileF.Length <> 3 Then
        Throw New Exception("Datenfehler in Zeile: " & i + 1)
      End If
      ' Zeile wird neu zusammengesetzt
      korlisteF(i) = zeileF(0).PadRight(6) & _
                     zeileF(1).PadLeft(9) & _
                     zeileF(2).PadLeft(9) & newln
```

```
        korliste &= korlisteF(i)
    Next i
    TxtKorliste.Text = korliste

  Catch ex As Exception
    MessageBox.Show(ex.Message, "Fehlerhinweis")
  End Try
End Sub
```

■ **Ereignisprozedur BtnSuchen_Click**

In einer *For-Next*-Schleife wird das Feld *korListeF* Zeile für Zeile durchlaufen. Jede Zeile wird – wie in der Ereignisprozedur *BtnFormatieren_Click* – in ihre Einzelwerte zerlegt, anschließend wird die eingegebene Punktnummer mit dem ersten Wert der Zeile verglichen. Fällt der Vergleich positiv aus, werden die entsprechenden Punktdaten in die Liste *suchKorliste* aufgenommen, und die Trefferzahl wird erhöht.

```
Private Sub BtnSuchen_Click(...) Handles BtnSuchen.Click
  Dim charSep() As Char = {" "c, Chr(9)}
  Dim zeileF() As String
  Dim pnr As String, suchKorliste As String = String.Empty
  Dim vergleich As Integer, treffer As Integer = 0

  pnr = TxtPunktnummer.Text
  For i = 0 To korlisteF.Length - 1
    zeileF = korlisteF(i).Split(charSep, _
            StringSplitOptions.RemoveEmptyEntries)
    ' Punktnummern werden verglichen
    vergleich = String.Compare(pnr, zeileF(0))
    If vergleich = 0 Then
      suchKorliste &= String.Format( _
                "Zeile {0,2}:   {1,6} {2,9:f2} {3,9:f2}", _
                i + 1, zeileF(0), zeileF(1), zeileF(2))
      treffer += 1
    End If
  Next i
  TxtPunkte.Text = suchKorliste & newln & "Treffer = " & treffer
End Sub
```

In der Lösung auf der Begleit-DVD sind noch einige Ergänzungen enthalten. So wird zunächst die Ereignisprozedur *BtnFormatieren_Click* aufgerufen. Damit wird gewährleistet, dass Änderungen im Inhalt der TextBox *TxtKorliste* in jedem Fall berücksichtigt werden. Außerdem ist eine Fehlerbehandlung aufgenommen.

Das nochmalige Zerlegen der Zeilen in der *For-Next*-Schleife hätten wir vermeiden können, wenn wir beim Formatieren die Punktinformationen in Arrays gespeichert hätten. Damit wäre allerdings ein wesentlich größerer Speicherbedarf verbunden gewesen.

■ **Ereignisprozedur BtnLoeschen_Click**

Hier werden lediglich die Inhalte aller drei TextBoxen gelöscht (siehe Lösung auf DVD).

Lösungsschritt 4: Programm testen

Es empfiehlt sich, eine Testdatei mit einem Texteditor zu erzeugen und diese Datei (Beispieldatei *Koordinatenliste.txt* auf der DVD im Ordner *\Daten\Kap07*) über die Zwischenablage in die TextBox *TxtKorliste* zu kopieren. Die Abstände zwischen den Einzelwerten können durch beliebig viele Leerzeichen oder mit der Tabulatortaste erzeugt werden und müssen nicht gleich groß sein. Das Testbeispiel ist in Abbildung 7.4 aufgezeigt. Ändern

Sie die Koordinatenwerte in der TextBox *TxtKorliste* beliebig ab, und testen Sie auch mit fehlerhaften Datensätzen.

Übung 7-4: Würfelsumme (Diagramm)

Aufgabe: Es ist ein Programm zu erstellen, das die Häufigkeit der Würfelsummen aus jeweils zwei unabhängigen Würfelversuchen grafisch darstellt. Möglich sind Würfelsummen zwischen 2 und 12. Theoretisch ist 7 die häufigste Summe, während 2 und 12 am seltensten auftreten sollten. Abbildung 7.5 zeigt ein Beispiel zur Laufzeit.

Lernziel: Ein *StringBuilder*-Objekt einsetzen.

Lösungsschritte 1 und 2: Benutzeroberfläche erstellen und Eigenschaften festlegen

Starten Sie Visual Basic 2008, erstellen Sie ein neues *Windows Forms*-Projekt mit dem Namen „Wuerfelsumme", und speichern Sie alle Dateien.

Platzieren Sie auf dem Startformular *Form1* eine einzeilige TextBox für die Eingabe der Würfelversuche (*TxtAnzwurf*) sowie eine mehrzeilige TextBox für die Darstellung der Häufigkeit der Würfelsummen (*TxtHaufigkeit*). Das Programm soll über einen Button gestartet werden können (siehe Abbildung 7.5). Es empfiehlt sich, für die Anzahl der Würfelversuche einen Vorgabewert in die TextBox *TxtAnzwurf* einzutragen (z. B. 100).

Damit die zusammengehörigen Sternchen-Säulen in der TextBox *TxtHaufigkeit* immer in einer Zeile stehen, müssen Sie deren *WordWrap*-Eigenschaft auf *False* und deren *ScrollBars*-Eigenschaft auf *Horizontal* stellen. Außerdem sollten Sie mithilfe der *Font*-Eigenschaft eine Schreibmaschinenschrift vorgeben (z. B. *Courier New*).

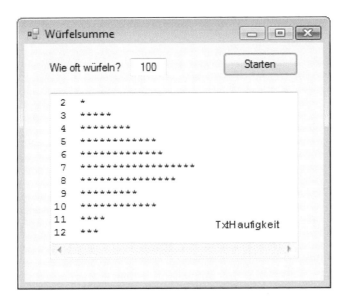

Abbildung 7.5
Testbeispiel zur Übung „Würfelsumme"

7 Zeichenketten (Strings)

Lösungsschritt 3: Programmcode schreiben

Das Programm besteht lediglich aus der Ereignisprozedur *BtnStarten_Click* („Starten"). Der Algorithmus gliedert sich in drei Teile. Im ersten Schritt werden pro Wurf zwei Zufallszahlen zwischen 1 und 6 erzeugt. Daraus wird jeweils die Summe gebildet und diese in einem *Integer*-Array *summe* gespeichert.

Im zweiten Schritt werden die Häufigkeiten je Summe mit einer Laufanweisung ermittelt und in dem *Integer*-Array *haufigkeit* hinterlegt.

Im dritten Schritt werden die möglichen Würfelsummen von 2 bis 12 durchlaufen. Pro Winkelsumme wird eine Zeile erzeugt, die sich aus der formatierten Winkelsumme und einer Anzahl Sternchen (*) entsprechend der Häufigkeit des Auftretens der Würfelsumme zusammensetzt. Da sich die Ausgabezeichenfolge bei jedem Sterncheneintrag ändert, wird ein *StringBuilder*-Objekt statt eines *String*-Objekts verwendet. Bei dem gezeigten Testbeispiel mit 100 Würfen wäre allerdings auch noch eine direkte Stringaddition vertretbar gewesen.

```
Private Sub BtnStarten_Click(...) Handles BtnStarten.Click
    Dim rnd As New Random()
    Dim anzwurf As Integer
    Dim i, k, zahl1, zahl2 As Integer
    Dim haufigkeit(12) As Integer
    Dim summe() As Integer
    Dim sb As New System.Text.StringBuilder()

    Integer.Parse(TxtAnzwurf.Text, anzwurf)
    ReDim summe(anzwurf - 1)
    ' 2-mal würfeln und Summe bilden
    For i = 0 To anzwurf - 1
      zahl1 = rnd.Next(1, 7)    ' Würfelzahl [1, 6]
      zahl2 = rnd.Next(1, 7)    ' Würfelzahl [1, 6]
      summe(i) = zahl1 + zahl2
    Next i

    ' Häufigkeit im Array haufigkeit eintragen
    For i = 0 To anzwurf - 1
      haufigkeit(summe(i)) += 1
    Next i

    ' Diagramm erzeugen
    For i = 2 To 12
      sb.Append((i.ToString).PadLeft(2) & "  ")
      For k = 1 To haufigkeit(i)
        sb.Append("*")
      Next k
      sb.Append(System.Environment.NewLine)
    Next i
    TxtHaufigkeit.Text = sb.ToString
End Sub
```

Sie können das Programm gerne erweitern, sodass die Säulen senkrecht von unten nach oben dargestellt werden. Dafür sind allerdings noch einige Zwischenschritte notwendig.

Lösungsschritt 4: Programm testen

Im Testbetrieb sollten Sie überprüfen, ob die im Diagramm dargestellten Werte tatsächlich mit den gewürfelten Werten übereinstimmen. Dabei ist es sinnvoll, eine kleinere Wurfanzahl zu wählen sowie die Häufigkeitswerte in einer ListBox anzuzeigen.

Falls in die TextBox *TxtAnzwurf* keine Zahl eingegeben wird, erfolgt ein Fehlerabbruch. Sie kennen bereits mehrere Wege, um dies zu vermeiden. In der vollständigen Lösung auf DVD wird dazu die *TryParse*-Methode genutzt.

Übung 7-5: Ganzzahldivision (mit Zeitmessung)

Aufgabe: Es ist ein Programm zu erstellen, das eine Ganzzahldivision durchführt, indem der Teiler (Divisor) so lange von der Ausgangszahl (Dividend) subtrahiert wird, bis die Zahl 0 (null) erreicht ist. Die Zwischenwerte sollen in einer *String*-Variablen und alternativ mit einem *StringBuilder*-Objekt „aufaddiert" werden. Die unterschiedliche Ausführungszeit soll mithilfe einer *TimeSpan*-Variablen gemessen werden.

Die Übung soll demonstrieren, wie die Rechenzeit für umfangreichere *String*-Additionen ansteigt und wie sich die Rechenzeit mithilfe eines *StringBuilder*-Objekts reduzieren lässt.

Lernziel: *StringBuilder*- und *String*-Methoden und -Eigenschaften einsetzen, Zeitmessung mit einer *TimeSpan*-Variablen.

Lösungsschritte 1 und 2: Benutzeroberfläche erstellen und Eigenschaften festlegen

Starten Sie Visual Basic 2008, erstellen Sie ein neues *Windows Forms*-Projekt mit dem Namen „Ganzzahldivision", und speichern Sie alle Dateien.

Platzieren Sie auf dem Startformular *Form1* zwei TextBoxen für die einzugebenden Ganzzahlen (*TxtZahl1* und *TxtZahl2*). Das Ergebnis soll in dem Label *LblErgebnis* erscheinen, die Zwischenergebnisse in der darunter liegenden TextBox *TxtZwischenErgebnis*. Die Auswahl der Speichermethode für die Zwischenergebnisse (*String* oder *StringBuilder*) soll über zwei RadioButtons (*RadString* und *RadStringBuilder*) erfolgen, die zusammen mit zwei Labels für die Anzeige der Zeitdauer (*LblString* und *LblStringBuilder*) in einer GroupBox zusammengefasst werden. Die Berechnung soll über das *Click*-Ereignis des Buttons *BtnStarten* („Starten") ausgelöst werden. Die weiteren Einstellungen sind aus dem Testbeispiel (siehe Abbildung 7.6) erkennbar.

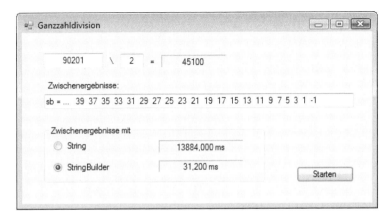

Abbildung 7.6 Testbeispiel zur Übung „Ganzzahldivision"

Lösungsschritt 3: Programmcode schreiben

Das Programm besteht aus einer einzigen Ereignisprozedur, die zwei ganze Zahlen einliest und durch wiederholtes Subtrahieren eine Ganzzahldivision ausführt. Für die Berechnung wird je nach aktivierter Option die Sub-Prozedur *DivStringBuilder* oder *DivString* aufgerufen. Die jeweils benötigte Rechenzeit wird angezeigt.

■ **Deklaration der Sub-Prozedur DivStringBuilder**

Der Divisor (*zahl2*) wird so lange vom Dividend (*zahl1*) subtrahiert, bis die Zahl 0 erreicht ist. Gleichzeitig werden die Zwischenergebnisse mit einem *StringBuilder*-Objekt zusammengesetzt. Die benötigte Rechenzeit in Millisekunden wird in einer *TimeSpan*-Variablen nach dem in Listing 7.8 gezeigten Muster ermittelt.

```
Sub DivStringBuilder(ByVal zahl1 As Integer, ByVal zahl2 As Integer, _
    ByRef str As String, ByRef anz As Integer, ByRef tdiff As Double)
  Dim t1, t2 As DateTime, ts As TimeSpan
  Dim sb As New System.Text.StringBuilder()

  t1 = DateTime.Now            ' Zeitmessung beginnt
  anz = 0

  Do While zahl1 >= 0
    zahl1 = zahl1 - zahl2
    anz = anz + 1
    sb.Append(zahl1 & " ")
  Loop
  str = sb.ToString
  anz = anz - 1

  t2 = DateTime.Now            ' Zeitmessung endet
  ts = t2.Subtract(t1)
  tdiff = ts.TotalMilliseconds
End Sub
```

■ **Deklaration der Sub-Prozedur DivString**

Die Sub-Prozedur ist genauso aufgebaut wie die obige Prozedur. Abweichend davon werden die Zwischenergebnisse in der Stringvariablen *str* zusammengesetzt. Daraus resultiert auch der große Rechenzeitverbrauch, da bei jeder Subtraktion intern eine neue *String*-Instanz gebildet werden muss. Der String *str* kann mithilfe des &-Operators verkettet werden (siehe vollständige Lösung auf DVD).

■ **Ereignisprozedur BtnStarten_Click**

Die beiden in den entsprechenden TextBoxen eingegebenen Zahlen werden mithilfe der *Parse*-Methode konvertiert und den *Integer*-Variablen *zahl1* und *zahl2* zugewiesen. Anschließend wird alternativ die Sub-Prozedur *DivString* oder *DivStringBuilder* aufgerufen. Rückgabewerte sind in jedem Fall der String *str* mit den Zwischenergebnissen, die Anzahl der Subtraktionen (Divisionsergebnis) *anz* und die Rechenzeit *zeitdiff* in Millisekunden. Wenn der String *str* aus mehr als 100 Zeichen besteht, werden nur noch die letzten 80 Zeichen angezeigt. In der Lösung auf DVD ist zusätzlich eine Fehlerbehandlung mit einer *Try-Catch*-Anweisung enthalten.

```
Private Sub BtnStarten_Click(...) Handles BtnStarten.Click
  Dim zahl1, zahl2, anz As Integer
  Dim str As String = String.Empty
```

```
    Dim zeitdiff As Double

TxtZwischenErgebnis.Clear()
LblErgebnis.Text = String.Empty
zahl1 = Integer.Parse(TxtZahl1.Text)
zahl2 = Integer.Parse(TxtZahl2.Text)

If RadString.Checked = True Then
   ' mit String
   DivString(zahl1, zahl2, str, anz, zeitdiff)
   If str.Length > 100 Then
      str = "str = ... " & str.Substring(str.Length - 80)
   Else
      str = "str = " & str
   End If
   LblString.Text = String.Format("{0:f3} ms", zeitdiff)
Else
   ' mit StringBuilder
   DivStringBuilder(zahl1, zahl2, str, anz, zeitdiff)
   If str.Length > 100 Then
      str = "sb = ... " & str.Substring(str.Length - 80)
   Else
      str = "sb = " & str
   End If
   LblStringBuilder.Text = String.Format("{0:f3} ms", zeitdiff)
End If

   LblErgebnis.Text = anz.ToString
   TxtZwischenErgebnis.Text = str
End Sub
```

Lösungsschritt 4: Programm testen

In Abbildung 7.6 ist ein Testbeispiel dargestellt. Beachten Sie, dass die Berechnung mit der Option „String" eine Weile dauern kann. Die Rechenzeiten sind natürlich von der Geschwindigkeit des verwendeten Rechners abhängig.

Unabhängig davon sollte in der Praxis ab einer gewissen Anzahl von Verkettungsoperationen ein *StringBuilder*-Objekt statt einer *String*-Variablen eingesetzt werden.

7.3 Aufgaben

Aufgabe 7-1: Hexadezimalzahl in Dezimalzahl umwandeln

Schreiben Sie ein Programm, das eine Hexadezimalzahl in eine Dezimalzahl konvertiert. Als Trennzeichen sind Leerzeichen, Punkt und Doppelpunkt zugelassen. Hexadezimalzahlen bestehen aus den Ziffern 0 bis 9 und A bis F bzw. a bis f (für die Ziffern 10 bis 15).

Eine Hexadezimalzahl *hex* wird in eine Dezimalzahl *dec* umgewandelt, indem die Ziffern der Hexadezimalzahl fortlaufend (von rechts nach links) mit den steigenden Potenzen zur Basis 16 multipliziert werden.

Beispiel: $hex = 2AC3 \Rightarrow dec = 3 * 16^0 + 12 * 16^1 + 10 * 16^2 + 2 * 16^3 = 10947$

(Die Ziffer C (oder c) entspricht der Dezimalzahl 12, die Ziffer A (oder a) der Dezimalzahl 10.)

Aufgabe 7-2: Benzinverbrauch

Ein Autofahrer möchte den Beninverbrauch seines Wagens überprüfen. Dazu trägt er jedes Mal beim (Voll-)Tanken den Kilometerstand und die getankten Liter Benzin in eine Liste ein.

Schreiben Sie ein Programm, das aus einer derartigen Liste (Eintrag in eine mehrzeilige TextBox) die jeweils zurückgelegte Kilometerdifferenz und den Benzinverbrauch/100 km berechnet. Zum Schluss soll aus der Gesamtsumme der gefahrenen Kilometer und der Summe der Tankfüllungen der durchschnittliche Verbrauch berechnet und in der TextBox dargestellt werden (siehe Abbildung 7.7). (Testdatei *Benzinverbrauch.txt* auf der DVD im Ordner \Daten\Kap07)

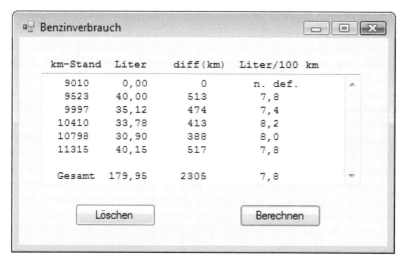

Abbildung 7.7 Testbeispiel zur Aufgabe „Benzinverbrauch"

Aufgabe 7-3: Vektormultiplikation (Spalten- mal Zeilenvektor)

Multipliziert man einen Spaltenvektor a mit einem Zeilenvektor b^T, so ergibt sich gemäß dem *Falk*'schen Schema eine quadratische Matrix C. Die Koeffizienten der Matrix C (n, n) werden nach der folgenden einfachen Beziehung berechnet (Spezialfall der Matrizenmultiplikation):

$c_{ik} = a_i \cdot b_k$, wobei $i = 0, 1, ..., n - 1$ und $k = 0, 1, ..., n - 1$.

Schreiben Sie ein Programm, das einen Spaltenvektor a aus einer mehrzeiligen TextBox und einen Zeilenvektor b^T aus einer einzeiligen TextBox einliest, die beiden Vektoren durch zweimaligen Aufruf der Sub-Prozedur *SplitStringToVec* (siehe unten) in ihre Komponenten (Feldelemente) zerlegt, die zwei Vektoren multipliziert und sowohl die eingelesenen Werte als auch die Ergebnismatrix C formatiert in das Formular zurückschreibt. Ein Testbeispiel ist in Abbildung 7.8 dargestellt.

Die Sub-Prozedur *SplitStringToVec* soll einen Vektor *strVec* (*String*) in seine Komponenten zerlegen und als *Double*-Array *vec* einschließlich der Anzahl *n* der Feldelemente zurückgeben. Die Anzahl *n* der Komponenten der zwei Vektoren muss natürlich übereinstimmen, im Fehlerfall ist eine Ausnahme zu werfen.

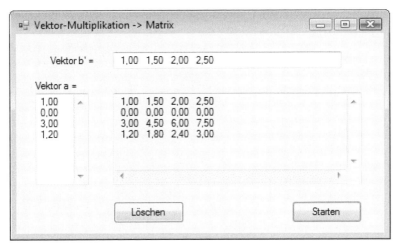

Abbildung 7.8 Testbeispiel zur Aufgabe „Vektormultiplikation"

Aufgabe 7-4: Dreieckswidersprüche (Diagramm)

Die Summe der Dreieckswinkel in einem ebenen Dreieck ist bekanntlich 180°. Wir nehmen an, dass die Dreieckswinkel für *n* Dreiecke und damit die *n* Abweichungen der Winkelsummen gegenüber 180° (Dreieckswidersprüche in Sekunden (")) vorliegen. Theoretisch müssten die zufälligen Abweichungen einer Normalverteilung folgen. Um dies zu überprüfen, wollen wir die Widersprüche in Klassen mit einem Abstand von 0,5" von –2" bis +2" unterteilen und die Häufigkeiten ähnlich der Würfelsummen (Übung 7-4) grafisch darstellen.

Schreiben Sie ein Programm, das die Abweichungen (Testdatei *Abweichungen.txt* auf der DVD im Ordner *\Daten\Kap07*) aus einer TextBox einliest, in Klassen unterteilt und die Häufigkeiten mit *-Balken grafisch darstellt. Ein Testbeispiel zeigt Abbildung 7.9. Mit insgesamt zehn Klassen werden auch die Randbereiche (≤ –2" und > 2") abgedeckt.

Für das Zerlegen der Abweichungen in die einzelnen Feldelemente kann im ersten Schritt die Sub-Prozedur *SplitStringToVec* aus Aufgabe 7-3 eingesetzt werden. Im zweiten Schritt soll diese durch eine gleichlautende *Funktion* mit dem folgenden Prozedurkopf ersetzt werden:

```
Private Function SplitStringToVec(ByVal strVec As String) As Double()
```

Die Anzahl *n* der Elemente des zurückgegebenen *Double*-Arrays kann nachträglich in der Ereignisprozedur „Starten" abgefragt werden.

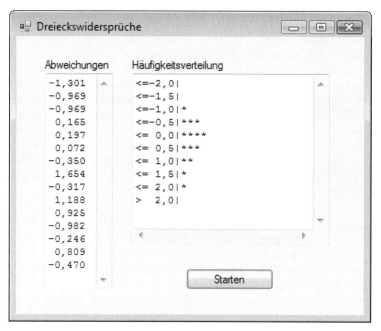

Abbildung 7.9 Testbeispiel zur Aufgabe „Dreieckswidersprüche"

Aufgabe 7-5: Ganzzahlmultiplikation (mit Zeitmessung)

Schreiben Sie ein Programm analog zur Ganzzahldivision (Übung 7-5), das eine Ganzzahlmultiplikation durchführt, indem die erste Zahl so oft wie die zweite Zahl addiert wird.

Beispiel: 6 * 3 = 6 + 6 + 6 = 18

Die Zwischenwerte sollen in einem *String* und alternativ mit einem *StringBuilder*-Objekt „aufaddiert" werden. Entwickeln Sie hierzu zwei Sub-Prozeduren *MultStringBuilder* und *MultString*. Die unterschiedliche Ausführungszeit soll mithilfe einer *TimeSpan*-Variablen gemessen werden.

8 Benutzerdefinierte Datentypen

Neben den elementaren Datentypen (*Integer*, *Double*, *Boolean*, *String* ...) können Sie als Programmierer auch eigene Datentypen definieren. In diesem Kapitel werden zwei Arten benutzerdefinierter Datentypen behandelt, die Aufzählungstypen (Enumerationen) und die strukturierten Datentypen (Strukturen). Enumerationen sind Datentypen, die aus mehreren gleichartigen Konstanten bestehen, Strukturen sind komplexe Datentypen, die – im einfachsten Fall – mehrere zusammengehörige Variablen vereinen.

Aufzählungstypen sind abgeleitet von der *Enum*-Klasse. Einige nützliche Methoden dieser Klasse werden Sie in diesem Kapitel kennenlernen. Nebenbei wird auf die *Color*-Struktur und das *My.Resources*-Objekt eingegangen.

Strukturen sind von ihrem Aufbau her den Klassen sehr ähnlich. In diesem Kapitel werden wir benutzerdefinierte Strukturen allerdings nur als zusammengesetzte Datentypen einsetzen. Die Zugriffe auf die Strukturvariablen können mit der *With*-Anweisung etwas vereinfacht werden.

Zusätzlich werden in diesem Kapitel die zwei Steuerelemente *PictureBox* und *CheckBox* eingeführt.

Wie komplexe Strukturen mit Konstruktoren, Eigenschaften und Methoden definiert und eingesetzt werden können, erfahren Sie dann im nächsten Kapitel.

8.1 Lektion 8: Benutzerdefinierte Datentypen

8.1.1 Aufzählungstypen (Enumerationen)

Aufzählungstypen, sogenannte Enumerationen, fassen mehrere gleichartige Konstanten (*Enum*-Elemente) zusammen. Eine Enumeration kann nur Werte des gleichen Datentyps enthalten, zulässig sind alle ganzzahligen Datentypen (*Byte*, *Integer*, *Long*, *SByte* usw.).

8 Benutzerdefinierte Datentypen

Die allgemeine Syntax einer *Enum*-Definition lautet:

```
[Private|Public] Enum EnumTyp [As DatenTyp]
  enumKonstante1 [= wert1]
  [enumKonstante2] [= wert2]
  ...
End Enum
```

Wird kein Datentyp angegeben, so wird standardmäßig der Datentyp *Integer* verwendet. Für die erste *Enum*-Konstante ist der Wert 0 voreingestellt, die zweite erhält den Wert 1 usw. Die Reihenfolge kann mit einer Wertzuweisung überschrieben werden, für alle folgenden Konstanten wird der Wert einfach um 1 erhöht (siehe Listing 8.1).

Enumerationen dürfen nur auf der Ebene von Modulen, Klassen, Strukturen (siehe Abschnitt 8.1.2) oder Namespaces definiert werden, nicht aber innerhalb einer Prozedur.

Listing 8.1 Definition einer Enumeration

```
Public Class Form1
  Public Enum Country As Integer
    Albanien                ' Albanien = 0
    Deutschland = 4         ' Deutschland = 4
    Frankreich              ' Frankreich = 5
    Italien                 ' Italien = 6
    Spanien = 8             ' Spanien = 8
  End Enum
```

Die Enumerationskonstanten können nur in der Form *enumTyp.enumKonstante* angesprochen werden. Sobald der Programmierer nach dem Enumerationstyp einen Punkt (sog. *Qualifizierer*) eingibt, zeigt der Code-Editor automatisch die verfügbaren Konstanten an (*IntelliSense*-Funktion).

Enumerationen lassen sich auch nachträglich problemlos erweitern, indem neue Enumerationskonstanten einfach nach der letzten Konstante angefügt werden.

Im Programmcode sollten die *Enum*-Elemente möglichst nur über die definierten Konstanten angesprochen werden (in Listing 8.1 z. B. *Frankreich*) und nicht über deren Werte (in Listing 8.1 z. B. *5*). Zugänglich sind aber sowohl die Konstanten (als *String*) als auch die ganzzahligen Werte (siehe Listing 8.2).

Listing 8.2 Arbeiten mit einer Enumeration

```
' Fortsetzung des Listings 8.1
Private Sub Button1_Click(...) Handles Button1.Click
  Dim land As Country
  land = Country.Frankreich                         ' Wertzuweisung
  If land = Country.Frankreich Then                 ' Vergleich
    MessageBox.Show(land.ToString)                  ' Anzeige: Frankreich
    MessageBox.Show(CInt(land).ToString)            ' Anzeige: 5
  End If
End Sub
```

Enumerationen werden oft auch dazu verwendet, um Kombinationen von Konstanten (sog. *Flags*) zu speichern. Damit gewährleistet ist, dass jede Kombination eindeutig ist, müssen die Werte der Konstanten als Potenzen zur Basis 2 definiert werden.

8.1 Lektion 8: Benutzerdefinierte Datentypen

Listing 8.3 Enumerationskonstanten kombinieren

```
Public Class Form1
  Enum Wochentag As Integer
    Montag = 1
    Dienstag = 2
    Mittwoch = 4
    Donnerstag = 8
    Freitag = 16
    Samstag = 32
    Sonntag = 64
  End Enum

  Private Sub Button2_Click(...) Handles Button2.Click
    Dim werktag As Wochentag
    werktag = Wochentag.Montag Or Wochentag.Dienstag Or _
              Wochentag.Mittwoch Or Wochentag.Donnerstag Or _
              Wochentag.Freitag
    MessageBox.Show("Werktage = " & werktag)     ' Anzeige: Werktage = 31
    '                                              1 + 2 + 4 + 8 + 16 = 31
  End Sub
End Class
```

Klasse Enum

Enumerationen werden häufig in Schleifen verwendet. Insbesondere in Verbindung mit einer *For-Each*-Schleife können einige Methoden der *System.Enum*-Klasse sehr vorteilhaft eingesetzt werden. Enumerationen sind nämlich von der .NET-Klasse *System.Enum* abgeleitet, deren Eigenschaften und Methoden für alle Aufzählungstypen zur Verfügung stehen. Eine Auswahl der verfügbaren Methoden der *System.Enum*-Klasse zeigt Tabelle 8.1. Die aufgeführten Methoden erwarten als Parameter ein sog. *Type*-Objekt, das mit der *GetType*-Methode ermittelt wird.

Tabelle 8.1 Methoden der Klasse System.Enum (Auswahl)

Methode	Ergebnis-Typ	Beschreibung
GetName(GetType(enumTyp), Wert)	String	Gibt Enum-Konstante als String zurück
GetNames(GetType(enumTyp))	String()	Gibt Enum-Konstanten als String-Array zurück
GetValues(GetType(enumTyp))	Array	Gibt Enum-Werte als Array zurück
IsDefined(GetType(enumTyp, Konstante|Wert))	Boolean	Prüft, ob Enum-Konstante oder Enum-Wert definiert ist

Listing 8.4 Methoden der Klasse System.Enum

```
' Fortsetzung des Listings 8.1 (und 8.2)
Private Sub Button3_Click(...) Handles Button3.Click
  Dim allText, s As String, i As Integer

  allText = String.Empty
  For Each i In System.Enum.GetValues(GetType(Country))
    allText &= i & " "
  Next i                         ' alltext = "0 4 5 6 8 "

  allText = String.Empty
```

```
   For Each s In System.Enum.GetNames(GetType(Country))
      allText &= s & " "
   Next s
   ' alltext = " Albanien  Deutschland  Frankreich  Italien  Spanien  "

   s = System.Enum.GetName(GetType(Country), 5)      ' s = "Frankreich"
   If System.Enum.IsDefined(GetType(Country), s) Then
      MessageBox.Show("Das Land " & s & " gibt es wirklich!")
      ' Anzeige: Das Land Frankreich gibt es wirklich!
   End If
End Sub
```

Exkurs: Struktur Color

Farben sind eine elementare Eigenschaft aller Windows-Komponenten. Beispielsweise haben alle Steuerelemente eine Hintergrundfarbe (*BackColor*) und eine Vordergrundfarbe (*ForeColor*). Die voreingestellten Standardeigenschaften können Sie natürlich jederzeit verändern.

In der Struktur *System.Drawing.Color* ist eine Reihe statischer Farbkonstanten definiert. Zusätzlich gibt es noch Windows-System-Farbkonstanten, die über die Klasse *System.Drawing.SystemColors* zugänglich sind (siehe Tabelle 8.2).

Der Namespace *System.Drawing* ist in *Windows Forms*-Anwendungen standardmäßig implementiert. Die Struktur *Color* und die Klasse *SystemColors* können deshalb im Programmcode direkt angesprochen werden, ohne dass eine *Imports*-Anweisung notwendig ist.

Mit den folgenden Zuweisungen stellen Sie beispielsweise die Hintergrundfarbe des Startformulars und des Buttons *BtnFarbe* von *Control* (Systemfarbe) auf *ControlDark* (Systemfarbe) bzw. *Pink* (Web-Farbe) um. (Das Startformular wird mit *Me* angesprochen.)

```
Me.BackColor = SystemColors.ControlDark
BtnFarbe.BackColor = Color.Pink
```

Tabelle 8.2 Farbkonstanten (Eigenschaften der Struktur System.Drawing.Color) (Auswahl)

Farbkonstante	Farbkonstante	System-Farbkonstante
Color.White	Color.Black	SystemColors.Control
Color.Red	Color.Cyan	SystemColors.ControlDark
Color.Green	Color.Magenta	SystemColors.Desktop
Color.Blue	Color.Yellow	SystemColors.InactiveCaption

Eine zweite Möglichkeit, Farben zu definieren, ist die Angabe als RGB-Wert (*R* steht für Rot, *G* für Grün und *B* für Blau). Mit der Methode *FromArgb(r, g, b)* können die Farbanteile als ganzzahlige Werte zwischen 0 und 255 übergeben werden (siehe Listing 8.5).

Eine Erweiterung der RGB-Farben sind die sog. ARGB-Farben (*A* steht für den Wert des sog. Alphakanals). Der Alphakanal bestimmt die Intensität der Farbe, der volle Deckungsgrad wird mit dem Wert 255 erreicht. In der überladenen Methode *FromArgb(a, r, g, b)* wird der ebenfalls ein Byte große Alphawert *a* als erster Wert übergeben.

Es ist auch möglich, ARGB-Farben als *Integer*-Werte zu definieren. Häufig wird dabei die Hexadezimal-Darstellung verwendet. In der Farbdefinition *FromArgb(&Haarrggbb)* legt das erste Byte (von rechts beginnend) den Blauanteil, das zweite Byte den Grünanteil, das dritte Byte den Rotanteil und das vierte Byte den Alphawert fest. Jeder Byte-Wert kann dabei mit zwei Hex-Ziffern ausgedrückt werden (*FF* entspricht dem Dezimalwert 255).

In Listing 8.5 wird die Farbe *Gelb* (*Color.Yellow*) mit der *Color.FromArgb*-Methode auf verschiedene Weise definiert.

Listing 8.5 Definition von Farben mit der Color.FromArgb-Methode

```
Dim gelb As Color
gelb = Color.FromArgb(255, 255, 0)
gelb = Color.FromArgb(255, 255, 255, 0)
gelb = Color.FromArgb(&HFFFFFF00)
```

Exkurs: My-Namespace

Der *My*-Namespace wurde in der Version VB 2005 eingeführt, um dem VB-Programmierer den Zugriff auf die umfangreiche .NET-Klassenbibliothek zu erleichtern. Den Methoden und Eigenschaften der *My*-Objekte liegen zum Teil Methoden und Eigenschaften des *Microsoft.VisualBasic*-Namensraums zugrunde, zum Teil verweisen sie nur auf entsprechende Mitglieder der Klassen des .NET Frameworks.

Die *My*-Objekte fügen in Visual Basic-Projekte automatisch erzeugten Code ein, der aber in der Entwicklungsumgebung nicht sichtbar ist. Mit den *My*-Objekten steht letztlich eine redundante Syntax zur Verfügung, die die Programmierung zwar etwas vereinfacht, den Zugang zu den Klassen des .NET Frameworks aber eher erschwert. Ein weiterer Nachteil ist, dass die Objekte des *My*-Namensraums in anderen .NET-Sprachen, wie z. B. Visual C#, nicht verfügbar sind.

Generell sollten Sie deshalb die *My*-Objekte nur in den Fällen einsetzen, in denen sie wirklich vorteilhaft sind. Eine sinnvolle Anwendung ist das im folgenden Abschnitt benutzte *My.Resources*-Objekt, das den schreibgeschützten Zugriff auf Ressourcen der Applikation (z. B. Bilder) unterstützt.

Exkurs: Steuerelement PictureBox

Mit dem Standardsteuerelement *PictureBox* (dt. *Bildfeld*) lassen sich vorhandene Grafikdateien (Dateien vom Typ *.bmp*, *.gif*, *.jpg*, *.png*, *.tif* ...) auf dem Formular darstellen. Außerdem ist es möglich, mit den vorhandenen Grafikmethoden in die PictureBox zu zeichnen. Auf diese Funktionalität wird hier allerdings nicht eingegangen.

Um einem PictureBox-Steuerelement zur Entwurfszeit eine Grafikdatei zuzuweisen, klicken Sie im Eigenschaftenfenster auf die Eigenschaft *Image*. Daraufhin öffnet sich das Dialogfeld „Ressource auswählen", in dem Sie wählen können zwischen „Lokale Ressource" und „Projektressourcendatei" (Standardeinstellung). Wenn Sie die Option „Lokale Ressource" aktivieren, wird die ausgewählte Grafikdatei in der zum Formular gehörenden Ressourcendatei gespeichert, z. B. für *Form1* in der Datei *Form1.resx*. Wenn

8 Benutzerdefinierte Datentypen

Sie dagegen die Voreinstellung belassen, können Sie nach dem Klicken des Buttons „Importieren" eine oder mehrere Dateien auswählen. Diese werden anschließend zu den Projektressourcen *My.Resources* hinzugefügt (Verzeichnis *Resources*). Der Inhalt des Ordners *Resources* ist im Projektmappen-Explorer einzusehen, die Verweise auf die Grafikdateien werden in der Datei *Resources.resx* gespeichert.

Sie können die Grafikdatei auch während der Laufzeit der *Image*-Eigenschaft der Picture-Box mit der *FromFile*-Methode des *Image*-Objekts zuweisen. Allerdings muss dann der Dateipfad exakt angegeben werden. Nur wenn sich die Bilddatei im gleichen Ordner wie die Anwendung (*.exe*-Datei) befindet, reicht der Dateiname aus (siehe Listing 8.6). Es empfiehlt sich die Integration in ein *Try-Catch*-Konstrukt für den Fall, dass die Datei nicht gefunden wird.

Eine Alternative ist die Übernahme der benötigten Datei(en) zur Entwurfszeit in den Ordner *Resources* (siehe oben) und die Zuweisung an die *Image*-Eigenschaft der PictureBox mittels des *My.Resources*-Objekts (siehe Listing 8.6). Sie können eine Grafik zur Laufzeit löschen, indem Sie der *Image*-Eigenschaft den Wert *Nothing* zuweisen. Um die Grafik zu verbergen, kann auch die *Visible*-Eigenschaft auf *False* gestellt werden.

Listing 8.6 Zuweisen von Grafikdateien an eine PictureBox

```
PictureBox1.Image = Image.FromFile("Bild1.png")
' Datei "Bild2.png" befindet sich im Ordner "Resources"
PictureBox2.Image = My.Resources.Bild2
PictureBox2.Image = Nothing            ' Grafik wird gelöscht
```

Eine wichtige Eigenschaft der PictureBox ist *SizeMode*, die die Position bzw. Größe der Grafik bestimmt. Zur Auswahl stehen die Standardeinstellung *Normal* (Anzeige von links oben), *CenterImage* (zentrierte Anzeige), *StretchImage* (Anpassung der Grafik an die Größe der PictureBox), *AutoSize* (Anpassung der PictureBox an die Größe der Grafik) und *Zoom* (maximale Vergrößerung – ohne Verzerrung).

Exkurs: Steuerelement CheckBox

Mit dem Steuerelement *CheckBox* (dt. *Kontrollkästchen*) kann geprüft werden, ob eine bestimmte Bedingung erfüllt ist oder nicht. Hierzu verfügt die CheckBox über zwei wichtige Eigenschaften, nämlich *Checked* und *CheckState*. Wird die *Checked*-Eigenschaft zur Entwurfs- oder zur Laufzeit auf *True* gesetzt, so wird ein Häkchen angezeigt. Wird *Checked* auf *False* gestellt (Standardeinstellung), so wird das Häkchen wieder entfernt.

Ähnlich verhält sich die Eigenschaft *CheckState*, die standardmäßig auf *CheckState.Unchecked* eingestellt ist. Wird sie auf *CheckState.Indeterminate* oder *CheckState.Checked* gestellt, so passt sich die *Checked*-Eigenschaft automatisch mit *True* an.

Listing 8.7 verdeutlicht die obigen Erklärungen.

Listing 8.7 Checked- und CheckState-Eigenschaft der CheckBox

```
If CheckBox1.CheckState = CheckState.Indeterminate Then
  MessageBox.Show("CheckBox1.Checked = True")
ElseIf CheckBox1.Checked = False Then
  MessageBox.Show("CheckBox1.CheckState = CheckState.Unchecked")
Else  ' CheckBox1.Checked = True
  MessageBox.Show("CheckBox1.CheckState = CheckState.Checked")
End If
```

Gleichartige CheckBoxen werden häufig in einer gemeinsamen GroupBox integriert. Im Unterschied zu den RadioButtons können aber gleichzeitig mehrere CheckBoxen aktiv sein, d. h., mehrere CheckBoxen ein Häkchen haben.

8.1.2 Strukturierte Datentypen (Strukturen)

Strukturen fassen zusammengehörige Daten in einer gemeinsamen Datenstruktur zusammen. Im Gegensatz zu den Arrays dürfen die Datenelemente einer Struktur einen unterschiedlichen Datentyp aufweisen. In der Informatik entspricht ein strukturierter Datentyp einem Datensatz (engl. *Record*), der sich aus mehreren elementaren Variablen, den Strukturelementen oder Mitgliedern (engl. *Members*) zusammensetzt. Beispiele dafür sind Personendaten (Name, Vorname, Geburtstag), Adressdaten (Name, PLZ, Ort, Straße, Hausnummer) oder Punktdaten (Punktnummer, X-Wert, Y-Wert, Punktcode). Mehrere Datensätze können wiederum ein Array, vergleichbar einer Tabelle, bilden.

Die Syntax für die *Deklaration* einer einfachen Struktur lautet:

```
Structure StructTyp
  Dim mitgliedsName1 As DatenTyp1
  Dim mitgliedsName2 As Datentyp2
  ...
End Structure
```

Dem Schlüsselwort *Structure* kann ein Zugriffsmodifizierer (*Public*, *Private*, *Friend*) vorangestellt werden, standardmäßig gilt *Friend*. Dem Modifizierer *Friend* entspricht ein Gültigkeitsbereich, der, vereinfacht gesagt, zwischen *Public* und *Private* liegt (siehe auch Abschnitt 10.1.3).

Die Mitglieder einer Struktur müssen wie üblich deklariert werden. Wenn sie von außerhalb sichtbar sein sollen, müssen sie mit *Public* vereinbart werden (der Modifizierer *Dim* hat hier dieselbe Wirkung), zulässig ist auch der Modifizierer *Friend*. Auf mit *Private* deklarierte Mitglieder kann dagegen von außen nicht zugegriffen werden.

Die *Structure*-Anweisung muss immer auf globaler Ebene stehen, auf lokaler oder Prozedurebene ist sie nicht zulässig.

Mit der Deklaration einer Struktur ist lediglich ein neuer Datentyp definiert. Um auf den Strukturtyp zugreifen zu können, muss erst eine Variable des definierten Struktur-Datentyps deklariert werden. Der Zugriff auf die Elemente (Mitglieder) der Strukturvariablen erfolgt über den Namen der Strukturvariablen und den Mitgliedsnamen, die durch einen Punkt, den sogenannten *Qualifizierer*, voneinander getrennt sind.

8 Benutzerdefinierte Datentypen

Listing 8.8 Deklaration und Zugriff auf eine einfache Struktur

```vb
Public Class Form1
  Structure Person
    Dim ID As Byte
    Dim Name As String
    Dim Vorname As String
    Dim SexMale As Boolean
    Dim GebDatum As Date
  End Structure

  Private Sub Button1_Click(...) Handles Button1.Click
    Dim mitarbeiter1 As Person, anrede As String
    ' Struturvariable mitarbeiter1
    mitarbeiter1.ID = 12
    mitarbeiter1.Vorname = "Hans"
    mitarbeiter1.Name = "Meier"
    mitarbeiter1.SexMale = True
    mitarbeiter1.GebDatum = #8/16/1986#

    If mitarbeiter1.SexMale = True Then
      anrede = "Sehr geehrter Herr "
    Else
      anrede = "Sehr geehrte Frau "
    End If
    anrede &= mitarbeiter1.Name      ' "Sehr geehrter Herr Meier"
  End Sub
End Class
```

With-Anweisung

Die *With*-Anweisung vereinfacht den Zugriff auf die Mitglieder der Strukturvariablen. Innerhalb der *With*-Anweisung braucht damit der Name der Strukturvariablen nicht jedes Mal wiederholt zu werden, der Punkt (.) vor dem Mitgliedsbezeichner darf allerdings nicht fehlen. *With*-Anweisungen sind übrigens nicht auf Strukturvariablen beschränkt, sehr häufig wird das *With*-Konstrukt auch in Verbindung mit Klasseninstanzen eingesetzt.

Die Syntax der *With*-Anweisung lautet:

```vb
With structVarName
  ' Anweisungen, z. B.
  .mitglied1 = wert1
  .mitglied2 = wert2
End With
```

Listing 8.8 (Fortsetzung) With-Anweisung mit Strukturvariablen

```vb
' Fortsetzung Listings 8.8
Private Sub Button2_Click(...) Handles Button2.Click
  Dim mitarbeiter2 As Person, anrede As String

  With mitarbeiter2
    .Vorname = "Maria"
    .Name = "Hauser"
    .SexMale = False
    If .SexMale = True Then
      anrede = "Sehr geehrter Herr "
    Else
      anrede = "Sehr geehrte Frau "
    End If
    anrede &= .Name              ' "Sehr geehrte Frau Hauser"
  End With
End Sub
```

8.2 Übungen

Übung 8-1: ARGB-Farben

Aufgabe: Es ist ein Programm zu erstellen, das beim Laden des Programms die üblichen Grundfarben (Schwarz, Rot, Gelb, Grün, Cyan, Blau, Magenta und Weiß) als Texteinträge in einer ListBox anzeigt. Wählt der Nutzer aus der ListBox eine Farbe aus, so soll eine mit dieser Farbe gefüllte PictureBox angezeigt werden. Die Farben sind als Enumeration *ArgbFarbe* zu definieren.

Weiter soll es mit dem Programm möglich sein, einen ARGB-Farbwert durch Eingabe der entsprechenden Farbanteile (0 ... 255) selbst zu definieren. Über einen Button-Klick soll die entsprechende Farbe in der oben erwähnten PictureBox angezeigt werden.

Lernziel: Eine Enumeration definieren und einsetzen, Methoden der *Enum*-Klasse aufrufen, Farben (Struktur *Color*) definieren, Farben in einer PictureBox anzeigen.

Lösungsschritte 1 und 2: Benutzeroberfläche erstellen und Eigenschaften festlegen

Starten Sie Visual Basic 2008, erstellen Sie ein neues *Windows Forms*-Projekt mit dem Namen „ArgbFarben", und speichern Sie alle Dateien.

Platzieren Sie auf dem Startformular *Form1* eine *ListBox1* für die Anzeige der Farbkonstanten und vier schmale Textfelder *TxtAlpha*, *TxtRot*, *TxtGruen* und *TxtBlau* für die Eingabe des Alphawerts und der Farbanteile. Den Alphawert stellen Sie im Eigenschaftenfenster auf 255 und die drei Farbanteile auf 0, das entspricht der Farbe *Schwarz*. Fügen Sie außerdem einen *Button1* („Farbe anzeigen") auf dem Formular ein. Der Button soll zur Laufzeit die Farbanzeige in der noch zu ergänzenden *PictureBox1* auslösen (siehe Abbildung 8.1).

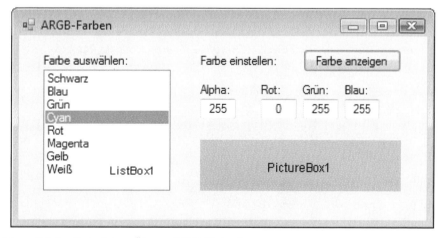

Abbildung 8.1 Testbeispiel zur Übung „ARGB-Farben"

Lösungsschritt 3: Algorithmus entwickeln und Programmcode schreiben

Der Programmcode setzt sich zusammen aus der Definition der Enumeration *ArgbFarbe*, der Ereignisprozedur *Form1_Load*, die die Farbkonstanten der Enumeration *ArgbFarbe* beim Programmstart in die *ListBox1* schreibt, der Ereignisprozedur *ListBox1_SelectedIndexChanged*, die die in der *ListBox1* ausgewählte Farbe in der *PictureBox1* anzeigt, und schließlich der Ereignisprozedur *Button1_Click*, die die in die vier Textfelder eingetragenen Farbanteile zu einer ARGB-Farbe zusammenfügt und ebenfalls in der *PictureBox1* darstellt.

▪ Programmgerüst des Startformulars (Klasse Form1)

```
Public Class Form1
  Public Enum ArgbFarbe As Integer ... : End Enum
  Private Sub Form1_Load(...) ... : End Sub
  Private Sub ListBox1_SelectedIndexChanged(...) ... : End Sub
  Private Sub Button1_Click(...) ... : End Sub
End Class
```

▪ Enumeration ArgbFarbe

Die Definition der Enumeration muss außerhalb der Ereignisprozeduren stehen, am besten unmittelbar nach dem einleitenden *Public Class Form1*. Die Grundfarben werden den Konstanten als hexadezimal formulierte ARGB-Farben zugewiesen. Ausnahmsweise wollen wir die Konstante *Grün* in der deutschen Schreibweise mit „ü" ausdrücken.

```
Public Enum ArgbFarbe As Integer
  Schwarz = &HFF000000
  Rot = &HFFFF0000
  Gelb = &HFFFFFF00
  Grün = &HFF00FF00
  Cyan = &HFF00FFFF
  Blau = &HFF0000FF
  Magenta = &HFFFF00FF
  Weiß = &HFFFFFFFF
End Enum
```

▪ Ereignisprozedur Form1_Load

In einer *For-Each*-Schleife werden beim Starten des Programms alle Farbkonstanten der Enumeration *ArgbFarbe* der Reihe nach mit der *GetNames*-Methode der *Enum*-Klasse abgerufen und als String in die *ListBox1* geschrieben.

```
Private Sub Form1_Load(...) Handles MyBase.Load
  Dim s As String = String.Empty

  For Each s In System.Enum.GetNames(GetType(ArgbFarbe))
    ListBox1.Items.Add(s)
  Next s
End Sub
```

▪ Ereignisprozedur ListBox1_SelectedIndexChanged

Die Ereignisprozedur wird zur Laufzeit ausgelöst, wenn der Anwender eine Zeile in der *ListBox1* markiert. Der markierte Eintrag wird der Stringvariablen *farbkonst* zugewiesen. In einer *Select-Case*-Anweisung wird der Farbwert ermittelt, der der angeklickten Farbkonstanten entspricht. Diese Farbe wird anschließend als Hintergrundfarbe der PictureBox angezeigt.

```vb
Private Sub ListBox1_SelectedIndexChanged(...) _
        Handles ListBox1.SelectedIndexChanged
    Dim farbwert As Integer, farbkonst As String

    ' ListBox1.SelectedItem ist vom Typ Object
    farbkonst = ListBox1.SelectedItem.ToString
    Select Case farbkonst
      Case "Schwarz"
        farbwert = CInt(ArgbFarbe.Schwarz)
      Case ("Rot")
        farbwert = CInt(ArgbFarbe.Rot)
      Case ("Gelb")
        farbwert = CInt(ArgbFarbe.Gelb)
      Case ("Grün")
        farbwert = CInt(ArgbFarbe.Grün)
      Case ("Cyan")
        farbwert = CInt(ArgbFarbe.Cyan)
      Case ("Blau")
        farbwert = CInt(ArgbFarbe.Blau)
      Case ("Magenta")
        farbwert = CInt(ArgbFarbe.Magenta)
      Case ("Weiß")
        farbwert = CInt(ArgbFarbe.Weiß)
    End Select
    PictureBox1.BackColor = System.Drawing.Color.FromArgb(farbwert)
End Sub
```

■ **Ereignisprozedur Button1_Click**

Die in die vier TextBoxen eingetragenen Farbanteile werden in *Integer*-Werte umgewandelt und als ARGB-Hintergrundfarbe in der *PictureBox1* angezeigt. Falls ein unzulässiger Wert eingegeben wird, erfolgt eine Fehlermeldung.

```vb
Private Sub Button1_Click(...) Handles Button1.Click
    Dim alpha, rot, gruen, blau As Integer
    Try
      alpha = CInt(TxtAlpha.Text)
      rot = CInt(TxtRot.Text)
      gruen = CInt(TxtGruen.Text)
      blau = CInt(TxtBlau.Text)
      PictureBox1.BackColor = System.Drawing.Color.FromArgb( _
                            alpha, rot, gruen, blau)
    Catch ex As Exception
      MessageBox.Show("Ungültiger Wert! (zulässig 0 ... 255)", _
                     "Fehlerhinweis")
    End Try
End Sub
```

Lösungsschritt 4: Programm testen

Testen Sie das Programm, in dem Sie alle ListBox-Einträge durchklicken. Zum Testen der zweiten Programmfunktion tragen Sie verschiedene RGB-Farbanteile in die vorgesehenen TextBoxen ein und verändern dann den Alphawert. Testfarben können Sie selbst aus der Enumeration ableiten, der Hexwert FF steht jeweils für 255. In Abbildung 8.1 können Sie die Eingabewerte für die Farbe *Cyan* vergleichen.

Übung 8-2: Bilder anzeigen – Version 1

Aufgabe: Es ist ein Programm zu erstellen, das wahlweise bis zu drei Bilder in je einer PictureBox anzeigen kann. Der Anwender soll über drei Kontrollkästchen (CheckBoxen) die Bilder auswählen können, die Anzeige der Bilder soll über einen Button-Klick ausgelöst werden. Die ausgewählten Bilder sollen von links beginnend nebeneinander dargestellt werden, ohne dass ein leeres Bild dazwischenliegt.

Für das Speichern der Kombination der *Checked*-Eigenschaften der drei Kontrollkästchen soll eine Enumeration *ChkChecked* mit kombinierbaren Enumerationswerten definiert werden.

Lernziel: Enumerationskonstanten kombinieren, Bilddateien als Ressourcen laden und in einer PictureBox anzeigen.

Lösungsschritt 1: Benutzeroberfläche erstellen

Starten Sie Visual Basic 2008, erstellen Sie ein neues *Windows Forms*-Projekt mit dem Namen „BilderVersion1", und speichern Sie alle Dateien.

Platzieren Sie auf dem Startformular *Form1* eine GroupBox, in die Sie drei CheckBoxen einfügen. Darunter setzen Sie einen *Button1* („Anzeigen") und daneben drei Bildfelder *PictureBox1*, *PictureBox2* und *PictureBox3* (siehe Abbildung 8.2).

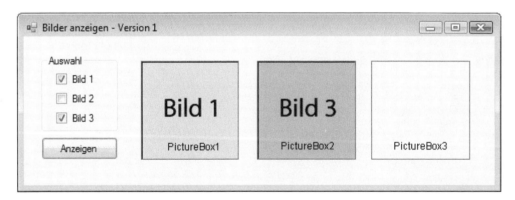

Abbildung 8.2 Testbeispiel zur Übung „Bilder anzeigen – Version 1"

Lösungsschritt 2: Eigenschaften festlegen

Bezeichnen Sie die Steuerelemente wie im Lösungsschritt 1 beschrieben. Um die drei Bilder als Ressourcen zu laden, klicken Sie bei markierter *PictureBox1* auf die Eigenschaft *Image* und importieren in dem folgenden Dialogfeld „Ressource auswählen" bei voreingestellter Option „Projektressourcendatei" *Resources.resx* die drei Bilddateien *Bild1.png*, *Bild2.png* und *Bild3.png*. (Die drei Dateien sind auf der beiliegenden DVD im Ordner *\Daten\Kap08* enthalten.) Stellen Sie außerdem für alle drei Bildfelder die Eigenschaft *SizeMode* auf *StretchImage* und die Eigenschaft *BorderStyle* auf *FixedSingle*.

Hinweis: Wenn Sie die Benutzeroberfläche nicht selbst erstellen, sondern die Datei *Form1.Designer.vb* aus dem Übungsordner der Begleit-DVD in das neue Projekt „BilderVersion1" einfügen, müssen Sie die Bilddateien ebenfalls manuell der *Image*-Eigenschaft der *PictureBox1* zuordnen.

Lösungsschritt 3: Algorithmus entwickeln und Programmcode schreiben

Der Programmcode setzt sich zusammen aus der Definition der Enumeration *ChkChecked* und der Ereignisprozedur *Button1_Click*, die prüft, welche Bilderkombination gewählt wurde, und anschließend – je nach Kombination – ein, zwei oder drei Bilder nebeneinander in den vorgesehenen Bildfeldern anzeigt. Damit beim Programmstart noch kein Bild erscheint, ergänzen wir eine Ereignisprozedur *Form1_Load*.

■ **Enumeration ChkChecked**

Für den *Checked*-Zustand der drei CheckBoxen sehen wir je eine Enumerationskonstante mit einem kombinierbaren Enumerationswert vor.

```vb
Enum ChkChecked As Integer
    Box1 = 1
    Box2 = 2
    Box3 = 4
End Enum
```

■ **Ereignisprozedur Button1_Click**

Zunächst werden die Inhalte der drei PictureBoxen gelöscht, damit nicht beim erneuten Auslösen der Prozedur Bilder des letzten Klickereignisses zu sehen sind. Anschließend werden die *Checked*-Eigenschaften der drei CheckBoxen abgefragt und die Zustände in der *Integer*-Variablen *auswahl* aufaddiert. Im dritten Schritt werden alle möglichen Kombinationen in einer *Select-Case*-Anweisung durchlaufen und die ausgewählten Bilder von links beginnend angezeigt.

Die einzelnen Code-Abschnitte sind im Folgenden nur auszugsweise gezeigt. Versuchen Sie, die fehlenden Codezeilen selbst zu ergänzen, notfalls können Sie im vollständigen Code (siehe Begleit-DVD) nachblättern.

```vb
Private Sub Button1_Click(...) Handles Button1.Click
    Dim auswahl As Integer = 0
    ' Löschen der PictueBox-Inhalte
    PictureBox1.Image = Nothing
    ' -> Ergänzen für PictureBox2 und PictureBox3

    ' Welche CheckBoxen sind aktiviert?
    If CheckBox1.Checked Then
        auswahl += ChkChecked.Box1
    End If
    ' -> Ergänzen für PictureBox2 und PictureBox3

    Select Case auswahl
        Case 0
        Case 1
            PictureBox1.Image = My.Resources.Bild1
        Case 2
            PictureBox1.Image = My.Resources.Bild2
        Case 3
            PictureBox1.Image = My.Resources.Bild1
```

8 Benutzerdefinierte Datentypen

```
        PictureBox2.Image = My.Resources.Bild2
    Case 4
        PictureBox1.Image = My.Resources.Bild3
    Case 5
        ' -> Ergänzen der weiteren Kombinationen
    End Select
End Sub
```

- **Ereignisprozedur Form1_Load**

Damit beim Programmstart noch kein Bild erscheint, weisen wir der *Image*-Eigenschaft der drei PictureBoxen den Wert *Nothing* zu.

```
Private Sub Form1_Load(...) Handles MyBase.Load
    PictureBox1.Image = Nothing
    PictureBox2.Image = Nothing
    PictureBox3.Image = Nothing
End Sub
```

Lösungsschritt 4: Programm testen

Testen Sie alle Kombinationen. Die Bilder sollen immer von links ohne leeres Zwischenbild dargestellt werden (siehe Abbildung 8.2).

Übung 8-3: EU-Staaten

Aufgabe: Es ist ein Programm zu erstellen, das die EU-Staaten abfragt. Die Anzahl der richtigen und falschen Antworten soll angezeigt werden. Die richtig eingeloggten Antworten sollen außerdem in eine ListBox übernommen werden.

Als weitere Funktionalität soll per Button-Klick die vollständige Lösung in der ListBox erscheinen. Anschließend soll der Anwender gefragt werden, ob er das Programm beenden will oder nicht.

Der Einfachheit halber wollen wir uns für diese Übung auf die sechs EU-Gründungsstaaten (EWG-Länder) beschränken. Die Staaten sollen in einer Enumeration *State* definiert werden.

Lernziel: Eine Enumeration definieren und anwenden, Methoden der *Enum*-Klasse aufrufen.

Lösungsschritte 1 und 2: Benutzeroberfläche erstellen und Eigenschaften festlegen

Starten Sie Visual Basic 2008, erstellen Sie ein neues *Windows Forms*-Projekt mit dem Namen „EUStaaten", und speichern Sie alle Dateien.

Platzieren Sie auf dem Startformular *Form1* eine *TextBox1*, darunter ein *Label1*, daneben zwei Buttons *BtnEinloggen* und *BtnLoesung* sowie eine *ListBox1* (siehe Abbildung 8.3).

8.2 Übungen

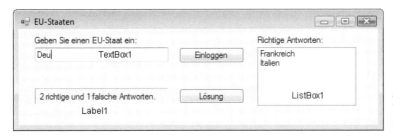

Abbildung 8.3
Testbeispiel zur
Übung „EU-Staaten"

Lösungsschritt 3: Algorithmus entwickeln und Programmcode schreiben

Das Programm besteht aus der Definition der Enumeration *State*, der Ereignisprozedur *BtnEinLoggen_Click*, die die vom Anwender eingeloggten Antworten überprüft, und der Ereignisprozedur *BtnLoesung_Click*, die alle erfassten EU-Staaten anzeigt.

■ **Programmgerüst des Startformulars (Form1)**

In den *Integer*-Variablen *antwTrue* und *antwFalse* soll die Anzahl der richtigen und falschen Antworten gespeichert werden. Damit diese nicht bei jedem Auslösen der Ereignisprozedur *BtnEinLoggen_Click* neu initialisiert werden, deklarieren wir die zwei Variablen formularglobal und initialisieren sie mit 0 (null).

```
Public Class Form1
    Private antwTrue As Integer = 0, antwFalse As Integer = 0
    Private Enum State As Integer ... : End Enum
    Private Sub BtnEinloggen_Click(...) ... : End Sub
    Private Sub BtnLoesung_Click(...) ... : End Sub
End Class
```

■ **Enumeration State**

Für unsere Übung reicht es aus, zunächst nur die (historisch) ersten EU-Staaten in die Enumeration aufzunehmen. Da wir keinen Enumerationswert angeben, beginnt die Zählung bei 0 (null) für Belgien, was aber hier völlig ohne Belang ist.

```
Private Enum State As Integer
    Belgien
    Deutschland
    Frankreich
    Italien
    Luxemburg
    Niederlande
End Enum
```

■ **Ereignisprozedur BtnEinloggen_Click**

In der Ereignisprozedur wird geprüft, ob der vom Anwender in die TextBox eingegebene EU-Staat existiert, sprich in der Enumeration *State* enthalten ist. Im positiven Fall wird der Staat in die ListBox übertragen. Die Anzahl der richtigen und falschen Antworten wird aktualisiert und in dem vorgesehenen Label angezeigt. Im vollständigen Code (siehe Begleit-DVD) wird der Fokus zum Schluss wieder auf die *TextBox1* gesetzt, und der letzte Eintrag wird mittels der *SelectAll*-Methode markiert.

```
Private Sub BtnEinloggen_Click(...) Handles BtnEinloggen.Click
  Dim staatKonst As String
  staatKonst = TextBox1.Text

  If System.Enum.IsDefined(GetType(state), staatKonst) Then
    ListBox1.Items.Add(staatKonst)
    antwTrue += 1
  Else
    antwFalse += 1
  End If
  Label1.Text = String.Format( _
              " {0} richtige und {1} falsche Antworten.", _
              antwTrue, antwFalse)
End Sub
```

■ **Ereignisprozedur BtnLoesung_Click**

Mit einer *For-Each*-Schleife werden alle Enumerationskonstanten in die *ListBox1* geschrieben. In einer MessageBox kann der Anwender entscheiden, ob er das Programm beenden will oder nicht. Falls das Ratespiel fortgesetzt werden soll, werden die Einträge in der ListBox gelöscht. Die Behandlung von Rückgabewerten der MessageBox wurde bereits in Abschnitt 4.2.4 behandelt.

```
Private Sub BtnLoesung_Click(...) Handles BtnLoesung.Click
  Dim s As String, antwort As Integer

  ListBox1.Items.Clear()
  For Each s In System.Enum.GetNames(GetType(State))
    ListBox1.Items.Add(s)
  Next s

  antwort = MessageBox.Show("Wollen Sie das Programm beenden?", _
                    "EU-Staaten", MessageBoxButtons.YesNo)
  Select Case antwort
    Case Windows.Forms.DialogResult.Yes
      Me.Close()
    Case Windows.Forms.DialogResult.No
      ListBox1.Items.Clear()
  End Select
End Sub
```

Lösungsschritt 4: Programm testen

Testen Sie das Programm mit richtigen und falschen Eingaben. Leereingaben werden als Falscheingaben interpretiert, Groß- und Kleinschreibung muss exakt eingehalten werden. Die Anzahl der richtigen und falschen Einträge darf erst bei einem Neustart auf 0 (null) zurückgesetzt werden.

Übung 8-4: Einwohnerdichte

Aufgabe: Es ist ein Programm zu erstellen, das die Einwohnerdichte (Bevölkerungsdichte) für mehrere (Bundes-)Länder aus deren Fläche (km^2) und Einwohnerzahl berechnet.

Dazu soll eine Struktur *Land* definiert werden, die aus den Elementen *ID* (eindeutige Identifikationsnummer, Datentyp *Short*), *Name* (Typ *String*), *Fläche* (Typ *Double*) und *Einwohner* (Typ *Integer*) besteht.

Lernziel: Eine einfache Struktur definieren und mit einer *With*-Anweisung anwenden.

8.2 Übungen

Lösungsschritte 1 und 2: Benutzeroberfläche erstellen und Eigenschaften festlegen

Starten Sie Visual Basic 2008, erstellen Sie ein neues *Windows Forms*-Projekt mit dem Namen „Einwohnerdichte", und speichern Sie alle Dateien.

Platzieren Sie auf dem Startformular *Form1* links untereinander ein Label *LblID* und drei TextBoxen *TxtName*, *TxtFlaeche* und *TxtEinwohner*. Jetzt fehlen nur noch ein Button *BtnEintragen* („Eintragen >") und eine *ListBox1* sowie ergänzende Beschriftungen (siehe Abbildung 8.4). Für die *Font*-Eigenschaft der ListBox empfiehlt sich eine Schreibmaschinenschrift (z. B. *Courier New*), die *TabStop*-Eigenschaft sollte auf *False* gestellt werden.

Abbildung 8.4 Testbeispiel zur Übung „Einwohnerdichte"

Lösungsschritt 3: Programmcode schreiben

Die Elemente eines Datensatzes sind zur Laufzeit in die vorgesehenen TextBoxen einzutragen. Die *ID* soll von 1 beginnend automatisch hochgezählt und in dem Label *LblID* angezeigt werden. Jeder vollständig eingegebene Datensatz soll mit einem Button-Klick zusammen mit der berechneten Einwohnerdichte in eine ListBox übertragen werden.

Im Wesentlichen setzt sich der Programmcode aus zwei Teilen zusammen, der Deklaration der Struktur *Land* und der Ereignisprozedur *BtnEintragen_Click*. Damit die *ID* bereits beim Programmstart mit 1 initialisiert und bei jedem Button-Klick aktualisiert wird, wird die Strukturvariable *bundesland* formularglobal deklariert und mit der Ereignisprozedur *Form1_Load* initialisiert.

■ **Programmgerüst des Startformulars (Form1)**

```
Public Class Form1
  Private Structure Land ... : End Structure
  Private bundesland As Land
  Private Sub Form1_Load(...) ... : End Sub
  Private Sub BtnEintragen_Click(...) ... : End Sub
End Class
```

■ **Deklaration der Struktur Land**

```
Private Structure Land
  Public ID As Short
  Public Name As String
```

```
        Public Flaeche As Double
        Public Einwohner As Integer
End Structure
```

■ **Ereignisprozedur Form1_Load**

```
Private Sub Form1_Load(...) Handles MyBase.Load
    bundesland.ID = 1
    LblID.Text = bundesland.ID.ToString
End Sub
```

■ **Ereignisprozedur BtnEintragen_Click**

```
Private Sub BtnEintragen_Click(...) Handles BtnEintragen.Click
    With bundesland
        .Name = TxtName.Text
        .Flaeche = Convert.ToDouble(TxtFlaeche.Text)
        .Einwohner = Convert.ToInt32(TxtEinwohner.Text)

        ' Eintragen in die ListBox
        ListBox1.Items.Add( _
          String.Format("{0,3} {1,24} {2,10:n2} {3,12:n0} {4,8}", _
            .ID, .Name.PadRight(24), .Flaeche, .Einwohner, _
            Convert.ToInt32(.Einwohner / .Flaeche)))

        ' ID automatisch erhöhen
        .ID = .ID + 1S
        LblID.Text = .ID.ToString
    End With
End Sub
```

In der vollständigen Lösung auf der Begleit-DVD ist der Code der Ereignisprozedur zusätzlich in ein *Try-Catch*-Konstrukt eingebettet. Zu Beginn werden evtl. eingegebene Tausendertrennzeichen (Punkte) entfernt. Nachdem die Eingabewerte in die ListBox übertragen wurden und die *ID* um 1 erhöht wurde, werden die Inhalte der Eingabefelder gelöscht, und die TextBox *TxtName* erhält den Fokus für die Eingabe des nächsten Datensatzes.

Lösungsschritt 4: Programm testen

Zum Test sollen die Daten für einige deutsche Bundesländer eingegeben werden, die zum Beispiel in *Wikipedia* zu finden sind (siehe auch Abbildung 8.4). Damit auch Tausendertrennzeichen, Leereingaben und andere Eingabefehler nicht zum Programmabsturz führen, sind noch einige Verbesserungen notwendig (siehe Lösung auf der Begleit-DVD).

Übung 8-5: Schwerpunkt

Aufgabe: Es ist ein Programm zu erstellen, das mehrere eingegebene Punkte in einem Strukturarray *koord* vom Typ *Punkt2d* ablegt und den Schwerpunkt berechnet.

Die einfache Struktur *Punkt2d* soll sich aus einer Punktnummer *Nr* (Datentyp *Integer*) sowie den kartesischen Koordinaten *X* und *Y* (jeweils Datentyp *Double*) zusammensetzen.

Lernziel: Eine Punktstruktur definieren, Strukturarrays anwenden, Strukturen als Parameter übergeben, die Eigenschaften *Lines* und *Lines.Length* der TextBox einsetzen.

Lösungsschritte 1 und 2: Benutzeroberfläche erstellen und Eigenschaften festlegen

Starten Sie Visual Basic 2008, erstellen Sie ein neues *Windows Forms*-Projekt mit dem Namen „Schwerpunkt", und speichern Sie alle Dateien.

Platzieren Sie auf dem Startformular *Form1* eine mehrzeilige TextBox *TxtPunkte*, drei Buttons *BtnSpeichern* („Speichern"), *BtnSchwerpunkt* („Schwerpunkt") und *BtnLoeschen* („Löschen") sowie ein Label *LblSchwerpunkt* für die Anzeige des Schwerpunkts (siehe Abbildung 8.5). Für die TextBox *TxtPunkte* und für das Label *LblSchwerpunkt* ist eine Schreibmaschinenschrift vorzuziehen. Stellen Sie außerdem die *Visible*-Eigenschaft des Buttons *BtnSchwerpunkt* auf *False*. Der Button soll erst sichtbar sein, wenn die Punkte gespeichert wurden.

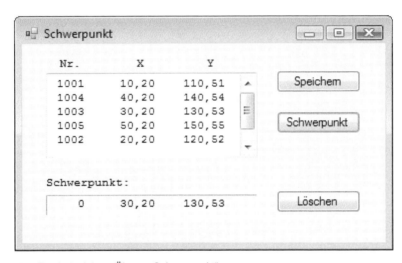

Abbildung 8.5 Testbeispiel zur Übung „Schwerpunkt"

Lösungsschritt 3: Algorithmus entwickeln und Programmcode schreiben

Neben der Definition der Struktur *Punkt2d* ist für jeden der drei Buttons eine Ereignisprozedur notwendig.

Damit sich die Punktdaten zwischen der Speichern- und der Schwerpunkt-Ereignisprozedur austauschen lassen, wird das eindimensionale Array *koord* (Datentyp *Punkt2d*) zusammen mit der maximalen Punktanzahl *nmax* und der tatsächlich eingelesenen Punktanzahl *n* formularglobal deklariert. Es wird angenommen, dass 100 Punkte (*nmax*) ausreichend sind.

Um den Programmcode etwas übersichtlicher zu gestalten, werden sowohl die Zerlegung der Textzeilen in ihre Punktkomponenten als auch die Berechnung des Schwerpunkts in die Funktionen *SplitZeilePunkt2d* bzw. *Schwerpunkt* ausgelagert.

8 Benutzerdefinierte Datentypen

■ **Programmgerüst des Startformulars (Form1)**

```vb
Public Class Form1
  Private Structure Punkt2d ... : End Structure
  ' Formularglobale Deklarationen
  Private nmax As Integer = 100         ' maximale Punktanzahl
  Private koord(0 To nmax - 1) As Punkt2d
  Private n As Integer                  ' tatsächliche Punktanzahl
  ' Benutzerdefinierte Funktionen
  Function SplitZeilePunkt2d(...) ... : End Function
  Function Schwerpunkt(...) ... : End Function
  ' Ereignisprozeduren
  Private Sub BtnSpeichern_Click(...) ... : End Sub
  Private Sub BtnSchwerpunkt_Click(...) ... : End Sub
  Private Sub BtnLoeschen_Click(...) ... : End Sub
End Class
```

■ **Deklaration der Struktur Punkt2d**

```vb
Public Structure Punkt2d
  Public Nr As Integer
  Public X As Double
  Public Y As Double
End Structure
```

■ **Deklaration der Funktion SplitZeilePunkt2d**

Jede fehlerfreie Datenzeile (*String*) wird in die drei Komponenten *Nr*, *X* und *Y* zerlegt und als Datentyp *Punkt2d* zurückgegeben. Als Trennzeichen sind Leerräume und Tabulatorzeichen (*Chr*(9)) erlaubt. Falls die Zeile mehr oder weniger als drei Komponenten aufweist, wird eine Ausnahme geworfen, bei der die erste Komponente (in der Regel die Punktnummer) mit zurückgegeben wird.

```vb
Function SplitZeilePunkt2d(ByVal zeile As String) As Punkt2d
  Dim charSep() As Char = {" "c, Chr(9)}
  Dim komp() As String
  Dim punkt As Punkt2d
  ' Zeile in Komponenten zerlegen
  komp = zeile.Split(charSep, StringSplitOptions.RemoveEmptyEntries)
  If komp.Length <> 3 Then
    Throw New Exception("Eingabefehler Nr = " & komp(0))
  Else
    With Punkt
      .Nr = Integer.Parse(komp(0))
      .X = Double.Parse(komp(1))
      .Y = Double.Parse(komp(2))
    End With
    Return punkt       ' Rückgabewert
  End If
End Function
```

Die obige Funktion ließe sich auch als Sub-Prozedur ausdrücken. Der Prozedurkopf würde dann lauten:

```vb
Sub SplitZeilePunkt2d(ByVal zeile As String, ByRef punkt As Punkt2d)
```

■ **Deklaration der Funktion Schwerpunkt**

Als Eingangsparameter werden das Strukturarray *punkt* (Datentyp *Punkt2d*) und die Anzahl *n* der Punkte übergeben. Die Koordinaten des Schwerpunkts werden als *Punkt2d*-Typ zurückgegeben.

Die Schwerpunktkoordinaten (*X, Y*) lassen sich als arithmetisches Mittel berechnen.

```
Function Schwerpunkt(ByVal punkt() As Punkt2d, ByVal n As Integer) _
                                                         As Punkt2d)
  Dim i As Integer
  Dim spunkt As Punkt2d
  ' Koordinaten aufsummieren
  For i = 0 To n - 1
    spunkt.X += punkt(i).X
    spunkt.Y += punkt(i).Y
  Next i
  spunkt.Nr = 0
  ' Arithmetisches Mittel
  spunkt.X = spunkt.X / n
  spunkt.Y = spunkt.Y / n
  Return spunkt            ' Rückgabewert
End Function
```

■ **Ereignisprozedur BtnSpeichern_Click**

Der Inhalt der mehrzeiligen TextBox *TxtPunkte* soll zunächst in seine einzelnen Zeilen zerlegt werden. In Kapitel 7 wurden hierzu Lösungswege aufgezeigt.

Eine einfache Lösung ist aber auch mit den Eigenschaften der TextBox möglich. Die Eigenschaft *Lines.Length* gibt die Anzahl der Zeilen zurück. Die einzelnen Zeilen können mit der Eigenschaft *Lines(i)* angesprochen werden, wobei *i* für den Zeilenindex steht. (Der Index *i* beginnt mit 0 (null) für die erste Zeile.)

Durch Zeilenvorschübe und Leerzeichen können insbesondere am Ende der Eingabe Leerzeilen entstehen, die gleich zu Prozedurbeginn mit der *Trim*-Methode der *String*-Klasse entfernt werden.

```
Private Sub BtnSpeichern_Click(...) Handles BtnSpeichern.Click
  Dim punkt As Punkt2d
  Dim charTrim() As Char = {" "c, Chr(10), Chr(13)}
  Dim sb As New System.Text.StringBuilder()
  Dim newln As String = System.Environment.NewLine

  Try
    LblSchwerpunkt.Text = String.Empty
    TxtPunkte.Text = TxtPunkte.Text.Trim(charTrim)
    TxtPunkte.Text = TxtPunkte.Text.Replace(".", ",")
    n = TxtPunkte.Lines.Length     ' Anzahl der Zeilen bzw. Punkte

    For i = 0 To n - 1
      ' Zerlegen der Zeile in Punktkomponenten (Funktionsaufruf)
      punkt = SplitZeilePunkt2d(TxtPunkte.Lines(i))
      With koord(i)
        .Nr = punkt.Nr
        .X = punkt.X
        .Y = punkt.Y
        sb.Append(String.Format("{0,5} {1,9:f2} {2,9:f2}" & _
                                newln, .Nr, .X, .Y))
      End With
    Next i
    TxtPunkte.Text = sb.ToString
    BtnSchwerpunkt.Visible = True

  Catch ex As Exception
    MessageBox.Show(ex.Message, "Fehlerhinweis")
  End Try
End Sub
```

8 Benutzerdefinierte Datentypen

Nach Aufruf der Funktion *SplitZeilePunkt2d* werden die Punktkomponenten dem Punktarray *koord* zugewiesen. Gleichzeitig wird mithilfe eines StringBuilder-Objekts der TextBox-Inhalt in formatierter Form aufgebaut. Vor dem Verlassen der Prozedur wird damit der ursprüngliche TextBox-Inhalt ersetzt, und der Button „Schwerpunkt" erhält die Eigenschaft *Visible*.

In der vollständigen Lösung auf der Begleit-DVD werden zusätzlich evtl. eingegebene Dezimalpunkte durch Kommas ersetzt. Außerdem wird der mögliche Fehlerfall behandelt, wenn die Zahl *n* die maximale Anzahl der Punkte *nmax* übersteigt.

- **Ereignisprozedur Schwerpunkt_Click**

Durch Aufruf der Funktion *Schwerpunkt* werden die Koordinaten des Schwerpunkts mit der Punktnummer 0 (null) geliefert. Anschließend werden die Punktelemente in das vorgesehene Label geschrieben.

```
Private Sub BtnSchwerpunkt_Click(...) Handles BtnSchwerpunkt.Click
    Dim spunkt As Punkt2d
    spunkt = Schwerpunkt(koord, n)
    LblSchwerpunkt.Text = String.Format("{0,5} {1,9:f2} {2,9:f2}", _
                                       spunkt.Nr, spunkt.X, spunkt.Y)
End Sub
```

- **Ereignisprozedur BtnLoeschen_Click**

Die Inhalte der TextBox *TxtPunkte* und des Labels *LblSchwerpunkt* werden gelöscht. Die *Visible*-Eigenschaft der Schaltfläche *BtnSchwerpunkt* wird wieder auf *False* gestellt (siehe Lösung auf der Begleit-DVD).

Lösungsschritt 4: Programm testen

Zum Testen empfiehlt es sich, einen Koordinatensatz mit einem gewöhnlichen Texteditor zu erstellen, in einer Textdatei zu speichern und die Daten zur Laufzeit über die Zwischenablage in die mehrzeilige TextBox *TxtPunkte* zu kopieren (mit *Strg+C* bzw. *Strg+V*).

Die in Abbildung 8.5 gezeigte Testdatei finden Sie auf der Begleit-DVD im Ordner *\Daten\Kap08* als Datei *Schwerpunkt.txt*.

8.3 Aufgaben

Aufgabe 8-1: RGB-Farben

Schreiben Sie ein Programm, das beim Programmstart die in einer Enumeration *RgbFarbe* definierten RGB-Farben (z. B. Blau = &HFF) als Texteinträge in einer ListBox anzeigt. Wählt der Nutzer aus der ListBox eine Farbe aus, so sollen die Rot-, Grün- und Blau-Farbanteile berechnet, in einzelne TextBoxen übertragen (!) und in einer PictureBox als RGB-Farbe angezeigt werden (Benutzeroberfläche siehe Übung 8-1).

Für die Umrechnung eines RGB-Farbwerts (*Integer*) in die RGB-Farbanteile als dezimale *Integer*-Werte soll eine Sub-Prozedur *ColorToRgb* definiert werden:

```
Sub ColorToRgb(ByVal farbwert As Integer, _
    ByRef r As Integer, ByRef g As Integer, ByRef b As Integer)
```

Optional können Sie die in der ListBox ausgewählte RGB-Farbe auch als ARGB-Farbe anzeigen, wobei der Alpha-Wert aus einer zusätzlichen TextBox entnommen wird. Wie in Übung 8-1 können Sie auch eine manuelle Eingabe der Farbanteile zulassen.

Aufgabe 8-2: Bilder anzeigen – Version 2

Schreiben Sie ein Programm, das wahlweise bis zu drei Bilder in je einer PictureBox anzeigt. Die Auswahl soll über eine ListBox erfolgen, in der die Elemente der Enumeration *Bild* (Enumerationskonstanten *Bild1*, *Bild2*, *Bild3*) beim Programmstart aufgelistet werden. Über einen Button „Löschen" sollen die angezeigten Bilder wieder gelöscht werden können.

Weiter sollen drei Kontrollkästchen die Anzeige der Bildrahmen, der Hintergrundfarbe und der Größenanpassung der drei Bilder steuern. Die Einstellungen sollen über einen Klick auf den Button „Aktualisieren" wirksam werden (siehe Abbildung 8.6). Für die Hintergrundfarben der PictureBoxen ist eine Enumeration *WebFarbe* (Enumerationskonstanten *Yellow*, *Lime*, *Blue*) mit ARGB-Farben bereitzustellen.

Abbildung 8.6 Testbeispiel zur Aufgabe „Bilder anzeigen – Version 2"

Aufgabe 8-3: Hauptstädte raten

Schreiben Sie ein Programm, das zufallsgesteuert einen Staat aus einer Enumeration *State* auswählt und anzeigt (Button „Staat auswählen"). Die zugehörige Hauptstadt soll der Nutzer in eine TextBox eintragen und über einen entsprechenden Button „einloggen". Das Programm vergleicht diesen Wert mit dem in einer zweiten Enumeration *Capital* eingetragenen Wert und zeigt an, ob die Antwort richtig oder falsch war. Falls der eingetragene

Wert in der Enumeration *Capital* nicht enthalten ist, soll der Nutzer aufgefordert werden, die Eingabe zu überprüfen. Ein Testbeispiel zeigt Abbildung 8.7.

Abbildung 8.7 Testbeispiel zur Aufgabe „Hauptstädte raten"

Aufgabe 8-4: Winkelsumme im Dreieck

Schreiben Sie ein Programm, das die drei Winkel α, β und γ eines Dreiecks in der Form Grd/Min/Sek (360°-Teilung) einliest, jeweils in die 400-gon-Teilung (Grad) umrechnet und die Dreieckswinkelsumme bildet (siehe Abbildung 8.8).

Für die Speicherung der Winkel in der Form Grd/Min/Sek ist eine Struktur *Winkel* zu definieren, die sich aus den Elementen *Grd* (Datentyp *Short*), *Min* (Datentyp *Short*) und *Sek* (Datentyp *Double*) zusammensetzt. Weiter sind die folgenden zwei Funktionen zu entwickeln:

```
Function GmsToGon(ByVal phi As Winkel) As Double
Function GonToGms(ByVal gon As Double) As Winkel
```

Die Funktion *GmsToGon* soll Winkelwerte des Datentyps *Winkel* (Grd/Min/Sek) in Gon umwandeln. Die zweite Funktion *GonToGms* ist quasi die Umkehrfunktion der ersten, wobei zu berücksichtigen ist, dass der Sekundenwert später mit einer Nachkommstelle angezeigt werden soll.

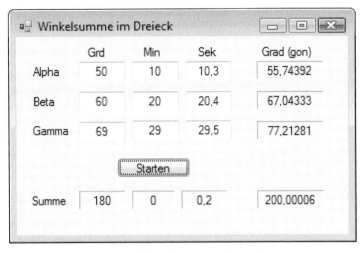

Abbildung 8.8 Testbeispiel zur Aufgabe „Winkelsumme im Dreieck"

Aufgabe 8-5: Raumtabelle

Entwickeln Sie ein Programm, das die Daten mehrerer Räume in einem Strukturarray *raeume* des Datentyps *Raum* ablegt und die Gesamtfläche aller Räume berechnet.

Die Struktur *Raum* soll sich aus Raumnummer *Nr* (Datentyp *Integer*), *Nutzung* (Datentyp *String*), *Flaeche* (Datentyp *Double*) und Telefonnebenstelle *Tel* (Datentyp *Integer*) zusammensetzen.

Das Programm soll analog zu Übung 8-5 (Schwerpunkt) aufgebaut werden. Die Raumdaten können vom Nutzer in eine mehrzeilige TextBox eingetragen werden. Über eine Ereignisprozedur „Speichern" werden die Zeilen mithilfe der Funktion *SplitZeileRaum*

```
Function SplitZeileRaum(ByVal zeile As String) As Raum
```

in ihre einzelnen Komponenten zerlegt, in dem formularglobalen Strukturarray *raeume* gespeichert und formatiert in die TextBox zurück übertragen. Fehlende Telefonnummern können in dem Strukturarray mit 0 (null) belegt und in der TextBox durch einen Strich (-) ersetzt werden (siehe Abbildung 8.9). Die Berechnung der Gesamtfläche soll durch eine eigene Ereignisprozedur (Button „Gesamtfläche") ausgelöst werden, die wiederum die benutzerdefinierte Funktion *Gesamtflaeche* aufruft.

```
Function Gesamtflaeche(ByVal alleRaeume() As Raum, _
                      ByVal n As Integer) As Double
```

8 Benutzerdefinierte Datentypen

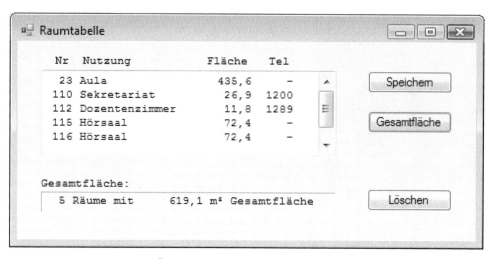

Abbildung 8.9 Testbeispiel zur Übung „Raumtabelle"

Die in Abbildung 8.9 gezeigten Testdaten finden Sie auf der Begleit-DVD im Ordner *\Daten\Kap08* als Datei *Raeume.txt*.

9 Klassen und Objekte

Die Entwicklungsumgebung von Visual Studio stellt mit dem .NET Framework eine Plattform zur Verfügung, die eine objektorientierte Programmierung (OOP) mit minimalen Vorkenntnissen ermöglicht. Auch wenn Sie in den bisherigen Kapiteln weitgehend prozedural programmiert haben, so war doch die Programmierung ohne die Klassen des .NET Frameworks gar nicht denkbar. Die objektorientierten Konstrukte haben Sie dabei mehr oder weniger bewusst eingesetzt, z. B. das Windows-Formular mit den Steuerelementen oder die fundamentalen Klassen *String* und *Array*. Zudem haben Sie von Anfang an ereignisorientiert programmiert, was in einem Windows-Programm fast unumgänglich ist.

Die objektorientierte Programmierung (OOP) unterscheidet sich im Entwurf wesentlich von der prozeduralen Programmierung, kommt aber andererseits nicht ohne deren Konstrukte aus. Das heißt mit anderen Worten: Alles, was Sie bisher gelernt haben, war nicht umsonst, die Kontrollstrukturen und die Prozedurtechnik zählen auch in der OOP zu den wesentlichen Programmiergrundlagen.

Die OOP folgt den menschlichen Denkmustern, indem das Gesamtproblem in Objekte, vergleichbar den realen Objekten unserer Umwelt, unterteilt wird. Objekte mit vergleichbaren Eigenschaften und Funktionalitäten werden zu Klassen zusammengefasst. Eine Klasse ist quasi ein Bauplan für die konkreten Objekte (Instanzen) der Klasse.

Objektorientiert aufgebauter Programmcode ist eher wieder verwendbar, besser zu warten und einfacher erweiterbar als prozeduraler Code. Die OOP stellt deshalb zurzeit den Stand der Technik in der Programmierung dar.

In diesem Kapitel werden Sie lernen, eigene Klassen zu definieren und anzuwenden. Klassen besitzen Mitglieder (engl. *Members*), die sich aus den Daten (Feldern), Konstruktoren, Eigenschaften, Methoden und Ereignissen zusammensetzen. Nebenbei werden Sie die XML-Dokumentation von Klassen kennenlernen und die Strukturen nochmals vertiefen.

Ein weiteres Grundprinzip der OOP ist die hierarchische Modellierung in Basisklassen und Unterklassen. Die damit verbundenen Themen *Vererbung*, *Polymorphismus* und *Schnittstellen* sind Gegenstand des nächsten Kapitels.

9 Klassen und Objekte

9.1 Einführungsübung

Übung 9-1: Klasse Rechteck

Aufgabe: Es ist ein Programm zu erstellen, das die Fläche und den Umfang eines Rechtecks bei gegebener Länge und Breite berechnet und formatiert anzeigt.

Dazu ist eine Klasse *Rechteck* zu definieren, die über einen Konstruktor zur Initialisierung eines konkreten Rechtecks, über die zwei *ReadOnly*-Eigenschaften *Flaeche* und *Umfang* und über eine Methode *FormatF2* zur Formatierung der Ergebniswerte (*Double*) in einen formatierten *String* verfügt.

Die Ergebnisse sollen über das *Click*-Ereignis des Buttons „Berechnen" des Startformulars (Klasse *Form1*) erhalten werden. Für die Initialisierung des Rechtecks und für die Ergebnisberechnung sind die Mitglieder (Member) der Klasse *Rechteck* einzusetzen.

Lernziel: Eine einfache Klasse entwickeln und anwenden.

Lösungsschritte 1 und 2: Benutzeroberfläche erstellen und Eigenschaften festlegen

Starten Sie Visual Basic 2008, erstellen Sie ein neues *Windows Forms*-Projekt mit dem Namen „Rechteck_Klasse", und speichern Sie alle Dateien.

Platzieren Sie auf dem Startformular *Form1* eine GroupBox „Eingabe", in die Sie zwei TextBoxen einfügen und mit *TxtLaenge* und *TxtBreite* benennen, eine GroupBox „Ergebnisse" mit zwei Labels (*LblFlaeche* und *LblUmfang*) und einen Button *BtnBerechnen*. Die Benutzeroberfläche sollte ähnlich wie in Abbildung 9.1 (zur Laufzeit) aussehen.

Abbildung 9.1 Testbeispiel zur Übung „Klasse Rechteck"

Lösungsschritt 3: Programmcode schreiben

Der Programmcode besteht aus zwei Teilen, nämlich der üblichen Definition der Klasse *Form1* (Formularcode) und der Deklaration der selbst definierten Klasse *Rechteck*.

Klasse Rechteck

Wählen Sie den Menüpunkt *Projekt|Klasse hinzufügen*, und ersetzen Sie den vorgegebenen Namen der Klassendefinition „Class1.vb" durch „Rechteck" oder „Rechteck.vb". Im Projektmappen-Explorer wird automatisch der zusätzliche Eintrag *Rechteck.vb* angezeigt. Wenn Sie wollen, können Sie sich mit dem Windows-Explorer überzeugen, dass dem Projekt eine Datei mit diesem Namen dazugefügt wurde. Die Code-Datei enthält die noch leere Codeschablone:

```
Public Class Rechteck

End Class
```

Ergänzen Sie das Codegerüst durch den nachfolgenden Programmcode, der sich aus der Deklaration der zwei privaten Variablen *mLaenge* und *mBreite*, einem Konstruktor (*New*-Methode), den zwei Eigenschaften (engl. *Properties*) *Flaeche* und *Umfang* sowie der Methode (Funktion) *FormatF2* zusammensetzt.

```
Option Strict On
Public Class Rechteck
  Private mLaenge As Double
  Private mBreite As Double

  ' Konstruktor
  Public Sub New(ByVal laenge As Double, ByVal breite As Double)
    mLaenge = laenge
    mBreite = breite
  End Sub

  ' Eigenschaft Flaeche
  Public ReadOnly Property Flaeche() As Double
    Get
      Return mLaenge * mBreite
    End Get
  End Property

  ' Eigenschaft Umfang
  Public ReadOnly Property Umfang() As Double
    Get
      Return 2 * (mLaenge + mBreite)
    End Get
  End Property

  ' Methode FormatF2
  Public Function FormatF2(ByVal wert As Double) As String
    Return wert.ToString("f2")
  End Function
End Class
```

Bei der Instanziierung der Klasse *Rechteck* sind nur dessen öffentliche (mit *Public* deklarierte) Teile zugänglich. Der Konstruktor *New* ist eine spezielle Sub-Prozedur, die dazu dient, ein neues Objekt, man sagt auch eine neue Klasseninstanz, zu erzeugen. In unserem Fall besitzt der Konstruktor die zwei Parameter *laenge* und *breite*, die beim Aufruf als Argumente übergeben und den entsprechenden, mit *Private* deklarierten Variablen *mLaenge* und *mBreite* zugewiesen werden.

9 Klassen und Objekte

Die zwei Eigenschaften *Flaeche* und *Umfang* sind ohne Parameter deklariert, die notwendigen Datenwerte beziehen sie beim Aufruf aus den privaten Variablen *mLaenge* und *mBreite*. Der parameterlose Aufruf ist nur deshalb gerechtfertigt, da die Daten der Klasse „gekapselt", also von außen nicht zugänglich sind. Wie Sie in Abschnitt 9.2 sehen werden, besitzen Eigenschaften normalerweise einen *Get*-Block zum Lesen interner Daten (Variablenwerte) und einen *Set*-Block zum Schreiben bzw. Verändern der internen Daten. Dabei können auch Berechnungen durchgeführt oder die Daten aufbereitet werden. In unserer Übung sind beide Eigenschaften als *ReadOnly* deklariert, die Ergebnisse (Fläche und Umfang des Rechtecks) können also nur gelesen werden. Ersatzweise hätten wir dazu auch zwei Funktionen (Methoden) einsetzen können (siehe Abschnitt 9.2).

Klassen besitzen im Regelfall mehrere Variablen, die auch als Felder bezeichnet werden, mehrere Eigenschaften (sog. Properties) und mehrere Methoden, die in Visual Basic sowohl Funktionen als auch Sub-Prozeduren sein können. So gesehen ist auch der Konstruktor eine Methode. Davon abgesehen besitzt unsere Klasse *Rechteck* lediglich eine einzige Methode, nämlich die Sub-Prozedur *FormatF2*, die einen *Double*-Wert in einen formatierten String mit zwei Nachkommastellen umwandelt. Wir werden diese Methode beim Aufruf einsetzen, um die beiden Eigenschaften *Flaeche* und *Umfang* formatiert auszugeben.

■ Klasse Form1

Den Code für das Startformular *Form1* geben Sie wie gewohnt mit dem Code-Editor ein. Es gibt nur eine Ereignisprozedur, die mit Programmcode gefüllt werden muss.

```
Option Strict On

Public Class Form1
    Private Sub BtnBerechnen_Click(...) Handles BtnBerechnen.Click
        Dim a, b As Double
        Dim rteck As Rechteck          ' erster Schritt: Referenz
        Try
            ' Laenge und Breite einlesen
            a = Convert.ToDouble(TxtLaenge.Text.Replace(".", ","))
            b = Convert.ToDouble(TxtBreite.Text.Replace(".", ","))

            ' Rechteck festlegen (Konstruktor aufrufen)
            rteck = New Rechteck(a, b)    ' zweiter Schritt: Instanz

            ' Ergebnisse Fläche und Umfang formatiert anzeigen
            LblFlaeche.Text = rteck.FormatF2(rteck.Flaeche())
            LblUmfang.Text = rteck.FormatF2(rteck.Umfang())

        Catch ex As Exception
            MessageBox.Show(ex.Message, "Fehlerhinweis")
        End Try
    End Sub
End Class
```

Die Klasseninstanz *rteck* wird in zwei Stufen erzeugt. Im ersten Schritt wird lediglich die Referenzvariable *rteck* des Datentyps *Rechteck* definiert, also ein Zeiger auf die Speicheradresse des Objekts, das aber zu dem Zeitpunkt noch gar nicht existiert. Erst im zweiten Schritt wird mithilfe des Konstruktors *New* ein konkretes Objekt der Klasse *Rechteck* erzeugt. Im weiteren Verlauf werden die beiden definierten Eigenschaften *Flaeche* und *Umfang* sowie die Methode *FormatF2* aufgerufen. Dabei muss – wie bei den Instanzen-

Eigenschaften und -Methoden der vordefinierten .NET-Klassen – jeweils der Objektname mit Punkt (.) getrennt vorangestellt werden (z. B. *rteck.Flaeche*).

Schritt 4: Programm testen

Testen Sie das Programm mit geeigneten Werten (siehe Abbildung 9.1). Falls Sie das Programm starten, bevor für die Länge und/oder Breite Werte eingegeben wurden, wird eine Fehlermeldung erzeugt, die auf das „falsche" Eingabeformat hinweist.

9.2 Lektion 9: Klassen und Objekte

Die objektorientierte Programmierung (OOP) basiert auf vier grundlegenden Prinzipien:

- **Abstraktion:** Objekte mit gemeinsamen Eigenschaften und Methoden werden zu einer Klasse zusammengefasst, Klassen mit gemeinsamen Eigenschaften und Funktionalitäten wiederum zu sog. Superklassen usw. Diese hierarchische Modellbildung wird auch als *Generalisierung* bezeichnet.

- **Vererbung:** Die Unterklassen einer (Super-)Klasse erben automatisch die Eigenschaften und Methoden der übergeordneten Klasse. Der entsprechende Programmcode muss nur einmal entwickelt werden, notwendige Änderungen brauchen nicht mehrfach kopiert werden, was den Code auch sicherer macht.

- **Datenkapselung:** Die internen Daten einer Klasse werden vor dem Benutzer versteckt. Nur auf explizit definierte Daten (Eigenschaften) kann von außen zugegriffen werden. Damit kann die interne Struktur einer Klasse nachträglich verändert werden, ohne dass die umgebenden Programme angepasst werden müssen.

- **Polymorphismus:** Unter Polymorphismus (Vielgestaltigkeit) versteht man die Fähigkeit, gleichnamige Methoden auf Objekten verschiedener Klassen auszuführen. Damit können in Klassen Methoden implementiert werden, ohne dass sich der Entwickler um spezielle Ausprägungen der Unterklasse kümmern muss.

- Einige einführende Hinweise auf die objekt- und ereignisorientierte Programmierung haben Sie schon in Abschnitt 1.5.3 erhalten. In den vergangenen Kapiteln haben Sie immer wieder vorhandene Klassen aus der umfangreichen .NET-Klassenbibliothek genutzt. Jetzt ist es an der Zeit, selbst eigene Klassen zu entwickeln und anzuwenden.

In dieser Lektion werden der Aufbau und die Anwendung von Klassen behandelt. Auf die Vererbung und den Polymorphismus werden wir erst im nächsten Kapitel eingehen.

9.2.1 Definition einer Klasse

Eine Klasse (engl. *Class*) ist ein Datentyp, der Objekte mit gleichen oder ähnlichen Eigenschaften und Verhaltensweisen abstrakt beschreibt. Eine Klasse legt also ähnlich einer

9 Klassen und Objekte

Schablone fest, wie die konkreten Objekte (Instanzen dieser Klasse) später aufgebaut sein werden.

Die Deklaration einer Klasse beginnt mit dem Schlüsselwort *Class* und endet mit *End Class*. Vor *Class* wird üblicherweise der Zugriffsmodifizierer *Public* gestellt. Fehlt der Modifizierer, so gilt der Standardzugriff *Friend*, die Klasse ist damit nur innerhalb des aktuellen Projekts (der gleichen Assembly) zugänglich. Auf die möglichen Gültigkeitsbereiche werden wir nochmals in Abschnitt 10.1.3 zurückkommen. Der Klassenname selbst sollte immer mit einem Großbuchstaben beginnen, manche Autoren setzen immer ein „C" (für *Class*) davor, also zum Beispiel *CRechteck*.

Eine Klasse setzt sich aus Datenelementen, Konstruktoren, Eigenschaften, Methoden und Ereignissen zusammen. Alle Elemente zusammen bilden die *Mitglieder* (engl. *Member*) einer Klasse.

Die allgemeine Syntax für die *Definition* einer Klasse wird im Folgenden angedeutet:

```
Public Class KlassenName
    Private mitglied1 As DatenTyp                        ' internes Feld
    Public mitglied2 As Datentyp                         ' öffentliches Feld

    Public Sub New(parameterliste)                       ' Konstruktor
    ...
    End Sub

    Public Property EigenschaftsName() As Datentyp       ' Eigenschaft
    ...
    End Property

    Public Function FktName(parameterliste) As DatenTyp  ' Methode
    ...
    End Function

    Public Sub SubName(parameterliste)                   ' Methode
    ...
        ' optional: RaiseEvent EreignisName(argumentenliste)
    End Sub

    Public Event EreignisName(parameterliste)            ' Ereignis

End Class
```

Felder einer Klasse

Die Datenelemente einer Klasse werden auch *Felder* (engl. *Fields*) genannt. Sie sind nichts anderes als die Variablen innerhalb einer Klasse und haben natürlich nichts mit den Feldern der *Array*-Klasse zu tun. Nur wenn den Variablen der Modifizierer *Public* vorangestellt wird, sind sie von außen zugänglich. Dies widerspricht aber dem Prinzip der *Datenkapselung* und sollte möglichst vermieden werden. Üblich ist es deshalb, die Felder einer Klasse mit *Private* zu deklarieren. Sie bleiben damit dem Nutzer der Klasse verborgen.

Die folgenden Codeausschnitte beziehen sich auf das Beispiel *Rechteck*, das Sie schon von unserer Einführungsübung 9-1 her kennen.

Listing 9.1 Klasse Rechteck mit privaten (internen) Feldern

```
Public Class Rechteck
  Private mLaenge As Double      ' internes (privates) Feld
  Private mBreite As Double      ' internes (privates) Feld
  ' Konstruktor(en), Eigenschaften, Methoden, Ereignisse
End Class
```

Die internen Felder (Variablen) kommunizieren mit den Eigenschaften, Konstruktoren und Methoden innerhalb der Klasse. Da sie quasi Mitglieder der Klasse sind, wird den Variablennamen oft ein kleines „m" (für *member*) vorangestellt, während für die gleichbedeutenden öffentlichen Eigenschaften derselbe Name ohne das „m" vergeben wird. Diese Namenskonvention ist zwar nicht zwingend vorgeschrieben, aber im praktischen Umgang sehr nützlich.

Auch wenn es in der OOP verpönt ist, wollen wir wenigstens einmal eine Klasse betrachten, die (nur) öffentliche Felder beinhaltet:

Listing 9.2 Klasse Rechteck1 mit öffentlichen Feldern

```
Public Class Rechteck1
  ' Vorsicht: keine Datenkapselung!
  Public Laenge As Double      ' externes (öffentliches) Feld
  Public Breite As Double      ' externes (öffentliches) Feld
End Class
```

Die Klasse *Rechteck1* hat große Ähnlichkeit mit den Strukturen, wie wir sie im letzten Kapitel kennengelernt haben. Eine Klasse ist also ebenso ein benutzerdefinierter Datentyp, der allerdings eine weit größere Rolle spielt als die Struktur. Prinzipiell hätten wir alle entsprechenden Übungen und Aufgaben mit Klassen statt mit Strukturen lösen können. Ein wesentlicher Unterschied sei hier aber nochmals wiederholt: Klassen sind Referenztypen, Strukturen dagegen Werttypen!

Erzeugen einer leeren Klassendefinition

Klassen sind selbstständige Programmeinheiten, die so universell entwickelt werden sollten, dass der Programmcode möglichst oft wieder verwendbar ist. Visual Basic lässt eine Reihe von Möglichkeiten zu, um eine neue Klassendefinition zu erzeugen.

Die einfachste Art und Weise ist, die Klassendefinition hinter die Definition der Klasse des Startformulars, in unseren Übungen also nach dem Codeblock `Public Class Form1 ... End Class`, anzufügen. Allerdings ist dann der Einsatz der Klasse auf das vorhandene Projekt beschränkt. Um eine Klasse in einer eigenen VB-Datei abzuspeichern, wählen Sie den Menüpunkt *Projekt|Klasse hinzufügen*. Dieselbe Wirkung erreichen Sie mit Menüpunkt *Projekt|Neues Element hinzufügen*, wenn Sie im folgenden Dialogfeld das Icon *Klasse* anklicken. Die neu erzeugte Klasse ist anschließend im Projektmappen-Explorer sichtbar.

Um eine vorhandene Klassendefinition aus einem anderen Projekt einzufügen, müssen Sie lediglich auf den Menüpunkt *Projekt|Vorhandenes Element hinzufügen* klicken, anschließend können Sie die entsprechende VB-Datei auswählen.

9.2.2 Erzeugen einer Klasseninstanz

Mit der Klassendefinition wird – wie bei der Strukturdefinition – lediglich ein neuer Datentyp geschaffen. Um eine Klasse einsetzen zu können, muss erst eine konkrete Variable dieser Klasse erzeugt werden. Diese Variable wird auch als *Klasseninstanz*, kurz *Instanz* oder *Objekt*, bezeichnet.

Deklaration und Initialisierung einer Instanz

Eine Klasseninstanz (Objektvariable) wird wie gewohnt deklariert:

```
Modifizierer objektName As KlassenName
```

Beispiel:

```
Dim rteck As Rechteck        ' Referenzieren
```

Die Objektvariable (im Beispiel *rteck*) ist eine Referenzvariable, es wird also nur Speicher für die Referenz, den Zeiger auf das eigentliche Objekt angelegt. Das Objekt selbst existiert noch nicht. Die Referenzvariable hat den Wert *Nothing*.

Im zweiten Schritt wird Speicherplatz für das Objekt angelegt, das Objekt wird „erzeugt". Hierzu ist das Schlüsselwort *New* notwendig. Die Adresse des Speicherplatzes wird der Objektvariablen zugewiesen:

```
objektName = New Klassenname()
```

Beispiel:

```
rteck = New Rechteck()        ' Erzeugen
```

Die beiden Schritte (Referenzieren und Erzeugen) können auch in einer Kurzform zusammengefasst werden:

```
Modifizierer objektName As New Klassenname()
```

Beispiel:

```
Dim rteck As New Rechteck()   ' Referenzieren und Erzeugen (Kurzform)
```

Seit VB 2008 gibt es eine weitere Variante, bei der der Objektvariablen der Datentyp implizit zugewiesen wird:

```
Modifizierer objektName = New Klassenname()
```

Beispiel:

```
Dim rteck = New Rechteck()    ' Referenzieren und Erzeugen (Variante)
```

Standardkonstruktor

Zum Instanziieren (Erzeugen) eines Objekts haben wir das Schlüsselwort *New* benutzt. Tatsächlich handelt es sich um die Standardmethode *New*, die jede Klasse, also auch jede selbst entwickelte Klasse von der Klasse *System.Object*, erbt (siehe auch Abschnitt 10.1.1).

Die Methode mit dem Namen *New* wird auch als Konstruktor bezeichnet. Soweit dieser Konstruktor nicht in der Klasse überschrieben wird (siehe Abschnitt 9.2.4), steht der vererbte, parameterlose Standardkonstruktor *New*() für jede Klasse zur Verfügung.

Wichtig zu wissen ist, dass mit dem Aufruf des Standardkonstruktors automatisch alle Mitgliedsvariablen (Felder) der Klasse initialisiert werden: Alle Variablen eines Zahlentyps erhalten den Wert 0 (null), alle booleschen Variablen den Wert *False* und alle Referenzvariablen den Wert *Nothing*.

Arbeiten mit Klasseninstanzen

Die Syntax für den Zugriff auf die Eigenschaften und Methoden einer Klasseninstanz ist Ihnen schon aus den vergangenen Kapiteln bekannt. Um eine Eigenschaft oder Methode eines Objekts anzusprechen, muss nur der Objektname, durch einen Punkt (.) getrennt, vorangestellt werden. Auch die bereits im letzten Kapitel eingeführte *With*-Anweisung steht zur Verfügung.

```
objektName.EigenschaftsName
objektName.MethodenName

With objektName
  .EigenschaftsName = ...
  varName = .Methodenname(parameterListe)
End With
```

Listing 9.3 Arbeiten mit einer Klasseninstanz

```
Dim rteck As Rechteck
rteck = New Rechteck(5.2, 3.8)         ' Konstruktor, vgl. Übung 9-1
With rteck
  LblFlaeche.Text = .FormatF2(.Flaeche())
  LblUmfang.Text = .FormatF2(.Umfang())
End With
```

Die Vorteile der *IntelliSense*-Funktion der IDE werden Sie bei der Nutzung von Klassen immer mehr schätzen: Sobald Sie den Punkt (.) nach dem Objektnamen eingeben, wird die sogenannte Member-Liste geöffnet, aus der Sie den gewünschten Eintrag mit den Pfeiltasten oder der Maus wählen und mit der Tabulatortaste übernehmen können. Damit lassen sich Schreibfehler vermeiden, und der Korrekturaufwand wird reduziert.

9.2.3 Eigenschaften

Eine strenge Datenkapselung wird erreicht, wenn eine Klasse nur über explizit definierte Eigenschaften (engl. *Properties*) ihre Daten austauscht. Eigenschaften bestehen im Allgemeinen aus einem *Get*-Block (*Get-Accessor*) zum Auslesen der Daten und einem *Set*-Block (*Set-Accessor*) zum Verändern der Daten.

Im Prinzip ist der Datenaustausch auch mit öffentlichen Variablen möglich, die als „einfache" Eigenschaften angesehen werden können. Der Vorteil der explizit deklarierten Eigenschaften liegt aber darin, dass die Daten im *Set*-Block (Schreibzugriff) vor der Weitergabe an die Klasse überprüft (validiert) werden können und erst anschließend den mit *Private*

9 Klassen und Objekte

deklarierten internen Feldern zugewiesen werden. Im *Get*-Block (Lesezugriff) können die Daten vor dem Auslesen aus der Klasse aufbereitet und verändert werden. Die Eigenschaften sind damit quasi die Schnittstelle zu den Feldern der Klasse.

Syntax einer Eigenschaft (Property):

```
[Public|Private] Property EigenschaftsName([parameterListe]) As DatenTyp
  Get
    Anweisungen
    Return Ausdruck
  End Get
  [Modifizierer] Set(ByVal value As Datentyp)
    Anweisungen
  End Set
End Property
```

Der Zugriffsmodifizierer einer Eigenschaft (Property) ist in der Regel *Public*, nur dadurch ist die Eigenschaft von außen sichtbar. Fehlt die Angabe, so ist die Eigenschaft zwar automatisch mit *Public* deklariert, es ist allerdings besserer Programmierstil, wenn der Modifizierer angegeben wird. Die eigentliche Eigenschaftsdeklaration beginnt mit dem Schlüsselwort *Property*. Die folgende Parameterliste ist optional, häufig sind Eigenschaften parameterlos.

Wenn Sie nach der ersten Zeile die *Enter*-Taste gedrückt haben, gibt der Code-Editor automatisch die Codeschablonen für den *Get*- und den *Set*-Block vor. Der Gültigkeitsbereich für eine der beiden Zugriffsmethoden kann gegenüber dem Modifizierer der Property eingeschränkt werden. In der Regel wird dies eher für die *Set*-Prozedur sinnvoll sein, sodass z. B. die Eigenschaft nur innerhalb der Klasse verändert werden kann (*Private Set* ...).

Innerhalb der *Get*- und der *Set*-Prozedur können Anweisungen stehen. Die *Get*-Prozedur macht nur Sinn, wenn anschließend ein Wert mit *Return* zurückgegeben wird. Die *Set*-Prozedur enthält häufig Anweisungen, die die Eigenschaft auf Gültigkeit überprüft, bevor der Wert an ein internes Feld der Klasse übergeben wird. Hier kann es auch sinnvoll sein, eine Ausnahme zu werfen.

Listing 9.4 Klasse Rechteck2 mit den Eigenschaften (Properties) Laenge und Breite

```
Public Class Rechteck2
  Private mLaenge As Double
  Private mBreite As Double

  ' Eigenschaft Laenge
  Public Property Laenge() As Double
    Get
      Return Math.Abs(mLaenge)
    End Get
    Set(ByVal value As Double)
      If value > 0 Then
        mLaenge = value
      Else
        Throw New Exception("Länge ist negativ oder gleich null.")
      End If
    End Set
  End Property

  ' Eigenschaft Breite
  Property Breite() As Double
    Get
```

```
        Return Math.Abs(mBreite)
      End Get
      Set(ByVal value As Double)
        mBreite = Math.Abs(value)
      End Set
    '...
End Class
```

Beim Aufruf der Eigenschaft *Laenge* (Listing 9.4) gibt die *Get*-Prozedur den Absolutbetrag der privaten Variablen *mLaenge* zurück. Wird dagegen der Eigenschaft mit der *Set*-Prozedur ein Wert zugewiesen, so wird erst geprüft, ob der Wert (*value*) positiv ist, andernfalls wird eine Ausnahme geworfen. Die Eigenschaft *Breite* gibt beim Aufruf ebenfalls den Absolutbetrag der privaten Variablen *mBreite* zurück bzw. übergibt diesen an die private Variable *mBreite*.

ReadOnly- und WriteOnly-Eigenschaften

Häufig kommt es vor, dass eine Eigenschaft nur abgerufen werden soll (Lesezugriff), ohne dass ein Verändern von außen (Schreibzugriff) zulässig ist. Um dies zu erreichen, muss dem Schlüsselwort *Property* das Schüsselwort *ReadOnly* vorangestellt werden. Damit ist der Codeblock für die *Set*-Prozedur automatisch gesperrt.

Listing 9.5 Klasse Rechteck mit ReadOnly-Eigenschaft Flaeche

```
Public Class Rechteck
  Private mLaenge As Double
  Private mBreite As Double

  ' Eigenschaft Flaeche
  Public ReadOnly Property Flaeche() As Double
    Get
      Return mLaenge * mBreite
    End Get
  End Property
  '...
End Class
```

Die *ReadOnly*-Eigenschaft *Flaeche* (Listing 9.5) kennen Sie schon aus der Einführungsübung 9-1. Sie ist ein gutes Beispiel dafür, dass Klasseneigenschaften wie Methoden (Funktionen und Sub-Prozeduren) genutzt werden können, um berechnete Werte zurückzugeben.

Analog zu den *ReadOnly*-Eigenschaften gibt es auch die Möglichkeit, Eigenschaften nur für den Schreibzugriff zu öffnen. In diesem Fall ist das Schlüsselwort *WriteOnly* vor das Schlüsselwort *Property* zu stellen. Damit ist nur der *Set*-Block zulässig. *WriteOnly*-Eigenschaften kommen in der Praxis wesentlich seltener vor als *ReadOnly*-Eigenschaften.

Default-Eigenschaft

Für jede Klasse kann *eine* der Eigenschaften zur Standardeigenschaft (Default-Eigenschaft) erklärt werden. Der Defaulteigenschaft ist bei der Deklaration das Schlüsselwort *Default* voranzustellen. Sie muss mindestens einen Parameter aufweisen, und sie darf nicht als *Private* oder *Shared* deklariert werden. Auf die Defaulteigenschaft kann mit einer verkürzten Schreibweise zugegriffen werden: Der Name der Eigenschaft kann entfallen.

Standardeigenschaften sind am ehesten in Verbindung mit Auflistungen hilfreich. Im folgenden Beispiel (Listing 9.6) wird die Standardeigenschaft *Color* deklariert:

Listing 9.6 Deklaration der Default-Eigenschaft Color

```
Public Class Rechteck2
  Private mColor(255) As String

  Default Public Property Color(ByVal index As Integer) As String
    Get
      Return mColor(index)
    End Get
    Set(ByVal value As String)
      mColor(index) = value
    End Set
  End Property
  ' ...
End Class
```

Der Aufruf erfolgt entweder in der gekürzten oder in der ausführlichen Schreibweise:

Listing 9.6 (Fortsetzung) Aufruf der Default-Eigenschaft Color

```
' ...
Dim rteck2 = New Rechteck2()
rteck2(36) = "Pink"                  ' gekürzte Schreibweise
' rteck2.Color(36) = "Pink"          ' ausführliche Schreibweise
LblFarbe.Text = rteck2(36)           ' Anzeige: Pink
' ...
```

Ein weiteres Beispiel finden Sie in der Übung 9-5.

9.2.4 Konstruktoren

Wie bereits in Abschnitt 9.2.2 hingewiesen, steht in Visual Basic für jede benutzerdefinierte Klasse der von der Klasse *System.Object* geerbte parameterlose Standardkonstruktor *New*() zur Verfügung. Der Standardkonstruktor wird automatisch beim Erzeugen einer Objektinstanz aufgerufen. Damit wird der notwendige Speicherplatz reserviert, und alle Felder der Objektinstanz werden je nach Datentyp mit 0 (null), *False* oder *Nothing* initialisiert.

Häufig ist es sinnvoll bzw. notwendig, die Felder einer Instanz mit individuellen Werten zu initialisieren. Visual Basic erlaubt deshalb, eigene Konstruktoren zu deklarieren. Eine Klasse kann auch mehrere Konstruktoren aufweisen, die sich gegenseitig überladen. Für das Überladen von Konstruktoren gelten dieselben Regeln, die Sie schon von den Prozeduren (Kapitel 5) her kennen. Überladene Konstruktoren müssen demnach eine unterschiedliche Signatur aufweisen, d. h., sie müssen sich in der Anzahl der Parameter oder dem Datentyp der Parameter unterscheiden.

Ein Konstruktor wird innerhalb der Klassendefinition wie eine Sub-Prozedur mit dem Namen *New* deklariert. Darauf folgt in runden Klammern die Parameterliste mit den Feldern, die initialisiert werden sollen. Die Syntax für das Codegerüst lautet:

```
Public Sub New(parameterListe)

End Sub
```

Sobald Sie einen eigenen Konstruktor programmiert haben, überschreibt er den parameterlosen Standardkonstruktor der Klasse, sodass der Standardkonstruktor für diese Klasse nicht mehr zur Verfügung steht. Zum Erzeugen einer neuen Instanz muss deshalb einer der eigenen überladenen Konstruktoren verwendet werden. Es steht Ihnen allerdings offen, selbst einen parameterlosen Konstruktor zu definieren, der dann wie der Standardkonstruktor eingesetzt werden kann (siehe Listing 9.7).

Listing 9.7 Überladene Konstruktoren für die Klasse Rechteck2

```
Public Class Rechteck2
  Private mLaenge As Double
  Private mBreite As Double

  ' Parameterloser Konstruktor
  Public Sub New()
    mLaenge = 0
    mBreite = 0
  End Sub

  ' Zweiter überladener Konstruktor
  Public Sub New(ByVal laenge As Double, ByVal breite As Double)
    mLaenge = laenge
    mBreite = breite
  End Sub
  ' ...
End Class
```

Auch bei der Initialisierung der Felder durch einen Konstruktor ist es sinnvoll, die Parameter zu prüfen bzw. zu modifizieren, bevor sie an die internen Felder der Klasse weitergereicht werden. Soweit dafür schon entsprechende Properties existieren (wie z. B. in Listing 9.4), sollten diese genutzt werden. Um die Properties innerhalb der Klasse anzusprechen, können Sie optional das Schlüsselwort *Me*, mit Punkt (.) getrennt, vor den Eigenschaftsnamen setzen (siehe Listing 9.8).

Das Schlüsselwort Me

Die aktuelle Instanz einer Klasse wird innerhalb des Klassencodes mit dem Schlüsselwort *Me* angesprochen. Auch wenn dies innerhalb einer Klasse nicht notwendig ist, solange der Compiler die Mitglieder der Klasse eindeutig identifizieren kann, so dient es doch der Klarheit. In den Fällen, in denen Eigenschaften, Methoden etc. auf gleichnamige Felder, Parameter o. Ä. treffen, darf dagegen das Schüsselwort *Me* nicht fehlen.

Im folgenden Beispiel (Listing 9.8) werden im Code des Konstruktors die Eigenschaften *Laenge* und *Breite* (aus Listing 9.4) genutzt, sodass beim Aufruf des Konstruktors eine Instanz mit „bereinigten" Werten erzeugt wird.

Listing 9.8 Einsatz des Schlüsselworts Me

```
' Überladener Konstruktor
Public Sub New(ByVal laenge As Double, ByVal breite As Double)
   Me.Laenge = laenge              ' Me.Laenge = ... (Set-Prozedur)
   mLaenge = Me.Laenge             ' ... = Me.Laenge (Get-Prozedur)
   Me.Breite = breite              ' Me.Breite = ... (Set-Prozedur)
   mBreite = Me.Breite             ' ... = Me.Breite (Get-Prozedur)
End Sub
```

Destruktoren

Der *Garbage Collector* löscht automatisch nicht mehr benötigte Elemente aus dem *Heap*-Speicher, also auch die selbst erzeugten Objekte, wenn keine Objektvariable mehr auf die Instanz verweist. Hierzu ruft der *Garbage Collector* automatisch den Destruktor *Finalize*() auf, der automatisch von der Klasse *System.Object* ererbt wird und das Gegenstück zum Standardkonstruktor *New*() darstellt. Auch der Destruktor lässt sich überschreiben, was nur in bestimmten Fällen Sinn macht.

Der Aufruf des Destruktors erfolgt automatisch und zu einem Zeitpunkt, auf den Sie als Programmierer keinen Einfluss haben. Wenn Sie ein Objekt bzw. den dadurch belegten Speicher zu einem bestimmten Zeitpunkt freigeben wollen, müssen Sie für die Klasse die Schnittstelle *IDisposable* implementieren. Näheres über Schnittstellen erfahren Sie in Abschnitt 10.1.5.

9.2.5 Methoden

Methoden (engl. *Methods*) bestimmen das dynamische Verhalten einer Klasse. In Visual Basic werden Methoden in Form von Funktionen und Sub-Prozeduren (vgl. Kapitel 5) in der Klasse implementiert. Wenn die Methoden von außen zugänglich sein sollen, müssen sie mit *Public* deklariert werden. Entsprechend sind Methoden mit *Private* zu deklarieren, wenn sie nur innerhalb der Klasse gültig sein sollen (weitere Gültigkeitsbereiche siehe Abschnitt 10.1.3).

Methoden werden manchmal auch parameterlos definiert, da sie ihre Daten mit den internen Feldern der Klasse austauschen können. Hier wird also wieder der Vorteil der Datenkapselung sichtbar. Methoden werden zuweilen durch Eigenschaften ersetzt, in unserer Klasse *Rechteck* trifft dies beispielsweise für die *ReadOnly*-Eigenschaften *Flaeche* und *Umfang* zu. In vergleichbaren Grenzfällen ist es Geschmackssache, ob man die Funktionalität als Eigenschaft oder als Methode definiert.

Für die Parameterlisten von Funktionen und Sub-Prozeduren gilt das bereits in Kapitel 5 Gesagte. Allerdings ist es bei Sub-Prozeduren – zumindest bei öffentlich zugänglichen – unüblich, dass Ergebniswerte in Form von Referenzparametern zurückgeliefert werden.

Methoden können selbstverständlich *überladen* werden. Sie müssen sich wie gewohnt eindeutig durch ihre Signatur (Anzahl der Parameter oder Datentyp der Parameter) unterscheiden. Die Konstruktoren sind eigentlich Sub-Prozeduren und damit lediglich spezielle Methoden.

Die Namen von Methoden werden oft mit einem Verb begonnen, das die Funktionalität der Methode ausdrückt, z. B. *ZeichneKreis* oder *DrawCircle*. Als Beispiel wollen wir die Funktion zur Berechnung der Rechtecksfläche als *GetFlaeche* bezeichnen und – wie die entsprechende Eigenschaft – ohne Parameter definieren (siehe Listing 9.9).

Als weiteres Beispiel ist in Listing 9.9 die bereits aus der Übung 9-1 bekannte Funktion *FormatF2* aufgeführt, die einen *Double*-Wert in einen String mit zwei Nachkommastellen umwandelt. Schließlich ist eine Methode (Sub-Prozedur) *Skalieren* ergänzt, die die Länge und die Breite eines Rechtecks mit einem Faktor multipliziert. Der Aufruf der Methoden erfolgt auf bekannte Weise.

Listing 9.9 Klasse Rechteck3 mit Konstruktor und Methoden; Klasse Form1 mit Methodenaufrufen

```
Public Class Rechteck3
  Private mLaenge As Double
  Private mBreite As Double

  ' Konstruktor
  Public Sub New(ByVal laenge As Double, ByVal breite As Double)
    mLaenge = laenge
    mBreite = breite
  End Sub

  ' Methode GetFlaeche
  Public Function GetFlaeche() As Double
    Return mLaenge * mBreite
  End Function

  ' Methode FormatF2
  Public Function FormatF2(ByVal wert As Double) As String
    Return wert.ToString("f2")
  End Function

  ' Methode Skalieren
  Public Sub Skalieren(ByVal faktor As Double)
    mLaenge = mLaenge * faktor
    mBreite = mBreite * faktor
  End Sub
End Class

Public Class Form1
  Private Sub BtnBerechnen_Click(...) Handles BtnBerechnen.Click
    Dim rteck3 = New Rechteck3(8, 2.5)
    rteck3.Skalieren(2.0)     ' -> mLaenge = 16, mBreite = 5
    LblFlaeche.Text = rteck3.FormatF2(rteck3.GetFlaeche())
    ' Anzeige: -> 80.00
  End Sub
End Class
```

Unveränderliche Klassen

Die Idee der „unveränderlichen Klassen" (engl. *immutable classes*) geht davon aus, dass die Member einer Klasse unveränderlich sind. Das heißt, die Methoden einer Klasse sollen zwar die Datenelemente der Klasse lesen, aber nicht verändern bzw. überschreiben dürfen. Dies gelingt dadurch, dass die Methode nicht die bestehenden Datenelemente ändert, sondern die veränderten Daten in Form eines neuen Objekts zurückgibt.

Als Beispiel wollen wir dies an der Methode *Skalieren* demonstrieren (siehe Listing 9.10):

Listing 9.10 Methode „SkalierenNeu" als Teil der „unveränderlichen Klasse" Rechteck3

```
' Methode SkalierenNeu
Public Function SkalierenNeu(ByVal faktor As Double) As Rechteck3
    Dim la, br As Double
    la = mLaenge * faktor
    br = mBreite * faktor
    Return New Rechteck3(la, br)
End Function

' Beispiel für die Verwendung der Methode "SkalierenNeu"
Public Class Form1
    Private Sub BtnBerechnen_Click(...) Handles BtnBerechnen.Click
        Dim rteck3 = New Rechteck3(8, 2.5)
        rteck3 = rteck3.SkalierenNeu(2.0)    ' -> mLaenge = 16, mBreite = 5
        LblFlaeche.Text = rteck3.FormatF2(rteck3.GetFlaeche())
        ' Anzeige: -> 80.00
    End Sub
End Class
```

Nicht immer ist es sinnvoll und notwendig, Klassen als unveränderliche Klassen zu implementieren. Es entspricht aber in jedem Fall einem guten Programmstil. Ein weiteres wichtiges Mittel, die Daten einer Klassen gegen unerwünschte Zugriffe zu schützen, haben wir schon in Abschnitt 9.2.1 in Form der privaten Datenelemente (Felder) unter dem Begriff „Datenkapselung" kennengelernt. Auch private Methoden können dabei hilfreich sein.

Statische (Shared-)Methoden

Bereits in früheren Kapiteln haben wir des Öfteren sogenannte *statische* Methoden benutzt, so z. B. die Methoden der *Math*-Klasse. Leider ist in Visual Basic der Begriff *Static* schon anders belegt, nämlich als Zugriffsmodifizierer von lokalen Variablen, deren Werte zwischen mehreren Aufrufen derselben Prozedur erhalten bleiben (siehe Abschnitt 2.2.1). In Visual Basic wird deshalb für statische Methoden das Schlüsselwort *Shared* verwendet, man spricht deshalb auch von *Shared*-Methoden.

Shared-Methoden sind Klassenmethoden, denen beim Aufruf der Klassename und nicht der Name der Instanz vorangestellt wird. Ein wesentlicher Vorteil liegt darin, dass zu ihrer Verwendung nicht erst eine Klasseninstanz erzeugt werden muss. Es ist zwar auch möglich, erst ein Objekt der Klasse zu bilden und darauf die Methode anzuwenden, was man aber möglichst vermeiden sollte.

Viele Klassen besitzen sowohl Instanzenmethoden als auch (statische) Klassenmethoden. Statische Methoden sind insbesondere dafür geeignet, Hilfsfunktionen oder Formeln in einer Klasse zu kapseln. Im folgenden Beispiel (Listing 9.11) wollen wir deshalb eine eigene Klasse *Geo2D* für Formelausdrücke aus der zweidimensionalen (ebenen) Geometrie definieren, in der wir die zwei statischen Methoden *RechteckFlaeche* und *RechteckUmfang* zur Verfügung stellen. Außerdem werden zwei Varianten für die Methodenaufrufe gezeigt.

Listing 9.11 Definition von Shared-Methoden und entsprechende Methodenaufrufe

```
Public Class Geo2D
    Public Shared Function RechteckFlaeche _
            (ByVal a As Double, ByVal b As Double) As Double
```

```
      Return a * b
   End Function

   Public Shared Function RechteckUmfang _
         (ByVal a As Double, ByVal b As Double) As Double
      Return 2 * (a + b)
   End Function
End Class
Public Class Form1
   Private Sub BtnBerechnen_Click(...) Handles BtnBerechnen.Click
      Dim laenge As Double = 4, breite As Double = 2.5

      ' Aufrufe der Shared-Methoden der Klasse Geo2D
      LblFlaeche.Text = Geo2D.RechteckFlaeche(laenge, breite).ToString("f2")
      LblUmfang.Text = Geo2D.RechteckUmfang(4, 2.5).ToString("f2")
   End Sub
End Class
```

Shared-Methoden werden auch als *freigegebene* Methoden bezeichnet. Analog zu den Methoden ist es auch möglich, Felder und Eigenschaften mit dem Schlüsselwort *Shared* freizugeben. Man spricht deshalb auch von den freigegebenen Membern (Mitgliedern) einer Klasse. Freigegebene Felder und Eigenschaften sollten nur für Datenelemente verwendet werden, die für alle Instanzen einer Klasse konstant sind.

9.2.6 Überladene Operatoren

Die meisten der in Visual Basic standardmäßig vorhandenen Operatoren,

```
+ - * / \ Mod ^ & Like Not And Or Xor = <> < > <= >= IsTrue IsFalse
```

und einige andere, können überladen werden, wenn mindestens einer der Operanden (einschließlich des Ergebnistyps) ein Typ der Klasse ist, in der der Operator definiert ist. Die meisten Operatoren benötigen – wie die vorgegebenen Operatoren – zwei Operanden, manche müssen paarweise deklariert werden (z. B. < und >, = und <>). Durch das Überladen (engl. *Operator Overloading*) kann den Operatoren eine neue Bedeutung gegeben werden, allerdings sollte diese einen engen Bezug zu dem Standardoperator haben.

Ein benutzerdefinierter Operator muss immer als *Public Shared* deklariert werden. Der Datentyp des Ergebnisses des Operators ist frei wählbar. Falls das Ergebnis eine neue Instanz der Klasse ist, muss mit dem Operator *New* erst eine neue Instanz erzeugt werden. Die Syntax für einen überladenen Operator lautet:

```
Public Shared Operator operatorName(ByVal operand1 As DatenTyp1, _
                       ByVal operand2 As DatenTyp2) As ErgebnisTyp
   ' Programmcode
   Return ergebnis|New ergebnis
End Operator
```

Wie Sie sicher schon bemerkt haben, ist der Operator + bereits standardmäßig überladen, Sie können mit ihm nicht nur Zahlen addieren, sondern auch Strings zusammenfügen. Ein einleuchtendes Anwendungsbeispiel sind die komplexen Zahlen, die aus einem Realteil und einem Imaginärteil bestehen. Mit dem Überladen der arithmetischen Operatoren können damit die Grundrechenarten für komplexe Zahlen definiert werden.

Wir wollen als Beispiel den Operator + für die Addition zweier zweidimensionaler Vektoren überladen (siehe Listing 9.12). Der Einfachheit halber werden die Vektorkomponenten X und Y in der Klasse *Vec2D* nicht als Properties, sondern als *Public*-Variablen vereinbart.

Formel: $\begin{pmatrix} c_x \\ c_y \end{pmatrix} = \begin{pmatrix} a_x \\ a_y \end{pmatrix} + \begin{pmatrix} b_x \\ b_y \end{pmatrix}$

Listing 9.12 Klasse Vec2D mit überladenem Operator +

```
Public Class Form1
  Private Sub BtnBerechnen_Click(...) Handles BtnBerechnen.Click
    Dim a, b, c As New Vec2D()
    ' Einlesen der Vektoren a und b
    a.X = CDbl(txtAx.Text)
    ' analog a.Y, b.X, b.Y

    ' Addieren der Vektoren a und b mit überladenem Operator +
    c = a + b
    ' Anzeigen des Ergebnisvektors c
    LblCx.Text = c.X.ToString
    LblCy.Text = c.Y.ToString
  End Sub
End Class

Public Class Vec2D
  Public X As Double
  Public Y As Double
  Public Shared Operator +(ByVal a As Vec2D, ByVal b As Vec2D) As Vec2D
    Dim c As New Vec2D()
    c.X = a.X + b.X
    c.Y = a.Y + b.Y
    Return c
  End Operator
End Class
```

9.2.7 Ereignisse (Events)

Zu Beginn dieser Lektion wurde daraufhin gewiesen, dass Klassen aus Eigenschaften, Methoden und Ereignissen bestehen (Felder können wir den Eigenschaften und Konstruktoren den Methoden zuordnen). Ereignisse (engl. *Events*) sind also der dritte charakteristische Membertyp von Klassen.

Mithilfe von Ereignissen können Objekte Nachrichten *senden*, wenn sich der Objektzustand geändert hat, wenn sich Daten geändert oder bestimmte Werte erreicht haben, wenn Fehler aufgetreten sind etc. Tritt das definierte Ereignis ein, so wird ein sog. Ereignishandler (Ereignisprozedur) in der Klasse aufgerufen, die das Ereignis *empfängt*.

Vordefinierte Ereignisse

Windows-Programme sind bekanntlich ereignisorientiert, d. h., ein Programm wird immer nur dann tätig, wenn ein bestimmtes Ereignis ausgelöst wurde. Ereignisse haben Sie im Laufe der Kapitel schon sehr oft benutzt, am häufigsten das *Click*-Ereignis eines Button-Steuerelements, darüber hinaus das *TextChanged*-Ereignis einer TextBox oder das *Load*-Ereignis des Startformulars. Durch einen Doppelklick auf das entsprechende Steuerelement im Ansicht-Designer wird jeweils die Codeschablone für die Standardereignisprozedur des jeweiligen Steuerelementobjekts vorgegeben, z. B.:

Listing 9.13 Prozedurkopf der Ereignisprozedur BtnBerechnen_Click

```
Private Sub BtnBerechnen_Click(ByVal sender As System.Object, _
        ByVal e As System.EventArgs) Handles BtnBerechnen.Click
```

Weitere Ereignisprozedurschablonen für ein Steuerelementobjekt bekommen Sie, wenn Sie im Code-Editor oben im linken Listenfeld das Steuerelement und im rechten Listenfeld das gewünschte Ereignis auswählen.

Im Prozedurkopf (siehe Listing 9.13) folgt nach dem Schlüsselwort *Sub* der Name der Ereignismethode. Der von der IDE standardmäßig vorgegebene Name der Ereignisprozedur setzt sich aus dem Namen des Steuerelements, einem Unterstrich (_) und dem Ereignisnamen zusammen. Darauf folgt eine Parameterliste, die in den meisten Fällen aus der Objektvariablen *sender* der allgemeinen Klasse *Object* und der Objektvariablen *e* der Klasse *EventArgs* oder einer davon abgeleiteten Klasse besteht. Der Prozedurkopf schließt ab mit dem Schlüsselwort *Handles* und dem Bezeichner *SteuerelementName.EreignisName*.

Der Name der Ereignisprozedur (in Listing 9.13: *BtnBerechnen_Click*) ist irrelevant. Sie können das leicht überprüfen, indem Sie einen Button-Namen nachträglich im Eigenschaftenfenster umbenennen. Der Ereignisname in der *Handles*-Klausel wird angepasst, nicht aber der Name der Ereignisprozedur. Trotzdem läuft das Programm einwandfrei.

Es ist auch möglich, mehrere Ereignisse mit *einer* Ereignisprozedur zu behandeln. Dazu müssen lediglich die einzelnen Ereignisse hinter dem Schlüsselwort *Handles* durch Kommas getrennt aufgeführt werden (siehe Listing 9.14).

Listing 9.14 Ereignisprozedur mit zwei Ereignissen (gemeinsamer Eventhandler)

```
Private Sub Button_Click(ByVal sender As System.Object, _
    ByVal e As System.EventArgs) Handles BtnEin.Click, BtnAus.Click
' ...
If CType(sender, Button) Is BtnEin Then
    ' Code für Ereignis BtnEin.Click
Else
    ' Code für Ereignis BtnAus.Click
End If
' ...
```

Benutzerdefinierte Ereignisse

In Visual Basic können Sie Ereignisse selbst deklarieren und auslösen. Leider ist das Thema sehr komplex, sodass wir uns in diesem Buch mit einer kurzen Einführung begnügen wollen. Das ist allerdings auch nicht so gravierend, da in vielen Klassen gar keine Ereignisse definiert sind und es häufig auch andere Möglichkeiten gibt, um dasselbe Ziel zu erreichen. Wer tiefer in das Thema eindringen möchte, sollte sich in der Online-Hilfe mit dem Begriff *Delegaten* auseinandersetzen.

Ereignisse werden innerhalb der *Sender*-Klasse mit dem Schlüsselwort *Event* deklariert. Auf *Event* folgt der Ereignisname mit der Parameterliste. Die Parameterliste ist optional und besteht mindestens aus einem leeren Klammerpaar (). Wie bei den standardmäßig vorhandenen .NET-Ereignissen ist es jedoch üblich, als ersten Parameter eine Objektreferenz auf die auslösende Klasse zu übergeben. Die folgenden Parameter enthalten ereignisspezifische Daten, wobei im Regelfall als zweiter Parameter eine Instanz der Klasse *EventArgs* definiert wird. Die *Event*-Deklaration beinhaltet keinen weiteren Code.

Ein mit *Event* vereinbartes Ereignis kann mithilfe einer *RaiseEvent*-Anweisung innerhalb derselben *Sender*-Klasse ausgelöst werden. Die Signaturen der Argumentenliste und der Parameterliste (Anzahl und Typ der Parameter) müssen natürlich übereinstimmen.

Die Syntax für die Deklaration und das Auslösen eines Ereignisses lautet also:

```
Public Class SenderKlassenName
  Public Event EreignisName(parameterliste)
  ' ...
    RaiseEvent EreignisName(argumentenliste)
  ' ...
End Class
```

Um auf ein Ereignis reagieren zu können, das durch eine *RaiseEvent*-Anweisung ausgelöst wurde, muss das Ereignis in der *Empfänger*-Klasse mit einer Ereignisprozedur (sog. Ereignis- oder Eventhandler) verknüpft werden. Für die Verknüpfung gibt es zwei Möglichkeiten:

a) Verknüpfung mit *WithEvents* und *Handles*

b) Verknüpfung mit *AddHandler* (Deaktivieren mit *RemoveHandler*)

Verknüpfung mit WithEvents und Handles

Im ersten Schritt wird in der *Empfänger*-Klasse eine Objektvariable vom Typ der *Sender*-Klasse definiert. Dem Namen der Objektvariablen wird das Schlüsselwort *WithEvents* vorangestellt. Damit weiß der Compiler, dass die Instanz über Ereignisse verfügt. Im zweiten Schritt wird in der *Empfänger*-Klasse eine Ereignisprozedur aufgenommen und mit einer *Handles*-Anweisung versehen.

Die Syntax lässt sich wie folgt darstellen:

```
Public Class EmpfängerKlassenName
  Private WithEvents objSender As SenderklassenName

  Private Sub objSender_EreignisName(parameterliste) _
          Handles objSender.EreignisName
    ' Code, der beim Auslösen des Ereignisses ausgeführt werden soll
  End Sub

  Private Sub irgendeineMethode
    ' Aufruf einer Eigenschaft oder Methode der Instanz objSender,
    ' die das Ereignis auslöst.
  End Sub
' ...
End Class
```

Zur Demonstration eines Ereignisses werden die *Rechteck*-Klasse (*Sender*-Klasse) und die Klasse *Form1* (*Empfänger*-Klasse) nochmals variiert. In der Klasse *Rechteck4* sollen die *Set*-Prozeduren der Eigenschaften *Laenge* und *Breite* ein Ereignis *WertNegativ* auslösen, wenn die übergebenen Werte negativ sind. Im zweiten Parameter des Ereignisses wird statt einer Instanz der *EventArgs*-Klasse eine entsprechende Meldung als String zurückgegeben.

In der *Empfänger*-Klasse *Form1* wird die Instanz *rteck4* mit *WithEvents* definiert. Die Ereignisprozedur *rteck4_WertNegativ* reagiert auf das Ereignis *rteck4.WertNegativ*. Wenn die Objektinstanz *rteck4* ein Ereignis auslöst, empfängt die Ereignisprozedur über den Parameter *e* einen String, der mit einer MessageBox angezeigt wird.

Listing 9.15 Ereignisdefinition und Ereignisbehandlung (mit WithEvents und Handles)

```vb
Public Class Rechteck4           ' Sender-Klasse
  Private mLaenge As Double
  Private mBreite As Double

  Public Event WertNegativ(ByVal sender As Object, ByVal e As String)

  Public Property Laenge() As Double
    Get
      Return mLaenge
    End Get
    Set(ByVal value As Double)
      If value >= 0 Then
        mLaenge = value
      Else
        mLaenge = Math.Abs(value)
        RaiseEvent WertNegativ(Me, "Länge ist negativ.")
      End If
    End Set
  End Property

  ' Eigenschaft Breite analog Laenge
  ' ReadOnly-Eigenschaften Flaeche und Umfang
End Class


Public Class Form1               ' Empfänger-Klasse
  Private WithEvents rteck4 As Rechteck4

  ' Benutzerdefinierte Ereignisprozedur:
  Private Sub rteck4_WertNegativ(ByVal sender As System.Object, _
        ByVal e As String) Handles rteck4.WertNegativ
    MessageBox.Show(e, "Rechteck")
  End Sub

  Private Sub Button1_Click(ByVal sender As System.Object, _
        ByVal e As System.EventArgs) Handles Button1.Click
    rteck4 = New Rechteck4()
    ' In den folgenden 2 Zeilen werden eventuell Ereignisse ausgelöst:
    rteck4.Laenge = Convert.ToDouble(TxtLaenge.Text)
    rteck4.Breite = Convert.ToDouble(TxtBreite.Text)
    With rteck4
      LblFlaeche.Text = .FormatF2(.Flaeche())
      LblUmfang.Text = .FormatF2(.Umfang())
    End With
  End Sub
End Class
```

Verknüpfung mit AddHandler

Bei dem *zweiten* Verknüpfungsverfahren, der Ereignisverknüpfung mit *AddHandler* in Verbindung mit *AddressOf*, handelt es sich um einen sog. *Delegaten*. Delegaten (engl. *Delegates*) sind Referenz-Datentypen, die dazu verwendet werden können, Prozeduren oder Methoden statt über den Namen über die Speicheradresse aufzurufen. Die Verknüpfung mit *AddHandler* ist flexibler als mit *WithEvents* und *Handles*, fortgeschrittene Programmierer werden deshalb gerne darauf zurückgreifen, wir wollen aber in diesem Grundkurs darauf verzichten.

9.2.8 XML-Dokumentation

Programme sollten generell immer ausreichend dokumentiert werden. In besonderem Maße trifft dies für Klassen und deren Mitglieder zu, die in anderen Klassen oder Programmen aufgerufen bzw. wieder verwendet werden. Neben den mit Apostroph eingeleiteten Kommentaren (') bietet Visual Basic die Möglichkeit, sog. XML-Kommentare einzufügen. Der Vorteil dieser XML-Kommentare liegt darin, dass beim Kompilieren automatisch eigene Dokumentationsdateien erzeugt und dass die Kommentare sowohl im Objektbrowser als auch bei der Codeeingabe als Tooltipps angezeigt werden.

XML-Kommentare werden mit drei Apostrophen (''') eingeleitet und sind immer unmittelbar vor der ersten Zeile der Deklaration einzufügen. Im Folgenden wollen wir das Verfahren exemplarisch für unsere Klasse *Rechteck* zeigen.

Beispiel: XML-Dokumenation der Klasse Rechteck

Fügen Sie vor der ersten Zeile der Deklaration der Klasse *Rechteck* eine Leerzeile ein, und geben Sie drei Hochkommas ein. Es erscheint automatisch eine leere Codeschablone. In der zweiten Zeile ergänzen wir die Funktionalität (den Zweck) der Klasse *Rechteck* (siehe Listing 9.16).

Listing 9.16 XML-Kommentar für die Klasse Rechteck

```
''' <summary>
''' Stellt Berechnungsfunktionen für ein Rechteck bereit.
''' </summary>
''' <remarks></remarks>
Public Class Rechteck
' ...
```

XML (eXtensible Markup Language) ist eine standardisierte Meta-Auszeichnungssprache, die in sog. *Tags* und *Attribute* gegliedert ist. Den grundsätzlichen Aufbau eines Tags kennen Sie wahrscheinlich schon von HTML her. Typisch sind die einschließenden spitzen Klammern, wobei dem abschließenden Tag-Namen ein Schrägstrich (/) vorangestellt wird.

```
<tagName>beliebiger Text</tagName>
```

Manche Tags werden durch Attribute präzisiert. Die Attributnamen folgen hinter dem Tag-Namen, der Attributwert wird in Doppelapostrophen (") eingeschlossen und mit dem Gleichheitszeichen (=) zugewiesen.

```
<tagName attributName="attributWert">beliebiger Text</tagName>
```

9.2 Lektion 9: Klassen und Objekte

Im Objektbrowser (z. B. Funktionstaste *F2*) wird der Eintrag in das Tag *summary* als „Zusammenfassung" wiedergegeben. Das Tag *remarks* („Hinweise") können Sie löschen oder leer lassen.

Als Nächstes soll der benutzerdefinierte Konstruktor *New* kommentiert werden. Für jeden der Parameter des Konstruktors wird in der Codeschablone ein *param*-Tag mit dem Attribut *name* vorgegeben. Das Ergebnis können Sie wieder im Objektbrowser betrachten, wenn Sie die Klasse *Rechteck* auswählen (siehe Abbildung 9.2).

Listing 9.16 (Fortsetzung) XML-Kommentar für den benutzerdefinierten Konstruktor New

```
''' <summary>
''' Initialisiert eine neue Instanz der Rechteck-Klasse
''' mit den angegebenen Parametern.
''' </summary>
''' <param name="laenge">Länge des Rechtecks als Double-Wert</param>
''' <param name="breite">Breite des Rechtecks als Double-Wert</param>
Public Sub New(ByVal laenge As Double, ByVal breite As Double)
    ' ...
```

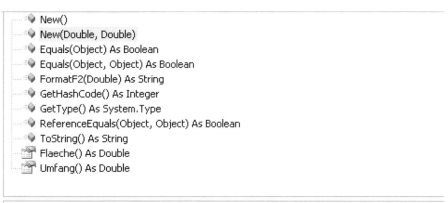

Abbildung 9.2 Anzeige der öffentlichen Member der Klasse Rechteck (oben), aus XML-Kommentar übernommene Beschreibung des zweiten Konstruktors New (unten)

Für Eigenschaften und Methoden, die einen Wert zurückliefern, erscheint in der Codeschablone das Tag *returns* („Rückgabewerte"). Wir wollen das abschließend anhand der Eigenschaft *Flaeche* der Klasse *Rechteck* aufzeigen:

Listing 9.16 (Fortsetzung) XML-Kommentar für die Eigenschaft Flaeche

```
''' <summary>
''' Gibt die Fläche eines Rechtecks zurück.
''' </summary>
''' <returns>Fläche des Rechtecks als Double-Wert</returns>
''' <remarks>Setzt Zuweisung der Länge und Breite durch
''' Aufruf des Konstruktors New(laenge, breite) voraus.</remarks>
Public ReadOnly Property Flaeche() As Double
  ' ...
```

Für Ausnahmen kann das Tag *exceptions* („Ausnahmen") mit dem Attribut *cref* eingefügt werden. Weitere empfohlene XML-Tags finden Sie in der Online-Hilfe.

Im Objektbrowser werden die einzelnen Member-Typen durch unterschiedliche Icons dargestellt. Die nicht selbst definierten Member (*Equals*, *Hashcode* ...) sind von der Klasse *System.Object* geerbt und stehen auch für die Klasse *Rechteck* zur Verfügung.

Hinweis

Die Kommentierung von Programmcode ist in der Praxis außerordentlich wichtig, insbesondere im Hinblick auf die Pflege und Wartung des Codes. Trotzdem werden Sie XML-Kommentare in diesem Buch künftig aus Platz- und Übersichtlichkeitsgründen vergeblich suchen. Es sollte aber ein Leichtes für Sie sein, diese bei Bedarf zu ergänzen.

9.2.9 Verschachtelte und partielle Klassen

Verschachtelte Klassen

Innerhalb von Klassen lassen sich weitere Klassen deklarieren, Klassen können also verschachtelt werden. In der Klassendefinition der äußeren Klasse kann auf die innere Klasse direkt über ihren Namen, in einer externen Klasse dagegen nur über den vollständigen Klassennamen zugegriffen werden.

In der folgenden Beispielklasse wird ein Rechteck durch die zwei Punkte *links unten* (LU) und *rechts oben* (RO) definiert (siehe Listing 9.17).

Listing 9.17 Verschachtelte Klasse Rechteck5 mit der inneren Klasse Punkt2D

```
Public Class Rechteck5
  Private mLU As Punkt2D
  Private mRO As Punkt2D

  Public Class Punkt2D
    Public X As Double
    Public Y As Double
  End Class

  Public Sub New(ByVal lu As Punkt2D, ByVal ro As Punkt2D)
    mLU = lu
    mRO = ro
  End Sub
  ' ...
End Class
```

In der (externen) Klasse *Form1* werden Instanzen der Klassen *Rechteck5* und *Punkt2D* erzeugt und eingesetzt (siehe Fortsetzung des Listings 9.17).

Listing 9.17 (Fortsetzung) Verwendung der verschachtelten Klassen Rechteck 5 und Punkt2D

```
Public Class Form1
  Private Sub Button1_Click(...) Handles Button1.Click
    Dim rteck5 As Rechteck5
    Dim pLU As New Rechteck5.Punkt2D()
    Dim pRO As New Rechteck5.Punkt2D()

    pLU.X = 0 : pLU.Y = 0 : pRO.X = 4 : pRO.Y = 2.5
    rteck5 = New Rechteck5(pLU, pRO)
    ' ...
End Class
```

Partielle Klassen

Eine Klassendefinition kann auf zwei oder mehrere Partitionen bzw. Dateien verteilt werden. Die einzelnen Bestandteile der Klassendefinition werden als *partielle Klassen* bezeichnet. Jede partielle Klasse wird durch das vorangestellte Schlüsselwort *Partial* kenntlich gemacht, das höchstens bei einem Definitionsteil fehlen darf.

Die Syntax für zwei partielle Klassen lässt sich beispielsweise wie folgt darstellen:

```
' Erste Datei
[Partial] Public Class KlassenName
  ' ...
End Class

'Zweite Datei
Partial Public Class KlassenName
  ' ...
End Class
```

In der Übung 9-5 wird die Aufteilung einer Klassendefinition in zwei partielle Klassen demonstriert. Generell sollte man partielle Klassen nur in Sonderfällen einsetzen, da der Programmcode durch die Aufteilung auf mehrere Dateien eher unübersichtlicher wird.

Visual Basic nutzt diese Möglichkeit, um den automatisch erzeugten Code von dem vom Programmierer geschriebenen Code zu trennen. So wird der Code des Startformulars (Klasse *Form1*) eines *Windows-Forms*-Projekts in zwei Dateien aufgeteilt. Der von Ihnen erzeugte Programmcode wird standardmäßig in der Datei *Form1.vb* gespeichert und beginnt mit *Public Class Form1*. Der von der Entwicklungsumgebung automatisch generierte Code befindet sich in der zweiten Datei mit dem Default-Namen *Form1.Designer.vb* und beginnt mit *Partial Class Form1*. (Hinweis: Den Visual Basic-Code jeder VB-Datei können Sie mit einem einfachen Texteditor betrachten.)

9.2.10 Module

Wie bereits in Abschnitt 5.2.8 erwähnt, können Module zur Deklaration öffentlicher Konstanten, Variablen, Sub-Prozeduren und Funktionen eingesetzt werden. VB6- oder VBA-Programmierern sind Module bestens vertraut. Module sind spezielle Klassen mit diversen

9 Klassen und Objekte

Besonderheiten und Einschränkungen. So kennen Module keine Konstruktoren und können weder von anderen Klassen erben bzw. selbst vererbt werden. Ein geringer Vorteil ist, dass die in einem Modul deklarierten globalen Konstanten, Variablen und Prozeduren ohne Klassenname direkt verwendet werden können. Im Hinblick auf eine zukunftssichere Programmierung sollten Sie Module möglichst vermeiden und stattdessen die universeller einsetzbaren Klassen vorziehen.

9.2.11 Strukturen

Mit Strukturen (engl. *Structures*) lassen sich nicht nur – wie in Kapitel 8 gezeigt – benutzerdefinierte Datentypen definieren, die sich aus elementaren Variablen zusammensetzen. Strukturen sind in .NET weit mächtiger und ähneln von ihrem Aufbau her den Klassen. Wie die Klassen unterstützen sie Konstruktoren, Eigenschaften, Methoden und Ereignisse. Eine Struktur muss aber mindestens eine Mitgliedsvariable aufweisen.

Die in einer komplexen Struktur enthaltenen Datenelemente sollten – wie bei Klassen – möglichst als *Private* deklariert werden, um sie vor ungewollten Zugriffen von außen zu schützen (Prinzip der *Datenkapselung*).

Im Gegensatz zu den Klassen muss ein Konstruktor in einer Struktur mindestens einen Parameter aufweisen. Der parameterlose Standardkonstruktor *New*() steht automatisch zur Verfügung. Strukturen können auch verschachtelt werden, also selbst wieder Strukturen beinhalten.

Beispiel: Struktur Kreis

Im folgenden Beispiel (Listing 9.18) wird die Struktur *Kreis* deklariert und angewendet. Durch die zwei öffentlichen Variablen *X* und *Y* wird der Kreismittelpunkt definiert, in der internen Mitgliedsvariablen *mRadius* wird der Kreisradius gespeichert. Die Struktur *Kreis* besitzt außerdem einen Konstruktor mit dem Parameter *radius*, eine Eigenschaft *Radius* und eine Methode *GetFlaeche*.

Vor der Verwendung der Struktur *Kreis* in der Ereignisprozedur *Button1_Click* muss eine Strukturvariable (hier: *kr*) deklariert werden. Beim Aufruf werden öffentliche Mitgliedsvariablen, Eigenschaften und Methoden angesprochen, indem der Name der Strukturvariablen, durch einen Punkt (.) getrennt, vorangestellt wird.

Listing 9.18 Struktur Kreis – Deklaration und Anwendung

```
Public Structure Kreis
  Public X As Double              ' Mittelpunkt (x-Wert) (öffentlich)
  Public Y As Double              ' Mittelpunkt (y-Wert) (öffentlich)
  Private mRadius As Double       ' Kreisradius (intern)

  Sub New(ByVal radius As Double)
    mRadius = radius
  End Sub

  Property Radius() As Double
    Get
```

```
            Return mRadius
         End Get
         Set(ByVal value As Double)
            mRadius = value
         End Set
      End Property

      Function GetFlaeche() As Double
         Return Math.PI * mRadius * mRadius
      End Function
   End Structure

   Public Class Form1
      Private Sub Button1_Click(...) Handles Button1.Click
         Dim kr As New Kreis(2.5)
         kr.X = 10 : kr.Y = 20

         Label1.Text = String.Format( _
            "Kreis({0}, {1}), Radius = {2,3:f1}, Fläche = {3,5:f2}", _
             kr.X, kr.Y, kr.Radius, kr.GetFlaeche())
         ' Anzeige: Kreis(10, 20), Radius = 2,5, Fläche = 19,63
      End Sub
   End Class
```

Unterschiede zwischen Strukturen und Klassen

Auch wenn sich Strukturen und Klassen sehr ähneln, so unterscheiden sie sich doch in einigen wesentlichen Punkten:

- Strukturen sind *Werttypen*, Klassen dagegen *Verweistypen*. Das bedeutet, dass die Daten von Strukturen auf dem *Stack* abgelegt werden, die Daten von Klassen dagegen auf dem *Heap*. Einmal angelegte Strukturvariablen können durch den *Garbage Collector* nicht wieder beseitigt werden. Somit sind Strukturen für kleine Datenmengen deutlich effizienter als Klassen, für größere und komplexere Anwendungen mit wechselndem Speicherbedarf sind allerdings Klassen vorzuziehen.

- Der wichtigste Nachteil von Strukturen ist, dass sie keine *Vererbung* kennen, sie können also nicht wie die Klassen voneinander abgeleitet werden. Strukturen können auch keine Klassen erben. Eine wirklich objektorientierte Programmierung ist daher mit Strukturen nicht möglich.

9.3 Übungen

Übung 9-2: Bruchrechnen – Teil 1

Aufgabe: Erstellen Sie ein Programm, das zwei Bruchzahlen (rationale Zahlen) addiert. Das Ergebnis soll wieder als Bruch dargestellt werden, wobei Zähler und Nenner so weit wie möglich zu kürzen sind.

Definieren Sie eine Klasse *Bruch*, die die zwei Eigenschaften (Properties) *Zaehler* und *Nenner*, einen parameterlosen Konstruktor und einen parametrisierten Konstruktor

9 Klassen und Objekte

```
Public Sub New(ByVal zaehler As Integer, ByVal nenner As Integer)
```

besitzt. Weiter soll die Klasse *Bruch* eine statische Methode *Addiere* aufweisen, die zwei Brüche *b1* und *b2* addiert,

```
Public Shared Function Addiere(ByVal b1 As Bruch, _
                               ByVal b2 As Bruch) As Bruch
```

eine Methode *Add*, die einen Bruch *b* zu dem aufrufenden Bruch addiert,

```
Public Function Add(ByVal b As Bruch) As Bruch
```

eine Methode *Kuerze*, die den Zähler und den Nenner eines Bruches kürzt,

```
Public Function Kuerze(ByVal zaehler As Integer, _
                       ByVal nenner As Integer) As Bruch
```

und einen überladenen +-Operator zum Addieren zweier Brüche *b1* und *b2*.

```
Public Shared Operator +(ByVal b1 As Bruch, ByVal b2 As Bruch) As Bruch
```

Für die Methode *Kuerze* ist eine (private) Funktion *ggT* zu schreiben, die den größten gemeinsamen Teiler (ggT) zweier Zahlen *a* und *b* zurückgibt. Verwenden Sie dafür am besten den euklidischen Algorithmus mit dem Modulo-Operator (siehe Aufgabe 4-6 bzw. Aufgabe 5-5). Das Kürzen eines Bruchs ist dann ganz einfach: Zähler und Nenner müssen lediglich durch den ggT von Zähler und Nenner dividiert werden.

Auf der Oberfläche des Startformulars sind drei Rechenvarianten vorzusehen (Auswahl über gruppierte Optionsfelder): Addition zweier Bruchzahlen durch Aufruf der statischen Methode *Addiere*, durch Aufruf der Instanzenmethode *Add* und durch Einsatz des überladenen +-Operators.

Lernziel: Definieren einer Klasse, Definition von Instanzenmethoden, einer statischen Methode und eines überladenen Operators, Instanziieren einer Klasse und Aufruf der Methoden der Klasse.

Lösungsschritte 1 und 2: Benutzeroberfläche erstellen und Eigenschaften festlegen

Starten Sie Visual Basic 2008, erstellen Sie ein neues *Windows Forms*-Projekt mit dem Namen „BruchRechnen", und speichern Sie alle Dateien.

Platzieren Sie auf dem Formular *Form1* vier Textfelder für die Eingabe des Zählers und Nenners der zwei Bruchzahlen, und bezeichnen Sie diese mit *TxtZ1*, *TxtN1* (Zahl 1) und *TxtZ2*, *TxtN2* (Zahl 2). Eine weitere TextBox *TxtOp* ist für das Operatorzeichen (hier: +) vorzusehen. Zähler und Nenner der Ergebnisbruchzahl sollen in die zwei Labels *LblZ* und *LblN* geschrieben werden. Die Berechnung soll über den Button *BtnBerechnen* ausgelöst werden, wobei die Rechenvariante durch drei Radiobuttons (*RadVariante1* ...) gesteuert wird. Damit immer nur ein Optionsfeld aktiv sein kann, sind die RadioButtons in eine gemeinsame GroupBox einzufügen. Die vollständige Benutzeroberfläche des Startformulars *Form1* können Sie Abbildung 9.3 entnehmen.

9.3 Übungen

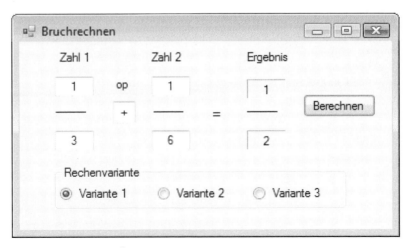

Abbildung 9.3 Testbeispiel zur Übung „Bruchrechnen"

Lösungsschritt 3: Programmcode entwickeln

Der Programmcode setzt sich aus der Definition der Klasse *Bruch* und dem Code des Startformulars (Klasse *Form1*) zusammen. Der Code der Klasse *Bruch* soll in einer eigenen Datei gespeichert werden. Der Code der Klasse *Form1* enthält lediglich den Code für die Ereignisprozedur *BtnBerechnen_Click*.

■ **Definition der Klasse Bruch**

Bevor Sie mit der Programmierung beginnen, fügen Sie mit dem Menüpunkt *Projekt| Klasse hinzufügen* eine neue Klasse hinzu und geben ihr den Namen „Bruch". Im Projektmappen-Explorer wird daraufhin die Datei *Bruch.vb* sichtbar.

Eine Bruchzahl besteht aus Zähler und Nenner. Es ist deshalb nahe liegend, dafür zwei Eigenschaften (Properties) und zwei private Felder zu definieren und damit die Datenelemente zu kapseln. Der Nenner darf bekanntlich nicht gleich 0 (null) sein. In der *Set*-Prozedur der Property *Nenner* werfen wir in diesem Fall eine Ausnahme.

In dem parametrisierten Konstruktor mit den Parametern *zaehler* und *nenner* sollte der Nenner ebenfalls überprüft werden. Wir behelfen uns dabei, indem wir die Property *Nenner* aufrufen. Den parameterlosen Konstruktor definieren wir, indem wir den parametrisierten Konstruktor mit dem Wertepaar (0, 1) aufrufen. Damit können wir schon den ersten Teil der Klasse codieren:

```
Public Class Bruch
  Private mZaehler As Integer
  Private mNenner As Integer

  Public Property Zaehler() As Integer
    Get
      Return mZaehler
    End Get
    Set(ByVal value As Integer)
      mZaehler = value
    End Set
  End Property
```

9 Klassen und Objekte

```
Public Property Nenner() As Integer
  Get
    Return mNenner
  End Get
  Set(ByVal value As Integer)
    If value = 0 Then
      Throw New Exception("Der Nenner darf nicht 0 sein.")
    Else
      mNenner = value
    End If
  End Set
End Property

Public Sub New()
  Me.New(0, 1)
End Sub

Public Sub New(ByVal zaehler As Integer, ByVal nenner As Integer)
  mZaehler = zaehler
  Me.Nenner = nenner
  mNenner = Me.Nenner
End Sub
' ...
End Class
```

Es fehlt noch die eigentliche Funktionalität der Klasse, die sich in ihren Methoden ausdrückt. Zwei Bruchzahlen werden nach der folgenden Beziehung addiert:

$$\frac{z1}{n1} + \frac{z2}{n2} = \frac{z1*n2 + n1*z2}{n1*n2}$$

Die statische Methode *Addiere* benötigt die zwei Bruchzahlen als Parameter. Die Instanzenmethode *Add* kommt mit einem Parameter aus, nämlich der zweiten Bruchzahl. Zähler und Nenner der ersten Bruchzahl werden der Instanz, auf die die Methode angewendet wird, entnommen. In beiden Methoden werden Zähler und Nenner der Ergebnisbruchzahl vor ihrer Rückgabe mit der Methode *Kuerze* gekürzt. Da sich die beiden Methoden *Add* und *Addiere* in ihrer Signatur eindeutig unterscheiden, hätten wir sie auch gleich benennen und überladen können.

```
Public Shared Function Addiere(ByVal b1 As Bruch, _
                               ByVal b2 As Bruch) As Bruch
  Dim z, n As Integer
  Dim bruchE As New Bruch()
  z = b1.Zaehler * b2.Nenner + b1.Nenner * b2.Zaehler
  n = b1.Nenner * b2.Nenner
  Return bruchE.Kuerze(z, n)
End Function

Public Function Add(ByVal b As Bruch) As Bruch
  Dim z, n As Integer
  Dim bruchE As New Bruch()
  z = mZaehler * b.Nenner + mNenner * b.Zaehler
  n = mNenner * b.Nenner
  Return bruchE.Kuerze(z, n)
End Function
```

Die Methode *Addiere* ist völlig unabhängig von einer Instanz der Klasse *Bruch*, da die zwei benötigten Bruchzahlen beim Methodenaufruf übergeben werden. Sie wurde deshalb als statische (*Shared*) Methode definiert.

Der Rumpf des überladenen +-Operators ist identisch mit dem der Methode *Addiere*.

```
Public Shared Operator +(ByVal b1 As Bruch, ByVal b2 As Bruch) As Bruch
    Dim z, n As Integer
    Dim bruchE As New Bruch()
    z = b1.Zaehler * b2.Nenner + b1.Nenner * b2.Zaehler
    n = b1.Nenner * b2.Nenner
    bruchE = New Bruch(z, n)
    Return bruchE.Kuerze(z, n)
End Operator
```

Der Operator kann deshalb auch kürzer in der folgenden Form dargestellt werden:

```
Public Shared Operator +(ByVal b1 As Bruch, ByVal b2 As Bruch) As Bruch
    Return Addiere(b1, b2)
End Operator
```

Zum Schluss müssen wir noch die Methode *Kuerze* entwickeln. Als Hilfsfunktion benötigen wir die Funktion *ggT*, wobei wir die rekursive Variante des euklidischen Algorithmus verwenden (siehe Aufgabe 5-5). Selbstverständlich können Sie stattdessen auch die nichtrekursive Variante (Aufgabe 4-6) einsetzen oder die Variante mit Differenzbildung (Übung 4-5) als Funktion *ggT* definieren.

```
Public Function Kuerze(ByVal zaehler As Integer, _
                       ByVal nenner As Integer) As Bruch
    Dim ggTwert As Integer
    Dim bruchE As Bruch

    ggTwert = ggT(zaehler, nenner)
    zaehler = zaehler \ ggTwert
    nenner = nenner \ ggTwert
    bruchE = New Bruch(zaehler, nenner)
    Return bruchE
End Function

' ggT - größter gemeinsamer Teiler (rekursiver euklidischer Algorithmus)
Private Function ggT(ByVal a As Integer, ByVal b As Integer) As Integer
    If b = 0 Then
        Return a
    Else
        Return ggT(b, a Mod b)
    End If
End Function
```

■ **Klasse Form1: Ereignisprozedur BtnBerechnen_Click („Berechnen")**

Zu Beginn der Ereignisprozedur werden die zwei Bruchzahlen gelesen und als Instanzen der Klasse *Bruch* erzeugt. Die Zulässigkeit des eingegebenen Operators prüfen wir in einer *Select-Case*-Anweisung. Damit lässt sich die Ereignisprozedur später sehr leicht auf weitere Operatoren erweitern (siehe Aufgabe 9-2).

Mit einer *If-ElseIf*-Anweisung wird je nach gewählter Rechenvariante die (statische) Klassenmethode *Addiere*, die Instanzenmethode *Add* oder der überladene +-Operator aufgerufen. Abschließend schreiben wir Zähler und Nenner der Ergebnisbruchzahl in die vorgesehenen Labels. Den gesamten Code schließen wir in ein *Try-Catch*-Konstrukt ein.

```
Public Class Form1

    Private Sub BtnBerechnen_Click(...) Handles BtnBerechnen.Click
        Dim z, n As Integer
        Dim bruch1, bruch2 As Bruch
        Dim bruchE As New Bruch()
        Try
```

9 Klassen und Objekte

```vb
        ' Zahl1 einlesen
        z = Convert.ToInt32(TxtZ1.Text)
        n = Convert.ToInt32(TxtN1.Text)
        bruch1 = New Bruch(z, n)

        ' Zahl2 einlesen
        z = Convert.ToInt32(TxtZ2.Text)
        n = Convert.ToInt32(TxtN2.Text)
        bruch2 = New Bruch(z, n)

        ' Operator zulässig?
        Select Case TxtOp.Text
          Case "+"
          Case Else
            Throw New Exception("Operator nicht zulässig.")
        End Select

        ' Berechnen (3 Varianten)
        If RadVariante1.Checked = True Then
          bruchE = Bruch.Addiere(bruch1, bruch2)
        ElseIf RadVariante2.Checked = True Then
          bruchE = bruch1.Add(bruch2)
        Else
          bruchE = bruch1 + bruch2
        End If

        ' Ergebnis anzeigen
        LblZ.Text = bruchE.Zaehler.ToString
        LblN.Text = bruchE.Nenner.ToString

      Catch ex As Exception
        MessageBox.Show(ex.Message, "Fehlerhinweis")
      End Try
    End Sub

End Class
```

Lösungsschritt 4: Programm testen

Testen Sie das Programm, indem Sie jedes Mal alle drei Rechenvarianten wählen. Erste Testdaten können Sie Abbildung 9.3 entnehmen. Daneben sollten Sie auch Leereingaben testen und für den Nenner der beiden Zahlen abwechselnd 0 (null) eingeben. Testen Sie auch mit einem nicht zulässigen Operator. Falls die Addition eine ganze Zahl ergibt, muss der Nenner immer gleich 1 sein.

Übung 9-3: Kreisring

Aufgabe: Erstellen Sie ein Programm, das einen Kreisring aus zwei konzentrischen Kreisen erzeugt. Sowohl die Flächen des Außen- als auch des Innenkreises und des Kreisrings sollen auf „Knopfdruck" ermittelt werden können. Die Bildung eines Kreisrings setzt voraus, dass beide Kreise denselben Mittelpunkt haben und der Radius des inneren Kreises nicht größer ist als der Radius des äußeren Kreises.

Definieren Sie:

- eine Klasse *Punkt* mit den Eigenschaften *Xwert* und *Ywert*, einem parameterlosen und einem parametrisierten Konstruktor, der einen Kreis mit den Koordinaten *xWert* und *yWert* erzeugt.

- eine Klasse *Kreis* mit den Eigenschaften *Mittelpunkt* und *Radius*. Der Mittelpunkt soll als Datentyp *Punkt* deklariert werden. Neben einem parameterlosen Konstruktor ist ein Konstruktor mit den Parametern Mittelpunkt (Datentyp *Punkt*) und Radius vorzusehen. Die Kreisfläche und der Kreisumfang sollen als statische Methoden implementiert werden.

- eine Klasse *Kreisring* mit den Eigenschaften *krA* (Außenkreis, Datentyp *Kreis*) und *krI* (Innenkreis, Datentyp *Kreis*), einem Standardkonstruktor und einem Konstruktor mit den Parametern Außen- und Innenkreis sowie den Methoden *IsKreisRing* (Ergebnistyp *Boolean*) und *Flaeche*. Beide Methoden sollen mit den Parametern *krA* und *krI* aufgerufen werden.

Lernziel: Mehrere Klassen definieren und deren Zusammenspiel üben.

Lösungsschritte 1 und 2: Benutzeroberfläche erstellen und Eigenschaften festlegen

Starten Sie Visual Basic 2008, erstellen Sie ein neues *Windows Forms*-Projekt mit dem Namen „Kreisring", und speichern Sie alle Dateien.

Platzieren Sie auf dem Formular *Form1* eine *PictureBox1*, eine GroupBox mit drei Text-Boxen (*TxtXmA*, *TxtYmA*, *TxtRadiusA* für den Außenkreis und eine GroupBox mit drei TextBoxen (*TxtXmI*, *TxtYmI*, *TxtRadiusI*) für den Innenkreis, drei Buttons mit den Namen *BtnRing* („Kreisring"), *BtnKreisA* („Außenkreis") und *BtnKreisI* („Innenkreis") sowie die darunter liegenden Labels *LblFlaecheRing*, *LblFlaecheA*, *LblUmfangA*, *LblFlaecheI* und *LblUmfangI*. In die *PictureBox1* ist die mit einem externen Grafikprogramm erstellte Skizze über die Eigenschaft *Image* und die Eigenschaft *SizeMode = StretchImage* einzubinden.

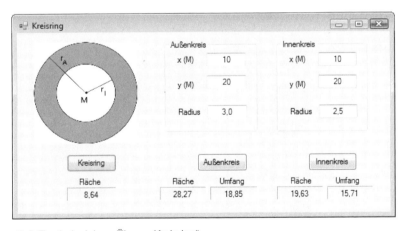

Abbildung 9.4 Testbeispiel zur Übung „Kreisring"

Die in Abbildung 9.4 als *lokale Ressource* importierte Bilddatei *Kreisring.jpg* (Eigenschaft *PicureBox1.Image*) befindet sich auf der Begleit-DVD im Ordner *\Daten\Kap09*. Die Skizze erleichtert dem Anwender die Bedienung des Programms, ist aber ansonsten ohne Belang. Die fertige Benutzeroberfläche können Sie in Abbildung 9.4 betrachten, die Steuerelemente sollten intuitiv zuzuordnen sein.

9 Klassen und Objekte

Lösungsschritt 3: Programmcode entwickeln

Der Programmcode setzt sich aus den Definitionen der Klassen *Punkt*, *Kreis* und *Kreisring* sowie dem Code des Startformulars (Klasse *Form1*) zusammen. Der Code für die drei Klassen soll jeweils in einer eigenen Datei gespeichert werden. Das Startformular enthält im Wesentlichen den Code für die drei Ereignisprozeduren.

■ **Definition der Klasse Punkt**

```
Public Class Punkt
  Private mXwert As Double
  Private mYwert As Double

  Public Sub New()
    Me.New(0, 0)
  End Sub

  Public Sub New(ByVal xWert As Double, ByVal yWert As Double)
    mXwert = xWert
    mYwert = yWert
  End Sub

  Public Property Xwert() As Double
    Get
      Return mXwert
    End Get
    Set(ByVal value As Double)
      mXwert = value
    End Set
  End Property

  Public Property Ywert() As Double
    Get
      Return mYwert
    End Get
    Set(ByVal value As Double)
      mYwert = value
    End Set
  End Property

End Class
```

■ **Definition der Klasse Kreis**

Die Formeln für die Fläche und den Umfang eines Kreises sollten allgemein bekannt sein (siehe z. B. Aufgabe 5-2) und sind deshalb hier nicht wiedergegeben.

```
Public Class Kreis
  Private mMittelpunkt As New Punkt()
  Private mRadius As Double

  Public Sub New()
    mMittelpunkt = New Punkt()
    mRadius = 0
  End Sub

  Public Sub New(ByVal mittelpunkt As Punkt, ByVal radius As Double)
    mMittelpunkt = mittelpunkt
    mRadius = radius
  End Sub

  Public Property Mittelpunkt() As Punkt
    Get
      Return mMittelpunkt
    End Get
```

```
            Set(ByVal value As Punkt)
                mMittelpunkt = value
            End Set
        End Property

        Public Property Radius() As Double
            Get
                Return mRadius
            End Get
            Set(ByVal value As Double)
                mRadius = Math.Abs(value)
            End Set
        End Property

        Public Shared Function Flaeche(ByVal radius As Double) As Double
            Return Math.PI * radius * radius
        End Function

        Public Shared Function Umfang(ByVal radius As Double) As Double
            Return 2 * Math.PI * radius
        End Function

    End Class
```

- **Definition der Klasse Kreisring**

Die Fläche eines Kreisrings kann entweder als Differenz der Flächen des Außen- und des Innenkreises oder direkt angegeben werden:

Fläche eines Kreisrings $A = \pi \cdot (r_A^2 - r_I^2)$

```
Public Class Kreisring
    Private mKrA As Kreis
    Private mKrI As Kreis

    Public Sub New()
        mKrA = New Kreis()
        mKrI = New Kreis()
    End Sub

    Public Sub New(ByVal krA As Kreis, ByVal krI As Kreis)
        mKrA = krA
        mKrI = krI
    End Sub
    Public Property KrA() As Kreis
        Get
            Return mKrA
        End Get
        Set(ByVal value As Kreis)
            mKrA = value
        End Set
    End Property

    Public Property KrI() As Kreis
        Get
            Return mKrI
        End Get
        Set(ByVal value As Kreis)
            mKrI = value
        End Set
    End Property

    Public Function IsKreisRing(ByVal krA As Kreis, _
                                ByVal krI As Kreis) As Boolean
        If krA.Mittelpunkt.Xwert = krI.Mittelpunkt.Xwert And _
           krA.Mittelpunkt.Ywert = krI.Mittelpunkt.Ywert And _
           krA.Radius >= krI.Radius Then
            Return True
```

```
            Else
                Return False
            End If
        End Function

        Public Function Flaeche(ByVal krA As Kreis, _
                                ByVal krI As Kreis) As Double
            If IsKreisRing(krA, krI) = True Then
                Return Math.PI * (krA.Radius * krA.Radius _
                                  - krI.Radius * krI.Radius)
            Else
                Return 0
            End If
        End Function
End Class
```

Die „Gretchenfrage" bei der Definition der Klasse ist, wann geprüft werden soll, ob die Bedingungen für einen Kreisring erfüllt sind (Methode *IsKreisRing*). Eine Alternative wäre, dies schon in dem parametrisierten Konstruktor durchzuführen. Allerdings hätte dann der Nutzer der Klasse immer noch die Möglichkeit, über die Zuweisung der beiden Eigenschaften *KrA* und *KrI* einen nicht zulässigen Kreisring zu erzeugen. Im obigen Code wird deshalb die entscheidende Abfrage erst in der Methode *Flaeche* durchgeführt.

Eine weitere Frage ist, wie schwerwiegend wir die Verletzung der Bedingung sehen. In der obigen Implementierung wird lediglich der Wert für die Fläche auf 0 (null) gesetzt. Stattdessen könnten wir natürlich auch eine Ausnahme werfen.

■ **Startformular (Klasse Form1)**

Wie in einem Windows-Programm üblich, sollen alle drei Buttons unabhängig voneinander geklickt werden können. Wir wollen allerdings eine Berechnung nur zulassen, wenn beide Kreise definiert sind. Eine kleine Erleichterung wäre es, die *Text*-Eigenschaften der sechs TextBoxen mit 0 (null) vorzubelegen.

Um das Programm etwas übersichtlicher zu gestalten, schreiben wir eine Sub-Prozedur zum Lesen der Kreisdaten, die von jeder der drei Ereignisprozeduren aufgerufen werden kann. Außerdem erzeugen wir je eine Instanz für den Außen- und den Innenkreis sowie den Kreisring und stellen sie als private Variablen (Felder) der Klasse *Form1* zur Verfügung.

```
Public Class Form1
    Private krA, krI As New Kreis()
    Private ring As New Kreisring()

    Private Sub DatenLesen()
        Try
            ' Außen-Kreis
            krA.Mittelpunkt.Xwert = Convert.ToDouble( _
                                    TxtXmA.Text.Replace(".", ","))
            krA.Mittelpunkt.Ywert = Convert.ToDouble( _
                                    TxtYmA.Text.Replace(".", ","))
            krA.Radius = Convert.ToDouble(TxtRadiusA.Text.Replace(".", ","))
            'Innen-Kreis
            krI.Mittelpunkt.Xwert = Convert.ToDouble( _
                                    TxtXmI.Text.Replace(".", ","))
            krI.Mittelpunkt.Ywert = Convert.ToDouble( _
                                    TxtYmI.Text.Replace(".", ","))
            krI.Radius = Convert.ToDouble(TxtRadiusI.Text.Replace(".", ","))
        Catch ex As Exception
            MessageBox.Show(ex.Message, "Fehlerhinweis")
```

```
        End Try
    End Sub
    ' ...
End Class
```

- **Klasse Form1: Ereignisprozedur BtnKreisA_Click („Außenkreis")**

```
Private Sub BtnKreisA_Click(...) Handles BtnKreisA.Click
    DatenLesen()
    LblFlaecheA.Text = Kreis.Flaeche(krA.Radius).ToString("f2")
    LblUmfangA.Text = Kreis.Umfang(krA.Radius).ToString("f2")
End Sub
```

- **Klasse Form1: Ereignisprozedur BtnKreisI_Click („Innenkreis")**

Die Ereignisprozedur *BtnKreisI_Click* ist völlig identisch aufgebaut wie die obige Prozedur, eine Wiedergabe erübrigt sich deshalb.

- **Klasse Form1: Ereignisprozedur BtnRing_Click („Kreisring")**

```
Private Sub BtnRing_Click(...) Handles BtnRing.Click
    DatenLesen()
    LblFlaecheRing.Text = ring.Flaeche(krA, krI).ToString("f2")
    If ring.IsKreisRing(krA, krI) = False Then
        MessageBox.Show("Bedingung für Kreisring nicht erfüllt.", _
                        "Warnung")
    End If
End Sub
```

Falls die Bedingungen für einen Kreisring nicht erfüllt sind, wird die Fläche 0 (null) angezeigt, und es erfolgt eine Warnung.

Lösungsschritt 4: Programm testen

Ein Testbeispiel können Sie Abbildung 9.4 entnehmen. Die Fläche des Kreisrings können Sie leicht überprüfen, indem Sie die Fläche des Innenkreises von der Fläche des Außenkreises subtrahieren. Testen Sie auch Fälle, in denen die Kreisring-Bedingung nicht eingehalten ist.

Übung 9-4: Roulette

Aufgabe: Erstellen Sie ein Programm, das ein einfaches Roulette-Spiel simuliert. Auf dem Roulette-Zylinder sind 37 Zahlen angeordnet, nämlich die Zahlen von 0 bis 36. Eine einfache Spielvariante ist, auf eine gerade (*Pair*) oder ungerade Zahl (*Impair*) zu setzen. Der Gewinn ist gleich dem Einsatz. Wenn der Spieler also beispielsweise auf eine gerade Zahl setzt und die Kugel bleibt bei der Zahl 12 liegen, so bekommt er seinen Einsatz plus nochmals dieselbe Summe als Gewinn zurück. Kommt dagegen die Zahl 13 (ungerade Zahl), so geht der Einsatz an die Spielbank. Eine Sonderrolle spielt die Zahl *Zéro* (0): In diesem Fall wird die Hälfte des Einsatzes eingezogen (amerikanische Variante).

Erstellen Sie eine Klasse *Roulette*. Die Spielparameter *Spielgeld*, *Einsatz* und *IsPair* (auf gerade Zahl gesetzt?) sollen als Eigenschaften und als Parameter des überladenen Konstruktors zur Verfügung stehen. Weiter sollen in der Klasse die folgenden drei Methoden implementiert werden:

9 Klassen und Objekte

- eine private Methode *GetZahl*, die eine Zufallszahl zwischen 0 und 36 zurückliefert.

- eine private Methode (Sub-Prozedur) *CheckGeld*, die eine Ausnahme wirft, wenn der Einsatz größer ist als das verfügbare Spielgeld, und die eine Warnung auslöst, wenn das Spielgeld knapp wird (Ereignis *GeldKnapp*).

- eine (öffentliche) Methode (Sub-Prozedur) *Spiele*, die zunächst durch Aufruf der Methode *CheckGeld* den Spielgeldstand prüft, anschließend durch Aufruf der Methode *GetZahl* eine neue Zufallszahl ermittelt und schließlich das Spielgeld aktualisiert.

Lernziel: Ein dynamisches Programm unter Einsatz einer Klasse entwickeln, ein Ereignis implementieren.

Lösungsschritt 1: Benutzeroberfläche erstellen

Starten Sie Visual Basic 2008, erstellen Sie ein neues *Windows Forms*-Projekt mit dem Namen „Roulette", und speichern Sie alle Dateien.

Platzieren Sie auf dem Formular *Form1* eine optionale *PictureBox1*, zwei TextBoxen *TxtSpielgeld* und *TxtEinsatz*, eine GroupBox mit den zwei Optionsfeldern *RadPair* und *RadImpair*, zwei Buttons *BtnSpielen* und *BtnNeuStart* sowie zwei Labels *LblSpielergebnis* und *LblStartgeld* neben den entsprechenden Buttons. Die fertige Benutzeroberfläche können Sie in Abbildung 9.5 betrachten, die Steuerelemente sollten intuitiv zuzuordnen sein.

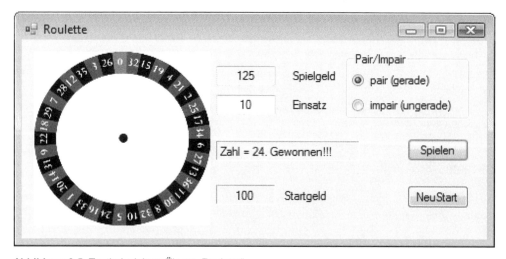

Abbildung 9.5 Testbeispiel zur Übung „Roulette"

Lösungsschritt 2: Eigenschaften festlegen

Achten Sie darauf, dass die Steuerelemente gemäß Lösungsschritt 1 benannt sind. In die *PictureBox1* können Sie, soweit vorhanden, ein Bild von einem Roulette-Rad (z. B. die Bilddatei *Roulette.jpg* im Ordner *\Daten\Kap09* auf der Begleit-DVD) über die Eigenschaften *Image* (lokale Ressource importieren) und *SizeMode = StretchImage* einbinden.

Die *Ckecked*-Eigenschaft eines der beiden Optionsfelder stellen Sie auf *True*. Außerdem ist es empfehlenswert, für die *Text*-Eigenschaften der beiden TextBoxen Startwerte vorzugeben, z. B. für das Spielgeld „100" und für den Einsatz „10".

Lösungsschritt 3: Programmcode entwickeln

Der Programmcode setzt sich aus der Definition der Klasse *Roulette* und dem Code des Startformulars (Klasse *Form1*) zusammen.

■ **Definition der Klasse Roulette**

Gemäß der Aufgabenbeschreibung besitzt die Klasse *Roulette* drei Datenelemente, die für die Durchführung eines Spiels von Bedeutung sind: das *Spielgeld*, das zur Verfügung steht, der *Einsatz* für das Spiel und die Wahl zwischen gerader und ungerader Zahl (Eigenschaft *IsPair*). Alle drei Datenelemente werden sowohl als private Felder als auch als Properties und als Parameter des überladenen Konstruktors implementiert.

Das Spielergebnis soll in Form einer Zeichenkette zurückgeliefert werden. Dafür sehen wir zusätzlich eine private Variable und eine *ReadOnly*-Eigenschaft *Ergebnis* vor.

Die (private) Methode *CheckGeld* soll eine Ausnahme werfen, wenn der Einsatz größer ist als das Spielgeld. Für den Fall, dass das Spielgeld nicht mehr das Zwei- bzw. Dreifache des Einsatzes beträgt, soll eine Warnung über das Ereignis *Geldknapp* ausgelöst werden. Dazu ist es notwendig, ein entsprechendes *Event* zu deklarieren. Die Ereignisauslösung ermöglicht es, dass das laufende Spiel anschließend fortgesetzt wird.

In der Methode *Spiele* werden alle Schritte gemäß der Aufgabenbeschreibung implementiert. Zusätzlich wird nach dem Spiel auch ein Ergebnis in verbaler Form zurückgeliefert, das anschließend über die Eigenschaft *Ergebnis* abgerufen werden kann.

```
Public Class Roulette
  Private mSpielgeld As Integer
  Private mEinsatz As Integer
  Private mIsPair As Boolean
  Private mErgebnis As String

  Public Event GeldKnapp(ByVal sender As Object, ByVal e As String)

  Public Sub New()
    mSpielgeld = 0
    mEinsatz = 0
    mIsPair = False
  End Sub

  Public Sub New(ByVal spielgeld As Integer, _
                 ByVal einsatz As Integer, _
                 ByVal isPair As Boolean)
    mSpielgeld = spielgeld
    mEinsatz = einsatz
    mIsPair = isPair
  End Sub

  Public Property Spielgeld() As Integer
    Get
      Return mSpielgeld
    End Get
```

```vb
      Set(ByVal value As Integer)
        mSpielgeld = value
      End Set
End Property

Public Property Einsatz() As Integer
  Get
    Return mEinsatz
  End Get
  Set(ByVal value As Integer)
    mEinsatz = value
  End Set
End Property

Public Property IsPair() As Boolean
  Get
    Return mIsPair
  End Get
  Set(ByVal value As Boolean)
    mIsPair = value
  End Set
End Property

Public ReadOnly Property Ergebnis() As String
  Get
    Return mErgebnis
  End Get
End Property

Private Function GetZahl() As Integer
  Dim rnd As New Random()
  Return rnd.Next(0, 37)      ' Zufallszahl 0...36
End Function

Private Sub CheckGeld()
  If mSpielgeld < mEinsatz Then
    Throw New Exception("Das Spielgeld reicht nicht aus!!!")
  ElseIf mSpielgeld <= 2 * mEinsatz Then
    RaiseEvent GeldKnapp(Me, "Das Geld ist gleich aus!!")
  ElseIf mSpielgeld <= 3 * mEinsatz Then
    RaiseEvent GeldKnapp(Me, "Nicht mehr viel Geld da.")
  Else
  End If
End Sub


Public Sub Spiele()
  Dim zahl As Integer
  ' Reicht das Geld?
  CheckGeld()

  ' Zahl ermitteln
  zahl = Me.GetZahl()
  mErgebnis = "Zahl = " & zahl & ""

  ' Spielergebnis
  If zahl = 0 Then
    mSpielgeld -= mEinsatz \ 2
    mErgebnis &= "Die Bank dankt."
  ElseIf (zahl Mod 2 = 0) = mIsPair Then
    mSpielgeld += mEinsatz
    mErgebnis &= "Gewonnen!!!"
```

```
      Else
        mSpielgeld -= mEinsatz
        mErgebnis &= "Schade."
      End If
    End Sub

End Class
```

■ Startformular (Klasse Form1)

Das Programm soll so gestaltet werden, dass der Spieler vor dem ersten Spiel sein Startgeld (Spielgeld) vorgeben muss. Der Einsatz kann in jedem Spiel variiert werden, muss aber durch 10 teilbar sein („Tischminimum"). Ebenso kann in jedem Spiel zwischen *Pair* und *Impair* gewechselt werden. Vor jedem Spiel wird geprüft, ob das Spielgeld ausreicht (sonst Spielende) oder das Spielgeld knapp wird (Auslösen einer Warnung). Nach jedem Spiel wird das verfügbare Spielgeld automatisch aktualisiert. Damit das Programm nicht neu gestartet werden muss, wenn das Geld aus ist, gibt es einen *NeuStart*-Button, der eine neue Spielfolge (mit neuem Spielgeld) ermöglicht.

Nach dem ersten Spiel soll das Startgeld nicht mehr veränderbar sein. Wir führen deshalb eine boolesche Variable *erstesSpiel* ein, die diesen Zustand speichert. Die Erstzuweisung mit *True* erfolgt in der Ereignisprozedur *Form1_Load*, also beim Laden des Startformulars. Zusätzlich deklarieren wir das Startgeld als formularglobale Variable, sodass es während der ganzen Spielfolge abgerufen werden kann. Schließlich benötigen wir noch eine Instanz der Klasse *Roulette*, die wir mit *WithEvents* deklarieren müssen.

```
Public Class Form1
  Private erstesSpiel As Boolean
  Private startgeld As Integer
  Private WithEvents rlt As New Roulette()

  Private Sub Form1_Load(...) Handles MyBase.Load
    erstesSpiel = True
  End Sub
  ' Weitere Ereignisprozeduren ...
End Class
```

■ Klasse Form1: Ereignisprozedur BtnSpielen_Click („Spielen")

Beim ersten Spiel, wenn also erstmalig die Ereignisprozedur *BtnSpielen_Click* aufgerufen wird, wird die formularglobale Variable *erstesSpiel* auf *False* und die *ReadOnly*-Eigenschaft der TextBox *TxtSpielgeld* auf *True* gesetzt.

Im zweiten Schritt wird der Einsatz aktualisiert. Falls der Betrag nicht durch 10 teilbar ist, wird eine Ausnahme geworfen. Im dritten Schritt wird abgefragt, welche Spieloption gewählt wurde (*Pair* oder *Impair*). Im vierten Schritt wird schließlich durch Aufruf der Methode *Spiele* der Roulette-Instanz *rlt* ein Spiel ausgeführt. Das verbale Ergebnis (Zahl mit Kommentar) und der aktuelle Spielgeldstand werden über die entsprechende Eigenschaft bzw. Methode abgerufen und angezeigt.

```
Private Sub BtnSpielen_Click(...) Handles BtnSpielen.Click
  Dim einsatz As Integer
  Dim isPair As Boolean
  Try
    If erstesSpiel Then
```

```
        startgeld = Convert.ToInt32(TxtSpielgeld.Text)
        LblStartgeld.Text = startgeld.ToString
        rlt.Spielgeld = startgeld
        TxtSpielgeld.ReadOnly = True
        erstesSpiel = False
    End If

    ' Einsatz aktualisieren
    einsatz = Convert.ToInt32(TxtEinsatz.Text)
    If einsatz Mod 10 <> 0 Then
        Throw New Exception("Einsatz muss Vielfaches von 10 sein.")
    End If

    ' Spiel-Option abfragen
    If RadPair.Checked = True Then
        isPair = True
    Else
        isPair = False
    End If

    ' Ein Spielchen wagen ...
    rlt = New Roulette(rlt.Spielgeld, einsatz, isPair)
    rlt.Spiele()
    LblSpielergebnis.Text = rlt.Ergebnis()
    TxtSpielgeld.Text = rlt.Spielgeld().ToString
    LblStartgeld.Text = startgeld.ToString

    Catch ex As Exception
        MessageBox.Show(ex.Message, "Fehlerhinweis")
    End Try
End Sub
```

- **Klasse Form1: Selbst definierte Ereignisprozedur rlt_GeldKnapp**

```
Private Sub rlt_GeldKnapp(ByVal sender As System.Object, _
        ByVal e As String) Handles rlt.GeldKnapp
    MessageBox.Show(e, "Warnung")
End Sub
```

- **Klasse Form1: Ereignisprozedur BtnNeuStart_Click**

Die *ReadOnly*-Eigenschaft für das Spielgeld wird wieder auf *False* gesetzt, damit kann der Spieler eine neue Startgeldsumme eingeben. Zugleich wird die Variable *erstesSpiel* wieder auf *True* gesetzt. Eine neue Spielfolge kann beginnen.

```
Private Sub BtnNeuStart_Click(...) Handles BtnNeuStart.Click
    erstesSpiel = True
    TxtSpielgeld.Text = "100"
    TxtSpielgeld.ReadOnly = False
    LblStartgeld.Text = ""
End Sub
```

Lösungsschritt 4: Programm testen

Testen Sie das Programm ausgiebig. Um die Grenzfälle (Geld wird knapp) schneller zu erreichen, können Sie entweder das Startgeld niedriger ansetzen oder den Einsatz (pro Spiel) erhöhen.

Übung 9-5: Vektormethoden – Teil 1

Sachverhalt: In vielen mathematisch orientierten Anwendungen werden eindimensionale Datenfelder (Vektoren) eingesetzt. Zu den wichtigsten Methoden, die diese eindimensionalen Arrays bieten, zählen das **Sortieren** der Feldelemente und das **Suchen** nach einem bestimmten Feldelement. Da diese Methoden so häufig benötigt werden, gibt es bereits entsprechende Bibliotheksfunktionen in der *Array*-Klasse. Ziel dieser Übung ist es, einen Teil dieser Standardmethoden selbst zu definieren und anzuwenden.

Aufgabe: Es ist ein Windows-Programm zu erstellen, mit dem verschiedene Sortier- und Suchverfahren getestet werden können. Dazu soll eine Klasse *Vector* definiert werden, die sich aus zwei *partiellen Klassen* zusammensetzt. Die Elemente des Vektors sind vorweg als Zufallszahlen zu erzeugen.

Im Einzelnen sind folgende Teilaufgaben zu erledigen:

a) Erste partielle Klasse Vector

Die erste partielle Klasse soll übliche Standardfunktionalitäten eines eindimensionalen Arrays (Typ *Double*) bereitstellen, wie die Anzahl der Vektorelemente (Eigenschaft *Len*), den Zugriff auf ein Vektorelement über den Index (*Default*-Eigenschaft *Element*) und das Kopieren eines Vektors (Methode *Copy*).

b) Zweite partielle Klasse Vector

Die zweite partielle Klasse soll Methoden für das Sortieren eines Vektors und das Suchen nach einem Wert beinhalten. Für das Sortieren der Vektorelemente sind zwei Methoden zu definieren, das einfache Sortierverfahren *Selection-Sort* (Sortieren durch Auswählen) und das schnelle Sortierverfahren *Quick-Sort*. Für das Suchen in einem Array reicht es vorerst aus, die Methode *SeqSuch* für die sequenzielle (lineare) Suche zur Verfügung stellen.

c) Startformular (Klasse Form1)

Das Startformular soll so aufgebaut sein, dass beim Klicken des Buttons „Start" *n* zufällige ganzzahlige Werte zwischen 0 und 99999 erzeugt, in einer Instanz der Klasse *Vector* gespeichert und in einer ListBox angezeigt werden. Der Anwender soll zwischen den zwei genannten Sortierverfahren wählen können. Sowohl der *Selection-Sort* als auch der *Quick-Sort* sortieren den Vektor „auf dem Platz". Damit der ursprüngliche Vektor weiterhin verfügbar ist, muss der Vektor vorher kopiert werden. Die jeweils benötigte Rechenzeit zum Sortieren ist anzuzeigen.

Im Hinblick auf eine Erweiterung des Programms in Aufgabe 9-5 sollten Sie auf der Benutzeroberfläche zusätzliche Buttons vorsehen. In Abbildung 9.6 sind diese durch die kursive Beschriftung kenntlich gemacht.

Lernziel: Eine Klassendefinition mit zwei partiellen Klassen erstellen, Sortier- und Suchalgorithmen selbst implementieren, die Effizienz (Rechenzeit) verschiedener Sortierverfahren überprüfen.

9 Klassen und Objekte

Lösungsschritte 1 und 2: Benutzeroberfläche erstellen und Eigenschaften festlegen

Starten Sie Visual Basic 2008, erstellen Sie ein neues *Windows Forms*-Projekt mit dem Namen „VektorMethoden", und speichern Sie alle Dateien.

Platzieren Sie auf dem Formular gemäß Abbildung 9.6 eine ListBox *LstVec* für den „zufälligen" Vektor, rechts daneben eine ListBox *LstVecSort* für den sortierten Vektor und insgesamt elf Buttons (die Namen sind selbsterklärend, z. B. *BtnStart* für den Button „Start"). Weiter benötigen Sie eine TextBox *TxtN* (rechts unten) für die Eingabe der Elementzahl *n* (Vorbelegung der *Text*-Eigenschaft z. B. mit $n = 10$) und eine TextBox *TxtSuchwert* (links neben dem Button „SeqSuch"), in die zur Laufzeit die zu suchende Zahl eingetragen wird. Schließlich benötigen Sie noch sieben Labels für die Anzeige der Ergebnisse (die Namen sind wieder selbsterklärend, z. B. *LblQuickSort* für das Label neben dem Button „Quick-Sort").

Abbildung 9.6 Testbeispiel zur Übung (und Aufgabe) „Vektormethoden"

Lösungsschritt 3: Programmcode entwickeln

Der Programmcode setzt sich aus der Definition der Klasse *Vector* sowie dem Code des Startformulars (Klasse *Form1*) zusammen. Der Code der Klasse *Vector* wird auf zwei partielle Klassen verteilt und in je einer eigenen Datei gespeichert.

Als *Stammnamespace* soll der Name „MyArray" eingetragen werden. Wählen Sie hierzu im Menü *Projekt* den untersten Menüpunkt (*ProjektName*-Eigenschaften), oder markieren Sie im Projektmappen-Explorer den Eintrag „My Projekt", und klicken Sie im Kontextmenü auf „Öffnen".

9.3 Übungen

■ **Definition der ersten partiellen Klasse Vector (Datei Vector.vb)**

Fügen Sie mit dem Menüpunkt *Projekt|Klasse einfügen* eine neue Klasse hinzu, und bezeichnen Sie diese mit „Vector". Im Projektmappen-Explorer wird daraufhin die Datei *Vector.vb* sichtbar.

Um aus der Klasse *Vector* eine partielle Klasse zu machen, müssen Sie lediglich in der ersten Zeile der Klassendefinition das Schlüsselwort *Partial* davor setzen. Als interne (gekapselte) Variablen werden das eindimensionale *Double*-Array *mVec*() und die Vektorlänge *mLen* (Anzahl der Elemente) definiert. In den zwei überladenen Konstruktoren wird das Array *mVec* umdimensioniert, sodass beim Aufruf eine *Vector*-Instanz mit einem bzw. *mLen* Elementen definiert wird.

Die Anzahl *Len* der Vektorelemente wird auch als Property definiert. Für den Zugriff auf das einzelne Element ist es sinnvoll, die Eigenschaft *Element* als *Default*-Eigenschaft zu deklarieren. Dadurch muss lediglich der *Index* in Klammern gesetzt werden, um auf ein Element einer *Vector*-Instanz zuzugreifen.

Mit der Methode *Copy* kann eine *Vector*-Instanz kopiert werden, der Rückgabewert ist wieder vom Typ *Vector*. (Zur Erinnerung: In Abschnitt 6.2.4 wurden die universell einsetzbaren Methoden *Clone* und *Copy* der *Array*-Klasse vorgestellt. Unsere Methode *Copy* bietet damit im Prinzip nichts Neues.)

Der Code für die erste partielle Klasse *Vector* lautet:

```
Partial Public Class Vector
  Private mVec() As Double
  Private mLen As Integer

  Public Sub New()                              ' Paramterloser Konstruktor
    ReDim mVec(0)
  End Sub

  Public Sub New(ByVal len As Integer)          ' Überladener Konstruktor
    mLen = len
    ReDim mVec(len - 1)
  End Sub

  Public Property Len() As Integer              ' Elementanzahl
    Get
      Return mLen
    End Get
    Set(ByVal value As Integer)
      mLen = value
    End Set
  End Property

  Default Public Property Element(ByVal index As Integer) As Double
    Get
      Return mVec(index)
    End Get
    Set(ByVal value As Double)
      mVec(index) = value
    End Set
  End Property

  Public Function Copy() As Vector
    Dim i As Integer
    Dim neuVector As New Vector(Me.Len)
    ' Jedes Element kopieren
    For i = 0 To Me.Len - 1
```

```
            neuVector(i) = Me.Element(i)
        Next i
        Return neuVector
    End Function
End Class
```

■ **Definition der zweiten partiellen Klasse Vector (Datei VecSortSuch.vb)**

Die Verteilung der Sortier- und Suchmethoden der Klasse *Vector* auf eine zweite partielle Klasse ist durchaus begründbar, sollte aber – wie in Abschnitt 9.2.9 beschrieben – nicht unbedingt zum Regelfall werden. In dieser Übung geht es eher darum, die Anwendung der partiellen Klassen an einem praktischen Beispiel aufzuzeigen.

Fügen Sie wieder eine neue Klasse zu dem Projekt hinzu, und geben Sie ihr den Namen „VecSortSuch". Anschließend ändern Sie die erste Zeile der Klassendefinition ab in:

```
Partial Public Class Vector
```

a) Selection-Sort (Sortieren durch Auswählen)

Eines der einfachsten Sortierverfahren ist der *Selection-Sort*. Der Algorithmus läuft wie folgt ab: Finde zuerst das kleinste Element im Array und tausche es gegen das erste Element aus. Wiederhole diesen Vorgang ab dem zweiten Element und tausche das (zweit-)kleinste Element gegen das zweite Element aus. Fahre in dieser Weise fort, bis alle *n* Elemente des Arrays sortiert sind.

Der *Selection-Sort* zählt zu den langsamen Sortieralgorithmen, er ist dafür aber noch relativ leicht durchschaubar. Es sind zwar ungefähr $n^2/2$ Vergleiche notwendig, aber nur maximal *n* Austauschschritte. Dies ist vor allem dann von Vorteil, wenn umfangreiche Datensätze (Tabellen mit vielen Spalten) nach einem Feld (einer Spalte) sortiert werden sollen, weil in jedem Austauschschritt die korrespondierenden Elemente der anderen Spalten mit ausgetauscht werden müssen.

Zum besseren Verständnis ist der *Selection-Sort* in Abbildung 9.7 als Struktogramm ausgedrückt. Dabei ist bereits berücksichtigt, dass der Feldindex bei 0 (null) beginnt.

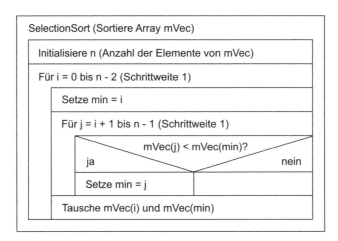

Abbildung 9.7 Struktogramm „Selection-Sort"

Bei allen Methoden der Klasse stellt sich die Frage, ob das zu sortierende Array als Parameter übergeben werden soll. Wir wählen die parameterlose Variante und nutzen bzw. verändern direkt die interne Arrayvariable, was allerdings dem Prinzip der „unveränderlichen Klassen" widerspricht.

```
Public Sub SelectionSort()
  Dim i, j, n, min As Integer, temp As Double
  n = Me.Len
  For i = 0 To n - 2
    min = i
    For j = i + 1 To n - 1
      If mVec(j) < mVec(min) Then
        min = j
      End If
    Next j
    temp = mVec(min)
    mVec(min) = mVec(i)
    mVec(i) = temp
  Next i
End Sub
```

b) Sortierverfahren Quick-Sort

Der *Quick-Sort* ist eines der schnellsten Sortierverfahren, bei dem im Durchschnitt nur ungefähr $n \cdot \log(n)$ Operationen notwendig sind. Der rekursive Algorithmus wurde 1960 von C.A.R. Hoare entwickelt. Bezüglich der Einzelheiten der Sortierstrategie wird auf die Literatur verwiesen (z. B. [Sedgewick02]). Uns geht es primär darum, eine schnelle Sortiermethode verfügbar zu haben. Damit ist auch ein sinnvoller Rechenzeitvergleich mit dem *Selection-Sort* möglich.

Der eigentliche rekursive Algorithmus (hier als Prozedur *QuickSub* bezeichnet) benötigt als Parameter den linken (*li*) und den rechten (*re*) Index der zu sortierenden Zahlenfolge. Der Aufruf der privaten Sub-Prozedur *QuickSub* wird deshalb in die öffentliche Methode *QuickSort* eingebunden, sodass auch hier ein parameterloser Aufruf möglich ist.

```
Public Sub QuickSort()
  Dim li, re As Integer
  li = 0 : re = Me.Len - 1
  QuickSub(li, re)
End Sub

Private Sub QuickSub(ByVal li As Integer, ByVal re As Integer)
  Dim i, j As Integer, temp1, temp2 As Double
  If re > li Then
    temp1 = mVec(re) : i = li - 1 : j = re
    Do
      Do
        i += 1
      Loop Until mVec(i) >= temp1
      Do
        If j > 0 Then
          j -= 1
        Else : Exit Do
        End If
      Loop Until mVec(j) <= temp1
      temp2 = mVec(i) : mVec(i) = mVec(j) : mVec(j) = temp2
    Loop Until j <= i
    mVec(j) = mVec(i) : mVec(i) = mVec(re) : mVec(re) = temp2
    QuickSub(li, i - 1)
    QuickSub(i + 1, re)
  End If
End Sub
```

Zur Erinnerung: In Abschnitt 6.2.4 haben Sie die statische Methode *Sort* der Array-Klasse kennengelernt. Sie ist mehrmals überladen und basiert ebenfalls auf einem schnellen Sortierverfahren. Leider gibt die Hilfe keine Auskunft, welches Sortierverfahren dabei verwendet wird.

c) Sequenzielle Suche (Methode SeqSuch)

Bei der sequenziellen (linearen Suche) werden alle Arrayelemente der Reihe nach mit dem gesuchten Element verglichen. Der Index des ersten übereinstimmenden Arrayelements wird zurückgegeben. Falls der Suchwert nicht in der Zahlenfolge enthalten ist, wird der Wert −1 zurückgeliefert. Der Nachteil des Verfahrens ist, dass im schlimmsten Fall alle Werte überprüft werden müssen. Die Funktionalität entspricht im Prinzip der statischen *IndexOf*-Methode der *Array*-Klasse (vgl. Abschnitt 6.2.4).

```
Public Function SeqSuch(ByVal wert As Double) As Integer
  Dim index As Integer, isFound As Boolean
  index = 0 : isFound = False
  Do While Not isFound And index < Me.Len
    If wert = mVec(index) Then
      isFound = True
    Else
      index += 1
    End If
  Loop
  ' Rückgabewert
  If isFound Then
    Return index
  Else
    Return -1      ' Suche erfolglos
  End If
End Function
```

■ **Programmgerüst der Klasse Form1 (Startformular)**

Die *Vector*-Instanz *vec* wird als private (formularglobale) Variable der Klasse *Form1* deklariert und mithilfe des parameterlosen Konstruktors *New*() initialisiert.

Das Programmgerüst der Klasse *Form1* enthält außerdem mehrere Ereignisprozeduren.

```
Public Class Form1
  Private vec As New Vector()
  Private Sub BtnStart_Click(...)...: End Sub
  Private Sub BtnSort_Click(...)...: End Sub
  Private Sub BtnSeqSuch(...) ... : End Sub
  Private Sub BtnClear_Click(...) ...: End Sub
End Class
```

■ **Klasse Form1: Ereignisprozedur BtnStart_Click („Start")**

Beim Klicken des Buttons „Start" werden *n* zufällige ganzzahlige Werte zwischen 0 und 99999 erzeugt und in einer Instanz der Klasse *Vector* als *Double*-Array gespeichert. Die Zahl *n* wird mit Rücksicht auf den langsamen *Selection-Sort* auf 100000 beschränkt. Zu Beginn wird die Ereignisprozedur *BtnClear_Click* aufgerufen, die die Inhalte der zwei ListBoxen, der Textbox *TxtSuchWert* und aller Labels löscht.

```vb
Private Sub BtnStart_Click(...) Handles BtnStart.Click
  Dim n As Integer
  Dim rnd As New Random()

  ' Werte in ListBoxen, Labels und TextBox löschen
  BtnClear_Click(sender, e)
  Try
    n = Convert.ToInt32(TxtN.Text)
    If n > 100000 Then
      n = 100000
      TxtN.Text = "100000"
    End If

    ' Zufallszahlen erzeugen
    vec = New Vector(n)
    For i = 0 To n - 1
      vec(i) = rnd.Next(0, 100000)
      LstVec.Items.Add(vec(i))
    Next i

  Catch ex As Exception
    MessageBox.Show(ex.Message, "Fehlerhinweis")
  End Try
End Sub
' ...
End Class
```

■ **Klasse Form1: Ereignisprozedur BtnSort_Click („SelectionSort" + „QuickSort")**

Wie in Abschnitt 9.2.7 vorgeführt wollen wir die Aufrufe der zwei Sortierverfahren in einer gemeinsamen Ereignisprozedur zusammenfassen. Die *Vector*-Instanz *vec* wird zunächst mit unserer selbst entwickelten *Copy*-Methode in den Vektor *vecSort* kopiert. Für die Zeitmessung werden – wie in Übung 7-5 – zwei *DateTime*- und eine *TimeSpan*-Variable definiert. Je nach ausgewähltem Button wird die Instanz *vecSort* mit der entsprechenden Sortiermethode sortiert. Anschließend wird die benötigte Rechenzeit in Millisekunden in das entsprechende Label eingetragen. Wie Sie leicht feststellen können, ist die Implementierung des *Bubble-Sort* (Aufgabe 9-5) bereits vorbereitet. Der sortierte Vektor wird in der rechten ListBox *LstVecSort* (Abbildung 9.6) angezeigt.

```vb
Private Sub BtnSort_Click(...) _
       Handles BtnSelectionSort.Click, BtnQuickSort.Click
  Dim i As Integer
  Dim t1, t2 As DateTime, ts As TimeSpan
  Dim vecSort = New Vector()
  LstVecSort.Items.Clear()
  vecSort = vec.Copy()           ' Kopieren des Vektors vec

  ' Sortieren und Zeit messen
  t1 = DateTime.Now              ' Beginn Zeitmessung
  If CType(sender, Button) Is BtnSelectionSort Then
    vecSort.SelectionSort()
  ElseIf CType(sender, Button) Is BtnQuickSort Then
    vecSort.QuickSort()
  Else
    ' vecSort.BubbleSort()
  End If
  t2 = DateTime.Now              ' Ende Zeitmessung
  ts = t2.Subtract(t1)

  ' Rechenzeit in Label schreiben
  If CType(sender, Button) Is BtnSelectionSort Then
    LblSelectionSort.Text = ts.TotalMilliseconds.ToString("f2")
  ElseIf CType(sender, Button) Is BtnQuickSort Then
    LblQuickSort.Text = ts.TotalMilliseconds.ToString("f2")
```

```
    Else
      ' LblBubbleSort.Text = ts.TotalMilliseconds.ToString("f2")
    End If

    ' Sortierten Vektor in ListBox schreiben
    For i = 0 To vec.Len - 1
      LstVecSort.Items.Add(vecSort(i))
    Next i
End Sub
```

- **Klasse Form1: Ereignisprozedur BtnSeqSuch_Click („SeqSuch")**

Für das Suchen nach einem bestimmten Element wird vorerst nur die lineare Suche (Methode *SeqSuch*) eingesetzt. Die ursprüngliche (nicht sortierte) *Vector*-Instanz *vec* wird nach dem eingegebenen Suchwert durchsucht. Der Index des ersten übereinstimmenden Elements wird als ListBox-Index genutzt, der entsprechende Eintrag wird markiert. Ist der Suchwert nicht in der *Vector*-Instanz enthalten, so erfolgt eine Meldung (Hinweis).

```
Private Sub BtnSeqSuch_Click(...) Handles BtnSeqSuch.Click
  Dim wert As Double, index As Integer
  Try
    wert = Convert.ToDouble(TxtSuchWert.Text)
    index = vec.SeqSuch(wert)       ' Aufruf SeqSuch (Sequenzielle Suche)
    LstVec.SelectedIndex = index
    If index < 0 Then
      MessageBox.Show("Wert nicht gefunden.", "Hinweis")
    End If

  Catch ex As Exception
    MessageBox.Show( _
          "Datenfehler! Haben Sie einen Suchwert eingegeben?", _
          "Fehlerhinweis")
  End Try
End Sub
```

- **Klasse Form1: Ereignisprozedur BtnClear_Click („Clear")**

Die Ereignisprozedur löscht die Inhalte der zwei ListBoxen, der TextBox *TxtSuchWert* und aller Labels. Das Löschen der Inhalte der erst in Aufgabe 9-5 benötigten Steuerelemente ist ohne Belang.

```
Private Sub BtnClear_Click(...) Handles BtnClear.Click
  LstVec.Items.Clear()
  LstVecSort.Items.Clear()
  TxtSuchWert.Clear()
  LblSelectionSort.Text = ""
  LblQuickSort.Text = ""
  LblBubbleSort.Text = ""
  LblMin.Text = ""
  LblMax.Text = ""
  LblBetrag.Text = ""
  LblSortiert.Text = ""
  BtnSortieren.Text = "Sortieren"
End Sub
```

Lösungsschritt 4: Programm testen

Zuerst sollte die Erzeugung der Zufallszahlen getestet werden. Anschließend können Sie die weiteren Funktionalitäten ausprobieren. Wenn Sie die Anzahl *n* sehr hoch wählen, so kann die Sortierung mit dem *Selection-Sort* je nach Rechner eine gewisse Zeit dauern. Testen Sie das Sortieren und Suchen erst mit wenigen überschaubaren Werten (z. B. *n* = 5). In

Abbildung 9.6 ist ein Beispiel zu sehen, bei dem bereits die zusätzlichen Funktionalitäten der Aufgabe 9-5 realisiert sind.

Übung 9-6: Struktur Rechteck

Aufgabe: Es ist ein Programm zu erstellen, das die Fläche und den Umfang eines Rechtecks bei gegebener Länge und Breite berechnet und formatiert anzeigt (siehe Übung 9-1). Im Gegensatz zur Übung 9-1 ist eine Struktur *Rechteck* (statt einer Klasse) zu definieren und einzusetzen.

Lernziel: Eine komplexe Struktur ähnlich einer Klasse definieren und anwenden, VB-Dateien in ein neues Projekt hinzufügen.

Lösung:

Wir wollen die Übung mit möglichst geringem Aufwand erledigen. Dabei sind zwei wesentliche Fragen zu beantworten:

1. Wie können das Formular aus Übung 9-1 und der Programmcode in ein neues geöffnetes Projekt übertragen werden?
2. Welche Änderungen sind im Code der Übung 9-1 vorzunehmen, um die Klasse *Rechteck* durch die Struktur *Rechteck* zu ersetzen?

Starten Sie Visual Basic 2008, erstellen Sie ein neues *Windows Forms*-Projekt mit dem Namen „Rechteck_Struktur", und speichern Sie alle Dateien.

Im Folgenden wird beschrieben, wie Sie auf einfache Weise die Code-Dateien aus dem vorhandenen Projekt „Rechteck_Klasse" in das neue Projekt „Rechteck_Struktur" übernehmen:

Wählen Sie den Menüpunkt *Projekt|Vorhandenes Element hinzufügen*. Navigieren Sie im folgenden Dialogfeld in das Projekt „Rechteck_Klasse", und wählen Sie bei gedrückter *Strg*-Taste die drei Dateien *Form1.Designer.vb*, *Form1.vb* und *Rechteck.vb* aus, und klicken Sie auf den Button „Hinzufügen". (Es ist ohne Belang, wenn Sie auch die Datei *Form1.resx* hinzufügen.) In den folgenden Dialogfeldern bestätigen Sie einfach immer mit „Ja".

Betrachten Sie das Formular mit dem Ansichts-Designer, und lassen Sie sich den Code der beiden Klassen *Form1* und *Rechteck* anzeigen. Sie sehen, dass Sie das Startformular und den Programmcode aus dem Projekt „Rechteck_Klasse" integriert haben.

Nun ist nur noch die zweite Frage zu klären. Um die Klasse in eine Struktur umzuwandeln, müssen Sie lediglich in der ersten und letzten Zeile das Schlüsselwort *Class* durch das Schlüsselwort *Structure* ersetzen, alles andere bleibt gleich.

```
Public Structure Rechteck
    Private mLaenge As Double
    Private mBreite As Double
    ' ...
End Structure
```

Wenn wir in der Klasse den Standardkonstruktor *New*() überladen hätten, so müssten wir diesen allerdings löschen, da die Strukturdefinition keinen parameterlosen Konstruktor enthalten darf.

Im Code des Startformulars (*Form1*) sind im Prinzip keine Änderungen notwendig, lediglich die *Text*-Eigenschaft des Startformulars *Form1* sollten Sie anpassen. Die Deklaration der Strukturvariablen und die Aufrufe der Eigenschaften und Methoden sind vom Code her identisch.

Machen Sie einen kurzen Test. Sie werden sehen, dass sich das Programm wie die Anwendung „Rechteck_Klasse" verhält. Sie sollten aber die wesentlichen Unterschiede zwischen Klassen und Strukturen (Strukturen sind Werttypen und können nicht erben oder vererbt werden) nicht außer Acht lassen.

9.4 Aufgaben

Aufgabe 9-1: Klasse Kreiszylinder

Schreiben Sie ein *Windows Forms*-Programm, das das Volumen, die Mantelfläche und die Oberfläche eines geraden Kreiszylinders aus dessen Radius und Höhe berechnet und formatiert anzeigt.

a) Klasse *Kreiszylinder*

Definieren Sie eine Klasse *Kreiszylinder* mit einem parameterlosen und einem parametrisierten Konstruktor, den Eigenschaften *Radius* und *Hoehe*, der *ReadOnly*-Eigenschaft *Volumen* sowie den parameterlosen Methoden *GetVolumen*, *GetMantelflaeche* und *GetOberflaeche*. Überladen Sie außerdem die Methode *GetVolumen* als statische Methode mit den Parametern *radius* und *hoehe*. Für die formatierte Ausgabe der Ergebniswerte soll eine Instanzenmethode *FormatFx* definiert werden, die einen *Double*-Wert als *String* mit wahlweise einer, zwei oder drei Nachkommastellen zurückgibt.

Ergänzen Sie die Klasse mit einer entsprechenden XML-Dokumentation und betrachten Sie die Klassenmember mit dem Objektbrowser.

b) Startformular (Klasse *Form1*)

Entwerfen Sie ein Formular, und codieren Sie eine Button-*Click*-Ereignisprozedur, die die Eigenschaften und die Methoden der Klasse *Kreiszylinder* testet. Bei der Benutzeroberfläche können Sie sich an Übung 9-1 orientieren. Die drei Varianten für die Berechnung des Volumens (die Eigenschaft *Volumen* und die beiden überladenen Methoden *GetVolumen*) testen Sie am einfachsten, indem Sie (vorübergehend) eigene Buttons vorsehen.

Formeln für den geraden Kreiszylinder:

Volumen $V = \pi \cdot r^2 \cdot h$

Mantelfläche $M = 2 \cdot \pi \cdot r \cdot h$

Oberfläche $O = 2 \cdot \pi \cdot r \cdot (r + h)$

Beispiel: Radius $r = 2{,}5$, Höhe $h = 4 \Rightarrow V = 78{,}54$, $M = 62{,}83$, $O = 102{,}10$

Aufgabe 9-2: Bruchrechnen – Teil 2

Die Klasse *Bruch* aus Übung 9-2 soll erweitert werden, sodass sie auch zwei Bruchzahlen multiplizieren kann. Zwei Bruchzahlen werden nach der folgenden Regel multipliziert:

$$\frac{z1}{n1} * \frac{z2}{n2} = \frac{z1 * z2}{n1 * n2}$$

Wie in der o.a. Übung sollen mehrere Varianten zur Verfügung stehen:

a) eine statische Methode *Multipliziere*

```
Public Shared Function Multipliziere(ByVal b1 As Bruch, _
                                     ByVal b2 As Bruch) As Bruch
```

b) eine Instanzenmethode *Mult*

```
Public Function Mult(ByVal b As Bruch) As Bruch
```

c) ein überladener *-Operator

```
Public Shared Operator *(ByVal b1 As Bruch, ByVal b2 As Bruch) As Bruch
```

d) für das Kürzen eines Bruches eine überladene Instanzenmethode *Kuerze*

```
Public Function Kuerze() As Bruch
```

Die überladene Methode *Kuerze* ruft wieder die private Methode *ggT* auf.

Zum Testen der Klasse kann die Benutzeroberfläche der *Form1* aus Übung 9-2 verwendet werden. In der *Select-Case*-Anweisung der Ereignisprozedur *BtnBerechnen* muss lediglich berücksichtigt werden, dass auch das *-Operatorzeichen gültig ist. Zusätzlich müssen Sie im darauffolgenden Berechnungsteil für jede der drei Varianten das Operatorzeichen (*) berücksichtigen.

Wenn Sie wollen, können Sie die Klasse *Bruch* noch um einen Subtraktionsoperator (–) und einen Divisionsoperator (/) erweitern. Zwei Brüche werden bekanntlich dividiert, indem man den zweiten Bruch mit dem Kehrwert multipliziert:

$$\frac{z1}{n1} : \frac{z2}{n2} = \frac{z1 * n2}{n1 * z2}$$

Für die Division sollen die drei Operatorzeichen (/), (\) und (:) zugelassen werden.

Aufgabe 9-3: Klasse Dreieck

Schreiben Sie ein *Windows Forms*-Programm, das ein ebenes Dreieck mithilfe der drei Punkte *A*, *B* und *C* festlegt. Das Programm soll prüfen können, ob das Dreieck konstruierbar ist bzw. ob es sich um ein rechtwinkliges Dreieck handelt. Weiter soll es die drei Dreiecksseiten *a*, *b* und *c* sowie die Dreiecksfläche berechnen können (siehe Abbildung 9.8).

9 Klassen und Objekte

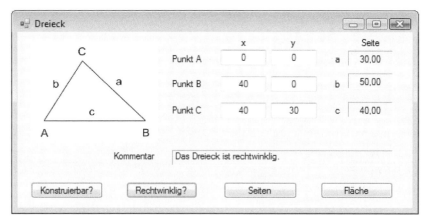

Abbildung 9.8 Testbeispiel zur Aufgabe „Dreieck"

Definieren Sie eine Klasse *Dreieck*, die die folgenden Member beinhaltet:

- eine verschachtelte Klasse *Punkt* mit den öffentlichen Feldern *X* und *Y*
- drei *ReadOnly*-Properties *SeiteA*, *SeiteB* und *SeiteC*
- einen parameterlosen Konstruktor, einen Konstruktor, der ein Dreieck durch drei Dreiecksseiten definiert, und einen Konstruktor, dessen Parameterliste aus drei Punktinstanzen besteht. Der dritte Konstruktor soll intern die drei Dreiecksseiten zurückgeben, wobei zur Berechnung eine private Funktion *Abstand* aufgerufen wird.
- eine Methode *IsDefined* (Ergebnistyp *Boolean*), die mithilfe des Dreieckskriteriums (siehe Aufgabe 3-1) prüft, ob die drei Seiten *a*, *b* und *c* ein gültiges Dreieck definieren.
- eine Methode *IsRectangular* (Ergebnistyp *Boolean*), die mithilfe des Satzes des Pythagoras prüft, ob die drei Dreiecksseiten ein rechtwinkliges Dreieck definieren.
- eine Methode *Flaeche*, die die Dreiecksfläche mithilfe der heronischen Flächenformel (z. B. Übung 2-1) berechnet. Vorweg soll mithilfe der Funktion *IsDefined* geprüft werden, ob das Dreieck definiert ist, im negativen Fall soll eine Ausnahme geworfen werden.
- eine private Methode *Abstand*, die den Punktabstand zwischen zwei Punkten mithilfe der Punktinstanzen berechnet.

Für die grafische Oberfläche steht im Ordner \Daten\Kap09 der Begleit-DVD eine Bilddatei *Dreieck.jpg* bereit.

Aufgabe 9-4: Autofahrt

Schreiben Sie ein Programm, das eine Autofahrt simuliert. Die Benutzeroberfläche sollte sich an Abbildung 9.9 orientieren. Für das zu mietende Auto können Sie das Fassungsvermögen des „Tanks" (Liter) und den „Verbrauch" (Liter/100 Kilometer) in die vorgesehenen TextBoxen eintragen. Beim Mieten (Button *BtnMieten*) wird das Auto „vollgetankt", die (aktuellen) „Liter" sind also gleich dem Tankvolumen. Dabei sollten auch die Eingaben auf Plausibilität geprüft werden (z. B. 40 ≤ Tank ≤ 100, 3,0 ≤ Verbrauch ≤ 20).

Abbildung 9.9 Testbeispiel für die Aufgabe „Autofahrt"

Mit dem Button *BtnFahren* können Sie nach Eintrag der „Kilometer" (Fahrstrecke) losfahren. Ereignisgesteuert kommt alle 30 bis 70 km (zufälliger Wert) eine Tankstelle. Über eine MessageBox können Sie wählen, ob Sie volltanken wollen oder nicht. Wenn nur noch weniger als fünf bzw. acht Liter übrig sind, soll dies mit angezeigt werden. Wenn nicht rechtzeitig getankt wurde, ist eine Ausnahme zu werfen. Sobald das Ziel erreicht ist, soll eine Meldung erscheinen.

Definieren Sie eine Klasse *Auto* mit den Eigenschaften *Tank*, *Verbrauch*, *Liter* und *Kilometer*, wobei die *Set*-Prozeduren der zwei erstgenannten Eigenschaften plausible Werte sicherstellen sollen. Definieren Sie außerdem einen parameterlosen und einen parametrisierten Konstruktor.

Die eigentliche Funktionalität übernimmt die Methode *Fahren*:

- zufallsgesteuerte Abstandsberechnung zur nächsten Tankstelle
- Werfen einer Ausnahme, wenn der Tankinhalt („Liter") nicht reicht
- Auslösen eines Ereignisses *Tanken* mit Übergabe eines Meldungstextes, wenn weniger als fünf bzw. acht Liter übrig sind
- laufende Aktualisierung der Eigenschaften *Liter* und *Kilometer*
- Der Vorgang wird so oft wiederholt, bis das Ziel erreicht ist und die Eigenschaft *Kilometer* den Wert 0 (null) annimmt oder der Tank leer ist.

In der Klasse *Form1* ist eine Ereignisprozedur für das Ereignis *Tanken* zu definieren, die im Wesentlichen abfragt, ob (voll)getankt werden soll oder nicht, und die betroffenen Werte (TextBox-Einträge bzw. Eigenschaften) aktualisiert.

Aufgabe 9-5: Vektormethoden – Teil 2

Die Klasse *Vector* aus Übung 9-5 soll um mehrere Methoden erweitert werden. Anschließend ist die Klasse *Fom1* (Startformular) anzupassen bzw. zu erweitern.

a) Erste partielle Klasse *Vector* (Datei *Vector.vb*)

■ Definieren Sie eine parameterlose Instanzen-Methode *Betrag*, die den Betrag eines Vektors zurückgibt. Der Betrag $|x|$ eines *n*-dimensionalen Vektors *x* ergibt sich aus der folgenden Beziehung:

Betrag $(x) = |x| = \sqrt{x_0^2 + x_1^2 + ... + x_{n-1}^2}$.

■ Definieren Sie eine statische Methode *Betrag*, die den Betrag der *Vector*-Instanz *a* zurückgibt und die parameterlose Instanzen-Methode überlädt:

```
Public Shared Function Betrag(ByVal a As Vector) As Double
```

b) Zweite partielle Klasse *Vector* (Datei *VecSortSuch.vb*)

■ Definieren Sie eine Methode *BubbleSort*, die das interne Array *mVec()* nach dem *Bubble-Sort*-Verfahren auf dem Platz sortiert.

Der *Bubble-Sort* ist der wohl bekannteste einfache Sortieralgorithmus. Er benötigt im Durchschnitt und im ungünstigsten Fall ca. $n^2/2$ Vergleiche und $n^2/2$ Austauschoperationen und ist damit im Normalfall langsamer als der *Selection-Sort*.

Beim *Bubble-Sort* werden in jedem Durchgang der Reihe nach je zwei benachbarte Elemente eines Arrays verglichen, der größere Wert wird durch das ganze Array nach oben geschoben. Die Maxima steigen wie Blasen (engl. *Bubbles*) zu ihren jeweiligen Positionen auf. Der Vorgang wird so lange wiederholt, bis der kleinste Wert im ersten Element steht.

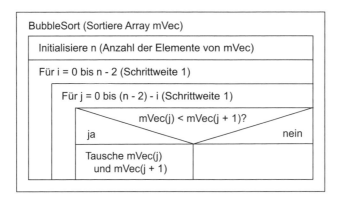

Abbildung 9.10 Struktogramm „Bubble-Sort"

- Definieren Sie je eine parameterlose Methode *Min* und *Max*, die den kleinsten bzw. größten Wert einer *Vector*-Instanz zurückgibt. Der Algorithmus hat Ähnlichkeit mit der linearen Suche: Die Elemente des internen Arrays *mVec*() werden der Reihe nach durchlaufen. Wenn ein Element kleiner bzw. größer ist als alle vorausgehenden, wird es als neues Minimum bzw. Maximum gespeichert.

- Definieren Sie eine parameterlose Methode *IsSorted*, die prüft, ob ein Vektor sortiert ist. Wenn ein Element des internen Arrays *mVec*() kleiner ist als ein vorausgehendes, dann wird der Wert *False* zurückgegeben, sonst *True*.

- Definieren Sie eine parameterlose Methode *BinSuch*, die einen bereits sortierten Vektor mithilfe der *binären Suche* nach einem Wert durchsucht. Zurückgegeben wird – wie bei der sequenziellen Suche – der Index des gefundenen Elements bzw. –1 bei erfolgloser Suche. Die Methode entspricht der statischen *BinarySearch*-Methode der *Array*-Klasse.

  Die binäre Suche geht davon aus, dass das Array bereits sortiert ist. Der Algorithmus nutzt diese Information aus, indem er fortlaufend das Suchintervall halbiert und prüft, ob sich der Suchwert in der linken (unteren) oder rechten (oberen) Hälfte befindet.

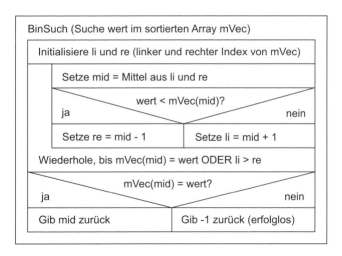

Abbildung 9.11 Struktogramm „Binäre Suche"

c) Startformular (Klasse *Form1*)

- Ergänzen Sie die Ereignisprozeduren *BtnMin_Click*, *BtnMax_Click* und *Btn_Betrag*, indem Sie jeweils die entsprechende Methode aufrufen und den Rückgabewert in das vorgesehene Label schreiben. Rufen Sie sowohl die Instanzen- als auch die statische Klassenmethode *Betrag* in derselben Ereignisprozedur auf, und deaktivieren Sie beim Test abwechselnd einen der Aufrufe.

- Ergänzen Sie die Ereignisprozedur *BtnSort_Click* um den Aufruf der Methode *Bubble-Sort*. Dabei müssen Sie lediglich den Prozedurkopf ergänzen und in zwei Codezeilen die Kommentierung (') entfernen.

- Ergänzen Sie die Ereignisprozedur *BtnSortieren_Click*, die zunächst durch Aufruf der *IsSorted*-Methode überprüft, ob die ursprüngliche *Vector*-Instanz *vec* schon sortiert ist, Andernfalls wird der Vektor (vorzugsweise mit dem *Quick-Sort*) sortiert und in die ListBox *LstVec* zurückgeschrieben. Zusätzlich sollte sich die Buttonaufschrift von „Sortieren" (Abbildung 9.6) in „Sortiert?" ändern und der Wert „Ja" in das darunter liegende Label geschrieben werden.

- Ändern Sie die Ereignisprozedur *BtnSeqSuch_Click* ab, sodass sie beide Suchverfahren bedient:
  ```
  Private Sub BtnSuch_Click(...) Handles BtnSeqSuch.Click, BtnBinSuch.Click
  ```
  Vor dem Aufruf der binären Suche müssen Sie erst prüfen, ob die *Vector*-Instanz schon sortiert ist, andernfalls ist der Hinweis, dass der Wert nicht gefunden wurde, entsprechend zu ergänzen.

Aufgabe 9-6: Struktur Kreiszylinder

Ändern Sie das Programm aus Aufgabe 9-1 so ab, dass statt einer Klasse eine Struktur *Kreiszylinder* definiert und eingesetzt wird. Um die Aufgabe mit möglichst wenig Aufwand zu erledigen, sollten Sie wie in Übung 9-6 vorgehen.

10 Vererbung und Schnittstellen

Eines der mächtigsten Sprachmittel der objektorientierten Programmierung (OOP) ist die Vererbung. Unter *Vererbung* wird die Fähigkeit einer Klasse verstanden, die (öffentlichen) Variablen, Eigenschaften und Methoden einer bereits vorhandenen Klasse zu übernehmen (zu erben). Die vererbende Klasse wird als *Basisklasse,* Superklasse oder Oberklasse bezeichnet, die erbende Klasse als *abgeleitete Klasse,* Subklasse oder Unterklasse.

Abgeleiteten Klassen können neue Eigenschaften und Methoden hinzugefügt werden, zugleich können die von der Basisklasse geerbten Member geändert (überschrieben) werden. Abgeleitete Klassen stellen also Spezialisierungen der Basisklasse dar. Mithilfe der Vererbung lässt sich redundanter Programmcode deutlich verringern.

In Visual Basic kann eine Klasse nur von einer Klasse abgeleitet werden (*Einfachvererbung*). Klassen können aber hierarchisch beliebig geschachtelt werden, eine abgeleitete Klasse kann also wieder als Basisklasse für nachfolgende Unterklassen benutzt werden.

Alle Klassen sind von der Klasse *Object* abgeleitet, die damit die Basisklasse für alle weiteren Klassen des .NET Frameworks und für alle benutzerdefinierten Klassen ist.

Die Klassenhierarchie wird oft grafisch mithilfe von Klassendiagrammen dargestellt, die in der standardisierten Modellierungssprache *UML* (*Unified Modeling Language*) definiert sind.

Basisklassen und abgeleitete Klassen sind konkrete Klassen, bei denen alle vorhandenen Eigenschaften und Methoden vollständig implementiert sind. Im Gegensatz dazu stehen *abstrakte Basisklassen*, deren Eigenschaften und Methoden nur teilweise oder gar nicht implementiert sind. Abstrakte Basisklassen sind sehr hilfreich, um Grundfunktionalitäten für die von ihnen abgeleiteten Klassen festzulegen. Sie können nicht instanziiert, sondern lediglich vererbt werden.

Ein weiteres wichtiges Instrument in der OOP sind *Schnittstellen* (engl. *Interfaces*). Interfaces definieren ähnlich wie abstrakte Basisklassen eine Grundfunktionalität. Im Gegensatz zu Letzteren enthalten sie aber ausschließlich Deklarationen von Eigenschaften und Methoden, ohne diese zu implementieren. Klassen können beliebig viele Schnittstellen einbinden, jede Schnittstelle muss aber vollständig implementiert werden.

10.1 Lektion 10: Vererbung und Schnittstellen

Bei der objektorientierten Modellierung von Klassen kommt es regelmäßig vor, dass verwandte Klassen mit gleichen oder ähnlichen Funktionalitäten auftreten. Als Sprachmittel stehen in der OOP die Vererbung, abstrakte Klassen und Schnittstellen (Interfaces) zur Auswahl. Vor allem für den Programmieranfänger und den Umsteiger von einer prozeduralen Sprache ist es nicht immer ganz leicht, das richtige Werkzeug zu erkennen. Die Modellierung der Klassen und deren Abhängigkeiten (Modelldesign) ist eine nicht zu unterschätzende Aufgabe und sollte mit großer Sorgfalt vor der eigentlichen Codierung durchgeführt werden. Jede spätere Änderung des Modelldesigns kann weit reichende Auswirkungen auf den Programmcode nach sich ziehen.

10.1.1 Vererbung

Die *Vererbung* von Klassen ist primär geeignet, wenn für eine Basisklasse eine oder mehrere Unterklassen abgeleitet werden sollen. Die Unterklassen (abgeleiteten Klassen) sind dadurch gekennzeichnet, dass sie zwar die Eigenschaften und Methoden der Basisklasse erben, aber die Basisklasse durch zusätzliche (spezielle) Eigenschaften und Methoden *erweitern* bzw. die ererbten Eigenschaften und Methoden *modifizieren*.

Wie schon erwähnt kann in Visual Basic eine Klasse nur von *einer* Klasse abgeleitet werden (*Einfachvererbung*). Was zunächst als Nachteil aussieht, ist für die praktische Arbeit eher von Vorteil, denn *Mehrfachvererbung*, also die gleichzeitige Ableitung einer Klasse von mehreren Basisklassen, führt sehr schnell zu unübersichtlichem Code.

Klassen lassen sich beliebig oft hierarchisch schachteln, jede Klasse kann also wieder als Basisklasse für untergeordnete Subklassen dienen. Alle Eigenschaften und Methoden werden dabei von einer Basisklasse zur nächsten bis zur untersten Subklasse durchgereicht. In der Praxis sollte man sich allerdings auf höchstens vier solcher Stufen beschränken, damit der Code überschaubar bleibt.

Eine Basisklasse muss codemäßig nicht als solche gekennzeichnet werden, lediglich in der abgeleiteten Klasse muss mit dem Schlüsselwort *Inherits* auf die Basisklasse verwiesen werden.

Die Syntax für eine *abgeleitete* Klasse lautet:

```
Public Class SubklassenName
    Inherits BasisklassenName
    ' Spezifische Felder, Eigenschaften, Methoden und Ereignisse ...
End Class
```

Eine abgeleitete Klasse erbt automatisch alle (öffentlichen) Felder, Eigenschaften, Methoden und Ereignisse der Basisklasse. Die ererbten Member müssen in der abgeleiteten Klasse nicht nochmals definiert werden, auch wenn dies vom Compiler nicht als Fehler angesehen wird.

MyBase, MyClass und Me

Mit dem Schlüsselwort *MyBase* wird in der abgeleiteten Klasse ein Verweis auf die Basisklasse erstellt. Grundsätzlich können von einer abgeleiteten Klasse aus alle Member der Basisklasse angesprochen werden, wenn ihnen das Schlüsselwort *MyBase* (durch Punkt getrennt) vorangestellt wird. Das Schlüsselwort *MyBase* ist allerdings nur dann notwendig, wenn von der abgeleiteten Klasse aus gleichnamige Member der Basisklasse angesprochen werden sollen. *MyBase* wird vor allem für den Aufruf des Konstruktors der Basisklasse in der Form *MyBase.New*() benötigt.

Große Ähnlichkeit mit *MyBase* hat das Schlüsselwort *MyClass*. *MyClass* wird aber innerhalb der Basisklasse verwendet. Wird innerhalb der Basisklasse eine Methode mit *MyClass* aufgerufen, so wird die Methode der Basisklasse auch dann aufgerufen, wenn eigentlich eine mit *Overrides* überschriebene Methode einer abgeleiteten Klasse aufgerufen werden müsste.

In diesem Zusammenhang sei auch nochmals an das Schlüsselwort *Me* erinnert, das bereits in Abschnitt 9.2.4 behandelt wurde. Eigenschaften und Methoden, denen das Schlüsselwort *Me* vorangestellt ist, beziehen sich auf die aktuelle Instanz einer Klasse.

Konstruktoren in abgeleiteten Klassen

Konstruktoren spielen bei der Vererbung eine Sonderrolle:

- Konstruktoren können nicht vererbt werden.
- Jede abgeleitete Klasse muss einen Konstruktor der Basisklasse aufrufen.

Ist in der Basisklasse *kein* Konstruktor definiert, so wird in der abgeleiteten Klasse automatisch der Standardkonstruktor aufgerufen.

Ist in der Basisklasse ein *parameterloser* Konstruktor implementiert, so wird dieser automatisch vom Konstruktor der abgeleiteten Klasse aufgerufen.

Ist in der Basisklasse ein *parametrisierter* Konstruktor implementiert, aber *kein* parameterloser Konstruktor, so muss in der abgeleiteten Klasse ein Konstruktor definiert werden, der in der ersten Anweisung den parametrisierten Konstruktor der Basisklasse mit entsprechenden Argumenten aufruft. Der Konstruktor der Basisklasse wird mit *MyBase.New*(...) aufgerufen.

Erweitern und Modifizieren der Member abgeleiteter Klassen

Abgeleitete Klassen werden gegenüber der Basisklasse auf zweierlei Arten spezialisiert:

- durch Hinzufügen klassenspezifischer Member
- durch Überschreiben, Überladen und Verbergen von Membern

Hinzufügen klassenspezifischer Member

In abgeleiteten Klassen können zusätzliche Eigenschaften und Methoden nach den in Kapitel 9 beschriebenen Regeln problemlos implementiert werden.

10 Vererbung und Schnittstellen

Die öffentlichen Member der Basisklasse sind auch in der abgeleiteten Klasse verfügbar, mit *Private* deklarierte Member dagegen nicht. Einen Zwischenweg bietet die Deklaration mit *Protected*. Auf die mit *Protected* deklarierten Member der Basisklasse kann sowohl von der Basisklasse als auch von einer abgeleiteten Klasse aus problemlos zugegriffen werden, nicht aber von anderen Klassen.

Klassendiagramme

Klassenstrukturen lassen sich mit *Klassendiagrammen* übersichtlich darstellen. Klassendiagramme sind nur eines der Werkzeuge, die in der *Unified Modeling Language (UML)* definiert sind und häufig in der professionellen OOP eingesetzt werden. Visual Studio unterstützt den Programmierer mit einem UML-orientierten Tool, dem *Klassen-Designer*, der allerdings erst ab der *Professional*-Version zur Verfügung steht.

Klassen werden mit einem Rechteck dargestellt. Auf den Namen folgen, durch eine horizontale Linie getrennt, die Attribute (Felder und Eigenschaften) und schließlich, nochmals durch eine Linie getrennt, die Methoden. Häufig werden die Datentypen der Attribute bzw. der Rückgabewerte angegeben. Die Zugriffsebene kann durch ein vorangestelltes Zeichen (– für *Private*, # für *Protected*, + oder leer für *Public*) kenntlich gemacht werden. Die Vererbungsbeziehungen werden durch einen großen, nicht ausgefüllten Pfeil dargestellt, wobei der Pfeil von der Unterklasse zur Oberklasse zeigt (siehe z. B. [Oesterreich06]).

Beispiel:

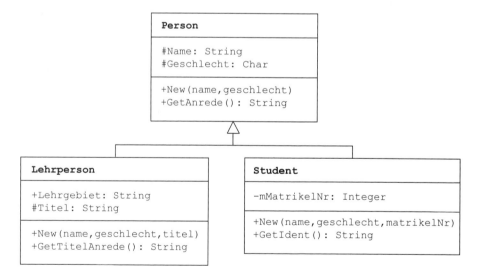

Abbildung 10.1 Klassendiagramm für die Basisklasse Person mit zwei abgeleiteten Klassen

Von der Basisklasse *Person* sind die zwei Subklassen *Lehrperson* und *Student* abgeleitet. Das Klassendiagramm soll nun in Programmcode umgesetzt werden (siehe Listing 10.1). Der Einfachheit halber werden keine Properties, sondern nur Felder verwendet. Die Basisklasse *Person* besitzt nur einen parametrisierten Konstruktor.

Listing 10.1 Basisklasse Person mit zwei abgeleiteten Klassen

```
Public Class Person
  Protected Name As String
  Protected Geschlecht As Char

  Public Sub New(ByVal name As String, ByVal geschlecht As Char)
    Me.Name = name
    Me.Geschlecht = geschlecht
  End Sub

  Public Function GetAnrede() As String
    Select Case Geschlecht
      Case "m"c : Return "Herr " & Name
      Case "w"c : Return "Frau " & Name
      Case Else : Return "Herr/Frau " & Name
    End Select
  End Function
End Class


Public Class Lehrperson
  Inherits Person
  Public Lehrgebiet As String
  Protected Titel As String

  Public Sub New(ByVal name As String, ByVal geschlecht As Char, _
                 ByVal titel As String)
    MyBase.New(name, geschlecht)
    Me.Titel = titel
  End Sub

  Public Function GetTitelAnrede() As String
    Select Case Geschlecht
      Case "m"c : Return "Herr " & Titel & " " & Name
      Case "w"c : Return "Frau " & Titel & " " & Name
      Case Else : Return Titel & " " & Name
    End Select
  End Function
End Class


Public Class Student
  Inherits Person
  Private mMatrikelNr As Integer

  Public Sub New(ByVal name As String, ByVal geschlecht As Char, _
                 ByVal matrikelNr As Integer)
    MyBase.New(name, geschlecht)
    mMatrikelNr = matrikelNr
  End Sub

  Public Function GetIdent() As String
    Return mMatrikelNr.ToString & " " & Name
  End Function
End Class
```

Die drei Klassen wollen wir mit einem ganz einfachen Windows-Programm testen, wobei das Startformular (Klasse *Form1*) lediglich einen Button und eine ListBox besitzt.

Listing 10.1 (Fortsetzung) Test der Basisklasse Person mit zwei abgeleiteten Klassen

```
Public Class Form1

  Private Sub Button1_Click(...) Handles Button1.Click
    Dim stud1 As Student
    Dim prof1 As Lehrperson
```

```
        Dim mita1 As Person
        stud1 = New Student("Marie Rose", "w"c, 123409)
        prof1 = New Lehrperson("Franz Schiller", "m"c, "Prof. Dr.")
        mita1 = New Person("Hans Blume", "m"c)

        ListBox1.Items.Add(stud1.GetAnrede)
        ListBox1.Items.Add(prof1.GetAnrede)
        ListBox1.Items.Add(mita1.GetAnrede)
        ListBox1.Items.Add("")
        ListBox1.Items.Add(stud1.GetIdent)
        ListBox1.Items.Add(prof1.GetTitelAnrede)
    End Sub

End Class
```

Von jeder der drei Klassen wurde eine Instanz erzeugt. Alle drei Instanzen rufen zunächst die Methode *GetAnrede* auf, die Instanz *stud1* führt zusätzlich die Methode *GetIdent* aus, die Instanz *prof1* die Methode *GetTitelAnrede*.

Beim Auslösen des *Click*-Ereignisses des *Button1* werden die in Listing 10.1 gezeigten Einträge in der *ListBox1* sichtbar.

```
Frau Marie Rose
Herr Franz Schiller
Herr Hans Blume

123409 Marie Rose
Herr Prof. Dr. Franz Schiller
```

Abbildung 10.2 Test der Basisklasse Person mit zwei abgeleiteten Klassen (ListBox-Anzeige)

Member überschreiben (Overrides)

Ein besonders wirkungsvolles Instrument der Vererbung ist das *Überschreiben* von Methoden (und Eigenschaften) in abgeleiteten Klassen. Eine Methode (oder Eigenschaft) einer Basisklasse kann nur dann überschrieben werden, wenn dies in der Basisklasse ausdrücklich zugelassen wird und wenn Gültigkeitsbereich (*Private*, *Public*) sowie Anzahl, Reihenfolge und Datentyp der Parameter (einschließlich Rückgabewert) exakt übereinstimmen (identische Signatur in Ober- und Unterklasse).

Für die Freigabe einer Methode (oder Eigenschaft) ist in der Basisklasse das Schlüsselwort *Overridable* notwendig. Eine mit *Overridable* deklarierte Methode (oder Eigenschaft) *kann* in einer abgeleiteten Klasse durch das Schlüsselwort *Overrides* überschrieben werden. Eine Pflicht zum Überschreiben besteht aber nicht. Die gleichnamige Methode (oder Eigenschaft) der Basisklasse ist innerhalb der abgeleiteten Klasse nur noch mit *MyBase* zugänglich.

Eine mit *Overrides* deklarierte Methode einer Klasse (oder Eigenschaft) gilt automatisch in einer davon abgeleiteten Klasse als *Overridable*. Will man verhindern, dass eine Methode (oder Eigenschaft) in einer Subklasse überschrieben werden kann, so ist der Methode (oder Eigenschaft) in der Basisklasse das Schlüsselwort *NotOverridable* voranzustellen.

Die Syntax für das *Überschreiben* einer Methode ist nachfolgend angedeutet:

```
Public Class BasisklassenName
  Overridable Sub MethodenName(param1 As Datentyp1, param2 As Datentyp2)
    ...
  End Sub
End Class

Public Class SubklassenName
  Inherits BasisklassenName
  Overrides Sub MethodenName(param1 As Datentyp1, param2 As Datentyp2)
    ...
  End Sub
End Class
```

Nachfolgend soll das Überschreiben einer Methode an unserem konkreten Beispiel (Listing 10.1) demonstriert werden. In der abgeleiteten Klasse *Lehrperson* wird die Methode *GetAnrede* der Basisklasse *Person* überschrieben (siehe Listing 10.2), die zusätzliche Methode *GetTitelAnrede* ist damit überflüssig. In der Klasse *Student* steht die ererbte Methode *GetAnrede* nach wie vor zur Verfügung.

Listing 10.2 Überschreiben der Methode GetAnrede in der Subklasse Lehrperson

```
Public Class Person
  ' ...
  Public Overridable Function GetAnrede() As String
    Select Case Geschlecht
      Case "m"c : Return "Herr " & Name
      ' ... siehe Function GetAnrede (Listing 10.1)
    End Select
  ..End Function
End Class

Public Class Lehrperson
  Inherits Person
  ' ...
  Public Overrides Function GetAnrede() As String
    Select Case Geschlecht
      Case "m"c : Return "Herr " & Titel & " " & Name
      ' ... siehe Function GetTitelAnrede (Listing 10.1)
    End Select
  End Function
End Class
```

Der Aufruf der Instanzen-Methode *prof1.GetAnrede* in der Klasse *Form1* gibt nun den String „Herr Prof. Dr. Franz Schiller" zurück.

Member überladen (Overloads)

Eine gleichnamige Methode (oder Eigenschaft) einer Basisklasse kann in einer abgeleiteten Klasse auch *überladen* werden, wenn sie eine unterschiedliche Signatur aufweist, d. h., wenn sich die Parameter der Methode (oder der Eigenschaft) in Bezug auf Anzahl und/oder Datentyp unterscheiden, der Typ des Rückgabewerts ist dabei belanglos. In der abgeleiteten Klasse ist das Schlüsselwort *Overloads* voranzustellen. Das Schlüsselwort *Overloads* darf fehlen, wenn eine Methode (oder Eigenschaft) nur innerhalb einer Klasse überladen wird.

Das Überladen von Methoden (und Eigenschaften) ist in der Praxis insbesondere dann sinnvoll, wenn eine fremde Klasse als Basisklasse genutzt wird und einzelne Methoden (oder Eigenschaften) modifiziert werden sollen, die in der Basisklasse als *NotOverridable* deklariert sind. Ansonsten ist das Überschreiben meist die bessere Wahl.

Wir wollen das Überladen einer Methode wieder an unserem Beispiel demonstrieren, indem wir die Methode *GetAnrede* der Basisklasse *Person* in der abgeleiteten Klasse *Lehrperson* überladen. Dabei fügen wir in der Deklaration der überladenen Methode einen zusätzlichen Parameter *titel* hinzu (siehe Listing 10.3).

Listing 10.3 Überladen der Methode GetAnrede in der Subklasse Lehrperson

```
Public Class Lehrperson
  Inherits Person
  ' ...
  Public Overloads Function GetAnrede(ByVal titel As String) As String
    Select Case Geschlecht
      Case "m"c : Return "Herr " & titel & " " & Name
      ' ...
    End Select
  End Function
End Class
```

Nachfolgend wird zuerst die *GetAnrede*-Methode der Basisklasse *Person* und anschließend die gleichnamige überladene Methode der abgeleiteten Klasse *Lehrperson* aufgerufen. (Annahme: Die überschriebene Methode (Listing 10.2) wurde vorher gelöscht.)

Listing 10.3 (Fortsetzung) Aufruf der überladenen Methode GetAnrede

```
' ...
Dim prof1 As Lehrperson
prof1 = New Lehrperson("Franz Schiller", "m"c, "Prof. Dr.")

' Aufruf der Methode GetAnrede() der Basisklasse Person
ListBox1.Items.Add(prof1.GetAnrede())
' Anzeige: "Herr Franz Schiller"

' Aufruf der überladenen Methode GetAnrede der Subklasse Lehrperson
ListBox1.Items.Add(prof1.GetAnrede("Dr.-Ing."))
' Anzeige: "Herr Dr.-Ing. Franz Schiller"
```

Member verbergen (Shadows)

Gleichnamige Member (Felder, Methoden oder Eigenschaften) einer Basisklasse können in einer abgeleiteten Klasse *verborgen* werden, wenn ihnen das Schlüsselwort *Shadows* vorangestellt wird. Beim Verbergen von Membern spielen der Gültigkeitsbereich, der Datentyp oder unterschiedliche Parameter keine Rolle. Auf verborgene Member der Basisklasse kann innerhalb der abgeleiteten Klasse nur noch über *MyBase* zugegriffen werden.

Das Verbergen von Membern sollte nur angewendet werden, wenn der Gültigkeitsbereich, der Datentyp eines Feldes oder der Datentyp des Rückgabewerts verändert werden soll.

Zur Demonstration wird in der abgeleiteten Klasse *Student* die Variable *Geschlecht* (Datentyp *Char*) der Basisklasse verborgen und durch die öffentliche *ReadOnly*-Eigenschaft *Geschlecht* (Datentyp *String*) ersetzt (siehe Listing 10.4).

Listing 10.4 Verbergen des Feldes Geschlecht in der Subklasse Student

```
Public Class Student
  Inherits Person
' ...
  Public Shadows ReadOnly Property Geschlecht() As String
    Get
      Select Case MyBase.Geschlecht
        Case "m"c : Return "männlich"
        Case "w"c : Return "weiblich"
        Case Else : Return "???"
      End Select
    End Get
  End Property
' ...
End Class
```

Zum Test wird in der Ereignisprozedur *Button1_Click* der Klasse *Form1* wieder die Instanz *stud1* erzeugt. Der Konstruktor verwendet die *Char*-Variable *Geschlecht* der Basisklasse, ebenso die ererbte Methode *GetAnrede*. Beim expliziten Aufruf der Eigenschaft *Geschlecht* wird dagegen die Zeichenkette „weiblich" zurückgegeben.

Listing 10.4 (Fortsetzung) Aufruf der Methode GetAnrede und der Property Geschlecht

```
' ...
Dim stud1 As Student
stud1 = New Student("Marie Rose", "w"c, 123409)

' Aufruf der Methode GetAnrede() und der Eigenschaft Geschlecht
ListBox1.Items.Add(stud1.GetAnrede() & " - " & stud1.Geschlecht)
' Anzeige: "Frau Marie Rose - weiblich"
```

Objekthierarchie – die Wurzelklasse Object

Es wurde bereits erwähnt, dass jede Klasse einen Konstruktor der Basisklasse aufrufen muss. Die Frage ist nun, welchen Konstruktor ruft dann der Konstruktor einer Basisklasse auf? Oder anders ausgedrückt: Ist eine Basisklasse (in unserem Beispiel die Klasse *Person*) selbst von einer Basisklasse abgeleitet?

Die Antwort ist einfach: Jede Klasse ist von einer hierarchisch höheren Basisklasse abgeleitet. Am Ende dieses Hierarchiebaums steht die Wurzelklasse *Object*, die damit die „Mutter" aller Klassen ist. Alle Klassen des .NET Frameworks sowie alle benutzerdefinierten Klassen sind letztlich von der Klasse *Object*, genauer gesagt von der Klasse *System.Object*, abgeleitet. In Abbildung 10.3 ist die Klassenhierarchie in Form eines Klassendiagramms schematisch angedeutet.

10 Vererbung und Schnittstellen

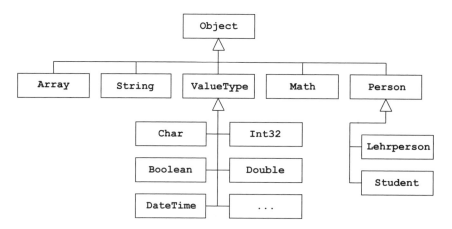

Abbildung 10.3 Klassenhierarchie

Da die Klasse *Object* die Basisklasse für alle weiteren Klassen ist, stehen diesen auch alle Member der Klasse *Object* zur Verfügung. In der Klasse *Person* kann also von jedem Konstruktor aus der parameterlose Standardkonstruktor *New*() der Klasse *Object* aufgerufen werden, und die Klasse *Person* erbt alle weiteren Methoden der Klasse *Object*. Die Member der Klasse *System.Object* können Sie im Objektbrowser unter dem Pfad

mscorlib|Namespaces|System|Systemintern|Object

einsehen (siehe Abbildung 10.4). Dabei sind die zwei geschützten Methoden *Finalize* und *MemberwiseClone* nicht enthalten (Anzeige möglich über Kontextmenü „Geschützte Member anzeigen".)

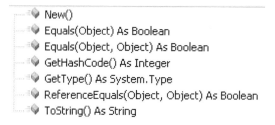

Abbildung 10.4 Methoden der Wurzelklasse Object

Die Methode *ToString* haben wir schon relativ oft benutzt, allerdings regelmäßig als überschriebene Methode der verschiedenen Datentypenstrukturen (*Integer*, *Double* usw.).

Selbstverständlich können auch Sie in einer selbst definierten Klasse die *ToString*-Methode der *Object*-Klasse überschreiben. In Listing 10.5 wird dies in der Klasse *Person* vollzogen.

Listing 10.5 Überschreiben der Methode Object.ToString in der Klasse Person

```
Public Class Person
  ' ...
  Public Overrides Function ToString() As String
    Select Geschlecht
      Case "m"c : Return "Herr " & Name
      Case "w"c : Return "Frau " & Name
      Case Else : Return "Herr/Frau " & Name
    End Select
  End Function
End Class
```

Die überschriebene Methode *ToString* wird natürlich auch von den abgeleiteten Klassen *Lehrperson* und *Student* geerbt. Damit die Methode *GetAnrede* endgültig überflüssig wird, müsste die *ToString*-Methode allerdings in der Subklasse *Lehrperson* nochmals (wegen des Titels) überschrieben werden.

Listing 10.5 (Fortsetzung) Aufruf der überschriebenen Methode ToString

```
Public Class Form1
  Private Sub Button1_Click(...) Handles Button1.Click
    Dim stud1 = New Student("Marie Rose", "w"c, 123409)
    Dim prof1 = New Lehrperson("Franz Schiller", "m"c, "Prof. Dr.")
    Dim mita1 = New Person("Hans Blume", "m"c)

    ListBox1.Items.Add(stud1.ToString())
    ListBox1.Items.Add(prof1.ToString())
    ListBox1.Items.Add(mita1.ToString())
    ' Anzeige in der ListBox1 ->
    ' "Frau Marie Rose"
    ' "Herr Franz Schiller"
    ' "Herr Hans Blume"
  End Sub
End Class
```

Auch die *GetType*-Methode der *Object*-Klasse haben wir bereits in Kapitel 8 im Zusammenhang mit der *Enum*-Klasse benutzt. Sehr hilfreich sind auch die *Equals*-Methoden der *Object*-Klasse, mit denen zwei Objektinstanzen verglichen werden können. Für das Überschreiben der *Equals*-Methoden gilt allerdings die Regel, dass dann auch die *GetHashCode*-Methode überschrieben werden sollte, was aber einiges an Vorwissen voraussetzt.

Versiegelte Klassen

Klassen können im Prinzip beliebig weiter vererbt werden. Wenn Sie verhindern wollen, dass eine Klasse weiter abgeleitet wird, müssen Sie in der Deklaration das Schlüsselwort *NotInheritable* voranstellen. Eine nicht vererbbare Klasse wird auch als *versiegelte* Klasse bezeichnet, sie kann niemals eine Basisklasse sein.

Die Syntax für eine *versiegelte* Klasse lautet:

```
Public NotInheritable Class KlassenName
  ...
End Class
```

Ein Beispiel für eine versiegelte Klasse ist die Klasse *String*.

10.1.2 Polymorphismus – dynamisches Binden

Der Begriff *Polymorphismus* (Vielgestaltigkeit) wird in der Literatur oft strapaziert und verschieden weit ausgelegt. Im weiteren Sinne wird z. B. die Verknüpfung zweier Zahlenwerte bzw. zweier Zeichenketten mit dem +-Operator als polymorphes Verhalten bezeichnet, da in dem einen Fall zwei Zahlen arithmetisch addiert, im zweiten Fall dagegen zwei Strings verkettet werden. In diesem Sinne sind auch Prozeduraufrufe polymorph, wenn auf mehrere gleichnamige, aber überladene Prozeduren zugegriffen wird.

Polymorphismus im engeren Sinne befasst sich mit dem Verhalten überschriebener Methoden. In bestimmten Fällen kann erst zur Laufzeit entschieden werden, welche der überschriebenen Methoden ausgeführt wird. Dieser Mechanismus wird auch als *dynamisches Binden* bezeichnet. Methoden werden dynamisch gebunden, wenn eine Objektvariable vom Typ der Basisklasse auch auf Instanzen einer abgeleiteten Klasse verweist und erst zur Laufzeit, je nach zugewiesenem Objekt, die passende Methode festgelegt und aufgerufen werden kann.

Das polymorphe Verhalten soll an unserem einfach gewählten Beispiel demonstriert werden. In der Basisklasse *Person* ist die Methode *GetAnrede* definiert (Listing 10.1). In der abgeleiteten Klasse *Lehrperson* wurde diese Methode mit *Overrides* ersetzt (siehe Listing 10.2). Zusätzlich wird nun dieselbe Methode auch in der abgeleiteten Klasse *Student* überschrieben (siehe Listing 10.6). In der Ereignisprozedur *Button2_Click* der *Form1*-Klasse werden die drei Instanzen *stud1*, *prof1* und *mita1* erzeugt und den Elementen des Arrays *pers(0 To 2)* vom Typ der Basisklasse *Person* zugewiesen.

Listing 10.6 Polymorphes Verhalten durch dynamisches Binden

```
Public Class Person
  ' ...
  Public Overridable Function GetAnrede() As String
    ' ... (siehe Listing 10.1)
  End Function
End Class


Public Class Lehrperson
  Inherits Person
  ' ...
  Public Overrides Function GetAnrede() As String
    ' (siehe Listing 10.2)
  End Function
End Class


Public Class Student
  Inherits Person
  ' ...
  Public Overrides Function GetAnrede() As String
    Dim ident As String
    ident = Name & " (" & mMatrikelNr & ")"
    Select Case MyBase.Geschlecht
      Case "m"c : Return "Herr " & ident
      Case "w"c : Return "Frau " & ident
      Case Else : Return "Herr/Frau " & ident
    End Select
  End Function
```

```
    End Class

Public Class Form1
   Private Sub Button2_Click(...) Handles Button2.Click
      Dim pers(0 To 2) As Person
      Dim p As Person

      Dim stud1 = New Student("Marie Rose", "w"c, 123409)
      Dim prof1 = New Lehrperson("Franz Schiller", "m"c, "Prof. Dr.")
      Dim mita1 = New Person("Hans Blume", "m"c)

      pers(0) = stud1
      pers(1) = prof1
      pers(2) = mita1

      For Each p In pers
         ListBox1.Items.Add(p.GetAnrede())
      Next p
   End Sub
End Class
```

Das dynamische Binden bewirkt, dass erst zur Laufzeit innerhalb der *For-Each*-Schleife die jeweils passende Methode *GetAnrede* aufgerufen wird, was als polymorphes Verhalten bezeichnet wird. Abbildung 10.5 zeigt das Ergebnis.

```
Frau Marie Rose (123409)
Herr Prof. Dr. Franz Schiller
Herr Hans Blume
```

Abbildung 10.5 Aufruf der mehrfach überschriebenen Methode GetAnrede (ListBox-Anzeige)

Der Polymorphismus ist ein faszinierendes, aber nicht leicht verständliches Phänomen der OOP. Zu bedenken ist, dass die dynamische Bindung zusätzliche Rechnerressourcen erfordert und die Rechenzeit erhöht.

Statische (*Shared*) Methoden werden nie dynamisch gebunden, sondern *statisch*. Das liegt daran, dass sie unabhängig von einer Instanz existieren und auch nicht überschrieben werden können. Ebenso werden Eigenschaften (Properties) statisch gebunden.

10.1.3 Gültigkeitsbereiche (Sichtbarkeit)

Die Zugriffsmöglichkeit auf eine Klasse und ihre Member lässt sich über ihre vorangestellten Modifizierer steuern. Der Zugriffsmodifizierer legt damit den *Gültigkeitsbereich* (engl. *Scope*) einer Klasse oder eines Members fest. In diesem Zusammenhang wird auch des Öfteren der Begriff *Sichtbarkeit* verwendet.

Im Prinzip kommen Sie zwar – zumindest in kleineren Anwendungen – mit den zwei extremen (Zugriffs-)Modifizierern *Private* und *Public* aus. Im Sinne eines guten und sicheren Programmierstils sollten Sie den Gültigkeitsbereich aber immer so weit wie möglich einschränken. So lassen sich beispielsweise die Member einer Klasse mit *Protected* schützen, wenn sie von außen nicht zugänglich sein sollen, aber von abgeleiteten Klassen aus auf diese zugegriffen werden muss.

Wird der Modifizierer weggelassen, so geht der Compiler von einer Standardeinstellung aus. Diese können Sie bei Bedarf im Objektbrowser einsehen, wenn Sie den Modifizierer weglassen und das entsprechende Element auswählen. Generell sollten Sie sich aber angewöhnen, den Modifizierer explizit anzugeben, der Programmcode wird dadurch klarer.

Tabelle 10.1 Gültigkeitsbereiche (Zugriffsmöglichkeit auf die Member einer Klasse)

Modifizierer	**Gültigkeitsbereich (Zugriffsbeschränkung)**
Private	Zugriff nur innerhalb der Klasse
Protected	Zugriff innerhalb der Klasse und auf alle davon abgeleiteten Klassen
Friend	Zugriff innerhalb derselben Assembly
Protected Friend	Zugriff innerhalb derselben Assembly, der eigenen Klasse und allen davon abgeleiteten Klassen (Kombination aus Protected und Friend)
Public	Unbeschränkter Zugriff

Die möglichen Gültigkeitsbereiche für die Member einer Klasse sind in Tabelle 10.1 dargestellt. Für Klassen selbst kommen nur die zwei Modifizierer *Public* und *Friend* (Standardeinstellung) infrage, innerhalb einer Klasse (verschachtelte Klasse) können aber auch die anderen Modifizierer sinngemäß eingesetzt werden.

Den Modifizierer *Dim* sollten Sie nur für lokale Variablen auf Prozedurebene, also innerhalb einer Methode anwenden. Der Modifizierer *Private* ist dort nicht erlaubt.

10.1.4 Abstrakte Basisklassen

Abstrakte Basisklassen (engl. *Abstract Base Classes*, kurz *ABCs*) implementieren ihre Methoden und Eigenschaften nicht vollständig. Ein Teil der Methoden und Eigenschaften ist zwar deklariert, die Methoden- oder Eigenschaftsrümpfe für diese „virtuellen" Member fehlen aber in der Basisklasse und müssen in den davon abgeleiteten Klassen implementiert werden.

Abstrakte Basisklassen werden durch das Schlüsselwort *MustInherit* gekennzeichnet. Methoden und Eigenschaften, die in einer abstrakten Basisklasse nur deklariert und nicht vollständig implementiert werden (*abstrakte Methoden* bzw. *abstrakte Eigenschaften*), muss das Schlüsselwort *MustOverride* vorangestellt werden. Die Deklaration einer abstrakten Methode oder Eigenschaft erfolgt in einer Zeile. In den abgeleiteten Klassen müssen die geerbten abstrakten Methoden und Eigenschaften dann mit *Overrides* deklariert werden.

Von abstrakten Basisklassen können keine Instanzen gebildet werden. Ansonsten gelten für abstrakte Basisklassen dieselben Regeln wie für konkrete Klassen. Abstrakte Basisklassen eignen sich, um bestimmte Grundfunktionalitäten für verwandte Subklassen bereitzustellen. Damit lässt sich oft eine hohe Flexibilität im Klassendesign erreichen.

Im Klassendiagramm werden abstrakte Klassen meist durch den Zusatz {Abstract} oder durch kursive Schrift gekennzeichnet.

10.1 Lektion 10: Vererbung und Schnittstellen

Beispiel: Abstrakte Basisklasse *Geom2D*

Im folgenden Beispiel wird eine abstrakte Basisklasse *Geom2D* für ebene geometrische Körper (Figuren) definiert. Als abgeleitete Klassen wollen wir stellvertretend eine Klasse *Kreis* und eine Klasse *Rechteck* definieren. Die Liste ließe sich natürlich auf Dreiecke, geschlossene Polygone u.Ä. erweitern.

Für alle diese geometrischen Figuren sind die Methoden *GetFlaeche* und *GetUmfang* interessant. Es macht aber wenig Sinn, diese Methoden für die Basisklasse *Geom2D* zu definieren, weil es keine allgemeine Formel für die Fläche oder den Umfang der unterschiedlichen Figuren gibt. Dagegen können wir uns für alle Figuren einen Zentroid (Mittelpunkt oder Schwerpunkt) vorstellen, der durch seine X- und Y-Position definiert ist. (Der Einfachheit halber wollen wir die Koordinatenwerte als öffentliche Felder statt als Properties implementieren.) Ebenso können wir eine gemeinsame Ausgabefunktion durch Überschreiben der *ToString*-Methode definieren, die die Fläche und den Umfang gemeinsam als Zeichenkette zurückgibt. Wir haben damit einen klassischen Anwendungsfall für eine abstrakte Basisklasse.

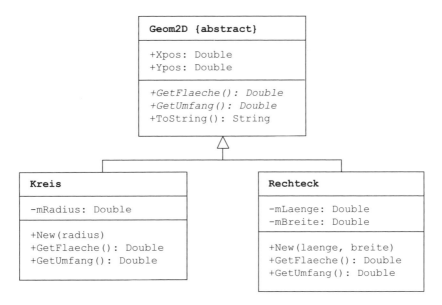

Abbildung 10.6 Klassendiagramm für die abstrakte Basisklasse Geom2D mit zwei Subklassen

Die IDE unterstützt Sie bei der Codeeingabe der abgeleiteten Klassen: Sobald Sie die *Inherits*-Anweisung mit der *Enter*-Taste abschließen, erscheinen automatisch die Prozedur- und Eigenschaftsgerüste für die Member, die Sie überschreiben müssen.

Listing 10.7 Abstrakte Basisklasse Geom2D mit den zwei abgeleiteten Klassen Kreis und Rechteck

```
Public MustInherit Class Geom2D
    Public Xpos As Double
    Public Ypos As Double
```

```
    Public MustOverride Function GetFlaeche() As Double
    Public MustOverride Function GetUmfang() As Double

    Public Overrides Function ToString() As String
        Return String.Format("F = {0:f2}, U = {1:f2}", _
                             GetFlaeche(), GetUmfang())
    End Function
End Class


Public Class Kreis
    Inherits Geom2D
    Private mRadius As Double

    Public Sub New(ByVal radius As Double)
        mRadius = radius
    End Sub

    Public Overrides Function GetFlaeche() As Double
        Return Math.PI * mRadius * mRadius
    End Function

    Public Overrides Function GetUmfang() As Double
        Return 2 * Math.PI * mRadius
    End Function
End Class


Public Class Rechteck
    Inherits Geom2D
    Private mLaenge As Double
    Private mBreite As Double

    Public Sub New(ByVal laenge As Double, ByVal breite As Double)
        mLaenge = laenge
        mBreite = breite
    End Sub

    Public Overrides Function GetFlaeche() As Double
        Return mLaenge * mBreite
    End Function

    Public Overrides Function GetUmfang() As Double
        Return 2 * (mLaenge + mBreite)
    End Function
End Class
```

Zum Test wird wieder ein Windows-Formular (Klasse *Form1*) eingesetzt, das lediglich einen Button und eine ListBox aufweist. Von der Klasse *Kreis* und der Klasse *Rechteck* wird je eine Instanz erzeugt, anschließend werden ihnen jeweils Mittelpunktskoordinaten (*Xpos* und *Ypos*) zugewiesen. Für die Ausgabe der Fläche und des Umfangs wird jeweils die überschriebene Methode *ToString* der abstrakten Basisklasse *Geom2D* aufgerufen.

Listing 10.7 (Fortsetzung) Test der abstrakten Basisklasse Geom2D und ihrer zwei Subklassen

```
Public Class Form1

    Private Sub Button1_Click(...) Handles Button1.Click
        Dim kr1 = New Kreis(2.5)
        Dim reck1 = New Rechteck(5.2, 3.8)

        kr1.Xpos = 0 : kr1.Ypos = 0
        reck1.Xpos = 10 : reck1.Ypos = 20

        ListBox1.Items.Add(String.Format("Kreis ({0}, {1}) ... ", _
                kr1.Xpos, kr1.Ypos) & kr1.ToString)
```

```
        ListBox1.Items.Add(String.Format("Rechteck ({0}, {1}) ... ", _
              reck1.Xpos, reck1.Ypos) & reck1.ToString)
    End Sub
End Class
```

In Abbildung 10.7 ist das Ergebnis dargestellt, das nach Auslösen des *Click*-Ereignisses des *Button1* in der *ListBox1* angezeigt wird.

```
Kreis (0, 0) ... F = 19,63, U = 15,71
Rechteck (10, 20) ... F = 19,76, U = 18,00
```

Abbildung 10.7 ListBox-Anzeige nach Auslösen des Button1_Click-Ereignisses

10.1.5 Schnittstellen (Interfaces)

Schnittstellen (engl. *Interfaces*) definieren gemeinsame Methoden, Eigenschaften und Ereignisse für mehrere Klassen (oder Strukturen). Im Gegensatz zu den abstrakten Klassen enthalten Schnittstellen *ausschließlich* Deklarationen von Membern. Jede Klasse, die eine Schnittstelle implementiert, muss *alle* ihre Methoden, Eigenschaften und Ereignisse vollständig implementieren.

Schnittstellen sind eigene Datentypen und werden ähnlich wie Klassen deklariert, wobei das Schlüsselwort *Class* durch *Interface* ersetzt wird. Auch Schnittstellen sollten in jeweils eigenen Dateien gespeichert werden. Es ist allgemein üblich, den Namen einer Schnittstelle mit dem Buchstaben *I* zu beginnen. Schnittstellen können von anderen Schnittstellen erben. Ererbte Schnittstellen werden nach dem Schlüsselwort *Inherits* durch Kommata getrennt aufgeführt. Von Schnittstellen können keine Instanzen gebildet werden.

Für Interfaces gilt standardmäßig der Gültigkeitsbereich *Friend*, häufig werden sie aber mit *Public* gekennzeichnet. Die Interface-Member dürfen *keinen* Modifizierer haben, sie sind automatisch öffentlich zugänglich. Felder (Variablen) und Konstruktoren sind in Schnittstellen nicht erlaubt.

Die Syntax der Deklaration einer *Schnittstelle* ist nachfolgend angedeutet:

```
Public Interface IName
    Inherits INameA, INameB, ...
    Property EigenschaftsName(parameterliste) As Datentyp
    Function MethodenName(parameterliste) As Datentyp
    Sub MethodenName(parameterliste)
    Event EventName(parameterliste)
    ' ...
End Interface
```

Eine Schnittstelle wird in einer Klasse durch Eingabe des Schlüsselworts *Implements* zusammen mit dem Namen der Schnittstelle eingefügt. Eine Klasse kann auch zugleich mehrere Schnittstellen implementieren, die dann durch Kommata getrennt aufgezählt werden.

Wenn Sie die *Implements*-Anweisung mit der *Enter*-Taste bestätigen, gibt die *IntelliSense*-Funktion automatisch die Grundgerüste aller Schnittstellen-Member vor. Bei der vollständigen Implementierung der Member ist in der Deklarationszeile jeweils das Schlüsselwort

10 Vererbung und Schnittstellen

Implements, gefolgt von dem Namen des Schnittstellen-Members, anzugeben. Mit der beschriebenen Vorgehensweise (*Enter*-Taste) erledigt dies schon die IDE für Sie. Theoretisch dürfen Sie die Namen der Klassenmember verändern, dies verstößt jedoch gegen die allgemein üblichen Regeln.

Im Folgenden ist die Syntax für die Implementierung einer Schnittstelle in einer Klasse dargestellt:

```
Public Class KlassenName
   Implements IName1, IName2, ...
   Property Eig_Name(paramliste) As Datentyp Implements IName1.Eig_Name
   Function Fkt_Name(paramliste) As Datentyp Implements IName1.Fkt_Name
   Sub Sub_Name(paramliste) Implements IName1.Sub_Name
   Event EventName(paramliste) Implements IName1.EventName
   ' ...
End Interface
```

Implementierte Schnittstellen-Member können innerhalb einer Klasse überladen oder in abgeleiteten Klassen überschrieben oder verborgen werden. Hat eine Klasse die Implementierung von einer anderen Klasse geerbt, so müssen diese Schnittstellen-Member nicht nochmals implementiert werden. Selbstverständlich können in einer Klasse neben den durch die Schnittstellenimplementierung vorgegebenen Membern weitere Member deklariert werden.

In einer Klasse kann über Variablen vom Typ einer Schnittstelle auf Instanzen unterschiedlicher Klassen zugegriffen werden, die diese Schnittstelle implementiert haben. Derartige Zugriffe sind allerdings auf die Member beschränkt, die in der Schnittstelle definiert sind. Dieses Verhalten wird auch als Schnittstellen-Polymorphismus bezeichnet.

Im *Klassendiagramm* werden Schnittstellen (Interfaces) durch den Zusatz „interface" gekennzeichnet. Um darzustellen, dass eine Klasse eine Schnittstelle implementiert, gibt es zwei Möglichkeiten: Die erste Variante besteht darin, von der implementierenden Klasse eine gestrichelte Verbindungslinie zu der Schnittstelle zu zeichnen und diese mit einem hohlen Pfeil abzuschließen (alternativ wird die Linie ausgezogen (Vererbungsverbindung) und mit „implements" beschriftet). Die zweite Variante (Kurzform) besteht darin, die Klasse mit einem sog. Schnittstellen-„Lolli" zu verbinden (kleiner hohler Kreis mit Linie) und den Namen der Schnittstelle anzugeben (z. B. [Oesterreich06]).

Beispiel: Schnittstelle *IGeom2D*

Mit dem abgewandelten Beispiel, das Sie schon von Abschnitt 10.1.4 (Abstrakte Basisklassen) her kennen, sollen die Implementierung und der Einsatz einer Schnittstelle demonstriert werden. In der Schnittstelle *IGeom2D* werden die beiden Methoden *GetFlaeche* und *GetUmfang* definiert. Die Koordinaten *Xpos* und *YPos* könnten zwar ebenfalls in die Schnittstelle aufgenommen werden, allerdings nur als Properties (nicht als Felder), was hier in kommentierter Form angedeutet ist. Ebenso könnte die überschriebene *ToString*-Methode integriert werden, müsste dann aber in jeder Klasse, die die Schnittstelle nutzt, vollständig identisch implementiert werden. Wir verwenden deshalb für die Ausgabe die private Methode *Ausgabe*, die wir in der Klasse *Form1* definieren.

10.1 Lektion 10: Vererbung und Schnittstellen

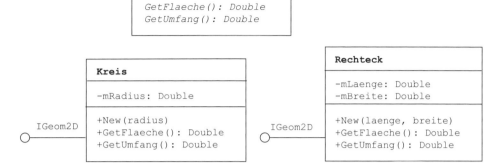

Abbildung 10.8 Klassendiagramm für die Implementierung der Schnittstelle IGeom2D

Listing 10.8 Schnittstelle IGeom2D mit den zwei implementierenden Klassen Kreis und Rechteck

```vb
Public Interface IGeom2D
  Function GetFlaeche() As Double
  Function GetUmfang() As Double
' Property Xpos() As Double
' Property Ypos() As Double
' Function ToString() As String
End Interface


Public Class Kreis
  Implements IGeom2D
  Private mRadius As Double
' Private mXpos As Double
' ...

  Public Sub New(ByVal radius As Double)
    mRadius = radius
  End Sub

' Implementierung der Property Xpos (Demo):
' Public Property Xpos() As Double Implements IGeom2D.Xpos
'   Get
'     Return mXpos
'   End Get
'   Set(ByVal value As Double)
'     mXpos = value
'   End Set
' End Property

  Public Function GetFlaeche() As Double Implements IGeom2D.GetFlaeche
    Return Math.PI * mRadius * mRadius
  End Function

  Public Function GetUmfang() As Double Implements IGeom2D.GetUmfang
    Return 2 * Math.PI * mRadius
  End Function

' Implementierung der Methode ToString() (Demo):
' Public Overrides Function ToString() As String _
'                    Implements IGeom2D.ToString
'   Return String.Format("F = {0:f2}, U = {1:f2}", _
'                    GetFlaeche(), GetUmfang())
```

```
    ' End Function
End Class


Public Class Rechteck
  Implements IGeom2D
  Private mLaenge As Double
  Private mBreite As Double

  Public Sub New(ByVal laenge As Double, ByVal breite As Double)
    mLaenge = laenge
    mBreite = breite
  End Sub

  Public Function GetFlaeche() As Double Implements IGeom2D.GetFlaeche
    Return mLaenge * mBreite
  End Function

  Public Function GetUmfang() As Double Implements IGeom2D.GetUmfang
    Return 2 * (mLaenge + mBreite)
  End Function
End Class
```

Zum Test verwenden wir wieder ein einfaches Windows-Formular (Klasse *Form1*). Von der Klasse *Kreis* und der Klasse *Rechteck* wird je eine Instanz erzeugt. Die private Methode *Ausgabe* dient zur Anzeige der Fläche und des Umfangs der jeweiligen Figur.

Listing 10.8 (Fortsetzung) Test der Schnittstelle IGeom2D mit den Klassen Kreis und Rechteck

```
Public Class Form1
  Private Sub Button1_Click(...) Handles Button1.Click
    Dim kr1 = New Kreis(2.5)
    Dim reck1 = New Rechteck(5.2, 3.8)

    ListBox1.Items.Add("Kreis (r = 2,5) ... " & _
                Ausgabe(kr1.GetFlaeche, kr1.GetUmfang))
    ListBox1.Items.Add("Rechteck (5,2 x 3,8) ... " & _
                Ausgabe(reck1.GetFlaeche, reck1.GetUmfang))
  End Sub

  Private Function Ausgabe(ByVal f As Double, ByVal u As Double) _
                    As String
    Return String.Format("F = {0:f2}, U = {1:f2}", f, u)
  End Function
End Class
```

Beim Auslösen des *Click*-Ereignisses des *Button1* wird in der *ListBox1* das in Abbildung 10.9 dargestellte Ergebnis angezeigt.

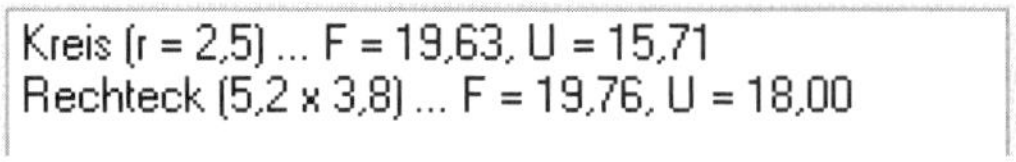

```
Kreis (r = 2,5) ... F = 19,63, U = 15,71
Rechteck (5,2 x 3,8) ... F = 19,76, U = 18,00
```

Abbildung 10.9 ListBox-Anzeige nach Auslösen des Button1_Click-Ereignisses

Vorhandene Schnittstellen im .NET Framework

Im .NET Framework sind bereits mehr als 100 Schnittstellen implementiert, die zumindest fortgeschrittene Programmierer nutzen sollten. Die vorhandenen (oder selbst definierten)

Schnittstellen lassen sich gut mit dem Objektbrowser einsehen. So werden zum Beispiel mit der Pfadwahl

mscorlib|Namespaces|System|Schnittstellen

u. a. die folgenden Schnittstellen angezeigt:

- *IClonable* zum Erstellen einer Kopie einer Instanz
- *IComparable* zum Vergleichen zweier Objekte
- *IConvertible* zum Konvertieren eines Objekts in einen anderen Typ
- *IDisposable* zum Freigeben reservierter Ressourcen
- *IFormatable* zum Formatieren eines Objektwerts als Zeichenfolge

Die Schnittstelle *IComparable* enthält zum Beispiel die Deklaration der allgemeinen Vergleichsmethode *CompareTo* und wird wie folgt implementiert:

```
Public Function CompareTo(ByVal obj As Object) As Integer _
    Implements System.IComparable.CompareTo
    ' ...
End Function
```

10.1.6 Einsatz von Vererbung, ABCs und Schnittstellen

Beim Design der Klassenstruktur stellt sich immer wieder die Frage, wann die Klassen hierarchisch voneinander abgeleitet werden sollen (Vererbung), wann abstrakte Basisklassen (ABCs) vorzuziehen sind und wann es besser ist, Schnittstellen einzusetzen.

Die Programmiersprache ist in dieser Hinsicht geduldig, solange die Sprachregeln eingehalten werden. Trotzdem sollten die einzelnen Sprachkonstrukte nicht unreflektiert benutzt werden, da die Programme sonst schwer zu durchschauen und zu warten sind.

Vererbung

Bei der Vererbung konkreter Klassen ist ein Hauptzweck, Basisklassen mit wieder verwendbarem Code zu erzeugen. Aus pragmatischer Sicht sollte man auf Vererbung verzichten, wenn nur eine einzige Methode der Basisklasse benötigt wird, und diese Funktion stattdessen in die zu realisierende Klasse aufnehmen.

Das wichtigste Kriterium für den Einsatz der Vererbung sollte aber die Frage sein, wie die Klassen zueinander in Beziehung stehen. Sprachlich ausgedrückt ist zu untersuchen, ob eine *Ist-ein-* bzw. engl. *Is-a*-Beziehung oder eine *Enthält-ein-* bzw. engl. *Has-a*-Beziehung zwischen den zwei „Entitätsmengen" besteht. Liegt eine *Is-a*-Beziehung vor, so lässt sich der Sachverhalt als Beziehung zwischen abgeleiteter Klasse und Basisklasse mit dem Konstrukt der Vererbung realisieren. Liegt dagegen eine *Has-a*-Beziehung vor, so sollte die Beziehung mit einer Klasse realisiert werden, die die andere Entitätsmenge als Datenelement oder innere (verschachtelte) Klasse aufnimmt.

Die obigen – sehr theoretisch klingenden – Aussagen sollen an zwei Beispielen erläutert werden:

- **Beispiel 1:** *Raum – Hörsaal – Beamer*

Es soll eine Klassenstruktur mit den Klassen *Raum*, *Hörsaal* und *Beamer* definiert werden. Zwischen *Hörsaal* und *Raum* besteht eine *Is-a*-Beziehung, denn ein Hörsaal *ist ein* Raum. Weiterhin besteht zwischen *Hörsaal* und *Beamer* eine *Has-a*-Beziehung, da man wohl sagen kann, ein Hörsaal *enthält einen* (oder auch mehrere) Beamer. Falsch wären dagegen die folgenden Aussagen „Ein Raum *ist ein* Hörsaal", „Ein Beamer *ist ein* Hörsaal" oder „Ein Raum *enthält einen* Hörsaal" usw.

Aufgrund der ersten *Is-a*-Beziehung lässt sich die Klasse *Hörsaal* als abgeleitete Klasse der Basisklasse *Raum* definieren. Ein Beamer kann aufgrund der *Has-a*-Beziehung als Instanz der separaten Klasse *Beamer* in der Klasse *Hörsaal* als Datenelement verwendet oder als innere Klasse der Klasse *Hörsaal* definiert werden.

- **Beispiel 2:** *Figur – Kreis – Rechteck – Linie*

Die Aussage „Ein Kreis *ist eine* (ebene geschlossene) Figur" ist sicher richtig, ebenso der Satz „Ein Rechteck *ist eine* Figur". Aufgrund der zwei *Is-a*-Beziehungen können die zwei Klassen *Kreis* und *Rechteck* als abgeleitete Klassen der Basisklasse *Figur* realisiert werden. Schwieriger ist die Einordnung der Klasse *Linie*. Falls die Basisklasse *Figur* nur geschlossene Flächen definiert, so ist die Aussage „Eine Linie *ist eine* Figur" falsch, anderseits gilt auch nicht „Eine Linie *ist ein* Rechteck" oder umgekehrt. Dagegen kann man der Aussage „Ein Rechteck *enthält eine* Linie" von der Logik her wohl zustimmen. Dabei spielt es keine Rolle, dass es tatsächlich sogar vier Linien sind. Aufgrund der *Has-a*-Beziehung könnte die Klasse *Rechteck* eine (oder vier) Instanzen der separaten Klasse *Linie* aufnehmen, oder die Klasse *Linie* könnte als innere Klasse der Klasse *Rechteck* definiert werden.

Konkrete Klassen, abstrakte Basisklassen oder Schnittstellen

Als Nächstes stellt sich die Frage, wann abstrakte Basisklassen konkreten Basisklassen vorzuziehen sind. Die Entscheidung hängt vom Abstrahierungsniveau ab. Wenn die Basisklasse auf einer höheren Abstraktionsebene liegt als die abgeleiteten Klassen, so ist in der Regel eine abstrakte Basisklasse vorzuziehen.

In dem Beispiel *Person – Lehrperson – Student* liegt die Klasse *Person* auf (annähernd) derselben Abstraktionsebene wie die abgeleiteten Klassen, eine abstrakte Basisklasse ist deshalb nicht besonders nahe liegend. Im Beispiel *Geom2D – Kreis – Rechteck* liegt dagegen die Klasse *Geom2D* eindeutig auf einer höheren Abstraktionsebene als die abgeleiteten Klassen *Kreis* und *Rechteck*, die Klasse *Geom2D* sollte deshalb vorzugsweise als abstrakte Basisklasse definiert werden.

Abstrakte Basisklassen haben den Vorteil, dass sie neben *virtuellen* Eigenschaften und Methoden auch Datenfelder (Variablen), Konstruktoren und konkrete Eigenschaften und Methoden definieren können, Schnittstellen (Interfaces) dagegen nur *virtuelle* Member. Enthält eine abstrakte Basisklasse aber nur virtuelle Member, so ist es meist sinnvoller, stattdessen eine Schnittstelle zu definieren.

Für den Einsatz von Schnittstellen spricht, dass in einer Klasse zugleich mehrere Interfaces implementiert werden können und die Klasse darüber hinaus von einer Basisklasse Member erben kann. Schnittstellen können relativ unproblematisch und universell eingesetzt werden. Damit können auch Klassen, die logisch nicht „verwandt" sind, eine gemeinsame Funktionalität integrieren. Interfaces werden deshalb auch genutzt, um nachträglich in bestehende Klassen Funktionalitäten einzufügen, ohne dass größere Eingriffe in deren Struktur notwendig sind. Schnittstellen ersetzen – mit gewissen Einschränkungen – die fehlende Mehrfachvererbung.

XML-Dokumentation

Zum Abschluss soll nochmals daran erinnert werden, dass es für alle Klassen und noch mehr für Schnittstellen sehr wichtig ist, eine entsprechende XML-Dokumentation zu erstellen. Dies ist im Hinblick auf die Wiederverwendung des einmal erstellten Programmcodes unerlässlich, auch wenn wir dies hier sträflich vernachlässigen.

10.2 Übungen

Übung 10-1: Reguläres n-Eck (Vieleck)

Aufgabe: Das reguläre (regelmäßige) *n*-Eck zeichnet sich dadurch aus, dass alle Seiten gleich lang sind. Erstellen Sie ein Programm, das die Fläche und den Umfang eines regulären *n*-Ecks (Vielecks) wahlweise auf Basis der einheitlichen Seitenlänge *a* oder des Umkreisradius r_A berechnet. Als Sonderfälle sollen das reguläre (gleichseitige) Dreieck, das reguläre Viereck (Quadrat) und das reguläre Sechseck behandelt werden.

Definieren Sie

- eine Basisklasse *NEck* mit den Eigenschaften *N* (Anzahl der Ecken *n* > 2), *A* (Seitenlänge *a*) und *RadiusA* (Außen- oder Umkreisradius r_A). In der *Set*-Prozedur der Eigenschaft *A* soll zugleich der Umkreisradius r_A berechnet werden, analog in der *Set*-Prozedur der Property *RadiusA* die Seitenlänge *a*. Die Methode *GetFlaeche* (Fläche *F*) soll überschreibbar sein, da die Formeln für die Sonderfälle deutlich einfacher ausfallen, für die Methode *GetUmfang* (Umfang *U*) ist dies nicht notwendig.

$$r_A = \frac{a}{2 \cdot \sin\frac{\pi}{n}} \quad \text{bzw.} \quad a = 2 \cdot r_A \cdot \sin\frac{\pi}{n},$$

$$F = \frac{1}{4} \cdot n \cdot a^2 \cdot \cot\frac{\pi}{n} \quad \text{und} \quad U = n \cdot a.$$

Die Klasse soll zwei parametrisierte Konstruktoren haben, einen mit dem Parameter *n* (Eckenanzahl) und einen mit den drei Parametern *n*, *a* und *radiusA*.

10 Vererbung und Schnittstellen

- eine abgeleitete Klasse *DreiEck* mit der zusätzlichen *ReadOnly*-Eigenschaft *RadiusI* (Inkreisradius r_I), der zusätzlichen Methode *Hoehe* (Höhe des Dreiecks h) und der überschriebenen Methode *GetFlaeche*.

$$r_I = \frac{r_A}{2},\ h = \frac{1}{2} \cdot a \cdot \sqrt{3},\ F = \frac{1}{4} \cdot a^2 \cdot \sqrt{3}$$

- eine abgeleitete Klasse *Quadrat* mit der zusätzlichen Methode *GetDiagonale* (Diagonale d) und der überschriebenen Methode *GetFlaeche*.

$$d = a \cdot \sqrt{2},\ F = a^2$$

- eine abgeleitete Klasse *SechsEck*, die lediglich die Methode *GetFlaeche* überschreibt.

$$F = \frac{3}{2} \cdot a^2 \cdot \sqrt{3}$$

Lernziel: Eine Basisklasse und mehrere abgeleitete Klassen definieren und die Vererbung von Klassen anwenden.

Lösungsschritte 1 und 2: Benutzeroberfläche erstellen und Eigenschaften festlegen

Starten Sie Visual Basic 2008, erstellen Sie ein neues *Windows Forms*-Projekt mit dem Namen „RegNEck", und speichern Sie alle Dateien.

Platzieren Sie auf dem Formular *Form1* zwei GroupBoxen und einen Button *BtnStarten*. In der linken GroupBox „Eingabe" sind drei TextBoxen (*TxtN*, *TxtA*, *TxtRadiusA*) und zwei RadioButtons (*RadA*, *RadRadiusA*) einzufügen, in der rechten GroupBox „Ergebnisse" vier schreibgeschützte TextBoxen (*TxtFlaeche*, *TxtUmfang*, *TxtRadiusI* und *TxtHoehe*). Stellen Sie sowohl die *Checked*-Eigenschaft des oberen RadioButtons („Seitenlänge a") als auch die *ReadOnly*-Eigenschaft der TextBox *TxtRadiusA* auf *True*. Die fertige Benutzeroberfläche können Sie in Abbildung 10.10 betrachten. Die Steuerelemente sollten intuitiv zuzuordnen sein.

Abbildung 10.10 Testbeispiel zur Übung „Reguläres n-Eck" (hier: Gleichseitiges Dreieck)

10.2 Übungen

Lösungsschritt 3: Programmcode entwickeln

Die Übung demonstriert die Vererbung von Klassen an einem relativ überschaubaren Beispiel. Die Eigenschaften und Methoden der konkreten Basisklasse *NEck* werden in den abgeleiteten Klassen *DreiEck*, *Quadrat* und *SechsEck* erweitert bzw. überschrieben.

Der Programmcode setzt sich aus den Definitionen der Klassen *NEck*, *DreiEck*, *Quadrat* und *SechsEck* sowie dem Code des Startformulars (Klasse *Form1*) zusammen. Der Code für die vier Klassen soll jeweils in einer eigenen Datei gespeichert werden. Das Startformular enthält im Wesentlichen den Code für die Ereignisprozedur *BtnStarten_Click*. Für den Wechsel zwischen den beiden RadioButtons während der Laufzeit sind zwei kurze Ereignisprozeduren notwendig (mindestens sollten die *ReadOnly*-Eigenschaften der zugehörigen TextBoxen gewechselt werden). Eine sinnvolle Ergänzung sind *GotFocus*-Ereignisprozeduren für die Eingabe-TextBoxen (siehe vollständige Lösung auf der Begleit-DVD).

Der Aufbau der Klassen ist nochmals in Abbildung 10.11 dargestellt.

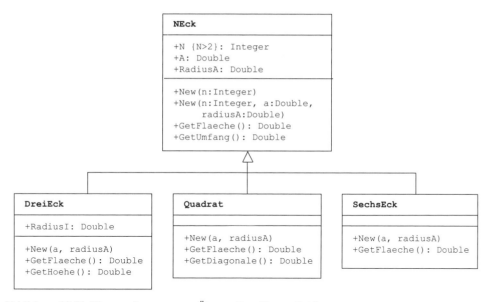

Abbildung 10.11 Klassendiagramm zur Übung „Reguläres n-Eck"

- **Definition der Basisklasse NEck**

In den *Set*-Prozeduren der Properties *A* bzw. *RadiusA* wird jeweils der korrespondierende Wert mit berechnet. Der zweite parametrisierte Konstruktor ruft die beiden Properties ebenfalls auf, sodass für jedes Vieleck bei gegebener Seitenlänge *a* auch der Umkreisradius *RadiusA* verfügbar ist und umgekehrt. Die Methode *GetFlaeche* lässt sich durch das Schlüsselwort *Overrides* in den Subklassen überschreiben.

```vb
Public Class NEck
  Protected mN As Integer
  Protected mA As Double
  Protected mRadiusA As Double

  Public Sub New(ByVal n As Integer)
    Me.N = n
    mN = Me.N
  End Sub

  Public Sub New(ByVal n As Integer, _
                 ByVal a As Double, ByVal radiusA As Double)
    Me.N = n
    mN = Me.N
    If a = 0 Then
      Me.RadiusA = radiusA
      mRadiusA = Me.RadiusA
    ElseIf radiusA = 0 Then
      Me.A = a
      mA = Me.A
    Else
      Throw New Exception("A = 0 ODER RadiusA = 0 nicht erfüllt.")
    End If
  End Sub

  Public Property N() As Integer
    Get
      Return mN
    End Get
    Set(ByVal value As Integer)
      If value > 2 Then
        mN = value
      Else
        Throw New Exception("Wert nicht gültig.")
      End If
    End Set
  End Property

  Public Property RadiusA() As Double
    Get
      Return mRadiusA
    End Get
    Set(ByVal value As Double)
      mRadiusA = value
      mA = 2 * mRadiusA * Math.Sin(Math.PI / mN)
    End Set
  End Property

  Public Property A() As Double
    Get
      Return mA
    End Get
    Set(ByVal value As Double)
      mA = value
      mRadiusA = mA / (2 * Math.Sin(Math.PI / mN))
    End Set
  End Property

  Public Overridable Function GetFlaeche() As Double
    mA = Me.A
    Return mN / 4 * mA * mA / Math.Tan(Math.PI / mN)
  End Function

  Public Function GetUmfang() As Double
    Return mN * mA
  End Function

End Class
```

10.2 Übungen

■ **Definition der abgeleiteten Klasse DreiEck**

```
Public Class DreiEck
  Inherits NEck

  Public Sub New(ByVal a As Double, ByVal radiusA As Double)
    MyBase.New(3, a, radiusA)
  End Sub

  Public ReadOnly Property RadiusI() As Double
    Get
      Return mRadiusA / 2
    End Get
  End Property

  Public Overrides Function GetFlaeche() As Double
    Return mA * mA / 4 * Math.Sqrt(3)
  End Function

  Public Function GetHoehe() As Double
    Return mA / 2 * Math.Sqrt(3)
  End Function
End Class
```

■ **Definition der abgeleiteten Klassen Quadrat und SechsEck**

Der Programmcode für die abgeleiteten Klassen *Quadrat* und *Sechseck* ist analog zur Subklasse *DreiEck* zu erstellen (siehe Lösung auf der Begleit-DVD).

■ **Klasse Form1: Ereignisprozedur BtnStarten_Click**

Die Ereignisprozedur *BtnStarten_Click* liest die Eckenanzahl *n* und je nach aktiviertem RadioButton die Seitenlänge *a* bzw. den Umkreisradius *radiusA* ein, der korrespondierende Wert wird durch Aufruf des oben beschriebenen Konstruktors (mit den drei Parametern) berechnet und angezeigt. Anschließend wird in einer *Select-Case*-Anweisung je nach Eckenanzahl *n* eine Instanz der Klasse *DreiEck*, *Quadrat*, *SechsEck* oder *NEck* erzeugt. Mit Ausnahme der *NEck*-Instanz wird die Fläche jeweils mit der überschriebenen *GetFlaeche*-Methode berechnet, während für den Umfang die (ererbte) *GetUmfang*-Methode der Basisklasse aufgerufen wird. Für *n* = 3 werden zusätzlich der Inkreisradius und die Höhe des Dreiecks berechnet.

```
Public Class Form1

  Private Sub BtnStarten_Click(...) Handles BtnStarten.Click
    Dim neck As NEck
    Dim eck3 As Dreieck, eck4 As Quadrat, eck6 As SechsEck
    Dim n As Integer
    Dim a, radiusA As Double

    Try
      ' Eingabe auswerten, A und RadiusA ableiten
      n = Convert.ToInt32(TxtN.Text)
      If RadA.Checked Then
        a = Convert.ToDouble(TxtA.Text)
        radiusA = 0
        neck = New NEck(n, a, radiusA)
        TxtRadiusA.Text = neck.RadiusA.ToString("f3")
      Else
        radiusA = Convert.ToDouble(TxtRadiusA.Text)
        a = 0
        neck = New NEck(n, a, radiusA)
```

```
            TxtA.Text = neck.A.ToString("f3")
        End If

        ' Vieleck - Fallunterscheidung
        Select Case n
           Case 3        ' Dreieck
              GroupBox2.Text = "Dreieck"
              eck3 = New Dreieck(a, radiusA)
              TxtFlaeche.Text = eck3.GetFlaeche().ToString("f2")
              TxtUmfang.Text = eck3.GetUmfang().ToString("f2")
              TxtRadiusI.Text = eck3.RadiusI.ToString("f2")
              TxtHoehe.Text = eck3.GetHoehe().ToString("f2")
           Case 4        ' Quadrat ...
           Case 6        ' Sechseck ...
           Case Else     ' Vieleck ...
        End Select

    Catch ex As Exception
       MessageBox.Show(ex.Message, "Fehlerhinweis")
    End Try
End Sub
```

- **Klasse Form1: Ereignisprozedur RadRadiusA_CheckedChanged**

Wenn der RadioButton *RadRadiusA* aktiviert wird, müssen die *ReadOnly*-Eigenschaften der TextBoxen *TxtA* und *TxtRadiusA* gegenseitig vertauscht werden. Zugleich ist es sinnvoll, den Inhalt der TextBox *TxtA* zu löschen, in die TextBox *TxtRadiusA* kann ein Defaultwert (hier „1") geschrieben werden.

```
Private Sub RadRadiusA_CheckedChanged(...) _
                                Handles RadRadiusA.CheckedChanged
    TxtRadiusA.ReadOnly = False
    TxtRadiusA.Text = "1"
    TxtA.Clear()
    TxtA.ReadOnly = True
End Sub
```

- **Klasse Form1: Ereignisprozedur RadA_CheckedChanged**

Die Ereignisprozedur kann analog zur obigen Prozedur *RadRadiusA_CheckedChanged* aufgebaut werden.

Lösungsschritt 4: Programm testen

Ein Testbeispiel sehen Sie in Abbildung 10.10. Um zu kontrollieren, ob auch die Variante mit vorgegebenem Umkreisradius richtig arbeitet, sollten Sie sich den entsprechenden Wert bei vorgegebener Seitenlänge *a* notieren. Die Kontrolle des Umfangs ist trivial, die Fläche (beim Dreieck außerdem der Inkreisradius und die Höhe) können mit einem Taschenrechner kontrolliert werden. In der Testphase ist es außerdem möglich, die Fläche der Sonderformen Dreieck, Quadrat und Sechseck mithilfe des Aufrufs der Methode *GetFlaeche* der Basisklasse *NEck* zu überprüfen.

Übung 10-2: Reelle Zufallszahlen

Die Klasse *Random* im Namensraum *System* besitzt drei alternative Methoden *Next*, um *Integer*-Pseudozufallszahlen zu erzeugen, aber lediglich eine *NextDouble*-Methode, die Pseudozufallszahlen vom Typ *Double* im Bereich 0 ≤ Zufallszahl < 1 liefert.

10.2 Übungen

Aufgabe: Die bestehende Klasse *Random* des .NET Frameworks soll deshalb um zwei Methoden erweitert werden, die analog zu den *Next*-Methoden eine *Double*-Zufallszahl zwischen 0 und einem Maximalwert bzw. zwischen einem Minimal- und einem Maximalwert liefert. Definieren Sie dafür eine Klasse *Zufallszahl*, die von der .NET-Klasse *Random* abgeleitet ist.

Testen Sie das Programm, indem Sie eine beliebige Anzahl von Zufallszahlen erzeugen und in einer ListBox anzeigen. Zur Kontrolle wird der Mittelwert der erzeugten Zahlen angezeigt. Der Mittelwert sollte etwa in der Mitte des vorgegebenen Intervalls liegen. Wenn der Minimalwert des Intervalls gleich 0 (null) ist, soll die *NextDouble*-Methode mit *einem* Argument, andernfalls die *NextDouble*-Methode mit *zwei* Argumenten aufgerufen werden.

Lernziel: Eine Klasse von einer vorhandenen .NET-Basisklasse ableiten und durch eigene Methoden ergänzen.

Lösungsschritte 1 und 2: Benutzeroberfläche erstellen und Eigenschaften festlegen

Starten Sie Visual Basic 2008, erstellen Sie ein neues *Windows Forms*-Projekt mit dem Namen „Zufallszahlen", und speichern Sie alle Dateien.

Platzieren Sie auf dem Formular *Form1* zwei TextBoxen *TxtVon* und *TxtBis* für die Eingabe der Intervallgrenzen sowie die TextBox *TxtAnzahl*. Weiter benötigen Sie eine *ListBox1* für die Anzeige der Zufallszahlen, ein Label *LblMittelwert* und einen Button *BtnStarten*. Die fertige Benutzeroberfläche (zur Laufzeit) können Sie in Abbildung 10.12 betrachten.

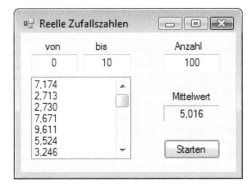

Abbildung 10.12
Testbeispiel zur Übung
„Reelle Zufallszahlen"

Lösungsschritt 3: Programmcode entwickeln

Die Übung demonstriert ebenfalls die Vererbung von Klassen, wobei aber eine bereits vorhandene .NET-Klasse als Basisklasse benutzt wird. Die Klasse *Zufallszahl* soll alle Methoden der Basisklasse *Random* erben. Zusätzlich soll sie um zwei parametrisierte Methoden *NextDouble* ergänzt werden. Da es die gleichnamige Methode bereits in der Klasse *Random* gibt und sich die zwei neuen Methoden eindeutig in der Anzahl ihrer Parameter unterscheiden, können sie mit dem Schlüsselwort *Overloads* überladen werden.

Die Methoden der *Random*-Klasse können Sie über den Objektbrowser unter dem Pfad

mscorlib|Namespaces|System|Klassen|Random

einsehen. Dort können Sie z. B. die Parameter der drei *Next*-Methoden nachlesen und erkennen, dass die Methode *NextDouble*() die Eigenschaft *Overridable* hat. Wir wollen die Funktion aber nicht überschreiben, sondern überladen. Die Klasse *Random* ist übrigens direkt von der Klasse *System.Object* abgeleitet.

a) Überladene Methode *NextDouble(maxValue)*

Mit der gleichnamigen parameterlosen Methode der Klasse *Random* wird eine reelle Zufallszahl zwischen 0 und 1 erzeugt, die anschließend mit dem Wert *maxValue* multipliziert wird.

b) Überladene Methode *NextDouble(minValue, maxValue)*

Durch Aufruf der Methode *NextDouble*() der Klasse *Random* wird zunächst wieder eine reelle Zufallszahl zwischen 0 und 1 erzeugt, die anschließend in das vorgegebene Intervall (*minValue* ≤ Zufallszahl < *maxValue*) transformiert wird.

■ **Definition der abgeleiteten Klasse Zufallszahl**

```
Public Class Zufallszahl
  Inherits System.Random

  Public Overloads Function NextDouble(ByVal maxValue As Double) _
                                       As Double
    Return MyBase.NextDouble() * maxValue
  End Function

  Public Overloads Function NextDouble(ByVal minValue As Double, _
                            ByVal maxValue As Double) As Double
    Return MyBase.NextDouble() * (maxValue - minValue) + minValue
  End Function
End Class
```

■ **Klasse Form1: Ereignisprozedur BtnStarten_Click**

Der Code der Klasse *Form1* besteht lediglich aus der Ereignisprozedur *BtnStarten_Click*. Zunächst werden die Intervallwerte (*von* und *bis*) sowie die Anzahl der zu erzeugenden Zufallszahlen eingelesen. Mit einer *If-Else*-Bedingung wird geprüft, ob der Minimalwert *von* gleich 0 (null) ist. In diesem Fall werden die Zufallszahlen mit der Methode *NextDouble(maxValue)* der Klasse *Zufallszahl* erzeugt, im anderen Fall mit der Methode *NextDouble(minValue, maxValue)*. Zusätzlich wird die Summe der Pseudozufallszahlen gebildet, aus der zum Schluss der Mittelwert berechnet wird.

```
Public Class Form1
  Private Sub BtnStarten_Click(...) Handles BtnStarten.Click
    Dim von, bis, zahl, summe As Double
    Dim anzahl, i As Integer
    Dim rnd As New Zufallszahl()

    ListBox1.Items.Clear()
    summe = 0
    Try
      ' Einlesen der Eingabewerte
      von = CDbl(TxtVon.Text)
      bis = CDbl(TxtBis.Text)
      anzahl = CInt(TxtAnzahl.Text)

      ' Zufallszahlen erzeugen
```

```
            If von = 0 Then
                For i = 1 To anzahl
                    zahl = rnd.NextDouble(bis)
                    summe += zahl
                    ListBox1.Items.Add(zahl.ToString("f3"))
                Next
            Else
                For i = 1 To anzahl
                    zahl = rnd.NextDouble(von, bis)
                    summe += zahl
                    ListBox1.Items.Add(zahl.ToString("f3"))
                Next
            End If
            LblMittelwert.Text = (summe / anzahl).ToString("f3")
        Catch ex As Exception
            MessageBox.Show(ex.Message, "Fehlerhinweis")
        End Try
    End Sub
End Class
```

Lösungsschritt 4: Programm testen

Ein Testbeispiel sehen Sie in Abbildung 10.12. Testen Sie die zwei *NextDouble*-Methoden, indem Sie einmal den *von*-Wert auf 0 (null) stellen und einmal ein beliebiges Intervall wählen. Bei einer genügend großen Anzahl erzeugter Zufallszahlen sollte der angezeigte Mittelwert in der Nähe der Intervallmitte liegen.

Übung 10-3: Eigene Ausnahmeklassen

Die vordefinierten Exception-Klassen des .NET Frameworks sind sehr nützlich und reichen für die meisten Anwendungen aus. Trotzdem kann es hin und wieder sinnvoll sein, eigene Exception-Klassen zu definieren. Diese lassen sich mit relativ wenig Aufwand schreiben. Benutzerdefinierte Ausnahme-Klassen sollten möglichst von der .NET-Klasse *ApplicationException* abgeleitet werden. Der Klassenname sollte immer mit der Funktionalität beginnen und mit dem Namensteil *Exception* enden.

Aufgabe: Für die vorausgegangene Übung 10-2 sind zwei eigene Exception-Klassen zu definieren:

- eine Klasse *LeerStringException*, die benutzerdefiniert ausgelöst wird, wenn ein Leerstring eingelesen wird (hier: *Text*-Eigenschaften der drei TextBoxen *TxtVon*, *TxtBis*, *TxtAnzahl*)
- eine Klasse *NegativeZeroException*, die benutzerdefiniert ausgelöst wird, wenn eine Zahl eingelesen wird, die kleiner oder gleich 0 (null) ist (hier: Variable *anzahl*)

Lernziel: Eigene Exception-Klassen definieren und anwenden.

Lösungsschritte 1 und 2: Benutzeroberfläche erstellen und Eigenschaften festlegen

Starten Sie Visual Basic 2008, erstellen Sie ein neues *Windows Forms*-Projekt mit dem Namen „ZufallszahlenExceptions", und speichern Sie alle Dateien.

Um das bereits in Übung 10-2 erstellte Windows-Formular mit der Klasse *Zufallszahl* in das neue Projekt einzubetten, gehen Sie wie in Übung 9-6 vor:

Wählen Sie den Menüpunkt *Projekt|Vorhandenes Element hinzufügen*. Navigieren Sie im folgenden Dialogfeld in das Projekt „Zufallszahlen", und wählen Sie bei gedrückter *Strg*-Taste die drei Dateien *Form1.Designer.vb*, *Form1.vb* und *Zufallszahl.vb* aus, und klicken Sie auf den Button „Hinzufügen". In den folgenden Dialogfeldern bestätigen Sie einfach immer mit „Ja".

Lösungsschritt 3: Programmcode entwickeln

Von der vorhandenen *ApplicationException*-Klasse werden die zwei benutzerdefinierten Exception-Klassen abgeleitet. Die Klassenhierarchie ist in Abbildung 10.13 dargestellt.

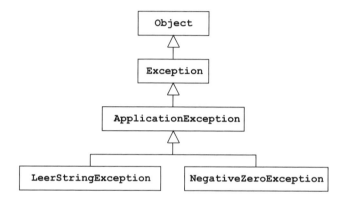

Abbildung 10.13 Klassenhierarchie der Exception-Klassen

Die Konstruktoren und Methoden der *ApplicationException*-Klasse können Sie über den Objektbrowser unter dem Pfad

mscorlib|Namespaces|System|Klassen|ApplicationException

verfolgen. Wir wollen in beiden Ausnahmeklassen lediglich einen parametrisierten Konstruktor bereitstellen, der einen klassenspezifischen Text mit einem variablen Meldungstext kombiniert.

- **Definition der abgeleiteten Klasse LeerStringException**

```
Public Class LeerStringException
  Inherits ApplicationException

  Public Sub New(ByVal message As String)
    MyBase.New("LeerString nicht erlaubt " & message)
  End Sub
End Class
```

- **Definition der abgeleiteten Klasse NegativeZeroException**

```
Public Class NegativeZeroException
  Inherits ApplicationException

  Public Sub New(ByVal message As String)
```

```
        MyBase.New("Wert kleiner oder gleich Null " & _
                  "nicht zulässig " & message)
    End Sub
End Class
```

■ Klasse Form1: Ereignisprozedur BtnStarten_Click

Den größten Teil der Ereignisprozedur können wir belassen. Im Teil „Einlesen der Eingabewerte" werden zusätzlich alle drei Eingabewerte überprüft. Falls mindestens eine TextBox einen Leerstring enthält, wird eine *LeerStringException* geworfen. Außerdem wird geprüft, ob die eingegebene Anzahl kleiner oder gleich 0 (null) ist. Gegebenenfalls wird eine *NegativeZeroException* geworfen.

Die zweite Codeänderung betrifft den *Catch*-Teil des *Try-Catch*-Konstrukts. Hier werden der Reihe nach die zwei neu eingefügten und die bereits vorhandene allgemeine Exception behandelt.

```
Private Sub BtnStarten_Click(...) Handles BtnStarten.Click
    ' ...
    Try
        ' Einlesen der Eingabewerte
        ' Prüfung der Eingabewerte auf Leerstring und anzahl <= 0
        If TxtVon.Text = "" OrElse TxtBis.Text = "" _
                           OrElse TxtAnzahl.Text = "" Then
            Throw New LeerStringException("-> von/bis/Anzahl")
        Else
            von = CDbl(TxtVon.Text)
            bis = CDbl(TxtBis.Text)
            anzahl = CInt(TxtAnzahl.Text)
            If anzahl <= 0 Then
                Throw New NegativeZeroException("-> Anzahl")
            End If
        End If

        ' Zufallszahlen erzeugen
        ' ...
        LblMittelwert.Text = (summe / anzahl).ToString("f3")
    Catch ex As LeerStringException
        MessageBox.Show(ex.Message, "Fehlerhinweis")
    Catch ex As NegativeZeroException
        MessageBox.Show(ex.Message, "Fehlerhinweis")
    Catch ex As Exception
        MessageBox.Show(ex.Message, "Fehlerhinweis")
    End Try
End Sub
```

Lösungsschritt 4: Programm testen

Testen Sie die zwei Exception-Klassen, indem Sie den *von*-Wert, den *bis*-Wert oder den *Anzahl*-Wert löschen (Leerstring). Damit wird eine *LeerStringException* ausgelöst. Geben Sie anschließend den Wert 0 (null) oder einen negativen Wert in die TextBox *TxtAnzahl* ein. Damit sollte die *NegativeZeroException* ausgelöst werden. Um die allgemeine Exception auszulösen, geben Sie ein Sonderzeichen oder einen Buchstaben in eines der Eingabetextfelder ein.

Übung 10-4: DXF-Konverter (ABC)

Das DXF-(*Drawing Interchange File-*)Format ist ein Industriestandard zum Austausch von CAD-Zeichnungen und wurde von der Firma Autodesk für das weit verbreitete CAD-Programm AutoCAD eingeführt. Im Gegensatz zu dem originär verwendeten binären DWG-Format enthält das DXF-Format lediglich ASCII-Code und ist dadurch mit einem gängigen Texteditor lesbar. Weltweit gibt es unzählige DXF-Konverter, die das Grafikformat außerhalb der AutoCAD-Anwendung erzeugen. Auch wir wollen einen solchen Konverter in einfacher Form entwickeln. Das Zielformat bezieht sich auf die schon einige Zeit zurückliegende AutoCAD-Version 12, kann aber immer noch problemlos von jeder aktuellen AutoCAD-Version gelesen werden.

Eine DXF-Datei ist in sog. Hauptabschnitte (engl. *Sections*) gegliedert. In der Minimalversion muss sie mindestens aus der *Entities*-Section bestehen, die die eigentlichen Zeichnungselemente enthält. Eine DXF-Datei besteht in der Regel aus sehr vielen Zeilen. In jeder Zeile steht nur ein Eintrag, je zwei Zeilen bilden eine *Gruppe*, die sich aus dem Gruppencode (erste Zeile) und dem Gruppenwert (zweite Zeile) zusammensetzt.

In Listing 10.9 ist eine vollständige *Entities*-Section für ein Kreiselement wiedergegeben. Lediglich der erste Eintrag in jeder Zeile gehört zur DXF-Datei, die Erläuterung des Gruppencodes ist nur als Kommentar zu verstehen. Alle Elemente benötigen in der Regel 3D-Koordinaten, Gleitkommazahlen müssen stets mit *Dezimalpunkt* dargestellt werden.

Listing 10.9 DXF-Entities-Section für einen Kreis um den Mittelpunkt (12.5, 16.5, 0) mit R = 5.0

```
       0            Gruppencode 0: Es folgt Start der Section
SECTION
       2            Gruppencode 2: Es folgt Section-Name
ENTITIES
       0            Gruppencode 0: Es folgt Entity-Name
CIRCLE
       8            Gruppencode 8: Es folgt Layername
Kreise
      10            Gruppencode 10: Es folgt Kreismittelpunkt (x)
12.5
      20            Gruppencode 20: Es folgt Kreismittelpunkt (y)
16.5
      30            Gruppencode 30: Es folgt Kreismittelpunkt (z)
0
      40            Gruppencode 40: Es folgt Kreisradius
5.0
       0            Gruppencode 0: Es folgt Ende der Section
ENDSEC
       0            Gruppencode 0: Es folgt Dateiende (End of File)
EOF
```

Die ersten und die letzten vier Zeilen (hier fett dargestellt) müssen am Anfang bzw. am Schluss der DXF-Datei stehen. Sie bilden die Klammer für die eigentlichen Zeichnungselemente (Entities), die in beliebiger Reihenfolge dazwischen eingetragen werden. Nach dem Entity-Namen und dem obligatorischen (benutzerdefinierten) Layernamen folgen die elementspezifischen Gruppen, beim Kreis z. B. die Koordinaten des Mittelpunkts und der Radius.

AutoCAD kennt eine ganze Liste von Entities, wir wollen uns – neben dem Kreis – auf einige wichtige Elemente beschränken (siehe Tabelle 10.2).

Tabelle 10.2 DXF-Entities-Definitionen für ausgewählte Zeichnungselemente

Entity (Beispiel)	Beschreibung	Entity (Beispiel)	Beschreibung
0 ARC 8 0 10 0 20 0 30 0 40 2.0 50 0.0 51 36.8699	Kreisbogen Layername Mittelpunkt (x) Mittelpunkt (y) Mittelpunkt (z) Radius Anfangswinkel wa Endwinkel wb (°)	0 LINE 8 Linien 10 -5 20 0 30 0 11 5 21 0 31 0	Linie Layername Startpunkt (x1) Startpunkt (y1) Startpunkt (z1) Endpunkt (x2) Endpunkt (y2) Endpunkt (z2)
0 TEXT 8 0 10 2.5 20 0.5 30 0 40 1.0 1 phi	Text Layername Einfügepunkt (x) Einfügepunkt (y) Einfügepunkt (z) Texthöhe Textstring	0 POINT 8 Punkte 10 0 20 0 30 0	Punkt Layername Punktposition (x) Punktposition (y) Punktposition (z)

Aufgabe: Erstellen Sie ein Programm, das eine Folge von Zeichnungselementen von einem selbst definierten Grafikformat (eine Zeile pro Element) in das DXF-Format konvertiert. Die Umsetzung der Grafikdaten soll mit einer *abstrakten* Basisklasse *Entity* und einer Subklasse pro Zeichnungselement gelöst werden.

Lernziel: Eine abstrakte Basisklasse und mehrere abgeleitete Klassen definieren und anwenden, einen Konverter für die Umsetzung von Grafikdaten entwickeln.

Lösungsschritte 1 und 2: Benutzeroberfläche erstellen und Eigenschaften festlegen

Starten Sie Visual Basic 2008, erstellen Sie ein neues *Windows Forms*-Projekt mit dem Namen „DxfKonverter_Abstract", und speichern Sie alle Dateien.

Auf dem Windows-Formular *Form1* sind drei mehrzeilige TextBoxen vorzusehen, eine für die Eingabewerte (*TxtEntities*), eine für das erzeugte DXF-Format (*TxtDXF*) und eine für das Fehlerprotokoll (*TxtFehler*). Über den Button *BtnKonvertieren* soll die Konvertierung ausgelöst werden.

10 Vererbung und Schnittstellen

Die fertige Benutzeroberfläche können Sie in Abbildung 10.14 betrachten. Die zu dem Beispiel gehörigen Daten sind in der Datei *Entities.txt* im Ordner *\Daten\Kap10* auf der Begleit-DVD enthalten.

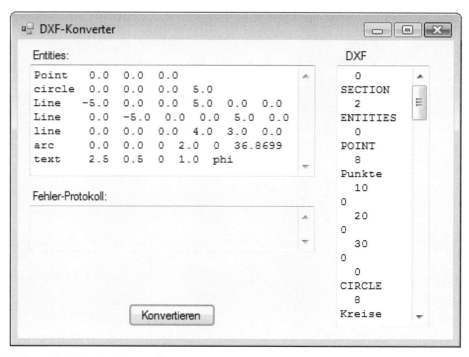

Abbildung 10.14 Testbeispiel zur Übung „DXF-Konverter"

Lösungsschritt 3: Programmcode entwickeln

In der Basisklasse *Entity* sind lediglich eine abstrakte Methode *PrintDXF* und die konkrete Eigenschaft *LayerName* zu definieren. Pro Zeichnungselement ist eine abgeleitete Klasse (z. B. *Circle*) zu deklarieren, die jeweils einen Konstruktor mit allen elementspezifischen Parameterwerten enthält und die *PrintDXF*-Methode überschreibt. Für die Definition der ersten und letzten vier konstanten Zeilen der DXF-Datei sollen eine Klasse *StartEntity* und eine Klasse *EndEntity* abgeleitet werden, die jeweils nur die *PrintDXF*-Methode überschreiben. Das zugehörige Klassendiagramm ist in Abbildung 10.15 dargestellt. Die privaten Felder fehlen, damit das Diagramm nicht zu unübersichtlich wird.

10.2 Übungen

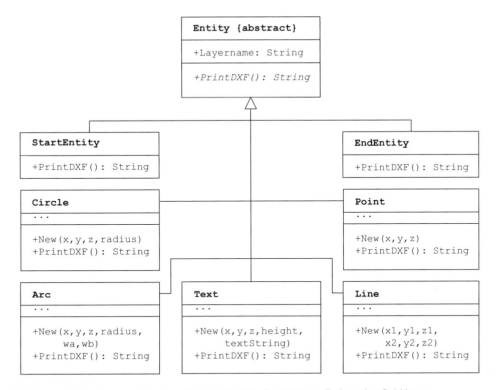

Abbildung 10.15 Klassendiagramm für die abstrakte Basisklasse Entity nebst Subklassen

■ Definition der abstrakten Basisklasse Entity

Die Klasse *Entity* wird als abstrakte Basisklasse definiert, da sie auf einer höheren Abstraktionsebene als die Subklassen steht. Dies ist auch daran erkennbar, dass die Methode *PrintDXF* nur für die Subklassen einen Sinn ergibt. Gleichwohl wird die Eigenschaft *LayerName* sinnvollerweise in der Basisklasse definiert, sodass jede Subklasse diese Property erben kann. Jede AutoCAD-Zeichnung besitzt standardmäßig den Layer „0", der auch nicht gelöscht werden kann. Deshalb empfiehlt es sich, diesen Layernamen zuzuordnen, falls keine Information vorliegt.

```
Public MustInherit Class Entity
  Public MustOverride Function PrintDXF() As String
  Protected mLayerName As String

  Public Property LayerName() As String
    Get
      Return mLayerName
    End Get
    Set(ByVal value As String)
      If value = "" Then
        mLayerName = "0"
      Else
        mLayerName = value
      End If
    End Set
  End Property
End Class
```

Definition der abgeleiten Klasse Circle

Da die Klasse *Circle* von der abstrakten Klasse *Entity* abgeleitet wird, muss sie die Methode *PrintDXF* überschreiben. Zusätzlich soll ein Konstruktor mit den elementspezifischen Parameterwerten definiert werden.

```
Public Class Circle
    Inherits Entity
    Private mPx, mPy, mPz As Double
    Private mRadius As Double
    Private newln As String = System.Environment.NewLine

    Public Sub New(ByVal x As Double, ByVal y As Double, _
                   ByVal z As Double, ByVal radius As Double)
        mPx = x : mPy = y : mPz = z
        mRadius = radius
    End Sub

    Public Overrides Function PrintDXF() As String
        Return "  0" & newln & "CIRCLE" & newln & _
               "  8" & newln & LayerName & newln & _
               " 10" & newln & mPx.ToString & newln & _
               " 20" & newln & mPy.ToString & newln & _
               " 30" & newln & mPz.ToString & newln & _
               " 40" & newln & mRadius.ToString & newln
    End Function
End Class
```

Definition der abgeleiteten Klassen Arc, Line, Point und Text

Der Programmcode für die genannten Klassen ist analog zu der Klasse *Circle* aufzubauen. Die notwendigen spezifischen Informationen sind Tabelle 10.2 und dem Klassendiagramm (Abbildung 10.15) zu entnehmen.

Definition der abgeleiteten Klassen StartEntity und EndEntity

Der konstante Vor- und Nachspann für die *Entity*-Section soll durch die Definition entsprechender Klassen bereitgestellt werden. Diese zwei Klassen werden ebenfalls von der abstrakten Basisklasse *Entity* abgeleitet und besitzen damit eine Methode *PrintDXF*. Sie benötigen aber keinen eigenen Konstruktor, sondern erben automatisch den parameterlosen Standardkonstruktor der Klasse *Object*.

```
Public Class StartEntity
    Inherits Entity
    Private newln As String = System.Environment.NewLine

    Public Overrides Function PrintDXF() As String
        Return "  0" & newln & "SECTION" & newln & _
               "  2" & newln & "ENTITIES" & newln
    End Function
End Class
```

Die Klasse *EndEntity* wird analog aufgebaut. Die *PrintDXF*-Methode erzeugt die vier letzten Zeilen aus Listing 10.9, endet also mit dem Eintrag „EOF".

Klasse Form1: Ereignisprozedur BtnKonvertieren_Click

Der zentrale Codeblock besteht aus einer *For-Next*-Schleife, die alle Zeilen der TextBox *TxtEntities* durchläuft. Ein Grafikelement belegt eine Zeile und enthält alle spezifischen Informationen (Gruppenwerte des DXF-Formats) mit Ausnahme des Layernamens. (Mit geringem Aufwand könnte das Programm so verändert werden, dass jedem Element auch der Layername mitgegeben wird.) Die Testwerte sind in der TextBox *TxtEntities* in Abbildung 10.14 dargestellt und entsprechen dem Inhalt der Datei *Entities.txt*.

Jede Zeile wird mithilfe der *Split*-Methode in ihre Einzeleinträge zerlegt. Für den Entity-Namen (erster Zeileneintrag) spielt es keine Rolle, ob er groß- oder kleingeschrieben wird. Er wird deshalb mit der *ToUpper*-Methode in Großbuchstaben umgewandelt und kann anschließend in einer *Select-Case*-Anweisung auf Übereinstimmung mit „ARC", „CIRCLE", „LINE" usw. überprüft werden. Anschließend wird die Zahl der Zeileneinträge kontrolliert. Falls ein Element nicht in DXF umsetzbar ist, soll die Konvertierung nicht abgebrochen, sondern die Zeilennummer mit dem Elementnamen in das Fehlerprotokoll aufgenommen werden. Der Layername wird in unserer Lösung einheitlich für jeden Elementtyp vergeben. Der Layername wird anschließend beim Aufruf der elementspezifischen *PrintDXF*-Methode in die Zeichenkette eingebaut. Die konvertierten Elemente werden fortlaufend in der Stringvariablen *dxf*, die fehlerbehafteten Elemente in der Stringvariablen *fehler* aneinandergereiht.

Nicht vergessen werden darf, dass die Stringvariable *dxf* durch den konstanten Vorspann und Nachspann ergänzt werden muss. Schließlich müssen noch alle Dezimalkommas durch Dezimalpunkte ersetzt werden, bevor die Variable *dxf* in die vorgesehene TextBox *TxtDxf* geschrieben wird.

```
Public Class Form1
  Private Sub BtnKonvertieren_Click(...) Handles BtnKonvertieren.Click
    Dim charSep() As Char = {" "c}
    Dim zeile() As String, txtZeile As String
    Dim fehler As String = String.Empty
    Dim dxf As String = String.Empty
    Dim i As Integer
    Dim newln As String = System.Environment.NewLine

    Dim entStart As New StartEntity()
    Dim entEnde As New EndEntity()
    Dim entArc As Arc, entCircle As Circle, entLine As Line
    Dim entPoint As Point, entText As Text

    Try
      ' DXF-Start (Vorspann)
      dxf = entStart.PrintDXF()

      For i = 0 To TxtEntities.Lines.Length - 1
        txtZeile = TxtEntities.Lines(i).Replace(".", ",")
        zeile = txtZeile.Split(charSep, _
                       StringSplitOptions.RemoveEmptyEntries)
        zeile(0) = zeile(0).ToUpper()
        Select Case zeile(0)
          Case "ARC"
            If zeile.Length = 7 Then
              entArc = New Arc(CDbl(zeile(1)), CDbl(zeile(2)), _
                               CDbl(zeile(3)), CDbl(zeile(4)), _
                               CDbl(zeile(5)), CDbl(zeile(6)))
              entArc.LayerName = ""         ' ergibt Layername = "0"
              dxf &= entArc.PrintDXF()
            Else
              fehler &= "Zeile " & i & ": ARC" & newln
            End If
          Case "CIRCLE"
            If zeile.Length = 5 Then
```

10 Vererbung und Schnittstellen

```
                entCircle = New Circle(CDbl(zeile(1)), CDbl(zeile(2)), _
                                       CDbl(zeile(3)), CDbl(zeile(4)))
                entCircle.LayerName = "Kreise"
                dxf &= entCircle.PrintDXF()
              Else
                fehler &= "Zeile " & i & ": CIRCLE" & newln
              End If
            Case "LINE"
              ' ...
            Case "POINT"
              ' ...
            Case "TEXT"
              ' ...
      ' DXF-Ende (Nachspann)
      dxf &= entEnde.PrintDXF()

      ' Vollständige DXF-Daten schreiben
      TxtDXF.Text = dxf.Replace(",", ".")

      ' Fehlerprotokoll
      TxtFehler.Text = fehler

    Catch ex As Exception
      MessageBox.Show(ex.Message, "Fehlerhinweis")
    End Try
  End Sub
End Class
```

Lösungsschritt 4: Programm testen

Ein Laufzeitbeispiel ist in Abbildung 10.14 dargestellt. Zum Test ist es empfehlenswert, die einzugebenden Datensätze in eine Textdatei zu schreiben und den Inhalt zur Laufzeit über die Zwischenablage in die TextBox *TxtEntities* zu kopieren, Ebenso ist es ratsam, das vollständige Ergebnis aus der TextBox *TxtDxf* über die Zwischenablage in einen Editor zu kopieren und die Datei als DXF-Datei zu speichern.

Testen Sie auch mit fehlerhaften Entity-Namen (z. B. Circel statt Circle) oder mit einer falschen Argumentzahl in einer Zeile. Die fehlerhaften Elemente sollten nicht in den DXF-String aufgenommen werden, dafür aber im Fehlerprotokoll erscheinen.

Wenn Sie über eine (auch ältere) AutoCAD- oder AutoCAD-LT-Version verfügen, sollte die DXF-Datei problemlos eingelesen werden können. Die Datei *Entities.txt* liefert beispielsweise die in Abbildung 10.16 dargestellten Zeichnungselemente.

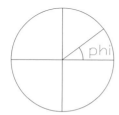

Abbildung 10.16
AutoCAD-Zeichnung der umgesetzten Demo-Datei Entities.txt

Fremdprogramme kommen je nach Güte des implementierten Konverters u.U. mit unserer minimalen DXF-Datei nicht zurecht. Eine kleine Verbesserung besteht darin, im Vorspann die *Header*-Section in der in Listing 10.10 dargestellten Kurzform vor die *Entities*-Section zu stellen.

Listing 10.10 DXF-Header-Section mit der Variablen ACADVER (AC1009 entspricht AutoCAD 12)

```
  0
SECTION
  2
HEADER
  9
$ACADVER
  1
AC1009
  0
ENDSEC
```

Übung 10-5: DXF-Konverter (Interface)

Aufgabe: In der vorausgegangenen Übung wurde ein DXF-Konverter mithilfe einer abstrakten Basisklasse und einer Reihe von Subklassen entwickelt. Dieselbe Aufgabe soll nun gelöst werden, indem – soweit sinnvoll – Schnittstellen (Interfaces) eingesetzt werden.

Lernziel: Schnittstellen (Interfaces) sinnvoll einsetzen.

Lösungsschritte 1 und 2: Benutzeroberfläche erstellen und Eigenschaften festlegen

Starten Sie Visual Basic 2008, erstellen Sie ein neues *Windows Forms*-Projekt mit dem Namen „DxfKonverter_Interface", und speichern Sie alle Dateien.

Der Einfachheit halber importieren wir zunächst alle VB-Dateien aus dem vorherigen Projekt „DxfKonverter_Abstract" (Menü *Projekt|Vorhandenes Element hinzufügen*). Damit haben wir bereits die identische Windows-Oberfläche wie in Übung 10-4 mit allen Einstellungen und allen Codedateien, die wir nun lediglich überarbeiten müssen.

Lösungsschritt 3: Programmcode entwickeln

Die entscheidende Frage ist, wofür wir sinnvoll Schnittstellen einsetzen können. Unbestritten ist wohl, dass die abstrakte Methode *PrintDXF* der abstrakten Basisklasse *Entity* in eine Schnittstelle verlegt werden kann. Diese Schnittstelle wollen wir mit *IDxfPrinter* bezeichnen.

Etwas schwieriger ist die Entscheidung, ob die Property *LayerName* der abstrakten Basisklasse in derselben Schnittstelle bzw. in einer zusätzlichen Schnittstelle definiert werden soll. Der Vorteil wäre, dass damit die abstrakte Klasse *Entity* überflüssig wird. Dem stünde als Nachteil entgegen, dass wir dann die Eigenschaft *LayerName* in jeder Subklasse (außer in *StartEntity* und *EndEntity*) mit identischem Code implementieren müssten, was bei einer nachträglichen Änderung des Eigenschaftscodes zu Inkonsistenzen führen könnte.

Schließlich ist noch zu untersuchen, ob wir die *PrintDXF*-Methoden der beiden Klassen *StartEntity* und *EndEntity* als Schnittstelle implementieren sollten. Auch das gibt nicht viel Sinn, weil die beiden Methoden nur einmal benötigt werden und keine logische Verbindung zu den Element-Subklassen besteht.

Aus pragmatischer Sicht behalten wir deshalb die Klasse *Entity* als konkrete Basisklasse bei, von der die Entity-Klassen (ohne die beiden Klassen *StartEntity* und *EndEntity*) abgeleitet werden. In allen Subklassen sowie in den beiden Klassen *StartEntity* und *EndEntity* implementieren wir die Schnittstelle *IDxfPrinter* (siehe Abbildung 10.17).

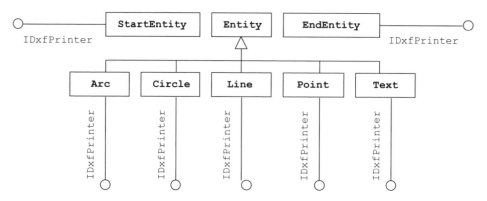

Abbildung 10.17 Klassendiagramm mit Implementierung der Schnittstelle IDxfPrinter

▪ Definition der Schnittstelle IDxfPrinter

Die Schnittstelle definiert lediglich die Methode *PrintDXF*.

```
Public Interface IDxfPrinter
   Function PrintDXF() As String
End Interface
```

▪ Definition der Basisklasse Entity

Die Klasse *Entity* wird als konkrete Klasse mit der Eigenschaft *LayerName* definiert. Es muss also lediglich die Definition der abstrakten Methode *PrintDXF* gelöscht werden.

```
Public Class Entity
   Protected mLayerName As String

   Public Property LayerName() As String
     ' ...
   End Property
End Class
```

▪ Definition der abgeleiten Klasse Circle

Die *Inherits Entity*-Anweisung muss erhalten bleiben, da die Subklasse *Circle* nach wie vor die Eigenschaft *LayerName* von der Basisklasse *Entity* erben soll. Die Schnittstelle *IDxfPrinter* wird über eine *Implements*-Anweisung integriert. Damit ändert sich auch der Prozedurkopf der *PrintDXF*-Methode.

```
Public Class Circle
   Inherits Entity
   Implements IDxfPrinter

     ' Private Member und Konstruktor ...

   Public Function PrintDXF() As String Implements IDxfPrinter.PrintDXF
     ' ...
   End Function
End Class
```

- **Definition der abgeleiteten Klassen Arc, Line, Point und Text**

Der Programmcode für die genannten Klassen ist analog zu der Klasse *Circle* zu ändern.

- **Definition der abgeleiteten Klassen StartEntity und EndEntity**

Wie in den Entity-Subklassen ist die Schnittstelle *IDxfPrinter* zu integrieren. Ebenso ist der Prozedurkopf der *PrintDXF*-Methode anzupassen. Die *Inherits*-Anweisung ist überflüssig.

```
Public Class StartEntity
  Implements IDxfPrinter
  ' Private newln ...

  Public Function PrintDXF() As String Implements IDxfPrinter.PrintDXF
    ' ...
  End Function
End Class
```

Die Klasse *EndEntity* ist analog zu ändern.

- **Klasse Form1: Ereignisprozedur BtnKonvertieren_Click**

Es ergeben sich keinerlei Änderungen gegenüber der Version „DxfKonverter_Abstract".

Lösungsschritt 4: Programm testen

Beim Test können Sie wieder auf das in Abbildung 10.14 dargestellte Beispiel zurückgreifen. Es sollten sich keinerlei Unterschiede im Programmverhalten zeigen.

10.3 Aufgaben

Aufgabe 10-1: Verein „Die Vögel" – Mitgliederverwaltung

Zur Vorbereitung der jährlich einmal stattfindenden Jahresversammlung des Vereins „Die Vögel" soll die Mitgliederdatei nach zwei Kriterien durchsucht werden:

- Ehrungen

Alle Mitglieder sind zu ehren, die seit der letztjährigen Versammlung ihre 25-, 40- oder 50-jährige Mitgliedschaft feiern konnten. Weiter ist den Seniormitgliedern zu gratulieren, die einen runden Geburtstag (alle zehn Jahre ab 70) hatten. Den Ehrenmitgliedern ist bereits ab dem 60. Geburtstag zu gratulieren (jeweils im Abstand von fünf Jahren).

- Mahnungen

Mitglieder, die bis zum Versammlungsdatum ihren Jahresbeitrag noch nicht bezahlt haben, sollen vorher eine freundliche Mahnung erhalten. Ausgenommen sind die Seniormitglieder, die das 80. Lebensjahr bereits überschritten haben, sowie generell alle Ehrenmitglieder.

10 Vererbung und Schnittstellen

Aufgaben:

1. Stellen Sie die Klassenstruktur zunächst in einem Klassendiagramm (mit allen Membern) dar. Die Klasse *Mitglied* soll als konkrete Basisklasse definiert werden, die beiden Klassen *SeniorMitglied* und *EhrenMitglied* sollen davon abgeleitet werden.

2. Setzen Sie das Klassendiagramm in Programmcode um. In der Klasse *Mitglied* ist eine Hilfsmethode *GetYearDiff(datum1, datum2)* nützlich, die die Jahresdifferenz zwischen zwei Datumswerten als *Integer*-Zahl zurückgibt. (Im Lösungsvorschlag sind die Datumsparameter als *String* definiert, alternativ können Sie diese auch mit dem Datentyp *DateTime* übergeben.)

3. Schreiben Sie ein Windows-Testprogramm, das sich an Abbildung 10.18 orientiert. Für die Mitglieder, für die Ehrungen und für die Mahnungen sollten Sie jeweils eine mehrzeilige TextBox verwenden. Sie können so auch leicht die Demo-Datei *Mitglieder.txt* (Ordner \Daten\Kap10 auf der Begleit-DVD) mit den Mitgliederdaten in die TextBox „Mitglieder" kopieren.

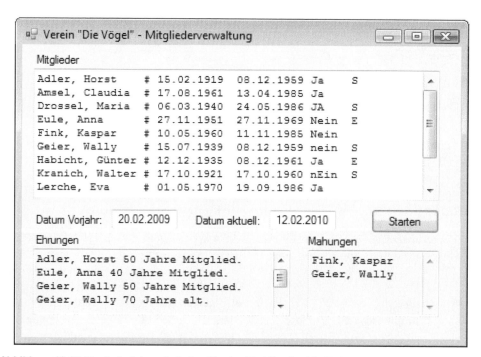

Abbildung 10.18 Testbeispiel zur Aufgabe „Verein „Die Vögel" – Mitgliederverwaltung"

Den Aufbau eines Datensatzes können Sie aus Abbildung 10.18 ersehen: Der Name wird mit einem #-Zeichen abgeschlossen. Darauf folgen das Geburtsdatum, das Beitrittsdatum und der Bezahlstatus (*Ja* oder *Nein*), jeweils durch mindestens ein Leerzeichen voneinander getrennt. Falls es sich bei dem Mitglied um ein Ehrenmitglied (*E*) oder ein Seniormitglied (*S*) handelt, wird an den Datensatz der entsprechende Buchstabe angehängt.

Aufgabe 10-2: Analyse von Klassendefinitionen

Analysieren Sie die folgenden Klassendefinitionen:

a) Kreisring

In Übung 9-3 wurden die drei Klassen *Punkt*, *Kreis* und *Kreisring* definiert. Ist es sinnvoll, dafür Vererbung und/oder Schnittstellen einzusetzen?

b) Ebene geometrische Figuren

Für die vier ebenen geometrischen Figuren (geschlossenes) Polygon, Dreieck, Rechteck und Quadrat sollen die Methoden *GetFlaeche*, *GetUmfang* und *GetCenter* (Schwerpunkt) definiert werden. Alle Figuren werden durch ihre Eckpunkte realisiert, wobei für das Rechteck und das Quadrat die zwei Punkte *Lu* (links unten) und *Ro* (rechts oben) ausreichen.

Entwickeln Sie eine geeignete Klassenstruktur (mit Klassendiagramm) für diese vier Figuren. Untersuchen Sie insbesondere die drei Fälle konkrete Basisklasse (Vererbung), abstrakte Basisklasse und Schnittstelle(n).

Wie lässt sich die Klasse *Punkt* integrieren, die sowohl für den Schwerpunkt als auch für die Eckpunkte (beim Polygon als Punktarray) benötigt wird?

Ist es sinnvoll, die Klasse „Quadrat" von der Klasse „Rechteck" abzuleiten?

c) Reguläres n-Eck (Vieleck)

In Übung 10-1 wurde das reguläre *n*-Eck mit einer konkreten Basisklasse und abgeleiteten Klassen realisiert. Wie könnte eine Lösung mit einer abstrakten Klasse und davon abgeleiteten Klassen oder mit Schnittsstellen (Interfaces) realisiert werden?

Aufgabe 10-3: Normalverteilte Zufallszahlen

Die mit der Klasse *Random* bzw. der eigenen Klasse *Zufallszahl* (Übung 10-2) erzeugten Pseudozufallszahlen sind *gleichverteilt*. Unterteilt man die Zufallszahlen in gleichabständige Klassen und trägt die Häufigkeiten als Säulendiagramm auf, so sind theoretisch alle Säulen gleich hoch, man spricht deshalb auch von einer Rechtecksverteilung.

Wenn Sie zum Beispiel Messreihen simulieren wollen, die mit zufälligen Messabweichungen behaftet sind, so benötigen Sie dagegen *normalverteilte* Zufallszahlen, die der Normalverteilung (Gauß'sche Glockenkurve) folgen. Das Verhalten der Gauß'schen Normalverteilung wird durch den Erwartungswert μ und die Standardabweichung σ bestimmt. Der Standardnormalverteilung $N(0, 1)$ liegt der Erwartungswert $\mu = 0$ und die Standardabweichung $\sigma = 1$ zugrunde.

Für die Simulation standardnormalverteilter Zufallszahlen x werden im Wesentlichen zwei Verfahren eingesetzt:

- die *Box-Muller*-Methode
    1. Erzeuge zwei gleichverteilte Zufallszahlen $u_1, u_2 \sim U(0, 1)$
    2. Berechne $x = \cos(2\pi \cdot u_1) \cdot \sqrt{-2 \cdot \ln u_2}$ $\{und\ x = \sin(2\pi \cdot u_1) \cdot \sqrt{-2 \cdot \ln u_2}\}$

- die *Polar*-Methode (nach *Marsaglia*)
    1. Erzeuge zwei gleichverteilte Zufallszahlen $u_1, u_2 \sim U(-1, 1)$
    2. Berechne $q = u_1^2 + u_2^2$

    Falls $q > 1$, wiederhole Schritte 1 und 2

    3. Berechne $p = \sqrt{-2 \cdot \ln q / q}$
    4. Berechne $x = u_1 \cdot p$ $\{und\ x = u_2 \cdot p\}$

Normalverteilte Zufallszahlen der Verteilung $N(\mu, \sigma)$ lassen sich aus standardnormalverteilten Zufallszahlen durch die lineare Transformation $\sigma \cdot x + \mu$ ableiten.

Aufgaben:

1. Definieren Sie eine Klasse *NvtZufallszahl*, die sich von der Klasse *Random* ableitet und die drei folgenden Methoden definiert:

    a) eine *Function NextNvt()*, die eine standardnormalverteilte Zufallszahl (*Double*) mithilfe der *Box-Muller*-Methode erzeugt.

    b) eine überladene *Function NextNvt(sigma)*, die eine standardnormalverteilte Zufallszahl (*Double*) mithilfe der *Polar*-Methode erzeugt und in eine normalverteilte Zufallszahl mit der Standardabweichung *sigma* transformiert.

    c) eine überladene *Function NextNvt(mu, sigma)*, die eine standardnormalverteilte Zufallszahl (*Double*) mithilfe der *Function NextNvt()* (siehe a)) erzeugt und in eine normalverteilte Zufallszahl mit der Standardabweichung σ (*sigma*) und dem Erwartungswert μ (*mu*) transformiert.

2. Schreiben Sie ein Windows-Testprogramm, das die drei o.a. Methoden in Abhängigkeit von σ (*sigma*) und μ (*mu*) testet. Am einfachsten ist es, die „vorhandenen Elemente" *Form1.vb* und *Form1.Designer.vb* aus dem Projekt „Zufallszahlen" (Übung 10-2) dem aktuellen Projekt hinzuzufügen und diese nach Bedarf abzuändern. Sinnvollerweise sollten Sie neben dem Mittelwert auch die Standardabweichung der erzeugten Zufallszahlen berechnen und anzeigen.

Falls Sie genügend Erfahrungen mit einem Tabellenkalkulationsprogramm (z. B. Microsoft Excel) haben, empfiehlt es sich, die Zufallszahlen in einer mehrzeiligen TextBox statt in einer ListBox anzuzeigen. Damit können Sie die Werte in einen Texteditor laden und in das Tabellenkalkulationsprogramm importieren. In Excel steht z. B. die Funktion *Häufigkeit* zur Verfügung, mit der sich die Häufigkeitsverteilung der Zufallszahlen grafisch als Säulendiagramm darstellen lässt (siehe Abbildung 10.19).

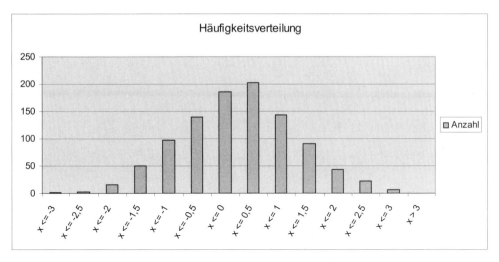

Abbildung 10.19 Beispiel für Häufigkeitsverteilung normalverteilter Zufallszahlen (Excel-Diagramm)

Aufgabe 10-4: Räumliche geometrische Körper (ABC)

Schreiben Sie ein *Windows Forms*-Programm, das das Volumen und die Oberfläche für ausgewählte räumliche geometrische Körper (gerader Kreiskegel, gerader Kreiszylinder und Kugel) berechnet. Für den Kreiskegel und den Kreiszylinder ist zusätzlich die Mantelfläche anzugeben.

Bezeichnungen:

r = Radius, h = Höhe, s = Mantellinie,

V = Volumen, O = Oberfläche, M = Mantelfläche

Gerader Kreiskegel:

$$V = \frac{1}{3}\pi \cdot r^2 \cdot h, \quad O = \pi \cdot r \cdot (r+s), \quad M = \pi \cdot r \cdot s, \quad \text{wobei} \quad s = \sqrt{r^2 + h^2}$$

Gerader Kreiszylinder:

$$V = \pi \cdot r^2 \cdot h, \quad O = 2\pi \cdot r \cdot (r+h), \quad M = 2\pi \cdot r \cdot h$$

Kugel:

$$V = \frac{4}{3}\pi \cdot r^3, \quad O = 4\pi \cdot r^2$$

Aufgaben:

1. Definieren Sie eine abstrakte Klasse *Geom3D* mit den beiden abstrakten Methoden *GetV* (Volumen) und *GetO* (Oberfläche) sowie den zwei (konkreten) Methoden *VToString* und *OToString*, die die Methoden *GetV* bzw. *GetO* aufrufen und das Volumen bzw. die Oberfläche als formatierten String zurückgeben.

2. Definieren Sie die drei Subklassen *Kegel*, *Zylinder* und *Kugel* mit den zwei Methoden *GetV* und *GetO*. Für die beiden Klassen *Kegel* und *Zylinder* sind zusätzlich die Methoden *GetM* (Mantelfläche) und *MToString* zu implementieren. Für die Klasse *Kegel* ist die private Methode *Mantellinie* hilfreich.
3. Entwickeln Sie ein Windows-Testprogramm, in das Sie wahlweise die Parameter des entsprechenden Körpers eingeben können und das anschließend die Werte Volumen, Oberfläche und Mantelfläche (außer für die Kugel) berechnet und anzeigt.

Abbildung 10.20 Testbeispiel zur Aufgabe „Räumliche geometrische Körper"

Aufgabe 10-5: Räumliche geometrische Körper (Interface)

Die Aufgabe 10-4 wurde mit einer abstrakten Basisklasse (ABC) und drei abgeleiteten Klassen gelöst. In dieser Aufgabe soll die abstrakte Basisklasse *Geom3D* durch eine Schnittstelle (Interface) mit der Bezeichnung *IGeom3D* ersetzt werden. Die Schnittstelle soll die vier Methoden *GetV*, *GetO*, *VToString* und *OToString* definieren.

Aufgaben:

1. Definieren Sie die Schnittstelle *IGeom3D*.
2. Passen Sie die drei Klassen *Kegel*, *Zylinder* und *Kugel* entsprechend an.
3. Welche Vor- und Nachteile sehen Sie in der Interface-Lösung?
4. Ist es sinnvoll, auch die beiden Methoden *GetM* (Mantelfläche) und *MToString* in die Schnittstelle *IGeom3D* aufzunehmen?

Aufgabe 10-6: Mathematische Funktionen (ABC)

Mathematische Funktionen haben eine Reihe von Gemeinsamkeiten. Mit gewissen Einschränkungen können Funktionen „abgeleitet" und „integriert" werden. Während die (erste) Ableitung einer Funktion meist noch analytisch mithilfe der üblichen Differenzierungsregeln gelingt, ist die Darstellung des Integrals mithilfe einer analytischen Formel oft schwierig oder unmöglich. Einen Ausweg bietet die *numerische Integration*, die auch als *numerische Quadratur* bezeichnet wird. Einer der bekanntesten Algorithmen ist durch die *Simpson'sche Formel* gegeben, die programmtechnisch relativ einfach umsetzbar ist.

Ausgewählte Funktionen $f(x)$ und ihre ersten Ableitungen $f'(x)$:

a) Polynom 2. Grades (Parabel)

$$f(x) = a\,x^2 + b\,x + c \quad (a \neq 0) \text{ und } f'(x) = 2\,a\,x + b$$

Physikalische Bedeutung:

Weg-Zeitgesetz $s(t)$ und Geschwindigkeit $v(t)$ für den *freien Fall* (t: Zeit)

$$s(t) = \frac{1}{2}g\,t^2, \quad s'(t) = v(t) = g\,t, \text{ mit } g = 9{,}80665 \text{ (m/sec}^2\text{)}$$

b) Allgemeine Sinusfunktion

$$f(x) = a \cdot \sin(b\,x + c) \quad (a > 0, b > 0) \text{ und } f'(x) = a \cdot b \cdot \cos(b\,x + c)$$

Physikalische Bedeutung:

Harmonische Schwingung eines Federpendels (Auslenkung eines Federpendels (Weg-Zeitgesetz) $s(t)$ und Geschwindigkeit $v(t)$)

$$s(t) = A \cdot \sin(\omega t + \varphi) \text{ und } s'(t) = v(t) = A \cdot \omega \cdot \cos(\omega t + \varphi)$$

c) Abklingfunktion

$$f(x) = a \cdot e^{-bx} + c \quad (a > 0, b > 0, x \geq 0) \text{ und } f'(x) = -b \cdot a \cdot e^{-bx} = -b \cdot f(x)$$

Physikalische Bedeutung:

Weg-Zeitgesetz $s(t)$ und Geschwindigkeit $v(t)$ bei zeitlich abklingenden Vorgängen (z. B. *radioaktives Zerfallsgesetz*, λ: Zerfallskonstante)

$$s(t) = a \cdot e^{-\lambda t} + c \quad (a > 0, b > 0, t \geq 0) \text{ und } s'(t) = -v(t) = -\lambda \cdot s(t)$$

Simpson'sche Formel:

Mithilfe der Simpson'schen Formel lässt sich das Integral der Funktion $y = f(x)$

$$\int_a^b f(x)\,dx$$

näherungsweise berechnen. Das Integral entspricht der Fläche unter der Funktion $f(x)$ zwischen den Integrationsgrenzen $a = x_0$ bis $b = x_n$. Das Prinzip der Simpson'schen Formel besteht darin, dass das Integrationsintervall $[a, b]$ in eine *gerade* Anzahl n von gleich breiten Streifen unterteilt und die Funktion zwischen zwei aufeinanderfolgenden Streifen durch eine Parabel angenähert wird (vgl. auch Abbildung 10.21). Wenn die Streifenbreite genügend klein, also n genügend groß ist, wird in der Regel eine sehr gute Annäherung an die Funktion erreicht.

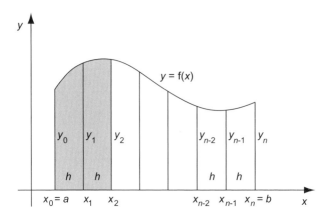

Abbildung 10.21 Prinzip der numerischen Integration mit der Simpson'schen Formel

Die Formel lautet:

$$\int_a^b f(x)\,dx \approx \frac{h}{3}(y_0 + y_n + 4 \cdot (y_1 + y_3 + \ldots + y_{n-1}) + 2 \cdot (y_2 + y_4 + \ldots + y_{n-2})$$

Dabei ist h die Streifenbreite, also $h = \dfrac{b-a}{n} = \dfrac{x_n - x_0}{n}$. (Test mit $n = 100$)

Programmtechnisch ist es nicht notwendig, die Funktionswerte $y_i = f(x_i)$ in einem Array zu speichern, vielmehr lassen sich die Summe der ungeraden y-Werte und die Summe der geraden y-Werte in einer einzigen *For-Next*-Schleife aufaddieren.

Aufgaben:

1. Definieren Sie eine abstrakte Basisklasse *MathFx* mit den beiden *abstrakten* Methoden *GetFx(x)* und *Derivate(x)*. Die Methode *GetFx(x)* soll den Funktionswert $y = f(x)$ berechnen, die Methode *Derivate(x)* die erste Ableitung an der Stelle x. Zusätzlich soll in der Klasse *MathFx* die (konkrete) Methode *Integrate(x0, xn)* definiert werden, die das bestimmte Integral für eine Funktion im Intervall [x_0, x_n] berechnet. Die Anzahl der Intervalle n, die für die Simpson'sche Formel benötigt wird, soll als Property N realisiert werden.

2. Definieren Sie drei abgeleitete Klassen *Parabel*, *SinusFkt* und *AbklingFkt* für die eingangs angegebenen Funktionen a) bis c). Für jede der Funktionen sind die drei Eigenschaften (Properties) A, B und C für die drei Koeffizienten a, b, und c (mit Prüfung der Zusicherung(en), z. B. $a \neq 0$ für die Parabel) sowie die zwei Methoden *GetFx(x)* und *Derivate(x)* zu definieren.

3. Schreiben Sie ein Windows-Testprogramm, das die Koeffizienten a, b und c, den Argumentwert x, die Streifenanzahl n sowie die Integralgrenzen x_0 und x_n aus je einer TextBox einliest. Da n eine gerade Zahl sein muss, soll n einfach um 1 erhöht werden, wenn eine ungerade Zahl eingegeben wurde. Jede Funktion soll – ähnlich wie in Abbildung 10.22 dargestellt – über einen eigenen Button aufgerufen werden können.

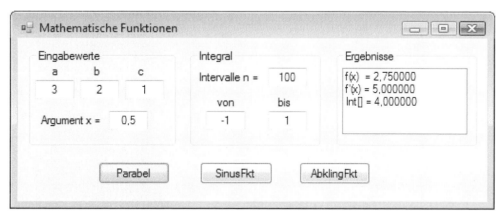

Abbildung 10.22 Testbeispiel zur Aufgabe „Mathematische Funktionen" (hier: Parabel)

Zusatzaufgaben:

4. Ist es sinnvoll, die drei Koeffizienten a, b und c als abstrakte Properties der abstrakten Basisklasse *MathFx* zu deklarieren?

5. Wie lässt sich die Aufgabe 10-6 mithilfe von Schnittstellen (Interfaces) realisieren? Welche Probleme treten dabei auf?

Erweiterungsmöglichkeiten (optional):

6. Definition weiterer Funktionen, z. B. der Fehlerfunktion $f(x) = e^{-x^2}$, deren Integral als Gauß'sches Fehlerintegral große Bedeutung in der Statistik hat und nicht analytisch lösbar ist (siehe auch Aufgabe 4-7 b).

7. Definition einer zusätzlichen Methode *Derivate2(x)* für die 2. Ableitung $f''(x)$ in einer (oder allen) der drei abgeleiteten Klassen.

8. Definition einer (konkreten) Methode *DerivateNum(x)* für die numerische Differentiation einer Funktion an einem bestimmten Punkt x (abstrakte Basisklasse *MathFx*). Ein relativ einfacher Rechenweg ergibt sich aus der Formel

$$f'(x) = \frac{f(x+h) - f(x-h)}{2h}$$, wenn h sehr klein ist.

Die Methode kann auch benutzt werden, um die Ergebnisse der funktionsspezifischen Methoden *Derivate(x)* zu kontrollieren, die auf analytischen Ableitungen beruhen.

9. Berechnung von *Wertetabellen* für die Funktion *f(x)* – und/oder die erste (zweite) Ableitung der Funktion – für ein bestimmtes Intervall.

10. Bestimmung der *Nullstellen* der Funktion *f(x)* in einem bestimmten Intervall, wobei zu bedenken ist, dass nicht alle Funktionen Nullstellen haben. Die Methode könnte wieder als konkrete Methode in die abstrakte Basisklasse *MathFx* integriert werden.

    Für die Nullstellenbestimmung können Sie die schon bekannte *Intervallschachtelung* einsetzen (siehe Übung 5-6).

11 Dateien und Verzeichnisse

Daten werden permanent in Dateien (oder Datenbanken) gespeichert. Das Lesen aus Dateien und das Schreiben in Dateien sind sehr wichtige Vorgänge, ohne die kaum ein Programm auskommt.

Dieses Kapitel soll in den Umgang mit Dateien und Verzeichnissen einführen. Beim Zugriff auf die Dateiinhalte stehen *Textdateien* im Vordergrund. Textdateien haben den Vorteil, dass sie mit jedem üblichen Editor betrachtet und bearbeitet werden können. Die Übungen und Aufgaben werden sich deshalb auf diesen Dateityp konzentrieren.

Neben der Speicherung von Daten als Textdateien gibt es die Möglichkeit, Daten als sog. *Binärdateien* zu speichern. Die Daten werden dabei in ihrer internen Darstellung als Bytefolgen abgelegt. Auch diese Speicherart hat ihre Vorteile, weshalb in diesem Kapitel auch das Lesen und Schreiben von Binärdateien behandelt wird.

Die Entwicklungsumgebung von Visual Studio bietet mit den integrierten Standarddialogen eine komfortable Möglichkeit zur Datei- und Verzeichnisauswahl. In den Übungen werden Sie die Dialoge wiederholt einsetzen. Außerdem werden Sie lernen, Windows-Formulare mit einer Menüleiste, einer Symbolleiste und einer Statusleiste auszustatten.

11.1 Lektion 11: Dateien und Verzeichnisse

Die aktuellste Technologie für den Zugriff auf Dateien und Verzeichnisse ist durch die .NET-Klassen des Namensraums *System.IO* (*I* steht für *Input*, *O* für *Output*) gegeben.

Die *System.IO*-Klassen kommunizieren mit den Dateien über sog. *Streams* (dt. *Ströme*). *Streams* sind nichts anderes als sequenziell zusammengesetzte Bytefolgen, die hintereinander gelesen oder geschrieben werden können. Während des Programmlaufs werden die Dateiinhalte temporär als *Streams* im Arbeitsspeicher verwaltet. Aus logischer Sicht gibt es zwischen Dateien und Strömen kaum Unterschiede, sodass wir nicht immer streng unterscheiden werden.

11 Dateien und Verzeichnisse

Eingabe-Streams und Ausgabe-Streams müssen vor ihrer Verwendung geöffnet und nach ihrer Verwendung wieder geschlossen werden. Auf Streams kann immer nur lesend oder schreibend zugegriffen werden. Ein Charakteristikum von Streams (und von Dateien) ist der *Dateizeiger* (engl. *File Pointer*). Beim *Lesen* aus einem Stream zeigt der Pointer immer auf das nächste zu lesende Zeichen oder Byte. Wenn kein Zeichen (oder kein Byte) mehr vorhanden ist, zeigt der Pointer auf das Ende des Streams. Beim *Schreiben* in einen Stream zeigt der Pointer immer auf das Ende des Streams.

11.1.1 Zugriff auf Verzeichnisse, Dateien und Laufwerke

Der Namensraum *System.IO* wird am einfachsten über eine *Imports*-Anweisung geladen. Die wichtigsten Klassen, mit denen auf Verzeichnisse (Ordner, engl. *Directories*) und Dateien (engl. *Files*) zugegriffen werden kann, sind die beiden statischen Klassen *Directory* und *File* sowie die parallel einsetzbaren Instanzen-Klassen *DirectoryInfo* und *FileInfo*. Für den Laufwerkszugriff gibt es die Instanzen-Klasse *DriveInfo*. In der Tabelle 11.1 sind die genannten Klassen nochmals zusammengestellt.

Tabelle 11.1 Wichtige System.IO-Klassen für den Zugriff auf Verzeichnisse, Dateien und Laufwerke

Klasse	Beschreibung
Directory	Enthält statische Methoden zur Bearbeitung von Verzeichnissen und zum Abruf von Verzeichnisinformationen.
DirectoryInfo	Ähnlich wie Directory, enthält jedoch nur Instanzen-Methoden und -Eigenschaften.
File	Enthält statische Methoden zur Bearbeitung von Dateien und zum Abruf von Dateiinformationen.
FileInfo	Ähnlich wie File, enthält jedoch nur Instanzen-Methoden und -Eigenschaften.
DriveInfo	Gibt Laufwerksinformationen zurück.

Beim Aufruf der statischen Methoden der Klassen *Directory* und *File* ist von Nachteil, dass jedes Mal der Verzeichnispfad bzw. der Dateiname übergeben werden muss. Andererseits werden bei jedem Aufruf gewisse Sicherheitsüberprüfungen durchgeführt, während diese bei den entsprechenden Instanzen-Methoden nur *einmal* beim Erzeugen des Objekts stattfinden.

Aktuelles Verzeichnis ermitteln bzw. festlegen

Das aktuelle Verzeichnis kann mit der *GetCurrentDirectory*-Methode der (statischen) Klasse *Directory* ermittelt werden. Um ein bestimmtes Verzeichnis als aktuelles Verzeichnis festzulegen, steht die *SetCurrentDirectory*-Methode der Klasse *Directory* zur Verfügung. Das aktuelle Verzeichnis kann mit "." angesprochen werden, das übergeordnete Verzeichnis mit „..." (vgl. Listing 11.1).

11.1 Lektion 11: Dateien und Verzeichnisse

Listing 11.1 Aktuelles Verzeichnis ermitteln bzw. ein Verzeichnis als aktuelles Verzeichnis festlegen

```vb
Imports System.IO
Public Class Form1

   Private Sub Button1_Click(...) Handles Button1.Click
      Dim dirPfad As String = "C:\AllMyData\Kap11"
      Dim newln As String = Environment.Newline
      Txt1.Text = String.Empty         ' Txt1: Multiline-TextBox

      ' Aktuelles Verzeichnis neu festlegen und anzeigen
      Directory.SetCurrentDirectory(dirPfad)
      Txt1.Text = Directory.GetCurrentDirectory() & newln

      ' In das übergeordnete Verzeichnis wechseln
      Directory.SetCurrentDirectory("..")
      Txt1.Text &= Directory.GetCurrentDirectory()

      ' Anzeige in der TextBox Txt1:
      'C:\AllMyData\Kap11
      'C:\AllMyData
   End Sub
End Class
```

Unterverzeichnisse ermitteln

Mit der Methode *GetDirectories* der Klasse *DirectoryInfo* lassen sich alle Unterverzeichnisse eines Verzeichnisses ermitteln. Zunächst ist eine *DirectoryInfo*-Instanz zu erzeugen, die Verzeichnisse werden dann in einem Array zurückgegeben. Dasselbe Ergebnis kann mit der gleichnamigen Methode der (statischen) Klasse *Directory* erreicht werden.

Listing 11.2 Unterverzeichnisse eines Verzeichnisses ermitteln

```vb
Imports System.IO
' ...
Dim dirPfad As String = "C:\AllMyData"
Dim newln As String = Environment.Newline
Dim mDir As New DirectoryInfo(dirPfad)
Dim mDirs() As DirectoryInfo
mDirs = mDir.GetDirectories()    ' Array mit Unterverzeichnissen
Txt1.Text = String.Empty         ' Txt1: Multiline-TextBox

' Alle Unterverzeichnisse (mit vollständigem Pfad) anzeigen
For i As Integer = 0 To mDirs.Length - 1
   Txt1.Text &= mDirs(i).FullName & newln
Next i

' Anzeige in der TextBox Txt1:
'C:\AllMyData\Kap07
'C:\AllMyData\Kap08
'C:\AllMyData\Kap09
' ...

' Alternative Lösung mit Directory-Klasse
Dim mDirs2() As String
mDirs2 = Directory.GetDirectories(dirPfad)

For i As Integer = 0 To mDirs2.Length - 1
   Txt1.Text &= mDirs2(i) & newln
Next i
```

Dateien eines Verzeichnisses ermitteln

Mit der Methode *GetFiles* der Klasse *FileInfo* lassen sich alle Dateien eines Verzeichnisses ermitteln. Die Dateipfade werden in einem Array zurückgegeben. Mit der *FullName*-Eigenschaft werden – analog zu Listing 11.1 – die vollständigen Dateipfade angezeigt, mit der *Name*-Eigenschaft lediglich die Dateinamen (siehe Listing 11.3).

Die vollständigen Dateipfade können alternativ auch mit der *GetFiles*-Methode der (statischen) *Directory*-Klasse ermittelt werden (siehe Listing 11.3).

Listing 11.3 Dateien eines Verzeichnisses ermitteln

```
Imports System.IO
' ...
Dim dirPfad As String = "C:\AllMyData\Kap07"
Dim newln As String = Environment.Newline
Dim mDir As New DirectoryInfo(dirPfad)
Dim mFiles() As FileInfo
mFiles = mDir.GetFiles()
Txt1.Text = String.Empty        ' Txt1: Multiline-TextBox

For i As Integer = 0 To mFiles.Length - 1
   Txt1.Text &= mFiles(i).Name & newln
Next i

' Anzeige in der TextBox Txt1:
'Abweichungen.txt
'AllText.txt
'Benzinverbrauch.txt
'Koordinatenliste.txt

' Alternative Lösung mit Directory-Klasse
Dim mFiles2() As String
mFiles2 = Directory.GetFiles(dirPfad)
For i As Integer = 0 To mFiles2.Length - 1
   Txt1.Text &= mFiles2(i) & newln
Next i

' Anzeige in der TextBox Txt1:
'C:\AllMyData\Kap07\Abweichungen.txt
' ...
```

Informationen von Unterverzeichnissen und Dateien abfragen

Die Klassen *DirectoryInfo* und *FileInfo* sind von der abstrakten Klasse *FileSystemInfo* abgeleitet. Mit der Methode *GetFileSystemInfos* können zugleich die Namen bzw. Pfade aller Unterverzeichnisse *und* Dateien eines Verzeichnisses ermittelt werden.

Listing 11.4 Unterverzeichnisse und Dateien eines Verzeichnisses gemeinsam ermitteln

```
Imports System.IO
' ...
Dim dirPfad As String = "C:\AllMyData"
Dim newln As String = Environment.Newline
Dim mDir As New DirectoryInfo(dirPfad)
Dim mFileSystems() As FileSystemInfo
mFileSystems = mDir.GetFileSystemInfos()
Txt1.Text = String.Empty        ' Txt1: Multiline-TextBox

For i As Integer = 0 To mFileSystems.Length - 1
   Txt1.Text &= mFileSystems(i).FullName & newln
```

```
    Txt1.Text &= mFileSystems(i).Name & newln
Next i
' Anzeige in der TextBox Txt1:
'C:\AllMyData\Kap07
'Kap07
'C:\AllMyData\Kap08
'Kap08
' ...
'C:\AllMyData\Liesmich.txt
'Liesmich.txt
```

Neben den Eigenschaften *Name* und *FullName* besitzt die Klasse *FileSystemInfo* eine Reihe weiterer nützlicher Eigenschaften, die für ein gesamtes Verzeichnis oder einzeln abgefragt werden können. Diese Eigenschaften stehen selbstverständlich auch in den abgeleiteten Klassen *DirectoryInfo* und *FileInfo* zur Verfügung.

Tabelle 11.2 Eigenschaften der FileSystemInfo-Klasse (Auswahl)

Eigenschaft	Beschreibung
FullName	Vollständiger Verzeichnispfad bzw. Dateipfad mit Dateinamen
Name	Verzeichnis- bzw. Dateiname
Exists	Boolescher Wert: *True*, wenn Verzeichnis bzw. Datei existiert
CreationTime	Datum und Uhrzeit der Erstellung
LastAccessTime	Datum und Uhrzeit des letzten Zugriffs
LastWriteTime	Datum und Uhrzeit des letzten Schreibzugriffs
Extension	Dateierweiterung (z. B. *.txt*), für Verzeichnis leer
Attributes	Klartextanzeige mit *Attributes.ToString*: Verzeichnis: *Directory* Datei: *Archive|Hidden|Normal|ReadOnly|System|Temporary|...*

In den (statischen) Klassen *Directory* und *File* steht ein Teil der in Tabelle 11.2 aufgelisteten Eigenschaften in Form von Methoden zur Verfügung. So gibt es die Methoden *Exists*, *GetCreationTime*, *GetLastAccessTime* und *GetLastWriteTime*. Zusätzlich gibt es die Methoden *SetCreationTime*, *SetLastAccessTime* und *SetLastWriteTime*, mit denen Datums-/Zeitwerte zugewiesen werden können. Die *File*-Klasse verfügt außerdem über eine *GetAttributes*- und eine *SetAttributes*-Methode.

Spezielle Dateiinformationen abfragen

Die Klasse *FileInfo* verfügt noch über einige klassenspezifische Eigenschaften, die über die in Tabelle 11.2 gezeigten Eigenschaften hinausgehen (siehe Tabelle 11.3).

11 Dateien und Verzeichnisse

Tabelle 11.3 Eigenschaften der FileInfo-Klasse (Auswahl)

Eigenschaft	Beschreibung
Directory	Gibt Instanz des übergeordneten Verzeichnisses zurück
DirectoryName	Vollständiger Verzeichnispfad
IsReadOnly	Boolescher Wert: *True*, wenn Datei schreibgeschützt ist
Length	Dateigröße in Bytes

Listing 11.5 Dateiinformationen mit der FileInfo-Klasse ermitteln

```
Imports System.IO
' ...
Dim datPfad As String = "C:\AllMyData\Kap07\AllText.txt"
Dim newln As String = Environment.Newline
Dim mfile As New FileInfo(datPfad)
Txt1.Text = String.Empty          ' Txt1: Multiline-TextBox

Txt1.Text &= mfile.FullName & newln
Txt1.Text &= mfile.Name & newln
Txt1.Text &= mfile.Exists & newln
Txt1.Text &= mfile.LastWriteTime & newln
Txt1.Text &= mfile.Extension & newln
Txt1.Text &= mfile.Attributes.ToString & newln
Txt1.Text &= mfile.DirectoryName & newln
Txt1.Text &= mfile.IsReadOnly & newln
Txt1.Text &= mfile.Length & " Bytes" & newln

Dim mdir As DirectoryInfo
mdir = mfile.Directory
Txt1.Text &= mdir.FullName & "   (Instanz)"

' Anzeige in der TextBox Txt1:
'C:\AllMyData\Kap07\AllText.txt
'AllText.txt
'True
'05.07.2008 13:02:11
'.txt
'Archive
'C:\AllMyData\Kap07
'False
'486 Bytes
'C:\AllMyData\Kap07   (Instanz)
```

Verzeichnisse und Unterverzeichnisse neu erzeugen

Die (statische) *Directory*-Klasse erzeugt mithilfe der *CreateDirectory*-Methode ein neues Verzeichnis. Alternativ stehen in der *DirectoryInfo*-Klasse die beiden Methoden *Create* und *CreateSubDirectory* zur Verfügung. Ein bereits vorhandenes gleichnamiges Verzeichnis wird ohne Warnung überschrieben, was aber ohne Folgen bleibt.

Listing 11.6 Verzeichnisse und Unterverzeichnisse neu erzeugen

```
Imports System.IO
' ...
' Mit Directory-Klasse
Dim dirPfad As String = "C:\AllMyData\Test1"
Directory.CreateDirectory(dirPfad)

' Mit DirectoryInfo-Instanz
```

```
dirPfad = "C:\AllMyData\Test2"
Dim mDir As New DirectoryInfo(dirPfad)
mDir.Create()
mDir.CreateSubdirectory("Test3")

' Neu erzeugte Verzeichnisse und Dateien:
'C:\AllMyData\Test1
'C:\AllMyData\Test2
'C:\AllMyData\Test2\Test3
```

Die vier Klassen *Directory*, *File*, *DirectoryInfo* und *FileInfo* bieten noch eine Reihe weiterer Methoden zum Erstellen (siehe auch Abschnitte 11.1.2 und 11.1.3) und zur Manipulation von Verzeichnissen und Dateien an. So lassen sich mit den Methoden *Delete*, *Copy* bzw. *CopyTo* und *Move* bzw. *MoveTo* Verzeichnisse und Dateien löschen, kopieren, verschieben und umbenennen. Beim Aufruf dieser Methoden ist eine gewisse Vorsicht angebracht, damit nicht wichtige Informationen versehentlich „verschwinden".

Laufwerksinformationen abfragen

Die vorhandenen Laufwerke können mit der *GetDrives*-Methode der *DriveInfo*-Klasse abgefragt werden. Die Eigenschaften der *DriveInfo*-Klasse liefern eine Reihe von Informationen über die einzelnen Laufwerke. In Listing 11.7 wird ein Teil der möglichen Eigenschaften abgerufen.

Listing 11.7 Abruf von Laufwerksinformationen

```
Imports System.IO
' ...
Dim newln As String = Environment.Newline
Dim mDrives() As DriveInfo
mDrives = DriveInfo.GetDrives()
Txt1.Text = String.Empty         ' Txt1: Multiline-TextBox

For i As Integer = 0 To mDrives.Length - 1
   Txt1.Text &= mDrives(i).Name & newln
   If mDrives(i).IsReady Then
      Txt1.Text &= mDrives(i).DriveFormat & " (Format)" & newln
      Txt1.Text &= mDrives(i).DriveType.ToString & " (Typ)" & newln
      Txt1.Text &= mDrives(i).TotalFreeSpace & " (Freier Platz)" & newln
      Txt1.Text &= mDrives(i).TotalSize & " (Größe)" & newln & newln
   Else
      Txt1.Text &= "Laufwerk nicht bereit."
   End if
Next i

' Beispiel für Anzeige der Laufwerksinformationen:
'C:\
'NTFS (Format)
'Fixed (Typ)
'36777664512 (Freier Platz)
'79480877056 (Größe)

'D:\
'Laufwerk nicht bereit.
```

11.1.2 Textdateien lesen und schreiben

Für das Lesen und Schreiben von Textdateien stehen im *System.IO*-Namespace die zwei Klassen *StreamReader* und *StreamWriter* zur Verfügung. Beide Klassen sind zusammen mit den korrespondierenden Klassen *StringReader* und *StringWriter* von den abstrakten Klassen *TextReader* und *TextWriter* abgeleitet.

Ein wichtiges Merkmal von Textdateien ist der Zeichencode. Die Klassen *StreamReader* und *StreamWriter* verwenden standardmäßig die Unicode-UTF-8-Codierung. Dabei wird jedes ASCII-Zeichen mit einem Byte codiert, für alle anderen Unicode-Zeichen werden zwei bis vier Bytes benötigt. Wenn eine von UTF-8 abweichende Codierung vorliegt oder erzeugt werden soll (z. B. ANSI-Code), so muss dies explizit angegeben werden.

Für das Öffnen und das Neuanlegen (Erzeugen) einer Textdatei gibt es eine Fülle von Varianten. Wir wollen uns aber auf einige Möglichkeiten beschränken.

Lesen einer Textdatei

Eine Textdatei kann durch Aufruf der Methode *OpenText* der *File*- oder der *FileInfo*-Klasse geöffnet werden, wobei der Dateipfadname als Argument übergeben wird. In beiden Fällen wird ein *StreamReader*-Objekt zurückgeliefert. Alternativ kann eine *StreamReader*-Instanz direkt erzeugt werden, indem der Dateipfadname als Argument im Konstruktor angegeben wird.

Listing 11.8 Öffnen einer Textdatei zum Lesen

```
Imports System.IO
' ...
Dim datPfad As String = "C:\AllMyData\Kap11\Text\TextUTF8.txt"

' mit File-Klasse
Dim reader1 As StreamReader
reader1 = File.OpenText(datPfad)

' alternativ mit FileInfo-Instanz
Dim reader2 As StreamReader
Dim mfile As New FileInfo(datPfad)
reader2 = mfile.OpenText()

' alternativ mit StreamReader-Konstruktor
Dim reader3 As New StreamReader(datPfad)
```

Der Zeichencode kann beim Aufruf der *OpenText*-Methode bzw. des *StreamReader*-Konstruktors optional als zweites Argument in Form eines *System.Text.Encoding*-Objekts mitgeliefert werden (siehe Tabelle 11.4 und Listing 11.9).

Tabelle 11.4 Ausgewählte Textcodierungen mit System.Text.Encoding-Objekt

Text-Codierung	Beschreibung
System.Text.Encoding.ASCII	US-ASCII-Zeichensatz (7-Bit)
System.Text.Encoding.UTF8	UTF-8
System.Text.Encoding.Unicode	UTF-16
System.Text.Encoding.GetEncoding(1252)	ANSI Latin-1 (westeuropäisch)
System.Text.Encoding.GetEncoding(28591)	ISO 8859-1 Latin-1 (westeuropäisch)
System.Text.Encoding.GetEncoding(28605)	ISO 8859-15 Latin-9 (mit €-Zeichen)

Listing 11.9 Öffnen einer Textdatei mit Angabe der Textcodierung

```
Imports System.IO
' ...
Dim datPfad As String = "C:\AllMyData\Kap11\Text\TextANSI.txt"
Dim enc As System.Text.Encoding
enc = System.Text.Encoding.GetEncoding(1252)      ' ANSI-Code

Dim reader As New StreamReader(datPfad, enc)
```

Für das Lesen der Datei bietet die *StreamReader*-Klasse die Methoden *ReadLine* (zeilenweise) bzw. *ReadToEnd* (gesamte Datei). Alternativ kann die gesamte Textdatei mit der *ReadAllText*-Methode der *File*-Klasse gelesen werden, ein *StreamReader*-Objekt wird dann nicht benötigt.

Mit der *Read*-Methode der *StreamReader*-Klasse lässt sich eine Textdatei auch Zeichen für Zeichen lesen. Dabei wird jeweils der Code des Zeichens zurückgegeben bzw. der Wert –1, wenn das Dateiende erreicht ist. Häufig wird das Dateiende jedoch mit der *Peek*-Methode abgefragt. Die *Peek*-Methode funktioniert wie *Read*, lediglich der Dateizeiger wird nicht weiterbewegt.

Nach dem Lesen sollte das *StreamReader*-Objekt unbedingt mit der *Close*-Methode geschlossen werden. Damit wird auch die Textdatei selbst geschlossen und steht für andere Anwendungen wieder zur Verfügung.

In Tabelle 11.5 sind die wichtigsten Methoden nochmals zusammengefasst.

Tabelle 11.5 StreamReader-Methoden zum Lesen einer Textdatei

Methode	Beschreibung
Read()	Liest das nächste Zeichen und gibt dessen Code bzw. –1 (Dateiende) zurück.
ReadLine()	Liest die nächste Zeile.
ReadToEnd()	Liest den gesamten Text.
Peek()	Wie Read(), der Dateizeiger wird nicht weiterbewegt.
Close()	Schließt das StreamReader-Objekt (und die Datei).

Listing 11.10 Öffnen und vollständiges Lesen einer Textdatei

```
Imports System.IO
' ...
Dim datPfad As String = "C:\AllMyData\Kap11\Text\TextUTF8.txt"
Dim newln As String = Environment.NewLine
Txt1.Text = String.Empty          ' Txt1: Multiline-TextBox

' Lesen mit statischer File-Klasse
Txt1.Text = File.ReadAllText(datPfad) & newln

' Nochmals Lesen mit StreamReader-Objekt
Dim reader As New StreamReader(datPfad)
Txt1.Text &= reader.ReadToEnd()
reader.Close()
```

Beim zeichen- oder zeilenweisen Lesen einer Textdatei muss das Dateiende abgefragt werden. In Listing 11.11 wird außerdem vor dem Lesen der Datei geprüft, ob sie physikalisch existiert. Zusätzlich ist der Lesevorgang in ein *Try-Catch*-Konstrukt eingebettet.

Listing 11.11 Zeilenweises Lesen einer Textdatei (mit Fehlerabsicherung)

```
Imports System.IO
' ...
Dim datPfad As String = "C:\AllMyData\Kap11\Text\TextUTF8.txt"
Dim newln As String = Environment.NewLine
Dim reader As StreamReader
Txt1.Text = String.Empty          ' Txt1: Multiline-TextBox

Try
  If File.Exists(datPfad) Then
    reader = New StreamReader(datPfad)
    Do While reader.Peek > -1
      Txt1.Text &= reader.ReadLine() & newln
    Loop
    reader.Close()
  Else
    Throw New Exception("Datei existiert nicht.")
  End If

Catch ex As Exception
  MessageBox.Show(ex.Message, "Fehlerhinweis")
End Try
```

Häufig enthält eine Textdatei **strukturierte** Textdaten, also gleichförmig aufgebaute Datensätze mit in Zeichenketten konvertierten Datentypen. Für das Lesen einer solchen Textdatei ist es belanglos, ob die Spalten einzelne Datenarrays oder Elemente von Strukturarrays bzw. Objektarrays darstellen. Eine übliche Vorgehensweise ist, die Textdatei zeilenweise zu lesen und jede Zeile in ihre Bestandteile zu splitten. Dabei ist zu beachten, dass Fließkommazahlen in Textdateien in der Regel mit *Dezimalpunkt* gespeichert sind.

In Listing 11.12 wird das Einlesen einer derartigen Datei demonstriert, wobei sich jede Zeile aus den Komponenten eines Strukturarrays zusammensetzt.

Listing 11.12 Einlesen einer strukturierten Textdatei (ohne Fehlerbehandlung)

```
Imports System.IO

Public Class Form1
  Public Structure Raum
    Public ID As Integer
    Public Nutzung As String
```

```
            Public Flaeche As Double
        End Structure
        Private Sub Button1_Click(...) Handles Button1.Click
            Dim datPfad As String = "C:\AllMyData\Kap11\Text\RaumlisteUTF8.txt"
            Dim zimmer(100) As Raum
            Dim i As Integer
            Dim zeile, zeileArray() As String
            ' charSep() = Trennzeichen: Leer-Zeichen oder Tab-Zeichen
            Dim charSep() As Char = {" "c, Chr(9)}
            Dim reader As StreamReader

            reader = New StreamReader(datPfad)
            i = 0
            Do While reader.Peek > -1
              zeile = reader.ReadLine()
              zeile = zeile.Replace(".", ",")
              zeileArray = zeile.Split(charSep, _
                         StringSplitOptions.RemoveEmptyEntries)
              With zimmer(i)
                .ID = CInt(zeileArray(0))
                .Nutzung = CStr(zeileArray(1))
                .Flaeche = CDbl(zeileArray(2))
              End With
              i = i + 1
            Loop
            reader.Close()
        End Sub
    End Class
```

Schreiben in eine Textdatei

Durch Aufruf der Methode *CreateText* der *File*- oder der *FileInfo*-Klasse lässt sich eine neue Textdatei erzeugen. Der Dateipfadname wird jeweils als Argument übergeben, und es wird entsprechend ein *StreamWriter*-Objekt zurückgeliefert. Alternativ kann eine *StreamWriter*-Instanz direkt erzeugt werden, indem der Dateipfadname als Argument im Konstruktor angegeben wird. Zu beachten ist, dass in jedem Fall eine vorhandene gleichnamige Datei ohne Warnung überschrieben wird.

Listing 11.13 Erzeugen einer neuen Textdatei zum Schreiben

```
Imports System.IO
' ...
Dim dirPfad As String = "C:\AllMyData\Kap11\Text\TextNeuUTF8"

' mit File-Klasse
Dim writer1 As StreamWriter
writer1 = File.CreateText(dirPfad & "01.txt")

' alternativ mit FileInfo-Instanz
Dim writer2 As StreamWriter
Dim mfile As New FileInfo(dirPfad & "02.txt")
writer2 = mfile.CreateText()

' alternativ mit StreamWriter-Konstruktor
Dim writer3 As New StreamWriter(dirPfad & "03.txt")
```

Alternativ kann eine Zeichenkette auch am Ende einer vorhandenen Textdatei hinzugefügt werden. Hierzu muss die *CreateText*-Methode lediglich durch die *AppendText*-Methode ersetzt werden. Bei der direkten Erzeugung einer *StreamWriter*-Instanz wird ein überladener Konstruktor aufgerufen, wobei das zweite Argument *append* = *True* gesetzt wird.

11 Dateien und Verzeichnisse

Listing 11.14 Öffnen einer Textdatei zum Schreiben am Ende der Datei

```
Imports System.IO
' ...
Dim dirPfad As String = "C:\AllMyData\Kap11\Text\TextNeuUTF8"

' Mit File-Klasse (mit FileInfo-Instanz analog)
Dim writer1 As StreamWriter
writer1 = File.AppendText(dirPfad & "01.txt")

' alternativ mit StreamWriter-Konstruktor
Dim writer3 As New StreamWriter(dirPfad & "03.txt", True)
```

Der Zeichencode kann beim Aufruf der *CreateText*- und der *AppendText*-Methode bzw. des *StreamWriter*-Konstruktors optional in Form eines *System.Text.Encoding*-Objekts als weiteres Argument mitgeliefert werden.

Listing 11.15 Erzeugen einer Textdatei zum Schreiben (mit Angabe der Textcodierung)

```
Imports System.IO
' ...
Dim datPfad As String = "C:\AllMyData\Kap11\Text\TextNeuANSI.txt"
Dim enc As System.Text.Encoding
enc = System.Text.Encoding.GetEncoding(1252)     ' ANSI-Code
Dim writer As New StreamWriter(datPfad, False, enc)
```

Für das Schreiben in eine Datei bietet die *StreamWriter*-Klasse die Methoden *Write* (gesamter Inhalt des *StreamWriter*-Objekts) bzw. *WriteLine* (zeilenweise) an. Die Zeichen für eine neue Zeile können mit der *NewLine*-Methode angegeben bzw. verändert werden.

Die *Flush*-Methode schreibt den im Puffer befindlichen Stream unmittelbar in die Datei und löscht anschließend den Puffer. Nach dem Schreiben sollte das *StreamWriter*-Objekt unbedingt mit der *Close*-Methode geschlossen werden. Damit wird auch die Textdatei geschlossen und steht für andere Anwendungen wieder zur Verfügung.

In Tabelle 11.6 sind die wichtigsten Methoden nochmals zusammengefasst.

Tabelle 11.6 StreamWriter-Methoden zum Schreiben in eine Textdatei

Methode	Beschreibung
Write()	Schreibt Text des StreamWriter-Objekts.
WriteLine()	Schreibt Text des StreamWriter-Objekts und schließt mit Zeilenumbruch ab.
NewLine()	Gibt die Zeichen zum Zeilenwechsel an bzw. verändert sie.
Flush()	Schreibt im Puffer befindliche Daten in Datei und löscht den Puffer.
Close()	Schließt das StreamWriter-Objekt (und die Datei).

In Listing 11.16 wird ein String, der aus zwei Zeilen besteht, insgesamt fünfmal in eine neu erzeugte Textdatei geschrieben. Beim ersten Aufruf der *Write*-Methode wird der abschließende Zeilenvorschub explizit mit der Variablen *newln* eingefügt, bei der *WriteLine*-Methode ist dies nicht notwendig.

Listing 11.16 Schreiben eines Strings in eine neu erzeugte Textdatei (ohne Fehlerbehandlung)

```
Imports System.IO
' ...
Dim datPfad As String = "C:\AllMyData\Kap11\Text\TextNeu.txt"
Dim newln As String = Environment.NewLine
Dim test As String = "Zeile1" & newln & "Zeile2"
Dim writer As New StreamWriter(datPfad)

' 5-mal die zwei Zeilen "Zeile1" und "Zeile2" schreiben
writer.Write(test & newln)      ' einmal (mit Zeilenvorschub)
For i As Integer = 0 To 2
  writer.WriteLine(test)        ' dreimal (mit Zeilenvorschub)
Next i
writer.Write(test)              ' einmal (ohne Zeilenvorschub)

writer.Flush()
writer.Close()
```

Alternativ kann eine Zeichenkette mit der *WriteAllText*-Methode der *File*-Klasse in eine Textdatei geschrieben werden, ein *StreamWriter*-Objekt wird hierzu nicht benötigt. Als erstes Argument ist der Dateipfadname anzugeben, das zweite Argument (*Text.Encoding*-Objekt) ist optional. Analog dazu dient die *AppendAllText*-Methode der *File*-Klasse zum Schreiben einer Zeichenkette an das Ende einer Textdatei.

Häufig kommt es vor, dass *strukturierte* Daten in eine Textdatei geschrieben werden sollen. Die Daten müssen lediglich zuvor in (formatierte) Zeichenketten umgewandelt werden. Auf ein Beispiel kann deshalb verzichtet werden. Bezüglich der Behandlung von Strukturen wird auf Listing 11.12 verwiesen. Auch beim Schreiben von Fließkommazahlen ist es üblich, diese mit *Dezimalpunkt* zu speichern.

Das Schreiben in eine Textdatei sollte immer mit einer geeigneten *Fehlerbehandlung* (*Exists*-Methode, *Try-Catch*-Konstrukt u.Ä.) abgesichert werden (vgl. auch Listing 11.11).

Lesen und Schreiben einer Zeichenkette

Die beiden Klassen *StringReader* und *StringWriter* sind eng verwandt mit den beiden Klassen *StreamReader* und *StreamWriter*. Der wesentliche Unterschied ist, dass die *StringReader*- und *StringWriter*-Methoden Zeichenketten statt Textdateien lesen und schreiben.

Die *StringReader*-Klasse verfügt über dieselben Methoden (*Read*, *ReadLine*, *ReadToEnd*, *Peek*, *Close*) wie die *StreamReader*-Klasse.

Mit einem *StringWriter*-Objekt lassen sich Zeichenketten wesentlich effektiver verbinden als mit dem &-Operator, da es intern ein *StringBuilder*-Objekt nutzt. Ein *StringWriter*-Objekt kann mit der *Write*- oder der *WriteLine*-Methode gefüllt werden. Zahlenwerte lassen sich dabei wie bei der *String.Format*-Methode mit einem Formatstring formatieren. Mit der *ToString*-Methode wird ein *String*, mit der *GetStringBuilder*-Methode ein *StringBuilder*-Objekt zurückgeliefert. Auch die *Flush*-Methode kann aufgerufen werden, und mit der *Close*-Methode wird der Schreibvorgang abgeschlossen. Um ein *StringWriter*-Objekt zu löschen, muss allerdings die Methode *Dispose* aufgerufen werden.

Listing 11.17 Schreiben einer Zeichenkette in ein StringWriter-Objekt

```vb
Imports System.IO
' ...
Dim newln As String = Environment.NewLine
Dim strWriter As New StringWriter()
Txt1.Text = String.Empty          ' Txt1: Multiline-TextBox

strWriter.WriteLine("  i    Wurzel(i)")
For i As Integer = 1 To 10
  strWriter.WriteLine("{0,3}  {1,8:f3}", i, Math.Sqrt(i))
Next i

Txt1.Text = strWriter.ToString
strWriter.Close()
strWriter.Dispose()

' Anzeige in der TextBox Txt1:
'   i    Wurzel(i)
'   1     1,000
'   2     1,414
'   3     1,732
'   4     2,000
' ...
```

11.1.3 Binärdateien lesen und schreiben

In Binärdateien werden elementare Datentypen in ihrer internen Darstellung als Bytefolgen abgelegt. Eine *Integer*-Zahl wird also mit vier Bytes, eine *Double*-Zahl mit acht Bytes gespeichert. Zeichenketten (Datentyp *String*) wird die Information über die Anzahl der Zeichen mitgegeben.

Binärdateien haben gegenüber Textdateien viele Vorteile, sie sind universeller einsetzbar, benötigen in der Regel weniger Speicherplatz, sie speichern Fließkommazahlen ohne Genauigkeitsverlust, und sie ermöglichen einen effizienteren Lese- und Schreibzugriff. Dem steht der entscheidende Nachteil gegenüber, dass sie nicht mit einem üblichen Texteditor gelesen oder geschrieben werden können.

Lesen und Schreiben einer Binärdatei mit Methoden der File-Klasse

Eine sehr einfache Möglichkeit zum Lesen und Schreiben von Binärdateien bietet der Aufruf der beiden Methoden *ReadAllBytes* und *WriteAllBytes* der *File*-Klasse. In Listing 11.18 wird eine Binärdatei gelesen und unter anderem Namen wieder zurück geschrieben.

Listing 11.18 Lesen und Schreiben von Binärdateien mit den Methoden der File-Klasse

```vb
Imports System.IO
' ...
Dim datPfad As String = "C:\AllMyData\Kap11\Bin\Bild1.png"
Dim allBytes() As Byte = File.ReadAllBytes(datPfad)
File.WriteAllBytes("C:\AllMyData\Kap11\Bin\Bild1copy.png", allBytes)
```

Erzeugen einer FileStream-Instanz

Im .NET Framework ist für Binärdateien die abstrakte Basisklasse *Stream* definiert, von der u. a. die *FileStream*-Klasse abgeleitet ist. Innerhalb einer *FileStream*-Instanz kann der Positionszeiger des Streams vorwärts und sogar rückwärts bewegt werden, sodass die Binärdaten in beliebiger Reihenfolge gelesen und/oder geschrieben werden können.

Die verfügbaren Lese- und Schreibmethoden eines *FileStream*-Objekts sind eher bescheiden, es gibt eine *ReadByte*- und eine *WriteByte*-Methode zum Lesen und Schreiben eines Bytes sowie je eine allgemeine *Read*- und *Write*-Methode zum Lesen und Schreiben von *n* Bytes ab einer bestimmten Zeigerposition. Mit der *Seek*-Methode lässt sich die Position des Dateizeigers bewegen, und mit der *Length*-Eigenschaft kann die Dateigröße abgefragt werden. Mit der *Close*-Methode wird der Stream geschlossen.

Für das Erzeugen einer *FileStream*-Instanz gibt es eine Reihe von Syntaxvarianten. Sowohl die *Open*-Methode der *File*-Klasse bzw. einer *FileInfo*-Instanz als auch der *FileStream*-Konstruktor weisen mehrere Überladungen auf. Der Dateipfadname und der *FileMode*-Parameter dürfen in keiner Variante fehlen. Die weiteren Parameter sind optional.

Listing 11.19 Erzeugen einer FileStream-Instanz und Lesen/Schreiben einer Binärdatei

```
Imports System.IO
' ...
Dim datPfad As String = "C:\AllMyData\Kap11\Bin\Bild1.png"

' Erzeugen mit File-Klasse
Dim mStream1 As FileStream = File.Open(datPfad, _
                            FileMode.OpenOrCreate)
mStream1.Close()

' Erzeugen mit FileInfo-Instanz
Dim mFile As New FileInfo(datPfad)
Dim mStream2 As FileStream = mFile.Open(FileMode.OpenOrCreate)
mStream2.Close()

' Erzeugen mit StreamReader-Konstruktor
Dim mstream3 As New FileStream(datPfad, FileMode.OpenOrCreate)
mStream3.Close()
Dim mstream4 As New FileStream(datPfad, FileMode.OpenOrCreate, _
                              FileAccess.ReadWrite)
mstream4.close()
Dim mstream5 As New FileStream(datPfad, FileMode.OpenOrCreate, _
                              FileAccess.Write, FileShare.None)
mstream5.Close()
```

Dateiparameter

Alle Dateiparameter liegen als Enumerationskonstanten vor.

FileMode-Enumeration

Die *FileMode*-Enumeration legt den Öffnungsmodus einer Datei fest.

Tabelle 11.7 FileMode-Enumeration

Konstante	Beschreibung
Append	Öffnet eine vorhandene Datei und setzt den Dateizeiger an das Dateiende (nur Schreibzugriff). Falls die Datei nicht existiert, wird eine neue Datei erzeugt.
Create	Erzeugt eine neue Datei. Falls die Datei schon existiert, wird sie überschrieben.
CreateNew	Erzeugt eine neue Datei. Falls die Datei schon existiert, wird eine Ausnahme ausgelöst.
Open	Öffnet eine vorhandene Datei. Falls die Datei nicht existiert, wird eine Ausnahme ausgelöst.
OpenOrCreate	Öffnet eine vorhandene Datei. Falls die Datei nicht existiert, wird eine neue Datei erzeugt.
Truncate	Öffnet eine vorhandene Datei und löscht ihren Inhalt (nur Schreibzugriff).

FileAccess-Enumeration

Die *FileAccess*-Enumeration legt den Zugriffsmodus auf eine Datei fest.

Tabelle 11.8 FileAccess-Enumeration

Konstante	Beschreibung
Read	Erlaubt nur Lesezugriff.
ReadWrite	Erlaubt Lese- und Schreibzugriff.
Write	Erlaubt nur Schreibzugriff.

FileShare-Enumeration

Die *FileShare*-Enumeration legt den gleichzeitigen Zugriff auf eine Datei fest.

Tabelle 11.9 FileShare-Enumeration

Konstante	Beschreibung
None	Sperrt die Datei für den gleichzeitigen Zugriff (Standardeinstellung).
Read	Erlaubt anderen Nutzern gleichzeitigen Lesezugriff.
ReadWrite	Erlaubt anderen Nutzern gleichzeitigen Lese- und Schreibzugriff.
Write	Erlaubt anderen Nutzern gleichzeitigen Schreibzugriff.

Erzeugen einer BinaryReader- und einer BinaryWriter-Instanz

Besonders geeignet für das Lesen und Schreiben von binären Daten sind die zahlreichen Methoden der Klassen *BinaryReader* und *BinaryWriter*, die fast für jeden Datentyp eigene Methoden bereitstellen. Die beiden Klassen sind zwar *nicht* von der *FileStream*-Klasse abgeleitet, verwenden aber intern eine Instanz der Klasse *Stream*. Eine gebräuchliche Variante zum Erzeugen einer *BinaryReader*- oder einer *BinaryWriter*-Instanz besteht darin, zuerst eine *FileStream*-Instanz zu erzeugen. Alternativ kann eine Instanz direkt durch Aufruf des Konstruktors gebildet werden (siehe Listing 11.20).

In jeder Variante kann optional die Codierungsinformation für *Char*- oder *String*-Daten mithilfe eines *System.Text.Encoding*-Objekts mitgegeben werden. Standardmäßig wird von der UTF-8-Codierung ausgegangen.

Listing 11.20 Erzeugen einer BinaryReader- und einer BinaryWriter-Instanz (mit Varianten)

```
Imports System.IO
' ...
Dim datPfad As String = "C:\AllMyData\Kap11\Bin\BinANSI.dat"
Dim enc As System.Text.Encoding
enc = System.Text.Encoding.GetEncoding(1252)       ' ANSI-Code

' Erzeugen einer FileStream-Instanz und einer BinaryReader-Instanz
' mit Codierungsinformation
Dim rStream As New FileStream(datPfad, FileMode.OpenOrCreate, _
                                       FileAccess.Read)
Dim binReader1 As New BinaryReader(rStream, enc)

' Alternative: Direktes Erzeugen einer BinaryReader-Instanz
datPfad = "C:\AllMyData\Kap11\Bin\Bin01.dat"
Dim binReader2 As New BinaryReader(File.OpenRead(datPfad))

' Erzeugen einer FileStream-Instanz und einer BinaryWriter-Instanz
datPfad = "C:\AllMyData\Kap11\Bin\Bin02.dat"
Dim wStream As New FileStream(datPfad, FileMode.OpenOrCreate, _
                                       FileAccess.Write)
Dim binWriter1 As New BinaryWriter(wStream)
binWriter1.Close()

' Alternative: Direktes Erzeugen einer BinaryWriter-Instanz
' mit Codierungsinformation
Dim mFile As New FileInfo(datPfad)
Dim binWriter2 As New BinaryWriter(mFile.OpenWrite, enc)
binWriter2.Close()
```

Lesen einer Binärdatei mit dem BinaryReader

Die Daten einer Binärdatei können durch Aufruf einer der datenspezifischen Methoden (*ReadBoolean*, *ReadByte*, *ReadChar*, *ReadDouble*, *ReadInt32*, *ReadString* usw.) gelesen werden. Mit *PeekChar* wird das nächste Zeichen gelesen, ohne dass der Positionszeiger weiterbewegt wird, mit *Close* wird der Stream geschlossen.

Listing 11.21 Lesen einer Binärdatei mit dem BinaryReader

```
Imports System.IO
' ...
Dim datPfad As String = "C:\AllMyData\Kap11\Bin\Bin01.dat"
Dim newln = Environment.NewLine
Txt1.Text = String.Empty              ' Txt1: Multiline-TextBox

Dim rStream As New FileStream(datPfad, FileMode.Open, FileAccess.Read)
Dim binReader As New BinaryReader(rStream)
Dim i As Integer, r As Double

' Liest Daten aus Binärdatei
Do While binReader.PeekChar() > -1
    i = binReader.ReadInt32()             ' i = 1 ... 10
    r = binReader.ReadDouble()            ' Math.Sqrt(i)
```

```
    Txt1.Text &= String.Format("{0,2} {1,6:f3}" & newln, i, r)
Loop
binReader.Close()
rStream.Close()

' Anzeige in der TextBox Txt1:
'1  1,000
'2  1,414
' ...
'10  3,162
```

Schreiben in eine Binärdatei mit dem BinaryWriter

Mit der *Write*-Methode können fast alle Datentypen direkt in eine Binärdatei geschrieben werden. Dort werden sie in ihrer internen Darstellung mit der entsprechenden Bytezahl gespeichert. Mit der *Seek*-Methode kann der Dateizeiger bewegt werden, die *Flush*-Methode schreibt im Puffer befindliche Daten unmittelbar in die Datei, die *Close*-Methode schließt wieder den Stream.

Listing 11.22 Schreiben von Daten in eine Binärdatei mit dem BinaryWriter

```
Imports System.IO
' ...
Dim datPfad As String = "C:\AllMyData\Kap11\Bin\Bin01.dat"
Dim wStream As New FileStream(datPfad, FileMode.Create)
Dim binWriter As New BinaryWriter(wStream)

' Schreibt Daten in Binärdatei
For i As Integer = 1 To 10
  binWriter.Write(i)
  binWriter.Write(Math.Sqrt(i))
Next i
binWriter.Flush()
binWriter.Close()
wStream.Close()
```

Selbstverständlich sollte das Öffnen, Speichern, Lesen und Schreiben von Binärdateien stets mit einer geeigneten Fehlerabsicherung versehen sein. In obigen Beispielen wurde die Fehlerbehandlung nur wegen der Übersichtlichkeit weggelassen.

Die *ReadXxx*-Methoden einer *BinaryReader*-Instanz sind hervorragend geeignet, um *strukturierte* Binärdaten – wie in Listing 11.12 mit Textdateien gezeigt – zu lesen. Dasselbe gilt für das Schreiben von Binärdaten mithilfe der *Write*-Methode einer *BinaryWriter*-Instanz. Sollen die strukturierten Daten als komplette Objekte gelesen oder gespeichert werden, so ist eine sog. *Serialisierung* bzw. *Deserialisierung* notwendig, auf die hier aber aus Platzgründen verzichtet wird.

11.1.4 Ein- und Ausgabefehler

Beim Umgang mit Dateien gibt es zur Laufzeit viele Fehlerquellen: Die zu öffnende Datei ist nicht vorhanden oder wird gerade von einer anderen Anwendung benutzt, die Datei darf nicht gelesen oder überschrieben werden, der Datenträger ist voll, die Datensätze haben nicht das im Programm vorausgesetzte Format usw.

Eine geeignete Fehlerabsicherung ist deshalb für Laufwerks-, Verzeichnis- und Dateizugriffe unerlässlich. Als Mindeststandard sollte ein allgemeines *Try-Catch*-Konstrukt integriert werden. Häufig wird hierbei auch ein *Finally*-Block hinzugefügt, um evtl. noch offene Dateien oder Streams zu schließen.

Der Namensraum *Systems.IO* stellt auch eine Basisklasse *IO.Exception* zur Verfügung, die von der Klasse *SystemException* abgeleitet ist und mehrere spezielle Fehlerklassen enthält, z. B. *DirectoryNotFoundException* oder *EndOfStreamException*. Die weiteren Fehlerklassen können über den Objektbrowser (Pfad *mscorlib|System.IO|Klassen*) eingesehen werden. Bei Bedarf lassen sich damit gezielt Ausnahmen als Spezialfälle behandeln.

11.1.5 Standarddialoge

Windows Forms erleichtert die Dateiauswahl beim Öffnen und Speichern von Dateien durch die zwei Standarddialoge *OpenFileDialog* und *SaveFileDialog*. Die beiden vordefinierten Dialoge sind als eigene Klassen implementiert und von der abstrakten Klasse *FileDialog* abgeleitet. Auch für die Verzeichnisauswahl gibt es einen Standarddialog, der mit der Klasse *FolderBrowserDialog* definiert ist. Auf die Darstellung der weiteren Standarddialoge *ColorDialog*, *FontDialog* und der drei für das Drucken vorgesehenen Dialoge sei hier aus Platzgründen verzichtet. Alle Dialogklassen einschließlich der *FileDialog*-Klasse sind von der abstrakten Basisklasse *CommonDialog* abgeleitet.

Die Standarddialogelemente werden in der Toolbox-Gruppe *Dialogfelder* (bzw. *Drucken*) angeboten. Um beispielsweise ein *OpenFileDialog*-Element auf dem Startformular einzufügen, ziehen Sie es aus der Toolbox auf das Formular. Alternativ doppelklicken Sie auf das Element in der Toolbox. Das Dialogfeldelement wird jedoch nicht auf dem Formular, sondern darunter im sog. *Komponentenfach* als Instanz *OpenFileDialog1* angezeigt (siehe Abbildung 11.1).

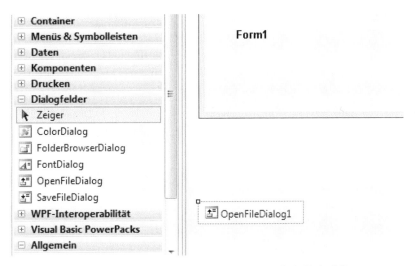

Abbildung 11.1 Toolbox-Gruppe „Dialogfelder" und Komponentenfach (Beispiel)

OpenFileDialog und SaveFileDialog

Die Titelleiste der beiden Dialogfelder erhält automatisch eine Standardbeschriftung („Öffnen" für ein *OpenFileDialog*-Element bzw. „Speichern unter" für ein *SaveFileDialog*-Element). Mithilfe der *Title*-Eigenschaft lässt sich die Beschriftung der Titelleiste anpassen.

Häufig wird die Dateiauswahl mithilfe eines Filters eingeschränkt. Die *Filter*-Eigenschaft ist nach einem vorgeschriebenen Muster anzugeben. Sie besteht aus einem linken und rechten Teil, die durch den |-Separator getrennt sind. Im linken Teil wird die Anzeige im Dialogfenster eingetragen, im rechten Teil (nach dem senkrechten Strich) der Filter oder Dateityp (z. B. *.txt*). Das *-Zeichen steht für beliebige Dateinamen oder Dateierweiterungen. Nach dem Trennzeichen (|) darf kein Leerzeichen stehen!

Mehrere Zeileneinträge für den Filter werden ebenfalls durch den |-Separator getrennt. Sollen mehrere Dateitypen zugleich in einer Zeile auswählbar sein, so sind sie durch ein Semikolon zu trennen (siehe Listing 11.23).

Listing 11.23 Beispiele für Dateifilter (OpenFileDialog)

```
' Einfacher Filter: nur Textdateien (*.txt)
OpenFileDialog1.Filter = "Textdateien (*.txt)|*.txt"

' Dreizeiliger Filter für (*.txt), (*.kor) oder (*.*)
OpenFileDialog1.Filter = "Textdateien (*.txt)|*.txt" & _
                        "Kor-Dateien (*.kor)|*.kor" & _
                        "Alle Dateien (*.*)|*.*"

' Einzeiliger Filter für (*.jpg),(*.gif) und (*.png)
OpenFileDialog1.Filter = "Bilddateien (*.jpg;*.gif;*.png)|" & _
                        "*.jpg;*.gif;*.png"
```

Bei einem mehrzeiligen Filter wird zunächst standardmäßig der zuerst angeführte Filter angezeigt. Mithilfe der *FilterIndex*-Eigenschaft kann bestimmt werden, dass standardmäßig ein anderer Filter der Auswahlliste zuerst erscheint. Die Indexreihenfolge beginnt dabei ausnahmsweise bei 1. Mit `OpenFileDialog1.Filter = 2` wird also beim dreizeiligen Filter des Listings 11.23 zunächst der *Kor*-Filter (*.kor*) angezeigt.

Mit der Eigenschaft *InitialDirectory* kann der beim Öffnen des Dialogs voreingestellte Verzeichnispfad zugewiesen werden. Bei der Anwendung dieser Eigenschaft ist allerdings eine gewisse Vorsicht geboten, da sichergestellt sein muss, dass das eingestellte Verzeichnis beim Programmanwender vorhanden ist. Relativ sichere Pfadnamen sollten das Stammverzeichnis der Festplatte, der Pfad der ausführbaren Programmdatei oder der Pfad des aktuellen Benutzers sein (siehe Listing 11.24).

Listing 11.24 Beispiel für voreingestellten Dateipfad (OpenFile-Dialog)

```
' Stammverzeichnis der Festplatte
OpenFileDialog1.InitialDirectory = "c:\"

' Pfad der ausführbaren Pogrammdatei
OpenFileDialog1.InitialDirectory = Application.StartupPath

' Aktueller User-Pfad: "..\Eigene Dateien" (Windows XP) oder
                       "..\Users\Username\Documents" (Windows Vista)
OpenFileDialog1.InitialDirectory = Environment.GetFolderPath( _
                                   Environment.SpecialFolder.Personal)
```

Bei der Dateiauswahl mit *OpenFileDialog* darf der Anwender nur bereits vorhandene Dateien auswählen, während bei *SaveFileDialog* auch der Name einer noch nicht existierenden Datei angegeben werden kann. Falls bei der Methode *SaveFileDialog* eine schon existierende Datei ausgewählt wird, erscheint eine Sicherheitsabfrage, ob die Datei überschrieben werden soll. Mit der Eigenschaftseinstellung *Overwrite.Prompt = False* lässt sich diese Abfrage unterbinden.

Mithilfe der Methode *ShowDialog* wird zur Laufzeit ein Dialogfeld angezeigt. Der Rückgabewert ist vom Enumerationstyp *DialogResult*. Der Wert *DialogResult.OK* bedeutet, dass im Dialogfenster eine vorhandene Datei ausgewählt wurde, der Dateipfadname ist über die *FileName*-Eigenschaft zugänglich.

Sowohl beim *OpenFile*-Dialog als auch beim *SaveFile*-Dialog wird lediglich der Dateipfadname ausgewählt, für das Öffnen der Datei zum Lesen oder Schreiben werden die in den Abschnitten 11.1.2 und 11.1.3 behandelten Objekte und Methoden benötigt.

Listing 11.25 OpenFile-Dialog mit Abfrage des Rückgabewerts und des Dateipfadnamens

```
Dim datPfad As String
Try
  With OpenFileDialog1
    .Filter = "Textdateien (*.txt)|*.txt"
    .FileName = ""
    If .ShowDialog() = System.Windows.Forms.DialogResult.OK Then
      datPfad = .FileName
      ' Öffnen und Lesen der Datei ...
    End If
  End With
Catch ex As Exception
  MessageBox.Show(ex.Message, "Fehlerhinweis")
End Try
```

FolderBrowserDialog

Mit dem Dialogelement *FolderBrowserDialog* kann die Auswahl auf ein Verzeichnis beschränkt werden. Standardmäßig sind alle lokalen und alle Netzwerklaufwerke zugänglich. Die Gestaltungsmöglichkeiten sind sehr begrenzt. Die Titelleiste ist immer mit „Ordner suchen" beschriftet. Der Eigenschaft *Description* kann ein Text zugewiesen werden, der dann oberhalb des Anzeigebereichs erscheint. Wenn man vermeiden möchte, dass der Button „Neuen Ordner erstellen" zugänglich ist, so ist die Eigenschaft *ShowNewFolderButton* gleich *False* zu setzen.

Listing 11.26 FolderBrowserDialog mit Aufruf der ShowDialog-Methode

```
Try
  With FolderBrowserDialog1
    .Description = "Bitte Ordner auswählen und mit OK bestätigen."
    ' .ShowNewFolderButton = False
    If .ShowDialog() = DialogResult.OK Then
        TextBox1.Text = .SelectedPath
    End If
  End With
Catch ex As Exception
  MessageBox.Show(ex.Message, "Fehlerhinweis")
End Try
```

Die wichtigste Methode des *FolderBrowser*-Dialogs ist *ShowDialog*. Der Rückgabewert *DialogResult.OK* bewirkt, dass der Verzeichnispfad mit der Eigenschaft *SelectedPath* (Typ *String*) abgefragt werden kann.

Abbildung 11.2 Öffnen eines FolderBrowser-Dialogs (Beispiel)

11.1.6 Menüleiste, Symbolleisten und Statusleiste

Ein Windows-Programm sieht erst richtig professionell aus, wenn es eine Menüleiste und eine oder mehrere Symbolleisten aufweist. Häufig finden Sie auch eine Statusleiste unten im Formular sowie eine Reihe von Kontextmenüs. Ohne auf alle Details einzugehen, soll im Folgenden gezeigt werden, wie Sie ein Menü (*MenuStrip*), eine Symbolleiste (*Tool-Strip*) und eine Statusleiste (*StatusStrip*) in ein Formular einfügen. Auf Kontextmenüs verzichten wir, da die Vorgehensweise fast identisch zur Erstellung eines Menüs ist. Das Einfügen der Leisten wird von Visual Studio hervorragend unterstützt.

Menüleiste (MenuStrip)

Eine Menüleiste lässt sich durch einen Doppelklick auf die Komponente *MenuStrip* der Toolbox-Gruppe *Menüs & Symbolleisten* erzeugen. Im Komponentenfach wird eine Instanz mit dem standardmäßig vorgegebenen Namen *MenuStrip1* angezeigt.

Die Menüeinträge werden oben im Formular eingegeben, wo sie auch zur Laufzeit erscheinen. Tragen Sie bei „Hier eingeben" den Text des ersten Hauptmenüpunkts, z. B. „Datei", ein. Der Hauptmenüpunkt bekommt standardmäßig den Namen *ToolStripMenuItem1*. Danach werden automatisch zwei weitere leere Menüpunkte angezeigt, einer auf derselben Ebene (für das zweite Hauptmenü) und ein untergeordneter Menüpunkt, in den sie beispielsweise „Öffnen" eintragen. Dem Menüpunkt wird die Namenskombination *Menüeintrag & ToolStripMenuItem*, also z. B. *ÖffnenToolStripMenuItem*, zugeordnet. Die Namen können natürlich nachträglich jederzeit geändert werden, ebenso wie die gesamte Menüstruktur.

Alle Untermenüs können selbst wieder Untermenüs aufweisen, eine zu starke Gliederung wird aber schnell unübersichtlich. Waagerechte Trennlinien zwischen Menüpunkten werden erzeugt, indem als Text ein einfaches Minuszeichen (-) eingegeben wird. Abbildung 11.3 zeigt einen Menüentwurf. Statt der üblichen Menüelemente können auch TextBoxen oder ComboBoxen eingesetzt werden, diese können allerdings keine Untermenüs mehr aufnehmen.

Abbildung 11.3
Erzeugen der Menüstruktur
zur Entwurfszeit (Beispiel)

Oftmals können Menüpunkte zur Laufzeit über die Kombination *Alt*-Taste+Buchstabe angewählt werden. Dieses Verhalten erreichen Sie, indem Sie vor den Buchstaben ein &-Zeichen setzen, also z. B. *Ö&ffnen*, der Menüpunkt kann dann während des Programmlaufs mit *Alt+F* aufgerufen werden. Zur Laufzeit wird der Buchstabe erst unterstrichen, wenn die *Alt*-Taste gedrückt wurde.

Häufig findet man auch sog. Shortcuts, z. B. *Strg+O* für das Öffnen einer Datei oder *Strg+E* für das Beenden des Programms (siehe Abbildung 11.3). Dazu müssen Sie lediglich die Eigenschaften *ShortcutKeys* und *ShortcutKeyDisplayString* entsprechend einstellen (die Taste *Strg* entspricht der Zusatztaste *Ctrl*).

Ein Menüpunkt ist zur Laufzeit unsichtbar, wenn die Eigenschaft *Visible = False* eingestellt wird. Häufiger verwendet wird die Einstellung *Enabled = False*. Der Menüpunkt ist dann abgeblendet und nicht anwählbar.

Symbolleiste (ToolStrip)

Mit einem Doppelklick auf die Komponente *ToolStrip* der Toolbox-Gruppe *Menüs & Symbolleisten* wird im Komponentenfach eine Instanz der Klasse *ToolStrip* eingefügt. Zugleich erscheint auf dem Formular unter der Menüleiste eine leere Symbolleiste.

Ein Formular kann mehrere Symbolleisten aufweisen. Die Symbolleisten lassen sich auch in einen *ToolStripContainer*, einer weiteren Komponente der Toolbox-Gruppe *Menüs & Symbolleisten*, einbetten.

Eine Symbolleiste enthält in der Regel eine Reihe von Schaltflächen, die ein schnelles Ausführen wichtiger Befehle ermöglichen. Neben diesen Buttons kann eine Symbolleiste aber auch Labels, TextBoxen, ComboBoxen, Separatoren und einige andere Steuerelemente aufnehmen.

Um die Ereignisse *Datei öffnen* und *Datei speichern* in der Symbolleiste unterzubringen, ist es am einfachsten, eine *Standardsymbolleiste* zu implementieren. Zeigen Sie hierzu mit der Maus auf die Symbolleiste, öffnen Sie mit der rechten Maustaste das Kontextmenü, und wählen Sie den Eintrag *Standardelemente einfügen*. Die Symbolleiste erhält automatisch die mit den üblichen Bildchen versehenen Buttons *Neu*, *Öffnen*, *Speichern*, *Drucken* usw. (vgl. Abbildung 11.4).

Abbildung 11.4 Standardsymbolleiste

Die Schaltflächen sind Instanzen der Klasse *ToolStripButton*, der voreingestellte Name setzt sich aus dem Eintrag der *Text*-Eigenschaft und dem Namensteil *ToolStripButton* zusammen. Die *ToolTipText*-Eigenschaft übernimmt automatisch die *Text*-Eigenschaft.

Die Symbolleiste lässt sich natürlich verändern, in dem z. B. überflüssige Buttons gelöscht oder neue Buttons eingefügt werden. Über die *Image*-Eigenschaft kann jeder Schaltfläche ein Symbol in Form einer Bilddatei zugeordnet werden (Dialogfeld *Ressource auswählen*: *Lokale Ressource|Importieren*). Anschließend sollte der *Text*-Eigenschaft ein sinnvoller Wert zugewiesen werden (z. B. *Fläche*), die *ToolTipText*-Eigenschaft wird automatisch angepasst. Ebenso sollten Sie den Namen des Buttons analog zu den anderen Buttons ändern, für das obige Beispiel also in *FlächeToolStripButton*.

Ereignisprozeduren für Menüleisten und Symbolleisten

Wie beim Einfügen eines einfachen Buttons liegt die Hauptarbeit nicht in der Gestaltung der Benutzeroberfläche, sondern im Füllen der Ereignisprozeduren mit Programmcode.

Für jeden Menüpunkt der Menüleiste, mit Ausnahme des Separators (-), gibt es ein *Click*-Ereignis. Das Codegerüst erhalten Sie wie gewohnt, indem Sie im Ansicht-Designer den Menüpunkt doppelklicken (siehe z. B. Listing 11.27).

Listing 11.27 Codegerüst für das Click-Ereignis des Menüpunkts Datei|Öffnen

```
Private Sub ÖffnenToolStripMenuItem_Click( _
        ByVal sender As System.Object, ByVal e As System.EventArgs) _
        Handles ÖffnenToolStripMenuItem.Click

End Sub
```

Dasselbe gilt für alle Schaltflächen (Buttons) der Symbolleiste (siehe z. B. Listing 11.28).

Listing 11.28 Codegerüst für das Click-Ereignis der Symbolleisten-Schaltfläche Öffnen

```
Private Sub ÖffnenToolStripButton_Click( _
        ByVal sender As System.Object, ByVal e As System.EventArgs) _
        Handles ÖffnenToolStripButton.Click

End Sub
```

Statusleiste (StatusStrip)

Ein einfaches, aber nützliches Gestaltungselement ist die Statusleiste, die Sie über einen Doppelklick auf das *StatusStrip*-Element in der Toolbox-Gruppe *Menüs & Symbolleisten* erzeugen. Im Komponentenfach wird eine Instanz der Klasse *StatusStrip* mit dem voreingestellten Namen *StatusStrip1* eingefügt. Zugleich erscheint im Formularentwurf unten eine Leiste.

Wenn Sie die Leiste in der Form anklicken, erscheint eine ComboBox mit den einfügbaren Steuerelementen (*StatusLabel*, *ProgressBar*, *DropDownButton* und *SplitButton*). Wir begnügen uns mit einem *StatusLabel*, das u. a. über die *Text*-Eigenschaft verfügt. In der Praxis wird das Steuerelement häufig verwendet, um das aktuelle Datum oder die Uhrzeit anzuzeigen. Wir werden es benutzen, um z. B. über den Dateipfadnamen der geöffneten oder gespeicherten Datei oder die Anzahl der geladenen oder gespeicherten Datensätze zu informieren.

11.2 Übungen

Im Ordner *\Daten\Kap11* der Begleit-DVD stehen die für dieses Kapitel vorbereiteten Text- und Binärdateien bereit. Wenn Sie einen Gleichklang mit den Codevorschlägen und Abbildungen dieses Kapitels erreichen wollen, müssen Sie den Ordner *\Daten* in das Laufwerk *C:* kopieren und dort umbenennen in *AllMyData* (Pfad: *C:\AllMyData*).

Übung 11-1: Verzeichnisinformationen

Aufgabe: Es ist ein Programm zu erstellen, mit dem mittels eines *FolderBrowserDialog*-Elements ein Windows-Verzeichnis (*Ordner*, engl. *Directory*) ausgewählt werden kann und das anschließend dessen Unterverzeichnisse (engl. *Subdirectories*) in einer ListBox anzeigt. Beim Klicken auf eines der Unterverzeichnisse sollen ausgewählte Informationen

(Verzeichnispfad, Erstellungsdatum, letzter Schreibzugriff und Attribute) in einer TextBox angezeigt werden.

Lernziel: *FolderBrowserDialog*-Element einsetzen, Verzeichnisinformationen mithilfe der Methoden und Eigenschaften der *DirectoryInfo*-Klasse abrufen.

Lösungsschritte 1 und 2: Benutzeroberfläche erstellen und Eigenschaften festlegen

Starten Sie Visual Basic 2008, erstellen Sie ein neues *Windows Forms*-Projekt mit dem Namen „VerzeichnisInfo", und speichern Sie alle Dateien.

Platzieren Sie auf dem Formular *Form1* eine ListBox *LstSubDirs* zur Anzeige der Unterverzeichnisse, eine mehrzeilige schreibgeschützte TextBox *TxtDirInfo* zur Anzeige der Detailinformationen des ausgewählten Unterverzeichnisses und einen Button *BtnOeffnen*, der den *FolderBrowser*-Dialog öffnet. Fügen Sie dazu im Komponentenfach ein *FolderBrowserDialog*-Element ein. Die fertige Benutzeroberfläche zur Laufzeit können Sie in Abbildung 11.5 betrachten, die Steuerelemente sollten intuitiv zuzuordnen sein.

Abbildung 11.5 Testbeispiel zur Übung „Verzeichnisinformationen"

Lösungsschritt 3: Programmcode entwickeln

Das Formular soll auf zwei Ereignisse reagieren:

a) Wenn der Anwender auf den Button „Öffnen" klickt, soll sich mithilfe eines *FolderBrowser*-Dialogs ein Navigationsfenster öffnen, in dem ein Verzeichnis ausgewählt werden kann. Die Unterverzeichnisse dieses Verzeichnisses sollen in der ListBox angezeigt werden.

b) Wenn der Anwender anschließend einen der Einträge in der ListBox anklickt (*SelectedIndexChanged*-Ereignis), sollen die geforderten Detailinformationen des ausgewählten Unterverzeichnisses in der mehrzeiligen TextBox dargestellt werden.

Der Verzeichnispfad wird als Variable *dirPfad* formularweit deklariert.

11.2 Übungen

■ **Programmgerüst der Klasse Form1**

```vb
Imports System.IO

Public Class Form1
  Private dirPfad As String
  Private Sub BtnOeffnen_Click(...) ... : End Sub
  Private Sub LstDirs_SelectedIndexChanged(...) ... : End Sub
End Class
```

■ **Ereignisprozedur BtnOeffnen_Click**

```vb
Private Sub BtnOeffnen_Click(...) Handles BtnOeffnen.Click
  Dim mDir As DirectoryInfo
  Dim mDirs() As DirectoryInfo
  Dim i As Integer

  ' ListBox- und TextBox-Inhalte löschen
  LstSubDirs.Items.Clear()
  TxtDirInfo.Text = ""

  With FolderBrowserDialog1
    If .ShowDialog() = DialogResult.OK Then
      dirPfad = .SelectedPath

      ' Unterverzeichnisse in der ListBox anzeigen
      mDir = New DirectoryInfo(dirPfad)
      mDirs = mDir.GetDirectories()
      For i = 0 To mDirs.Length - 1
        LstSubDirs.Items.Add(mDirs(i).Name)
      Next i
    Else
      dirPfad = String.Empty
    End If
  End With
End Sub
```

■ **Ereignisprozedur LstDirs_SelectedIndexChanged**

```vb
Private Sub LstDirs_SelectedIndexChanged(...) _
        Handles LstSubDirs.SelectedIndexChanged
  Dim subDirPfad As String
  Dim mSubDir As DirectoryInfo
  Dim newln As String = Environment.NewLine
  Try
    subDirPfad = dirPfad & "\" & LstSubDirs.SelectedItem.ToString
    mSubDir = New DirectoryInfo(subDirPfad)

    ' Detailinformationen in der TextBox anzeigen
    TxtDirInfo.Text = "Verzeichnis: " & newln & _
            mSubDir.FullName & newln & newln & _
            "Erstellungsdatum: " & mSubDir.CreationTime & _
            newln & _
            "Letzter Schreibzugriff: " & mSubDir.LastWriteTime & _
            newln & _
            "Attribute: " & mSubDir.Attributes.ToString
  Catch
  End Try
End Sub
```

Lösungsschritt 4: Programm testen

Ein Laufzeitbeispiel ist in Abbildung 11.5 dargestellt. Wenn Sie den *FolderBrowser*-Dialog mit der Schaltfläche „Abbrechen" beenden, erfolgt keine Anzeige.

Übung 11-2: Texteditor

Aufgabe: Es ist ein Programm zu erstellen, das eine Textdatei mithilfe eines *OpenFile*-Dialogs auswählt und mit der *ReadAllText*-Methode der *File*-Klasse in eine mehrzeilige TextBox einliest. Dabei soll der Anwender zwischen ANSI- und UTF-8-Code wählen können. Nach einer eventuellen Editierung des TextBox-Inhalts soll dieser mithilfe der *WriteAllText*-Methode der *File*-Klasse wahlweise im ANSI- oder im UTF-8-Code gespeichert werden können. Für die Dateiauswahl ist ein *SaveFile*-Dialog einzusetzen. Der vollständige Pfadname der eingelesenen bzw. gespeicherten Datei ist in einer Statusleiste anzuzeigen.

Lernziel: *OpenFile*- und *SaveFile*-Dialog einsetzen, Lesen und Schreiben einer Textdatei unter Beachtung des Zeichencodes mit den Methoden der *File*-Klasse, eine Statusleiste ergänzen.

Lösungsschritte 1 und 2: Benutzeroberfläche erstellen und Eigenschaften festlegen

Starten Sie Visual Basic 2008, erstellen Sie ein neues *Windows Forms*-Projekt mit dem Namen „TextEditor", und speichern Sie alle Dateien.

Platzieren Sie auf dem Formular *Form1* eine mehrzeilige TextBox *TxtEditor*, zwei GroupBoxen *GrpOeffnen* und *GrpSpeichern* mit je zwei RadioButtons und einem Button *BtnOeffnen* für das Öffnen bzw. einem Button *BtnSpeichern* für das Speichern der Textdatei sowie einen Button *BtnBeenden* für das Beenden des Programms.

Weiter benötigen Sie zwei Dialogfelder, nämlich ein *OpenFileDialog*- und ein *SaveFileDialog*-Element (Toolbox-Gruppe *Dialogfelder*) sowie ein *StatusStrip*-Element (Toolbox-Gruppe *Menüs & Symbolleisten*) mit einem *ToolStripStatusLabel*-Steuerelement.

Die fertige Benutzeroberfläche ist in Abbildung 11.6 dargestellt, die Steuerelemente sollten intuitiv zuzuordnen sein.

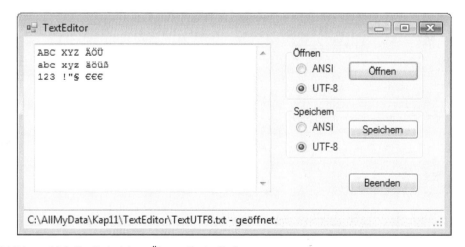

Abbildung 11.6 Testbeispiel zur Übung „Texteditor"

Lösungsschritt 3: Programmcode entwickeln

Das Formular soll auf drei Ereignisse reagieren:

a) Wenn der Anwender auf den Button „Öffnen" klickt, soll mithilfe eines *OpenFile*-Dialogs eine Textdatei ausgewählt werden können. Der Inhalt der Datei wird – je nach aktiviertem RadioButton – im ANSI- oder im UTF-8-Code eingelesen und in die mehrzeilige TextBox *TxtEditor* übertragen.

b) Beim Klicken des Buttons „Speichern" soll sich ein *SaveFile*-Dialog öffnen, und die in der TextBox enthaltene Zeichenkette soll – je nach aktiviertem RadioButton – im ANSI- oder im UTF-8-Code in der ausgewählten Datei gespeichert werden.

c) Mit einem Klick auf den Button „Beenden" soll das Programm beendet werden.

Der Dateipfadname wird als Variable *datPfad* formularweit deklariert.

Ein *StreamReader*- oder ein *StreamWriter*-Objekt wird nicht benötigt, da die gesamte Textdatei mit der Methode *ReadAllText* der *File*-Klasse gelesen bzw. mit der Methode *WriteAllText* geschrieben wird.

■ Programmgerüst der Klasse Form1

```
Imports System.IO

Public Class Form1
  Private datPfad As String
  Private Sub BtnOeffnen_Click(...) ... : End Sub
  Private Sub BtnSpeichern_Click(...) ... : End Sub
  Private Sub BtnBeenden_Click(...) ... : End Sub
End Class
```

■ Ereignisprozedur BtnOeffnen_Click

```
Private Sub BtnOeffnen_Click(...) Handles BtnOeffnen.Click
  Dim enc As System.Text.Encoding

  TxtEditor.Clear()
  With OpenFileDialog1
    .Filter = "Textdateien (*.txt)|*.txt|Alle Dateien (*.*)|*.*"
    .InitialDirectory = "c:\"
    ' .InitialDirectory = "c:\AllMyData\Kap11\TextEditor"   ' Testordner
    .FileName = ""

    If .ShowDialog() = System.Windows.Forms.DialogResult.OK Then
      datPfad = .FileName
      Try
        If RadOeffnenANSI.Checked = True Then
          enc = System.Text.Encoding.GetEncoding(1252)
        Else
          enc = System.Text.Encoding.UTF8
        End If
        TxtEditor.Text = File.ReadAllText(datPfad, enc)
      Catch ex As Exception
        MessageBox.Show(ex.Message, "Fehlerhinweis.")
      End Try
      ToolStripStatusLabel1.Text = datPfad & " - geöffnet."
    End If
  End With
End Sub
```

- **Ereignisprozedur BtnSpeichern_Click**

```
Private Sub BtnSpeichern_Click(...) Handles BtnSpeichern.Click
  Dim enc As System.Text.Encoding

  With SaveFileDialog1
    .Filter = "Textdateien (*.txt)|*.txt|Alle Dateien (*.*)|*.*"
    .InitialDirectory = "c:\"
    ' .InitialDirectory = "c:\AllMyData\Kap11\TextEditor"   ' Testordner
    .FileName = datPfad

    If .ShowDialog() = System.Windows.Forms.DialogResult.OK Then
      datPfad = .FileName
      If RadSpeichernANSI.Checked = True Then
        enc = System.Text.Encoding.GetEncoding(1252)
      Else
        enc = System.Text.Encoding.UTF8
      End If
      File.WriteAllText(datPfad, TxtEditor.Text, enc)
      ToolStripStatusLabel1.Text = datPfad & " - gespeichert."
    End If
  End With
End Sub
```

- **Ereignisprozedur BtnBeenden_Click**

Zum Schließen des Formulars genügt die Anweisung `Me.Close()`.

Lösungsschritt 4: Programm testen

Testen Sie sowohl mit ANSI- als auch mit UTF-8-codierten Textdateien. Mit dem standardmäßig auf jedem Windows-Rechner vorhandenen *Editor* ist es möglich, beim Speichern einer Textdatei die Codierung anzugeben. Im Text sollten einige Umlaute und möglichst auch das €-Zeichen enthalten sein. Sie können aber auch die Textdateien im Ordner *\Daten\Kap11\TextEditor* verwenden.

Mit dem *OpenFile*-Dialog sollten Sie probeweise versuchen, eine nicht vorhandene Datei zu öffnen. Alternativ sollten Sie den Dialog mit dem Button „Abbrechen" verlassen. Schließlich sollten Sie beim *SaveFile*-Dialog (Speichern) testen, ob der Name einer bereits vorhandenen Datei akzeptiert wird.

Übung 11-3: Fläche eines Polygons

Aufgabe: Es ist ein Programm zu erstellen, das die Fläche eines Polygons aus den Koordinaten der Eckpunkte berechnet. Die 2D-Eckpunkte des Polygons stehen zeilenweise, im Uhrzeigersinn geordnet, in einer Textdatei. Die Punktinformationen pro Zeile setzen sich aus der Punktnummer (*Nr*) und den rechtwinkligen Koordinaten *X* und *Y* zusammen:

`Nr(Integer) X(Double) Y(Double)`

Für die Berechnung der Fläche *F* kann die *Gauß'sche Flächenformel* eingesetzt werden, die hier aus numerischen Gründen etwas modifiziert wurde:

$$F = \frac{1}{2} \cdot \sum_{i=0}^{n-1}(x_i + x_{i+1} - 2 \cdot x_0) \cdot (y_i - y_{i+1}) \text{ mit } x_n = x_0, y_n = y_0$$

Die Formel basiert auf der Zerlegung eines Polygons in achsparallele Trapeze. *Unbedingt zu beachten ist, dass die Punkte der Reihe nach im Uhrzeigersinn in dem Punktarray vorliegen müssen.* Die Koordinaten des fiktiven *n*-ten Punktes werden gleich den Koordinaten des 0-ten Punktes gesetzt.

Die Klasse *Punkt2d* definiert einen 2D-Punkt, bestehend aus Punktnummer und rechtwinkligen Koordinaten. Die Klasse *Polygon* legt einen geschlossenen Linienzug (Polygon) durch ein *Punkt2d*-Array fest. Die Methode *GetFlaeche* berechnet die Polygonfläche mit der Gauß'schen Flächenformel. Optional ist eine Methode *GetSchwerpunkt* für die Berechnung des Polygon-Schwerpunkts vorzusehen (vgl. Abbildung 11.7).

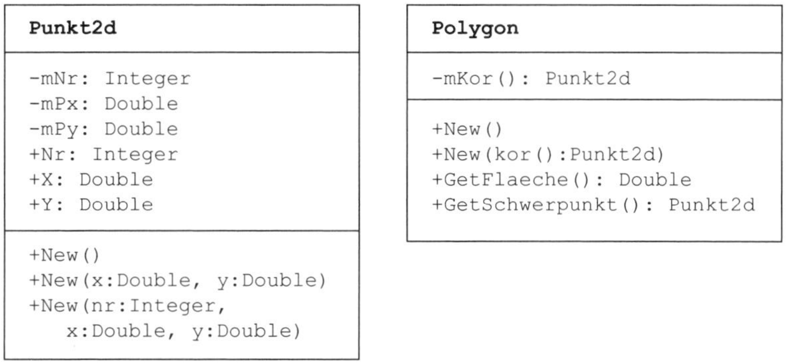

```
Punkt2d
-mNr: Integer
-mPx: Double
-mPy: Double
+Nr: Integer
+X: Double
+Y: Double

+New()
+New(x:Double, y:Double)
+New(nr:Integer,
     x:Double, y:Double)
```

```
Polygon
-mKor(): Punkt2d

+New()
+New(kor():Punkt2d)
+GetFlaeche(): Double
+GetSchwerpunkt(): Punkt2d
```

Abbildung 11.7 Klassendiagramme zur Übung „Polygonfläche"

Das Windows-Formular soll eine Menüleiste, eine Symbolleiste und eine Statusleiste besitzen. Für die Dateiauswahl im Hauptmenü *Datei* ist ein *OpenFile*-Dialog bzw. ein *SaveFile*-Dialog einzusetzen. Die Punktdaten (Textdatei) sind mithilfe eines *StreamReader*-Objekts einzulesen. Das Ergebnisprotokoll (Datum und Uhrzeit, Koordinatenliste und Fläche) soll mit der *AppendAllText*-Methode der *File*-Klasse in eine Textdatei geschrieben werden können. Damit lassen sich die Berechnungsergebnisse mehrerer Datensätze in einer Protokolldatei zusammenfassen. Das Öffnen und Speichern der Textdateien sollen sowohl vom Hauptmenü *Datei* aus als auch mit den Schaltflächen der Symbolleiste möglich sein.

Im zweiten Hauptmenü *Berechnen* ist ein Menüpunkt *Fläche* vorzusehen, parallel dazu soll ein nutzerdefinierter Button innerhalb der Symbolleiste eingefügt werden.

Als drittes Hauptmenü ist ein *Hilfe*-Menü zu integrieren, das beim Klicken des Menüpunkts *Anleitung* eine kurze Bedienungsanleitung anzeigt. Auch diese Funktionalität soll als *Hilfe*-Button in der Symbolleiste aufgerufen werden können.

Die Statusleiste soll im Wesentlichen dazu dienen, den Dateipfadnamen der geöffneten Punktdatei bzw. der gespeicherten Protokolldatei anzuzeigen.

Lernziel: *OpenFile*- und *SaveFile*-Dialog einsetzen, eine Punktdatei (Textdatei) mit einem *StreamReader*-Objekt einlesen, das Ergebnisprotokoll mit einem *StringWriter*-Objekt auf-

11 Dateien und Verzeichnisse

bauen und in eine Textdatei schreiben, eine Menüleiste und eine Symbolleiste in das Startformular integrieren und deren Elemente mit Ereignisprozeduren verknüpfen, eine Statusleiste einfügen, eine *Punkt2d*- und eine *Polygon*-Klasse definieren sowie eine Methode zur Berechnung der Fläche eines beliebigen Polygons entwickeln.

Lösungsschritte 1 und 2: Benutzeroberfläche erstellen und Eigenschaften festlegen

Starten Sie Visual Basic 2008, erstellen Sie ein neues *Windows Forms*-Projekt mit dem Namen „PolygonFlaeche", und speichern Sie alle Dateien.

Platzieren Sie auf dem Formular *Form1* eine mehrzeilige TextBox *TxtPoly* für die Anzeige der eingelesenen Punktdatei, ein Label *LblFlaeche* für die Anzeige der berechneten Fläche und einen Button *BtnLoeschen* für das Löschen der Inhalte der TextBox und des Labels.

Die Menüleiste und die Symbolleiste sollen die in der Aufgabenstellung beschriebene Funktionalität beinhalten. Der *Image*-Eigenschaft des ToolStripButtons „Fläche" ist eine eigene Bilddatei (z. B. die Datei *\Uebungen\Kap11\PolygonFlaeche\Polygon.png*) zuzuordnen. Ein Beispiel für die Benutzeroberfläche zur Laufzeit zeigt Abbildung 11.8.

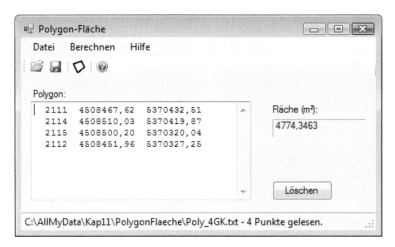

Abbildung 11.8 Testbeispiel zur Übung „Polygonfläche"

Lösungsschritt 3: Programmcode entwickeln

Der Programmcode setzt sich aus den Definitionen der drei Klassen *Punkt2d*, *Polygon* und *Form1* zusammen. Der Code wird jeweils in einer eigenen *.vb-Datei gespeichert. Der Code der Formularoberfläche wird wie üblich in der Datei *Form1.Designer.vb* abgelegt.

■ **Klasse Punkt2d (Datei Punkt2d.vb)**

Die Klasse *Punkt2d* besitzt die drei Eigenschaften *Nr*, *X* und *Y* sowie drei Konstruktoren, nämlich einen parameterloser Konstruktor, einen Konstruktor, der mit den Koordinaten *x* und *y* aufgerufen wird, und einen Konstruktor, der zusätzlich die Punktnummer benötigt.

```vb
Public Class Punkt2d
  Private mNr As Integer
  Private mPx As Double
  Private mPy As Double

  Public Sub New()
    mNr = 0
    mPx = 0
    mPy = 0
  End Sub

  Public Sub New(ByVal x As Double, ByVal y As Double)
    mNr = 0
    mPx = x
    mPy = y
  End Sub

  Public Sub New(ByVal nr As Integer, _
              ByVal x As Double, ByVal y As Double)
    mNr = nr
    mPx = x
    mPy = y
  End Sub

  Public Property Nr() As Integer
    Get
      Return mNr
    End Get
    Set(ByVal value As Integer)
      mNr = value
    End Set
  End Property

  ' Property X() und Property Y() analog

End Class
```

■ **Klasse Polygon (Datei Polygon.vb)**

Die Klasse *Polygon* definiert eine geschlossene 2D-Figur. Sie besitzt einen parameterlosen Konstruktor und einen parametrisierten Konstruktor, der eine Instanz, bestehend aus einem *Punkt2d*-Array, erzeugt. Die Methode *GetFlaeche* berechnet die Polygonfläche mithilfe der Gauß'schen Flächenformel. Dabei werden mindestens drei Eckpunkte vorausgesetzt, ansonsten wird der Wert 0 zurückgegeben. Die Anwendung der Formel setzt voraus, dass der fiktive *n*-te Punkt vorweg die Koordinaten des ersten Punktes mit dem Index 0 erhält.

```vb
Public Class Polygon
  Private mKor() As Punkt2d

  Public Sub New()
    mKor(0).Nr = 0
    mKor(0).X = 0
    mKor(0).Y = 0
  End Sub

  Public Sub New(ByVal kor() As Punkt2d)
    mKor = kor
  End Sub

  Public Function GetFlaeche() As Double
    Dim i, n As Integer, f As Double
    n = mKor.Length
    ' mindestens drei Eckpunkte
    If n < 3 Then
      Return 0
    End If
```

```
        ReDim Preserve mKor(n)
        ' fiktiver n-ter Punkt
        mKor(n) = New Punkt2d(mKor(0).X, mKor(0).Y)

        f = 0
        ' Gauß´sche Flächenformel
        For i = 0 To n - 1
            f += (mKor(i).X + mKor(i + 1).X - 2 * mKor(0).X) * _
                 (mKor(i).Y - mKor(i + 1).Y)
        Next i
        Return f / 2
    End Function
End Class
```

■ **Programmgerüst der Klasse Form1 (Datei Form1.vb)**

Das folgende Programmgerüst zeigt die privaten (formularglobalen) Variablen der *Form1* und die Gerüste aller Methoden und Ereignisprozeduren.

```
Imports System.IO

Public Class Form1
    Private datPfad As String            ' Dateipfadname
    Private korPoly(0) As Punkt2d        ' Redimensionierung folgt später
    Private poly As Polygon
    Private newln As String = Environment.NewLine

    Private Function SplitZeilePunkt2d(...) ... : End Function
    Private Sub ÖffnenToolStripMenuItem_Click(...) ... : End Sub
    Private Sub SpeichernToolStripMenuItem_Click(...) ... : End Sub
    Private Sub BeendenToolStripMenuItem_Click(...) ... : End Sub
    Private Sub FlaecheToolStripMenuItem_Click(...) ... : End Sub
    Private Sub AnleitungToolStripMenuItem_Click(...) ... : End Sub
    Private Sub BtnLoeschen_Click(...) ... : End Sub
    Private Sub ÖffnenToolStripButton_Click(...) ... : End Sub
    Private Sub SpeichernToolStripButton_Click(...) ... : End Sub
    Private Sub FlächeToolStripButton_Click(...) ... End Sub
    Private Sub HilfeToolStripButton_Click(...) ... : End Sub
End Class
```

■ **Funktion SplitZeilePunkt2d**

Die Hilfsfunktion *SplitZeilePunkt2d* zerlegt eine Zeile der eingelesenen Punktdatei in die drei Bestandteile Punktnummer (*Nr*), *X*- und *Y*-Koordinate. Als Separatoren werden Leerzeichen und *Tab*-Zeichen (*Chr*(9)) erkannt. Die drei Komponenten werden als *Punkt2d*-Instanz zurückgegeben. Bei mehr oder weniger als drei Einträgen pro Zeile wird eine Ausnahme geworfen.

```
Private Function SplitZeilePunkt2d(ByVal zeile As String) As Punkt2d
    Dim charSep() As Char = {" "c, Chr(9)}
    Dim komp() As String
    Dim punkt As New Punkt2d()

    komp = zeile.Split(charSep, StringSplitOptions.RemoveEmptyEntries)
    With punkt
        If komp.Length <> 3 Then
            .Nr = 0
            .X = 0
            .y = 0
            Throw New Exception("Eingabefehler Nr = " & komp(0))
        Else
            .Nr = Integer.Parse(komp(0))
            .X = Double.Parse(komp(1))
            .y = Double.Parse(komp(2))
        End If
```

```
        End With
        Return punkt
End Function
```

- **Ereignisprozedur ÖffnenToolStripMenuItem_Click**

Beim Klicken des Menüpunkts *Datei|Öffnen* wird die einzulesende Datei über einen *OpenFile*-Dialog ausgewählt. Die Datensätze werden mithilfe eines *StreamReader*-Objekts zeilenweise aus der Punktdatei (Textdatei) gelesen, bis das Dateiende erreicht ist. Jede Zeile wird durch Aufruf der Hilfsfunktion *SplitZeilePunkt2d* in ihre Bestandteile zerlegt. Diese werden dann als *Punkt2d*-Objekt zurückgegeben und in der TextBox *TxtPoly* aufgelistet. Alle hintereinander gelesenen Punkte (Reihenfolge im Uhrzeigersinn) werden gemeinsam als *Punkt2d*-Array *korPoly* gespeichert.

```
Private Sub ÖffnenToolStripMenuItem_Click(...) _
            Handles ÖffnenToolStripMenuItem.Click
    Dim zeile As String
    Dim reader As StreamReader
    Dim n As Integer = 20        ' Voreinstellung: n = 20 Punkte
    ReDim korPoly(0 To n - 1)
    Dim i As Integer

    TxtPoly.Text = String.Empty
    LblFlaeche.Text = String.Empty
    Try
      With OpenFileDialog1
        .Filter = "Textdateien (*.txt)|*.txt|" & _
                  "Alle Dateien (*.*)|*.*"
        .InitialDirectory = "c:\"
        ' .InitialDirectory = "c:\AllMyData\Kap11"        ' Testordner
        .FileName = ""

        If .ShowDialog() = System.Windows.Forms.DialogResult.OK Then
          datPfad = .FileName
          reader = New StreamReader(datPfad)

          i = 0
          Do While reader.Peek() > -1
            If i > n Then        ' wenn Voreinstellung nicht reicht
              ReDim Preserve korPoly(i)
            End If
            zeile = reader.ReadLine()
            zeile = zeile.Replace(".", ",")
            korPoly(i) = New Punkt2d()
            korPoly(i) = SplitZeilePunkt2d(zeile)
            TxtPoly.Text &= String.Format("{0,6} {1,11:f2} {2,11:f2}", _
                    korPoly(i).Nr, korPoly(i).X, korPoly(i).Y) & newln
            i = i + 1
          Loop
          n = i    ' tatsächliche Punktanzahl
          reader.Close()
          ReDim Preserve korPoly(n - 1)
        End If
      End With
      ToolStripStatusLabel1.Text = datPfad & " - " & _
                                   n & " Punkte gelesen."
    Catch ex As Exception
      MessageBox.Show(ex.Message, "Fehlerhinweis")
    End Try
End Sub
```

11 Dateien und Verzeichnisse

■ **Ereignisprozedur SpeichernToolStripMenuItem_Click**

Beim Klicken des Menüpunkts *Datei|Speichern* soll der Inhalt der TextBox *TxtPoly* und des Labels *LblFlaeche* quasi als Ergebnisprotokoll in eine Textdatei geschrieben werden. Die Dateiauswahl erfolgt mit einem *SaveFile*-Dialog. Jedem Protokollsatz wird das aktuelle Datum (mit Uhrzeit) vorangestellt.

Alle Ausgaben werden zunächst mit einem *StringWriter*-Objekt gesammelt und anschließend mithilfe der *AppendAllText*-Methode der *File*-Klasse an das Ende der ausgewählten Datei angehängt. Damit ist es möglich, mehrere Polygone in einem Rechenlauf einzulesen und in derselben Protokolldatei abzuspeichern (vgl. z. B. *\Daten\Kap11\PolygonFlaeche\Poly_OUT.txt*). Weitere Einzelheiten können dem folgenden Code entnommen werden.

```
Private Sub SpeichernToolStripMenuItem_Click(...) _
        Handles SpeichernToolStripMenuItem.Click
  Dim strWriter As New StringWriter()
  Try
    With SaveFileDialog1
      .Filter = "Textdateien (*.txt)|*.txt|" & _
                "Alle Dateien (*.*)|*.*"
      .InitialDirectory = "c:\"
      ' Dateiname-Vorschlag
      .FileName = datPfad.Replace(".txt", "_OUT.txt")
      .OverwritePrompt = False

      If .ShowDialog() = System.Windows.Forms.DialogResult.OK Then
        datPfad = .FileName
        strWriter.WriteLine(DateTime.Now)
        strWriter.WriteLine("-------------------------------")
        strWriter.WriteLine("Polygon:")
        strWriter.WriteLine(TxtPoly.Text)
        If LblFlaeche.Text <> "" Then
          strWriter.Write("Fläche: ")
          strWriter.WriteLine(LblFlaeche.Text)
        End If
        strWriter.WriteLine(newln)
        File.AppendAllText(datPfad, strWriter.ToString)
        strWriter.Close()
      End If
      ToolStripStatusLabel1.Text = datPfad & " - gespeichert."
    End With
  Catch ex As Exception
    MessageBox.Show(ex.Message, "Fehlerhinweis")
  End Try
End Sub
```

■ **Ereignisprozedur BeendenToolStripMenuItem_Click**

Zum Schließen des Formulars genügt die Anweisung `Me.Close()`.

■ **Ereignisprozedur FlaecheToolStripMenuItem_Click**

Beim Klicken des Menüpunkts *Berechnen|Fläche* wird eine Polygoninstanz erzeugt, der das eingelesene *Punkt2d*-Array übergeben wird. Anschließend kann die Instanzenmethode *GetFlaeche* aufgerufen werden.

```
Private Sub FlaecheToolStripMenuItem_Click(...) _
        Handles FlaecheToolStripMenuItem.Click
  poly = New Polygon(korPoly)
  LblFlaeche.Text = poly.GetFlaeche().ToString("f4")
End Sub
```

- **Ereignisprozedur AnleitungToolStripMenuItem_Click**

Wenn Sie den Menüpunkt *Hilfe|Anleitung* auswählen, wird eine kurze Bedienungsanleitung als MessageBox angezeigt.

```
Private Sub AnleitungToolStripMenuItem_Click(...) _
        Handles AnleitungToolStripMenuItem.Click
    Dim emptyln As String = newln & newln
    MessageBox.Show( _
    "1. Punkte (Nr, X̄, Y) einlesen: ""Menü Datei|Öffnen""" & _
        emptyln & _
    "2. Fläche des Polygons: ""Menü Berechnen|Fläche""" & _
        emptyln & _
    "3. Protokoll speichern: ""Menü Datei|Speichern""" & _
        emptyln & _
    " Achtung: Punktreihenfolge im Uhrzeigersinn!", "Anleitung")
End Sub
```

- **Ereignisprozedur BtnLoeschen_Click**

Die Inhalte der TextBox *TxtPoly* und des Labels *LblFlaeche* werden gelöscht, ebenso der Inhalt des Arrays *korPoly* mit Ausnahme des ersten Elements. Beim Aufruf der Methode *GetFlaeche* wird damit die Fläche = 0 zurückgegeben, und es erfolgt kein Fehlerabbruch.

```
Private Sub BtnLoeschen_Click(...) Handles BtnLoeschen.Click
    TxtPoly.Text = String.Empty
    LblFlaeche.Text = String.Empty
    ReDim korPoly(0)
End Sub
```

- **Ereignisprozedur ÖffnenToolStripButton_Click**

Der Code der Ereignisprozeduren für die Schaltflächen der Symbolleiste entspricht dem Code der entsprechenden Menüpunkte. Statt den Code in die Prozedurgerüste zu kopieren, ist es einfacher, die jeweilige *MenuItem_Click*-Prozedur aufzurufen. Das hat auch den Vorteil, dass bei einer Änderung des Programmcodes keine Inkonsistenzen entstehen.

```
Private Sub ÖffnenToolStripButton_Click(...) _
        Handles ÖffnenToolStripButton.Click
    ÖffnenToolStripMenuItem_Click(sender, e)
End Sub
```

Die Ereignisprozeduren der weiteren Schaltflächen „Speichern", „Fläche" und „Hilfe" der Symbolleiste können nach demselben Muster geschrieben werden.

Lösungsschritt 4: Programm testen

Zum Test stehen im Ordner *\Daten\Kap11\PolygonFlaeche* einige Testdateien bereit. Das in Abbildung 11.8 gezeigte Beispiel basiert auf der Datei *Poly_4GK.txt* (GK steht für Gauß-Krüger-Koordinaten, *LK* für lokale Koordinaten).

Die Datei *Poly4_LK.txt* definiert ein Rechteck mit der Fläche 1.000.000,00 (m²). Die Datei *Poly_5_LK.txt* besteht aus fünf Eckpunkten, die Fläche beträgt 1600,00 (m²).

Zusatzaufgabe:

Die Klasse *Polygon* soll um weitere Funktionalitäten erweitert werden:

a) Berechnung des Schwerpunkts mit der Methode *GetSchwerpunkt*. Rückgabewert ist eine *Punkt2d*-Instanz. Die Methode soll als Menüpunkt *Berechnen|Schwerpunkt* realisiert werden. Das Ergebnis wird am einfachsten in die TextBox *TxtPoly* (nach der Punkteliste) geschrieben.

Die *.vb-Dateien im Ordner *\Uebungen\Kap11\PolygonFlaeche* enthalten bereits einen Lösungsvorschlag.

b) Einlesen einer Punkteliste in eine ListBox (Anzeige der Punktnummern genügt). Anschließend kann der Anwender der Reihe nach die Eckpunkte des Polygons (im Uhrzeigersinn) auswählen und daraus die Fläche berechnen.

In Übung 11-4 wird die prinzipielle Vorgehensweise für die Auswahl von Datensätzen aufgezeigt.

Übung 11-4: Baumkataster

Eine Parkverwaltung erstellt ein Baumkataster. Im ersten Schritt werden für jeden Einzelbaum die Landeskoordinaten X (m) und Y (m), der Stammumfang *Sta* (cm), der Kronendurchmesser *Kro* (m) und die Baumart *Art* (Defaultwert "?") erfasst. Jeder Baum bekommt eine eindeutige Nummer *Nr*. Die Ergebnisse sind in einer Baumliste (Textdatei, alternativ Binärdatei) abgelegt.

Aufbau eines Datensatzes (Testdatei *Baumliste.txt*)

```
Nr(Integer) X(Double) Y(Double) Sta(Short) Kro(Single) Art(String)
```

Für Überprüfungen des Baumbestands vor Ort soll der Anwender eine Auswahlliste erzeugen und speichern können.

Die Aufgabe soll zuerst mit **Textdateien** und anschließend mit **Binärdateien** gelöst werden.

Variante A (mit Textdateien)

Es ist ein Programm zu erstellen, das eine Baumliste (Textdatei) einliest und die Attribute *Nr* und *Art* in einer ListBox anzeigt. Die Dateiauswahl soll über einen *OpenFile*-Dialog erfolgen.

Der Anwender soll aus der Gesamtliste in beliebiger Reihenfolge einzelne Datensätze auswählen können, die dann in eine schreibgeschützte mehrzeilige TextBox übertragen und dort mit *allen* Attributen angezeigt werden. Die ausgewählten Datensätze sollen als Textdatei gespeichert werden können, wobei die Dateiauswahl mit einem *SaveFile*-Dialog zu realisieren ist.

Vorweg ist eine Klasse *Baum* zu definieren, die die o.a. Member *Nr*, *X*, *Y* usw. besitzt. Der Einfachheit halber können diese als *Public*-Felder vereinbart werden. Die Klasse soll einen parameterlosen Konstruktor (*Art* = "?", alle anderen Felder = 0) und einen parametrisierten Konstruktor mit allen Attributen zur Verfügung stellen.

11.2 Übungen

Lernziel: Einen *OpenFile*- und einen *SaveFile*-Dialog zur Dateiauswahl einsetzen, eine Textdatei mithilfe einer *StreamReader*-Instanz lesen, eine Listenauswahl erzeugen, eine Zeichenkette mit der *WriteAllText*-Methode der *File*-Klasse in eine Textdatei schreiben.

Lösungsschritte 1 und 2: Benutzeroberfläche erstellen und Eigenschaften festlegen

Starten Sie Visual Basic 2008, erstellen Sie ein neues *Windows Forms*-Projekt mit dem Namen „Baumkataster", und speichern Sie alle Dateien.

Platzieren Sie auf dem Formular *Form1* eine ListBox *LstBaum* für die Anzeige der eingelesenen Baumliste (Attribute *Nr* und *Art*). Daneben ist eine breite mehrzeilige TextBox *TxtAuswahl* für die vollständige Anzeige der ausgewählten Datensätze einzufügen. Weiter ist ein Button *BtnOeffnen* zum Lesen der Datei, ein Button *BtnLoeschen* zum Löschen des Inhalts der Auswahl-TextBox und ein Button *BtnSpeichern* zum Schreiben der Auswahl-Datensätze in eine Textdatei zu integrieren.

Die Benutzeroberfläche zur Laufzeit können Sie in Abbildung 11.9 betrachten.

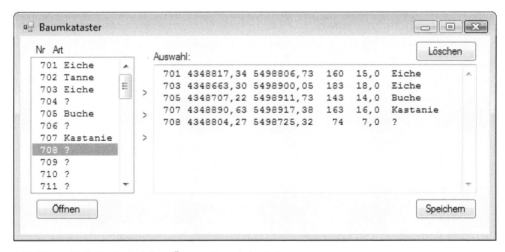

Abbildung 11.9 Testbeispiel zur Übung „Baumkataster"

Lösungsschritt 3: Programmcode entwickeln

Der Programmcode wird auf die zwei Dateien *Baum.vb* (Klassendefinition) und *Form1.vb* verteilt. Der Formularcode setzt sich aus den *Click*-Ereignisprozeduren der drei Buttons *BtnOeffnen*, *BtnSpeichern* und *BtnLoeschen* sowie der *SelectedIndexChanged*-Ereignisprozedur der ListBox *LstBaum* zusammen. Letztere soll bewirken, dass ein in der ListBox markierter Datensatz in die TextBox *TxtAuswahl* übertragen wird.

- **Definition der Klasse Baum (Datei Baum.vb)**

```
Public Class Baum
   Public Nr As Integer
   Public X As Double
   Public Y As Double
   Public Sta As Short
```

```
    Public Kro As Single
    Public Art As String

    Public Sub New()
        Me.Nr = 0 : Me.X = 0 : Me.Y = 0
        Me.Sta = 0 : Me.Kro = 0 : Me.Art = "?"
    End Sub

    Public Sub New(ByVal nr As Integer, _
                   ByVal x As Double, ByVal y As Double, _
                   ByVal sta As Short, ByVal kro As Single, _
                   ByVal art As String)
        Me.Nr = nr : Me.X = x : Me.Y = y
        Me.Sta = sta : Me.Kro = kro : Me.Art = art
    End Sub
End Class
```

■ **Programmgerüst der Klasse Form1 (Datei Form1.vb)**

Für die Speicherung aller Bäume wird ein Array *baumLst* mit dem Objekttyp *Baum* angelegt. Analog wird für die ausgewählten Baum-Datensätze ein entsprechendes Array *baumAuswahl* deklariert. Diese beiden Arrays werden zusammen mit dem Dateipfadnamen *datPfad*, der maximalen Baumanzahl *nmax* und der Anzahl der ausgewählten Bäume *nAuswahl* als private Variablen der Klasse *Form1* definiert (formularweite Deklaration). Die entsprechenden Variablenwerte können damit problemlos zwischen den Ereignisprozeduren ausgetauscht werden.

Das folgende Programmgerüst zeigt die privaten (formularglobalen) Variablen der *Form1* und die Gerüste aller Methoden und Ereignisprozeduren der Klasse *Form1*.

```
Imports System.IO

Public Class Form1
    Private datPfad As String
    Private nmax As Integer = 100       ' max. Baumanzahl Liste
    Private baumLst(0 To nmax - 1) As Baum
    Private baumAuswahl() As Baum
    Private nAuswahl As Integer = 0     ' akt. Baumanzahl Auswahl

    Private Function SplitZeileBaum(...) ... : End Function
    Private Sub BtnOeffnen_Click(...) ... : End Sub
    Private Sub LstBaum_SelectedIndexChanged(...) ... : End Sub
    Private Sub BtnSpeichern_Click(...) ... : End Sub
    Private Sub BtnLoeschen_Click(...) ... : End Sub
End Class
```

■ **Funktion SplitZeileBaum**

Die Hilfsfunktion *SplitZeileBaum* zerlegt eine Zeile der eingelesenen Baumliste in die sechs Bestandteile *Nr*, *X*- und *Y*-Koordinate, Stammumfang *Sta*, Kronendurchmesser *Kro* und Baumart *Art*. Als Separatoren werden Leerzeichen und *Tab*-Zeichen erkannt. Die sechs Komponenten werden als *Baum*-Instanz zurückgegeben. Bei mehr oder weniger als sechs Einträgen pro Zeile wird eine Ausnahme geworfen.

```
Private Function SplitZeileBaum(ByVal zeile As String) As Baum
    Dim charSep() As Char = {" "c, Chr(9)}
    Dim komp() As String
    Dim bm As New Baum()

    komp = zeile.Split(charSep, StringSplitOptions.RemoveEmptyEntries)
    With bm
```

```vb
        If komp.Length <> 6 Then
            Throw New Exception("Eingabefehler Nr = " & komp(0))
        Else
            .Nr = Integer.Parse(komp(0))
            .X = Double.Parse(komp(1))
            .Y = Double.Parse(komp(2))
            .Sta = Short.Parse(komp(3))
            .Kro = Single.Parse(komp(4))
            .Art = komp(5)
        End If
    End With
    Return bm
End Function
```

- **Ereignisprozedur BtnOeffnen_Click**

Beim Klicken des Buttons „Öffnen" wird die einzulesende Textdatei über einen *OpenFile*-Dialog ausgewählt. Die Datensätze werden mithilfe eines *StreamReader*-Objekts zeilenweise aus der Baumliste (Textdatei) gelesen, bis das Dateiende erreicht ist. Jede Zeile wird durch Aufruf der Hilfsfunktion *SplitZeileBaum* in ihre Komponenten zerlegt und als *Baum*-Instanz zurückgegeben. Jeder Datensatz wird anschließend in reduzierter Form (Attribute *Nr* und *Art*) in der ListBox *LstBaum* angezeigt.

```vb
Private Sub BtnOeffnen_Click(...) Handles BtnOeffnen.Click
    Dim zeile As String
    Dim reader As StreamReader
    Dim i, n As Integer

    LstBaum.Items.Clear()
    BtnLoeschen_Click(sender, e)
    datPfad = String.Empty
    Try
        With OpenFileDialog1
            .Filter = "Textdateien (*.txt)|*.txt|" & _
                      "Alle Dateien (*.*)|*.*"
            .InitialDirectory = "c:\"
            ' .InitialDirectory = "c:\AllMyData\Kap11"   ' Testordner
            .FileName = ""

            If .ShowDialog() = System.Windows.Forms.DialogResult.OK Then
                datPfad = .FileName
                reader = New StreamReader(datPfad)
                i = 0
                baumLst(i) = New Baum()

                Do While reader.Peek() > -1
                    zeile = reader.ReadLine()
                    zeile = zeile.Replace(".", ",")
                    baumLst(i) = SplitZeileBaum(zeile)
                    LstBaum.Items.Add(String.Format("{0,4} {1}", _
                                      baumLst(i).Nr, baumLst(i).Art))
                    i = i + 1
                Loop
                n = i      ' tatsächliche Punktanzahl
            End If
        End With

    Catch ex As Exception
        MessageBox.Show(ex.Message, "Fehlerhinweis")
    End Try
End Sub
```

▪ Ereignisprozedur LstBaum_SelectedIndexChanged

Wenn der Anwender auf einen Zeileneintrag in der ListBox *LstBaum* klickt, wird die entsprechende *Baum*-Instanz in das Array *baumAuswahl* aufgenommen und mit allen Attributen in der TextBox *TxtAuswahl* hinzugefügt. Da die ListBox-Indices mit den Indices des Arrays *baumLst* übereinstimmen, kann der angeklickte Datensatz leicht zugeordnet werden. Die Anzahl der ausgewählten Datensätze wird in der privaten Variablen *nAuswahl* hochgezählt.

```vb
Private Sub LstBaum_SelectedIndexChanged( _
          Handles LstBaum.SelectedIndexChanged
  Dim newln = Environment.NewLine
  Dim index As Integer

  Try
    index = LstBaum.SelectedIndex
    With baumLst(index)
      TxtAuswahl.Text &= String.Format("{0,4} {1,10:f2} {2,10:f2}" & _
                                      "{3,5} {4,5:f1}  {5}" & newln, _
                                      .Nr, .X, .Y, .Sta, .Kro, .Art)
      ReDim Preserve baumAuswahl(nAuswahl)
      baumAuswahl(nAuswahl) = New Baum(.Nr, .X, .Y, .Sta, .Kro, .Art)
      nAuswahl += 1
    End With

  Catch ex As Exception
    MessageBox.Show(ex.Message, "Fehlerhinweis")
  End Try
End Sub
```

▪ Ereignisprozedur BtnSpeichern_Click

Beim Klicken des Buttons „Speichern" wird der Inhalt der TextBox *TxtAuswahl* in eine Textdatei geschrieben. Die Dateiauswahl erfolgt mit einem *SaveFile*-Dialog.

```vb
Private Sub BtnSpeichern_Click(...) Handles BtnSpeichern.Click
  Try
    With SaveFileDialog1
      .Filter = "Textdateien (*.txt)|*.txt|" & _
                "Alle Dateien (*.*)|*.*"
      .InitialDirectory = "c:\"
      .FileName = datPfad.Replace(".txt", "A.txt")

      If .ShowDialog() = System.Windows.Forms.DialogResult.OK Then
        datPfad = .FileName
        TxtAuswahl.Text = TxtAuswahl.Text.Replace(",", ".")
        File.WriteAllText(datPfad, TxtAuswahl.Text)
      End If
    End With

  Catch ex As Exception
    MessageBox.Show(ex.Message, "Fehlerhinweis")
  End Try
End Sub
```

▪ Ereignisprozedur BtnLoeschen_Click

```vb
Private Sub BtnLoeschen_Click(ByVal sender As System.Object, _
      ByVal e As System.EventArgs) Handles BtnLoeschen.Click
  TxtAuswahl.Text = String.Empty
  nAuswahl = 0
End Sub
```

11.2 Übungen

Lösungsschritt 4: Programm testen

Testen Sie das Programm zunächst mit der vorhandenen Datei *Baumliste.txt* im Ordner *\Daten\Kap11\Baumkataster* (siehe Abbildung 11.9). Testen Sie beim *OpenFile*-Dialog auch nicht vorhandene Dateinamen und beim *SaveFile*-Dialog bereits vorhandene Dateinamen. Testen Sie auch fehlerhafte Daten (falscher Datentyp oder falsche Attributanzahl in einer Zeile). Die gespeicherten Datensätze werden so formatiert, dass sie anschließend wieder mit demselben Programm gelesen werden können.

Variante B (mit Binärdateien)

Lösen Sie dieselbe Aufgabe mit Binärdateien. Zum Lesen und Schreiben der Binärdateien sind die Klassen *BinaryReader* und *BinaryWriter* mit den datentypspezifischen Methoden einzusetzen. Als Eingabedatei steht die Datei *Baumliste.dat* im Ordner *\Daten\Kap11\BaumkatasterBin* zur Verfügung. Das Attribut *Art* (Baumart) ist im ANSI-Code gespeichert. Beim Schreiben der Binärdatei sind die Auswahlsätze nicht der TextBox, sondern dem intern gespeicherten Array *baumAuswahl* (Objekttyp *Baum*) zu entnehmen.

Lernziel: Einen *OpenFile*- und einen *SaveFile*-Dialog zur Dateiauswahl einsetzen, eine Binärdatei mithilfe einer *BinaryReader*-Instanz lesen, eine Listenauswahl erzeugen, ein Objektarray mit einer *BinaryWriter*-Instanz in eine Binärdatei schreiben.

Lösung: Programmcode aus Variante A abändern

Starten Sie Visual Basic 2008, erstellen Sie ein neues Projekt „Baumkataster**Bin**", und speichern Sie alle Dateien.

Im ersten Schritt laden Sie alle *.vb-Dateien aus Variante A in das neue Projekt. Wählen Sie hierzu in der IDE den Menüpunkt *Projekt|Vorhandenes Element hinzufügen*. Fügen Sie die drei Dateien *Baum.vb*, *Form1.vb* und *Form1.Designer.vb* in das Projekt ein, und bestätigen Sie die folgenden Dialogabfragen stets mit *Ja*.

Die Funktion *SplitZeileBaum* wird nicht mehr benötigt und kann gelöscht werden. Die Definition der Klasse *Baum*, die Deklaration der privaten Felder der *Form1* sowie die Ereignisprozeduren *BtnLoeschen_Click* und *LstBaum_SelectedIndexChanged* bleiben unverändert. Nur die zwei Ereignisprozeduren *BtnOeffnen_Click* und *BtnSpeichern_Click* müssen angepasst werden.

■ **Ereignisprozedur BtnOeffnen_Click**

```
Private Sub BtnOeffnen_Click(...) Handles BtnOeffnen.Click
    Dim rStream As FileStream
    Dim binReader As BinaryReader
    Dim i, n As Integer
    Dim enc As System.Text.Encoding

    enc = System.Text.Encoding.GetEncoding(1252)    ' ANSI-Code
    LstBaum.Items.Clear()
    BtnLoeschen_Click(sender, e)
    datPfad = String.Empty

    Try
      With OpenFileDialog1
```

11 Dateien und Verzeichnisse

```vb
            .Filter = "Binärdateien (*.dat)|*.dat|" & _
                     "Alle Dateien (*.*)|*.*"
            .InitialDirectory = "c:\"
            ' .InitialDirectory = "c:\AllMyData\Kap11"    ' Testordner
            .FileName = ""

            If .ShowDialog() = System.Windows.Forms.DialogResult.OK Then
                datPfad = .FileName
                rStream = New FileStream(datPfad, FileMode.Open)
                binReader = New BinaryReader(rStream, enc)

                i = 0
                Do While binReader.PeekChar() > -1
                    baumLst(i) = New Baum()
                    With baumLst(i)
                        .Nr = binReader.ReadInt32()
                        .X = binReader.ReadDouble()
                        .Y = binReader.ReadDouble()
                        .Sta = binReader.ReadInt16()
                        .Kro = binReader.ReadSingle()
                        .Art = binReader.ReadString()
                    End With
                    LstBaum.Items.Add(String.Format("{0,4} {1}", _
                                      baumLst(i).Nr, baumLst(i).Art))
                    i = i + 1
                Loop
                n = i       ' tatsächliche Punktanzahl
                binReader.Close()
            End If
        End With

    Catch ex As Exception
        MessageBox.Show(ex.Message, "Fehlerhinweis")
    End Try
End Sub
```

▪ Ereignisprozedur BtnSpeichern_Click

```vb
Private Sub BtnSpeichern_Click(...) Handles BtnSpeichern.Click
    Dim wStream As FileStream
    Dim binWriter As BinaryWriter
    Dim enc As System.Text.Encoding
    enc = System.Text.Encoding.GetEncoding(1252)    ' ANSI-Code
    Try
        With SaveFileDialog1
            .Filter = "Binärdateien (*.dat)|*.dat|" & _
                     "Alle Dateien (*.*)|*.*"
            .InitialDirectory = "c:\"
            .FileName = datPfad.Replace(".dat", "A.dat")

            If .ShowDialog() = System.Windows.Forms.DialogResult.OK Then
                datPfad = .FileName
                wStream = New FileStream(datPfad, FileMode.Create)
                binWriter = New BinaryWriter(wStream, enc)

                For i As Integer = 0 To nAuswahl - 1
                    With baumAuswahl(i)
                        binWriter.Write(.Nr)
                        binWriter.Write(.X)
                        binWriter.Write(.Y)
                        binWriter.Write(.Sta)
                        binWriter.Write(.Kro)
                        binWriter.Write(.Art)
                    End With
                Next i
                binWriter.Flush()
                binWriter.Close()
            End If
        End With
```

```
    Catch ex As Exception
        MessageBox.Show(ex.Message, "Fehlerhinweis")
    End Try
End Sub
```

Zum Testen können Sie die bereits vorhandene Datei *Baumliste.dat* verwenden. Nach dem Speichern einer Auswahlliste sollte auch diese lesbar sein.

Übung 11-5: EU-Informationssystem

Eine Tabelle mit allen EU-Staaten und eine Tabelle mit einer Städteauswahl sollen zu einem – wenn auch noch sehr primitiven – Informationssystem verknüpft werden. Die Tabellen liegen als *.csv*-Textdateien im ANSI-Code vor, wie sie z. B. mit Microsoft Excel oder Microsoft Access erzeugt werden können. Die Datenwerte sind durch ein Semikolon getrennt.

Die erste Datei (Testdatei *EUStaaten.csv*) enthält die 27 EU-Staaten (Stand 1.1.2009). Ein Datensatz besteht aus eindeutiger Nummer (*ID*), Namen des Staates und *ID* der Hauptstadt (Verweis auf die Städte-Datei):

```
ID(Short);Name(String);CapitalID(Integer)
```

Beispiel: `3;Frankreich;8`

Die zweite Datei (Testdatei *Staedte.csv*) enthält alle Hauptstädte der EU-Staaten sowie eine Reihe weiterer Städte. Jeder Datensatz setzt sich aus einer eindeutigen Nummer (*ID*), dem Namen der Stadt, der Einwohnerzahl (gerundet) und der *ID* des zugehörigen Staates zusammen:

```
ID(Integer);Name(String);Inhabitants(Long);StateID(Short)
```

Beispiel: `8;Paris;2142000;3`

Aufgabe: Es ist ein Programm zu erstellen, das die zwei *.csv*-Textdateien mithilfe eines *OpenFile*-Dialogs und eines *StreamReader*-Objekts in je eine ListBox einliest. Die Dateien sollen wahlweise über die Menüleiste oder einen Button ausgewählt werden können. Die sog. Fremdschlüssel (*CapitalID* bzw. *StateID*) werden in der ListBox nicht dargestellt.

Beim Klicken eines EU-Staates soll die Hauptstadt angezeigt werden. Beim Klicken einer Stadt soll der zugehörige EU-Staat erscheinen, gegebenenfalls mit dem Zusatz „(Hauptstadt)".

Die Attribute der EU-Staaten sollen als Eigenschaften der Klasse *State*, die Attribute der Städte als Eigenschaften der Klasse *City* definiert werden.

Lernziel: Einen *OpenFile*-Dialog, eine *StreamReader*-Instanz und eine Menüleiste einsetzen, zwei Datenlisten intern miteinander verknüpfen und abfragen.

Lösungsschritte 1 und 2: Benutzeroberfläche erstellen und Eigenschaften festlegen

Starten Sie Visual Basic 2008, erstellen Sie ein neues *Windows Forms*-Projekt mit dem Namen „EuIS", und speichern Sie alle Dateien.

11 Dateien und Verzeichnisse

Platzieren Sie auf dem Formular *Form1* eine ListBox *LstState* für die EU-Staaten-Liste und eine ListBox *LstCity* für die Städteliste. Darunter sind die Labels *LblState* für die Anzeige der Hauptstadt bzw. *LblCity* für die Anzeige des EU-Staates einzufügen. Das Öffnen der beiden Dateien soll über je einen Button und alternativ über je einen Menüpunkt möglich sein (siehe Abbildung 11.10). Fügen Sie hierzu ein *OpenFileDialog*- und ein *MenuStrip*-Element in das Komponentenfach ein.

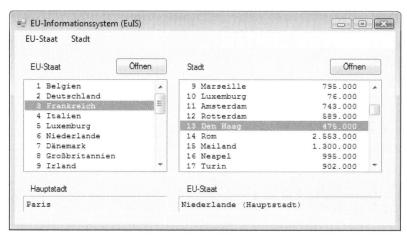

Abbildung 11.10 Testbeispiel zur Übung „EU-Informationssystem"

Lösungsschritt 3: Programmcode entwickeln

Der Programmcode setzt sich aus den Definitionen der beiden Klassen *State* und *City* sowie dem Formularcode zusammen. Der Code wird jeweils in einer eigenen *.vb*-Datei gespeichert, der Code der Formularoberfläche wie üblich in der Datei *Form1.Designer.vb*.

■ **Definition der Klasse State (Datei State.vb)**

Die drei Attribute werden der Einfachheit halber als *Public*-Felder deklariert, die Klasse bekommt einen parameterlosen und einen parametrisierten Konstruktor.

```
Public Class State
  Public ID As Short
  Public Name As String
  Public CapitalID As Integer

  Public Sub New()
    Me.ID = 0 : Me.Name = "" : Me.CapitalID = 0
  End Sub

  Public Sub New(ByVal id As Short, _
                 ByVal name As String, _
                 ByVal capitalID As Integer)
    Me.ID = id
    Me.Name = name
    Me.CapitalID = capitalID
  End Sub
End Class
```

■ Definition der Klasse City (Datei City.vb)

Die Klasse *City* mit ihren vier Attributen *ID*, *Name*, *Inhabitants* und *StateID* wird nach demselben Schema definiert wie die Klasse *State*.

■ Programmgerüst der Klasse Form1 (Datei Form1.vb)

Das folgende Programmgerüst zeigt die privaten (formularglobalen) Variablen der *Form1* und die Gerüste aller Methoden und Ereignisprozeduren. Das Array *land* reicht wohl für die nächste EU-Erweiterung, die Feldgrenze des Arrays *stadt* kann bei Bedarf erweitert werden.

```vb
Imports System.IO
Public Class Form1
    Private datpfad As String
    Private land(40) As State
    Private stadt(200) As City

    Private Sub BtnOeffnenState_Click(...) ...: End Sub
    Private Sub BtnOeffnenCity_Click(...)...: End Sub
    Private Sub LstState_SelectedIndexChanged(...) ...: End Sub
    Private Sub LstCity_SelectedIndexChanged(...) ...: End Sub
    Private Sub ÖffnenStateToolStripMenuItem_Click(...) ...: End Sub
    Private Sub ÖffnenCityToolStripMenuITem_Click(...) ... : End Sub
End Class
```

■ Ereignisprozedur BtnOeffnenState_Click

Die einzulesende Textdatei (Filter *.csv) soll über einen *OpenFile*-Dialog ausgewählt werden. Die Datensätze werden mithilfe eines *StreamReader*-Objekts zeilenweise aus der Textdatei im ANSI-Code gelesen, bis das Dateiende erreicht ist. Jede Zeile wird in ihre drei Datenelemente zerlegt, die in dem Array *land* gespeichert werden. Als Separator dient ein Semikolon. In der ListBox *LstState* werden nur die Attribute *ID* und *Name* angezeigt.

```vb
Private Sub BtnOeffnenState_Click(...) Handles BtnOeffnenState.Click
    Dim charSep() As Char = {";"c}
    Dim komp() As String
    Dim zeile As String
    Dim reader As StreamReader
    Dim i As Integer
    Dim enc As System.Text.Encoding
    enc = System.Text.Encoding.GetEncoding(1252)       ' ANSI-Code

    LstState.Items.Clear()
    datpfad = String.Empty
    Try
      With OpenFileDialog1
        .Filter = "Textdateien (*.csv)|*.csv|" & _
                  "Alle Dateien (*.*)|*.*"
        .InitialDirectory = "c:\"
        '  .InitialDirectory = "c:\AllMyData\Kap11\EuIS"       ' Testordner
        .FileName = ""

        If .ShowDialog() = System.Windows.Forms.DialogResult.OK Then
          datpfad = .FileName
          reader = New StreamReader(datpfad, enc)
          i = 0
          Do While reader.Peek() > -1
            zeile = reader.ReadLine()
            komp = zeile.Split(charSep, _
                       StringSplitOptions.RemoveEmptyEntries)
            land(i) = New State()
            With land(i)
              .ID = CShort(komp(0))
```

```
            .Name = komp(1)
            .CapitalID = CInt(komp(2))
            LstState.Items.Add(String.Format("{0,3} {1}", .ID, .Name))
          End With
          i += 1
        Loop
        ReDim Preserve land(i - 1)      ' Array anpassen
      End If
    End With

  Catch ex As Exception
    MessageBox.Show(ex.Message, "Fehlerhinweis")
  End Try
End Sub
```

- **Ereignisprozedur BtnOeffnenCity_Click**

Der Code dieser Ereignisprozedur ist weitgehend mit dem Code der obigen Ereignisprozedur identisch, die ListBox *LstState* wird durch *LstCity* ersetzt, analog ist das Array *land* durch das Array *stadt* auszutauschen. Von den vier eingelesenen Attributen wird wieder das letzte (hier *StateID*) nicht in der ListBox angezeigt. Der folgende Codeausschnitt zeigt die Leseschleife, die die wesentlichen Änderungen enthält:

```
' ...
Do While reader.Peek() > -1
  zeile = reader.ReadLine()
  komp = zeile.Split(charSep, _
                     StringSplitOptions.RemoveEmptyEntries)
  stadt(i) = New City()
  With stadt(i)
    .ID = CInt(komp(0))
    .Name = komp(1)
    .Inhabitants = CLng(komp(2))
    .StateID = CShort(komp(3))
    LstCity.Items.Add(String.Format("{0,3} {1,20} {2,10:n0}", _
                      .ID, .Name.PadRight(20), .Inhabitants))
  End With
  i += 1
Loop
' ...
```

- **Ereignisprozedur LstState_SelectedIndexChanged**

Die ListBox-Indices sind identisch mit den Indices des Arrays *land*. Wenn in der ListBox *LstState* zur Laufzeit ein Eintrag ausgewählt wird, so ergibt sich damit sehr einfach die entsprechende *CapitalID* (Variable *such*). Nun muss nur noch die Städteliste durchlaufen werden, bis die entsprechende *ID* gefunden ist. Der Name der Stadt wird dann in das vorgesehene Label übertragen.

```
Private Sub LstState_SelectedIndexChanged(...) _
            Handles LstState.SelectedIndexChanged
  Dim i, such As Integer

  LblState.Text = "???"
  Try
    If LstCity.Items.Count = 0 Then
      Throw New Exception("Bitte erst Städte-Datei laden.")
    Else
      such = land(LstState.SelectedIndex).CapitalID
      For i = 0 To stadt.Length - 1
        If stadt(i).ID = such Then
          LblState.Text = stadt(i).Name
          Exit For
```

```
      End If
    Next i
  End If
Catch ex As Exception
  MessageBox.Show(ex.Message, "Fehlerhinweis")
End Try
End Sub
```

▪ Ereignisprozedur LstCity_SelectedIndexChanged

Der Code ist dem der obigen Ereignisprozedur ziemlich ähnlich. In der Variablen *such* wird zunächst die *StateID* des angeklickten ListBox-Eintrags gespeichert. Dann wird die Staatenliste durchlaufen, bis die entsprechende *ID* gefunden ist. Zusätzlich wird hier abgefragt, ob die *CapitalID* mit der Stadt-*ID* übereinstimmt. *True* bedeutet, dass die ausgewählte Stadt zusätzlich die Hauptstadt des entsprechenden Staates ist (siehe folgender Codeausschnitt):

```
' ...
If land(i).ID = such Then
  If land(i).CapitalID = stadt(LstCity.SelectedIndex).ID Then
    LblCity.Text = land(i).Name & " (Hauptstadt)"
  Else
    LblCity.Text = land(i).Name
  End If
' ...
```

▪ Ereignisprozedur ÖffnenStateToolStripMenuItem_Click

Der Programmcode ist identisch mit dem der Ereignisprozedur *BtnOeffnenState_Click*. Statt den Code zu kopieren, ist es sinnvoller, die Ereignisprozedur aufzurufen.

```
Private Sub ÖffnenStateToolStripMenuItem_Click(...) _
        Handles ÖffnenStateToolStripMenuItem.Click
  BtnOeffnenState_Click(sender, e)
End Sub
```

▪ Ereignisprozedur ÖffnenCityToolStripMenuItem_Click

Auch hier besteht der Code lediglich aus einem Aufruf der Ereignisprozedur *BtnOeffnenCity_Click*.

Lösungsschritt 4: Programm testen

Zum Test stehen im Ordner *\Daten\Kap11\EuIS* die beiden Dateien *EUStaaten.csv* und *Staedte.csv* zur Verfügung. Während der Testphase empfiehlt es sich, den Ausgangsordner der beiden Dateien mit der Eigenschaft *InitialDirectory* direkt zuzuweisen.

Anmerkung zur Übung „EU-Informationssystem"

Die beiden Eingabedateien dieser Übung sind nach den Normalisierungsregeln der relationalen Datenbanken aufgebaut. Die Attribute *ID* stellen jeweils den Primärschlüssel dar, die Attribute *CapitalID* und *StateID* sind sog. Fremdschlüssel. Die Übung zeigt, dass mit den bisher erlernten Programmiertechniken einfache Datenabfragen problemlos möglich sind. Für umfangreiche Datenmengen ist allerdings eine Speicherung der Tabellen in einer (relationalen) Datenbank vorzuziehen.

Mit der **LINQ**-Technologie (*Language Integrated Query*) verfügt das .NET Framework über ein sehr mächtiges Werkzeug zum Abfragen von Daten mit einer SQL-ähnlichen Syntax (SQL – *Structured Query Language*). Wer von VB 2008 aus auf Datenbanken zugreifen will, wird allerdings um **ADO.NET**, die zentrale Datenzugriffstechnologie des .NET Frameworks, nicht herumkommen.

Als Einstieg in diese Technologien bieten sich die im Anhang angegebenen VB-Bücher an, z. B. [Doberenz/Gewinnus08a], ebenfalls erschienen im Carl Hanser Verlag. Zu LINQ und zur Datenbankprogrammierung mit ADO.NET gibt es außerdem eine Reihe von Spezialbüchern. In diesem Einführungsbuch ist es leider nicht möglich und auch nicht sinnvoll, auf diese fortgeschrittenen Techniken einzugehen.

11.3 Aufgaben

Für die meisten Aufgaben dieses Kapitels benötigen Sie Testdateien, die Sie im Ordner *\Daten\Kap11* auf der Begleit-DVD finden.

Aufgabe 11-1: Datei-Informationen

Schreiben Sie ein Programm, mit dem mittels eines *FolderBrowserDialog*-Elements ein Windows-Verzeichnis ausgewählt werden kann. Anschließend sollen die Dateien dieses Verzeichnisses in einer ListBox angezeigt werden. Beim Klicken auf einen der Dateinamen sollen ausgewählte Informationen (vollständiger Dateipfadname, Dateigröße, Erstellungsdatum, letzter Schreibzugriff und Attribute) in einer TextBox ausgegeben werden. Die Benutzeroberfläche kann sich an Übung 11-1 orientieren (siehe Abbildung 11.11).

Abbildung 11.11 Testbeispiel zur Aufgabe „Datei-Informationen"

Aufgabe 11-2: Symmetrische Matrix

Schreiben Sie ein Programm, das eine quadratische Matrix (Textdatei) einliest und prüft, ob diese symmetrisch ist. Eine Matrix ist quadratisch, wenn Zeilen- und Spaltenzahl übereinstimmen. Sie ist symmetrisch, wenn alle Nichtdiagonalelemente spiegelbildlich die gleichen Werte haben, also:

$a_{ik} = a_{ki}$ für alle i, k mit $i \neq k$.

Definieren Sie eine Klasse *QuadMatrix* mit der Eigenschaft *N* (Dimension der Matrix = Anzahl der Zeilen/Spalten), der *Default*-Eigenschaft *Element*, mit der ein Matrixelement angesprochen werden kann, und der Methode *IsSymmetrisch*, die den Wert *True* zurückgibt, wenn die Matrix symmetrisch ist, andernfalls *False*.

Für das Öffnen und Lesen der Textdatei sind ein *OpenFile*-Dialog und ein *StreamReader*-Objekt einzusetzen. Die Dimension der Matrix soll aus den Einträgen der ersten Zeile bestimmt werden. Beim Lesen der Folgezeilen ist zu prüfen, ob sie dieselbe Elementanzahl aufweisen und ob die Spalten- gleich der Zeilenzahl ist.

Die eingelesene Matrix ist fortlaufend formatiert in ein *StringWriter*-Objekt zu schreiben und zum Schluss in eine mehrzeilige TextBox zu übertragen. Der Dateiname soll in einer Statusleiste angezeigt werden, das Symmetrie-Prüfergebnis in einem Label.

Die vorgeschlagene Benutzeroberfläche ist aus Abbildung 11.12 ersichtlich. Testdateien stehen im Ordner *\Daten\Kap11\QuadMatrix* zur Verfügung. Die Dateinamen enthalten Informationen über die Datei (*QMat3us.txt* weist z. B. auf eine unsymmetrische 3*3-Matrix hin, *QMat4s.txt* auf eine symmetrische 4*4-Matrix und *QMat3f.txt* auf eine fehlerhafte 3*3-Matrix).

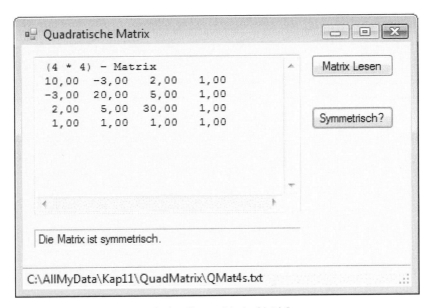

Abbildung 11.12 Testbeispiel zur Aufgabe „Symmetrische Matrix"

11 Dateien und Verzeichnisse

Zusatzaufgaben:

a) Erweitern Sie die Klasse *QuadMatrix* um eine Methode *GetSpur*, die die *Spur* der Matrix (Summe der Hauptdiagonalenelemente) zurückgibt. Fügen Sie einen Button „Spur" auf dem Formular ein, dessen *Click*-Ereignis die Methode *GetSpur* aufruft und das den Ergebniswert anzeigt.

b) Erweitern Sie das Programm um einen Button „Speichern", dessen *Click*-Ereignis den Inhalt der TextBox und des Labels als Protokoll in eine Textdatei schreibt.

c) Erweitern Sie das Programm um eine Menüleiste mit den Hauptmenüs „Datei" und „Berechnen" sowie um eine Symbolleiste mit den Funktionalitäten „Öffnen", „Speichern", „Symmetrisch?" und „Spur".

Aufgabe 11-3: Landkreise

Eine Tabelle mit Landkreisdaten liegt als *.csv*-Textdatei vor. Ein Datensatz für einen Landkreis besteht aus Landkreisnummer (ID), Landkreisname, Fläche (km²) und Einwohnerzahl. Die vier Werte sind durch je ein Semikolon getrennt.

Aufbau eines Datensatzes (Testdatei *Landkreise.csv*)

```
ID(Short);Name(String);Flaeche(Double);Einwohner(Integer)
```

Beispiel: 180;Garmisch-Partenkirchen;1013,997;83023

Definieren Sie eine Klasse *Landkreis* mit den Feldern *ID*, *Name*, *Flaeche* und *Einwohner*. Die Einwohnerdichte soll als *ReadOnly*-Property *EinwDichte* (*Double*) vereinbart werden.

Schreiben Sie ein Programm, das eine *.csv*-Landkreisdatei mithilfe eines *OpenFile*-Dialogs und einer *StreamReader*-Instanz liest und in einer ListBox anzeigt. Die Landkreisnamen liegen im ANSI-Code vor. Wenn ein Datensatz angeklickt wird, sollen die *ID*, der Landkreisname, die Fläche, die Einwohnerzahl und die Einwohnerdichte (Einwohner/Fläche) formatiert in eine *Multiline*-TextBox (*WordWrap = False*, *ScrollBars = Both*) übertragen werden. Außerdem soll es möglich sein, die ausgewählten Datensätze im Format der eingelesenen Datei als *.csv*-Textdatei mithilfe eines *StreamWriter*-Objekts und eines *SaveFile*-Dialogs zu speichern.

Erweitern Sie das Programm nach erfolgreichem Test so, dass die Daten optional als Binärdatei (Erweiterung *.dat*) gelesen und/oder geschrieben werden können (Landkreisnamen jeweils im ANSI-Code). Hierbei sind die entsprechenden Methoden der *BinaryReader*- und der *BinaryWriter*-Klasse einzusetzen.

Im Ordner *\Daten\Kap11\Landkreise* steht neben der Datei *Landkreise.csv* die binäre Datei *Landkreise.dat* für Testzwecke zur Verfügung.

11.3 Aufgaben

Abbildung 11.13 Testbeispiel zur Aufgabe „Landkreisdaten"

Aufgabe 11-4: Vektoroperationen

Schreiben Sie ein Programm, das zwei Vektoren *a* und *b* (Typ jeweils *Double*) unabhängig voneinander als je eine Textdatei einliest. Für das Öffnen und Lesen der Textdateien sind ein *OpenFile*-Dialog und eine *StreamReader*-Instanz einzusetzen. Das Programm soll die zwei folgenden Funktionalitäten bieten:

1. Vergleichen der zwei Vektoren

   Zwei Vektoren sind gleich, wenn alle Elemente gleich sind, also $a_i = b_i$ für alle *i*. Vor dem Vergleich ist zu prüfen, ob die beiden Vektoren *kompatibel* sind, d. h., gleich viele Elemente besitzen. Die beiden Vektoren sollen unabhängig voneinander vorher sortiert werden können (z. B. mit dem *QuickSort*-Verfahren).

2. Addieren der zwei Vektoren und speichern des Ergebnisvektors

   Zwei Vektoren werden addiert, indem deren Elemente addiert werden, also $c_i = a_i + b_i$ für alle *i*. Der Vektor *c* ist anschließend als Textdatei zu speichern. Auch hier ist vorweg zu prüfen, ob die beiden Vektoren kompatibel sind.

   Der Ergebnisvektor *c*, der sich bei der Vektoraddition ergibt, soll zunächst in einem *StringWriter*-Objekt aufgebaut werden, bevor er als Ganzes in die Textdatei geschrieben wird. Für die Dateiauswahl ist ein *SaveFile*-Dialog aufzurufen.

Partielle Klasse Vector (Datei VectorOp.vb)

Die Operationen „Vergleichen" und „Addieren" sollen als weitere partielle Klasse *Vector* (vgl. Übung 9-5 bzw. Aufgabe 9-5) in Form überladener Operatoren (Abschnitt 9.2.6) realisiert werden.

Für den Vergleich sind die paarweisen Operatoren = und <> bereitzustellen, für die Addition der Operator +. Vergleich und Addition können dann sehr einfach ausgedrückt werden durch die Anweisungen If a = b Then ... bzw. c = a + b. Alle drei Operatoren sollen zunächst die statische Methode *IsCompatible*

```
Public Shared Function IsCompatible(ByVal a As Vector, _
                                    ByVal b As Vector) As Boolean
```

aufrufen, die die Elementanzahl der beiden Vektoren *a* und *b* vergleicht.

Die obige partielle Klasse setzt voraus, dass zumindest die Datei *Vector.vb* aus Übung 9-5 in das Projekt geladen wird. Für das Sortieren der Vektoren *a* und *b* stehen in der Datei *VecSortSuch.vb* bereits mehrere Methoden zur Verfügung (z. B. die Methode *QuickSort*), sodass Sie auch diese partielle Klasse in das Projekt aufnehmen sollten.

Einen Vorschlag für die grafische Benutzeroberfläche können Sie Abbildung 11.14 entnehmen. Im Ordner *\Daten\Kap11\VektorOp* stehen zwei Dateien mit neun Elementen (alphabetisch bzw. numerisch sortiert) und eine Datei mit zwölf Elementen für Testzwecke bereit.

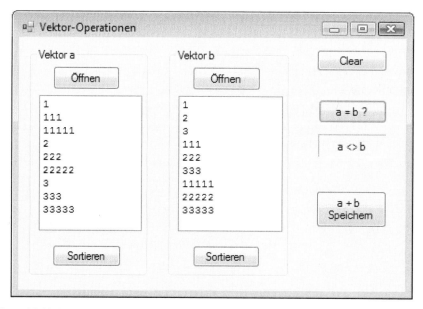

Abbildung 11.14 Testbeispiel zur Aufgabe „Vektoroperationen"

Aufgabe 11-5: Gebäude-Informationssystem

Sachverhalt: Für ein einfaches Gebäude-Informationssystem werden zwei Tabellen (*.csv*-Format) miteinander verknüpft. Die *Personaltabelle* enthält für jeden Mitarbeiter (jede Mitarbeiterin) einen Datensatz, bestehend aus Personalnummer (PID), Name, Vorname, Geburtstag und Raumnummer:

```
PID(Short);Name(String);Vorname(String);GebTag(DateTime);RaumNr(Short)
```

Weiter existiert eine *Raumtabelle* mit eindeutiger Raumnummer (*Nr*), Nutzung, Fläche (m²) und Telefon-Nebenstelle (*Tel*). Dabei handelt es sich ebenfalls um eine Textdatei im *.csv*-Format (mit Semikolon separiert):

```
RNr(Short);Nutzung(String);Flaeche(Double);Tel(Integer)
```

Jeder Raum hat höchstens ein Telefon, ggf. ist der Eintrag in der Raumtabelle leer. In manchen Räumen sitzen mehrere Mitarbeiter(innen), in der Personaltabelle kann also bei mehreren Datensätzen dieselbe Raumnummer enthalten sein.

Aufgabe: Schreiben Sie ein Programm, das die beiden ANSI-codierten Textdateien (*.csv*) mithilfe eines *OpenFile*-Dialogs und eines *StreamReader*-Objekts in jeweils eine ListBox einliest. Weiter soll das Programm folgende Funktionalitäten aufweisen:

1. Beim Auswählen eines Datensatzes in der Personaltabelle soll die Telefon-Nebenstelle angezeigt werden.
2. Beim Auswählen eines Datensatzes in der Raumtabelle sollen die Namen und Vornamen der Mitarbeiter(innen) angezeigt werden, die in diesem Raum sitzen.
3. Beim Klicken des Buttons „Speichern" soll eine Liste erstellt werden, die die Namen und Vornamen aller Mitarbeiter(innen) mit den Attributen Raumnummer und Telefon-Nebenstelle enthält. Diese *Telefonliste* soll mithilfe eines *StreamWriter*-Objekts und eines *SaveFile*-Dialogs formatiert in eine Textdatei (*.txt*) geschrieben werden. (Ein kleiner Schönheitsfehler besteht darin, dass die Liste nicht nach Namen, sondern nach Personalnummern sortiert ist.)

Für das Öffnen und Speichern der Dateien genügen Buttons. Optional können Sie zusätzlich eine Menüleiste und eine Statusleiste einfügen (siehe Abbildung 11.15).

Definieren Sie vorweg eine Klasse *Personal* und eine Klasse *Raum*, in der die Attribute der entsprechenden Tabelle als *Public*-Felder deklariert sind. Im Ordner \Daten\Kap11\ GebIS stehen die beiden Tabellen *Personal.csv* und *Raum.csv* als Testdaten bereit.

11 Dateien und Verzeichnisse

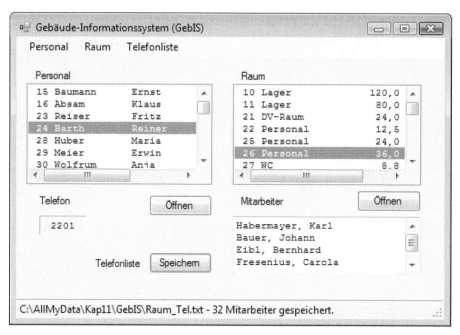

Abbildung 11.15 Testbeispiel zur Aufgabe „Gebäude-Informationssystem"

12 Ergänzungen

Alle bisher behandelten Beispiele, Übungen und Aufgaben waren in einem Windows-Formular integriert. Als Projektvorlage haben Sie ausschließlich die Vorlage *Windows Forms-Anwendung* benutzt. In diesem Kapitel soll zumindest ein weiterer Vorlagentyp vorgestellt werden, nämlich die *Konsolenanwendung*, die ohne grafische Oberfläche auskommt.

Weiter soll gezeigt werden, wie in einer Anwendung *mehrere* Formulare eingesetzt werden können und wie diese zusammenspielen. Der Unterschied zwischen *modalen* und *nichtmodalen* Fenstern wird erläutert.

Fehlersuche und Fehlerbehandlung sind wichtige Etappen bei der Softwareentwicklung. Die bereits im vierten Kapitel eingeführte Ausnahmebehandlung mit der *Try-Catch*-Anweisung ist zwar geeignet, Fehlerabstürze während der Laufzeit abzufangen, sie hilft aber nur begrenzt bei der Suche nach der Fehlerursache. In diesem Kapitel sollen deshalb einige Debugging-Tools, die die IDE von Visual Studio bietet, ergänzt werden.

Wenn Sie ein Programm fertiggestellt haben, möchten Sie es vielleicht an andere Nutzer weitergeben. Die Express Edition von Visual Basic 2008 bietet dazu eine einfache Möglichkeit, die sog. *ClickOnce*-Bereitstellung.

12.1 Konsolenanwendungen

Konsolenanwendungen sind Projekte, die in der Windows-*Eingabeaufforderung* ablaufen. Als Eingabemedium steht ausschließlich die Tastatur zur Verfügung, die Textausgabe erfolgt im Konsolenfenster. Die Maus wird bei einer Konsolenanwendung nicht unterstützt, die Anzeige mit einer grafischen Benutzeroberfläche ist nicht möglich.

Konsolenanwendungen erinnern mit ihrem zeilenorientierten Display an frühere DOS-Anwendungen und entsprechen nicht zeitgemäßen Windows-Applikationen. Die Reihenfolge der Benutzereingaben ist zwangsweise vorgegeben. Bereits mit der *Enter*-Taste bestätigte Eingaben können nicht mehr rückgängig gemacht werden.

Konsolenanwendungen haben noch eine gewisse Berechtigung für kleine Programme, die schnell Ergebnisse liefern oder einzelne Methoden oder Programmteile testen sollen. Auch administrative Aufgaben, die ohne Windows-Umgebung ablaufen können oder sollen, sind für Konsolenanwendungen prädestiniert.

In vielen Programmierbüchern dominieren Konsolenanwendungen. Dies hat den Vorteil, dass die Programmstruktur leichter verständlich ist, da der Overhead durch die grafische Oberfläche und die Ereignisbehandlung wegfällt. Dem steht aber ein gravierender Nachteil gegenüber: Der Leser lernt nicht, eigene Windows-Programme zu erstellen, oder erst so spät, dass er die Lust am Programmieren möglicherweise schon verloren hat. Dieser Abschnitt soll deshalb auch dazu dienen, dass Sie fremde Konsolenprogramme, wie sie häufig im Internet oder in Büchern zu finden sind, nachvollziehen können.

Erstellen einer Konsolenanwendung

Sie erstellen eine neue Konsolenanwendung, indem Sie den Menüpunkt *Datei|Neues Projekt* wählen und im anschließenden Dialogfenster „Neues Projekt" die Vorlage „Konsolenanwendung" anklicken. Den voreingestellten Namen *ConsoleApplication1* werden Sie in der Regel ändern, bevor Sie mit *OK* bestätigen. Anschließend sollten Sie – wie gewohnt – das leere Projekt mit allen Dateien speichern.

Im Projektmappen-Explorer erscheint die *.vb*-Datei *Module1.vb*, die den gesamten Programmcode beinhaltet. Im Codefenster ist das aus vier Zeilen bestehende Programmgerüst der Konsolenanwendung sichtbar (siehe Listing 12.1).

Listing 12.1 Grundgerüst einer Konsolenanwendung

```
Module Module1
    Sub Main()

    End Sub
End Module
```

Eine explizite Typkonvertierung lässt sich – wie bei den *Windows Forms*-Anwendungen – durch die Anweisung `Option Strict On` erzwingen. Visual Basic-Code muss stets in eine Klasse oder (wie hier) in ein Modul eingebettet sein. Der standardmäßig vorgegebene Name *Module1* kann natürlich geändert werden. Die Sub-Prozedur *Main* ist unbedingt erforderlich, sie bildet den Startpunkt bei der Programmausführung. Außerhalb der Prozedur *Main*, aber innerhalb des Moduls, dürfen weitere Prozedur- oder Klassendefinitionen stehen.

Methoden der Klasse Console

Für die Ein- und Ausgabevorgänge im Konsolenfenster stellt die Klasse *System.Console* mehrere Methoden zur Verfügung. Die wichtigste Lesefunktion ist *ReadLine*, die den in einer Zeile eingegebenen Text ohne Zeilenvorschubzeichen zurückgibt. Weitere Lesemethoden sind *Read* zum Lesen eines Zeichens und *ReadKey*, die die gedrückte Zeichen- oder Funktionstaste anzeigt.

12.1 Konsolenanwendungen

Zum Schreiben in das Konsolenfenster gibt es die Methoden *Write* und *WriteLine*. Letztere schließt mit einem Zeilenvorschub ab. Sowohl *Write* als auch *WriteLine* sind mehrfach überladen und zeigen fast jeden Datentyp als Text im Konsolenfenster an. Ist das Argument ein *String*, so kann dieser wie bei der *String.Format*-Methode aufgebaut sein.

Interessant sind auch die Farbeigenschaften *ForegroundColor* und *BackgroundColor*, mit denen sich die Schriftfarbe bzw. die Farbe des Texthintergrunds verändern lassen. Die Methode *ResetColor* stellt die Farben wieder auf die beim Start geltende Standardeinstellung zurück.

Die *Clear*-Methode löscht den Inhalt des Konsolenfensters, die *Beep*-Methode erzeugt einen Signalton (zwei Überladungen). Die *Title*-Eigenschaft legt die Überschrift des Konsolenfensters fest. Die Ausmaße und Position des Konsolenfensters lassen sich mit den Eigenschaften *WindowsHeight* und *WindowsWidth* bzw. *WindowsLeft* und *WindowsTop* einstellen.

Tabelle 12.1 fasst nochmals die wichtigsten Methoden und Eigenschaften der Klasse *Console* zusammen. Eine vollständige Übersicht erhalten Sie mit dem Objektbrowser (Pfad *mscorlib|Namespaces|System|Klassen|Console*).

Tabelle 12.1 Methoden und Eigenschaften (Properties) der Klasse Console (Auswahl)

Methode/Property	Beschreibung
BackgroundColor	Legt Texthintergrundfarbe fest (Property).
Clear()	Löscht Inhalt des Konsolenfensters.
ForegroundColor	Legt Schriftfarbe fest (Property).
Read()	Liest ein Zeichen ein und gibt Code (Integer) zurück bzw. –1, wenn kein Zeichen mehr vorhanden ist.
ReadKey()	Zeigt gedrückte Zeichen- oder Funktionstaste an.
ReadLine()	Liest mit Enter-Taste abgeschickte Zeichenkette aus der Konsolenzeile und gibt diese ohne Zeilenvorschubzeichen zurück.
ResetColor()	Stellt Schriftfarbe und Texthintergrundfarbe auf Standardeinstellung zurück.
Write(wert)	Schreibt Datenwert (Boolean|Char|Integer|Double|String ...) als Text in Konsolenfenster.
WriteLine(wert)	Schreibt Datenwert (Boolean|Char|Integer|Double|String ...) als Text in Konsolenfenster und führt Zeilenvorschub durch.

Beispiel für eine Konsolenanwendung (Mittelwert zweier Zahlen)

Das Konsolenfenster, das bei jeder Konsolenanwendung aufgerufen wird, erreichen Sie über *Start|Programme|Zubehör|Eingabeaufforderung*. Die Hintergrundfarbe des Fensters ist standardmäßig Schwarz, die Schriftfarbe Weiß. Diese Einstellungen lassen sich dauerhaft verändern, indem Sie mit der rechten Maustaste auf die Titelleiste der Eingabeaufforderung klicken und im Kontextmenü den Listeneintrag *Standardwerte* wählen. Im Dialogfeld „Eigenschaften von Konsolenfenster" stellen Sie für die Option *Fensterhintergrund* am besten das weiße Farbfeld ein und für die Option *Fenstertext* das schwarze Farbfeld. Bestätigen Sie anschließend mit *OK*. Beim nächsten Öffnen des Konsolenfensters werden die neuen Einstellungen wirksam.

Aufgabe: Entwickeln Sie ein Konsolenprogramm, das zwei Zahlen einliest und den Mittelwert ausgibt. Das Einführungsbeispiel (Übung 1-1) soll also als Konsolenanwendung umgeschrieben werden.

Lösungsschritt 1: Programmcode entwickeln

Erstellen Sie ein neues Projekt, wählen Sie als Vorlage *Konsolenanwendung*, und geben Sie ihr den Namen „Mittelwert". Speichern Sie das Projekt mit allen Dateien. Versuchen Sie anschließend, das Codegerüst selbst zu vervollständigen. Das Ergebnis des Anwenderdialogs ist in Abbildung 12.1 zu sehen.

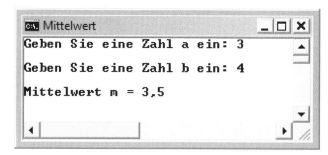

Abbildung 12.1 Konsolenfenster für das Einführungsbeispiel „Mittelwert zweier Zahlen"

Listing 12.2 zeigt einen Lösungsvorschlag. Eine Leerzeile wird erzeugt durch die Anweisung `Console.WriteLine()`. Damit das Konsolenfenster nicht sofort nach der Ergebnisanzeige schließt, ist die abschließende Anweisung `Console.ReadLine()` notwendig. Damit bleibt das Konsolenfenster so lange geöffnet, bis der Anwender die *Enter*-Taste drückt.

Listing 12.2 Mittelwert zweier Zahlen als Konsolenanwendung

```
Option Strict On

Module Module1

   Sub Main()
      Dim a, b, m As Double
      Console.Title = "Mittelwert"

      Console.Write("Geben Sie eine Zahl a ein: ")
      a = Convert.ToDouble(Console.ReadLine())
      Console.WriteLine()         ' Leerzeile

      Console.Write("Geben Sie eine Zahl b ein: ")
      b = Convert.ToDouble(Console.ReadLine())
      Console.WriteLine()         ' Leerzeile

      m = (a + b) / 2
      Console.WriteLine("Mittelwert m = {0}", m)
```

```
        Console.ReadLine()       ' Wartet auf ENTER
    End Sub

End Module
```

Lösungsschritt 2: Programm testen

Abbildung 12.1 zeigt das in der Übung 1-1 verwendete Testbeispiel. Auch bei der Konsolenanwendung existiert das Problem, dass das Dezimaltrennzeichen von der Ländereinstellung abhängig ist. Ob eine Umwandlung von Dezimalpunkten in Dezimalkommas mit der *Replace*-Methode der *String*-Klasse notwendig ist, hängt auch vom möglichen Anwenderkreis ab.

Übung 12-1: Geburtstag

Aufgabe: Erstellen Sie ein Konsolenprogramm, das ein Geburtsdatum (z. B. 28.11.1992 oder 28.11.92) einliest und das den entsprechenden Wochentag dafür anzeigt.

Damit das Programm nicht neu gestartet werden muss, wenn noch weitere Datumswerte eingegeben werden sollen, ist der Anwender zu fragen, ob er das Programm beenden will. Wenn die Antwort negativ ist, ist die Eingabeaufforderung zu wiederholen. Bei einer ungültigen Datumseingabe soll eine Fehlermeldung in Rot angezeigt werden.

Lösungsschritt 1: Programmcode entwickeln

Erstellen Sie eine neue *Konsolenanwendung*, geben Sie Ihr den Namen „Geburtstag", und speichern Sie alle Dateien.

In Listing 12.3 ist ein Codevorschlag dargestellt. Die Anweisung `Option Strict On` sollte immer vorausgehen. Für die Programmwiederholung wird eine *Do-Loop*-Schleife eingesetzt. Nur wenn „j" oder „J" eingegeben wird, endet das Programm. Das Programm wird also auch fortgesetzt, wenn lediglich mit der *Enter*-Taste bestätigt wird. Für die Anzeige des Wochentags wird die *ToLongDateString*-Methode der Struktur *System.DateTime* verwendet.

Für die Fehlerbehandlung wird ein *Try-Catch*-Konstrukt eingesetzt. Ein Eingabefehler wird mit einem roten Konsolentext angezeigt. Die Textfarbe wird anschließend wieder auf den ursprünglichen Wert gesetzt. Dies wäre auch kürzer mit der *ResetColor*-Methode der Klasse *Console* möglich. Allerdings würde damit auch die (hier nicht verwendete) Eigenschaft *BackgroundColor* zurückgesetzt.

Listing 12.3 Codevorschlag für das Konsolenprogramm „Geburtstag"

```
Module Module1
    ' Wochentag ermitteln für Geburtstag

    Sub Main()
        Dim gebtag As DateTime
        Dim ende As String
        Dim fgfarbe As System.ConsoleColor
        Console.Title = "Geburtstag - Wochentag"
        Do
```

```
    Try
        ' Voreingestellte Schriftfarbe
        fgfarbe = Console.ForegroundColor

        Console.Write("Geben Sie ein Geburtsdatum ein " & _
                      "(z. B. 28.11.1992): ")
        gebtag = CDate(Console.ReadLine())
        Console.WriteLine()           ' Leerzeile
        Console.WriteLine(gebtag.ToLongDateString)
        Console.WriteLine()
    Catch
        Console.ForegroundColor = ConsoleColor.Red
        Console.WriteLine()
        Console.WriteLine("Eingabe ungültig!")
        ' Schriftfarbe zurückstellen
        Console.ForegroundColor = fgfarbe
        Console.WriteLine()
    Finally
        Console.Write("Beenden (j/n): ")
        ende = Console.ReadLine()
    End Try
Loop Until ende.ToLower() = "j"
End Sub

End Module
```

Lösungsschritt 2: Programm testen

Abbildung 12.2 zeigt das Ergebnis eines Anwenderdialogs. Selbstverständlich können Sie jedes beliebige Datum eingeben.

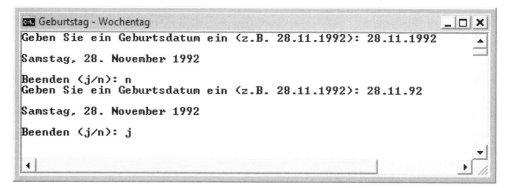

Abbildung 12.2 Testbeispiele zur Übung „Geburtstag"

Übung 12-2: Messreihe

Aufgabe: Erstellen Sie ein Programm, das n Werte l_i einer Messreihe Zeile für Zeile von der Konsole einliest. Das Programm soll diese Messwerte in einem dynamischen Array l speichern und den (arithmetischen) Mittelwert, die n Verbesserungen v_i und die Standardabweichung im Konsolenfenster anzeigen. Für die Berechnung des arithmetischen Mittelwerts kann die Funktion *Amittel* aus Übung 6-2 verwendet werden. Die Übung 12-2 entspricht der Aufgabe 6-2, dort können Sie auch die benötigten Formeln nachschlagen.

Der Einlesevorgang soll mit einer Leereingabe (*Enter*-Taste) abgeschlossen werden. Für die Fehlerbehandlung wird wieder ein *Try-Catch*-Konstrukt eingesetzt.

Lösungsschritt 1: Programmcode entwickeln

Erstellen Sie eine neue *Konsolenanwendung*, geben Sie Ihr den Namen „MessReihe", und speichern Sie alle Dateien. In Listing 12.4 ist ein Codevorschlag dargestellt.

Listing 12.4 Codevorschlag für das Konsolenprogramm „Messreihe"

```vb
Module Module1

    Private Function Amittel(ByVal n As Integer, ByVal x() As Double) _
                     As Double
      Dim i As Integer, sum As Double
      sum = 0
      For i = 0 To n - 1
        sum = sum + x(i)
      Next i
      Return sum / n
    End Function


    Sub Main()
      Dim l(100) As Double
      Dim mittelwert, stdabw, v, vv As Double
      Dim wert As String = String.Empty
      Dim i, n As Integer

      Console.Title = "Messreihe"
      Console.WriteLine("Messwerte eingeben (Abbrechen mit Enter):")
      Console.WriteLine()        ' Leerzeile

      i = 0
      Do
        Try
          Console.Write("l({0}) = ", i)
          wert = Console.ReadLine()
          If wert <> "" Then
            l(i) = CDbl(wert.Replace(".", ","))
            i += 1
          End If
        Catch ex As Exception
          Console.WriteLine("Eingabe ungültig.")
        End Try
      Loop Until wert = ""     ' "" entspricht ENTER
      n = i                    ' Anzahl der Messwerte
      ReDim Preserve l(n - 1)

      mittelwert = Amittel(n, l)
      Console.WriteLine("Mittelwert: {0,8:f3}", mittelwert)
      Console.WriteLine()

      vv = 0
      For i = 0 To n - 1
        v = mittelwert - l(i)
        Console.WriteLine("v({0}) = {1,8:f3}", i, v)
        vv += v * v
      Next i
      stdabw = Math.Sqrt(vv / (n * (n - 1)))
      Console.WriteLine("Standardabweichung: {0,5:f3}", stdabw)
      Console.ReadLine()
    End Sub

End Module
```

12 Ergänzungen

Lösungsschritt 2: Programm testen

Abbildung 12.3 zeigt das Beispiel aus Aufgabe 6-2.

```
Messreihe                                  _ □ ×
Messwerte eingeben (Abbrechen mit Enter):

l(0) = 100,140
l(1) = 100,180
l(2) = 100,130
l(3) = 100,110
l(4) =
Mittelwert:    100,140

v(0) =      0,000
v(1) =     -0,040
v(2) =      0,010
v(3) =      0,030
Standardabweichung: 0,015
```

Abbildung 12.3 Testbeispiel zur Übung „Messreihe"

12.2 Mehrere Formulare

In allen bisher entwickelten Windows-Programmen (*Windows Forms*-Anwendungen) sind wir – von der MessageBox abgesehen – immer mit *einem* Formular ausgekommen. Umfangreiche Windows-Anwendungen enthalten aber häufig mehrere Formulare, zwischen denen gewechselt werden kann.

Mögliche Anwendungen sind z. B. ein Begrüßungsfenster mit Copyright-Hinweisen, ein Formular zur Authentifizierung des Benutzers (Passwortabfrage), ein Formular zur Datenerfassung, ein Formular zum Anzeigen von Dateiinhalten oder Bildern, ein Dialogfenster mit einer Abfrage eines Wertes oder ein Hilfefenster mit Bedienungsanleitung oder Tipps.

Alle Windows-Formulare sind von der Klasse *System.Windows.Forms.Form* abgeleitet.

Startformular – Formulare hinzufügen

Beinhaltet ein Programm mehrere Formulare, so muss ein Formular als *Start*- oder *Hauptformular* definiert sein. Standardmäßig ist dies das beim Erstellen eines neuen *Windows Forms*-Projekts bereitgestellte Formular mit dem Defaultnamen *Form1*.

Neue Formulare lassen sich am einfachsten mit dem Menü *Projekt|Windows Form hinzufügen* in das Projekt einfügen. Im nachfolgenden Dialogfenster „Neues Element hinzufügen" ist die Vorlage *Windows Form* bereits markiert, der Defaultname ist *Form2.vb* (beim nächsten Formular *Form3.vb* usw.). Wenn Sie die Schaltfläche „Hinzufügen" bestätigen, erscheint das leere Formular *Form2* im Arbeitsbereich, und im Projektmappen-Explorer wird ein entsprechender Eintrag ergänzt. Alternativ können Sie einem Projekt auch über das Kontextmenü im Projektmappen-Explorer ein neues Formular hinzufügen.

Wenn Sie nachträglich ein anderes Formular als das standardmäßig vorgesehene *Form1* zum Startformular erklären wollen, müssen Sie lediglich die Projekteigenschaften (Menü *Projekt*, letzter Menüpunkt *IhrProjektname-Eigenschaften*) aufrufen und im Register *Anwendung* unter *Startformular* den Listeneintrag von *Form1* auf *Form2* (oder ein anderes Formular) umstellen.

Die IDE vergibt automatisch die Namen *Form1*, *Form2*, *Form3* usw. Bei mehreren Formularen wird empfohlen, diese durch sprechende Namen zu ersetzen. Das übliche Präfix ist **Frm** (Beispiele für Formularnamen: *FrmStart*, *FrmDatenErfassen* oder *FrmHilfe*).

Eigenschaften eines Formulars

Von den zahlreichen Formulareigenschaften werden wir im Folgenden einige herausgreifen, die für das Arbeiten mit mehreren Formularen von besonderer Bedeutung sind.

Eine spezifische *Form*-Eigenschaft ist *FormBorderSytyle*, die standardmäßig auf *Sizable* eingestellt ist. Das Formular lässt sich damit zur Laufzeit in der Größe verändern, was nicht immer erwünscht ist. Mit der Einstellung *FixedSingle* (oder *Fixed3D*) wird dies vermieden. Für modale Fenster (Dialogfenster) ist die Einstellung *FixedDialog* nahe liegend. Auch hier ist das Formular zur Laufzeit nicht in der Größe veränderbar, und das Formular-Icon (Eigenschaft *Icon*) links oben wird ausgeblendet.

Die Position des Formulars beim ersten Aufruf wird über die Eigenschaft *StartPosition* bestimmt. Mit der Standardeinstellung *WindowsDefaultLocation* legt das Windows-System fest, wo das Formular auf dem Bildschirm platziert wird (normalerweise im linken oberen Desktop-Bereich). Der Wert *CenterScreen* zeigt das Formular in der Mitte des Windows-Desktops. Die Einstellung *Manual* legt in Kombination mit der Eigenschaft *Location* fest, wie weit die linke obere Formularecke vom linken und oberen Bildschirmrand entfernt ist (Angabe in Pixel, z. B. 400;200).

Ein Windows-Formular besitzt üblicherweise rechts oben drei kleine Buttons zum Minimieren, Maximieren und Schließen des Fensters. In welchem dieser Zustände ein Formular beim Starten geöffnet wird, wird durch die Eigenschaft *WindowState* geregelt. Meist ist es sinnvoll, die Standardeinstellung *Normal* zu belassen, die Einstellungen *Minimized* und *Maximized* sind eher während der Laufzeit interessant. Dagegen kann es insbesondere bei Dialogfenstern wünschenswert sein, dass der Nutzer das Formular weder minimieren noch maximieren kann. Dazu müssen Sie lediglich die Eigenschaften *MinimizeBox* bzw. *MaximizeBox* auf *False* stellen.

Die wichtigsten Eigenschaften sind nochmals in Tabelle 12.2 zusammengefasst. Eine Auswahl vorgefertigter Formulare (Anmeldungsformular, Begrüßungsbildschirm, Dialogfenster usw.) erhalten Sie über Menü *Projekt|Neues Element hinzufügen*.

12 Ergänzungen

Tabelle 12.2 Spezifische Eigenschaften eines Formulars (Auswahl)

Eigenschaft	Beschreibung
FormBorderStyle	Legt das Aussehen und Verhalten des Formularrahmens fest.
Location	Legt die Startposition der linken oberen Formularecke zur Laufzeit fest.
MaximizeBox	Legt fest, ob der Maximieren-Button in der Titelleiste angezeigt wird.
MinimizeBox	Legt fest, ob der Minimieren-Button in der Titelleiste angezeigt wird.
StartPosition	Legt die Startposition des Formulars zur Laufzeit fest. (*Manual* -> Location)
WindowState	Legt fest, ob das Formular minimiert, maximiert oder normal dargestellt wird.

Methoden eines Formulars

Ein Formular kann grundsätzlich auf zwei verschiedene Arten aufgerufen werden: Mit der Methode *Show* wird ein weiteres Formular am Bildschirm gezeigt. Der Anwender kann, wenn keine weiteren Programmeinstellungen erfolgen, beliebig zwischen den Formularen wechseln. Das mit *Show* geöffnete Formular wird als **nichtmodales** Fenster bezeichnet.

Als zweite Möglichkeit gibt es die *ShowDialog*-Methode. Diese Methode öffnet ein Formular als **modales** Fenster (*Dialogfenster*). Zur Laufzeit muss der Anwender ein Dialogfenster erst schließen, bevor er wieder in das aufrufende oder in ein anderes Fenster wechseln kann. Von zentraler Bedeutung ist dabei der Rückgabewert der Eigenschaft *DialogResult* der *Form*-Klasse. Die möglichen Rückgabewerte sind in der Enumeration *Windows.Forms.DialogResult* enthalten (siehe Tabelle 12.3).

Tabelle 12.3 Rückgabewerte der Enumeration Windows.Forms.DialogResult

DialogResult	Beschreibung
Abort	Ähnlich wie Cancel, im deutschen Sprachgebrauch schwer zu unterscheiden
Cancel	Üblicher Rückgabewert für „Abbrechen"
Ignore	Üblicher Rückgabewert für „Ignorieren"
No	Üblicher Rückgabewert für „Nein"
None	Kein Rückgabewert (Standardeinstellung)
OK	Üblicher Rückgabewert für „OK"
Retry	Üblicher Rückgabewert für „Wiederholen"
Yes	Üblicher Rückgabewert für „Ja"

Viele modale Fenster weisen beispielsweise die Buttons „OK" und „Abbrechen" auf. Beim Klicken des „OK"-Buttons sollte das Formular den Wert

```
DialogResult = Windows.Forms.DialogResult.OK
```

zurückgeben. Das geschieht aber nicht automatisch, sondern muss vom Programmierer im Code definiert werden. Eine Ausnahme bildet lediglich die „Schließen"-Schaltfläche in der

12.2 Mehrere Formulare

Titelleiste des Formulars, die den Wert `Windows.Forms.DialogResult.Cancel` zurückgibt. Zudem kann bereits zur Entwurfszeit für jedes Button-Steuerelement ein entsprechender *DialogResult*-Wert im Eigenschaftenfenster ausgewählt werden.

Von den weiteren Methoden der *Form*-Klasse sind vor allem *Hide* (Verbergen) und *Close* (Schließen) von Bedeutung. In Tabelle 12.4 sind noch einmal einige wichtige Methoden zusammengefasst.

Tabelle 12.4 Methoden eines Formulars (Auswahl)

Methode	Beschreibung
BringToFront	Bringt das Formular an die oberste Position der Anwendung
Close	Schließt das Formular
Focus	Erteilt dem Formular den Fokus
Hide	Verbirgt das Formular
Show	Zeigt das Formular an
ShowDialog	Zeigt das Formular als Dialogfenster an

Ereignisse eines Formulars

Formulare verfügen über eine Reihe vordefinierter Ereignisse. Für uns ist aber nur das Ereignis *Load* wichtig. Die Ereignisprozedur *Form1_Load* haben wir bereits mehrfach eingesetzt. Sie bewirkt, dass die in der Ereignisprozedur enthaltenen Anweisungen bereits beim Öffnen (Laden) des Startformulars ausgeführt werden.

Arbeiten mit mehreren Formularen

Von einem Formular *Form1* kann auf die Member eines Formulars *Form2* zugegriffen werden, indem der Name des Formulars *Form2* mit angegeben wird, z. B. `Form2.Show()`. Damit Variablen formularübergreifend verwendet werden können, müssen sie mit *Public* deklariert werden. Beim Zugriff auf die Member des eigenen Formulars darf der Formularname nicht vorangestellt werden, stattdessen kann das Schlüsselwort *Me* verwendet werden.

Beispiel: Listing 12.5 zeigt das Zusammenspiel beim Arbeiten mit zwei Formularen. Jedes der zwei Formulare *Form1* und *Form2* verfügt über zwei Buttons *Button1* und *Button2*.

In der Klasse *Form1* ist die *String*-Variable *eingabe* mit *Public* deklariert, sodass sie auch von der *Form2* aus zugänglich ist. Vom Startformular *Form1* aus lässt sich die *Form2* mit einem Klick auf den *Button1* (nichtmodal) öffnen.

Beim Laden der *Form2* wird die *Form1* verborgen. Mit einem Klick auf den *Button1* der *Form2* wird der in die *TextBox1* der *Form2* eingegebene Wert der Variablen *eingabe* zugewiesen. Über den *Button2* der *Form2* wird die *Form2* geschlossen, und die *Form1* wird wieder angezeigt.

Wird schließlich der *Button2* der *Form1* geklickt, so wird der Wert der Variablen *eingabe* im *Label1* der *Form1* angezeigt.

Listing 12.5 Beispiel für das Arbeiten mit zwei Formularen

```
Public Class Form1
  Public eingabe As String = String.Empty

  Private Sub Button1_Click(...) Handles Button1.Click
    Form2.Show()
  End Sub

  Private Sub Button2_Click(...) Handles Button2.Click
    Label1.Text = eingabe
  End Sub
End Class

Public Class Form2
  Private Sub Form2_Load(...) Handles MyBase.Load
    Form1.Hide()
  End Sub

  Private Sub Button1_Click(...) Handles Button1.Click
    Form1.eingabe = TextBox1.Text
    Me.TextBox1.Text = "Eingabe gespeichert."    ' Me ist optional
  End Sub

  Private Sub Button2_Click(...) Handles Button2.Click
    Me.Close()
    Form1.Show()
  End Sub
End Class
```

Übung 12-3: Städteliste erfassen

Aufgabe: Erstellen Sie ein Windows-Programm, mit dem eine Städteliste erfasst werden kann, wie sie in Übung 11-5 benötigt wurde. Das Startformular (*Form1.vb*) soll den Aufruf eines Erfassungsformulars und das Speichern der erfassten Städte als Textdatei (**.csv*) ermöglichen. Die Nummer des ersten Datensatzes (*StartID*) soll im Startformular eingetragen werden können, für die Anzeige der erfassten Datensätze ist eine ListBox vorzusehen.

Das Erfassungsformular (*Form2.vb*) dient zur Eingabe eines Stadt-Datensatzes, bestehend aus den Attributen *ID* (*Integer*), *Name* (*String*), *Inhabitants* (*Long*) und *StateID* (*Short*). Für den ersten Datensatz ist die eingegebene Start-*ID* aus dem Startformular zu entnehmen. Für die weiteren Datensätze soll die Nummer (*ID*) automatisch hochgezählt werden. Beim Klicken des Buttons „Übernehmen" soll der Datensatz in die ListBox des Startformulars übertragen und im Array *Stadt* als Instanz der Klasse *City* gespeichert werden. Mit einem Klick auf den Button „Schließen" soll sich das Formular schließen lassen.

Die Klasse *City* kann unverändert aus Übung 11-5 übernommen werden.

Die im Array *Stadt* gespeicherten Daten sollen mit einem *StreamWriter*-Objekt in eine Textdatei (**.csv*) geschrieben werden (Dateiauswahl mit *SaveFileDialog*). Die gespeicherte Datei sollten Sie anschließend mit dem Programm „EU-Informationssystem" aus Übung 11-5 testen.

12.2 Mehrere Formulare

Lernziel: Mit zwei Formularen arbeiten, eine Textdatei mit einer *StreamWriter*-Instanz erzeugen, zur Dateiauswahl einen *SaveFile*-Dialog aufrufen.

Lösungsschritte 1 und 2: Benutzeroberfläche erstellen und Eigenschaften festlegen

Starten Sie Visual Basic 2008, erstellen Sie ein neues *Windows Forms*-Projekt mit dem Namen „Staedteliste", und speichern Sie alle Dateien.

Platzieren Sie auf dem Startformular *Form1* („Staedteliste") eine ListBox *LstCity*, darüber eine kleine TextBox *TxtStartID* für den Eintrag der *StartID* sowie zwei Buttons „Erfassen" (*BtnErfassen*) und „Speichern" (*BtnSpeichern*) – siehe Abbildung 12.4. Außerdem benötigen Sie noch ein *SaveFileDialog*-Element.

Abbildung 12.4 Testbeispiel zur Übung „Städteliste erfassen"

Mit der Menüwahl *Projekt|Windows Form hinzufügen* fügen Sie in das Projekt „Staedteliste" ein zweites Formular „Städte erfassen" mit dem Namen *Form2* (Datei *Form2.vb*) ein. Die *FormBorderStyle*-Eigenschaft der *Form2* sollte auf *FixedSingle* gestellt werden. Die grafische Oberfläche enthält vier TextBoxen für die vier Attribute eines Stadt-Datensatzes (*TxtID*, *TxtName*, *TxtInhabitants* und *TxtStateID*). Die *ReadOnly*-Eigenschaft der *ID*-TextBox ist auf *True* zu stellen. In die *Text*-Eigenschaft der *StateID*-TextBox können Sie den Wert 2 eintragen (*StateID* = 2 für Deutschland). Fügen Sie außerdem einen Button „Übernehmen" (*BtnUebernehmen*) und einen Button „Schließen" (*BtnSchliessen*) auf der *Form2* ein (siehe Abbildung 12.4).

Schließlich wird noch die Definition der Klasse *City* (Datei *City.vb*) benötigt, die Sie über die Menüwahl *Projekt|Vorhandenes Element hinzufügen* aus dem Projekt „EuIS" (Übung 11-5) in das aktuelle Projekt „Staedteliste" kopieren.

Lösungsschritt 3: Programmcode entwickeln

■ **Klassendefinition City**

Die Definition *City* kann unverändert genutzt werden.

■ **Programmgerüst des Startformulars Form1**

Das (dynamische) Array *Stadt* vom Typ *City*, die *StartID* und die Anzahl der erfassten Städte (Variable *StadtAnzahl*) werden global mit *Public* deklariert, damit auf sie auch von der *Form2* aus zugegriffen werden kann. Für jeden der zwei Buttons ist eine Ereignisprozedur vorzusehen.

```vb
Imports System.IO
Public Class Form1
  Public StartID, StadtAnzahl As Integer
  Public Stadt() As City

  Private Sub BtnErfassen_Click(...) ... : End Sub
  Private Sub BtnSpeichern_Click(...) ... : End Sub
End Class
```

- **Klasse Form1: Ereignisprozedur BtnErfassen_Click**

Die Ereignisprozedur öffnet das Formular *Form2* nichtmodal mit der *Show*-Methode und gibt den Fokus an die TextBox *TxtName* der *Form2*. Beim erstmaligen Aufruf wird die in der *Form1* eingetragene *StartID* in die oberste TextBox der *Form2* übertragen, anschließend wird die TextBox *TxtStartID* schreibgeschützt.

```vb
Private Sub BtnErfassen_Click(...) Handles BtnErfassen.Click
  Try
    ' Beim ersten Aufruf StartNr übernehmen
    If TxtStartID.ReadOnly = False Then
      StartID = Convert.ToInt32(TxtStartID.Text)
      StadtAnzahl = 1
      Form2.TxtID.Text = StartID.ToString
      TxtStartID.ReadOnly = True
    Else
      Form2.TxtID.Text = StartID.ToString
    End If
    Form2.Show()
    Form2.TxtName.Focus()

  Catch ex As Exception
    MessageBox.Show("Haben Sie eine StartID > 0 eingetragen?", _
                    "Fehlerhinweis")
  End Try
End Sub
```

- **Klasse Form1: Ereignisprozedur BtnSpeichern_Click**

Die im Array *Stadt* gespeicherten Datensätze werden mit einer *StreamWriter*-Instanz zeilenweise in einer Textdatei (*.csv) gespeichert. Die einzelnen Einträge werden mit einem Semikolon separiert. Die Dateiauswahl erfolgt über einen *SaveFile*-Dialog.

```vb
Private Sub BtnSpeichern_Click(...) Handles BtnSpeichern.Click
  Dim datpfad As String
  Dim writer As StreamWriter
  Dim i As Integer
  Try
    With SaveFileDialog1
      .Filter = "Textdateien (*.csv)|*.csv|" & _
                "Alle Dateien (*.*)|*.*"
      .InitialDirectory = "c:\"
      ' Testordner:
      ' .InitialDirectory = "c:\AllMyData\Kap12\Staedteliste"
      .FileName = "Staedte_Neu.csv"

      If .ShowDialog() = System.Windows.Forms.DialogResult.OK Then
        datpfad = .FileName
        writer = New StreamWriter(datpfad)
```

```
            For i = 0 To StadtAnzahl - 2
                With Stadt(i)
                    writer.WriteLine("{0};{1};{2};{3}", _
                                    .ID, .Name, .Inhabitants, .StateID)
                End With
            Next i
            writer.Flush()
            writer.Close()
        End If
    End With
    Catch ex As Exception
        MessageBox.Show(ex.Message, "Fehlerhinweis")
    End Try
End Sub
```

Alternative: Statt alle Datensätze in eine neue Datei zu schreiben, könnten Sie die Datensätze auch an die bereits vorhandene Datei *Staedte.csv* anhängen.

▪ Programmgerüst des Erfassungsformulars Form2

Das Erfassungsformular *Form2* besteht lediglich aus den zwei *Click*-Ereignisprozeduren für die zwei Buttons „Übernehmen" und „Schließen".

```
Public Class Form2
    Private Sub BtnUebernehmen_Click(...) ... : End Sub
    Private Sub BtnSchliessen_Click(...) ... : End Sub
End Class
```

▪ Klasse Form2: Ereignisprozedur BtnUebernehmen_Click

Der eingegebene Datensatz wird im Array *Stadt* gespeichert und in die ListBox *LstCity* der *Form1* übernommen. Anschließend wird die *ID* um 1 erhöht, ebenso die Variable *StadtAnzahl*.

```
Private Sub BtnUebernehmen_Click(...) Handles BtnUebernehmen.Click
    ReDim Preserve Form1.Stadt(Form1.StadtAnzahl - 1)
    Form1.Stadt(Form1.StadtAnzahl - 1) = New City()
    Try
        With Form1.Stadt(Form1.StadtAnzahl - 1)
            .ID = Convert.ToInt32(TxtID.Text)
            If TxtName.Text = "" Then
                Throw New Exception("Name darf nicht leer sein.")
            Else
                .Name = TxtName.Text
            End If
            .Inhabitants = Convert.ToInt64(TxtInhabitants.Text)
            .StateID = Convert.ToInt16(TxtStateID.Text)
            Form1.LstCity.Items.Add(
                String.Format("{0,3} {1,20} {2,10:n0} {3,5}", _
                    .ID, .Name.PadRight(20), .Inhabitants, .StateID))
        End With
        Form1.StartID += 1
        Form1.StadtAnzahl += 1
        TxtID.Text = Form1.StartID.ToString
    Catch ex As Exception
        MessageBox.Show(ex.Message & " - Eingabefehler", "Fehlerhinweis")
    Finally
        TxtName.Focus()
        TxtName.SelectAll()
    End Try
End Sub
```

12 Ergänzungen

- **Klasse Form2: Ereignisprozedur BtnSchliessen_Click**

Das Formular *Form2* wird geschlossen.

```
Private Sub BtnSchliessen_Click(...) Handles BtnSchliessen.Click
  Me.Close()
End Sub
```

Lösungsschritt 4: Programm testen

Zum Test können Sie die in Abbildung 12.4 dargestellten Datensätze erfassen. Da das Formular *Form2* nichtmodal aufgerufen wird, können Sie jederzeit zwischen den beiden Formularen wechseln und sogar nach einem Speichervorgang mit der Erfassung weiterfahren.

Die gespeicherten Daten können Sie nach einem ersten Test über die Zwischenablage an das Ende der Datei *Staedte.csv* kopieren und im Rahmen des Projekts „EuIS" (siehe Übung 11-5) testen.

Übung 12-4: Bewerbung zum Spion

Aufgabe: Erstellen Sie ein Windows-Programm, mit dem sich ein Bewerber für den Geheimdienst authentifizieren muss. Bei bestandener Überprüfung erhält der künftige Spion seine persönlichen Geheimdaten (Deckname und Nummer).

Das Windows-Programm setzt sich aus einem Startformular (*Form1*), einem Formular „Zugangskontrolle" (*Form2*) und einem „Willkommensformular" (*Form3*) zusammen. Das Startformular ruft über einen Button-Klick (*Button1*) das modale Zugangsformular *Form2* auf (siehe Abbildung 12.5). In der Datei *Form1.vb* sind außerdem die möglichen Passwörter in einer Enumeration *PWlist* hinterlegt.

Abbildung 12.5 Startformular und Formular „Zugangskontrolle" zur Übung „SpionPW"

Im Formular „Zugangskontrolle" (*Form2*) muss der Bewerber seinen Namen, Vornamen, Geburtsdatum und eines der zugelassenen Passwörter eintragen. Name und Vorname dürfen nicht leer sein, beim Datum muss es sich lediglich um ein gültiges Datum handeln.

12.2 Mehrere Formulare

(Der Bewerber weiß ja nicht, dass seine Angaben nicht weiter geprüft werden.) Das Passwort wird mit den Einträgen der Enumeration *PWlist* verglichen. Beim Klicken auf den Button *OK* werden alle Angaben geprüft. Sind die Angaben in Ordnung, wird dies in der Variablen *IsZugang* vermerkt und die *Button1*-Aufschrift der *Form1* wechselt in „Treten Sie ein". Wenn die Zugangsdaten nicht akzeptiert wurden oder *Abbrechen* gewählt wurde, soll auf dem Startformular die Meldung „Zugang verboten" erscheinen.

Im Startformular (*Form1*) wird geprüft, ob die Zugangskontrolle erfolgreich war. Wenn ja, öffnet sich bei einem Klick des *Button1* („Treten Sie ein") das Willkommensfenster (*Form3*), mit dem der Bewerber über einen weiteren Button-Klick („Ihre Daten") seine Geheimdaten erhält (siehe Abbildung 12.6). Wenn die Zugangsdaten nicht akzeptiert wurden, öffnet sich bei einem erneuten Klick des *Button1* („Zugangskontrolle") wieder das Dialogfenster „Zugangskontrolle".

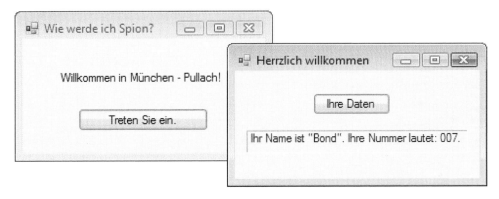

Abbildung 12.6 Startformular und Willkommensformular zur Übung „SpionPW"

Lernziel: Mit drei Formularen arbeiten, ein modales Fenster zur Passwortabfrage und ein nichtmodales Fenster von einem Startformular aus aufrufen.

Lösungsschritte 1 und 2: Benutzeroberfläche erstellen und Eigenschaften festlegen

Starten Sie Visual Basic 2008, erstellen Sie ein neues *Windows Forms*-Projekt mit dem Namen „SpionPW", und speichern Sie alle Dateien.

Das Startformular *Form1* benötigt nur einen *Button1* („Zur Zugangskontrolle") und ein leeres Bezeichnungsfeld *Label1* (zunächst nicht sichtbar).

Fügen Sie anschließend ein zweites Formular *Form2* („Zugangskontrolle") in das Projekt ein. Stellen Sie die Eigenschaft *FormBorderStyle* auf *FixedDialog* und die beiden Eigenschaften *MaximizeBox* und *MinimizeBox* auf *False*. Platzieren Sie auf dem Dialog-Formular zwei Buttons „OK" (*BtnOK*) und „Abbrechen" (*BtnAbbrechen*) sowie vier Text-Boxen für die Eingabe der persönlichen Daten (*TxtName*, *TxtVorname*, *TxtGebDatum* und *TxtPasswort*). Geben Sie für die Eigenschaft *PasswordChar* der TextBox *TxtPasswort* das Zeichen # ein. Damit wird zur Laufzeit jedes eingegebene Zeichen als #-Zeichen angezeigt (siehe Abbildung 12.5).

Fügen Sie anschließend ein drittes Formular *Form3* („Herzlich willkommen") in das Projekt ein. Die Eigenschaft *FormBorderStyle* können Sie auf *FixedSingle* stellen. Das Formular benötigt lediglich einen *Button1* („Ihre Daten"), mit dem in dem ebenfalls einzufügenden *Label1* die Zugangsdaten angezeigt werden (siehe Abbildung 12.6).

Lösungsschritt 3: Programmcode entwickeln

■ **Datei Form1.vb (Enumeration PWlist und Startformular Form1)**

Die Datei *Form1.vb* enthält die Enumeration *PWlist* und den Programmcode des Startformulars *Form1*. In der Enumeration können beliebig viele Passwörter eingetragen werden.

Die Klasse *Form1* stellt die öffentliche Variable *IsZugang* bereit. Die Ereignisprozedur *Button1_Click* öffnet das Willkommensformular *Form3*, wenn die Zugangskontrolle bereits erfolgreich abgeschlossen wurde. Ansonsten, also auch beim erstmaligen Klicken des *Button1*, wird das Dialogfenster *Form2* angezeigt.

```
Public Enum PWlist As Integer
  niklas
  nikolaus
  nikolausi
  osterhasi
  stasi
End Enum


Public Class Form1
  Public IsZugang As Boolean

  Private Sub Button1_Click(...) Handles Button1.Click
    If Form2.DialogResult = Windows.Forms.DialogResult.OK _
                       And IsZugang = True Then
      Form3.Show()
      Form3.Label1.Text = "##############################"
    Else
      Form2.ShowDialog()
    End If
  End Sub
End Class
```

■ **Dialogfenster Form2 („Zugangskontrolle")**

Das Formular besitzt zwei Ereignisprozeduren. Beim Klicken des *OK*-Buttons wird geprüft, ob die eingegebenen Daten den in der Aufgabenstellung beschriebenen Regeln entsprechen (Name und Vorname dürfen nicht leer sein, das Datum muss „gültig" sein). Lediglich das Passwort wird mit den Werten der Enumeration *PWlist* verglichen. Das Ergebnis wird in der *Public*-Variablen *IsZugang* gespeichert. Falls *IsZugang = True* ist, wird im *Label1* des Startformulars die Meldung „Willkommen in München – Pullach!" angezeigt, die Überschrift in der Titelleiste des Startformulars wechselt in „Treten Sie ein.". Andernfalls (wenn *IsZugang = False* ist oder wenn der *Abbrechen*-Button gewählt wurde) erscheint im *Label1* des Startformulars die Meldung „Zugang verboten".

```
Public Class Form2
  Private Sub BtnOK_Click(...) Handles BtnOK.Click
    Dim dummy As Date, s As String

    ' Alle eingegebenen Daten prüfen
```

```vb
        If TxtName.Text <> "" AndAlso _
           TxtVorname.Text <> "" AndAlso _
           Date.TryParse(TxtGebDatum.Text, dummy) = True AndAlso _
           TxtPasswort.Text <> "" Then

            ' Passwortkontrolle
            Form1.IsZugang = False
            For Each s In System.Enum.GetNames(GetType(PWlist))
                If TxtPasswort.Text = s Then
                    Form1.IsZugang = True
                    Exit For
                End If
            Next s
        Else
            Form1.IsZugang = False
        End If

        If Form1.IsZugang = True Then
            Form1.Label1.Text = "Willkommen in München - Pullach!"
            Form1.Button1.Text = "Treten Sie ein."
        Else
            Form1.Label1.Text = "Zugang verboten."
        End If

        DialogResult = Windows.Forms.DialogResult.OK
    End Sub

    Private Sub BtnAbbrechen_Click(...) Handles BtnAbbrechen.Click
        Form1.Label1.Text = "Zugang verboten."
        DialogResult = Windows.Forms.DialogResult.Cancel
    End Sub
End Class
```

Formular Form3 („Herzlich willkommen")

Die Klasse *Form3* besteht lediglich aus der Ereignisprozedur *Button1_Click*, die den Decknamen und die Geheimnummer anzeigt.

```vb
Public Class Form3

    Private Sub Button1_Click(...) Handles Button1.Click
        Label1.Text = "Ihr Name ist ""Bond""." & _
                      " Ihre Nummer lautet: 007."
    End Sub
End Class
```

Lösungsschritt 4: Programm testen

Testen Sie das Programm, indem Sie im Dialogfenster „Zugangskontrolle" gültige und ungültige Einträge eingeben. Beenden Sie das Dialogfenster abwechselnd mit *OK*, *Abbrechen* und der *Schließen*-Schaltfläche der Titelleiste.

Sie können das Programm erweitern, indem Sie beispielsweise eine Passwortliste als Passwortdatei einlesen und mit dem eingegebenen Wert vergleichen.

12.3 Fehlersuche (Debuggen)

Während der Eingabe des Programmcodes und während des Programmtests können verschiedenartige Fehler auftreten. Generell werden drei Fehlerarten unterschieden:

Syntaxfehler

Syntaxfehler entstehen, wenn Sie gegen die Syntaxregeln von Visual Basic verstoßen, indem Sie z. B. ein Schlüsselwort oder einen Eigenschaftsnamen falsch schreiben. Visual Basic unterstützt Sie in vielerlei Hinsicht, um Syntaxfehler zu vermeiden: Die IntelliSense-Funktion zeigt z. B. alle jeweils verfügbaren Eigenschaften und Methoden an, von denen Sie das gewünschte Member auswählen und übernehmen können. Das Risiko von Schreibfehlern wird damit erheblich reduziert. Syntaxfehler werden im Programmcode markiert und in der Fehlerliste genauer erläutert. Erst wenn alle Syntaxfehler beseitigt sind, lässt sich ein Programm ausführen.

Laufzeitfehler

Laufzeitfehler sind Fehler, die während der Programmausführung auftreten. Beispiele hierfür sind Konvertierungsfehler (z. B. Umwandlung eines Leerstrings in eine Zahl), die Ganzzahldivision durch 0 (null) oder das Öffnen einer nicht vorhandenen Datei. Laufzeitfehler erzeugen in der Regel Ausnahmen, die durch eine geeignete Ausnahmebehandlung (siehe Abschnitt 4.2.5) abgefangen werden können.

Logische Fehler

Logische Fehler sind Programmierfehler, die zu falschen Ergebnissen und ggf. auch zu Fehlerabstürzen (Ausnahmen) führen. Ein einfaches Beispiel hierfür ist ein zu früher oder zu später Schleifenabbruch. Das Auffinden und Bereinigen logischer Fehler nimmt erfahrungsgemäß die meiste Zeit der Fehlersuche in Anspruch.

Für die Fehlersuche ist es oft hilfreich, an den vermuteten Fehlerstellen Zwischenergebnisse anzeigen zu lassen. Sehr gut geeignet ist dafür eine MessageBox, mit der vorübergehend einzelne Zwischenwerte ausgegeben werden. Sie können aber auch während der Testphase eine ListBox oder eine (mehrzeilige) TextBox auf dem Startformular einfügen, in die Sie Zwischenergebnisse schreiben. Damit lässt sich das Problem immer mehr eingrenzen, bis die Fehlerquelle entdeckt ist.

Professioneller ist es aber, die diversen Debugging-Techniken, die Visual Basic bietet, für die Fehlersuche zu nutzen.

Fehlersuche mit dem Debugger

In der Menüleiste der Entwicklungsumgebung steht ein eigenes Menü *Debuggen* zur Verfügung. Auch die *Standard*-Symbolleiste beinhaltet mehrere Schaltflächen für das Debuggen. Der Zustand der Schaltflächen wechselt je nach aktuellem Programmmodus (Entwurfsmodus, Ausführungsmodus oder Unterbrechungs-/Debugging-Modus). Abbildung 12.7 zeigt die entsprechenden Schaltflächen im Debugging-Modus.

Abbildung 12.7 Debuggen-Schaltflächen der Standard-Symbolleiste (Debugging-Modus)

Als drittes Tool kann die Symbolleiste *Debuggen* genutzt werden. Sie lässt sich über das Menü *Ansicht|Symbolleisten* auswählen und ermöglicht einen Wechsel zwischen den drei Debugging-Fenstern *Direktfenster*, *Lokal-Fenster* und *Überwachungsfenster*.

- **Direktfenster**

Im Ausführungsmodus können Sie Variablenwerte mit einer der vier Methoden *Write*, *WriteLine*, *WriteIf* oder *WriteLineIf* der Klasse *Debug* in Form von Zeichenketten in das Direktfenster schreiben. Die Methodenaufrufe werden im Code-Editor wie normale Anweisungen eingegeben. Die *Debug.WriteLine*-Methode schreibt eine Zeichenkette in das Direktfenster und schließt mit einem Zeilenvorschub ab.

Beispiel: `Debug.WriteLine("sum: " & sum)`

Die *Debug.Write*-Methode macht dasselbe, nur ohne Zeilenwechsel. Die beiden Methoden *Debug.WriteLineIf* und *Debug.WriteIf* schreiben eine Zeichenkette nur dann in das Direktfenster, wenn eine Bedingung erfüllt ist.

Beispiel: `Debug.WriteLineIf(sum < 20, "sum: " & sum)`

Eine Formatierung ähnlich der *String.Format*-Methode ist bei allen vier Methoden nicht möglich. Die *Debug*-Methoden haben dafür einen wesentlichen Vorzug: In der *Release*-Version (siehe unten) werden die *Debug*-Methoden nicht ausgewertet, Sie können Sie also auch nach der Testphase im Programmcode stehen lassen.

Im Unterbrechungsmodus können Sie Variableninhalte durch ein vorangestelltes Fragezeichen (?) abfragen oder mit dem Zuweisungsoperator (=) verändern.

Beispiel: `?sum` bzw. `sum=20`

- **Lokal-Fenster**

Befindet sich das Programm im Unterbrechungsmodus, so werden hier die Namen der aktuellen Variablen und Objekte mit Wert und Datentyp angezeigt.

- **Überwachungsfenster**

Im Überwachungsfenster können Sie zur Laufzeit Variablen und Ausdrücke überwachen. Sie können Variablennamen in der Spalte *Name* eingeben oder im Code markieren, mit der rechten Maustaste anklicken und im Kontextmenü den Eintrag *Überwachung hinzufügen* wählen.

- **Haltepunkte, Einzel- und Prozedurschritt**

Mithilfe eines Haltepunktes wird ein Programm zur Laufzeit an dieser Programmstelle unterbrochen. Ein Haltepunkt wird üblicherweise vor die fehlerverdächtige Codezeile gesetzt. Auch mehrere Haltepunkte sind möglich. Haltepunkte werden eingefügt, indem die Zeile links außen im schmalen grauen Randbereich angeklickt wird. Daraufhin wird die Zeile dunkelrot markiert und links außen mit einem roten Punkt versehen (siehe Abbildung 12.8). Haltepunkte können ebenso einfach gelöscht werden, indem der Haltepunkt (rote Punktmarkierung) mit der Maus angeklickt wird.

```
20   LblSumme.Text = ""
21   m = Convert.ToInt32(TxtM.Text)
22   n = Convert.ToInt32(TxtM.Text)
23   summeM = GetZahlensumme(m)
24   summeN = GetZahlensumme(n)
```

Abbildung 12.8 Zeile mit Haltepunkt und aktuelle Debug-Zeile (mit Pfeil markiert)

Wird ein Programm während der Ausführung an einem Haltepunkt unterbrochen, kann anschließend über die Schaltfläche *Einzelschritt* der *Standard*-Symbolleiste (schneller mit *F8*) eine Zeile nach der anderen durchlaufen werden. Mit den oben genannten Fenstern können Zwischenergebnisse angezeigt werden. Oft reicht es auch, im Codefenster mit der Maus über die Variable zu fahren und zu warten, bis in einem *QuickInfo* der aktuelle Wert erscheint.

Manchmal ist es sinnvoll, ab einem Haltepunkt mit der Variante *Prozedurschritt* (*Shift+F8*) statt Einzelschritt fortzufahren. Damit werden bei einem Aufruf einer Prozedur die Anweisungen in der Prozedur übersprungen. Sinnvoll ist dies aber nur, wenn der Fehler außerhalb der Prozedur vermutet wird. Bei der dritten Variante *Ausführen bis Rücksprung* (*Shift+F11*) wird an das Ende der Prozedur gesprungen, und das Debuggen wird nach dem Aufruf fortgesetzt. Selbstverständlich können Sie mit der Schaltfläche *Weiter* (*F5*) die Unterbrechung jederzeit aufheben bzw. das Programm bis zum nächsten Haltepunkt fortsetzen.

■ **Debug- und Release-Version eines Programms**

Bei der Ausführung eines Programms in der Debugging-Phase wird eine **.exe*-Datei erzeugt und im Projektunterverzeichnis *\bin\Debug* abgelegt. Dabei werden auch Informationen gespeichert, die für das Debuggen benötigt werden. Wenn Sie das Programm abschließend getestet haben, sollten Sie nicht diese Version, sondern eine sogenannte *Release*-Version verwenden. Die *Release*-Version arbeitet effizienter als die *Debug*-Version, da bestimmte Debug-Informationen nicht mehr notwendig sind.

Beispiel: ZahlensummeDebug

Im folgenden Programmbeispiel soll die Zahlensumme von *m* bis *n* berechnet werden. Das Ergebnis wird (etwas umständlich) als Differenz der Zahlensumme von 1 bis *n* minus der Zahlensumme von 1 bis *m* gebildet.

Die grafische Oberfläche der *Windows-Forms*-Anwendung besteht aus zwei TextBoxen, in die die Zahlen *m* und *n* eingetragen werden können, einem Label, das die Zahlensumme anzeigt, und einem Button „Starten" (siehe Abbildung 12.9).

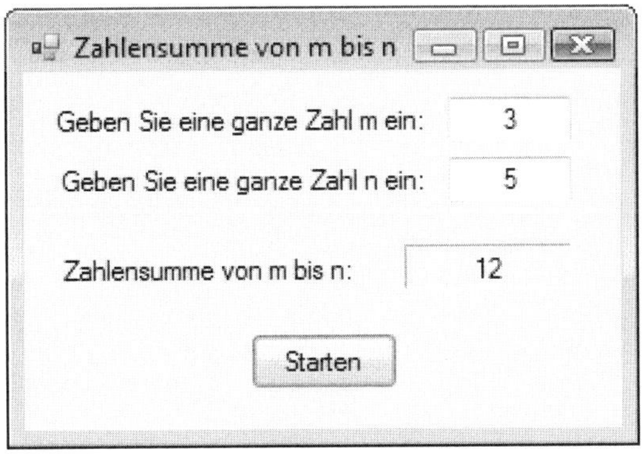

12.3 Fehlersuche (Debuggen)

Abbildung 12.9 Benutzeroberfläche des Programms „ZahlensummeDebug" (nach Fehlerbeseitigung)

Das Programm enthält drei logische Fehler. Der (fehlerhafte) Programmcode setzt sich aus einer Funktion *GetZahlensumme* (zur Berechnung der Summe von 1 bis *zahl*) und einer Ereignisprozedur *BtnStarten_Click* zusammen. Auf die in Listing 12.6 am Zeilenende eingefügten Zeilennummern wird im folgenden Text Bezug genommen.

Listing 12.6 Code des Programms ZahlensummeDebug (mit logischen Fehlern)

```
Public Class Form1                                              '1
  Private Function GetZahlensumme(ByVal zahl As Integer) As Long '2
    Dim i As Integer = 1, sum As Long = 0                       '3
    sum = 0                                                      '4
    ' Schleife von 1 bis zahl
    Do Until i = zahl                                            '5
      sum += i                                                   '6
      i += 1                                                     '7
    Loop                                                         '8
    Return sum                                                   '9
  End Function                                                   '10
  Private Sub BtnStarten_Click(...) Handles BtnStarten.Click     '11
    Dim m, n As Integer, summeM, summeN As Long                  '12
    Try                                                          '13
      LblSumme.Text = ""                                         '14
      m = Convert.ToInt32(TxtM.Text)                             '15
      n = Convert.ToInt32(TxtM.Text)                             '16
      summeM = GetZahlensumme(m)                                 '17
      summeN = GetZahlensumme(n)                                 '18
      LblSumme.Text = (summeN - summeM).ToString                 '19
    Catch ex As Exception                                        '20
    End Try                                                      '21
  End Sub                                                        '22
End Class                                                        '23
```

Wenn Sie das Programm wie üblich mit *Debugging starten* (oder *F5*) starten, die Testwerte *m* = 3 und *n* = 5 in die vorgesehenen TextBoxen eintragen und den „Starten"-Button klicken, erfolgt zwar kein Fehlerabbruch, aber das Ergebnis 0 (für die Zahlensumme) ist offensichtlich falsch.

■ Erster logischer Fehler

Markieren Sie die Zeile 15 mit einem Haltepunkt. Starten Sie das Programm nochmals, und klicken Sie wieder den „Starten"-Button. Das Programm unterbricht vor Zeile 15, die

441

Zeile wird gelb markiert. Fahren Sie nun zweimal mit *Einzelschritt* fort. Wenn Sie mit der Maus die Variablen *m* und *n* (Zeilen 15 und 16) überfahren, so zeigen die QuickInfos *m* = 3 und *n* = 3 an. Dasselbe Ergebnis erhalten Sie auch mit dem Lokal-Fenster oder mit dem Überwachungsfenster, wenn Sie die Namen *m* und *n* eintippen. Die Variable *n* hat also einen falschen Wert. Bei genauerem Hinsehen werden Sie entdecken, dass die Zeile 16 richtig lauten muss:

```
n = Convert.ToInt32(TxtN.Text)                    '16a
```

Damit ist der erste logische Fehler gefunden. Korrigieren Sie den Fehler, indem Sie `TxtM` durch `TxtN` ersetzen. (Die Entwicklungsumgebung erlaubt es teilweise, dass Fehler im Debugging-Modus korrigiert werden, ohne dass das Programm neu gestartet werden muss.)

■ Zweiter logischer Fehler

Setzen Sie das Programm mit der Schaltfläche *Weiter* oder der *F5*-Taste fort. Klicken Sie wieder den Button „Starten", und bewegen Sie sich ab dem Haltepunkt in Zeile 15 mit *Prozedurschritt* (oder *F10*) weiter. Die QuickInfos bzw. Debug-Fenster informieren Sie über die Variableninhalte *summeM* = 3 und *summeN* = 10, die offensichtlich beide falsch sind. Es liegt nahe, dass die Funktion *GetZahlensumme* fehlerhafte Werte liefert.

Bevor Sie mit der Fehlersuche fortfahren, sollten Sie die Anweisung

```
Debug.WriteLine("sum: " & sum)                    '6a
```

nach Zeile 6 einfügen. Damit können Sie im Direktfenster verfolgen, wie sich die Zahlensumme *sum* entwickelt. Sie können die Funktion *GetZahlensumme* aber auch per *Einzelschritt* durchlaufen. Der Fehler liegt offensichtlich darin, dass die *Do-Loop*-Schleife einen Schritt zu früh abgebrochen wird. Die Schleifenbedingung (Zeile 5) muss korrigiert werden in:

```
Do Until i > zahl                                 '5a
```

■ Dritter logischer Fehler

Mit den diversen Debug-Tools können Sie nun feststellen, dass die zwei Zahlensummen mit *summeM* = 6 und *summeN* = 15 richtig berechnet werden. Trotzdem ist die in dem Label angezeigte Zahlensumme = 9 falsch, denn 3 + 4 + 5 = 12. Der Denkfehler liegt in der Differenzbildung. Die Summe *summeM* darf nur bis $m - 1$ laufen, sonst fehlt der Wert *m* in der Differenz. Die Zeile 17 muss also richtig lauten:

```
summeM = GetZahlensumme(m - 1)                    '17a
```

12.4 ClickOnce-Bereitstellung

Xcopy-Installation

Wie bereits im letzten Abschnitt hingewiesen, sollte für die Weitergabe eines Programms eine *Release*-Version erstellt werden. Öffnen Sie hierzu das Projekt. Mit dem Menübefehl

Erstellen|Projektname erstellen wird im Unterverzeichnis *bin\Release* eine ausführbare **.exe*-Datei nebst weiteren Dateien erzeugt. Wenn Sie das Programm weitergeben wollen, reicht es aus, den Ordner *bin\Release* zu kopieren. Das Programm kann dann im Windows-Explorer durch einen Doppelklick auf die **.exe*-Datei gestartet werden. Dieses einfache Installationsverfahren wird auch als *Xcopy*-Installation bezeichnet.

Sie können es selbst an Ihrem Rechner ausprobieren. Um das Programm vom Desktop aus starten zu können, klicken Sie mit der rechten Maustaste auf die **.exe*-Datei und wählen den Befehl *Verknüpfung erstellen*. Anschließend ziehen Sie die Verknüpfungsdatei per *Drag&Drop* auf den Desktop. Eine wichtige Voraussetzung wurde bisher verschwiegen: Damit das Programm auch auf einem Fremdrechner läuft, muss dort das .NET Framework 3.5 installiert sein.

ClickOnce-Bereitstellung

Die *Xcopy*-Installation ist zwar sehr einfach, entspricht aber nicht der üblichen Installation eines Windows-Programms. Mit der Visual Basic 2008 Express Edition können Sie ein Programm mithilfe des sog. *ClickOnce*-Verfahrens bereitstellen. Das *ClickOnce*-Verfahren hat viele Vorteile gegenüber dem herkömmlichen *Setup*-Verfahren mit dem Windows Installer, aber natürlich auch einige Nachteile. Das Erzeugen von *Setup*-Projekten ist deutlich komplizierter und setzt außerdem die *Professional* Edition voraus.

Sie beginnen die *ClickOnce*-Bereitstellung bei geöffnetem Projekt über den Menübefehl *Erstellen|Projektname veröffentlichen*. Es erscheint der *Webpublishing-Assistent*. Als Veröffentlichungsort können Sie einen lokalen Datenträgerpfad, eine Webseite oder einen FTP-Server angeben. Standardmäßig ist das Verzeichnis *publish* eingetragen, das innerhalb des Projektverzeichnisses angelegt wird. Wenn Sie die Schaltfläche *Weiter* klicken, wird als Nächstes gefragt, von wo die Anwendung installiert werden soll. Wir wählen die dritte Variante „Von CD-ROM oder DVD-ROM". Im nächsten Schritt werden Sie gefragt, ob (bzw. wo) nach Updates gesucht werden soll. Wir wählen die zweite Variante, bei der nicht nach Updates gesucht wird. Mit einem Klick auf die Schaltfläche *Fertigstellen* stehen alle erforderlichen Dateien im Installationsverzeichnis *publish* zur Verfügung. Dieses Verzeichnis können Sie nun auf CD oder DVD brennen und weitergeben.

Wenn Sie weitere Einstellungen vornehmen wollen, können Sie die Projekteigenschaften aufrufen (z. B. über den Menübefehl *Projekt|Projektname-Eigenschaften* oder über das Kontextmenü des Projekts im Projektmappen-Explorer). Über die Registerkarte *Veröffentlichen* erhalten Sie das in Abbildung 12.10 dargestellte Fenster.

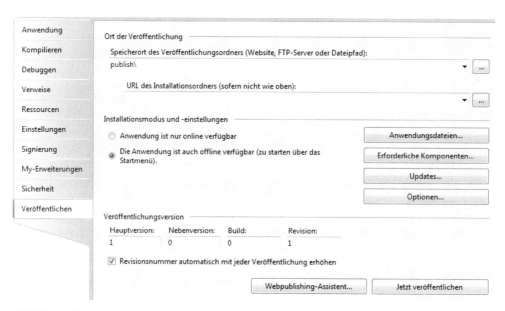

Abbildung 12.10 Projekteigenschaften, Registerkarte „Veröffentlichen"

Hier kann ebenfalls der Speicherort des Veröffentlichungsordners eingetragen werden. Bei der Installationsart „Von CD-ROM oder DVD-ROM" ist die Einstellung „Die Anwendung ist auch offline verfügbar (zu starten über das Startmenü)" ausgewählt. Die Veröffentlichungsversion beginnt mit 1-0-0-1, die Revisionsnummer erhöht sich standardmäßig mit jeder Veröffentlichung.

Über die Schaltfläche *Anwendungsdateien* können Sie einsehen, welche Dateien für die Installation dazu geladen werden, die notwendigen Dateien werden systemseitig erkannt. Auch die Einstellungen im Dialogfeld *Erforderliche Komponenten* können Sie belassen. Im Dialogfeld *Veröffentlichungsoptionen* (Schaltfläche *Optionen*) können Sie einen Herausgebernamen eintragen (z. B. *VB-Programme*). Nach der Installation ist die Anwendung im Menü *Start|Programme* unter diesem Gruppennamen erreichbar.

Mit der Schaltfläche *Webpublishing-Assistent* (links unten) können Sie zu dem anfangs benutzten Assistenten wechseln, mit der Schaltfläche *Jetzt veröffentlichen* schließen Sie den Veröffentlichungsvorgang ab. Bei erfolgreichem Erstellen des Setup-Programms (nicht zu verwechseln mit dem anfangs erwähnten *Setup*-Weitergabeverfahren) erscheint in der Statuszeile die Meldung „Veröffentlichen erfolgreich". Außerdem wird der Inhalt des Veröffentlichungsordners angezeigt, den Sie nun auf CD oder DVD brennen können.

ClickOnce-Installation

Die Installation der Anwendung ist denkbar einfach: Nach Einlegen der CD oder DVD lässt sich der Installationsvorgang mit einem Doppelklick auf die Datei *setup.exe* starten. In der Regel wird sich ein Dialogfenster *Anwendungsinstallation – Sicherheitswarnung* öffnen. Die Sicherheitswarnung kann ignoriert werden, und die Installation kann mit einem

Klick auf die Schaltfläche *Installieren* endgültig vollzogen werden. Nach Abschluss des Vorgangs öffnet sich die Anwendung automatisch.

Die Anwendung ist künftig über das Startmenü unter *Programme* erreichbar und kann mit *Systemsteuerung|Software* jederzeit wieder deinstalliert werden. Mit *ClickOnce* installierte Programme werden nicht im Ordner *C:\Programme* eingetragen, sondern in einem speziellen benutzerspezifischen Ordner. Sie stehen deshalb auch nur dem jeweiligen Benutzer zur Verfügung.

Für die Installation wird der Microsoft Internet Explorer vorausgesetzt.

12.5 Aufgaben

Aufgabe 12-1: Zahlensumme von m bis n

Schreiben Sie ein Konsolenprogramm, das die Zahlensumme von *m* bis *n* mittels *einer For-Next*-Schleife berechnet und anzeigt, wobei *m* und *n* zwei ganze Zahlen sind. Wenn die Bedingung $m \leq n$ nicht erfüllt ist, soll eine Fehlermeldung in Rot ausgegeben werden. Zur Fehlerbehandlung ist ein *Try-Catch*-Konstrukt einzusetzen, sodass auch andere Eingabefehler abgefangen werden. Nach jedem Rechendurchlauf soll der Anwender gefragt werden, ob er das Programm beenden will.

Testbeispiele:

$m = 3, n = 5 \Rightarrow$ Zahlensumme $= 3 + 4 + 5 = 12$

$m = 10, n = 15 \Rightarrow$ Zahlensumme $= 10 + 11 + ... + 15 = 75$.

Aufgabe 12-2: Lottozahlen

Schreiben Sie ein Konsolenprogramm, das sechs zufällige Lottozahlen zwischen 1 und 49 ermittelt. Der Vorgang muss so lange wiederholt werden, bis keine der Zahlen mehrfach vorkommt. Dazu werden die Zufallszahlen erst der Größe nach sortiert und anschließend der Reihe nach miteinander verglichen. Nach jedem Rechendurchlauf soll der Anwender gefragt werden, ob er das Programm beenden will, ansonsten wird ein neuer gültiger Lottotipp erzeugt (siehe Abbildung 12.11).

12 Ergänzungen

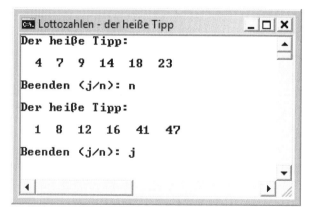

Abbildung 12.11 Testbeispiel zur Aufgabe „Lottozahlen"

Aufgabe 12-3: Baumliste erfassen

Schreiben Sie ein Windows-Programm, mit dem eine *Baumliste* erfasst werden kann, wie sie in Übung 11-4 (Variante A) benötigt wurde. Das Startformular soll den Aufruf eines Erfassungsformulars und das Speichern der erfassten Bäume als Textdatei (*.txt*) ermöglichen. Die Nummer des ersten Datensatzes (*StartNr*) soll im Startformular eingetragen werden können, für die Anzeige der erfassten Datensätze ist eine ListBox vorzusehen (siehe Abbildung 12.12).

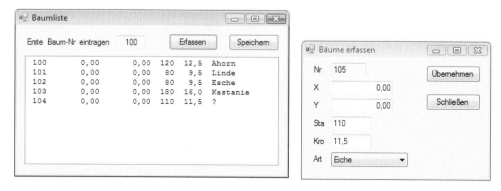

Abbildung 12.12 Testbeispiel zur Aufgabe „Baumliste erfassen"

Das Erfassungsformular (Abbildung 12.12) dient zur Eingabe eines Baum-Datensatzes, der sich aus den Attributen *Nr* (*Integer*), *X* (*Double*), *Y* (*Double*), *Sta* (*Short*), *Kro* (*Single*) und *Art* (*String*) zusammensetzt. Die Bedeutung der Attribute ist Übung 11-4 zu entnehmen. Die eindeutige Baumnummer (*Nr*) soll, beginnend mit der *StartNr*, bei jedem erfassten Datensatz automatisch weitergezählt werden. Die Koordinaten *X* und *Y* können der Einfachheit halber mit „0,00" vorbelegt werden. Für die Eingabe der Baumart (*Art*) soll eine ComboBox eingerichtet werden, aus der der zutreffende Wert (Ahorn, Birke, Eiche usw.) ausgewählt werden kann.

Beim Klicken des Buttons „Übernehmen" soll der Datensatz aus dem Erfassungsformular in die ListBox des Startformulars übertragen und im Array *BaumLst* als Instanz der Klasse *Baum* gespeichert werden. Der Button „Schließen" dient zum Schließen des Erfassungsformulars.

Die Klasse *Baum* kann unverändert aus Übung 11-4 übernommen werden.

Die im Array *BaumLst* gespeicherten Daten sollen mit einem *StreamWriter*-Objekt in eine Textdatei geschrieben werden (Dateiauswahl mit *SaveFileDialog*). Die gespeicherte Datei sollten Sie anschließend mit dem Programm „Baumkataster" aus Übung 11-4 testen.

Aufgabe 12-4: Start in den Urlaub

Schreiben Sie ein Windows-Programm, das den passwortgeschützten „Start in den Urlaub" mit einem Urlaubsfoto honoriert.

Das Startformular soll über einen Button „Starten" ein Dialogfenster „Passwortschutz" aufrufen, in das der Anwender ein Passwort eingeben muss (siehe Abbildung 12.13).

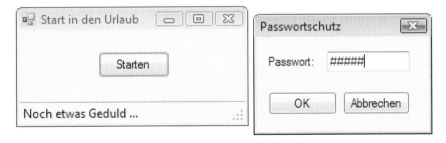

Abbildung 12.13 Startformular und Passwort-Dialogfenster zur Aufgabe „Start in den Urlaub"

Ist das Passwort richtig, wird dies in einer booleschen Variablen vermerkt und in einem ToolStripStatusLabel des Startformulars angezeigt. Ist das Passwort falsch, erscheint eine entsprechende Negativ-Meldung. Wird der Dialog mit einem Klick auf den Button „Abbrechen" beendet, so wechselt die Button-Überschrift im Startformular auf „Schließen".

Nachdem das Dialogfenster „Passwortschutz" geschlossen wurde, kann der Anwender im Startformular wieder den Button „Starten" (bzw. „Schließen") betätigen. Wenn das Passwort richtig war, öffnet sich ein drittes Formular mit einem Urlaubsfoto (siehe Abbildung 12.14). Von dort kommt der Anwender über einen Button-Klick zurück in das Startformular. Wenn das Passwort falsch war, öffnet sich erneut das Passwort-Formular. Bei einem Klick auf den Button „Schließen" schließt die Anwendung.

Falls Sie gerade kein passendes Urlaubsfoto zur Hand haben: Das in Abbildung 12.14 gezeigte Foto finden Sie unter *\Daten\Kap12\UrlaubPW\urlaub.jpg*.

12 Ergänzungen

Abbildung 12.14 Urlaubsformular zur Aufgabe „Start in den Urlaub"

Literatur

[Doberenz/Gewinnus08a] *Doberenz, W., Gewinnus, T.:* Visual Basic 2008. Grundlagen und Profiwissen. Carl Hanser Verlag, München 2008.

[Doberenz/Gewinnus08b] *Doberenz, W., Gewinnus, T.:* Visual Basic 2008. Kochbuch. Carl Hanser Verlag, München 2008.

[Kofler08] *Kofler, M.:* Visual Basic 2008. Grundlagen, ADO.NET, Windows Presentation Foundation. Addison-Wesley Verlag, München 2008.

[Oesterreich06] *Oesterreich, B.:* Analyse und Design mit UML 2.1. Objektorientierte Softwareentwicklung.. 8. Auflage, Oldenbourg Verlag, München 2006.

[Papula06] *Papula, L.:* Mathematische Formelsammlung für Ingenieure und Naturwissenschaftler. 9. Auflage. Vieweg+Teubner Verlag, Wiesbaden 2006.

[Ratz07] *Ratz, D., Scheffler, J., Seese, D., Wiesenberger, J.:* Grundkurs Programmieren in Java. Band 1: Der Einstieg in Programmierung und Objektorientierung. 4. Auflage. Carl Hanser Verlag, München 2007.

[Schiedermeier05] *Schiedermeier R.:* Programmieren mit Java. Eine methodische Einführung. Pearson-Studium, München 2005.

[Sedgewick02] *Sedgewick, R.:* Algorithmen. Pearson Studium, Addison-Wesley Verlag, München 2002.

[Solymosi/Grude08] *Solymosi, A., Grude, U.:* Grundkurs Algorithmen und Datenstrukturen in JAVA. Eine Einführung in die praktische Informatik. 4. Auflage, Vieweg+Teubner Verlag, Wiesbaden 2008.

Anhang

Inhalt der Begleit-DVD

Dateien und Verzeichnisse auf der DVD

Auf der beiliegenden DVD befindet sich die deutsche Version der *Visual Basic 2008 Express Edition*, die Sie auf Ihrem PC installieren sollten. Damit lassen sich alle Übungen und Aufgaben dieses Buchs durchführen.

Zusätzlich sind auf der DVD die folgenden drei Ordner enthalten:

- Aufgaben
- Daten
- Uebungen

Im Ordner *Uebungen* ist der vollständige Quellcode zu allen Übungen gespeichert. Für jedes Projekt gibt es einen Ordner, der alle benötigten VB-Dateien (einschließlich der Windows-Formulare) beinhaltet.

Im Ordner *Aufgaben* befinden sich Lösungshinweise zu allen Aufgaben als *pdf*-Dateien. Die druckfähigen Dateien sind über das folgende Passwort zugänglich:

niklas

Für einen Teil der Übungen und Aufgaben werden Daten benötigt. Meist handelt es sich um Textdateien, die die Eingabe über die Windows-Zwischenablage erleichtern bzw. als Eingabedateien (Kapitel 11) benötigt werden. Sie finden diese Dateien im Ordner *Daten*.

Installation der Übungsprojekte

Visual Studio legt für jedes neue Projekt eine Reihe von Verzeichnissen und Dateien an. Auf der DVD sind die Übungsprojekte nicht als vollständige VB-Projekte enthalten, sondern lediglich die benötigten VB-Codedateien, in einigen Fällen auch zusätzliche Ressourcen (Bilddateien).

Im Standardfall besteht der Programmcode aus den beiden Dateien **Form1.vb** und **Form1.Designer.vb**. Die zwei Dateien enthalten den Code für die Definition der Klasse *Form1* (Startformular). Der Formularcode ist auf zwei *partielle* Klassen verteilt, den selbst erzeugten Code (Datei *Form1.vb*) und den automatisch von der Entwicklungsumgebung abgeleiteten Code für den grafischen Formularentwurf (Datei *Form1.Designer.vb*).

In den Kapiteln 9 bis 12 kommen im Rahmen der objektorientierten Programmierung weitere Codedateien für eigene Klassen u.Ä. dazu. Kapitel 12 enthält zwei Übungen mit nur einer Codedatei *Module1.vb* (Konsolenanwendungen).

Implementierung der VB-Dateien

Die Integration der vorhandenen VB-Dateien ist denkbar einfach. (Kopieren Sie am besten den Ordner *Uebungen* vorweg von der DVD auf Ihre Festplatte.)

1. Neues Projekt erzeugen

   Im ersten Schritt erzeugen Sie innerhalb der Entwicklungsumgebung ein neues Projekt (Menü *Datei|Neues Projekt*). Im anschließenden Dialogfenster *Neues Projekt* wählen Sie die Vorlage *Windows Forms-Anwendung* und ersetzen den Default-Namen „WindowsApplication1" durch den im Übungsteil vorgeschlagenen Namen. Anschließend speichern Sie alle Dateien (z. B. über Menü *Datei|Alle speichern*).

2. Vorhandene VB-Dateien integrieren

   Wählen Sie den Menüpunkt *Projekt|Vorhandenes Element hinzufügen*. Navigieren Sie im folgenden Dialogfeld in den jeweiligen Übungsordner im Verzeichnis *Uebungen*. Wählen Sie alle angezeigten Codedateien aus (in der Regel die beiden Dateien *Form1.vb* und *Form1.Designer.vb*), und klicken Sie auf den Button *Hinzufügen*. In den folgenden Dialogfeldern bestätigen Sie einfach immer mit *Ja* oder *Ja, alle*. Speichern Sie anschließend nochmals alle Dateien.

   Es ist auch problemlos möglich, nur die Benutzeroberfläche des Formulars zu übernehmen, indem Sie lediglich die Datei *Form1.Designer.vb* hinzufügen. Diese Variante spart Zeit und verringert den Lernerfolg gegenüber der Eigenentwicklung nur unwesentlich. Allerdings sollten Sie zumindest in den ersten Übungen auch die grafische Oberfläche selbst entwerfen.

   Prinzipiell sind in der Benutzeroberfläche, die Sie über die Datei *Form1.Designer.vb* einfügen, schon alle Steuerelemente enthalten. Kontrollieren Sie aber die Eigenschaften, die zu einem geringen Teil noch nicht umgestellt sind.

Alle *.vb-Dateien sind reine Textdateien und können mit einem üblichen Texteditor gelesen und auch ausgedruckt werden.

Hinweis
Alle Übungen und Aufgaben wurden unter Windows XP und Windows Vista getestet. Die Fehlerbehandlung ist relativ spartanisch, um den Code nicht unnötig aufzublähen. Sollten Sie aber echte Programmierfehler finden, so ist der Autor für etwaige Hinweise sehr dankbar.

Register

.
.NET Framework 3
.NET-Klassenbibliothek 17

A
ABC 324
Abgeleitete Klasse 312
Abs 45
Abstrakte Basisklasse 324, 332
Abstraktion 257
Acos 45
Add 86
AddDays 51
AddHandler 273
AddHours 51
AddMinutes 51
AddMonths 51
AddSeconds 51
AddYears 51
ADO.NET 19, 412
Aktivierungsreihenfolge 23
And 69
AndAlso 69
Ansicht-Designer 8
Append 208
AppendAllText 375
AppendFormat 208
AppendText 373
ApplicationException-Klasse 113, 341
ARGB 230
Argumentenliste 138
ArgumentOutOfRangeException 204
Arithmetische Operatoren 42
Aritmetische Ausdrücke 42
Array 172, 177
Asc 52
AscW 52
Asin 45
ASP.NET 19
Assembly 4, 17
Atan 45
Atan2 45
Attributes 367
Ausnahmebehandlung 110
AutoSize 23

B
BackColor 54
BackgroundColor 421
Basisklasse 312
Bedingte Anweisungen 68
Bezeichner 31
Binärdatei 376
BinaryReader-Klasse 378
BinarySearch 180
BinaryWriter-Klasse 378
Boolean 36
BorderStyle 23
BringToFront 429
Button 12
ByRef 141
Byte 34
ByVal 141

C
Camel-Schreibweise 32
Capacity 208
Case 74
CBool 47
CByte 47
CChar 47
CDate 48

CDbl 48
CDec 47
Ceiling 45
Char 36, 201
Chars 203, 208
CheckBox 232
Checked 150, 232
CheckState 232
Chr 52
ChrW 52
CInt 47
Class 15, 258
Clear 16, 179, 188, 421
Click 14, 270, 386
ClickOnce-Bereitstellung 443
CLng 48
Clone 177, 202
Close 26, 371, 374, 375, 377, 379, 380, 429
CLR 3
CObj 48
Code-Editor 6
Code-Fenster 8
Color-Struktur 230
ComboBox 85
Common Language Runtime 3
Compare 203
CompareOrdinal 203
Concat 205
Console-Klasse 420
Const 38
Contains 203
Continue Do 107
Continue For 107
Convert-Klasse 48
Copy 178, 202
CopyTo 178
Cos 45
Cosh 45
Count 184
Create 368
CreateDirectory 368
CreateSubDirectory 368
CreateText 373
CreationTime 367
CShort 47
CSng 48
CStr 48
CType 48, 178

D

Date 36, 50
Dateizeiger 364, 371, 377, 380
Datenfelder (Arrays) 169
Datenkapselung 257
Datentypen 33
DateTime 36, 50
DayOfWeek 51
DayOfYear 51
DaysInMonth 51
Debugger 438
Debug-Version 440
Decimal 35
Default-Eigenschaft 263
Destruktor 266
Dialogfenster 428
DialogResult 383, 428
Dim 28, 324
Directory 368
DirectoryInfo-Klasse 364
Directory-Klasse 364
DirectoryName 368
Direktfenster 439
Dispose 375
DivideByZeroException 109
Do-Loop-Schleife 104
Double 35
DriveInfo-Klasse 364
Dynamisches Binden 322

E

E 45
Eigenschaft 16, 261
Eigenschaftenfenster 8
Einfachvererbung 312
Einzelschritt 439
Empty 202
Enabled 385
EndsWith 203
Enum 228
Enum-Klasse 229
Erase 179
Ereignis 16, 270
Ereignishandler 15, 272
Ereignisprozedur 14, 24, 140, 386
Event 16, 270
EventArgs 271
Eventhandler 272
Exceptions 109

Exists 367
Exit Do 107
Exit For 107
Exit Function 139
Exit Sub 140
Exit Try 112
Exp 45
Extension 367

F

Fehlerbehandlung 109
Fehlerliste 8
Fehlersuche 438
Felder (Arrays) 169
Felder (Fields) 258
FileAccess 378
FileInfo-Klasse 364
File-Klasse 364
FileMode 377
FileShare 378
FileStream-Klasse 377, 378
FileSystemInfo-Klasse 366
Filter 382
FilterIndex 382
Finalize 266
Floor 45
Flush 374, 375, 380
Focus 125, 185, 429
FolderBrowserDialog 383
Font 123
For-Each-Schleife 174
ForegroundColor 421
Format (String.Format) 206
FormatException 113
Formatstring 49, 206, 375
FormBorderStyle 23, 428
Form-Designer 7
Form-Klasse 428
For-Next-Schleife 100
Friend 324
FromArgb 230
FromFile 232
FullName 366, 367
Function (Funktion) 138

G

Ganzzahldivision (\) 42
Ganzzahlige Datentypen 33
Garbage Collector 37, 202, 266, 279

Generalisierung 257
Geodätische Rundung 46
Get 261
GetCurrentDirectory 364
GetDirectories 365
GetDrives 369
GetFiles 366
GetFileSystemInfos 366
GetLength 177
GetName 229
GetNames 229
GetStringBuilder 375
GetType 229, 321
GetUpperBound 177
GetValues 229
Gleitkomma-Datentypen 34
GroupBox 149
Gültigkeitsbereich 28, 323

H

Haltepunkt 439
Handles 15, 271
Heap 37, 279
Hex 52
Hide 429
Hilfe 17
Hour 51

I

IClonable 331
IComparable 331
IConvertible 331
IDE 3, 6
IDisposable 266, 331
If-Anweisung 70
If-Else-Anweisung 71
If-ElseIf-Anweisung 72
IFormatable 331
Image 232, 386
Immutable class 267
Implements 327
Imports 17, 207, 364
Indexierte Platzhalter 206
IndexOf 180, 203
IndexOfAny 203
IndexOutOfRangeException 204
Inherits 312
InitialDirectory 382
Initialisierung 28

Insert 204, 208
Instanz 260
Instanzenmethode 268
Int16, Int32, Int64 34
Integer 34
Integrierte Entwicklungsumgebung 3
IntelliSense 6, 261
Interface 327
InvalidCastException 113
IsDefined 229
IsInfinity 35
IsLeapYear 51
IsNaN 35
IsNegativeInfinity 35
IsNothing 202
IsPositiveInfinity 35
IsReadOnly 368
Items 85, 188

J

Join 205
Just-in-Time-(JIT-)Compiler 4

K

Klasse 15, 37, 258
Klassenbibliothek 18
Klassen-Designer 314
Klassendiagramm 314
Kommentar 39
Komponentenfach 381
Konsolenanwendung 12, 420
Konstanten 38
Konstruktor 265, 313
Konvertierungsfunktionen 47
Kurzoperator 44

L

Label 12
LastAccessTime 367
LastIndexOf 203
LastIndexOfAny 203
LastWriteTime 367
Laufzeitfehler 109, 438
Length 177, 203, 208, 247, 368, 377
Like 68
Lines 247
LINQ 19, 412
ListBox 12, 85
Literale 40

Load 86, 270, 429
Location 428
Log 45
Log10 45
Logische Ausdrücke 69
Logische Fehler 438
Logische Operatoren 68
Lokal-Fenster 439
Long 34

M

Main 420
Manifest 18
Math-Klasse 44
Max 45
MaxCapacity 208
MaximizeBox 428
MaxValue 35
Me 26, 265, 313, 429
Member 258
Member überladen 317
Member überschreiben 316
Member verbergen 318
Menüleiste 385
MenuStrip 385
MessageBox-Klasse 108
Methode 16, 266
Microsoft Intermediate Language Code 4
Min 45
MinimizeBox 428
MinusOne 35
Minute 51
MinValue 35
Mitglied 258
Mod 42
Modales Fenster 428
Modifizierer 324
Modul 145, 277, 420
Modulo-Operator 42
Month 51
MSDN Express Library 5
MSIL-Code 4, 18
Multiline 190
MustInherit 324
MustOverride 324
My.Resources 232
MyBase 313, 318
MyClass 313
My-Namespace 231

N

Name 366, 367
Namensraum 16
Namespace 16
NaN 35
Nassi-Shneiderman-Diagramm 70
NegativeInfinity 35
New 261, 265
NewLine 52, 374
Next, NextDouble 114
Nichtmodales Fenster 428
Not 69
Nothing 28, 173, 202, 260
NotInheritable 321
NotOverridable 316
Now 51

O

Object 16, 36
Object-Klasse 319
Objekt 16
Objektbrowser 17
Oct 52
Open 377
OpenFileDialog 382
OpenText 370
Operatoren überladen 269
Operatorrangfolge 42, 69
Option Explicit 30
Option Strict 30
Optionale Parameter 142
Or 69
OrElse 69
OverflowException 113
Overloads 317
Overridable 316
Overrides 316, 324

P

PadLeft 204
PadRight 204
Parameterliste 140
Parse 50
Partial 277
Partielle Klasse 277
Pascal-Schreibweise 32
PasswordChar 435
Peek 371
PeekChar 379

PI 45
PictureBox 231
Polymorphismus 257, 322
PositiveInfinity 35
Potenzoperator (^) 42
Pow 45
Präfix 13, 32, 427
Private 29, 324
Projektdatei 19
Projektmappendatei 19
Projektmappen-Explorer 8, 22
Projekttyp 11
Property 16, 261
Protected 314, 324
Protected Friend 324
Proceduraufruf 138
Prozeduraufruf 138
Prozedurdeklaration 137
Prozedurschritt 439
Public 29, 324

R

RadioButton 149
RaiseEvent 272
Random-Klasse 114
Rank 177
Read 371, 377, 421
ReadAllBytes 376
ReadAllText 371
ReadBoolean 379
ReadByte 377, 379
ReadChar 379
ReadDouble 379
ReadInt32 379
Readkey 421
ReadLine 371, 421
ReadOnly 53, 156, 191, 263
ReadString 379
ReadToEnd 371
ReDim 176
ReDim Preserve 176
Referenzparameter (ByRef) 141
Referenztypen 37
Rekursion 144
Release-Version 440
Remove 205, 208
RemoveEmptyEntries 205
Replace 52, 205, 208
ResetColor 421
Return 139

Reverse 180
RGB 230
Round 45

S

SaveFileDialog 382
SByte 34
Schleifenanweisungen 100
Schnittstelle 327, 332
ScrollBars 191, 219, 414
Second 51
Seek 377, 380
SelectAll 241
Select-Case-Anweisung 73
SelectedIndex 86
SelectedIndexChanged 87
SelectedPath 384
Selektor 73
Sender 24, 271
Sequenz 38
Serialisierung 380
Set 261
SetCurrentDirectory 364
Shadows 318
Shared 268
Short 34
Shortcut 385
Show 108, 429
ShowDialog 383, 384, 429
Sichtbarkeit 323
Sign 45
Signatur 138, 143, 266, 316, 317
Sin 45
Single 35
Sinh 45
SizeMode 232
Sort 180
Space 52
Split 205
Sqrt 45
Stack 37, 279
StackOverflowException 144
Stammnamespace 17, 296
Standarddialog 381
Standardkonstruktor 260, 264
StartPosition 428
StartsWith 203
Static 29
Statische Methode 268

StatusLabel 387
Statusleiste 387
StatusStrip 387
Steuerelementnamen 32
Stream 363
Stream-Klasse 377, 378
StreamReader-Klasse 370
StreamWriter-Klasse 373
String 36, 201, 203
StringBuilder-Klasse 207
StringReader-Klasse 375
StringSplitOptions 205
StringWriter-Klasse 375
Structure 233, 278
Struktogramm 70
Struktur 37, 233, 278
Sub-Prozedur 139
SubString 203
Suffix 40
Symbolleiste 386
Syntaxfehler 438
System.Array-Klasse 172
System.Console-Klasse 420
System.Enum-Klasse 229
System.Environment-Klasse 52
System.Exception-Klasse 109
System.IO.Exception-Klasse 381
System.IO-Namespace 363
System.Random-Klasse 114
System.String-Klasse 201
System.Text.Encoding 370, 379
SystemColors 230

T

TabIndex 23
TabStop 53, 123, 191
Tan 45
Tanh 45
TextAlign 53
TextBox 12
TextChanged 66, 270
Textdatei 370
Throw 112, 144
TimeSpan 209
ToCharArray 203
Today 51
ToLongDateString 51
ToLower 205
Toolbox 7

ToolStrip 386
ToolStripButton 386
ToolTipText 386
ToShortDateString 51
ToString 49, 208, 320, 375
ToUpper 205
Trim 205
Truncate 45
Try-Catch 110
Try-Catch-Finally 111
TryParse 76
Typkonvertierung 46

U

Überladen 143, 264, 266, 269, 317
Überwachungsfenster 439
UInt16, UInt32, UInt64 34
UInteger 34
ULong 34
UML 314
Unified Modeling Language 314
Until 104
Unveränderliche Klasse 267
UShort 34

V

Variable 27
Variablendeklaration 27
Variablennamen 32
vbCr 52
vbCrLf 52
vbLf 52
vbTab 52
VB-Typkonvertierungsfunktionen 47
Vererbung 257, 312, 331
Vergleichsoperatoren 68
Verschachtelte Klasse 276
Versiegelte Klasse 321
Verweistypen 37, 279
Visible 165, 232, 385
Visual Basic 2008 Express Edition 5
Visual Studio 2008 5

W

Wahrheitstabelle 69
Webpublishing-Assistent 443
Wertparameter (ByVal) 141
Werttypen 37, 279
Wertzuweisung 38
While 104
Windows Forms-Anwendung 12
WindowState 428
With 234, 261
WithEvents 272
WordWrap 219, 414
WPF-Anwendung 12
Write 374, 377, 380, 421, 439
WriteAllBytes 376
WriteAllText 375
WriteByte 377
WriteIf 439
WriteLine 374, 421, 439
WriteLineIf 439
WriteOnly 263

X

Xcopy-Installation 442
XML 18
XML-Dokumentation 274, 333
Xor 69

Y

Year 51

Z

Zeichen-Datentypen 35
Zeichen-Verkettungsoperator (&) 44
Zeilennummer 14
Zeilenumbruch 39
Zero 35
Zugriffsmodifizierer 28, 323
Zuweisungsoperator 44

HANSER

Was Sie schon immer über C# wissen wollten.

Doberenz/Gewinnus
Visual C# 2008
Grundlagen und Profiwissen
1438 Seiten.
ISBN 978-3-446-41440-2

Nach dem Prinzip »so viel wie nötig« bringen die Autoren mit Ihrem Buch Einsteigern die wesentlichen Aspekte der .NET-Programmierung mit Visual C# 2008 nahe und vermitteln rasch erste Erfolgserlebnisse. Für den Profi stellen sie eine Vielzahl von Informationen bereit, nach denen er in der Dokumentation, im Internet und in der Literatur bislang vergeblich gesucht hat. Berücksichtigt werden dabei u. a. .NET 3.5, WPF, LINQ und ADO.NET mit AJAX.

Die Kapitel bilden eine logische Aufeinanderfolge, können aber auch quergelesen werden. Die behandelten Programmiertechniken werden im Praxisteil eines jeden Kapitels anhand realer Problemstellungen im Zusammenhang vorgeführt.

Mehr Informationen zu diesem Buch und zu unserem Programm unter **www.hanser.de/computer**

HANSER

Für Spitzenköche.

Doberenz/Gewinnus
Visual C# 2008 – Kochbuch
1.152 Seiten. Mit DVD.
ISBN 978-3-446-41442-6

Die Kochbücher des Autorenduos Walter Doberenz und Thomas Gewinnus basieren auf einer einfachen Erkenntnis: Programmierbeispiele eignen sich nicht nur hervorragend, um souverän und richtig programmieren zu lernen. Vielmehr liefern sie auch sofort anwendungsbereite Lösungen, nach denen der Programmierer in der Dokumentation oder im Web lange sucht, und schließen so eine Wissenslücke.

Das vorliegende Kochbücher setzen diese Tradition fort. Der inhaltliche Bogen ihrer 450 Rezepte spannt sich dabei vom simplen Einsteigerbeispiel bis hin zu komplexen Profi-Techniken. Die Beispiele erfassen so gut wie alle wesentlichen Einsatzgebiete der Windows- und Webprogrammierung unter Visual Studio 2008.

Mehr Informationen zu diesem Buch und zu unserem Programm unter **www.hanser.de/computer**

HANSER

Was Sie schon immer über Visual Basic wissen wollten...

Doberenz/Gewinnus
**Visual Basic 2008 –
Grundlagen und Profiwissen**
1438 Seiten.
ISBN 978-3-446-41491-4

Der Titel dieses Buches ist Programm – und hat Tradition: Die Autoren wagen mit ihm seit zwölf Jahren erfolgreich den Spagat, einerseits Grundlagen und andererseits professionelle Programmiertechniken zu vermitteln. Obwohl Sprachumfang und Einsatzgebiete von Visual Basic 2008 ein breites Spektrum abdecken, verstehen es die Autoren, sich auf das Wesentliche zu konzentrieren und die wichtigsten Grundlagen knapp und trotzdem verständlich zu vermitteln.

- Grundlagen der Programmierung mit Visual Basic 2008
- Programmierung von Windows Forms-Anwendungen
- Anwendungen mit der Windows Presentation Foundation (WPF)
- Anwendungen mit ASP.NET entwickeln
- Berücksichtigt außerdem .NET 3.5, LINQ, ADO.NET u.v.a.m

Mehr Informationen zu diesem Buch und zu unserem Programm unter **www.hanser.de/computer**

HANSER

Für Spitzenköche.

Doberenz/Gewinnus
Visual Basic 2008 – Kochbuch
1.136 Seiten. 744 Abb. Mit DVD
Flexcover
ISBN 978-3-446-41492-1

Die Kochbücher des Autorenduos Walter Doberenz und Thomas Gewinnus basieren auf einer einfachen Erkenntnis: Programmierbeispiele eignen sich nicht nur hervorragend, um souverän und richtig programmieren zu lernen. Vielmehr liefern sie auch sofort anwendungsbereite Lösungen, nach denen der Programmierer in der Dokumentation oder im Web lange sucht, und schließen so eine Wissenslücke.

Das vorliegende Kochbuch setzt diese Tradition fort. Der inhaltliche Bogen seiner mehr als 450 Rezepte spannt sich dabei vom simplen Einsteigerbeispiel bis hin zu komplexen Profi-Techniken. Die Beispiele erfassen so gut wie alle wesentlichen Einsatzgebiete der Windows- und Webprogrammierung unter Visual Studio 2008.

Mehr Informationen zu diesem Buch und zu unserem Programm unter **www.hanser.de/computer**

HANSER

Etabliert und schnell.

Doberenz/Gewinnus
Der VB-Programmierer
VB lernen – Professionell anwenden – Lösungen nutzen
880 Seiten. Mit DVD
ISBN 978-3-446-42022-9

DAS VB-HANDBUCH FÜR ALLE ANSPRÜCHE:

- Für Einsteiger, Fortgeschrittene und Profis gleichermaßen
- Grundlagen der Programmierung mit VB und fortgeschrittene Programmiertechniken
- Methoden und Werkzeuge professioneller Softwareentwicklung
- Über 50 Programmierrezepte und Best Practices

Egal ob Sie Visual Basic erlernen oder Ihre Kenntnisse in der Softwareentwicklung mit Visual Basic vertiefen möchten – dieses Buch liefert das Wissen, das Sie dafür benötigen.

Mehr Informationen zu diesem Buch und zu unserem Programm unter **www.hanser.de/computer**